广东省哲学社会科学"十三五"规划 2017 年度后期资助项目

经济法对传统二元法律体系的解构

——市场、政府与社会关系的融合

（经济法学导论）

JINGJIFA DUI CHUANTONG ERYUAN FALÜ TIXI DE JIEGOU
——SHICHANG ZHENGFU YU SHEHUI GUANXI DE RONGHE

董成惠◎著

中国政法大学出版社

2019·北京

图书在版编目（ＣＩＰ）数据

经济法对传统二元法律体系的解构/董成惠著.—北京:中国政法大学出版社,2019.9
ISBN 978-7-5620-9218-6

Ⅰ.①经…　Ⅱ.①董…　Ⅲ.①经济法－研究　Ⅳ.①D912.290.4

中国版本图书馆CIP数据核字(2019)第219714号

出 版 者	中国政法大学出版社
地　　　址	北京市海淀区西土城路25号
邮寄地址	北京100088信箱8034分箱　邮编100088
网　　　址	http://www.cuplpress.com（网络实名：中国政法大学出版社）
电　　　话	010-58908586(编辑部)　58908334(邮购部)
编辑邮箱	zhengfadch@126.com
承　　印	固安华明印业有限公司
开　　本	720mm×960mm　1/16
印　　张	36.5
字　　数	600千字
版　　次	2019年9月第1版
印　　次	2019年9月第1次印刷
定　　价	99.00元

PREFACE 序

在傲慢与偏见中崛起的经济法

一、经济法崛起的崎岖之路

经济法作为在经济活动过程中调整资源配置[1]的、调整社会经济秩序的法律，自法与国家诞生之时就有之，其宗旨在于维护特定的"社会经济秩序"。"秩序"是经济法的调整对象，也是经济法的本源。经济法之"秩序"是以"和谐稳定"为其主要价值目标，这与民法的"平等""权利""自由""公平"的价值保持着一定的距离。现代经济法随着民法之"权利本位"的衰落，在民事"权利滥用"以及其形式上的"公平"破坏了社会经济秩序的基础上发展而来。其目标在于维护"社会公共利益"[2]和"协调平衡社会整

---

[1] 资源是指社会经济活动中人力、物力和财力的总和，是社会经济发展的基本物质条件。资源配置（resource allocation）是指对资源在各种不同用途上加以比较作出的选择。资源配置合理与否，对一个国家经济发展的成败有着极其重要的影响。社会资源的配置要通过一定的经济机制与制度设计而实现。在市场经济体制下，市场机制是资源配置的决定性力量，但市场配置资源客观上存在不足，不可能使资源配置尽善尽美。当一定时期资源配置出现问题，为了避免在资源配置中出现地区结构、产业结构、市场结构、企业结构失衡时，国家可通过宏观调控，把掌握或控制的资源转移分配到急需发展的领域，使经济结构符合生产力发展的要求。如在地区结构调整中，加快西部地区发展，保持东部、中部与西部之间的平衡；在产业结构调整中，以技术创新为动力，加强第一产业、提高第二产业、发展第三产业，促进产业优化升级。因此，市场机制与政府计划都是资源配置的方式。

[2] 有学者认为社会公共利益是公众对社会文明状态的愿望与需要，其内容包括：公共秩序的和平与安全、经济秩序的健康、安全及效率化、社会资源与机会的合理保存和利用、社会弱势群体利益的保障、公共道德的维护、人类朝文明方向发展的条件如公共教育、卫生事业的发展。（孙笑侠："论法律与社会利益——对市场经济中公平问题的另一种思考"，载《中国法学》1995年第4期，第54页。）关于社会公共利益学界有不同的解读，但经济法视野下的社会公共利益是社会成员对社会公共资源享有的权利，如公共秩序，公共产品，产品安全，环境生态等。社会公共利益具有广泛的内涵，

体利益",确保"公平""效益"和"安全"的社会经济秩序。现代经济法的理念可以追溯到法国空想社会主义者摩莱里在 1755 年出版的《自然法典》一书,该书在"分配法"中提到了"经济法"的概念,使经济法之"国家干预"的理念得以确立。而美国 1890 年通过的《谢尔曼法》标志着现代意义的第一部经济法诞生。经济法是新的部门法,经济法学更是一门新的学科。纵观世界经济法史,自其理念诞生至今也就短暂的二百多年,在悠久的人类法制史上时间还很短,但需要经济法规范调整的社会经济关系日新月异,变化莫测,经济法总是与时俱进地在"不变"和"变"中求发展。经济法调整"社会经济秩序"的根本任务不变,但经济法为了"回应社会经济发展"的需要总是不断的调整变化,灵活多变的行政规章、经济政策等软法成为其重要的法律渊源,且在不同国家不同历史发展阶段,其所调整的"社会经济关系"不同,相应的经济法律制度也不同,经济法的价值理念也在不断地发展变化。经济法之政府治理[1]的行政执法模式和软法范示,公私法兼容的第三法域[2]的特色,与传统的民商法、刑法、行政法相比,表现出明显的社会性、

(接上页)在此不展开探讨。经济法语境下的社会公共利益,即市场与政府在资源的配置过程中,不论是从社会公益事业的角度,还是商业利益的角度,如果能维护公平的市场秩序,促进社会经济的可持续发展造福于民,而不仅仅是短期的少数人的受惠,都可以界定为公共利益,且可视其在不同的经济法律关系享有的利益而不同。比如投资者利益,经营者利益,消费者利益,劳动者利益等。

〔1〕 现代治理作为新型的管理模式,强调其目标的公共性或共同性,权力运用之民众参与性、多元性、非正式规则性,以及多中心主义等理念,是对正统单一行政管理权力之权威的突破和超越,也是回应社会经济发展的新的行政管理机制。经济法之政府治理机制就是在资源配置的经济活动过程中,为维护社会公共利益,协调平整社会整利益,确保公平、效率与安全的经济秩序,在市场、政府与社会之间建立的治理机制。政府治理通过市场与社会的参与,建立公共治善的共享机制,并通过社会中间层的分权机制有效缓解市场与政府之间的对立。政府治理调控的非正式规则的软法和行政执法先导的处理机制,回应了社会经济发展的需要,实现了经济法之实质正义的价值目标。政府治理作为政府干预市场经济活动的重要模式,必须遵守经济法的基本法则和程序正义,并建立相应的责任机制,确保政府治理的法治与善治的执法路径。

〔2〕 第三法域的理论主要源于社会法的研究成果。有学者认为如果将"以国家本位为特征的公法看作是第一法域,以个人本位为特征的私法看作是第二法域",那么"私法与公法相融合而产生的、以社会本位为特征的社会法则是第三法域"(董保华等:《社会法原论》,中国政法大学出版社 2001年版,第 11 页。);赵红梅认为,社会法"与公法领域、私法领域相对应",是"公法与私法以外之第三法域","第三法域——社会法学说具有冲破公法与私法划分藩篱的'革命'意义"(赵红梅:《私法与社会法》,中国政法大学出版社 2009 年版,第 44 页。)林嘉认为,社会法是私法公法化的产物,从产生以来,"关于社会法涵盖的内容就未有定论各国大多将其看作是公法与私法之外的第三法域",因此"将社会法看是一个法域更为合理"。(林嘉:"论社会保障法的社会法本质",载《法学》2002

公共性、回应性、实质正义、结果理性和后现代性的特色。经济法学的理论研究随着经济法的发展不断的深入，并取得了丰硕成果。国内外经济法学者不同时期取得的不同的研究成果，都是对当时经济发展以及经济法水平和现状的真实反应，是经济法学史上的瑰宝。随着社会经济不断发展，对经济法的认识也在不断深入，经济法的理论研究也就越来越成熟，分歧逐步在减少，共识渐渐形成，对经济法本质的认识也就越来越接近真理。

　　自我国 1978 年改革开放以来，伴随着改革开放 40 年的风雨历程，我国经济制度发生了从计划经济到有计划的商品经济，再到市场经济的深刻的制度变迁，我国的经济法律制度也在不断的发展完善，我国的经济立法有了巨大的发展。我国 1993 年的《宪法》第 15 条规定："国家实行社会主义市场经济。国家加强经济立法，完善宏观调控。"1993 年，党的十四届三中全会通过了《中共中央关于建立社会主义市场经济体制若干问题的决定》，提出要建立社会主义市场经济体制，使市场在国家宏观调控下对资源配置起基础性作用。在 1992~1995 年期间，全国人大及其常委会几乎平均每 13 天制定一部法律，国务院则更胜一筹，平均 6 天左右制定一部行政法规。[1]在这期间，《反不正当竞争法》《公司法》《消费者权益保护法》《会计法》《产品质量法》《中国人民银行法》《税收征收管理法》等经济法律相继出台，填补了我国经济法的空白，也形成了较完备的经济法体系。至今我国已经制定和完善了各经济法领域的法律共 60 多部，[2]以及数以万计的行政法规、地方法规、行政规章、政府规定的庞大经济法体系，对维护我国社会经济秩序发挥了重要的规范和指引作用。2001 年 3 月 9 日第九届全国人民代表大会第四次会议上，全国人大常委会时任委员长李鹏的工作报告中将经济法与宪法及宪法相关的法、民

（接上页）年第 1 期，转引自余少祥："社会法'法域'定位的偏失与理性回归"，载《政法论坛》2015 年第 6 期，第 31 页。）经济法具有公法与私法交融的特点，故也可谓第三法域。其社会性主要是指在资源配置过程中的"社会公共利益"，强调对"经济秩序"的维护，这与社会法的"社会保障"有本质的不同。

　　[1]　参见张中秋、张明新："对我国立法权限划分和立法权运行状况的观察与思考"，载《政法论坛》2000 年第 6 期，第 5 页。

　　[2]　参见国务院新闻办公 2011 年 10 月 27 日发布《中国特色社会主义法律体系》白皮书发布。截至 2011 年 8 月底，中国已制定经济法方面的法律 60 部。除这 60 部法律外，还有两部与民商法交叉、一部与行政法交叉的经济法法律，在法律目录中被列入民商法、行政法，但也同时列入经济法，经济法的实际法律数为 63 部。参见张妮："社会组织在经济法中的地位：现状、问题及对策——以我国 63 部经济法文本为样本研究"，载《社会科学研究》2015 年第 6 期，第 98 页。

商法、行政法、社会法、刑法和诉讼与非诉讼法（程序法）并列确立为我国法律体系中七大法律部门之一。2011 年 3 月 10 日，全国人大常委会时任委员长吴邦国在第十一届全国人大第四次会议第二次全体会议所做的全国人大常委会工作报告中再次宣布：以宪法为核心，以法律为主干，包括行政法规、地方性法规等规范性文件在内，由宪法及宪法相关法、民法商法、行政法、经济法、社会法、刑法、诉讼与非诉讼程序法七个法律部门构成的中国特色社会主义法律体系已经形成。2011 年 3 月 10 日全国人大常委会时任委员、全国人大法律委员会时任委员、山东大学时任校长徐显明在回答中外记者的提问时指出，第四类是国家调控经济的法律，叫作经济法部门，最主要的有《反不正当竞争法》《反垄断法》《消费者权益保护法》等，国家对土地、货币、税收等进行管理的法律，这些领域的法律都归于经济法。[1]经济法作为我国部门法的法律地位是毋庸置疑的，行政法规、行政规章、地方性法规、政府规定等规范性文件也是我国特色社会主义法律体系的一部分。

　　经济法作为一个部门法在我国既有宪法基础，也有法律依据，但与经济法在实践中举足轻重的重要地位不同的是，经济法作为部门法在法学界的学科定位和经济法学的发展可谓举步维艰。我国人民法院的经济审判庭是在 1979 年经济审判工作开始后逐步建立的，1983 年修改人民法院组织法，规定各级人民法院普遍设立经济审判庭。但 2000 年 8 月，最高人民法院作出决定，取消原来的经济审判庭，改经济审判庭为民事审判庭。我国经济审判法庭的废除使经济法的司法实践受到严重影响，导致我国的反垄断法案例只能由知识产权庭受理，使在 20 世纪 80 年代曾风光无限的经济法学的理论研究也受到严重影响。其他部门法学者无视经济法在我国的法律实践中的重要作用和法律依据，百般诘难经济法存在的必要性，认为经济法所调整的法律关系可以归分为民商法和行政法调整。有学者在法学教育的课程设计中直接删除经济法的教育，[2]2012 教育部最初公布的法学本科 14 门核心课程也直接删除经济法，虽然这种做法最终在经济法学者据理力争的维护下得到了纠正，但经济法在实践中的重大作用并没有受到应有的尊重，经济法学的理论研究

---

〔1〕　参见"七部门 239 部法律构成中国特色社会主义法律体系核心内容"，载 http://www.ce.cn/xwzx/gnsz/zg/201103/10/t20110310_ 22287128. shtml，访问日期：2018 年 1 月 12 日。

〔2〕　参见江国华："法学本科教育改革研究"，载《河北法学》2012 年第 4 期，第 59～61 页。

也是内热外冷，法学界其他部法学者无视经济法学界取得的成果。不过，面对法学界其他部门法学者的傲慢与偏见，仍有不少痴心不改的经济法学者对经济法学的理论研究在苦苦求索，且取得了丰硕的成果，并在我国经济法学界基本达成了经济法以社会公共利益为其法益目标的"社会本位"原则的共识。对经济法调整对象的范围虽然仍存在争议，但对经济法调整对象之"市场规制关系"和"宏观调控关系"已被普遍接受，不过对经济法概念、经济法体系、经济法律关系、经济法律责任、经济法规范、经济法效力、经济法实施、经济法范示等经济法的基本法理问题仍存在分歧和困境，也影响了经济法学的理论研究，制约了经济法学的发展，也成为其他部门法学者诟病经济法的重要原因。经济法之社会本位原则和经济政策是经济法的特色，但社会公共利益之社会本位原则难以界定，加之经济法之经济政策的软法形式，影响了经济法规范的程序正义和效力，一定程度也削弱了经济法的权威。无独有偶，2017 年通过的《民法总则》废除了《民法通则》第 7 条的"社会公共利益原则"条款和第 6 条的"国家政策"条款。此举既与立法者对"社会公共利益"和"国家政策"的不同理解有关，也与其他部门法学者多年来对经济法之"社会本位"原则和"经济政策"的软法规范的狭隘学术视野的误读有关，更是法学界多年来形成的对经济法的傲慢与偏见思潮的结果。不论是经济法还是经济法学的发展，都面临着机遇和挑战，任重而道远。只有经济法律制度的法治进程不断完善才能巩固和提高其在部门法中的地位，也才能为经济法学理论研究提供实践依据。相反，经济法学的理论研究只有与经济法实践相结合，才能为经济法实践提供法理依据，促进经济法的法治建设。

二、经济法对传统二元法律体系的解构

"解构"源于德国哲学家海德格尔《存在与时间》中提出的"destruction"一词，原意为分解、消解、揭示等。法国当代哲学家德里达继承并发展了这一概念。1967 年，德里达出版了三部著作《论书写学》《书写与差异》和《语言与现象》，系统地提出了他的解构主义哲学（Deconstructionism），补充了"消除""抹去""反积淀""分裂""问题化"等含义。德里达的"解构"已不再是海德格尔的"destruction"，而是"deconstruction"。因此，德里达的"解构"不再是"毁灭"，而是通过揭露表面上单纯、和谐的形而上学观念的

内在矛盾和内在紧张的态势，使所有形而上学的本质性观念"问题化"，将对立的双方进行破解，对传统哲学"逻各斯中心主义"的"在场的形而上学"进行颠覆，进而对一切建立在二元对立逻辑之上的固定的等级结构实施破坏性重构，对以等级结构和结构中心论为特征的"在场形而上学"实施彻底的解构。解构主义的积极价值在于它寻求的是"公平"，反对"逻各斯中心主义"和等级制的二元对立，认为"解构就是公正。"经济法是法律社会化和经济社会化的发展需要，是为了克服民法权利滥用损害社会公共利益和行政法对权力限制的局限性，为了维护社会公共利益和协调平衡社会整体利益，确保公平、效益和安全的社会经济秩序而建立的新的法律机制。经济法融合了自然法的实质理性，实证法的程序正义和社会法的社会效用的特征，通过公法私法化和私法公法化对传统二元法律体系的解构，以及在对传统法批判的基础上发展起来的新部门法，具有后现代法的特征。经济法的实质性目标导向的结果理性是为了应对传统权利主义衰落的实用主义法，也是为了应对行政权力扩张受限而社会权力膨胀的现实需求的回应型法[1]。经济法对社会经济秩序的国家干预包括立法干预、司法干预和行政干预，既通过经济法规范内生法律逻辑的自治性调整市场行为和政府行为，规范和引导市场主体和政府依法办事，又通过授权政府对微观经济秩序的市场规制，对中观经济秩序的市场监管和对宏观经济秩序的调控，建立了市场规制法、特别市场监管法和宏观调控法的经济法律体系。

纵观经济法的发展史，经济法就是以"市场""政府""社会"作为法律元素，在资源配置的经济活动过程中，为适应社会经济发展的需要，通过公法私法化和私法公法化，对以民法为代表的私法和以行政法为代表的公法的二元传统法律体系进行解构，使其内在结构发生了异构。通过私法公法化和公法私法的融合，解构传统两大法律体系的对立，形成了"市场—社会—政府"的社会经济法律关系结构。首先，经济法中的私法规范通过私法公法化

---

〔1〕 美国学者诺内特和塞尔兹尼克在他们的著作：《转变中的法律与社会》（1978 年）中，根据法律中"强制性"不同分为为三种类型：压制型法、自治型法、回应型法，压制型法指作为压制型权力的工具的法律；自治型法指作为能够控制压制并维护自己的完整性的一种特别制度的法律、回应型法指作为回应各种社会需要的愿望的一种便利工具的法律。强制在压制型法中居支配地位，在自治型法中受限制，而在回应型法中则是潜在的。参见 ［美］诺内特、塞尔兹尼克：《转变中的法律与社会》，张志铭译，中国政法大学出版社 1994 年版，第 16 页。具体详见本书第 12 章。

来加强对社会公共利益的保护，对平等主体的私法中的权利义务进行公法化或是法定化的不对称配置，平衡协调双方当事人客观上存在的差异，实现差别待遇的实质公平。经济法中的公法规范通过授权或是分权社会中间层组织和市场主体实现公法私法化，发挥政府治理能力的效率和能动性。其次，经济法蜕变于民法和行政法的第三法域的特性，使其主体既有民事主体的私法性，也有行政法主体的公法性，表现出类型化或法定化，具体化或角色化的多维结构。经济法的客体是受经济法调整的物和行为，一般都由法律明确规定具有法定性。再者，为了实现特定的目标，经济法的制度设计倾向于"法律政治化"和"政策法律化"，"规则范式行政化"。[1]新的目的导向影响了经济法基本的学理概念，传统的"公平""正义""秩序""平等""自由"等法律理念有了新的发展和突破，以至于"社会性""公共性""效率""效益"与"利益"也影响了经济法实在法的构成，并确立了维护社会公共利益、协调平衡社会整体利益和兼顾公平与效率、安全的经济法之社会经济秩序的价值目标。经济法之社会责任是基于经济法所有主体为维护社会公共利益应承担的综合责任，既包括民事责任、行政责任、刑事责任等法律责任，也包括承受社会公众舆论评价和监督的道德责任以及政治责任。

三、经济法新法律机制的重构

经济法融合了各种法学理论和方法的精髓，从规则范式到法律的实施，以及价值的重溯，都在努力摆脱司法判决对法律效果的影响和评价，修正传统法的功能界别、价值缺陷和规则范式，建立一种以目的为导向，以行政治理为中心的新法律机制。经济法通过庞德之利益法学的社会利益及公共利益理论，借用赫克的利益衡量的协调平衡原则，去构建边沁功利法学的"最大多数人幸福"的法律机制，并通过法律实用主义者波斯纳、科斯等的法经济学理论诠释耶林目的法之经济法的法益目标：维护社会公共利益和协调平衡社会整体利益，确保公平、效率与安全的经济秩序。经济法通过对社会经济活动中市场秩序的维护来弥补市场的不足，以实质性规定来直接规制市场行为，并逐渐地明确其社会角色和社会地位。通过经济法确定规则目标、选择

---

[1] 参见［德］图依布纳："现代法中的实质要素和反思要素"，矫波译，载《北大法律评论》1999年第2期，第595页。

规范手段、规定具体行为以及实施规则的责任，并通过对政府授权和社会分权修正政府权力和社会权力的局限性，矫正市场失灵和政府失灵。经济法的实质化完全应用于全新的制度结构和组织结构，要求由行政所实行的规制而非法院裁判来解决社会问题。经济法在坚守自然法实质正义的基础上，对实证法的形式主义理性的程序正义进行修正，以社会法的特定社会效益为目标而构建的新的法律机制。经济法作为新兴的部门法，其保护的社会公共利益涉及多领域，经济法常受政治、经济、道德、社会和时事影响，经济法规范难以避免社会评价成为其规范内容的一部分。制度之外，经济法的边界需要在政治环境和社会环境方面进行重新界定，要求"法律判断和道德判断的整合""法律参与和政治参与的整合"，为了实现特定的目标，经济法的制度设计倾向于"法律政治化""政策法律化"和"规则范式行政化"。经济法以目标为导向且行政化倾向的特性导致经济政策与时俱进不断调整变化，这符合经济规律和经济法之回应型法的本质属性，以至于灵活多变的经济政策类软法成了经济法的重要表现形式。因此，经济法对政府行政部门的经济政策、经济规章、经济规定的授权和控权成了其重要的任务。经济法为了防止私权滥用和规范行政行为，通过私法公法化和公法私法化的规则、标准和原则来实施，以适应社会经济的发展需而建立新的法律机制，经济法之政府治理的第三条道路是经济法应对新自由主义危机的法治路径。

四、经济法学的研究方法和进路

经济法学作为一门新兴的学科，我国经济法基础理论研究随着我国改革开放的进程，以及经济法律制度近40年的风雨历程和坎坷，经老、中、青几代人的努力，取得了不少丰硕的研究成果，并已形成了基本的经济法学理论体系。但目前学界对经济法学的理论研究尚处于百家齐放，众说纷纭的发展阶段。对经济法学的基本问题，与传统的民法学、行政法学、刑法学等学科相较而言，经济法学的理论体系的构建、研究范式和方法论都缺乏学术共识，比如经济法的概念、经济法调整对象、经济法规则范示、经济法责任、经济法体系化等重要理论研究尚未取得新突破。目前我国经济法学者对经济法理论的研究，更多是借助经济学、政治学、伦理学、哲学等非法学学科成果的社科法学的研究进路，忽略了经济法规范的内生逻辑演绎的自洽性，使经济法学方法论脱离传统政法法学和法教义学以规范构成及效力为基础的方法论，导致经济法基础理论研究不仅没有突破，而且脱离传统法学方法论的轨道，存在背离经济法作为法的规范属性的倾向，以至于经济法的理论研究越来越背离法的本质显得华而不实，缺乏对现实问题的解决能力和解释力，难以建立相应的学科理论体系。经济法作为法的范畴，经济法学的理论研究不应该脱离法的轨道或者法的本质属性，在这一点上经济法与其他部门法没有本质的差异，经济法不可能在现行的法治体系外另辟蹊径。因此，经济法的理论研究应该回归政法法学与法教义学的方法论，以经济法规范为基础，探讨经济法的调整对象、法律关系、法律行为、法律效力、法律规范、法律责任、法律后果、法律特征、法律机制、法律体系等基本法律问题，注重理论联系实际，并以此为核心来构建经济法学的理论体系。

经济法学是综合性学科，经济法所保护的社会公共利益涉及很多领域，经济法的理论研究，除了应遵守其法学理论的基本范式之外，还可以有不同的视野和方法，可借鉴其他学科的研究成果来完善经济法的理论体系，构建更科学更合理的经济法理论体系。因此，经济法学的理论研究除了应遵守政法法学与法教义学的方法论外，还应借用社科法学的方法，并伴随着社会经济的发展变化与时俱进。经济法学作为一门法学新贵，除了运用传统法学流派理论和理性思维来构建经济法的理论体系和指导经济法律实践，还应借鉴经济学、哲学、社会学、政治学等学科的研究成果和方法完善其理论体系。某种程度上，经济法既是自然法学派、分析实证法学派和社会法学派三大法学流派的理论结晶，也是对自然法、实在法和社会法最好的实践检验，而经济法学也是对三大法学流派理论与实践相结合的最好诠释。我国经济法学界以"市场""政府"和"社会"为经济法的三要素，以维护社会公共利益和协调平衡社会整体利益，确保社会经济秩序的公平、效益和安全为法益目标来构建经济法的理论体系，有别于德国和日本经济法学界以社会公共福利为目标的社会经济法。德、日经济法学界较狭隘的学术视野以及对经济法定位上的错位，使其经济法的理论研究走上了社会法的不归路，最终导致德日经济法学无路可循而走向衰落。

经济法作为一门新的法律部门，在制度建设上虽然取得了不少成就，并在理论研究的某些领域已取得一定共识，但目前国内外学界对经济法的概念尚未形成权威的定论，依旧众说纷纭未达成全面共识。目前国内经济法学者对于经济法的概念的表述达几十种，几乎每一个经济法学者都可以自拟一个经济法概念。国内学者比较主流的观点主要有"纵横统一说""需要国家干预说""国家协调说"、"国家干预说""国家调制说""国家调节说""社会公共性管理说"等。[1]以上主流观点之经济法"法律国家主义"倾向地认为经济法是调整"国家干预（或管理、协调、调制、规制）市场经济关系的法"，"国家是经济法的法律关系中的一方主体"，仅把"国家干预"视为政府干预或是行政干预，忽视了国家主体的抽象性。犯了认识论上的错误，混淆了本体与理念、整体和个体、一般和特殊、抽象与具体的关系。把经济法的理念当作具体的经济法规范，把抽象的国家作为具体的经济法主体，把法的概念简单化、具体化为经济法的概念，导致经济法理论研究陷入混乱与迷惘，经济法权责义无法落到实处的尴尬现实。经济法的"法律国家主义"使学者们对经济法理论研究陷入"权力控制"的怪圈，误入行政法思维模式的范畴，而忽略了经济法之经济法律规范内生逻辑的自洽性对经济法律关系的调整，如经济法对竞争者之间竞争关系的调整，对经营者与消费者之间消费关系的调整，是不以行政干预为前提的，是依经济法规范内在的法律逻辑的自洽性对经济法主体行为的规范和指引。而我国目前的经济法学界之"国家法律主义"容易导致经济法之政府控权法的逻辑思维示范，使经济法落入行政法之政府控权法的陷阱而迷失方向，舍本逐末忽略了经济法对社会经济秩序调整的根本任务，导致目前我国经济法学界的理论研究裹足不前难有新的突破。经济法学理论研究的不足和误区，使经济法不论在理论研究，还是实践中都面临着民法和行政法等其他部门法的挑战和诘难，举步维艰，构建新的经济法理论体系具有重要的意义也迫在眉睫。

五、本书的研究进路

本书从古今中外关于"经济"的基本内涵着手，分析"经济"所蕴含的"资源""管理"的内涵。结合经济法规范的基本特征，在借鉴其他学者研究成果的基础上重构了经济法的概念，并以此为逻辑起点对经济法的基本理论进行研究和探讨，以构建新的经济法学理论体系。基本内容如下：首先，以经济法对资源配置中的经济活动为切入点，明确经济法的调整对象和重构经济法概念，即经济法是为了维护社会公共利益，协调平衡社会整体利益，确

---

[1] 参见李昌麒主编：《经济法学》，法律出版社 2008 年版，第 48~52 页。

保公平、效益和安全的经济秩序，调整市场与政府在资源配置的经济活动过程中的市场行为和政府行为的法律规范。该概念主要是从经济法的法益目标出发来界定经济法的调整范围和调整对象的，企图破解目前主流经济法学中"法律国家主义"的经济法理念，明确经济法的法益目标在于维护或调整"经济秩序"而非"国家干预（或是管理、协调、调制、调节）市场关系"。经济法既授权也限权，经济法的任务主要是围绕"如何维护社会公共利益和协调平衡社会整体利益，确保公平、效益和安全的经济秩序"进行立法、执法、司法和守法，而不仅仅是"调整国家干预（或是管理、协调、调制、调节）市场经济"之法，明确经济法的"国家干预"仅是一种国家抽象行为，国家或政府并非经济法法律关系的一方主体，经济法是授权法同时也是限权法。其次，分析经济法对传统法律体系进行解构所形成的新的法律机制、法律价值目标、经济法的范示，以及法律关系主客体的法定化和类型化，经济法的权、责、利的配置特征及其社会责任新机制，并探讨经济法的法律调整机制、法律规范逻辑结构、法律体系等经济法学基本理论问题；然后，以法学理论为基础，借鉴经济学、社会学和哲学等学科的研究成果，从多视角来探讨经济法学对传统法学流派的融合，以及经济法的理性、经济法学的方法论、经济法的政府治理模式、经济法之回应型法和后现代法的法律特征，并理论联系实践，分析后危机时代经济法应对新自由主义复辟的经济法的法治路径。

本书在借鉴其他学者成果的基础上，从不同的视角重构了经济法的理论基础，并探讨了经济法理论研究的方法论，使经济法的理论研究与实践更紧密联系。在确保经济法学理论研究之法教义学本色的同时，注重经济法学与其他学科的交叉融合的社科法学的特性，以及经济法与政法法学的内在的根本联系，更好的诠释了经济法的法律特征和本质属性，以期能更深入地了解经济法的内涵，构建更科学更合理更周延的经济法学理论体系，促进经济法学科建立的同时，更好地服务于市场经济活动中的法律实践需要。

目 录
CONTENTS

经济法概念的厘清与重构

经济法学作为一门新的学科，其理论研究尚不成熟。经济法概念作为理论研究的逻辑起点和价值精髓所在，对经济法学理论体系的建构和经济法律体系的建设都具有重要的意义。目前，学界对经济法的理论研究存在一些误区，混淆了经济法理念与本体，具体与抽象的关系，错把经济法理念作为经济法规范，把抽象主体的国家作为经济法的具体主体，把抽象的国家行为等同于政府行为，导致对经济法调整对象界定上的混乱和迷惘，经济法总理与分论难通达的窘境。纵观古今中外经济以及经济法的内涵，明确界定经济法的概念，有利于经济法理论的构建和研究，为经济立法、执法和司治的经济法治建设提供理论依据，推动经济法学的发展。

第一节　经济法概念的概述

一、法律概念的意义

在一般意义上，概念是对象的属性在观念中的呈现，是思维的工具，无法被还原为语词，也不由语言来决定和穷尽。在法律语境中，法律概念的语义所指是作为制度性的法律事实的描述，纯粹规范上的推论分析无法赋予其意义。但法律概念在法律推理中发挥着首要功能，很多时候需要由解释者对法律概念的语义进行确证或具体化。特定法律概念是引发特定法律后果的前提，法律概念的语义构成目的论证界限，有时也会对后者施加论证负担。因此，法律概念是法律规范的基础，也是进行法律思维和推理的根本环节，法律概念在法学理论研究中具有重要意义。[1]在与人类社会有关的问题中，没有几个像"什么是法律"这个问题一样，如此反复地被提出来，并且由严肃的思想家们用奇特甚至反论的方式予以回答。[2]美国著名的法学家博登海默认为，概念是解决法律问题所必需和必不可少的工具。没有限定严格的概念，我们便不能清楚地和理性地思考法律问题。[3]概念是学科理论体系构建的基础，是认识和研究学科的逻辑思维起点和焦点，经济法的概念于经济法学也不例外。经济法学作为一门新的学科，其理论研究尚不成熟。"什么是经济法"同样是一直困扰经济法学界的最大难题，至今仍未达成具有权威性的经济法的定义，以至于此话题也成为其他部门法学者对经济法诘难和诟病经济法的一个梗阻。

二、经济法概念的价值

经济法概念作为理论研究的逻辑起点和价值精髓所在，对经济法学理论体系的建构和经济法律体系的建设都具有重要的意义。经济法学的诸多理论都是直接或间接地以经济法的概念为逻辑起点和进路构建其理论体系。[4]经济法概念作为经济法学理论思维的起点，决定着经济法的研究范围和理论体系建构。既是对经济法规范本质属性认识阶段和最高抽象成果的总结，也是继续探索经济法学科体系和理论的基础，在经济法学理论体系中始终居于纲领性的地位，引领着学科的发展方向。[5]厘清经济法概念有利于学科理论体系构建和制度体系的建设。有学者认为，经济法的功能决定了经济法学研究与其他部门法相比的非传统性，要求经济法学研究抛弃思维定势，即不能绝对地以研究民法、刑法、行政法的思路、方法和视角来研究经济法，应该基于对经济法与传统法律的差异认识，从市场经济与经济法的实践中去探寻经济

---

〔1〕 参见雷磊："法律概念是重要的吗"，载《法学研究》2017 年第 4 期，第 74 页。

〔2〕 参见［英］哈特：《法律的概念》，张文显等译，中国大百科全书出版社 1996 年版，第 1 页。

〔3〕 参见［美］E. 博登海默：《法理学：法律哲学与法律方法》，邓正来译，中国政法大学出版社 1999 年版，第 486 页。

〔4〕 参见肖江平："作为概念的'经济法'——聚焦于'经济法'语词的多视角研究"，载《当代法学》2004 年第 1 期，第 48 页。

〔5〕 参见薛克鹏："论经济法的范畴化及其体系"，载《首都师范大学学报（社会科学版）》2013 年第 6 期，第 2 页。

法特有的"问题与主义"。[1]

目前的经济法理论研究存在背离经济法作为法的规范属性的倾向，更多借助经济学成果的研究进路，以至于经济法的理论研究越来越背离法的本质显得华而不实，缺乏对现实问题的解决能力和解释力，难以建立相应的学科体系。学术研究和理论认知可以有不同的角度和方法，但客观存在是唯一的。经济法作为法学范畴，其理论研究可以有不同的视野和方法，对经济法的理论研究，包括经济法概念的提炼，不应该脱离法的轨道或者本质属性，在这一点上经济法与其他部门法没有本质的差异，经济法不可能在现行的法治体系外另辟蹊径。因此，经济法的概念或者定义的提炼和阐述也应该围绕其的法律规范性展开，高度概括经济法作为法的本质特性和价值理念。

第二节　经济法语境中"经济"一词的演变与内涵

研究经济法概念或是定义，至少应当研究"经济"语词，包括其语源、词汇表达、语义、训诂等。知悉了"经济"的内涵，对"经济法"概念的研究也就有了更明确的定位。既符合客观学术史的实际，又有助于提高论题研究的效率。[2]溯本及源，有助于更好地理解和界定"经济法"概念。

一、中文"经济"一词内涵及其演变

我国东晋时代（公元 4 世纪）已使用"经济"一词。"经济"语出《晋书·殷浩传》："足下沈识淹长，思综通练，起而明之，足以经济。"[3]"经济"一词自古释意为"经世济民"。是"经国""经邦""济世"和"济民"，"治国平天下"的意思。"经济"在中国古代文化和文学中也充满了丰富的社会内涵和人文思想，如古代名联"文章西汉双司马，经济南阳一卧龙"中的"经济"就是"经纶济世"的意义。"经世"者，谓治理国家，"济民"指救

---

〔1〕 参见应飞虎："问题与主义——对经济法学研究非传统型之探析"，载《法律科学（西北政法学院学报）》2007 年第 2 期，第 86 页。

〔2〕 参见肖江平："经济法定义的中国学术史考察"，载《北京大学学报（哲学社会科学版）》2012 年第 5 期，第 116 页。

〔3〕 （唐）房玄龄等撰：《二十四史·晋书·第七十七卷·殷浩传》，中华书局 1997 年版，第2042 页。

助百姓。宋以来"经济"不仅普遍使用，而且出现以此命名的不少书籍，如《宋史·刘颜传》载有《经济枢言》，《宋史·艺文志七》载有《经济集》12卷等。在清代，"经济"还指治国才能。如清代《睢阳袁氏（袁可立）家谱序》："与参由明经高第为沁源令，吏治明敏，清节著闻，秩满擢新宁守，才品经济尤为世重。"《红楼梦》第二十三回："宝玉听了，大觉逆耳，便道：姑娘请别的屋里坐坐吧，我这里仔细腌臜了你这样知经济的人。"在中国近代，"经济"还有耗费少而收益多，勤俭、节约、财力、物力之意。如鲁迅《书信集·致李霁野》写道："倘暂时在北京设一分发处（一个人，一间屋），就可以经济得多了。"郭沫若《洪波曲》第四章写道："打算在香港设一个第二制片厂，以便在海外容易取材而且经济。"丁玲《母亲》写道："小菡是一个没有父亲的穷小孩，她只能在经济的可能范围里读一点儿书。""经济"在中国典籍中是"经国济世""经邦济时""经邦济国"等的简称，汉籍中的"经济"偏于"政"和"治"。现代词汇"政治"更能准确诠注中国古代"经济"的概念。然而现代释义中，政治是经济的集中表现。[1]

现代汉语中"经济"一词源于19世纪下半叶的日本译法。[2]最初"economics"一词未经日文已曾直接被译到中国。1822年之后一百多年里"economy"与"economics"汉语译词作大概分类：①治家之道、齐家之道、家政；②国政、办理国家大事、治国之道、国制；③节用、节俭、俭省、节省；④理财、理财学、理财之法、银学；⑤富国之谋、富国之法、富国策、富国养民策、富国养民之学、富国学；⑥生计学、资生学、民生主义；⑦计学平准学；⑧经济、经济学。孙中山在《在上海中国社会党的演说》（又名《社会主义之派别与批评》）中，谈及"经济学"名词，在民国元年的演说中对"economy"之"经济"的译名在中国最终被确立并传播与普及。[3]我国"经济"一词从最初的"经国济世""经纶济世""经邦济时""经邦济国"到"治国才能""勤俭节约""财力物力"，历经了从"治国"到"自修""治理""财富""勤俭""实惠"等理念的发展和变化，越来越贴近现代"economy"一词的

---

〔1〕 参见叶坦："'中国经济学'寻根"，载《中国社会科学》1998年第4期，第62页。

〔2〕 参见周振鹤："十九、二十世纪之际中日欧语言接触研究——以'历史'、'经济'、'封建'译语的形成为说"，载《传统文化与现代化》1996年第6期，第50页。

〔3〕 参见方维规："'经济'译名溯源考——是'政治'还是'经济'"，载《中国社会科学》2003年第3期，第179页。

内涵。

二、英文 "economy" 一词内涵的演变

希腊思想家色诺芬（Xennophon，公元前 430 年至公元前 355 年）的《经济论》最先使用西文"经济"一词。其书名原是希腊文《οικουομικοζ》，又名《家政学》。一般认为，"οικοζ"解释为"家"，"νομοζ"是"支配"或"法律"的意思。"οικουομικα"原意是"家政（或译家庭、家务、家计）管理"。英文的"economy"就是从希腊文"οικουομικα"一词演变而来。古希腊奴隶制以家庭为生产单位，因此把组织管理奴隶的相关问题都列入"家政管理"范围。[1]约作于公元前 4 世纪末的伪亚里士多德（Pseudo-Aristotle）的《经济论》，以及近代学者威尔卡克（Wilcken）、安德里德斯（Andreades）、罗斯托夫采夫（M. Ros tov t zeff）等人的著作中都有"οικουομικα"的讨论。伪亚里士多德的《经济论》与色诺芬《经济论》一样，其中的"οικουομικα"一词也是指"家政管理"；后来指"公共财政"等问题，内容有所发展。[2]17 世纪之时，基督教家政学宣扬诸如"勤奋""节俭"等典范行为并视之为经济要义。18 世纪之前，作为包容经济生活整体并特指生活需求和物质生产的现代经济概念还没有形成，西方辞书中经济概念主要还是局限于家政范围，大部分辞书中的"经济"词条，其首要意义依然是"家政""家庭管理"。亚里士多德早在《政治学》中指出，经济是一种谋生术，现实中的政治无外乎谋取"收入"。

作为包容经济生活整体，并特指生活需求和物质生产的现代经济概念直到 19 世纪才真正确立。在承袭亚里士多德"政治"和"经济"并举之说的同时，家政与国治便被相提并论。"政治经济学"的概念主要译自英国崛达之助等人编纂的《英和对译辞书》和法国重商主义者蒙克莱田（Antoyne de Montchrétien）1615 年发表的《献给国王和太王后的政治经济学》。"政治经济学"一词首先见于《献给国王和太王后的政治经济学》，主要用于商业财务。被誉为最初的英和对译字典，便将 political economy 译作"经济学"。18 世纪英国重商主义后期经济学家斯图亚特（James Steuart-Denham）在他 1767 年发

---

[1] 参见叶坦："'中国经济学'寻根"，载《中国社会科学》1998 年第 4 期，第 63 页。

[2] 参见巫宝三主编：《古代希腊、罗马经济思想资料选辑》，厉以平、郭小凌译，商务印书馆 1990 年版，第 178 页，转引叶坦："'中国经济学'寻根"，载《中国社会科学》1998 年第 4 期，第 63 页。

表的代表作《政治经济学原理研究：或自由国家内政学概论》书名中继续沿用了"政治经济学"概念，把"政治经济学"变成为一个综合概念，涉及从农到商等范围。鉴于此，政治经济学概念的盛行，已经掩埋了家政经济的原始含义，扩展到"大"而"广"的经济范畴。西方经济理论中，几乎到处可以见到明确的政治经济学涵义，多半涉及经济的具体利益和各种力量的对比，以及经济的社会实践。政府经济概念的彻底突破和确立，则归功于亚当·斯密（Adam Smith）。他于1776年发表《国民财富的性质和原因的研究》（简称《国富论》），对政治经济学理论提出了许多科学见解，创立了以增进国民财富为中心思想的古典政治经济学理论体系，开辟了资本主义经济的自由发展道路。

19世纪，另一位杰出的英国古典政治经济学的代表李嘉图，于1871年发表的《政治经济学及赋税原理》，研究并阐明在社会各阶级间财富的分配规律。马克思1859年出版的《政治经济学批判》（1867年版《资本论》的副标题），结合德国哲学辩证法揭露资本主义生产关系的本质。杰文斯1886年的《富国养民策》在1879年再版序言中提出应当用"经济学"（economics）代替"政治经济学"。英国经济学家马歇尔（Alfred Marshall）1890年发表的《经济学原理》，其经济学理论改变了长期流行的政治经济学名称。现代实用经济概念并不是前现代家庭或个体经济的直接变体，而是更多的基于李嘉图之辈提出的整个社会和国家的经济关系。从19世纪中叶起，也许西欧的人们觉得"政治经济学"一词本身就不够经济，索性只用économie或economics，这或许也是中国人最终接受"经济"译名的真正原因。[1]现代经济的概念已取代家政经济的原始含义，更多是基于整个社会和国家的社会关系而产生的，代表各阶级利益的经济学概念，现代的"经济"还指价值的创造、转化与实现的一系列活动及成果，也指资源配置的过程。

三、经济法中"经济"的内涵

纵观"经济"或"economics"一词内涵的演变，中西方各有不同。西方的"经济"源于"家政"的微观管理，与中国"经济"之"经邦治国"宏观

---

〔1〕 参见方维规："'经济'译名溯源考——是'政治'还是'经济'"，载《中国社会科学》2003年第3期，第186~188页。

管理不同。[1]但古希腊的"经济"也有"领导""管理""安排""关怀"之意，与我国古汉语的"经世济民"涵义相近。区别在于：西方的"经济"概念先从"家"到"王室"而最终扩展到"国"；而中国的"经世济民""经邦济国""经国济世"自开始便应用于"国"或"邦"。[2]可见，古今中外"经济"的理念，不论是我国古代的"经世济民"，还是古希腊的"家政管理"，都蕴含着"管理"或是"治理"的理念，延伸到"财富""资本""勤俭""政策""民生"等内涵，从"济民"发展到后来政治经济学中的"国家"与"社会"的利益关系，都切合了现代"资源配置"理论。美国胡佛研究所（Hoover Institution）的高级研究员迈克尔·斯彭斯（Michael Spence）在美国经济学家埃莉诺·奥斯特罗姆获得诺贝尔经济学奖后评价她，认为其著作表明"经济学最终要解决的不是市场问题，而是社会资源分配和配置问题"。[3] 2007 年瑞典皇家科学院将诺贝尔经济学奖授予美国经济学家莱昂尼德·赫维茨（Lenonid Hurwicz）和罗杰·迈尔森（Roger B. Myerson）、埃里克·马斯金（Erics. Maskin），以表彰他们对创立和发展"资源配置的机制设计理论"作出的贡献。[4]《牛津现代高级英汉双解词典》对"经济"的解释是①节省，节俭；②理财，家政；③资源的管理和使用制度；[5]《现代汉语词典》对"经济"的解释为：①指社会物质生产和再生产的活动；②个人生活的用度；③用较少的人力、物力获得较大的成果；④治理国家。[6]《现代汉语词典》对"经济"的释义汇聚了中英文"经济"的内涵。纵观"经济"一词古今中外的演变，都包涵着"财富""治理""管理""分配"的理念，经济活动就是个资源配资的过程。从"经济"一词的广义上说，大社会当然是由所谓经济力量整合在一起的。但是当把这种秩序称为经济，例如我们所说的国民经济、

---

〔1〕 参见叶坦："'中国经济学'寻根"，载《中国社会科学》1998 年第 4 期，第 63~64 页。

〔2〕 参见方维规："'经济'译名溯源考——是'政治'还是'经济'"，载《中国社会科学》2003 年第 3 期，第 186 页。

〔3〕 Michael Spence, MarKets Aren't Everything, Forbes.com（October12, 2009）。转引自［美］雷切尔·博茨曼、路·罗杰斯：《共享经济时代：互联网思维下的协同消费商业模式》，唐朝文译，上海交通大学出版社 2015 年版，第 15 页。

〔4〕 参见郭其友、李宝良："机制设计理论：资源最优配置机制性质的解释与应用—— 2007 年度诺贝尔经济学奖得主的主要经济学理论贡献述评"，载《外国经济与管理》2007 年第 11 期，第 1 页。

〔5〕 《牛津现代高级英汉双解词典》，商务印书馆 1995 年版，第 372 页。

〔6〕 中国社会科学语言研究所词典编辑室编：《现代汉语词典》，商务印书馆 1996 年版，第 664 页。

社会经济或世界经济时，却会造成严重的误导，这已成为混乱和误解的主要根源之一。以至于把市场的自发秩序转变为一个得到精心管理的组织，使其服务于一个公认的共同目标体系的主要原因之一。从狭义上说，可以把经济称为家政，一家公司、一个企业，甚至政府的财政，都是一种经济，因此当然也是指对既有资源作精心的配置，使其服务于一系列统一的目的。因此，经济依靠严密的决策制度，决定着资源的不同用途。[1]

四、经济法概念之溯本求源

经济法概念源于 18 世纪的法国。1775 年法国空想社会主义者摩莱里（Morelly）在《自然法典》一书之经济法或分配法篇第 1 条，第一次使用了经济法的概念，第一次提出了国家参与社会分配的理念。摩莱里当时并未对经济法进行严格的界定，而是将"经济法"和"分配法"并列提出了"分配法或经济法"共 12 条的法律草案。经济法的理念就是萌发于社会的统畴分配，强调国家意志对社会分配的参与，基本准确地表达了经济法就是"规范社会分配活动"的思想。[2]1843 年，摩莱里获得另一位法国空想社会主义者德萨米（Dezamy）的支持和赞同。而另一位法国学者蒲鲁东（Proudhon）从部门法之间的关系对经济法进行解读，认为"经济法是政治法和民法的补充和必然产物"，但未能对经济法概念的内涵和外延进一步说明。德国法学家海德曼（Hedemen）1916 年在《经济学字典》中提出"经济规律在法律上的反映"的经济法定义，阐明了经济法和经济规律的关系，但未反映经济法作为独立的部门法应具有的本质属性。[3]早期的法德两国学者提出并定义了经济法的概念，明确了国家与社会经济生活的"干预"关系[4]。

---

〔1〕［英］弗里德里希·冯·哈耶克：《经济、科学与政治——哈耶克思想精粹》，冯克利译，江苏人民出版社 2000 年版，第 394 页。

〔2〕参见［法］摩莱里：《自然法典》，黄建华、姜亚洲译，商务印书馆 1982 年版，第 107 页。

〔3〕参见李曙光："经济法词义解释与理论研究的重心"，载《政法论坛》2005 年第 6 期，第 4 页。

〔4〕经济法相对于民商法和行政法等传统法而言是一种矫正型法，是对民商法主体滥用民事权利和行政执法主体违法行政的一种回应，是克服市场失灵和政府失灵的制度设计。经济法作为规范市场经济秩序的法律规范，应具有其固有的法律价值和规则范式。因为干预一词的内涵和外延都较有弹性，可以涵盖管理、监管、调制、协调、调制、调节等内容，因此，文中涉及到关于"国家或政府与市场关系"的表述时一律用"国家干预"或"政府干预""行政干预"代之，只是不同的语境用语的表达上会有所不同。

　　哈耶克认为，狭义上"经济是一种组织或安排，是人们在其中自觉地把资源用于一系列统一的目标。"[1]马克斯·韦伯认为：经济行动或活动就是"以经济为取向"，行动者和平运用资源控制权为主要动力，为了满足对"效用"的欲望的行动。现代市场经济的实质就在于审慎而有计划地获得控制与处置权，也是经济行动与法律之间关系的主要内容。任何类型的经济活动都要对控制与处置权进行某种事实上的分配。市场经济考虑的是如何通过产品的销售以货币形式偿付这些消耗；计划经济则会考虑是否能够提供必要劳动和其他生产资料而又无碍于满足其他被认为比较迫切的需要，两者经济行动的取向主要是针对经济的目的而选择，且从技术上在可供选择的目的之间以及在目的和成本之间进行权衡。[2]在西方的经济学发展史，都是围绕着市场与政府两只手对资源配置的辩论史。不论是亚当斯密的"自由放任"还是凯恩斯的"政府干预"都是基于市场与政府对资源配置的角力展开。所有的经济活动都是"市场看不见之手"和"政府有形之手"对资源配置的过程，且在资本主义发展的不同时期两只手交替作用，在不同的市场经济条件和社会经济制度下有所不同，并形成不同的经济关系。只有当这两只手协调并用时，现代经济法才能产生。[3]

　　自从有人类社会产生以来，经济关系就是在一定生产方式的基础上的生产、消费、交换、分配等广泛而复杂的诸种社会关系的总称。[4]在现代市场经济社会中则表现为市场经济关系。法律作为一种行为规范，是人们为建立理想的社会秩序而对社会关系进行调整的产物，即决定法律产生的直接原因是社会关系，包括政治关系、经济关系和家庭关系等。经济关系在由社会关系构筑起来的社会中具有根本性和普遍性的地位，在一定程度上说，经济关系构成了法律的本源。[5]马克思曾说："无论是政治的立法或市民的立法，都只是表明和记载经济关系的要求而已。"[6]因此，经济法所调整的内容，也应

〔1〕　[英] 弗里德里希·冯·哈耶克:《经济、科学与政治——哈耶克思想精粹》，冯克利译，江苏人民出版社2000年版，第124页。

〔2〕　参见 [德] 马克斯·韦伯:《经济与社会》，阎克文译，上海人民出版社2010年版，第156、160、161页。

〔3〕　刘文华:《走协调结合之路》，法律出版社2012年版，第321页。

〔4〕　参见潘静成、刘文华主编:《经济法基础理论》，高等教育出版社1993年版，第40页。

〔5〕　参见薛克鹏:"经济法定义研究"，西南政法大学2002年博士学位论文，第43页。

〔6〕　《马克思恩格斯全集》（第4卷），人民出版社2002年版，第121～122页。

该是围绕着市场与政府对社会资源配置的经济活动展开，经济法的法律关系是经济法在调整市场与政府在资源配置中所发生的经济关系或是社会关系，是一种资源配置关系，且受政治、经济、社会、文化、道德等多种因素综合影响。因此，经济法律规范时常表现为政治化、政策化、社会化和道德化的倾向，对经济法概念的界定也可能会超越法的规范本质，体现更多的利益和目标导向的价值选择，但经济法作为法律规范的本质属性是其本源，不应被异化或淡化。对经济法溯本求源，其概念的界定应该回归到经济法律规范如何调整社会资源配置的经济活动过程中的社会经济关系或社会经济秩序的轨道上，概括并揭示经济法的核心价值和终极目标。经济法学的研究也应该以经济法的概念为逻辑起点，并遵循法学研究的基本范示，围绕着经济法的立法、执法、司法、守法及其相关的其他社会经济法律现象的法学理论和内在的法律逻辑思维展开，去构建经济法学的理论体系。

第三节　经济法调整对象的解析

法律的调整对象，也就是法律规范所调整的社会关系，凡调整同一社会关系的法律规范就构成同一法律部门。[1]因此，法律的调整对象是区分不同部门法的重要方法。有学者认为将法律调整的社会关系及调整方法作为划分法律部门标准的理论是来自苏联的一种偏见。[2]随着社会不断发展变化，法律所调整的社会关系和调整方法愈益复杂化，部门法所调整的社会关系的交叉与模糊在所难免。[3]各部门法相互渗透，仅从调整对象和调整方法上很难完整准确地对各部门法进行区别和界定，但法律部门的划分仍是以"独立的调整对象"为标准，只是这一"独立"并不意味着"绝对专有"，而应理解为一种"共性"。至于这一共性是什么，为什么独立，则应根据现实的需要和历史的沉淀进行抽象。[4]比如，经济法和行政法都调整政府行为，经济法和

---

〔1〕 参见孙国华主编：《法理学》，法律出版社 1995 年版，第 292 页。

〔2〕 参见陈云良："傲慢与偏见——经济法的现象学分析"，载《法商研究》2009 年第 4 期，第134 页。

〔3〕 参见李昌庚："中国经济法学的困境与出路——兼对社会法等部门法划分的反思"，载《北方法学》2014 年第 5 期，第 84 页。

〔4〕 参见顾功耘、刘哲昕："论经济法的调整对象"，载《法学》2011 年第 2 期，第 60 页。

民法都调整市场行为，但各部门法适用的领域不同，即调整范围或对象不同。因此对各部门法调整对象的研究有利于相关法学概念的界定，以及明确各部门法的属性以及调整范围。

一、经济法调整对象认识上的困境

经济法学界对经济法调整对象的认识众说纷纭，但较主流的观点主要有"二元说""三元说""四元说"以及"其他多元说"。比如张守文教授的"二元论"包括市场秩序规制关系和宏观调控关系。[1]在"三元论"中，潘静成、刘文华教授认为经济法体系包括经济组织关系、经济管理关系、经济活动关系三大部分；[2]史际春教授认为经济法的调整对象是维护公平竞争关系、经济管理关系、组织管理性的流转和协作关系；[3]漆多俊教授认为经济法调整对象应该包括市场障碍排除关系，国家投资经营关系；宏观调控法关系。[4]"四元说"的多种主张中，杨紫烜教授认为"新经济法体系"，包括市场管理关系、企业组织关系、调控和社会保障关系。[5]李昌麒教授认为包括：微观经济调控关系（市场主体调控关系）、市场调控关系、宏观经济调控关系和社会分配关系。[6]徐杰教授认为包括：国民经济管理关系、经济协作关系、市场经济主体在内部经济管理中产生的经济关系和涉外经济关系。[7]其他多元说基本上是自说自话，已经背离了经济法的基本范畴。

纵观以上学者的观点，对经济法的调整对象基本达成共识的主要有市场规制关系和宏观调控关系，对经济法调整对象的其他社会关系尚存在不同的认识，对经济法概念的理论框架和边界都较为模糊，要获得一个完全统一、甚至表述一致的经济法概念尚存困难。经济法学界对经济法调整对象的界定各自为阵的自说自话，成了制约经济法学理论研究的瓶颈，也影响了经济法概念的界定，并因此被其他部门法学者诟病。不同的学者基于不同的视角和

---

〔1〕　参见张守文：《经济法原理》，北京大学出版社 2013 年版，第 59 页。

〔2〕　参见潘静成、刘文华主编：《经济法》，中国人民大学出版社 1999 年版，第 94~95 页。

〔3〕　参见史际春、邓峰：《经济法总论》，法律出版社 1998 年版，第 48 页。

〔4〕　参见漆多俊：《经济法基础理论》，武汉大学出版社 1998 年版，第 252 页。

〔5〕　参见杨紫烜："论新经济法体系——关于适应社会主义市场经济需要的经济法体系的若干问题"，载《中外法学》1995 年第 1 期，第 2~4 页。

〔6〕　参见李昌麒主编：《经济法学》，中国政法大学出版社 1999 年版，第 62~66 页。

〔7〕　参见徐杰主编：《经济法概论》，首都经济贸易大学出版社 2001 年版，第 45 页。

历史阶段对经济法的调整对象进行考察和结论难免有些偏颇，在此不作评论，但也可以从中提炼其共性，如经济法调整对象之市场秩序规制关系和宏观调控关系就是学界的共识。任何概念都具有主观性和相对性，是在特定历史阶段对客观事物的认识，基本反映了当时客观事物的属性，一定程度上有利于进行思维推演。基于不同视角，不同学者的观点可能得出不同的结论是理所当然的，这也才符合学术理论研究思维独创性的结果，关键在于如何整合各种理论观点，提炼出权威而有说服力的理论成果。

二、经济法调整对象的特性

经济法属性是经济法有别于其他部门法的重要指标，揭示经济法属性的途径有许多，如调整对象、调整方法、价值、功能和作用等，虽然每一种方法都能反映经济法规范与其他部门法规范的区别，但反映的程度和角度是不同的。[1]经济法独特属性包括调整对象上和调整方法上的独特性、经济法规则范式的独特性、价值目标的独特性，以及经济法定义的形式逻辑及其部门法体系中的种属概念等问题。经济法调整对象的界定是难点和重点也是经济法概念的核心，即从形式逻辑上明确经济法与其他部门法本质上的区别。根据属加种差的定义模式，就可能知悉其内涵，其概念的表达也就清楚了。[2]对经济法调整对象的理解，应该把握以下几个要点：

（一）经济法调整对象的秩序性

秩序是由各种自然规律、法律制度、社会规约、道德准则等行为规范约束协调下形成的和谐稳定的社会关系总和。社会经济秩序是指除了受自然秩序影响，还应受政治秩序、法律秩序、道德秩序、以及其他社会秩序制约的社会经济秩序，以下简称为"经济秩序"。经济秩序是在一系列经济法律法规、社会规约和道德规范的约束协调下形成的社会经济关系。经济秩序应遵守市场的自治秩序和法律秩序，并受到政治秩序、道德秩序以及其他社会秩序的影响。《宪法》第15条规定："国家实行社会主义市场经济。国家加强经济立法，完善宏观调控。国家依法禁止任何组织或者个人扰乱社会经济秩

---

〔1〕 参见薛克鹏："经济法定义研究"，西南政法大学2002年博士学位论文，第12页。

〔2〕 参见肖江平："经济法定义的中国学术史考察——侧重于经济法调整对象"，载《北京大学学报（哲学社会科学版）》2012年第5期，第116页。

序。"可见，我国《宪法》所规定的"社会主义市场经济""经济立法"和"宏观调控"明确规定了我国社会经济秩序的市场特性，并受法律监管和宏观调控，即我国的"社会经济秩序"的"市场自治""市场规制"和"宏观调控"是都受宪法保护的。因此，经济法并不能简单认为经济法是调整"国家干预""国家调制""国家协调"或"国家管理"市场经济的法，而应是维护"社会经济秩序的法"，简而言之，经济法的调整对象是"社会经济秩序"。结合经济法之"经济"的内涵及相关的法律规范，经济法的调整对象是经济活动过程中，在市场、政府和社会之间形成的"社会经济秩序"。政治、社会、道德和时事对经济的影响是显而易见的，但应尽可能减少其对经济秩序的干扰和破坏。经济秩序离不开法律的调整，经济法正是调整经济秩序的法，国家的经济立法，也应以维护经济秩序为核心。因此，经济法是为了维护社会公共利益，协调平衡社会整体利益，通过规范市场行为和政府行为，确保公平、效益和安全的经济秩序的法律规范。

经济学上的实体经济秩序成为了经济法学上的经济秩序的物质基础，并且根据实体经济中资源配置方式的不同，可以把社会经济秩序分为微观经济秩序、中观特别产业经济秩序和宏观经济秩序。微观经济中的市场自治秩序和市场规制秩序、中观特别产业或区域监管秩序和宏观经济领域的调控秩序，都旨在维持社会经济秩序持续、稳定、有序地发展。[1]因此经济法调整对象具体包括微观领域的市场秩序或是市场规制秩序、中观领域的特殊产业秩序、宏观领域的宏观调控秩序，对应的调整社会经济秩序的经济法也可以分为微观经济秩序法，也称市场秩序法或市场规制法、特别市场监管法[2]、宏观秩序法或宏观调控法。在微观经济领域，民商法所调整的市场自治秩序和经济法所调整的市场规制秩序共同形成了微观经济秩序，经济法的市场规制秩序是建立在民商法市场自治秩序基础上的制度构建，是对无序自治市场秩序的矫正或是规制。因此，经济法所调整的微观经济秩序是在遵守民商事主体意思自治的私法基础上，赋予行政机关对损害社会公共利益和破坏社会整体利益协调平衡，危害经济公平、效率和安全的自治秩序进行规制和矫正的法律

---

〔1〕 参见袁礼斌：《市场秩序论》，经济科学出版社1999年版，第3页。

〔2〕 根据学者关于区域法和领域法的相关界定，特别市场监管法可以包括区域经济法和领域经济法。

规范。而在宏观经济领域和特别经济领域，更体现了国家对经济秩序主观能动的干预，而且都是建立在对市场经济自治秩序一定程度限制的基础上，不过，也不能损害市场主体的合法自主权。

有学者认为：经济法是社会经济秩序保护之法，而不是社会经济秩序参与者保护之法。并认为现代市场经济条件下，社会经济秩序主要包括三个方面：第一，以市场机制为中心的自发秩序，即微观经济秩序或市场自治秩序；第二，以政府调控为辅助的宏观结构秩序，即宏观经济秩序；第三，市场机制难以完全发挥作用的特殊领域（包括公用事业、自然垄断行业和特别的产业、区域、领域）的发展秩序，即中观经济秩序或特别产业秩序。[1]经济法对经济秩序的调整，是为了弥补民商法对民事权利滥用损害社会公共利益保护不足，通过经济立法赋予国家机关对经济秩序的干预权，同时防止政府行政机关权力滥用侵害民商事权利的法律新机制，是对实践中传统民商法和行政法不能调整的经济秩序的一种制度上的回应。

（二）经济法调整对象的经济性

经济法调整的范围是"在资源配置的经济活动过程中"或是简称为"经济活动过程中"。目前学界普遍认同市场规制关系、市场监管关系、宏观调控关系是经济法的调整对象，但缺乏对调整范围即"在经济活动过程中"的明确界定，对其规制对象"经济秩序"也缺乏研究和理论构建。正如上文所述，现代"经济"就是关于市场与政府对社会资源的配置机制，而经济法就是调整市场与政府在资源配置中所产生的社会关系的法律规范。强调经济法是调整在"经济活动过程中"发生的社会关系，主要是为区别于社会法、行政法等其他部门法。只有明确经济法的调整范围的"经济性"，才能根据不同的社会经济发展的不同阶段的法益目标进行法律制度设计，如果混淆不同范围的法益目标，就会出现制度设计上的缺陷。经济法和社会法都强调社会本位的价值目标，但经济法是通过对经济活动中对市场行为和政府行为进行调整和规范，来维护社会公共利益和协调平衡社会整体利益，确保经济秩序的公平、效益和安全的。比如反垄断法、反不正当竞争法、广告法、价格法、银行法、财税法等。而社会法是通过公权力和社会权力的介入对社会资源的再分配来

---

〔1〕 参见刘水林："经济法是什么——经济法的法哲学反思"，载《政治与法律》2014年第8期，第90~91页。

弥补和平衡社会资源分配的不公，两者的切入点不同。社会法主要是对经济法、民商法所调整的市场和政府对资源配置结果的修正和补充。比如社会保障法、社会捐赠法、社会慈善法、社会福利法等。

经济法与行政法调整的范围不同，经济法对政府行为的调整是仅限于在资源配置中的经济活动中的政府行为，包括政府直接配置资源的调控行为，以及政府对市场资源配置的规制和监管行为，不同于行政法中政府对社会公共事务的管理行为，主要包括对公共教育、公共交通、公共安全和公共卫生等领域行政管理行为。因为社会经济发展变化日新月异，政府对市场配置资源的监管和其配置资源的方式也随着社会经济的发展与时俱进，各种经济政策和经济规章成为经济法规范的重要组成部分，而且根据社会经济的发展和目标不断的调整和变化。因此，经济法对市场行为和政府行为的规范和调整具有不确定性或灵活性。行政法所调整的社会公共事务是对公民基本权利和基本民生的保护，应具有稳定性，相应的行政行为和行政法不能朝令夕改。虽然经济法和行政法对政府行为的调整都应遵守行政程序法的相关规定，但因经济法对政府行为的调整范围与方法不同，经济法侧重于"经济领域"和"经济手段"，经济法对政府行为的概括性授权有别于行政法的法律保留原则的限权，经济法的行政自由裁量权的合理性原则的实质正义有别于行政法的程序合法性原则的形式正义。只有区分经济法与行政法所调整的不同领域或范围，才能适用不同的法律原则采取不同的调整手段，制定相应的法律规范。

（三）经济法调整对象的公共性或社会性

《民法总则》第 1 条规定："为了保护民事主体的合法权益，调整民事关系，维护社会和经济秩序，适应中国特色社会主义发展要求，弘扬社会主义核心价值观，根据宪法，制定本法。"可见，我国的《民法总则》也把"经济秩序"作为其法益目标，但经济法与民法对经济秩序的调整的具体法益目标和具体调整对象不同。根据《民法总则》第 2 条，民法要维护的经济秩序是"平等主体的自然人、法人和非法人组织之间的人身关系和财产关系"。这种经济秩序是一种自治秩序，旨在维护自由、平等和公平的经济秩序，维护的是个体正义的价值目标。经济法所调整的经济秩序是市场和政府在经济活动过程中，为了维护社会公共利益和协调平衡社会整体利益，通过规范市场行为和政府行为，确保公平、效益和安全的经济秩序，维护的是社会正义的价值目标。经济法所调整的经济秩序的法益目标在于维护社会的公平、效益和安全等公共性目标，与民法所调整的经济秩序的法益目标在于维护平等主体之间的自由、平等、公平的自治性不同。经济法和民法都追求公平的经济秩序，但经济法追求的是实质上的社会公平，体现为差别待遇的结果公平，民法上的公平是形式上的个体公平，强调平等和自由基础上的机会平等。因此，经济法应该是在经济活动地过程中，为了维护社会经济秩序，保护社会公共利益，协调各方社会整体利益关系，规范市场行为和政府行为，确保公平、效益和安全的经济秩序，是在市场、政府和社会关系中所作的一种制度安排。

三、经济法调整对象的具体内容

经济法对经济秩序的调整是通过规范市场主体行为和政府主体行为来实现其法益目标的。因此，对经济法主体的市场行为和政府行为的规范成为经济法调整的主要内容和具体对象。

（一）经济法对市场行为的调整

市场行为可以分为合法市场行为和违法市场行为，经济法对市场行为的调整有两个目标：即通过经济法规范内生的法律逻辑的自治性规范或引导合法的市场行为和规制违法的市场行为。经济法对经济秩序的调整，主要是为了引导市场行为和规制违法的市场行为。经济法为了维护市场经济秩序，通过立法规范市场主体的融资行为、投资行为、生产行为、销售行为、竞争行为等市场行为，并引导市场主体遵守相关的法律规定，对违法的市场行为进行处罚。正常的市场秩序下，经济法通过立法引导市场主体合法经营，市场主体依法享有经营自主权，只有当市场行为破坏或是影响正常的市场秩序时，经济法才对其进行规制，所以经济法为了维护市场秩序对违法的市场行为进行规制。市场经济秩序具有两种状态：有序状态与无序状态。市场的有序状态反映了市场主体之间稳定的利益关系，是市场主体在遵循社会共同承认的市场规则体系下，在市场经济活动中所形成的具有可预见性和稳定性的市场行为模式。市场无序状态即市场失灵的状态，反映的是市场主体之间非稳定的利益关系，是指市场主体违背社会共同承认的市场规则体系，在市场交易活动中所形成的具有非稳定性以及不可预见性的市场行为模式，市场秩序是有序与无序的辩证统一体。[1]

经济法对市场经济秩序的调整，主要是通过经济立法规范和引导市场行为确保有序状态，通过对无序状态的规制对市场失灵进行矫正。比如，反竞争行为、损害消费者权益的不公平交易行为、破坏价格机制的市场行为、偷税漏税行为都属于经济法调整的范畴。一般情况，对于微观市场自治秩序的有序状态主要由民商法调整，但有序的自治市场秩序的市场行为有赖于经济法的规范和引导。对于中观公共经济秩序或特殊产业经济秩序，是一种受管制的市场经济秩序，一般进行专门立法监管，其市场准入和市场行为都应依法进行，并接受监管部门的监督管理。对于宏观调控经济秩序，主要是经济法通过授权职能部门以经济政策、行政规章和政府规定等抽象的行政行为对市场行为进行引导，以实现特定的调控目标。如果没有经济法对市场行为的规范和引导，以及对违法市场行为的处罚，就难以确保公平、效益和安全的经济秩序。

（二）经济法对政府行为的调整

经济法视野下的政府行为包括政府对市场的规制行为、监管行为、宏观调控行为。首先，市场规制行为是经济法的行政执法行为。市场的逐利性和局限性等市场缺陷导致市场权利的滥用损害了社会的公共利益，比如市场权利滥用可能会导致环境保护、生态平衡、产品质量、消费者权益、不正当竞争、市场垄断、偷税漏税等法律问题破坏市场经济秩序，但仅依法官自由裁量的民事司法审判难以规制这些民商事权利的滥用，无法弥补市场权利滥用对社会公共利益所造成的损害，以至于经济法通过授权政府职能部门对市场违法行为进行规制以弥补民商法的局限性。因此，政府的市场规制行为是经济法授权政府职能部门的重要法律适用方式或行政执法模式，是经济法实现其法益目标的法治保障措施，这与民商法、刑法主要通过法院对法律适用解决法律问题不同，经济法的法律实施主体主要是行政执法部门而非法院，或者行政执法是经济法解决经济法律问题的优先或主要途径，但法院司法审判也是经济法律救济的最后法治保障。其次，市场监管行为是政府职能部门对具有社会公共性的特殊行业的监督管理行为。这些特殊领域关乎重要的国民

---

[1] 参见刘根荣：《市场秩序理论研究：利益博弈均衡秩序论》，厦门大学出版社2005年版，第22页。

经济命脉和民生基本保障，对其的市场准入或退出应该经过职能部门的审核批准，其经济活动中的市场行为应遵守严格的行业标准，并由政府职能部门依法对其进行监督管理，采取事前监管和事后处罚相结合的监管模式。再者，宏观调控行为是重要的政府经济治理模式。受行政法及行政诉讼法之法律保留和程序正义形式理性的限制，行政法难以适应瞬息万变的市场经济的发展。孟德斯鸠认为行政权的行使总是以需要迅速处理的事情为对象，政府部门时刻需要急速的行动，急事无法律。[1]洛克认为政府所有的权力，就是为社会谋福利，并认为因为世间常发生许多偶然的事情，严格呆板地执行法律反而有害，人民的福利是最高的法律。[2]丹尼斯·朗认为政府是民众为了保障他们自己权利而选择的代表团体，其作用仅在于为他们的福利进行活动。[3]

伴随着科学技术的突飞猛进，人类社会发展进入资本经济、网络经济、知识经济、虚拟经济等新经济时代，经济的金融化、资本化、网络化、社会化和全球化已不可避免。高度金融化、网络化、资本化、社会化和全球化的新经济模式关乎国民经济的发展，并涉及众多民众的利益和国民经济安全，这是政府为了维护公平、效益和安全的经济秩序必须干预市场经济的正当理由，也是经济法概括授权政府职能部门宏观调控权的重要依据。因此，经济法为了确保经济秩序的健康发展，授权政府职能部门对宏观经济和产业经济、区域经济进行宏观调控。宏观调控也成为政府重要的经济治理模式，或是资源配置方式。经济法是为了应对社会经济发展变化，确保公平、效益、安全的经济秩序而建立的一种新的法律机制。经济法对政府行为的调整是既授权也控权，但并非国内部分经济法学者认为的经济法是控权法。[4]经济法在对政府职能部门授权的同时，应建立相应的监督和问责机制防止行政权力被滥用。因此，经济法可以通过确定目标、选择规范手段、规定具体行为以及实施规则的责任，明确其社会角色和社会地位，对经济活动的市场和政府违法行为进行规制，从而弥补市场自治和政府干预的不足，矫正市场自治行为模

---

〔1〕 参见 ［法］孟德斯鸠：《论法的精神》，张雁深译，商务印书馆 1997 年版，第 160~161 页。

〔2〕 参见 ［英］洛克：《政府论》（下），叶启芳、瞿菊农译，商务印书馆 1964 年版，第 86，97 页。

〔3〕 参见 ［美］丹尼斯·朗：《权力论》，陆震纶、郑明哲译，中国社会科学出版社 2001 年版，第 32~42 页。

〔4〕 参见陈云良："从授权到控权：经济法的中国化路径"，载《政法论坛》2015 年第 2 期，第 159~160 页。

式和行为结构的缺陷，并规范政府行为。

四、经济法调整机制的特殊性

经济法是在克服传统民商法和行政法局限性的基础上构建的新的法律机制，经济法与民商法、行政法的法律调整方法虽然有联系但也有区别。特别是经济法与行政法的法律适用都是以行政执法为主，但经济法与民法、行政法的法律调整机制不同，主要体现在以下几点：

（一）法律渊源不同

因为社会经济发展变化日新月异，政府和市场对资源配置的经济活动也随着社会经济的发展与时俱进。为了适应社会经济发展变化的需要，经济法对市场行为和政府行为的规范和调整应具有灵活性或非确定性才能应对复杂多变的社会经济秩序，因此，各种经济政策和经济规章的软法成为经济法规范的重要组成部分，但这些软法规范不应该违反上位法。行政法所调整的是政府对社会公共事务或社会公共秩序的行政管理行为，比如公共安全、公共卫生、公共教育和公共交通等，是对公民基本权利和基本民生的保护，具有稳定性和确定性，相应的行政法规范不能朝夕令改，一般都制定了相应的法典。同样，民法所调整的平等主体之间人身关系和财产关系在特定时期内也具有相对稳定性和确定性，所以民法的法律渊源主要是法典。

（二）行政主体职能部门不同

经济法的行政主体与行政法的行政主体不同，职权和职责也不同。经济法的行政主体主要是对市场经济秩序享有规制、监管和调控职权和职责的行政机关，比如市场监督管理局、中国人民银行、银保监会、证监会、财政部、发改委等。而行政法的行政主体主要是依法进行公共事务管理的行政部门。比如公安部门、交通运输部门、卫生部门等。不同的行政机关，其行政职权职责和行政目标、行政手段都不同。经济法的行政机构为了公平、效率和安全的社会经济秩序，依法授权政府机构对市场行为进行规制、监管和宏观调控。行政法的行政机构是依法对社会公共秩序进行监管，确保社会秩序的稳定、安全、和谐发展。

（三）法律调整方式不同

法律调整方式指法律对权利、权力、义务、职和责任的配置方式。可分为积极的义务、允许和禁止三种法律调整的基本方式。法律调整的这三种方式互相结合，根据权利与义务的不同配置，形成十分复杂的配合式的调整方式。[1]为了回应社会经济发展的需要实现特定的行政目标的实质理性，经济法对行政主体一般是概括性授权，行政主体依法享有更多行政自由裁量权和行政立法权，特别是宏观调控权主要是抽象行政行为，有别于行政法对具体行政行为限权的调整模式，经济法的合理性原则的实质正义有别于行政法的程序合法性原则的形式正义。经济法行政主体的职责除了行政执法之外，还有积极的行政监管和行政调控，不同于行政法单一的行政执法模式。经济法的调整不以惩罚追责为目的，甚至采取积极的优惠和鼓励措施，比如产业政策。另外，经济法的市场主体的权利义务是由特定的法律规定的，具有明显的独特性和法定性，不同于民法的约定权利义务强调平等性。

（四）法律责任形式不同

经济法的法律责任集民事责任、行政责任和刑事责任为一体的综合责任，但行政法的法律责任是行政责任，民法的法律责任只是民事责任。另外，经济法的民事责任与民商法的民事责任不同，民商法的民事赔偿的归责原则是结果主义的损害赔偿原则，其赔偿责任以损害事实为依据，适用的是填平理论的事后补偿机制，而经济法责任的归责原则是行为主义的风险管控原则，其民事赔偿除了损害补偿之外，还可以是以惩罚为主的惩罚性赔偿。民法中的民事责任一般是相对责任，而经济法的责任除相对责任外还有连带责任。

（五）经济法的法律实施机制不同

传统的民商法和行政法的法律实施机制都是以法院司法审判为主的司法中心主义，司法是解决民事和行政案件的主要法律适用方式，并遵守法治原则。但经济法的纠纷解决主要以行政执法为主。另外，经济法和行政法的行政机关都享有行政执法权，但经济法的行政执法一般是基于特定的私法基础上的经营者与经营者的竞争法关系，经营者与消费者的消费关系的经济法律关系，或是为了维护特定经济秩序，或是协调整体社会利益。因此，经济法的法律实施机制主要是以行政机关主导，市场和个人、企业和社会其他组织共同参与的协调共治的政府治理模式。行政法为了维护公共秩序的稳定，行政机关依法强制行使其行政执法权，被执法的行政相对人原则上只能服从。

目前，国内经济法学界多数国家法律主义学者把经济法的调整对象简单

---

〔1〕 孙国华主编：《中华法学大辞典·法理学卷》，中国检察出版社 1997 年版，第 119 页。

归结为政府对市场的市场规制关系和宏观调控关系，强调经济法对"国家干预"或"政府干预"的规范，仅把经济法预设为程序法而非实体法。实际上，经济法的行政规制关系、行政监管关系和行政宏观调控关系既是经济法的实体法律关系也是程序法律关系。在市场规制关系中，市场主体依法享有法定的权利和义务，而行政机关依法享有规制权、监管权和宏观调控权，但都必须依法行使相应的权利和权力。国家法律主义混淆了经济法律关系之间的主体关系，误读了经济法的法律实施机制，把经济法律关系简单地解读为经济法的行政执法关系，经济法的行政执法主体也就当然地被作为经济法律关系的一方主体了，而忽视了经济法对市场主体之间竞争关系和消费关系、投资关系、保险关系等经济法实体法律关系的调整，即经济法中的法定私权关系。因此，经济法是实体法和程序法相融合的法律机制，经济法规范的内生法律逻辑关系是实体法律关系，这种实体法律关系既包括法定的市场主体的权利义务关系，也包括政府执法主体职权职责关系。就经济法的市场规制关系、市场监管关系和宏观调控关系而言，是市场主体法定权利义务实现的过程，也是政府职能部门或行政主体行使其行政职权和履行其行政职责的过程，是实体法律关系和行政执法程序法律关系的融合，但行政执法程序关系是以实体法律关系为基础。因此，对经济法的市场规制关系、市场监管关系和宏观调控关系，不能简单地解读为国家或政府一方与市场主体一方的法律关系，而应该根据经济法律关系的内容来确定经济法律关系主体，厘清不同经济法律关系中经济法主体的权、责、利、义，并建立相应的经济法律制度。

第四节　经济法概念的重构

经济法是新的部门法，经济法学更是一门新的学科。纵观世界经济法史，自其理念诞生至今也就200多年，在悠久的人类法制史上时间还很短，但需要其规范调整的社会经济关系日新月异，变化莫测。社会存在总是先于社会意识，但先进的社会意识可以预测并正确引导社会发展。经济法作为一门新的法律部门，在制度建设上取得了不少成就，并在理论研究的某些领域已达成了一定共识，但目前国内外学界对经济法的概念尚未形成权威的定论，依旧众说纷纭，有待于厘清与重构。

一、经济法概念的解析

我国从成立初期的计划经济到改革开放初期有计划的商品经济，再到社会主义市场经济，对于资源的配置就经历了从完全政府计划到政府计划为主，市场为辅的有计划的商品经济，再到市场与政府在不同领域分别配置资源的社会主义特色的市场经济。十八届三中全会提出了"市场在资源配置中起决定性作用"新的资源配置模式，为更全面开放市场，激活市场活力排除了障碍，也为在政府主导的领域引入市场机制发展混和经济模式树立了方向标。在不同历史时期伴随着国家对资源配置方式的不同，作为调整资源配置的经济法律制度也与时俱进地不断地调整变化。为了适应经济发展的需要，朝令夕改也成了经济法的一大特色。无可厚非地，经济法学的研究也要反应当时的经济法律制度以及社会经济生活的现状并烙上了时代的印迹，在不同的时期反映不同的法律意识和法律制度，而且是辩证发展的过程。回顾我国经济法学的研究历程及其所取得的丰硕成果，每一个学者的研究路径都是随着时代的潮流以及社会经济的变化，在探索和思考着最能实现市场机制和政府计划对资源配置最优的制度设计，并且是个不断否定之否定的过程。每一位为了经济法学理论研究而孜孜不倦的学者，不管其关于经济法的解读如何，都是基于那个时代的经济特色对客观存在的反映，很欣慰我国经济法学者在经济法学界百花齐放的学术争鸣和自由中取得的丰硕成果。虽然目前尚未形成权威的经济法概念，但人类对客观事物的认识是越辩越明，越接近真理。

关于法律的定义，哈特认为属加种差的定义形式是最简单和最能令人满意的，最常用来为法律下定义的一般性属概念是行为规则，然而规则的概念与法律的概念本身同样错综复杂。近似于把所有的法律制度的基本要素中各种不同类型的规则联合为一体，这种表达方式的用法就是由起联合作用的基本要素所决定的。[1]经济法的概念不是单一的法律要素可以囊括的，应该涵盖以调整对象为基础，反映其调整方法和价值目标的基本要素的组合。经济法属于法的范畴，因此是一种法律规则或是法律行为规范，不同于道德或其他行为规范。经济法脱胎于民法对权利滥用之无奈和行政法对行政权力扩张

---

[1] 参见 [英] 哈特：《法律的概念》，张文显等译，中国大百科全书出版社 1996 年版，第 16~17 页。

的乏力，是传统民法和行政法不能适应社会经济发展的必然产物，其调整对象正是民法和行政法力所不能的社会关系。经济法的调整对象和调整方法是经济法区别于民法、社会法和行政法的重要标志，只有明确了经济法的法律调整对象和方法，厘定经济法的概念才能避免经济法落入民商法和行政法的思维范畴，建立属于经济法及经济法学范畴的思维模式：即经济法通过对法律传统二元结构的解构和重构，政府、市场和社会成为经济法律关系结构中的三要素，经济法的基本原则和核心价值在于其社会本位原则，政府规章和经济政策等软法是经济法的主要法律表现形式，市场规制关系、市场监管关系和宏观调控关系是经济法的调整对象，其法益目标就在于经济法通过对资源配置的经济活动的市场行为和政府行为的规范和调整，维护社会公共利益和协调平衡社会整体利益，确保公平、效益和安全的社会经济秩序。

二、经济法概念的构建

综合学者对经济法概念的普遍共识，通过法理的疏理，结合现行经济法现象和经济法律制度，经济法的概念可定义为：经济法是在资源配置的经济活动过程中，为了维护社会公共利益和协调平衡社会整体利益，确保公平、效益和安全的社会经济秩序，调整社会经济秩序中的市场规制秩序、特别产业秩序和宏观调控秩序的法律规范。简而言之，经济法是调整资源配置的经济活动过程中的市场规制秩序、特别产业秩序和宏观调控秩序的法律规范。此定义可从四个层面进行解读。首先，经济法的调整范围是在资源配置的经济活动过程中。强调了经济法的适用领域，有别于其他部门法。其次，经济法的调整对象是社会经济秩序。包括市场规制秩序、特殊产业秩序和宏观调控秩序，调整的具体内容是规范市场规制秩序、特殊产业秩序和宏观调控秩序中的市场行为和政府行为。再者，其法益目标是为了维护社会公共利益，平衡协调社会整体利益，确保公平、效益与安全的社会经济秩序。最后，经济法是一种法律规范，体现了法的本质属性。因此和其他部门法规范一样，体现国家的意志，由特定的机关制定，依法对经济法主体行为进行规范和指引，并对违法行为进行处罚。经济法的概念是由多种基本要素组成的有机联系的整体，社会公共利益或者说社会本位是经济法规范的核心。经济法对个体利益的整体协调平衡不能损害社会公共利益，更不能为了追求经济效益而损害社会公共利益。比如不能为了 GDP 增长不惜破坏生态环境，但也不能为了所谓的社会公共利益而损害个体利益和公平正义。

在经济法的定义里强调其法益目标或价值是必须的。在经济法的制度设计中，对经济秩序的调整是以维护社会公共利益为原则，经济法对市场行为和政府行为的调整就是要强调对社会公共利益的保护。传统民法与行政法、刑法规范侧重于通过对当事人行为的规范和惩罚实现对特定法益目标保护，所以更侧重于"形式理性"。经济法是为了实现对特定法益目标的保护而规范具体的行为，追求的是"实质理性"。74 但经济法的制度设计，除了要规范市场行为和政府行为，满足社会经济发展的需要外，也应该遵守法的形式理性，不能为了实现特定的行政、政治、社会、道德目标而践踏程序正义。经济法作为实质法的特点决定了其不同于传统法律体系的法律构成和范式，但其更注重目的导向的使命可能导致其忽略了规则构建和程序正义，这恰恰成为制约经济法以及经济法学发展的根本原因。不论经济法的法律形式如何，终究不能离开其作为法的本质属性。因为，对经济法概念的构建必须回归其作为一种法律规范的本质，去提炼更符合其规则体系特色和结构层次的逻辑设计，使经济法概念能真正引领理论体系的建构和经济法律体系的建设。

经济法对经济秩序的调整机制

　　秩序是具有一定的控制性、连续性、一致性、可预见性以及确定性的社会状态，是社会关系的总和，是各种规范作用于社会关系而建立起来的有条不紊的社会生活的一种状态，是规范体系作用于社会关系的结果，是社会生活中各种关系的一致性、连续性、预见性和确定性的集合。社会秩序是指在一定规则体系的基础上社会系统运行所体现出来的有规律、可预见、和谐稳定的状态，是社会微观主体相互作用而产生的一种稳定、和谐的宏观现象。社会秩序受到政治秩序、法律秩序、道德秩序、国际秩序等要素秩序影响与制约。因此，法律是社会秩序和谐性、连续性、确定性和可预见性的制度保障，法律秩序就是遵守法律规则运行的一种社会秩序。当法律秩序与政治秩序、经济秩序、道德秩序和宗教秩序协调平衡时，社会秩序就能和谐、稳定和可持续地有序发展，否则社会秩序将遭到破坏。经济秩序是社会秩序的一部分，作为社会系统中重要的要素秩序，经济秩序是指社会经济运行或发展活动过程中一种具有连续性、一致性、可预见性以及确定性的经济状态，包括微观经济秩序、宏观经济秩序和特别产业经济秩序，而调整经济秩序的经济法相应地包括市场规制法、特别市场监管法和宏观调控法。经济秩序离不开法律的调整，经济法正是调整社会经济秩序的法，国家的经济立法，也应以维护经济秩序为核心，目标在于维护社会公共利益，协调平衡社会整体利益，确保经济秩序的公平、效益和安全。

第一节　社会经济秩序的解读

一、法律秩序的解读

（一）秩序的内涵

"秩序"是政治学说中最古老的概念之一，是一种能够使我们对未来产生期待和预测的状态，它不是指一种价值，而是指某些客观事实。[1]根据《现代汉语词典》所述，"秩序"一词，指有条理，不混乱的状况。[2]在《英汉大词典》中，作为名词形式，"order"的含义被归纳为31种，概括起来有三个基本含义：①顺序；②命令；③常规或法则。简要地说，秩序表示的是一种在服从或遵从基础上形成的稳定状态或情势。[3]《辞海》对秩序的解释，指整齐守规则的意思。国内外许多学者对"秩序"也有各种不同的论述。古希腊思想家柏拉图和亚里士多德等把因才定分，各守其分，循分服职，各得其所，和谐一致作为秩序的标准。古罗马思想家奥古斯丁把秩序界定为和平，认为万物的和平是一种被安排得很好的秩序。秩序就是有差异的各个部分得到最恰当的安排，每一部分都安置在最合适的地方。意大利中世纪最权威的思想家托马斯·阿奎那把封建等级制度看作是不可侵犯的秩序，断言整个世界就是一个在以上帝为最高主宰之下的严格的不可逾越的等级结构；一切事物都是按照社会等级从属关系一层统治一层地进行的，整个世界的等级系统是不可分割的、完全自然的、合理的。[4]美国著名法学家博登海默认为"秩序意指在自然进程和社会进程中都存在着某种程度的一致性、连续性和确定性"。[5]马克思认为，秩序是一定生产方式和生活方式的社会固定形式，因而是它们相对摆脱了单纯偶然性和任意性的形式。[6]张文显教授认为秩序意味

---

〔1〕　参见［英］弗里德里希·冯·哈耶克：《经济、科学与政治——哈耶克思想精粹》，冯克利译，江苏人民出版社2000年版，第342页。

〔2〕　参见中国社会科学语言研究所词典编辑室编：《现代汉语词典》，商务印书馆1996年版，第1624页。

〔3〕　参见杨雪冬："论作为公共品的秩序"，载《中国人民大学学报》2005年第6期，第71页。

〔4〕　参见张文显：《法的一般理论》，辽宁大学出版社1988年版，第93页。

〔5〕　参见［美］E.博登海默：《法理学：法律哲学与法律方法》，邓正来译，中国政法大学出版社1999年版，第228页。

〔6〕　参见《马克思恩格斯全集》（第25卷），人民出版社1973年版，第894页。

着在社会中存在着某种程度的关系的稳定性、结构的有序性、行为的规则性、进程的连续性、事件的可预测性，以及财产和心理的安全性。一定程度的社会秩序的存在是人类一切活动的必要前提。秩序构成了人类理想的要素。不过，由于时代和切身利益的不同，人们的秩序观——什么是秩序，为什么需要秩序以及需要何种秩序的观点是不同的。[1]

当然，在具体情况下，以秩序为取向的行动会涉及非常多样化的动机。具有正当性的秩序稳定，从经验上看，由传统型或权宜型动机的秩序取向过渡到信奉秩序的正当性是个渐进的过程。以秩序为取向的行动，可能并不像行动者们通常理解的那样仅仅表现为遵守该秩序的命令。即使在规避或者违反命令的情况下，命令仍被承认为有效规范，这样的概率也会对行动产生影响。对于社会学的目的来说，只要它在实际上决定着行动进程，就可以说都是有效的。一种特定秩序的有效和无效之间并不是严格的非此即彼。恰恰相反，在两极之间有一个逐渐的过渡。相互矛盾的秩序系统也会同时并存，只要存在着行动在实际上将要以它们为取向这样的概率，那每个体系就都是"有效的"。正当性秩序的类型：惯例与法律。一种秩序的正当性可以通过两个主要途径得到保障：价值理性的，由于信奉秩序的绝对效力，把秩序作为一种伦理的、美学的或者任何其他类型的终极价值，或是由于相信服从这种秩序即可得到救赎。从社会学观点看来，"伦理"标准就是被人们归入某种价值类型的标准，他们会把这种信念视为作用于自身行动的有效规范。一种秩序的正当性也能（或者仅仅）通过对特定外部影响的预期——即通过利益格局而得到保障。在某个社会群体中通行的、对于一种秩序本身的效力之信仰，应被归属到"伦理"的领域还是归属到单纯的惯例或者单纯的法律规范领域，对于经验社会学的目的来说，都不可能泛泛而论，必须相对于该社会群体所认为的"伦理"价值观的概念进行论述。正当性的基础：传统、信仰、成文法规。[2]因此，选择什么样的秩序，是由一个国家的社会法律制度以及社会客观情况所决定的。当上层建筑的社会法律制度适应社会的客观需求时，社会秩序就会稳定发展，否则就会导致社会秩序混乱。

---

〔1〕　参见张文显：《法的一般理论》，辽宁大学出版社 1988 年版，第 93 页。

〔2〕　参见［德］马克斯·韦伯：《经济与社会》，阎克文译，上海人民出版社 2010 年版，第 122、127 页。

综上所述，所谓秩序，一般指在自然界与社会进程运转中存在着某种程度的一致性、连续性和确定性。[1]秩序是由各种自然规律、法律制度、社会规约、伦理道德等行为规范约束协调下形成的和谐稳定的社会关系总和。因此，秩序是一个系统范畴，从系统论的角度来看，秩序反映的是系统的一种运行状态，是指系统各种构成要素在运行过程中所形成的状态的稳定性程度。通常所说的社会秩序系统是由政治秩序、社会秩序、经济秩序等子秩序要素组成。社会系统的各秩序要素各有不同的行为特点和运行规律，因而在各子要素秩序相互之间可能协调，也可能不协调。在系统运行过程中，当要素秩序之间或要素秩序内部协调时，系统形成的是稳定和谐的有序状态，即有秩序。当各秩序要素不协调出现矛盾和摩擦时，系统运行就会缺乏稳定性处于一种无序状态，即无秩序。总之，秩序是反映系统运行稳定性的一个标志。稳定则有序，有序便稳定。秩序变化有两种情况：一是从无序向有序的转变；二是从有序向无序的转变。通常这两种情况交替发生，使系统运行状态相对稳定。[2]秩序首先表现在这样一种状态中，其中受着社会其他成员影响的各种期待能在最大程度上得到实现。[3]因此，"秩序"是规范体系作用于社会关系而建立起来的有条不紊的社会生活的一种状态，是规范体系作用于社会关系的结果，是社会生活中各种关系的一致性、连续性、预见性和确定性的集合。

秩序具有以下特点：①秩序提供了行为规则。指引人们可以实施什么行为，必须实施什么行为，禁止实施什么行为，使人们的行为有序化，促使各方行为的和谐统一。②秩序有利于形成公开的行为模式或标准。人们可以依此来预测自己的行为是否符合规则，也可依此评价他人的行为，防止行为的冒险及盲从，规范社会行为。③秩序的规则具有强制性。任何有违秩序规则的行为都会受到惩罚，秩序因而得以维护和保障。[4]"秩序"作为一种社会关系的意义在于，社会行为可以平均地、大致地取向于一些可确定的"准则"

---

〔1〕　参见［美］E. 博登海默：《法理学——法哲学及其方法》，邓正来、姬敬武译，华夏出版社1987年版，第207页。

〔2〕　参见袁礼斌：《市场秩序论》，经济科学出版社1999年版，第3页。

〔3〕　参见［英］弗里德里希·冯·哈耶克：《经济、科学与政治——哈耶克思想精粹》，冯克利译，江苏人民出版社2000年版，第126页。

〔4〕　参见阮防："法律的价值目标——富有正义、效率的秩序"，载《法学》1994年第7期，第6页。

时，且这些准则至少对一部分行动者来说也显得是具有示范性或约束性，因而是具有有效性。合法秩序是一种仅仅出于目的合理性动机才被人遵守的秩序。在合法地调节的行动中，合法秩序不仅仅建立在通过对相应价值的内在化而根植于内心之中的规范性共识之上，而是只要它的有效性不是通过相应的内在制裁（如害怕失去神灵之物、羞耻感和内疚感）和自我约束能力而得到维护的，它就需要外在的保障。在这些情况下，一种社会秩序的合法性期待将通过约定或法律而得到稳定。〔1〕因此，社会秩序是指在一定规则体系的基础上社会系统运行所体现出来的有规律、可预见、和谐稳定的状态，是社会微观主体相互作用而产生的一种稳定、和谐的宏观现象。社会秩序受到政治秩序、法律秩序、道德秩序、国际秩序等要素秩序影响与制约。因此，秩序是具有一定的控制性、连续性、一致性、可预见性以及确定性的社会状态，或者社会关系的总和。

（二）法律秩序的形成

凯尔森则把法律与秩序等同，认为"法是人的行为的一种秩序（order），是许多规则的一个体系（system）"，"法律是一种强制性秩序"，"法律秩序是一个规范体系"，"法律秩序，尤其是国家作为它的人格化的法律秩序，因而就不是一个相互对等的、如同在同一平面上并立的诸规范体系，而是一个不同级的诸规范的等级体系"。〔2〕法律意义上的秩序的规范性效力与任何经验过程之间，确实不存在因果关系，对于社会学来说，与法律不同的是，这仅仅是个主观上信奉秩序效力的概率取向，它构成了有效秩序本身。〔3〕社会秩序根据具体的运用条件把价值具体化、使它与给定的利益立场合为一体，并用这种方式赋予规范性行为样式以实在性。〔4〕在法治社会，法律与秩序联系非常紧密，法律是秩序的保障，秩序是法律的根本目标，也可视作法律的基本要素和基本特征，即法律具有"秩序性"，这种秩序性既体现于它的静态的规则体系和结构上，也体现于它的运行过程之中的规范作用，还体现于它的

---

〔1〕 参见 ［德］哈贝马斯：《在事实与规范之间：关于法律和民主国的商谈理论》，童世骏译，生活·读书·新知三联书店 2003 年版，第 83 页。

〔2〕 参见 ［奥］凯尔森：《法与国家的一般理论》，沈宗灵译，中国大百科全书出版社 1996 年版，第 3、124、141 页。

〔3〕 参见 ［德］马克斯·韦伯：《经济与社会》，阎克文译，上海人民出版社 2010 年版，第 124 页。

〔4〕 参见 ［德］哈贝马斯：《在事实与规范之间：关于法律和民主国的商谈理论》，童世骏译，生活·读书·新知三联书店 2003 年版，第 81 页。

运行结果。[1]

在合法性信念中预设着的理想有效性条件，尽管不是充分条件，但构成了一种法律秩序的社会有效性的必要条件。因为法律秩序是"合法秩序"，它们虽然没有将理念和利益天衣无缝地结合在一起，但通过理念来诠释利益，也使理由和有效性主张具有了事实性功效。[2]法律秩序具有多维性，现代法律规则及实施都容易脱离社会现实经验和其正义理想。只有把法律秩序的多种维度当作变项，才能对法律进行彻底的研究。[3]埃利希理论的视角是自下而上地从社会到国家，强调社会是法律发展的重心，法律是依附于社会的因变量（dependent varible）。埃利希同样从法律秩序的角度界定法律，[4]但是此种秩序并非法律在国家强力保障下型塑社会形成的秩序，而是组成人类社会之所有团体固有的内部秩序，即"活法"。当出现争端时，法官则以活法为依据进行审判。因此，也可以说法律是国家生活、社会生活、精神生活和经济生活的秩序，但不是唯一秩序。与法律并行的还有其他许多有同等价值的、在某种程度上或许更为有效的秩序。事实上，假如生活只由法律来规制，那么生活必定变成地狱。法律以外的规范并非始终不渝地被遵守，但在相同的程度上，法律规范也是如此。最后，对现存秩序的违反经常不仅仅单纯是暂时或局部的无序，它也常常意味着一个新的发展阶段的开始。[5]

在庞德的法律概念中，法律是自变量（independent variable），将法律秩序视为法律概念逻辑顺序中"第一种意义上的法律"，"当说'尊重法律'或'法律目的'的时候，'法律'这一术语便意指法律秩序"。[6]在庞德看来，法律秩序的达成即意味着法律目的的实现。从实用主义的立场出发，庞德将

---

〔1〕 参见吕世伦、邓少岭："法律·秩序·美"，载《法律科学（西北政法学院学报）》2002年第2期，第5页。

〔2〕 参见［德］哈贝马斯：《在事实与规范之间：关于法律和民主治国的商谈理论》，童世骏译，生活·读书·新知三联书店2003年版，第85页。

〔3〕 参见［美］诺内特、塞尔兹尼克：《转变中的法律与社会》，张志铭译，中国政法大学出版社1994年版，第1~2页。

〔4〕 参见［奥］欧根·埃利希：《法社会学原理》，舒国滢译，中国大百科全书出版社2009年版，第61页。

〔5〕 参见［英］罗杰·科特威尔：《法律社会学导论》，潘大松等译，华夏出版社1989年版，第46页。

〔6〕 参见［美］罗斯科·庞德：《法理学》（第1卷），邓正来译，中国政法大学出版社2004年版，第17页。

法律视为一种社会控制的工具。因此，达成法律秩序和实现法律目的的手段是系统地运用政治组织的强制力规制人之活动和调整人际关系，即在国家强制力保障之下对社会进行干预和控制。因此，法律秩序的任务就在于决定其中哪些应被承认与保护，和应在什么范围内加以承认与保护以及在最小限度的摩擦和浪费的条件下给予满足。当法律秩序已经认定和规定了它自己要设法加以保障的某些利益，并已授予或承认了某些权利、权力、自由和特权作为保障这些利益的手段以后，它就必须为使那些权利、权力、自由和特权得以生效而提供手段。为此目的，法律秩序所使用的手段包括惩罚、特殊补偿、替换补偿以及预防措施。法律秩序在很大程度上必须以整体方式行动，法律规则必然具有一般的、大体上是绝对的适用性，法律制度应该制定得很完备，法律还经常需要道德支持，否则会限制和阻碍通过法律秩序保障的那些因道德上的考虑或社会理想表明其应受正当保障的全部利益。[1]现代社会法律秩序成为一种最重要、最有效的社会控制形式，但在法律发展的初期——我们称之为前法律阶段或原始法阶段，宗教、法律和道德不分彼此地混杂在一种简单的社会控制中，这种社会控制在时间上先于政治组织。法学家们所称的法律秩序，是通过有系统地有秩序地使用政治组织社会的强力来调整社会关系和安排社会行为，以做出司法或行政决定的权威性资料为根据或指示，比如财产法或契约法。[2]

卢埃林认为，以庞德为代表的、之前的法律思想局限于一种"救济、权利和利益"的视角，"权利"和"利益"等法律概念仅仅是某种"语词"而无法真正反映社会的"实践"。在最原始的法律发展阶段，规则几乎等同于救济规则。救济是很少且是特定的，法律规则就是对这些救济的描述。卢埃林在法律领域发现了一种不同的秩序：即救济是有目的的，是为了保护权利或是实体权利。[3]法律的目的是制定各种法律规范，把有序关系引入私人和群体的社会交往、经济活动以及政府机构的运作之中，从而形成法律秩序。法律秩序具有连续一致性、普遍性、明确性的特点，并通过国家的强制力来调

---

〔1〕　参见［美］罗斯科·庞德：《通过法律的社会控制》，沈宗灵译，商务印书馆2012年版，第22、29、75、82、114、119页。

〔2〕　参见［美］罗斯科·庞德：《法律与道德》，陈林林译，商务印书馆2015年版，第23页。

〔3〕　See Karl Llewellyn, "A Realistic Jurisprudence-The Next Step, Columbia k", *Reim.* V01. 30, No. 4（Apt. , 1930）, p. 437.

和经济愿望和社会现实之间的差距，从而保证了各种社会关系的协调和有序。不过法律秩序在满足社会和经济生活和谐的同时，也必须谨防法律秩序由于其过于具体、明确而导致社会受到法律秩序的刻板约束和滞后现象的发生。因此，道德秩序在弥补法律秩序的固化上不可或缺。[1]因此，法律秩序是指由法律建立和保护的人们相互间关系的有条不紊的状态或由法律所保护的社会秩序，从法律的角度出发存在于法律社会中的人、机构、关系、原则和规则的总体，同社会秩序、政治秩序、宗教秩序和其他秩序并存。法律秩序也包括法律原则和规则等，没有法制或没有遵纪守法的制度不可能有良好的法律秩序。[2]法律秩序是社会秩序系统的核心，各种法律的调整与秩序的规范性、预见性和确定性是一脉相承的，是秩序的内在规定性在法律领域内的延伸。法律调整应以实在法作为现实基础，并以理性的形式合理描述法律秩序的结构要素，表现出可预见性和确定性。[3]因此，法律是社会秩序和谐性、连续性、确定性和可预见性的制度保障，法律秩序就是遵守法律规则运行的一种社会秩序。当法律秩序与政治秩序、经济秩序、道德秩序和宗教秩序协调平衡时，社会秩序就能和谐、稳定和可持续地有序发展，否则社会秩序将遭到破坏。

二、经济秩序的经济法解读

（一）经济秩序的内涵

马克思认为经济活动是一切社会活动的基础。[4]卢曼也认为一切经济行为都是社会行为，因此所有的经济总是具有社会特征的。[5]哈耶克认为，狭义上"经济是一种组织或安排，是人们在其中自觉地把资源用于一系列统一的目标"。[6]正如帕森斯和斯梅尔瑟所言，经济是完整社会的一个子系统。[7]

---

〔1〕 参见李建华、张善燚："市场秩序、法律秩序、道德秩序"，载《哲学动态》2005 年第 4 期，第 41 页。

〔2〕 参见邹瑜、顾明总主编：《法学大辞典》，中国政法大学出版社 1991 年版，第 12 页。

〔3〕 参见杨力："法律秩序的概念分析"，载《南京社会科学》2003 年第 11 期，第 59 页。

〔4〕 参见《马克思恩格斯选集》（第 1 卷），人民出版社 1995 年版，第 585 页。

〔5〕 参见［德］N. 卢曼：《社会的经济》，余瑞先、郑伊倩译，人民出版社 2008 年版，第 2 页。

〔6〕 参见［英］弗里德里希·冯·哈耶克，《经济、科学与政治——哈耶克思想精粹》，冯克利译，江苏人民出版社 2000 年版，第 124 页。

〔7〕 参见［美］塔尔科特·帕森斯、尼尔·斯梅尔瑟：《经济与社会》，刘进等译，华夏出版社 1989 年版，第 14 页。

经济活动是社会生活的前提，也是在社会关系和文化规则的制约下进行的。"经济原则"与"社会原则"互动的基础可理解为"社会经济秩序"，"社会"就是"经济"的母体，可简称为"经济秩序"。在近乎"理想类型"的意义上可将经济秩序分为伦理经济、国家经济、市场经济和社会经济。在时间上，它们之间并没有明确的区分，只是在不同经济发展时期其重要性不同。可以将传统社会注重道义原则的经济秩序称为伦理经济，主要以道德规范来维持经济秩序；计划集体主义时代的经济秩序称为国家经济，是以政府强权来维持经济秩序；放任的"市场自我调节"为主的经济秩序是市场经济，是以市场意思自治为主形成经济秩序；而尊重"市场自我调节原则"，并强调"社会自我保护原则"的经济秩序是社会经济，是以"市场原则"和"社会原则"为基础建立一个和谐稳定的"市场社会"的社会经济秩序。因此，经济秩序同时包含"道德约束"的道义原则、"政府本位"的政治控制原则、经济效用最大化的"个人本位"的市场原则和"社会本位"的社会公共利益保护的社会规则，只是在不同的经济秩序中的"道义原则""政治原则""市场原则""社会原则"哪个更具有基础性地位。这是基于经济秩序"关系论"而非"实体论"的理解，后者主要是从经济学的角度在生产要素配置和约束交易行为的意义上理解经济秩序。在市场经济条件下，道义原则虽然存在，但市场原则越来越成为社会的评价标准。在市场经济引领社会经济的时代，不应仅以"市场原则"的单一化标准去要求和衡量所有社会经济领域，应该重新审视"社会原则"的重要性，以及其如何维护社会公共利益和促进社会经济的协调平衡发展。应重视伦理经济以弥补市场经济效用最大化原则的缺陷，并关注政治原则对社会经济的影响。[1]因此，在社会经济建设上，对经济秩序的维护应注重道德秩序对市场自治秩序的缺陷的弥补，以及政治秩序对经济秩序的影响，并要明确经济秩序的社会原则。

　　经济秩序是社会秩序的一部分，作为社会系统中重要的要素秩序，经济秩序是指社会经济运行或发展活动过程中，一种具有连续性、一致性、可预见性以及确定性的经济状态，包括微观经济秩序、宏观经济秩序和特别产业经济秩序。经济秩序具有抽象性和可感知性，能赋予各经济主体一定程度的

---

〔1〕　参见王建民："经济秩序的变迁——对四种经济秩序的社会学分析"，载《天津社会科学》2010年第4期，第48、52页。

可预见性，增强了各经济主体对其及其他主体行为的预期能力，经济主体行为的连续性、一致性和确定性在以经济秩序为载体的基础上才能体现出来。经济秩序的可感知性说明人类在其经济活动中可以认识、把握、利用和改造经济秩序。经济组织或经济社会的各种规则并非直接形成秩序，而是经济秩序的保障条件，是经济秩序得以实现的一种手段、方式。社会控制的基础是应该能够适应产生法律来加以满足的心理需要，这种需要的要因之一便是强制力。正如霍布斯说过的，没有武力作后盾的契约是无效的。[1]如果没有国家合法强制力对经济资源控制权的支持，即如果形式上的"合法"权利没有国家强制力的支持，任何经济系统都将难以为继，现代经济秩序更其如此。就实践目的而言，经济行动就是在各种目的之间进行审慎选择，然而这种选择是以当前就能得到或者为了各种目的而可能得到的手段的稀缺程度为取向的。现代经济需要一种敏锐的、其功能可以预期的法律制度，一种由最强大的强制权力予以保障的法律制度。在很大程度上法律保障都是直接服务于经济利益的，经济利益也是影响法律创制的最强大因素。任何保障法律秩序的权威，都要以某种方式依赖于构成性社会群体的共识性行动，而社会群体的形成在很大程度上要依赖于物质利益的格局。[2]因此，经济秩序是在一系列经济法律法规、经济政策、社会规约和道德规范的约束协调下形成的社会经济关系。经济秩序应遵守市场的自治秩序，并受到政治秩序和社会规约、道德约束等其他社会秩序的影响。[3]政治对经济的影响是显而易见的，但应尽可能减少政治对经济秩序的干扰和破坏。经济秩序离不开法律的调整，经济法正是调整社会经济秩序的法，国家的经济立法也应以维护经济秩序为核心，目标在于维护社会公共利益，协调平衡社会整体利益，确保经济的公平、效益和安全。

（二）经济法视野下的经济秩序

1. 欧肯对经济秩序的解读

弗莱堡学派即德国的新自由主义学派，其思想内核是秩序自由主义，经济秩序作为整个弗莱堡学派所秉持的核心概念，也是其学术领袖欧肯重点探

---

[1] [美] 罗斯科·庞德：《通过法律的社会控制》，沈宗灵译，商务印书馆2012年版，第108页。

[2] [德] 马克斯·韦伯：《经济与社会》，阎克文译，上海人民出版社2010年版，第158、453、456页。

[3] 参见李建华、张善燚："市场秩序、法律秩序、道德秩序"，载《哲学动态》2005年第4期，第41页。

讨研究的基本范畴。在《经济政策的原则》一书中，欧肯认为经济秩序的定义指一个国家的经济秩序是由企业和家庭在其中相互结合、各自实现的形式整体构成的，并认为任何一项经济政策措施都只有在经济运行过程的整个经济秩序框架内才有意义。为使经济秩序完善并合理地调节整个经济过程，有必要使所有个别的秩序政策，不管是国家规定的贸易政策、价格政策、信贷政策，还是约定俗成的形式都相互配合。[1]欧肯还认为，无论是古埃及的经济、古罗马的经济、中世纪法兰西的经济，还是今日德国的经济，甚至任何时代、任何地方的经济，每一农民、地主、商人、手工业者、工人，以及其他社会成员的任何经济计划、任何经济行动，都发生于某个经济秩序的范围内，并且只有在当时的这个秩序的范围内才有意义。历史上给定的、实证的某些经济秩序可能是坏的，但没有秩序根本就不能进行经济活动。这就是说，经济秩序提供了经济活动的舞台。特定的经济秩序既是经济活动展开的前提条件，同时也会对经济活动构成限制。对经济活动的理解，不能只看到农民、商人等各种经济主体的活动，同时还要看到社会整体性的经济秩序。

　　欧肯一方面强调了经济秩序在时间维度上的变迁，不同的时代有不同的经济秩序，同时也强调了经济秩序在空间维度上的差异，如德国、中国以及任何国家的经济秩序都是不同的。概括地说，任何经济秩序都是特定时空条件下的经济秩序。因此，要注意时间、空间对经济秩序的规定与约束。各种局部的经济秩序总是互相交错，它们共同构成了整体性经济秩序的不同环节，这种整体秩序就是一个时代的经济秩序，经济秩序需要从内部结构上予以认知。经济秩序常常是在当时的自然环境的范围内在外交和国内政策以及经济事件的过程中，在没有全面的秩序计划的情况下发展起来的。虽然古代和近代的许多国家、中世纪的许多城市都通过它们的经济政策影响过它们的经济秩序的建立，可是这些地方的经济秩序仍然是"生成的"秩序，即自治经济秩序。与"生成的"经济秩序形成对应的是"设立的"经济秩序。所谓"设立的"经济秩序，是以主观建构的秩序原则作为基础的经济秩序，更强调国家意志对经济秩序的干预。经济秩序原则是人们主观建构的"秩序原则"，且

---

　　[1]　参见［德］瓦尔特·欧肯：《经济政策的原则》，李道斌译，上海人民出版社 2001 年版，第11、27 页。

应当适用于整个经济领域或部分经济领域。[1] 真实的经济秩序和纸面上的法律秩序并不是完全一致的。经济秩序的发展也经常反过来影响法律秩序的形态。只要法律秩序在经济上关系重大，并产生了重大的影响，它的形成通常就是为了对某些现存的经济事实进行塑造，立法者和司法者还试图用规则和判决改造已经存在的经济秩序。更有甚者，法律规则常常是直接由一个经济秩序中的经济过程的实施者制定的。[2]

欧肯的法律经济学思想的启示在于：首先，经济秩序具有多要素的复杂性，还有时空的阻隔性，以及国家的差异性，世界上没有一成不变和可以完全复制的经济秩序，每个国家不同时期都有着不同的经济秩序，应视具体的社会经济条件和基础建立相应的经济秩序。其次，讨论了经济秩序的两种生成机制：即"生成的"和"设立的"两种经济秩序状态。这两种不同的经济秩序的生成机制，具有不同的法理意义：自然生长而成的"生成的"经济秩序，意味着没有经济宪法介入的经济秩序；"建构设立的"的经济秩序，则是根据经济宪法设立的经济秩序，或者说"建构设立的"经济秩序正是经济宪法的产物，或是国家干预的结果。最后，明确了国家意志对经济秩序干预的必要性。就经济秩序而言，自由竞争经济其实也是"国家在场"的经济秩序。自由竞争的经济秩序并不是"国家不干预经济"的产物。相反，恰恰是在国家确立了私有制、契约自由、竞争规则等经济宪法原则的背景下，才形成了自由竞争的经济秩序，自治的市场秩序也是国家通过经济宪法干预的产物。没有国家对私有制原则、契约自由原则、竞争原则的确认，并不能形成自由竞争的经济秩序。民事私有财产权、契约自由、竞争自由的背后，都体现了国家意志，也是国家干预的结果。但同时也通过经济立法，规定市场主体自主经营权的契约自由、竞争自由和私人财产权不能侵害社会公共利益，也不能侵害其他社会成员的权利和破坏社会经济秩序。因此，不论是"生成的"市场自治经济秩序，还是"设立的"国家干预经济秩序，其实都是"国家在场"的经济秩序，只是"生成的"经济秩序是国家对"自治秩序"的承认，而"设立的"经济秩序是国家主动对经济秩序的构建。欧肯的这种观点，不仅有助

---

〔1〕 参见喻中："在经济宪法与经济秩序之间——欧肯法律经济学思想的理论逻辑"，载《中国政法大学学报》2016 年第 5 期，第 6、7、9 页。

〔2〕 参见〔德〕瓦尔特·欧肯：《国民经济学基础》，左大培译，商务印书馆 1995 年版，第 94~96 页。

于重新思考国家与市场的关系，也有助于重估"无政府主义""最小国家"等相关理论的价值与意义。[1]但欧肯的"国家在场的经济秩序"主要是强调立法机关和司法机关通过对规则的制定和适用来影响经济秩序，这与国内主流经济法学者认为的经济法是国家对市场经济进行的行政干预，国家或是政府一方必然是经济法一方主体的国家法律主义的经济法的理论构建有本质的不同。

2. 经济法对经济秩序的解读

19 世纪末以来，世界各国经济发展的历史说明，一国整体经济发展问题的关键是经济能否持续、稳定和有效发展，而这一问题的解决在于能否形成良好的经济秩序。而经济秩序的生成是道德、习惯、法律等制度运行的结果，其中法律制度尤为重要。19 世纪以来，随着社会运动的深入发展，"个人本位"确立了权利绝对主义的私权神圣，也导致了自治的滥用，给社会公共利益带来了损害，也影响了社会整体利益的协调平衡的发展，甚至引发经济危机，破坏经济秩序。经济垄断、不正当竞争、消费者权益保护、产品安全、劳工权益维护、环境保护、生态文明、贫富分化、经济可持续发展等社会经济问题的出现严重影响社会经济秩序的稳定发展。不论是经济问题的解决还是经济发展目标的实现都有赖于和谐稳定的社会经济秩序，但面对问题丛生的社会经济现实，经济的发展仅依靠市场自治秩序已难以维系。因此，经济法作为社会经济秩序保护之法也就应时而生。经济法对社会经济秩序的调整，经济学上的实体经济秩序成为经济法学上的经济秩序的物质基础，并且根据实体经济中资源配置方式的不同，可以把社会经济秩序分为微观经济秩序、中观经济秩序和宏观经济秩序。微观经济中的市场自治秩序或市场规制秩序，中观经济特别产业监管秩序或公共经济秩序，宏观经济领域的宏观调控秩序都旨在维持社会经济秩序的持续、稳定、有序地发展。[2]对应的调整社会经济秩序的经济法也可以分为微观经济秩序法，也称市场秩序法或市场规制法、特别产业监管法和宏观经济秩序法或宏观调控法。在微观经济领域，民商法所调整的市场自治秩序和经济法所调整的市场规制秩序共同形成了微观经济秩序，而且经济法的市场规制秩序是建立在民商法市场自治秩序基础上的制

---

〔1〕　参见喻中："在经济宪法与经济秩序之间——欧肯法律经济学思想的理论逻辑"，载《中国政法大学学报》2016 年第 5 期，第 15 页。

〔2〕　参见袁礼斌：《市场秩序论》，经济科学出版社 1999 年版，第 3 页。

度构建。因此，经济法所调整的微观经济秩序是在遵循民商事主体意思自治的私法基础上，赋予行政机关对损害社会公共利益和破坏社会整体利益协调平衡，危害经济公平、效益和安全的自治秩序进行规制和矫正的法律机制。而在宏观经济领域和特别产业经济领域，更体现了国家对经济秩序主观能动的干预原则，而且都是建立在对市场经济自治秩序一定程度限制的基础上的，不过，也不能损害市场主体的合法自主权。经济法对经济秩序的调整，是为了弥补民商法对民事权利滥用损害社会公共利益保护的不足，通过经济立法赋予行政职能部门对经济秩序的干预权，同时防止政府行政机关权力滥用侵害民商事自治权利，是对实践中传统民商法和行政法不能调整的经济秩序的一种制度上的回应和矫正。

第二节　经济秩序的类型

在现代市场经济条件下，社会经济秩序主要包括三个方面：第一，在微观经济领域以市场机制为中心的自发秩序或市场自治秩序；第二，在中观经济领域市场机制难以完全发挥作用的特殊产业秩序，包括公用事业、自然垄断产业、支柱产业和民生产业等领域的经济秩序；第三，在宏观经济领域以政府调控为辅助的宏观经济秩序或宏观调控秩序。[1]

一、微观经济秩序或市场自治秩序

（一）市场自治秩序的内涵

在现代市场经济体系中，市场秩序也称为市场自治秩序，是指以明晰的产权为基本制度，以价格体系为资源配置的基本机制，以自由有效竞争为结构特点的市场经济体系，在配置资源中所呈现出来的有序、稳定、收益共享、竞争适度、交易公平、结构合理的利益和关系的和谐状态。美国学者罗伯托·安格尔把建立在法定基础之上的"自由社会的自治的法律秩序"看作是由政府建立和执行的许多明确规则构成的"科层法"和部分代替了体现社区认可的关系和惯例的"习惯法"两种法律形式的完美平衡的综合体。通过把它作

---

〔1〕　参见刘水林："经济法是什么——经济法的法哲学反思"，载《政治与法律》2014 年第 8 期，第 90~91 页。

为一种独立于政治秩序的法律秩序，自由的法律秩序就提供了一个能够解决冲突的"各方同意"场所，它的合法性也依赖于这种表面上的自治。[1]因此，市场自治秩序是在适当的法律规则的限制之下，市场自发的力量形成的秩序。虽然保证了一种更全面的秩序和对各种具体环境更全面的适应能力，但是也意味着这种秩序的具体内容不会服从严密的控制，而是大大地受着偶然因素的左右。法律规则的架构，以及一切有助于形成市场秩序的制度，只能规定它的普遍性或抽象性，而不能决定给具体的个人或群体带来的具体结果。虽然它的正当性在于它为一切人增加了机会，并且使每个人的处境大大取决于自身的努力，但是它也使每个人或群体受制于不可预知的、无论任何人都无法控制的环境。"秩序"一词所具有的拟人化的含义，易于掩盖一个基本的真相：力求通过安排和组织建立一种社会秩序（即为具体的要素指定专门的功能或任务）的所有自觉的努力，是在一个更为广泛的自发秩序中产生的。[2]一种秩序之所以最初是以自生自发的方式形成的，乃是因为个人所遵循的规则并不是刻意制定的产物，而是自生自发形成的结果，但需要强调的是，人们却逐渐学会了如何改进这些规则。因此，自生自发秩序的形成乃是完全以刻意制定的规则为基础的，必须把由遵循规则而产生的秩序所具有的自生自发特性与基于这种秩序建立的规则所具有的自生自发性起源区别开来。在人们所实际遵循的规则中，只有一部分是刻意设计的产物，如一部分法律规则（但是即使是法律规则，它们也不都是刻意设计的产物），而大多数道德规则和习俗却是自生自发的产物，即便是那种以人造的规则为基础的秩序，也可能会具有自生自发的特征。[3]

市场自治秩序是在价格机制和道德教化中，任何私人或市场主体都在追求自身利益最大化的市场秩序。这种市场秩序是一种利益共享、合作且富有效率的经济秩序。这种秩序最终的目标在于为社会分工、社会协作、社会交换和社会创新创造一种合作、竞争、和谐的环境，以便市场主体能够在合作

---

〔1〕　参见［英］罗杰·科特威尔：《法律社会学导论》，潘大松等译，华夏出版社1989年版，第328页。

〔2〕　参见［英］弗里德里希·冯·哈耶克：《经济、科学与政治——哈耶克思想精粹》，冯克利译，江苏人民出版社2000年版，第244、360页。

〔3〕　参见［英］弗里德利希·冯·哈耶克：《法律、立法与自由》，邓正来、张守东、李静冰译，中国大百科全书出版社2000年版，第67页。

中创造共享利益。各种经济主体的利益目标是来自分工、合作、交换和创新的收益，在本质上具有相容性和互补性，利益实现的途径是在市场机制调节下的分工与协作体系，因此具有强烈的自愿性和合作性，利益分配的方式是按照要素贡献进行的，因而具有相当的效率性和公平性，各主体间所追求的符合规则的利益并不存在必然的冲突。因此，市场秩序是一种富有道德的利益和谐的秩序，市场主体能通过自主的协商解决利益的分配问题。[1]

市场自治秩序具有如下特征：一方面，有序的市场秩序是按照平等、自由、公平、效率、安全、诚信的市场原则建立的市场自治秩序。市场秩序作为一种规则约束下的自由秩序，体现为交易的自由、合作的自由及选择的自由，各种市场经济主体都可以依法以实现自己利益最大化进行决策，且不受制于其他任何主体。有序的市场秩序中，任何经济主体都会在遵守市场规则的基础上，按照利益最大化的理性原则构建自身的行为模式。另一方面，市场秩序运行模式具有稳定性。一般而言，市场秩序运行模式的稳定性有三个层次的含义：一是市场主体的行为模式具有可预期性和稳定性，这种稳定性和可预期性主要来自于市场竞争规则，即任何偏离这种行为模式的行动都注定在市场竞争中处于不利的位置，并将最终被市场竞争所淘汰，并受到相应的法律制裁。二是交易秩序和交易规则具有自我维持和自我调整的特性。在市场自治秩序中，市场主体通过平等协商来维持交易秩序，也可以通过协商来修改交易规则以适应社会经济环境的变化，确保经济秩序的稳定。三是市场交易秩序基础上的社会结构具有稳定性。和谐的市场秩序的稳定性不仅要求交易规则具有稳定性，还需要社会整体结构具有稳定性。

（二）经济法对市场自治秩序的调整

市场自治秩序的本质在于它是一个自由、效率、公平、利益共享、合作协调且具有自我纠错和自我维持的和谐稳定的经济秩序。市场秩序应是在正常合法利益的诱导下，各种社会经济主体遵守各种维护市场秩序的法律法规及其他社会行为规范的产物。

市场秩序的和谐首先是利益和谐。主要体现在以下几个方面：一是私利与公利的和谐。指市场主体不得滥用民事权利损害社会公共利益，而行政机

---

〔1〕 参见纪宝成："论市场秩序的本质与作用"，载《中国人民大学学报》2004 年第 1 期，第27 页。

关依法保护公益时也不能侵害市场主体的民事私利。二是不同私利的和谐。即市场主体在追求自身私利的最大化时，不能损害其他市场主体的利益，而应协调平衡社会整体各方的利益。三是不同利益主体的利益和谐。市场主体可以通过市场体系的生产、交换、分配和消费体系实现来自分工、合作、交换的收益，以及按照各种要素主体的贡献实现个体利益的分配，各主体间所追求的符合规则的利益并不存在必然的冲突，排除了那种没有利益创造的利益分配以及有害于利益创造的利益掠夺，市场主体在各种内部约束和外部约束下不会追求非法或不合理的收益，也不会出现政治力量严重侵蚀经济秩序，政府不与民争利。因此，和谐的市场秩序往往有各种利益分配机制，通过利益的协调，使各种社会主体保持相对的平衡性，防止社会财富的两极分化及由于两极分化导致的社会不稳定。

市场秩序和谐是关系的和谐。[1]市场秩序关系的和谐主要体现在以下几个方面：一是各种法律关系的和谐，即各种规范市场主体行为的规则之间冲突很少，市场主体不会因为不同规则的差异和冲突而导致法律关系的混乱。二是法律关系与社会关系的和谐。市场交易必须有相适应的社会伦理基础，以减少正式规则与非正式规则之间的冲突。三是经济关系与政治关系的和谐。即政治关系在服务于经济关系的同时，不会成为经济关系运转的障碍，不存在经济主体或政治主体利用政治关系牟取租金的现象。四是个体与社会的关系和谐。个体利益应该尊重社会公共利益和服从社会整体利益，不能为了谋取私利损害社会公共利益和破坏社会整体利益的协调平衡。市场秩序作为一种利益共享、合作且富有效率的秩序，意味着这种秩序最终的目标在于维护社会公共利益，协调平衡社会整体利益，确保经济秩序公平、效益和安全，为社会分工、社会协作、社会交换、社会创新和社会发展创造一种合作、竞争、和谐的市场环境。[2]要构建和谐的市场秩序，应在尊重市场自治秩序的基础上，完善经济法治建设和加强道德约束，提高行政治理能力。充分协调各种社会利益冲突，重构和引导各种利益分配机制，从根本上使社会经济主体无法从扰乱市场秩序、损害其他经济主体的利益中获得收益。

---

〔1〕　参见纪宝成：“论市场秩序的本质与作用”，载《中国人民大学学报》2004 年第 1 期，第 26、27、28、29、30、31 页。

〔2〕　参见李建华、张善燚：“市场秩序、法律秩序、道德秩序”，载《哲学动态》2005 年第 4 期，第 40 页。

1993 年中共中央《关于建立社会主义市场经济体制若干问题的决定》规定：改善和加强对市场的管理和监督。建立正常的市场进入、市场竞争和市场交易秩序，保证公平交易，平等竞争，保护经营者和消费者的合法权益。坚决依法惩处生产和销售假冒伪劣产品、欺行霸市等违法行为。提高市场交易的公开化程度，建立有权威的市场执法和监督机构，加强对市场的管理，发挥社会舆论对市场的监督作用。治理市场秩序的关键应当是在完善的经济法治建设、行政治理及和谐的社会经济关系的基础上，进行利益关系的重构和协调，消除各种经济主体之间、政府部门之间及政府与各种社会经济主体之间的利益冲突，从而实现利益和谐以及利益和谐下市场秩序的有序性。而在实践中，由于市场缺陷，市场秩序的无序不稳也就在所难免。市场秩序可以保证个体经济秩序的有序化，但不足以使社会经济实现公正、效率和安全的和谐目标。政治秩序、道德秩序、市场秩序、法律秩序在现代社会中形成了不可分割的纽带共同维系社会经济秩序。政治秩序是对经济秩序的体制上的保障，决定了社会经济模式，是市场自治秩序的基础，但应避免政治秩序对市场秩序不必要的干预。道德秩序是一种利益关系的人性和谐，但离不开市场经济的支撑和法律的保证。法律秩序是市场自治秩序的制度保障。因此，为了规范市场经济秩序的不足，应通过经济立法来维护市场秩序。经济立法的目的就是制定各种法律规范，把有序关系引入市场秩序从而形成经济法律秩序。[1]经济法律秩序可以有效保证社会制度的供给，对维护经济秩序具有重要意义。为了规范市场经济秩序，通过经济立法矫正民事法律的不足，并授予政府对市场经济的干预权，充分发挥政府的职能，对社会市场失灵进行干预和修复。经济法通过对无序市场秩序的矫正，维护社会公共利益，协调平衡社会整体利益，确保经济秩序公平、效益和安全。

二、宏观经济秩序

（一）宏观调控语词的辨析

"宏观"的英文是"Macro"，它来源于希腊文"makros"，原本是"大"的意思。挪威经济学家拉格纳·弗里希（Ragnar Frisch, 1895~1973 年）最早

---

〔1〕 参见李建华、张善燚："市场秩序、法律秩序、道德秩序"，载《哲学动态》2005 年第 4 期，第 41、44 页。

在 1933 年使用了"宏观经济学（Macroeconomics）"一词。凯恩斯于 1936 年出版的《就业、利息和货币通论》一书奠定了现代宏观经济学的理论基础，建立了宏观经济学的基本体系。经济学界一般认为，宏观调控（Macro-economic Control）等于宏观经济调控，调控的主体是政府或国家，客体是国民经济的总量，主要是指总供给、总需求、总价格、总就业量等，手段是货币和财税等。[1]西方没有宏观调控、宏观调控法、宏观调控权等相应的概念，这些概念是我国特殊背景下的产物，但并不意味着属于我国所独有。相反，宏观调控是一切现代国家市场经济的共同基本特征。[2]"宏观调控"一词最早出现于 1984 年中共中央《关于经济体制改革的决定》中规定了"越是搞活经济，越要重视宏观调节，越要善于在及时掌握经济动态的基础上综合运用价格、税收、信贷等经济杠杆，以利于调节社会供应总量和需求总量、积累和消费等重大比例关系，调节财力、物力和人力的流向，调节产业结构和生产力的布局，调节市场供求，调节对外经济往来，等等"。1989 年第七届全国人大第二次会议《坚决贯彻治理整顿和深化改革的方针》的政府工作报告中指出：建立健全必要的经济法规以及宏观调控体系和监督体系，积极推进社会主义商品经济新秩序的建设。1993 年中共中央《关于建立社会主义市场经济体制若干问题的决定》规定，"社会主义市场经济必须有健全的宏观调控体系。宏观调控的主要任务是：保持经济总量的基本平衡，促进经济结构的优化，引导国民经济持续、快速、健康发展，推动社会全面进步。宏观调控主要采取经济办法，近期要在财税、金融、投资和计划体制的改革方面迈出重大步伐，建立计划、金融、财政之间相互配合和制约的机制，加强对经济运行的综合协调"。我国 1993 年《宪法》第 15 条增加规定，"国家加强经济立法，完善宏观调控"。在此之后，宏观调控作为国家干预宏观经济的方式已经被我国宪法确认。随着我国市场经济的改革发展，宏观调控相关理论研究和实践运用也不断深化和发展。2003 年，中共中央在《关于完善社会主义市场经济体制若干问题的决定》中对宏观调控体系做了如下的表述：进一步健全国家计划和财政政策、货币政策等相互配合的宏观调控体系。2011 年，全国

---

〔1〕　参见李昌麒、胡光志："宏观调控法若干基本范畴的法理分析"，载《中国法学》2002 年第 2 期，第 12 页。

〔2〕　参见邢会强："宏观调控权研究"，载《经济法论丛》2003 年第 2 期，第 208 页。

人大通过的《国民经济和社会发展第十二个五年规划纲要》在阐述"加强和改善宏观调控"时指出要加强财政、货币、投资、产业、土地等各项政策协调配合，提高宏观调控的科学性和预见性，增强针对性和灵活性，合理调控经济增长速度，更加积极稳妥地处理好保持经济平稳较快地发展、调整经济结构、管理通胀预期的关系，实现经济增长速度和结构质量效益相统一。2015年10月26日至29日，中国共产党第十八届中央委员会第五次全体会议审议通过了《中共中央关于制定国民经济和社会发展第十三个五年规划的建议》（以下简称《建议》）规定了创新和完善宏观调控方式、手段、目标和范围。规定"创新和完善宏观调控方式。按照总量调节和定向施策并举、短期和中长期结合、国内和国际统筹、改革和发展协调的要求，完善宏观调控，采取相机调控、精准调控措施，适时预调微调，更加注重扩大就业、稳定物价、调整结构、提高效益、防控风险、保护环境。依据国家中长期发展规划目标和总供求格局实施宏观调控，稳定政策基调，增强可预期性和透明度，创新调控思路和政策工具，在区间调控基础上加大定向调控力度，增强针对性和准确性。完善以财政政策、货币政策为主，产业政策、区域政策、投资政策、消费政策、价格政策协调配合的政策体系，增强财政货币政策协调性。运用大数据技术，提高经济运行信息及时性和准确性。"

综观我国不同时期关于"宏观调控"的表述，与西方经济学中的宏观经济从内涵和外延上都不尽相同。在我国，经济学界关注得较多的宏观经济调控，通常与政府规制、管制、调控、监管经济的不同方式不作区分，一般将政府所有的"经济干预行为"都概括为"宏观调控"。[1]因此，"宏观调控"经常被认为是具有中国特色的，用来诠释中国经济发展和改革过程中政府解决重大经济问题，以及政府与市场之间关系的一个重要的关键词。不论是从实践中的宏观调控措施，还是从宏观调控的语源和发展都可以看出，我国的宏观调控具有以下几点内涵：①宏观调控是国家维护经济秩序的重要手段。不论是对宏观经济领域的经济秩序的直接调控，还是微观经济领域通过经济政策鼓励、限制和禁止来引导经济秩序进行间接调控，以及对特别产业进行专门监管，都旨在维护国民经济秩序稳定和谐的发展。因此，我国法律文件和实践中的宏观调控是广义上的宏观调控，虽然根本上还是侧重从总量或全

---

[1] 参见刘志铭："论政府干预微观经济的法治规则"，载《学术研究》2003年第8期，第33页。

局上来干预国民经济的发展，但也包括政府对各种经济秩序的干预行为，不同于西方宏观经济学中的宏观经济政策。②宏观调控既调整"总量"，也调整"结构"，不仅"谋全局"，也"谋一域"。[1]我国的宏观调控不仅是运用计划、财政政策和货币政策等对经济总量进行调控，也包括通过各种产业政策、区域政策、投资政策、消费政策、价格政策等经济政策和行政措施对产业结构和地域经济秩序进行引导和调节。③宏观调控的复合性。根据2015年中共中央第五次全体会议审议通过的《建议》中"创新和完善宏观调控方式"的规定：首先，多种调控方式。按照总量调节和定向施策并举、短期和中长期结合、国内和国际统筹、改革和发展协调的要求来完善宏观等多种方式来调控经济。其次，多种调控手段。采取相机调控、精准调控措施，适时预调微调的调控手段，完善以财政政策、货币政策为主，产业政策、区域政策、投资政策、消费政策、价格政策协调配合的政策体系，增强财政货币政策协调性，运用大数据技术，提高经济运行信息及时性和准确性。再者，多种调控目标。注重扩大就业、稳定物价、调整结构、提高效益、防控风险、保护环境的调控目标，并依据国家中长期发展规划目标和总供求格局实施宏观调控，稳定政策基调，增强可预期性和透明度，创新调控思路和政策工具。最后，不同领域的特别调控。减少政府对价格形成的干预，全面放开竞争性领域商品和服务价格，放开电力、石油、天然气、交通运输、电信等领域竞争性环节价格。建立风险识别和预警机制，以可控方式和节奏主动释放风险，重点提高财政、金融、能源、矿产资源、水资源、粮食、生态环保、安全生产、网络安全等方面风险防控能力。因此，我国的宏观调控除了宏观经济政策的调控，还包含国家或政府直接或间接干预微观经济和特别产业经济领域的市场行为的调控，国家调节经济的目标方面，还包括总供给、经济结构、产业结构的调节；在调控的手段和工具方面，还包括投资、产业、土地、补贴等经济手段和工具以及必要的行政手段治理经济，与西方国家的宏观经济政策又是不同的。[2]

任何单一产品、单个市场的问题，都是微观问题，政府对这类问题进行干预有时具有一定的合理性，但这是微观经济的政府干预而不是宏观经济领

---

[1] 参见王新红："在经济学与经济法学共同话语下界定宏观调控"，载《华东理工大学学报（社会科学版）》2012年第2期，第44、45页。

[2] 参见徐澜波："规范意义的'宏观调控'概念与内涵辨析"，载《政治与法律》2014年第2期，第89页。

域的调控，根据政府在微观经济领域的作用和采取的多种行政措施，政府在微观经济领域的干预行为可称为政府管制或调节行为，强调政府对市场经济秩序的管理和规制，有别于宏观经济领域的宏观调控，不仅管制的经济目标多，手段也是多样化的。因此，宏观调控是一种政府干预，但并非任何政府干预都是宏观调控。目前，国内主流观点对二者未加严格区分，只要是政府实行的经济干预都叫宏观调控，不论哪个行业、哪种产品出现了诸如短缺、过剩、价格波动等不合意的情况，都要求政府对之"加强宏观调控"。[1]实际上这种对微观经济的干预，也是政府（国家）通过经济政策对产业经济或区域经济进行的行业的或是局部的经济的调节，虽然与西方的宏观经济领域的调控在范围上有所不同，但也是从特定行业或区域的经济总体出发采取的调控措施，目标也是为了维护经济秩序的稳定和协调平衡，与微观经济的市场规制以个体经济为目标不同，是广义上的宏观调控。因此，广义上的宏观调控指为了特定的经济目标，利用经济政策、经济法规、信息导向、规划引导和必要的行政手段对市场经济的有效运作发挥调控作用，对国民经济秩序的各个环节进行干预，通过调控把商品生产、交换、分配、消费诸环节紧密结合起来，既解决商品价值实现问题，以活跃流通促进生产，又解决消费需求问题，以繁荣市场保证消费，维持经济秩序的和谐稳定。但在我国实践中，由于宏观调控是广义上的，因此其宏观调控的目标是对整体经济秩序而言，既有微观经济秩序和特殊产业的经济秩序中的政府干预，也有宏观经济秩序的调控。政府既可以采取宏观调控，也可以采用非宏观调控的措施和手段进行经济干预。[2]一般情况下，狭义上的宏观调控指政府运用法律、经济和行政等手段对宏观经济领域的经济运行状态和经济关系进行调节和干预，以保证国民经济的持续、快速、协调、健康发展。在我国学界和具体实务中，都没有严格区分广义和狭义上的政府对市场经济的调控，一般总把宏观调控与政府调控、政府干预相提并论。因此，应区分在不同的语境中对宏观调控不同表述的内涵，但本书中若没有特别说明，宏观调控主要是指狭义上的。

（二）宏观经济与宏观调控

"宏观经济"一词一般认为是 1933 年由挪威经济学家拉格纳·弗里希在

---

〔1〕 参见周为民："宏观调控的五大误区"，载《社会观察》2011 年第 7 期，第 44 页。

〔2〕 参见徐澜波："规范意义的'宏观调控'概念与内涵辨析"，载《政治与法律》2014 年第 2 期，第 89 页。

建立"宏观经济学"时所提出。所谓宏观经济，即宏观层面的国民经济，指总量经济活动，即国民经济的总体活动。宏观经济包括一国国民经济总量、国民经济构成（主要分为 GDP 部门与非 GDP 部门）、产业发展阶段与产业结构、经济发展程度（人类发展指数、社会发展指数、社会福利指数、幸福指数）。宏观经济是指整个国民经济或国民经济总体及其经济活动和运行状态，如总供给与总需求、国民经济的生产总值及其增长速度、国民经济中的主要比例关系、物价的总水平、劳动就业的总水平与失业率、货币发行的总规模与增长速度、进出口贸易的总规模及其变动等。宏观经济的主要目标是高水平的和快速增长的产出率、低失业率和稳定的价格水平。对于宏观经济学定义，美国经济学家夏皮罗（E. Shapiro）认为宏观经济学考察的是国民经济作为一个整体的功能，包括国民经济中物品与劳务的总产量和资源的总利用量是如何决定的，以及引起这些总量波动的原因是什么。美国经济学家詹姆士·托宾（James Tobin）认为宏观经济学的重要任务之一就是要表明如何能够运用中央政府的财政工具和货币工具来稳定经济。美国经济学家罗伯特·萨缪尔森（Robert A. Samuelson）说，宏观经济学是根据产量、收入、价格水平和失业来分析整个经济行为。宏观经济学把社会的经济运行看成一个整体作为研究对象，考察和研究整个社会经济活动的总体经济问题、总体因素、总体经济问题相应的各个总量以及各个经济总量的相互作用关系等问题。因此，宏观经济学的重点在于研究国民经济总过程中的经济活动，如国民收入、就业水平、价格水平等经济总量是如何决定的、如何波动的，故又被称为总量分析或总量经济学。因此，宏观经济学所研究的宏观经济政策是为国家干预经济服务的，宏观经济理论要为这种干预政策的制定提供理论依据。而政策问题包括政策目标和政策工具，政策目标是通过宏观经济政策的调节所要达到的目的，而宏观经济政策工具则是在这些干预过程中政府所采取的具体措施。[1]

所谓宏观经济的调控，也就是狭义上的宏观调控，指的是政府运用宏观政策调节宏观经济秩序，对社会总供给、总需求、总的价格水平等经济总量进行的调节和管理，它的基本工具是政府的财政政策和货币政策。因此，宏观政策主要有货币政策与财政政策两类，政府控制货币供应总量、税收与财政开支，调节以国内消费与投资为主的社会总需求。宏观经济调控的基本特

---

〔1〕　参见王健、李新文主编：《宏观经济学》，中国农业出版社 2009 年版，第 2 页。

征和要求是：总量控制，经济协调发展，管而不死。国家的宏观经济政策受两方面因素支配：一是经济政策目标，二是政策制定者的信念或社会哲学。这两方面因素分别回答的是宏观调控"要做什么"和"能做什么"。从我国的"宏观调控"词语的起源及其发展可以看出，我国在宏观经济领域运用财税、金融、货币等经济变量手段和工具调节经济总量维护经济秩序的宏观调控与西方国家的宏观经济政策的含义几乎是同一的，也就是说我国狭义上的宏观调控其实相当于西方国家的宏观经济政策。经济政策目标包括短期目标和长期目标，其中最重要的目标是经济稳定和经济发展。政策制定者的信念则是根源于对现行经济制度和（或）经济体制的性质、特征和优势的认识。一般说来，经济政策目标是可变可调整的，特别是短期目标，但是政策制定者的信念则是相对固定的，不易变化的。[1]因此，在宏观调控"充分就业、经济增长、物价稳定、国际收支平衡和公平分配"五大目标内，国家和政府不论采取何种手段和措施进行宏观调控，均需要符合其中的一个或者多个目标；相应地，国家进行宏观调控立法也应该是以该目标为指向的，这也是宏观调控政策措施以及相关立法统一协调的重要保证。宏观经济是宏观调控的对象，宏观调控是维持宏观经济运用的调节手段和调节机制，是维护宏观经济秩序，实现资源的优化配置，为微观经济运行提供良性的宏观环境，使市场经济得到正常运行和均衡发展的过程。

三、特别产业的中观经济秩序

（一）特别产业的界定

特别产业是指受法律和政策特殊保护的特定领域或产业，属于中观经济领域。其特殊性主要体现在两个方面：一方面，对这些领域的市场准入和市场行为都设有专门的法律监管。这些特别市场之"特殊性"在于对这些领域进行专门立法监管，并设有专门的监管机构，形成专门的监管机制。如金融行业（包括银行、证券、保险等）、重要能源资源业、食品药品行业、建筑与房地产业、互联网络、公用企业、自然垄断业等。另一方面，这些行业在国民经济中具有特别重要的地位。因为这些领域涉及国家重要的经济命脉或是

---

〔1〕 参见方福前："大改革视野下中国宏观调控体系的重构"，载《经济理论与经济管理》2014年第5期，第6页。

国计民生，对其市场准入和退出都有专门的法律规定，都需要审批才能进入相关的行业，除了遵守一般的市场交易规则之外，其商业行为一般还有统一的行业标准，还有专门机构对其行为进行监管，形成了与一般市场经济不同的特殊经济秩序。对这些行业市场经济秩序进行特别监管的意义在于：

（1）市场交易标的的特殊性和重要性。因为这类市场不仅在国民经济发展中具有重要的地位，而且与广大的民众利益息息相关。其交易标的一般都是关系国家重要的经济命脉或是支柱行业，或是涉及国计民生，其交易直接影响到国家经济发展大计，或是关乎人民的生命、健康和重大财产安全，应对其进行特别立法监管。如金融市场是一个国家经济稳定发展的根基和保证，金融市场作为资本市场，不仅是企业的融资平台，为国民经济发展提供资金支持，而且涉及广大银行储户、证券投资者和投保人的利益。但金融资本市场的无形资产容易产生泡沫，存在潜在的风险，特别是随着网络金融的创新发展，以及现代金融与房地产的高度关联，使金融风险倍增，故应加大对金融市场的监管。我国是个资源紧缺的国家，对资源的开发利用必须进行严格管控，科学合理地进行开发利用，避免滥开乱采，确保可持续发展。另外，像食品、药品、化妆品、保健品等商品市场和医疗、美容、室内装修、危险品等市场，与消费者的生命健康息息相关，若存在质量问题就会损害人民群众的生命健康，导致极为严重的社会后果。因此，对涉及民众人身财产安全的行业，都应对其进行特别监管。

（2）交易信息和风险不对称性。随着科学技术和国际贸易的不断发展进步，经济全球化和社会化、资本化和金融化程度的加深，以及信息经济、虚拟经济、网络经济和知识经济等新兴经济的兴起，使投资者和消费者所了解的商品和服务的信息相对于经营者存在严重的信息不对称，检验或判断商品和服务质量的技术、时间、经费的成本越来越大，投资者和消费者的维权也越来越难，其权益得不到有效保障。因此，为了维护投资者和消费者的权益，突破民法意思自治的原则，加强对相关行业的法律监管，通过专门立法对其进行规范。比如，对金融消费者的保护、股票发行的信息公开制度和对保险人的说明义务，对网络经济信息的监管，都有利于保护投资者和消费者的利益。

（3）维护公平合理的行业垄断秩序。对于公用自然垄断行业，或是国家重要的能源企业，或是关乎民生的公用企业，由于不宜展开竞争，法律赋予经营者市场垄断地位，一般形成独占或是寡头垄断市场。比如铁路、油气能源企业、通信行业、公共交通、水电气行业、邮政等公用事业都依法享有独占或是寡头垄断地位，但经营者不能滥用其市场支配地位行为损害消费者利益。对这些行业垄断行为的监管，也不能简单套用一般市场的反垄断法律制度，而应结合其行业特点，在豁免其垄断的同时建立相关的行业标准和监管规则，确保这些能源和公用企业能公平自由地进行寡头竞争，合理利用社会资源，更好地为社会民众提供公共服务。

（二）特别产业的范围

特别市场监管制度的特殊性在很大程度上源于其市场的特殊性，根据上述认定特别市场的依据，主要包括以下领域的市场经济秩序：①金融业。包括银行、证券、保险、期货、信托、外汇等资本市场，不仅有专门法律监管，而且还有专门的监管机构。其是国家经济发展战略的重地，必须审慎监管。②重要能源产业。如石油、燃气、贵重稀有金属、矿产资源的开发利用，一般都受法律的特别监管和保护，防止滥开乱采浪费资源，影响国内能源和资源的有效供给和战略储备。③公用自然垄断行业。自然垄断行业一般都属于涉及民生的公用企业，包括供电行业、通信行业、轨道交通运输、自来水、管道天然气等公用企业的市场经济秩序。④食品药品、保健品、化妆品、医疗器械等行业。这些领域的产品质量关乎民众的身体健康和生命安全，必须严格加强监管。⑤建筑与房地产行业。房地产业是我国的支柱产业，也是关乎民生的重要行业，但其不动产的法律属性限制了其交易模式，特别是其与金融业的高度关联更是提升了其在国民经济发展中的地位。因此，房地产业已成为一类特殊商品应受到特别法律监管。⑥危险品行业，如锅炉、煤气罐等压力容器，电梯、游乐场高危设施，以及各种爆炸品、毒品、放射品等产品市场，因为这类商业存在潜在的安全隐患，必须对其加强监管。[1]

（三）特别产业市场经济秩序的特征

特别产业本质上属于微观市场经济的一部分，但其相对于一般的微观市场而言具有行业特性，属于中观经济领域范畴，对其的市场监管不同于一般市场的自治秩序，强调国家对市场干预，但又不同于国家对宏观经济的调控，具有其独特的行业属性。首先，特别产业市场属于社会经济的重要组成部分，

---

〔1〕 参见肖江平："特别市场规制制度的理论体系及其定位"，载《甘肃政法学院学报》2006 年第 2 期，第 39 页。

需要国家干预。法律对特别行业的专门立法监管就在于其在国家经济秩序中具有重要的地位和特殊的价值，因此这类经济不能完全由市场自主配置资源，对其市场监管适用特许主义，即通过专门的特殊立法对市场准入进行审核批准以及对其经营行为进行监督管理，市场主体必须严格依法在核准的范围内经营。党的十八届三中全会《关于全面深化改革若干重大问题的决定》明确规定了政府对企业投资项目的审批范围共包括五类，即重大公共利益、生态安全、国家安全、全国重大生产力布局、战略性资源开发。因此，对于属于以上五个领域的特别行业，应建立相应的特别法律调整机制维护行业经济秩序。

其次，特别产业市场经济秩序与一般微观经济秩序、宏观经济秩序既有区别又有联系。特别产业的市场监管法律制度与市场规制法律制度、国家宏观调控法律制度是融合一体的。特别产业的市场经济秩序应该遵守基本的微观经济秩序的市场规制的经济法则，维护一般市场经济秩序，同时也要接受国家对宏观经济的调控，服从宏观经济调控秩序。一般市场规制秩序和宏观调控秩序是特别产业经济秩序的基础，特别产业的经济秩序只有在微观市场经济秩序和宏观经济秩序都健康稳定的基础上才可能得到维持和发展，那种仅依赖特定产业的经济模式是不健康的，会扭曲经济的发展导致经济发展不平衡进而影响和破坏社会经济秩序。比如世界上有些很富裕的石油国家，国民经济过度依赖石油，一旦遇到石油危机油价下跌就会严重损害国民经济的发展，导致国民返贫甚至破产。委内瑞拉就是很典型的因石油致富又返贫的例子。

对特别产业专门立法保护并非只赋予其特权，而是通过特别立法规范其经营行为，维护投资者和消费者的利益，确保行业或区域经济秩序健康稳定的发展。特殊产业经济法律制度已经融合在市场规制法律制度之中，是经济法体系构造的有机要素，成为经济法理论建构和夯实市场经济制度的实践基础，也是经济法体系划分和体系构造的逻辑依据，并阐明了经济法学作为"应用性法学学科"的使命。特别市场经济秩序虽不同于一般市场经济秩序，不能简单适用宏观调控对进行监管，但特别行业应遵守一般的市场规则，并结合宏观调控政策，根据不同行业特性建立不同的行业标准和监管目标，确保各行业市场经济秩序健康稳定地发展。

第三节　经济法对经济秩序的调整

经济法对经济秩序的调整范式不同于民商法之处在于，其法律规范主要是法定的强制性规范而非约定的任意性规范，特别是强调国家机关对经济秩序的干预或介入。因此，经济法规范具有显著的权力基础，其设定的调整经济秩序的基本逻辑是：在资源配置的经济活动过程中，为了维护社会公共利益，协调平衡社会整体利益，通过立法规范市场行为和政府行为，并授权行政执法机关对经济活动进行规制、监管和调控的权力，防止民事权利被滥用损害社会公共利益，破坏社会整体利益的协调平衡，并限制公权力的肆意扩张防止其对民事权利的侵害，最终确保公平、效益和安全的经济秩序。

一、经济法调整经济秩序的价值目标

经济法和民商法都调整经济秩序，但两者的法律价值目标不同。因此，民商法的经济秩序价值限于有序的、局部、微观的自治市场秩序，而经济法的经济秩序则关注无序的、全局、宏观的经济秩序。在具体制度层面，经济法调整经济秩序理性价值主要体现在以下三个方面：

（一）维护社会公共利益

经济法与民商法都调整经济秩序，但民商法调整经济秩序追求的是"个人本位"的平等、自治、诚信等价值目标，关注的是个体正义。只要民商法当事人自愿而不损害国家、社会、集体和第三方利益，不违反法律和公序良俗原则，甚至显失公平的交易也可被视为有效。经济法对经济秩序的调整是以"社会本位"为原则，在维护社会公共利益的同时，协调平衡社会整体利益，并确保社会经济秩序的公平、效益和安全。竞争法、消费者权益保护法和反垄断法等经济法通过强制性规则否定了传统民商法所保护的，但可能侵害消费者利益和竞争秩序等社会公共利益的自由约定。另外市场主体为自身利益最大化的利己主义容易引诱其为一己之私滥用权利损害公共利益，比如经营者利用信息不对称损害消费者权益，具有垄断地位的经营者滥用市场支配地位限制竞争，经营者为了降低经营成本偷逃税收，逃避环保监管，不履行企业社会责任。市场主体为了自身利益的最大化，在经济策略制定过程中，可能不会考虑其他经营者的竞争权、消费者权益保护、环保生态、国家经济

安全、经济战略布局及战略性能源资源开发等重大经济问题，而且对所造成的损害赔偿和救济很难通过民事协商来解决，只能在民商法之外建立新的法律机制规范经营者的行为。经济法就是为了维护社会公共利益，协调平衡社会整体利益，在克服民商法对民事主体权利滥用缺陷的基础上形成的新的法律机制。经济法通过立法对经济活动中的社会公共利益进行保护，以防止市场主体为了谋取私利对其侵害。因此，经济法调整的经济秩序是为了维护社会公共利益，而对市场主体权利的限制，以防止其滥用权利。

（二）协调平衡社会整体利益

经济法对经济秩序的调整，最终目标是协调平衡社会整体利益。协调平衡社会整体利益主要指在特定法律关系中，对各方市场主体利益的平衡。虽然市场经济的生产、交换、协作和分配过程中，市场主体享有法律形式上的平等，但在实践中，社会资源稀缺性与需求无限性之间的矛盾，以及不同的市场主体间的法律地位和具体经济能力的差异，导致市场主体之间利益分配的不公平是客观存在的。经济法为弥补民商法形式平等但实质上的不公平，在调整社会经济秩序时，突破民商法自治秩序的局限，通过对弱势一方主体的倾斜保护赋予其法定权利，而对于强势的一方主体则科以其法定义务，通过差异化权利义务的配置实现实质上的公平，以此协调平衡市场经济活动中各方主体的利益，使经济活动过程中的各方主体受到公平待遇，最终实现社会整体利益的协调平衡。如消费者权利保护制度、税收分配机制、社会保障制度、财政转移支付等经济法律制度都体现了经济法协调平衡的理念。消费者权益保护法对消费者权益的保护，以及对生产经营者义务的法律规定，劳动法对用人单位法定义务的规定，对劳动者权益的保护，都是希望通过对双方权利义务的差异化配置实现实质上的公平，从而协调平衡双方利益，从根本上实现了社会整体利益的协调平衡。在经济法律关系中，存在各种利益平衡机制，如在中央与地方、宏观与微观、经营者与消费者、经营者与经营者、大股东与小股东、用人单位与劳动者、高收入者与低收入者等各种不同的经济法律关系主体之间的利益平衡机制，使社会整体利益实现了协调平衡。社会弱势群体的生存状态往往影响着整个社会的公正形象与良好秩序，经济法通过具体人群的划分而实现对弱势群体的保护不仅体现了现代社会的政府责任和人文关怀，而且也是社会稳定所必需的，例如消费者权益保护法对消费者群体的保护，中小企业法对中小企业的保护，劳动法对劳动者权益的保护，失业救济法对失业人员的保护，社会保障法对低收入人群的保护等，这些经济立法在保护弱势群体基本生存权利的同时，对于社会经济乃至政治秩序的稳定也起到了不可小视的作用。

（三）确保公平、效益和安全的经济秩序

实质公平、效率、安全的理性秩序不仅构成了经济法实质正义的基本内容，而且充分表达和阐释了经济法作为一个独立部门法所特有的价值构成。虽然法律的公平、效率、安全秩序有时并不完全相容或一致，它们往往还此消彼长。但很显然，经济法实质正义的价值选择试图在社会经济领域实现一种平衡，即在私法自治的前提下，通过国家适度干预的方式实现公平、效益和安全的经济法的价值目标。公平保证社会经济秩序的和谐，效率推动社会经济秩序的发展，安全则确保社会经济秩序的稳定。公平、效率和安全要达到一种平衡，必须通过法律规范作用于社会经济生活，形成稳定和谐的经济秩序。

因此，经济法的价值目标是一个有机的综合体，是具有公平和效益、安全的经济秩序。经济法所凝结的公平要素起到对社会利益的合理分配和保障作用，效率要素起到促进社会经济发展的助力，而安全是社会经济稳定的根本保证。缺乏公平的经济秩序因与人类社会道德标准相违背难以维持，不讲求效率的秩序因阻碍人类社会经济的发展而灭亡，没有安全的社会经济秩序不可能稳定。经济法通过对经济秩序的调整，实现经济公平、效益和安全的价值目标。经济发展过程中，经济效率、公平与安全息息相关。就经济秩序与经济公平、效率和安全而言，经济秩序作为经济法调整对象，其客观环境或状态，是确保经济效率、公平和安全的根本。无序的经济环境条件下是不可能产生经济效率的，更谈不上公平和安全。经济法通过对经济秩序的调整，在经济法主体间配置权利和义务，协调平衡各方主体的利益，缓和各方的冲突和矛盾，使社会经济秩序处于有序状态，促进社会经济秩序的稳定发展。

二、经济秩序的权力基础

经济法对经济秩序的调整不同于民商法的重要特征就在于，其通过立法授予国家机关经济干预权。国家立法机关、行政机关和司法机关各司其职，彼此独立又相互合作，依法维护经济秩序。国家立法机关通过经济立法，制定相关的经济法律制度维护经济秩序，并授权行政机关对微观经济进行规制，对宏观经济进行调控，对特别产业进行监管，对于经济活动中的经济纠纷和经济处罚不服的可以通过司法诉讼来解决。经济法中的国家机关，特别是行政机关对经济秩序的介入，使经济法既不同于民商法的市场自治秩序，也不同于行政法中行政机关为维护社会公共秩序的行政执法。因此，经济法相对于民商法和行政法等传统法而言是一种矫正型法，是对民商法主体滥用民事权利和行政法中行政主体行政执法缺陷的一种回应。在微观领域，通过市场秩序法维护公平竞争和公平交易，确保公平的竞争秩序和消费秩序，保护了经营者和消费者的利益。在宏观领域，通过财政税收、金融货币政策，通过科学的制度设计，兼顾不同地区、不同领域和行业的经济发展状况，使社会整体经济秩序得以维持，协调平衡社会的整体利益。对特殊产业，尤其是在金融、保险、证券、战略性资源、公共产品、不动产、医疗设备、食品药品、保健品、危险品等领域严格市场的准入与退出机制，完善审批、登记制度和交易规则，强化政府监管责任以及加大对违法者的惩罚力度（如增加惩罚性赔偿），等等，这些措施对于保护市场主体利益和维护市场秩序具有十分重要的意义。[1]

在市场经济条件下，政府的经济职能是维护市场经济秩序，包括对微观经济规制职能、对宏观经济调控职能和特别产业监管职能。在我国实践中，由于宏观调控是广义上的，因此其宏观调控的目标是对整体经济秩序而言，既有微观经济秩序和特殊产业的经济秩序中的政府干预，也有宏观经济秩序的调控。政府既可以采取宏观调控，也可以采用非宏观调控的措施和手段进行经济干预。[2]建立起适合中国国情又遵照国际惯例的契约制度，从而规范和保证经济秩序的协调发展。事实上，许多经济领域的政府干预经济手段的运用，无论是商品总量控制、产业结构的调整、消费政策、价格控制、房地产市场控制，还是特别产业市场经济秩序的控制等，都应该建立在政府尊重市场自治秩序的基础上。为实现特定的经济目标，通过政府对经济秩序的规制、监管和调控，在政府、市场与社会之间形成一种以政府为主导的，市场主体共同参与的治理模式。

经济法为了维护经济秩序，克服了在经济活动过程中民商法对社会公共

---

〔1〕　参见江帆：“经济法实质正义及其实现机制”，载《环球法律评论》2007年第6期，第59页。

〔2〕　参见徐澜波：“规范意义的‘宏观调控’概念与内涵辨析”，载《政治与法律》2014年第2期，第89页。

利益保护不足的局限性，同时也规避了行政法中行政机关的权力僵化和权力滥用的潜在风险，构建了立足于民商法自治市场秩序基础上的市场秩序法；以及为了维持社会经济总体平衡，保证经济持续、稳定、协调增长的宏观调控法和实现特殊行业监管的特别产业法。市场秩序法、宏观调控法和特别产业法共同调整社会经济秩序，构建了经济法完整的法律体系。

经济法的法律调整机制

经济法相对于民商法和行政法等传统法而言是一种矫正型法，是对民商法主体滥用民事权利和行政执法主体违法行政的一种回应，是克服市场失灵和政府失灵的制度设计。经济法作为规范市场经济秩序的法律规范，应具有其固有的法律价值和规则范式。因为干预一词的内涵和外延都较有弹性，可以涵盖管理、监管、调制、协调、调节等内容，因此，文中涉及关于"国家或政府与市场关系"的表述时一律用"国家干预"或"政府干预"代之。经济法的价值目标在于，在市场经济的活动过程中，为了维护社会公共利益和协调平衡社会整体利益，通过立法规范和引导市场行为和政府行为，并授权政府对市场经济秩序的规制、监管和调控的干预权。[1]国家干预作为经济学概念，是一种国家行为，具体应包括立法干预、司法干预、行政干预，经济法视野中的国家干预主要是行政干预。经济法中政府对市场经济的规制行为、监管行为和宏观调控行为可称为行政干预行为。2008 年为应对席卷全球的金融危机，世界各国政府对市场经济采取各式各样的干预手段，使国家干预成为当今最热门的话题，其重要性毋庸置疑。通过对经济法语境下"国家干预"基本理论及内涵的分析，对经济法律关系和规范模式展开研究，从经济法律规范的逻辑设计和规范结构剖析经济法的规则范式，并对经济法的法律调整体系进行分析，探讨经济法的法律调整模式，对构建完善的经济法律体系具

---

〔1〕 对于经济法中的政府行为，"政府治理"和"政府干预"都可以用来表达政府对社会经济秩序的介入或参与，但适用"治理"还是"干预"在不同的语境中具有不同的意义。"行政干预"或"政府干预"对应于"国家干预"的模式，是相对于"自由主义"而言，更强调政府对社会经济秩序介入的主体性和主动性。"行政治理"或是"政府治理"对应于"政府干预"的手段而言，对应于"司法主义"，更强调社会的参与和协商合作。"政府干预"是从宏观的角度探讨政府对经济秩序介入的必要性，"政府治理"是从微观的角度探讨政府对经济秩序的介入模式，文中会随着语境的变化对经济法中的政府行为适用不同的语词。

有重要意义。

第一节　经济法的理论基础

一、经济法的经济学基础

（一）经济法之"国家干预"的经济学基本理论

英国经济学家亚当·斯密（Adam Smith，1723~1790 年）1776 年出版了名著《国民财富的性质和原因的研究》（简称《国富论》）。他在著作中提出"看不见的手"定理，即：在竞争条件下，利润和效用最大化行为通过市场力量，使千百万经济主体的活动转化为社会最优状态。因此，反对国家对经济活动进行过多的干预。亚当·斯密《国富论》中所建立的经济理论体系，是以他在《道德情操论》中的论述为基础的。亚当·斯密的"经济人"理论认为，人类有自私利己的天性，因此追求自利并非不道德之事。倘若放任个人自由竞争，人人在此竞争的环境中，不但会凭着自己理性判断，追求个人最大的利益，同时有一只"看不见的手"（指市场）使社会资源分配达到最佳状态，从而也就实现了社会利益的最大化。英国经济学家大卫·李嘉图（David Ricardo，1772~1823 年）继承了亚当·斯密自由放任的思想，其主要经济学代表作是 1817 年完成的《政治经济学及赋税原理》，书中阐述了他的税收理论并认为"最好的财政计划就是节流，最好的赋税就是税额最少的赋税"。李嘉图鼓吹自由贸易，并从理论上驳斥贸易限制。认为在一个具有充分商业自由的体制下，每个国家把它的资本和劳动置于对自己最有利的用途，国际分工与国际交换的利益，只有在政府不干涉对外贸易，实行自由贸易的条件下，才能最有效地实现其经济利益。[1]法国经济学家让·巴蒂斯特·萨伊（Jean-Baptiste Say，1767~1832 年）在 1803 年出版的《论政治经济学，或略论财富是怎样产生、分配和消费的》（简称《政治经济学概论》）一书详细地列举了政府的正当职能，宣扬亚当·斯密的贸易自由放任思想，使亚当·斯密的经济学说通俗化和系统化。他建立了经济学的三分法，把经济学划分为财富的生产、财富的分配和财富的消费三部分，是经济学说史上把消

---

〔1〕〔英〕大卫·李嘉图：《政治经济学及赋税原理》，郭大力、王亚南译，译林出版社 2014 年版，第 6 页。

费正式纳入经济学理论体系的第一人。他断言工资、利息、地租分别来源于劳动、资本、土地，建立起三位一体公式的分配论，利润则是企业家才能的报酬，提出供给创造需求的"萨伊定律"，即全面否认经济危机产生的可能性，更不可能出现就业不足。并认为对诸如公用建筑、桥梁、运河、船坞等公共工程，虽然它们的收入不足以抵偿利息和维持费用，但只要它们能够构成很大的公共利益，其费用应由整个社会偿付。他同时还主张公办教育和国家对技术研究进行资助。[1]

国家干预主义是西方国家公共管理职能发展的一个阶段，主要是指反对自由放任，主张扩大政府机能，限制私人经济，由国家对社会经济活动进行干预和控制，并直接从事大量经济活动的一种经济思想和政策。国家干预主义最初集中表现为欧洲封建社会晚期的重商主义，在当代则集中表现为凯恩斯主义。20 世纪 30 年代初世界出现空前的经济危机，使得传统的经济理论对此束手无策。英国经济学家约翰·梅纳德·凯恩斯（John Maynard Keynes，1883~1946 年）1926 年出版了《自由放任主义的终结》，又在"罗斯福新政"背景下于 1936 年出版了《就业、利息和货币通论》一书，系统提出了国家干预经济的理论和政策，被称为"凯恩斯革命"或"凯恩斯主义"。《就业、利息和货币通论》一书的出版，标志着宏观经济学的产生，也使得国家干预经济理论受到战后西方各国的重视。凯恩斯认为：市场中不存在一个能把私人利益转化为社会利益的"看不见的手"，资本主义危机和失业不可能消除，只有依靠看得见的手即政府对经济的全面干预，资本主义国家才能摆脱经济萧条和失业问题。因此，主张扩大政府机能，通过政府干预来弥补有效需求的不足，实现充分就业。为此，凯恩斯主张政府为刺激社会投资需求的增加，采取扩大公共工程等方面的开支，增加货币供应量，实行赤字预算来刺激国民经济活动，以增加国民收入，实现充分就业。[2]凯恩斯的国家干预政策否定了放任自由的国家不干预政策，以需求管理为基础建立了其社会保障经济理论——有效需求理论，主张国家采用扩张性的经济政策，通过增加需求促进经济增长。即扩大政府开支、实行财政赤字、刺激经济、维持繁荣。第二次

---

〔1〕　参见［法］让·巴蒂斯特·萨伊：《政治经济学概论》，赵康英等译，华夏出版社 2017 年版，第 1、15、154 页。

〔2〕　［英］约翰·梅纳德·凯恩斯：《就业利息和货币通论》，魏埙译，陕西人民出版社 2004 年版，第 9 页。

世界大战以后，这一趋势发展成为新古典主义综合学派，也有助于西方战后经济的复苏。

　　传统的经济学理论认为国家的经济职能只存在于市场失灵的领域，即提供公共产品和服务。托马斯·霍布斯（Thomas Hobbes，1588~1679年）是较早提出公共产品思想的人，他的《利维坦》一书对公共产品论产生了两点主要影响：一是分配法论；二是国家财产论。[1]之后，大卫·休谟（David Hume，1711~1776年）在《人性论》中认为，人们具有只追求眼前利益而不顾长远危害的弱点，这只有依靠执行正义的政府的作用才能够克服。他举了一个公共设施修缮的例子来说明在公共产品的供给及费用承担中政府的责任。[2]英国著名经济学家庇古（Arthur Cecil Pigou，1877~1959年）在《福利经济学》中认为，亚当·斯密的"看不见的手"的原理虽然正确但并不是无条件的。他认为只有在不存在任何外部性的条件下，市场才能使社会资源得到最优配置，消费者才能得到最大效用，即"帕累托最优"状态。如果存在外部性，就无法实现"帕累托最优状态"。不幸的是外部性是广泛存在的，因此国家就要对经济进行干预以消除外部性对经济的影响从而使资源配置达到最有效率的状态。庇古还研究了收入分配的问题。认为由于边际效用递减规律的存在，一个人所得收入越多，则其在总收入中用于消费的比例就越小。因此，若把相对富裕者的部分收入转移给穷人，必会使穷人增加的满足程度大于富人减少满足的损失，从而有利于社会总福利的增加。基于此，他认为国家应该加强对收入分配的干预，通过收入分配政策来增加经济福利。因此，经济理论普遍认为市场是资源配置的主要手段，经济通过市场上自由竞争总会自动调节以达到充分就业均衡，从而不可能发生普遍性生产过剩或生产不足的经济危机和经济萧条，而国家的干预只有在市场失灵的地方才发挥作用，如公共产品的提供，涉及国家安全和存在外部性影响的领域。[3]西方经济学的国家干预理论为经济法的国家干预的法律机制提供了理论基础，使经济学上的国家干预制度化并付诸实践。比如第二次世界大战后为了摆脱战后的经济萧条而采取的各种积极的刺激经济政策，以及为保护弱势群体的经济法律

---

〔1〕 ［英］霍布斯：《利维坦》，黎思复、黎廷弼译，商务印书馆1985年版，第191~197页。

〔2〕 ［英］休谟：《人性论》，张晖编译，北京出版社2007年版，第149页。

〔3〕 ［英］庇古：《福利经济学》，金镝译，华夏出版社2007年版，第15、68、490页。

制度和政策，福利政策也不仅是停留在理论探讨阶段也是制度化的，福利经济也诱导了德国经济法走向社会经济法的死胡同。

（二）经济法对市场缺陷的矫正

市场缺陷是关于市场作用有限性的一种理论见解，认为市场机制对市场经济的调节基本上是有效的、平衡的，但也存在着一些缺陷。集中表现在：①市场机制不能有效地调节产生外溢因素的各种活动。所谓外溢因素，又称"外部经济""溢出"或"相邻效应"。有外溢成本（负的外溢因素）和外溢效益（正的外溢因素）之别。前者是指由某一生产者或消费者所致的，由其他人承受损失，如企业对自然环境的污染；后者则是指由某一生产者或消费者所带来的，由其他人无偿享受的效益，如养蜂场可无偿地得益于邻近农场中农作物的花粉等。②市场机制不能充分地提供公共商品。所谓公共商品，又称"集体商品"或"社会商品"，是指在消费上无法独占的商品。典型的公共商品具有两个特点，一是消费的不可分性，又称消费的共同性，即某人消费公共商品时无法排斥他人的同时分享；二是消费的非敌对性，即某人对公共商品的消费并不减少他人对该商品的消费量。例如国防、灯塔等。因为公共产品无利可图市场不愿意提供。③市场的自发性。在市场经济中，商品生产者和经营者的经济活动都是在价值规律的自发调节下追求自身的利益，实际上就是根据价格的涨落决定自己的生产和经营活动。因此，价值规律的第一个作用，即自发调节生产资料和劳动在各部门的分配、对资源合理配置起积极的促进作用的同时，也使一些个人或企业由于对利益的过分追求而产生不正当的行为，比如生产和销售伪劣产品；欺行霸市，扰乱市场秩序；唯利是图，不讲职业道德，没有社会责任等。而且价值规律的自发调节很容易引起社会各阶层的两极分化，由此而产生的矛盾将不利于经济和社会的健康发展。④市场的盲目性。在市场经济条件下，经济活动的参加者都是分散在各自的领域从事经营，单个的生产者和经营者不可能掌握社会各方面的信息，也无法控制经济变化的趋势。因此，进行经营决策时，仅仅根据当时市场上商品价格决定生产经营，什么好卖就生产什么，于是各地"蜂拥而上"盲目投产导致产能过剩，供过于求。这种盲目性往往会使社会处于无政府状态，必然会造成经济波动和资源浪费。如20世纪80年代中期以来我国各地竞相上马生产彩电、冰箱而出现的所谓"彩电热""冰箱热"，90年代中期又出现"空调热""VCD热"及近些年的"共享单车热"。⑤市场的滞后性。在市场经济中，市场调节是一种事后调节，即经济活动参加者是在某种商品供求不平衡导致价格上涨或下跌后才做出扩大或减少这种商品供应的决定的。因此，市场虽有及时、灵敏的特点，但它不能反映出供需的长期趋势。当人们争相为追求市场上的高价而生产某一产品时，该商品的社会需求可能已经达到饱和点，而商品生产者却还在继续大量生产，造成产品积压。

市场的缺陷使得国家有足够的理由或条件去干预市场。比如，基础性企业或公用事业的运行需要大规模投资或规模效应，不宜展开竞争，故应该对市场准入进行限制。即基础性企业或公用事业的垄断是必须的，既合理也合法。对私有企业管制的理由是市场存在缺陷，管制能够维护劳动者、消费者、投资者的社会公共利益，而这正是经济法的法益目标。经济管制以确保市场能够保持公平和自由的竞争秩序，并且不受国家任意干预的伤害。管制保护竞争秩序，同时也防止市场自由权利的滥用。另外，市场不能有效地解决公共物品供给问题，因为把无所付出者从获益者中排除出去是不可能的（要么极昂贵，要么极困难），所以应当全部免费。[1]市场对社会公共产品和社会福利等外部性社会问题不能有效解决，这也为政府干预经济的合法性提供了正当理由。因为市场经济活动会对没有相关利害关系的第三方产生消极或积极的影响，如环境污染等消极外部性，不可能通过平等协商来解决。[2]现代社会的复杂性，社会似乎过于互相依赖，无法自行管理，需要很多治理手段才能维持下去。对"法律"的另外选择，如风俗习惯、同等地位者的压力、内在价值、自由市场，都不够有效、精确或公平，无法控制现代群众的行为。[3]现代经济系统的复杂多变化需要政府宏观调控来引导。为了使经济井然有序，不能仅依赖市场盲目而自发的力量，应当借助于政府计划或管理。因此，现代经济需要一种敏锐的、其功能可以预期的法律制度，一种由最强大的强制权力予以保障的法律制度。[4]在全球化、信息化、资本化、社会化、虚拟化、知识化的现代市场经济中，市场很难通过自主行为应对复杂多变的社会经济

[1] [美]罗纳德·德沃金:《原则问题》，张国清译，江苏人民出版社2005年版，第291页。

[2] 参见[英]科林·克劳奇:"市场与国家"，载[英]凯特·纳什、阿兰·斯科特主编:《布莱克维尔政治社会学指南》，李雪、吴玉鑫、赵蔚译，浙江人民出版社2007年版，第258、261页。

[3] 参见[美]劳伦斯·M.弗里德曼:《法律制度——从社会科学角度观察》，李琼英、林欣译，中国政法大学出版社1994年版，第28页。

[4] 参见[德]马克斯·韦伯:《经济与社会》，阎克文译，上海人民出版社2010年版，第453、456页。

新形势，而国家对经济的干预更是责无旁贷，经济法正是为了回应现代经济的需要而构建的新的法律机制。

（三）经济法调整市场经济秩序的必要性

不论是自由市场国家还是混合经济国家，法律是事先由国家立法机关制定，给了市场自由最基本的制度支持。如合同法明确了商品市场的基本交易规则，私有财产制度是以法律为支柱而受到保护，劳动法专门调整劳动市场。法律规定土地登记、出售、赠与和房地产税法等，法律制度控制银行、票据、货币和贷款及股市等的运作。市场的自主性使许多经济决定分散，但如果没有法律制度的协助，这种无形的手会瘫痪。[1]现代社会不仅通过规范、价值和理解进行社会性整合（Sozial Integration），而且通过以行政方式和市场运用的力量进行系统性整合（Systemisch Integration）。例如，货币和行政权力是以建构系统的方式来进行社会整合的机制。这些机制对行动的协调是通过互动参与者在付出交往成本的情况下，有意识客观地进行的，这是潜在的市场机制，也是亚当·斯密的"市场看不见的手"调节模式。经过法律建制化，市场、政府和币货三种资源有了链接，市场主体可运用其交往自由的自决实践整合到社会秩序中。法律从社会团结的源泉中获得其社会整合力量，私法和公法的建制使得市场和国家权力组织的建立成为可能，同社会分化开来的经济系统和行政系统，是以法律形式而进行协同运作。法律同社会团结、货币和行政权力紧密联系，通过整合功能对不同的资源进行加工处理。[2]韦伯认为："任何理性的政治行动进程都具有经济取向，而且政治行动始终都有可能服务于经济目的。如果没有国家合法强制力对经济资源控制权的支持，也就是说如果形式上的'合法'权利没有暴力威慑的支持，任何经济系统都将难以为继，现代条件下的现代经济秩序更是如此。然而，一个经济系统依赖于暴力的保护，并不意味着这个系统本身就是使用暴力的样板，就实践目的而言，经济行动就是在各种目的之间进行审慎选择，而且这种选择是以当前就能得到或者为了各种目的而可能得到的手段的稀缺程度为取向

---

〔1〕　参见［美］劳伦斯·M. 弗里德曼：《法律制度——从社会科学角度观察》，李琼英、林欣译，中国政法大学出版社 1994 年版，第 24 页。

〔2〕　参见［德］哈贝马斯：《在事实与规范之间：关于法律和民主治国的商谈理论》，童世骏译，生活·读书·新知三联书店 2003 年版，第 48 页。

的。"[1]

一个成功的政府应当保护市场秩序的运行正常，竞争的可能性取决于市场，而竞争又决定着一切产品和生产要素的价格，使其成为指导生产的可靠依据。同时，政府对劳动力市场也要发挥一定的影响力，以确保公正或公平劳动关系。[2]在较高层次上，市场逻辑塑造了国家机构及其实践。市场不仅确立了国家干预的界限，同时也成为国家组织的模型和政策制定的框架。诸如自由市场成就了调整通货膨胀、失业和工业等经济政策。若市场要从国家干预中摆脱出来，则意味着应该增加市场的自由，并减免税收、降低劳工标准以及减少公共支出。但市场经济从来也没有真正摆脱过国家的控制，也从未理想化地实现财产所有者的特殊自由要求。市场对国家的需求与限制的系列政策包括：解除对私有企业管制、出售公共资产和国有企业，政府与私人非公共服务机构的合作、劳工政策、社会福利等清单。不管哪一种措施和方略，都离不开政府的参与，市场自治只不过是国家管制市场的另一种形式。[3]市场机制的自我指涉行为是不完整的，它无法达到自我稳定。如果不通过法律建立一个国家权力机构或不发挥国家权力机构的功能，它是不可能持久确立的。如果在权利体系中实现的私人自主和公共自主的相互交叠要能够持久，法律化过程就不能局限于私人的主观行动自由和公民的交往自由。自由权利体系不再是不受拘束，仅通过自主之决定而自发地再生自己的经济社会。相反，自由权利要得到实现，必须通过一个提供基础设施的、抵御风险的、反思地导控的，同时进行推动、调节和补偿的国家机构提供的保障。[4]作为一种经济管理的方法，市场自由的基本权利应该被尊重但同时也应该防止其滥用。市场机制的自由实现离不开国家机构和权力的参与，同时，政府对市场的放任就是行政不作为的渎职行为。

---

〔1〕 参见 [德] 马克斯·韦伯：《经济与社会》，阎克文译，上海人民出版社 2010 年版，第 158 页。

〔2〕 参见 [英] 弗里德里希·冯·哈耶克：《经济、科学与政治——哈耶克思想精粹》，冯克利译，江苏人民出版社 2000 年版，第 259 页。

〔3〕 参见 [英] 弗兰·通金斯，"市场对抗国家：新自由主义"，载 [英] 凯特·纳什、阿兰·斯科特主编：《布莱克维尔政治社会学指南》，李雪、吴玉鑫、赵蔚译，浙江人民出版社 2007 年版，第 270 页。

〔4〕 参见 [德] 哈贝马斯：《在事实与规范之间：关于法律和民主治国的商谈理论》，童世骏译，生活·读书·新知三联书店 2003 年版，第 146 页。

二、经济法调整机制的法理分析

（一）经济法之"国家干预"的法律机制

经济法"国家干预"的法律机制就是经济法体系各干预主体之间权力的配置与制约关系。经济法的国家干预主体可分为权力机关、行政机关和司法机关，其逻辑结构关系如图 3-1。经济法的立法干预、执法干预和司法干预构成一个紧密联系的法律体系。不应该孤立地把其中的某一部分作为经济法全部。经济法的国家干预体系里，立法干预和司法干预都是以行政干预为其逻辑起点的，围绕政府的干预行为和市场经济行为展开，而行政干预行为是经济法国家干预的核心，政府可以通过直接参与市场经济或是介入市场行为干预市场经济关系。立法机关为政府干预、市场秩序及司法干预制定相关的经济法律规范，行政机关依法履行干预职责，司法机关依法通过司法活动对发生的政府干预行为和市场行为进行最终的司法裁决。但多数法学学者在研究过程中，往往忽略了经济法的立法干预和司法干预，把经济法中的国家干预仅等同于经济学中的国家干预或政府干预，主要是围绕"国家干预的必要性、重要性、适时性"展开研究，很少围绕"国家干预的经济法规范"，或是"实体法律关系"进行研究。对经济法调整机制的研究，必须立足于整个经济法规范体系，从而完善国家干预经济法律体系。政府或行政机关在经济法律关系中，可能因为授权而为立法主体和准司法主体，比如行政规章、行政规定等的制定权，行政裁决权，这些行政权力只是行政干预的一部分，不能把其简单地等同于经济法的"国家干预"，应摒弃经济法之"国家法律主义"或是"国家主体论"思维，厘清经济法的政府干预是法律的实施模式而非法律的表现形式，避免经济法对政府干预的调整误入行政法权力限制的怪圈，把"政府干预"作为经济法的调整对象却忽略了经济法调整社会经济秩序的根本任务。

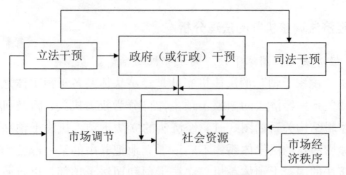

图 3-1　经济法调整机制的结构图

（二）经济法之行政干预权的法理分析

法律能够成为具有普遍约束力的权威，根本上是因为它的普遍性所包含着的理性价值：即法律对人的价值的尊重和制度提升。因此，法治的治理方式在于没有人能够超越法律的理性权威之上，故法律是整个社会的工具。[1]且任何社会的法律皆有权威，法治所要求的法律权威是置于政府之上的权威。任何社会的政府皆有权威，法治所要求的政府权威是置于法律之下的权威。[2]哈贝马斯认为，法律是国家意志的体现，法规是人民代表在以讨论和公共性为特征的程序中达到一致意见的普遍和抽象的规则，是法律的表现形式。因为法律必须被实施，国家作为制裁权威、组织权威和执行权威是必要的，法律共同体不仅需要稳定认同的力量而且需要有组织的法律实施机构。以国家方式组织起来的机构是以法律形式建立起来的。法治国的观念要求，必须运用法律来实现其自身功能的有组织的国家权力的那些有集体约束力的决定，不仅仅要具有法律的形式，而且其本身要用合法制定的法律来加以合法化。[3]哈贝马斯认为法律作为国家意志的体现，不仅表现为依法制定的法规，更重要的是法律必须通过实施机构来实施。马克斯·韦伯认为"行政管理"就是法律通过国家机构或者其他的、由国家给予合法化的公众机构进行行政管理。其管辖权限的合法性是现代政府依据合法的"权限"开展其工作，这种权限

---

〔1〕　申艳红：《社会危机防治行政法律规制研究》，武汉大学出版社 2013 年版，第 162 页。

〔2〕　参见夏恿："法治是什么——渊源、规诫与价值"，载《中国社会科学》1999 年第 4 期，第120 页。

〔3〕　参见［德］哈贝马斯：《在事实与规范之间：关于法律和民主治国的商谈理论》，童世骏译，生活·读书·新知三联书店 2003 年版，第 167 页。

在法学上总是被设想是建立在由国家强制机构的"宪法"准则授权基础之上的。此外，合法权限产生于受适用法律和私权利的拘束。权利的获得是建立在法治基础之上，而且还把实现其他的实质目的作为对象：政治的、道德的、社会的、习俗的、功利的，或者不管什么性质的目的。诚然，正是在现代的国家里，存在着司法和"行政管理"（"政府"的行政治理和行政执法）相互接近的倾向。在法律维护之内，法官时而由于现行的法律准则，时而由于法理之故，被迫根据实质的原则、习俗、公正、适当等法律因素进行判决。[1]但法官的自由心证难以应对复杂多变的社会经济发展需要，以司法审判为主的传统的法治模式难以解决现代社会经济问题。为了特定的行政目标，行政干预更是随着社会经济的变化相机抉择。为了回应社会经济发展的需要，法律规则和法律适用的正统性要求随着社会经济的发展必然建立新的法律机制，经济法以行政治理为主的法律实施模式取代了传统的法院司法审判，成为一种必然的选择。

洛克认为法律系统和政治系统（政体）因国家权力合法化的需要联系起来，其基础是法治观点和用法律来表述政治目标的需求，应当交由握有执行权的人来裁决。因为，立法者既然不能预见并以法律规定一切有利于社会的事情，那么拥有执行权的法律执行者，在国内法没有作出规定的许多场合，便可根据一般的自然法享有利用自然法为社会谋福利的权利，直至立法机关能够方便地集会来加以规定为止。有许多事情非法律所能规定，这些事情必须交由握有执行权的人自由裁量，由他根据公众福利和利益的要求来处理。其实，在某种场合，法律本身应该让位于执行权，或不如说让位于自然和政府的根本法，应当尽可能地保护社会的一切成员。因为世间常能发生许多偶然的事情，遇到这些场合，严格和呆板地执行法律反会有害。这种并无法律规定、有时甚至违反法律而依照自由裁决为公众谋福利的行动的权力，就被称为特权。因为在有些政府中，制定法律的权力不是经常存在的，而且对于执行所需的快速来说，它的成员过于众多，因此它的行动也过于缓慢；另外，对于一切与公众有关的偶然事故和紧急事情，都不可能预见，因而法律也不可能都加以规定。而且，如果所制定的法律对于一切符合规定的情况或

---

〔1〕　参见［德］马克斯·韦伯：《经济与社会》（下卷），林荣远译，商务印书馆1997年版，第4页。

所有的人都严峻不苟地加以执行，也可能造成损害。因此，对于法律所没有规定的许多特殊事情，要留给执行权以相当范围的自由来加以处理。这种权力，当它为社会的福利并符合于政府所受的委托和它的目的而被运用时，便是正当的特权，不应受到责难。因为，如果特权是在相当程度上为了它的本来的目的、为了人民的福利而被运用，而不是明显地与这一目的相抵触时，人民很少会或决不会在细节上苛求，他们不致对特权进行考查。而只是宣告：他们所曾不加限定地交给政府的权力，是以他们的福利为目的的，当他用于别的方面时，就不是他们的本意。因为，既然政府的目的是为社会谋福利，那么只要是为了这个目的而作的任何变革都是正当的。[1]哈贝马斯、韦伯和洛克都认为，为了人民的公共福利，行政管理、行政执法和行政等行政干预权的自由裁量权在社会经济发展和法律实施的中具有重要的意义，而不应该苛求所谓的法律形式，比如法律的明确授权和形式主义的程序正义。

权利体系已经不再能够在一个不受拘束的、通过自主个人之决定而自发地再生自己的适合的经济社会基础上得到保障了。相反，基本权利要得到实现，必须通过一个反思地导控的、提供基础设施的、抵御风险的，同时进行调节、推动和补偿的国家的服务来成就。最重要的是，在诸子系统横向分化并且网络化的复杂社会中，基本权利所提供的保护必须不仅涉及国家的行政权力，而且也要涉及所有大型组织的社会权力。[2]从广义上讲，所有的法律都是国家对社会关系的干预。经济法作为"国家干预经济的法"的理论在学界虽有争议，但也渐渐达成一定程度的共识，但应该把经济法的"国家干预"理解为国家的立法干预、司法干预和行政干预。李昌麒教授认为："相对最能概括国家对社会经济生活全部作用的词语当属干预一词，因为只有干预一词才能涵盖调节、协调、调控、调制、管理以及纵横统一等全部内容。"[3]"干预"一词精辟地囊括了国家调整社会经济的手段，国家干预经济可以是宏观

---

[1] 参见［英］洛克：《政府论》（下篇），叶启芳、瞿菊农译，商务印书馆1964年版，第99~100页。

[2] 参见［德］哈贝马斯：《在事实与规范之间：关于法律和民主治国的商谈理论》，童世骏译，生活·读书·新知三联书店2003年版，第214、218、122、305页。

[3] 参见李昌麒："论经济法语境中的国家干预"，载《重庆大学学报（社会科学版）》2008年第4期，第86页。

和微观、指令性和指导性、刚性和柔性、公权和私权等多种形式。国家干预是一个广泛的概念，就干预主体讲，包括国家权力机关的干预、行政机关的干预和司法机关的干预，以及国家授权"第三部门"[1]所进行的经济干预。国家干预，主要是指作为行政机关的政府干预，其干预的范围又主要是指政府对社会经济生活的干预。[2]李昌麒教授经济法语境下的国家干预应该包括两个层面的内涵。首先，经济法语境下的国家干预应该包括国家立法干预，行政干预或政府干预，司法干预；其次，经济法中的国家干预的核心是行政机关的干预。经济法和其他法律部门没什么不同，国家只是作为一种抽象主体存在。任何法律都是国家意志的体现，但经济法不同于其他法律之处在于其公私法相融的第三法域的特性，使公权在经济活动中为了公共利益可以介入私法领域，行政治理成为经济法主要的法律实施模式而非法院判决，体现出更强烈的"国家角色"或"政府角度"，仅此而已。但经济法并未因为其是"国家干预经济的法律"而必然享有国家作为经济法律关系一方主体的特权，国家的任何权力都有专门的职能部门代表其行使。经济法的"国家干预"的调整机制是由立法机关的干预、行政机关的干预和司法机关的干预形成的统一体，但主要是以行政干预的法律调整为主。行政机关不仅享有执法权，还依法享有对经济秩序调整的行政立法权、行政裁决权。

（三）经济法实施机制的理论剖析

现代法的特征在于法不仅是法院的特权，也是政府的一种工具。法律社会学的主要问题是研究法的社会效果（即法导致社会变迁的能量），而不是需要探索形成法律因素的立法或判例法的问题，更强调法律的治理效果而非法治价值。典型的法律制裁是不同形式的处罚或各种损害赔偿，但依据法律采用积极鼓励方法同样也能使法律达到促进社会变迁的效果。经济法中关于授权、补贴、税收和其他财政特许权等方面的规定，便是一个佐证。正如格罗

---

〔1〕 笔者认为李昌麒教授所说的"第三部门"就是王全兴教授指的"社会中间层主体"，是指独立于政府与市场主体，为政府干预、市场影响政府和市场主体之间相互联系起中介作用的主体。参见王全兴：《经济法基础理论专题研究》，中国检察出版社 2002 年版，第 499～577 页，本书的政府干预不包括"第三部门"的干预。

〔2〕 参见李昌麒："论经济法语境中的国家干预"，载《重庆大学学报（社会科学版）》2008年第 4 期，第 85 页。

斯曼所说的："法律旨在某种程度上积极地推进社会变迁时，必须依赖于法的制裁作用和法的说服、教育功能。"法律必须要有可用以保证法律得到服从的各种制裁方法——具体类型的压力或诱因——假定法律构成一种强制性的，通常是被强制的秩序。因而，韦伯认为法律秩序的标志是存在一种实施强制的工作人员，这些人以他们的活动证明服从法律的要求并不是任意的，而是必须的。埃利希按他所理解的法律这个词的广泛的意义认为社会压力通常是一种足以保障法律的制裁。霍贝尔力求引申出一种可适用于许多不同类型的、简明的和复杂社会的法律概念，他认为法律具有牙齿——万一需要就能咬人的牙齿，尽管它们不一定需要显露出来。因此，法律的价值在于通过强制手段实现特定的目标，法律的制裁过程和制裁机构可以是正式的或非正式的、专门化的或非专门化的、典型集中的或松散的、初级的或高度发达的；制裁型或鼓励型的，这一切取决于与法律有关的社会、社会体系或社会团体的类型，而且当然也取决于所采用的法律形式。此外，也可以针对法律秩序不同而适用不同类型的制裁方式、执行程序和执行机构。在当代西方国家的各种法律体系中，法律制度中存在着各种高度发达的执行机构。这些执行机构特别包括负有执行刑法职责的警察与受命执行监督法规的特定领域的任务的各种不同的管理机构、检查员和委员会。[1]在法律的实施体系中，行政执法是重要的法律适用方式。

基于现行制度的限制，在应对重大危急的事件，为了实质正义，立法干预是不可能也难以遵循程序正义的，权力机关干预职能应从立法干预转向监督职能，对行政干预如有违法和非法干预和损害社会公共利益的情形，权力机关应介入。如在金融危机下，行政干预尤其重要，干预手段多种多样，但万变不离其宗，行政干预应在其职权范围内，以社会公共利益为目标依法干预，应避免违法和非法干预，怠于干预和过度干预的情形。另外，行政机关根据干预市场经济活动的需要，在遵守法律保留原则的情况下，依法可以制定相关经济政策、规章和规定等规范，且这些规范文件是经济法渊源的主要形式，也是行政干预的重要依据，但应该避免行政立法权对权力机关立法权的侵蚀。司法干预不应局限于现行的法律规范，经济法形式正义应该服务于

---

〔1〕 参见［英］罗杰·科特威尔：《法律社会学导论》，潘大松等译，华夏出版社1989年版，第58、65、70、297页。

实质正义，对于特殊重大的案件，通过司法解释可扩大其司法管辖范围，避免因法律制度的缺失导致严重破坏市场经济秩序的行为逍遥法外规避法律的监管。

三、经济法调整机制的价值评析

（一）政府干预的价值目标

法作为利益调节机制，确立利益衡量的价值取向，不仅维护社会公共秩序，也将致力于协调各种利益冲突，促使各种利益主体实现利益的最大化，有利于社会稳定有序、和谐发展，而且为立法提供统一的基调，为执法和司法活动明确方向，确定执法行为的目标，为良好的执法提供操作的标准。"维稳"的出发点是维护公共利益，而"维权"的出发点是维护私人利益。由于私人利益和公共利益处于个体和群体的不同领域，因此认识中和实践中倾向于割裂二者来看待，甚至会出现将二者对立起来的现象。事实上，个人利益与公共利益在本质上是一致的。[1]哈耶克认为"干预"好比为一种类似钟表机构的装置上油，只有以一种与这种装置的运转所依凭的一般原则不相一致的方式来改变它的任何一个特定部分的位置的时候，才能够把这种做法称之为"干预"。干预的目的始终是为了达到某种特定的结果，而这种结果却是与我们允许某种机构装置按它的内在机理且在不受干扰的情况下进行运转所产生的那种结果极其不同的。[2]哈耶克对"干预"的理解是一种非常态手段，只有在正常方法和手段失灵情况而采取的其他特殊的处理措施才谓之"干预"，不是随心所欲的肆意干预。正常市场秩序一般由民商法的自治调整，经济法是调整需要由国家干预的经济关系的法律规范的总称。[3]"需要干预"表明经济法调整目标是遵守经济法的"社会本位"原则的和遵守市场经济规律的适度干预，是为了弥补市场调节缺陷和政府调节缺陷，维护社会公共利益和协调平衡社会整体利益，确保公平、效益和安全的经济秩序的价值目标而进行的干预。经济法为实现这一价值目标，通过立法规范市场行为，防止市场主体滥用权利损害社会公共利益和协调平衡社会整体利益，并授权政府

---

〔1〕　参见申艳红：《社会危机防治行政法律规制研究》，武汉大学出版社 2013 年版，第 232 页。

〔2〕　参见［英］弗里德利希·冯·哈耶克：《法律、立法与自由》（第 1 卷），邓正来、张守东、李静冰译，中国大百科全书出版社 2000 年版，第 219 页。

〔3〕　参见李昌麒主编：《经济法学》，法律出版社 2008 年版，第 53 页。

行政机关对市场秩序的规制、监管，以及宏观调控的行政干预权。政府机关的干预权也必须依法行使，行政干预权不是经济法律关系产生的原因，而是经济法的实施结果。因此，经济法对政府及其行政部门是既授权又控权，经济法既是程序法又是实体法。

（二）政府干预的理性思考

政府与市场的关系可分为积极干预和积极不干预两种，都是为了实现经济法的社会本位的法益目标。积极干预主要指政府为了特定的行政目标，主动介入市场经济的活动。比如，政府为抑制过热的楼市，采取了多种楼市"限购"措施的积极干预政策，希望通过提高投资第二套商品房的成本从而抑制对房地产市场的投资炒作，使楼市回归理性，维持健康稳定的房地产市场秩序，让普通老百姓买得起房。政府为了稳定猪肉的市场价格确保人民的生活水准，对养猪户的补贴政策是一种积极干预。这些政府干预都是基于社会公共利益这一价值目标，符合经济法"社会本位"的原则，但应要避免行政部门以公共利益为名肆意干预市场经济。

积极不干预本质上还是需要干预，只是更强调合理干预。具体是指当出现下述情况时：市场不完善而引致垄断出现时，市场增长过速以致无法加以抑制时，为公共利益而须加以监督时（尤以金融市场突出），经营者毫无限制地追求利益最大化对经济秩序产生不良影响时，应对经济秩序实行干预措施。但随着经济全球化不断的深入发展，网络经济、知识经济和虚拟经济等新兴经济不断的呈现，社会经济结构日趋复杂，政府积极不干预政策受到极大的挑战，面对复杂多变的社会经济形势，为维持稳定的社会经济秩序，政府不可能对涉及社会公共利益的事务袖手旁观。"需要国家干预"不同于"单向的国家干预论"，它所强调的是市场与国家间的双向互动制衡关系，国家干预市场，市场也干预国家，因为国家在干预过程中可能出现过度干预、不正当干预的现象，而对这种现象的遏制，最终力量只能是依据市场要求的经济法律规范。正是基于这样的思考，将经济法的国家干预定位于尊重市场经济体制的干预，并且成功的干预是指在充分发挥市场优势的基础上的干预。[1]经济法的调整目标在于维护在资源配置的经济活动过程中的社会公共利益，并协调平衡社会整体利益，确保公平、效益和安全的经济秩序。这一目标也是经

---

〔1〕　参见李昌麒：《寻求经济法真谛之路》，法律出版社 2003 年版，第 134 页。

济法调整的法律边界，也因此要求经济法调整机制必须立足于社会本位的原则，应该警惕我国目前出现的以市场优先为原则的市场原教旨主义思潮的危害。

<h2 style="text-align:center">第二节　经济法规范的法律结构</h2>

一、经济法规范的内涵

（一）法律规范的内涵

法律规范是国家制定和认可，规定权利义务及法律后果，并由国家强制力保证实施的行为规范，是社会规范的一种。法律规范具有概括性、普遍性、确定性、稳定性和程序性等特征。法律规范不是针对具体、个别、特定事或人设计的，是从复杂的社会关系中抽象而来，对同类社会关系的一般共性的概括规定。法律规范可适用于同类社会关系的调整或规范，具有普遍性。法律规范通常由假定、处理、制裁三个部分组成，法律的规定应明确无误，尽可能地避免模糊不清，内容上具有明确的规定，以便于当事人能准确地把握立法意图。一般情况下，法律规范不能朝令夕改，具有相对稳定性，且法律规范都要严格依法定的程序制定，具有程序性，以确保其正当性。但法律规范也具有局限性，任何法律都会有缺漏和盲区。由于立法者认识上的局限性，法律不可能无所不包，不可能预见到一切可能发生的事情，法律规范难免具有滞后性。立法者认知上的局限性，导致法律条款制定上的缺陷使得法律规定不明确，法律规则的正义可能受影响。在法律适用过程中，法律规则本身对各种社会关系共性规定的缺漏与盲区，导致法律本身的确定性难以应对变化着的社会生活中的个案的特殊性，这就造成了法律规范和法律适用上的矛盾。对法律规范的局限性，如果法律适用只是机械套用法律规则，遵守所谓的程序正义或法律权威，可能会得出不公正的结果。因此，对于法律规范的适用，要求法律实施机构在注重法律效果的同时也要关注社会效果。

法律是社会关系的调节器，法律源于社会必须回归社会，严肃执法本身并不是目的，其目的在于对社会关系实施有效的调整。适用法律如果不注意社会效果，就会反过来损害法律的权威性，破坏人民群众对法治的信仰。哈特借助于维特根斯坦的语言游戏的概念对此进行了论证，认为过分重视法律制定的正确程序，而贬低了规范之内容的合理论证的重要性：即规则之所以有效，被认为是因为他们是由有关机构恰当地制定的。对整个法律规则的合法化，转移到了规则的起源而不是规则内容，即程序的正当性成为法律规则的合法性基础，但规则的合理性却被忽视。规则赋予任何东西以合法性，而本身却无法作合理论证。法律规范的权威必须同时通过事实性的强制和合法的有效性，才能使人愿意遵守。从历史的角度来看，主观的私人权利划分出个人行动的合法领域，即"法不禁止即自由"并以此作为私人权利最大化的保障构成了现代法的核心。自从霍布斯以来，建立在契约自由和财产权利基础之上的资产阶级私法的规则，被当作是一般意义上的法律原型。甚至康德在他的法权论中也从这样的自然的主观权利出发，认为权利授权每个人用强制力量来抵抗由法律确保的主观行动自由的侵犯。这种权利保护拥有权利之私人免受国家机构对其生命、自由和财产的非法干预。康德从主观权利出发解释整个法律的复杂有效性：认为在法律的有效性中，国家对法律之施行的事实性，与法的制定程序被认为是合理的，因为它保障自由的合法性论证力量使彼此结合起来。对康德来说，在法律有效性中得到稳定的事实性和有效性之间的张力，是法律所造成的强制和自由两者之间的内在联系，法律从一开始就与对实施强制的授权联系在一起，法律手段的目的首先在于为了各方的利益提供有效的法律制度保障。法律有效性的两个成分，即强制和自由，使法的承受者有可能选择其行动视角。强制性法律要证明其为自由的法律的合法性，不仅必须通过立法过程，而且必须通过特定种类的立法过程。在法的这种实证化过程中，事实性与有效性之间的张力再次出现，不过其方式不同于实定规范。诚然，合乎法律的行动，可以被描述为对不仅以制裁之威胁为后盾，而且是以通过政治立法者的决定而生效才被遵守的。从经验的角度来看，实证法的有效性首先是这样被反复地确定的：凡是根据合法程序而获得法律效力的，就被当作是法律，尽管法律存在着废止的可能性，它暂时是具有法律效力的。但是，要充分说明这种法律规则的意义，只有同时诉诸这样两个方面：一方面是社会的或事实的有效性，即得到接受；另一方面是法律的合法性或规范有效性，即合理的可接受性。[1]

---

〔1〕 ［德］哈贝马斯：《在事实与规范之间：关于法律和民主治国的商谈理论》，童世骏译，生活·读书·新知三联书店 2003 年版，第 33、34、35、36、246、289 页。

我国法理学者对法律规范已有不少研究成果。[1]目前国内有代表性的几部法理学教材对法律规范的界定的共同点是：第一，都强调法律是关于法律上的权利、义务、责任的规定；第二，都强调法律规范有严密的逻辑结构，尽管具体规定不尽相同；[2]第三，在追求形式理性基础上也注重实质理性。即法律的规范性主要通过对法律规范的适用实现其并不直接存在于法律规范文本之中的法益目标。因此，需要在不违反程序正义的原则下，在法律实施上更强调对法律规范性的认识，应以动态而非静态法律规范的新视角，不再以制定完美的、理想的法律文本为最高目标，而以良好法治秩序的实现为目的，这就可以把法律规范性之实现，而不是将合乎逻辑的法律文本之制定视为评价标准和尺度。[3]授权规则与强制命令存在根本区别，它往往只是设定了原初的、依理循之的权利，许多情况下没有必要限定凡违反皆须制裁，而是侧重于"指导"某种制裁的实施。因此，那种寻求将法律视为以威胁为后盾的指令的简单模式，歪曲了不同类型法律的社会功用。法律不应诱使我们去想象所要去理解的东西都发生在法院里，法律还存在于法院之外被用以控制、指导和计划生活的各种方式中。现代法学理论认为，通过权利义务进行法律调整的方式，大致可以包括允许、积极义务和禁止三种。如果法律仅是被作为强制指令，则这一概念就狭隘地指向了禁止，甚至于连积极义务的内涵都未能完全涉猎，更毋庸论及允许这种纯粹意义上的授权规则了。事实上，法律的概念所蕴含的权利义务形成的法律关系，应当是上述三种调整方式的不同组合。[4]对于法律规范模式，学者研究成果正形成从形式理性到实质理

---

[1] 张文显教授认为，法律规范作为构成法律的主要要素是规定法律上的权利、义务、责任的准则、标准；（参见张文显主编：《法理学》，高等教育出版社 2003 年版，第 91 页）或是赋予某种事实状态以法律意义指示、规定。（参见张文显主编：《马克思主义法理学——理论、方法和前沿》，高等教育出版社 2003 年版，第 53 页。）孙笑侠教授把法律规范定义为，通过法律条文表达的、由条件假设和后果两项要素构成的具有严密逻辑结构的行为规则；（参见孙笑侠、夏立安主编：《法理学导论》，高等教育出版社 2005 年版，第 50 页）刘星教授将法律规范表述为，法律是规定法律上的权利、义务、职责的准则，或者赋予某种事实状态以法律意义的指示。（参见刘星：《法理学导论》，法律出版社 2005 年版，第 75 页。）

[2] 参见刘杨："法律规范的逻辑结构新论"，载《法制与社会发展》2007 年第 1 期，第 154 页。

[3] 参见李旭东："法律规范理论之重述——司法阐释的角度"，南京师范大学 2006 年博士学位论文，第 6 页。

[4] 杨力：《法律思维与法学经典阅读：以哈特〈法律的概念〉为样本》，上海交通大学出版社、北京大学出版社 2012 年版，第 65 页。

性的共识，对法律规则的评价，不仅局限于合法性权威和强制性法律效果，也应该考虑规则的积极性义务和合理性的社会效果。

（二）经济法规范的价值评析

法律的作用常常不过是政治权力所利用的形式，依法治国的观念要求在于一种对具有法律形式的政治统治来说必不可少的公共权威组织，本身必须用合法制定的法律来赋予合法性。政治权力本身所负载的那种事实性和有效性之间的张力，是因为政治权力处于同法律的内在关系之中，它必须在同法律的联系中而取得合法性。是因此，规则的合法性的程度取决于对它们的规范有效性主张的商谈的可兑现性。归根结底，取决于它们是否通过一个合理的立法程序而形成——或至少曾经是有可能在实用的、伦理的和道德的角度加以辩护的。一种法律秩序的合法性程度越低，或至少是被认为合法的程度越低，诸如政治、道德、社会环境、习俗和习惯等因素，就必须作为补充因素对这种法律秩序起稳定作用。一般来说，整体法律系统所具有的合法性程度高于单个法律规范的合法性程度。法律规范在不同方面同时既是强制性的法律，又是自由的法律。但合法化是一回事，一种统治秩序的合法性和政治统治之实施的合法化则是另一回事。对公民自主的法律建制化这种自我指涉行为，在一些根本方面仍然是不完整的，它无法达到自我稳定。如果不建立一个国家权力机构或不发挥国家权力机构的功能，它是不可能持久确立的。如果在权利体系中实现的私人自主和公共自主的相互交叠要能够持久，法律化过程就不能局限于私人的主观行动自由和公民的交往自由。为了确保公共秩序，应防止经济自由的滥用，并通过一般的抽象的法律来精确地限定国家行政的干预可能和活动范围。在自由主义的模式中，对司法与行政的严格的法律限制导致了经典的分权格局，其目的是从法治国角度来规训绝对主义国家权力的任性意志。民主的法治国的宪法首先应该抵御有可能在国家—公民向度中出现的种种危险，也就是在行政机构与私人之间的关系方面的种种危险。把法律看作是一个循环的封闭系统的实证主义观点，非常切合于这种模式。如果把这种模式当作基础，那么福利国家的实质化的法律秩序就可能显得是一种剧变，甚至是宪法架构的破产。福利国家法律不仅仅是、从来也不主要是由一些界定明确的有条件纲领所构成的，而包括一些政治性的政策，并且在法律运用中依赖于出于原则的论证。用实证主义的分权命题来衡量，法律的实质化导致了一种"重新道德化"，它通过将道德原则的论据和政治性政策的论据接纳进法律论辩之中，而松动了政治立法者对司法的直接约束。〔1〕随着经济社会化程序的加深，法律实施的社会效果使得法律规则主义的程序性和权威性面对社会公共秩序和福利秩序的保护时，必然受到规则之外的社会、政治和道德等因素的影响。

理性法传统的规范主义处于三难境地之中：不论是社会公共秩序还是社会福利，以主体哲学形式而发生破裂的实践理性的内容，既不可能在历史目的论中找到，也不可能在人类构造中找到，也无法从那些成功的传统法治资源中得到论证。社会集体的整合可以通过取向于有效性主张的行动而确保，社会分化的过程首先必然导致功能上分化的各种任务、社会角色和利益立场的多样性。这使得交往行动又可能脱离范围狭小的建制条件而转向范围更宽的选择空间，在不断增多的范围内不仅释放出，而且同时要求产生出那些受利益导向的、以个人成功为追求目标的行动。当然，利益取向的行动始终是已经在一种规范秩序的框架之内被确定的。在以国家形式组织起来的社会中，成熟的规范秩序之上就已经加上了法律规范。俗化社会的有效性和事实性，也就具有合理推动力的信念和外部制裁的强制双重力量。那些适合于对策略性互动加以社会整合的限制，对所有参与者都具有约束力的规范，必须满足两个从行动者眼光来看无法同时满足的互相矛盾的条件：一方面，这些规则要作出一些事实性限制，这些限制会改变有关信息，以至于策略行动者觉得有必要对其行为作一种客观上有利的调整。另一方面，这些规则又必须表现出一种社会整合力来，因为它们对其承受者施加了一些义务，这些义务只有在主体间承认的规范性有效性主张的基础上才是可能的。〔2〕

经济法作为一种法律规范，应该符合法律规范的基本构成和逻辑思维。经济法以维护社会公共利益，协调平衡社会整体利益，确保社会经济秩序的公平、效益和安全为目标，社会的公共秩序和社会福利价值对经济法规范的构建具有重要的意义，不仅成为经济法实施效果的评价标准，甚至成为经济法规则的组成部分。经济法的公共性或社会性使经济法的形式理性和实质理性辩证统一，经济法的法律规范，不仅要强调经济职权、经济权利、经济职

---

〔1〕　［德］哈贝马斯：《在事实与规范之间：关于法律和民主治国的商谈理论》，童世骏译，生活·读书·新知三联书店 2003 年版，第 65、164、169、206、304 页。

〔2〕　［德］哈贝马斯：《在事实与规范之间：关于法律和民主治国的商谈理论》，童世骏译，生活·读书·新知三联书店 2003 年版，第 3、29、30、31、33 页。

责、经济义务和经济法律责任等基本要素的严密逻辑结构，也要注重通过对法律规范合理性适用的社会效果，考虑政治和道德、社会等因素对法律效果的影响，实现不直接存在于法律规范文本之中的价值目标。因此，为了回应经济社会化和利益多样化的需要，经济政策的法律化和道德的法律化，以及经济法为实现特定社会效益的目标的软法化倾向，使得经济法规范的形式仪式被削弱，往往表现为时事政策、行政规章和政府规定等软性法规范，一定程度也损害了经济法的法律权威，其合法性和正当性常被质疑，但其对社会问题的强有力的解决效力却常被忽视。或许应该以一种开放、客观和公正的态度来审视经济法的实质正义，而不是纠缠于形式主义的程序正义。

二、经济法规范结构的逻辑设计

经济法规范就是为维护社会公共利益和协调平衡社会整体利益，确保公平、效益和安全的经济秩序，对资源配置的经济活动过程中市场行为和政府行为进行规范的制度设计，且经济法规范逻辑结构应符合法律规范的假定、处理、制裁三要素。假定是适用规范的必要条件，即实施某种行为可以适用法律规范；处理是行为规范本身的基本要求，即以权利和义务的形式规定人们应当做什么，不应当做什么；制裁是法律规范中规定主体违反法律规定时应当承担何种法律责任、接受何种国家强制措施的部分。假定、处理和制裁三要素密切联系、缺一不可，否则就不能构成法律规范，但经济法不同于其他部门法的一个重要的特性是其调整对象之社会经济秩序的秩序性、经济性和公共性的特点，其是为了实现特别的目标而对市场行为和政府行为进行规范，而不是把规范特定行为作为其法益目标。因此，为了实现特定的法益目标，经济法规范的结构较传统法律规范有所不同，经济法规范的逻辑结构的要素包括以下几个方面：

（一）假定

假定是法律规范的逻辑起点又是终点，假定预设的规范的条件就是法律要保护的社会关系客体，也是其法益目标。经济法是为了维护社会公共利益和协调平衡社会整体利益，维护公平、效益和安全的社会经济秩序。社会本位原则是其核心价值，社会利益是其法益目标，社会经济秩序是其调整对象。因此，对经济法规范的假定，维护社会公共利益和协调平衡社会整体利益，确保公平、效益和安全的经济秩序是经济法规范的基础条件，任何经济法规范的设计都应该满足此条件，此条件包括积极条件和消极条件两个内容。积极条件也就是经济法规范的设计应体现鼓励维护社会公共利益和协调平衡社会整体利益，有利于公平、效益和安全的社会经济秩序的经济法行为，这是经济法规范不同于其他部门法律规范的重要特征。比如，税收优惠制度、政财转移支付制度、产业激励政策、反垄断的豁免机制等相关的经济法规范都可以设定积极条件，通过规范设计的积极条件来引导市场行为实现其法益目标，也称为授权性条件。经济法规范的消极条件就是规定任何行为都不可以侵害社会公共利益和破坏社会整体利益的协调平衡，损害社会经济秩序，也称为禁止性条件。

（二）处理

经济法规范的逻辑结构的设计是通过私法公法化来限制私权利，通过公法私法化扩展行政职能部门的行政干预权。并通过对市场主体禁止性规范和积极义务性规范的制度设计来限制其私权的滥用和引导其市场行为，通过对行政职能部门经济职权、经济职责和经济法律责任的规范模式的制度设计，授权行政职能部门积极的干预权以维护社会公共利益和协调社会整体利益，确保公平、效益和安全的经济秩序，并履行相应的行政职责和接受问责。对于经济职权和经济职责的规范，基于市场经济发展变化的不确定性，很难通过立法明确规定具体的行为模式，一般采用概括授权的方式。在确保程序正义和司法救济的基础上，通过立法授权政府为维护社会公共利益，且不背离市场经济规律时对市场经济秩序进行干预的自由裁量权。程序正义既包括干预权的取得应有相应法律依据或权力机关的授权，比如具体行政干预行为应得到权力机关的授权并接受其监督，也包括具体政府干预行为应严格遵守执法程序，而且应向社会大众公开，即行政干预应具有合法性和正当性。因此，权力机关在政府干预过程中不应该只是个旁观者，通过权力机关的介入，使政府的干预权的形式正义落到实处。比如，人大对预算法执行的监督是个很好的实例。在经济活动过程，因为任何政府的干预行为首先都是源于法律的授权，这是经济法规范的合法性保障。对于政府经济职责规范，主要是针对政府的不干预行为或不正当干预行为进行规范和问责，以确保政府干预的合法性和正当性，确保市场经济秩序健康有序地发展。

市场主体的经济权利是具有相对性的法定权，也是一种权限，即经济权利的行使不应损害社会公共利益。经济法对经济权利的规范，在遵守市场自治的任意性规范的原则下，赋予市场主体为维护社会公共利益的积极义务和禁止性义务，同时授权政府职能部门对市场主体行为可能损害社会公共利益时的市场规制的消积干预权和为维护社会公共利益的市场事前监管和宏观调控的积极干预权。但政府的干预应遵守市场规律和社会本位原则，不能损害市场主体的利益，避免行政干预对市场经济的破坏。对于经济义务的规范，主要是基于社会公共利益的法定义务，包括市场主体的社会责任。因此，对市场主体法定义务的履行，政府的干预是必要的，但法律规范应该基于公平原则，协调平衡各方市场主体的利益，避免政府滥用其干预权加重市场主体的义务。

（三）后果

经济法规范与其他部门法规范的不同之处在于其不仅产生消极的法律后果，也可能产生积极的法律后果。因此，制裁只是经济法规范的法律后果的一种形式，这也是经济法规范的法律后果与其他部门法不同之处。经济法的积极法律后果表现为激励后果，也就是经济法主体依法履行其法定义务后或依法进行特定的经济活动后可以获取的利益。对于经济法律责任的规范，是针对政府干预行为和市场行为的缺陷采取的补救措施，是经济法律规范的最后一道防线，我国现行经济法的法律责任设计上不尽完善。基于经济法第三法域的特性及其调整手段多样性、经济法律关系结构的双重性，[1]经济法规范的制裁的法律责任也不同于民法、刑法和行政法，经济法规范的制裁包括民事责任、行政责任、刑事责任的综合责任体系。经济法规范的制裁除传统的民事责任、行政责任、刑事责任等法律责任外，还应当增设道义责任和政治责任，特别是针对经济法之社会公共利益的法益目标，应设立社会责任法律机制，使经济法律责任形成有效的综合责任体系。

三、经济法规范的调整模式

经济法从国家干预的内容层面可分为市场主体法、市场秩序法、宏观调控法和市场经济监管法。[2]经济法规范是一个统一的整体，经济法调整模式如图3-2所示，不同法律形式和类型化所采取的调整方式不同。经济法规范的形式可以分为强制性规范和任意性规范，权利性规范和义务性规范，私法

---

〔1〕 经济法律关系结构的双重性是指经济法律关系除了经济权利和经济义务，还包括经济职权和经济职责。参见李昌麒主编：《经济法学》，法律出版社2008年版，第88页。

〔2〕 参见李昌麒主编：《经济法学》，法律出版社2008年版，第109~110页。

规范和公法规范，实体规范和程序规范。对于行政机关的调整，因为行政干预既是其职权也是其职责，其规范一般是强制性规范，可以是私法规范和公法规范，实体规范和程序规范。如政府的干预既是经济职权也是其经济职责，需要授权也是一种权限，因此干预权应该是强制性规范。对于具体的干预行为，由于政府的干预手段可以是公权介入也可以是私权参与的方式，对政府的干预行为可以是私法规范或是公法规范，实体规范或是程序规范并举的混合方式。对于市场行为的规范，由于经济法权利义务的法定性，对于经营者的调整主要是以义务性规范为主的强制性规范，任意性规范为辅。比如，经营者的纳税义务，经营者对消费者的法定义务。经济法对于消费者的调整主要是权利性规范，因此其规范是任意规范为主，以强制性规范的义务性规范为辅。

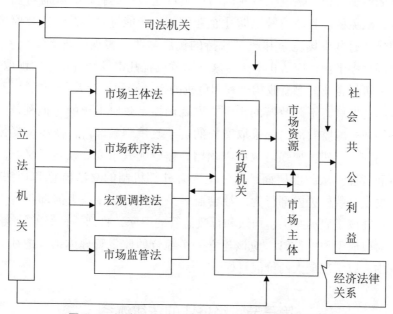

图 3-2　经济法之"国家干预"的法律调整结构图

权力机关通过立法制定行政干预的经济法律规范，也可以通过监督介入经济法律关系，并对司法机关的干预进行监督。行政机关在"国家干预"的经济法律关系中，可能成为经济法律关系的一方主体，其依市场主体法、市场秩序法、宏观调控法和市场监管法，通过宏观调控直接参与资源的分配或是对市场分配资源进行规制、监管使行其干预权。司法机关依经济法律规范对资源配置的经济活动产生的纠纷，以及政府干预行为进行裁决，通过司法干预对行政干预进行修正和救济。经济法的立法干预、司法干预和行政干预应该注重法律基本要素的相互协调，充分发挥经济法的整体效用，维护社会公共利益，实现社会整体利益的协调平衡。

经济法的市场主体，一般都具有法定性，只有符合经济法规范主体资格条件的市场主体才能成为经济法的主体。对于自治秩序的市场主体不受经济法调整，但经济法规范对其行为有规范和引导作用。而社会中层组织是沟通市场与政府的主要桥梁，是经济法政府治理模式重要主体。对市场主体的干预可根据市场需要降低或是抬高市场准入的门槛，针对特殊行业，为激活和维护市场，可降低市场准入的门槛，减少限制条件和简化手续，或是增设一些激励的措施。如金融危机对我国出口企业是致命的打击，政府可加大出口退税额，减免税收和政府补贴防止企业倒闭。产能过剩的行业，政府可进行适当引导，通过市场竞争和政策扶持的优胜劣汰，实现行业重组焕发生机。对于市场秩序干预，应防止不法商家利用危机扰乱市场经济秩序，谋取暴利。如利用危机对企业的恶意收购，利用危机的市场囤积行为及价格操控行为等。现代经济的发展离不开政府的干预，宏观调控是政府干预的一把利剑。纵观世界各国，金融监管部门都采取宽松的货币政策刺激经济，使经济慢慢走出衰退的阴霾。当然，加强对政府干预措施监管尤其重要。顾名思义，监管包含监督和管理。从制度层面，监督主要有外部机制的立法监督和司法监督，管理主要是行政机关内部行为。社会监督虽不具有法律效力但却具有无穷的力量，往往成了启动立法、司法和行政监管的引擎，收到了良好的社会效果。因此，对政府干预的监管，应该建立一个综合的监督管理体系，把社会监督纳入其中，以实现最大的价值目标。

第三节　经济法的法律体系

法律体系（Legal System）（法学中有时也称为"法的体系"）通常是指一个国家全部现行法律规范分类组合为不同的法律部门而形成的有机联系的统一整体。因此，法律体系中各规范间的融合状态成为某个特定解释的正当性渊源之一，也影响着法律体系内部规范的相互效力印证以及整体规范效力的合力。[1]目前，经济法学界对经济法体系理论建构较主流的观点主要有"二元说""三元说""四元说"以及"其他多元说"等。比如张守文教授的"二元论"包括市场规制法和宏观调控法。[2]"三元论"中，潘静成、刘文华教授认为经济法体系包括经济组织法、经济管理法、经济活动法三大部分。[3]漆多俊教授认为经济法调整对象应该包括市场障碍排除法，国家投资经营法（即国家经济参与法），宏观调控法（即国家经济促导法）。[4]"四元说"的多种主张中，杨紫烜教授认为"新经济法体系"，包括市场管理法、企业组织管理法、宏观调控法和社会保障法。[5]李昌麒教授认为经济法的调整对象为：即微观经济调控关系（市场主体调控关系）、市场调控关系、宏观经济调控关系和社会分配关系。[6]徐杰教授认为经济法的调整对象包括以下四个方面的社会关系：国民经济管理关系、经济协作关系、市场经济主体在内部经济管理中产生的经济关系和涉外经济关系。[7]纵观各位学者的观点，在经济法学界，对经济法的调整对象基本达成共识的市场规制法和宏观调控法之外，对制度体系中其他部分存在不同的认识，理论框架和边界较为模糊。[8]在资源配置的经济活动中，经济法对经济秩序的调整关键在于规范市场行为和政府行为的制度设计，具体包括市场主体法对市场准入和退出的调整，市场规制法和市场监管法对市场秩序的调整，宏观调控法对经济总量、财政收支、产业经济和区域经济的调整，市场在资源配置中起决定性作用的关键在于处理好市场和政府的关系。主要从市场主体法、市场规制法、市场监管法、宏观调控法等维度去构建经济法体系。

---

　　〔1〕　参见白斌："论法教义学：源流、特征及其功能"，载《环球法律评论》2010年第3期，第12页。

　　〔2〕　参见张守文：《经济法原理》，北京大学出版社2013年版，第59页。

　　〔3〕　参见潘静成、刘文华主编：《经济法》，中国人民大学出版社1999年版，第94～95页。

　　〔4〕　参见漆多俊：《经济法基础理论》，武汉大学出版社1998年版，第252页。

　　〔5〕　参见杨紫烜："论新经济法体系——关于适应社会主义市场经济需要的经济法体系的若干问题"，载《中外法学》1995年第1期，第2～4页。

　　〔6〕　参见李昌麒主编：《经济法学》，中国政法大学出版社1999年版，第62～66页。

　　〔7〕　参见徐杰主编：《经济法概论》，首都经济贸易大学出版社2011年版，第45页。

　　〔8〕　参见岳彩申、李永成："中国经济法学三十年发展报告"，载李昌麒、岳彩申主编：《经济法论坛》，群众出版社2010年版。

一、市场主体法

市场主体是以营利为目的提供商品或服务，合法进入市场的法人、自然人和其他社会组织。市场准入与市场退出是市场主体资格获得或确认、吊销、注销的过程，受市场主体法调整。调整市场主体的市场准入和退出的法律规范就是市场主体法，所产生的经济法律关系就是市场准入与退出法律关系。

（一）市场主体法对市场准入机制的调整

市场经济秩序建设中，市场准入是在经济活动过程中，为了防止资源配置低效率或过度竞争确保经济效益，维护经济秩序，政府部门通过批准和注册，对企业进入市场进行管理。[1]市场准入是政府对资源配置的一种制度安排，是对市场主体资格的确认，主要是通过对市场主体的登记、发放许可证、营业执照等方式来体现。通过市场准入制度，政府确保在资源配置中的调控作用。市场主体准入法律制度的目的是为了市场安全而不是为了限制市场竞争，是为了有序开放市场而不是为市场的进入设置障碍。[2]不管是竞争领域的市场准入的准则主义，还是非竞争领域的核准主义，都需要相应的市场主体法律规范，而且也需要政府不同程度的介入。民商法上的主体是抽象主体，所有主体地位都一律平等，但经济法主体是具体主体，每个主体在不同的经济法律关系中的法律地位不同。因此关于市场主体的法律规范就不再属于私法范畴的民商法能解决，而应该归属于具有公私法交融特色的经济法调整的范畴。经济法主体资格的确认具有重要的意义，比如纳税主体的确认，消费者身份的确认，都与其法律权利和义务有着密切的联系，并决定着其相关的市场主体资格。张守文教授关于经济法二元结构的理论中，把市场主体法消融于宏观调控法和市场规制法之中。[3]在经济法理论体系中，独立研究市场主体法很有必要。市场主体法是资源配置或经济活动过程中制度设计的第一道门坎，不论是市场的准入和退出，都源于法律的授权、许可和确认，是资源配置或开展经济活动的重要环节，是维护经济秩序的重要保证。对市场主体法的专门研究并非就要单独立法，市场主体准入法可与市场秩序法、宏观

---

[1] 参见李金泽：《跨国银行市场准入法律制度》，法律出版社 2003 年版，第 1 页。

[2] 参见孙会海："论市场准入制度的法理基础与立法完善"，山东大学 2009 年硕士学位论文，第 14 页。

[3] 参见张守文：《经济法原理》，北京大学出版社 2013 年版，第 47 页。

调控法和特殊产业法等经济法律制度共存于一部法律中，但应对其专门立法规定，确保市场主体地位的合法性，避免不正当行政干预对其的滋扰。

经济法对市场准入或是退出的衡量就是：秩序、公平、自由、效益和安全等法律价值，主要有准则主义、核准主义和特许主义。对于竞争性领域，或市场自治秩序中，一般采取准则主义，市场主体可以依法自愿进入市场，只要符合相关规定就享有市场主体资格，不需要行政审批，但应依法进行工商登记注册，并领取相应的营业执照。2013年12月28日第十二届全国人民代表大会常务委员会第六次会议通过了《公司法》关于公司设立注册资本的修改，改"法定最低注册资本制"为"认缴资本制"。对市场准入的资金限制和监管不是为了设置市场障碍，而是为了维护公平、效率和安全的经济秩序。《公司法》对于注册资本制度修改赋予更多创业者市场准入的资格，消除了资金门槛的限制，也成就了许多人的创业梦，激发市场活力，可以使资源由市场机制更自由更有效地优化配置，但同时也存在资金不足或不实影响其责任能力的社会风险，不利于维护社会经济秩序。市场核准主义主要适用于涉及国家安全、国家经济战略和公共利益而需要政府审批的领域。党的十八届三中全会《关于全面深化改革若干重大问题的决定》界定了政府审批企业投资项目的范围，包括五类：即国家安全、生态安全、全国重大生产力布局、战略性资源开发、重大公共利益项目。[1]政府通过简政放权，减少政府对市场的干预，放松对市场的监管，降低市场准入的门槛，有利于市场机制充分发挥作用。但对于关乎民生的重要产业和涉及国民经济重大战略、经济安全、生态安全和国家安全的领域，一定要认真落实相关的审核制度，确保经济秩序的安全。特许主义主要针对特殊行业，通过专门立法对市场准入和经营行为进行授权和规范，市场主体要严格依法经营，其市场准入一定程度上严格受限。政府对市场准入简政放权对我国市场机制的建设具有重要的意义，为市场在资源配置中起决定作用创造了基础性条件。在诚信缺失的条件下，任何市场放权的后果都是难以预料的，甚至可能事与愿违，不利于维护市场经济秩序。市场准入制度是政府积极干预的经济法律制度，也是正确处理市场与政府关系的最重要的环节，是经济法之政府干预市场的重要法律机制，也

---

[1] 参见杨伟民："如何使市场在资源配置中起决定性作用"，载《宏观经济管理》2014年第1期，第12页。

是市场自治秩序中市场主体权益的重要法治保障，是市场监管和宏观调控的重要手段和措施。

（二）市场主体法对市场退出机制的调整

市场退出法律机制就是指市场主体依法终止市场主体资格的法律制度。市场主体资格是经营者从事市场经营活动的条件。经营者因其依法登记注册而获得市场主体资格，并因此享有相应的权利和履行相应的义务。比如以经营者的名义签订合同，并承担相应的合同义务，依法纳税的义务等。市场主体退出机制是指市场经营者因为特定事由而主动终止或者依法被强制终止市场主体资格，经清算后由行政主管机关核准注销，从而终止市场主体经营资格和法人资格的法律程序和制度。市场经济是开放经济、竞争经济和效率经济，实力较弱的市场主体在优胜劣汰的规律作用下将不再成为产品或服务的供给者而退出交易领域。因此，市场主体退出是市场经济中的常态行为。完善的市场机制既鼓励市场主体积极参与市场竞争，又要求及时有效地将不合格的市场主体淘汰出局，以确保社会资源的有效利用。市场主体能够顺畅退出应是市场经济发育成熟的标志之一。[1]成熟的市场应该建立完备的市场退出机制保护市场主体的合法权利，但市场退出机制的缺陷可能被失信市场主体滥用以逃避其法律责任和义务。市场退出机制不仅终止市场主体的权利，也使其法律责任和义务可以合法地被终止或隔离，确保市场主体可以正当地从法律事务中解脱，为经营者的失败留了一条后路，或是免除其投资的后顾之忧。市场退出机制具体可分为主动退出和被动退出。主动退出主要是经营者依法自行注销，主动放弃市场主体资格。被动退出指经营者不具备市场主体的资格条件或是因违法被迫终止市场主体资格，如吊销营业执业和破产。

目前，我国市场主体的退出机制有待完善。首先，市场主体退出的吊销营业执照和注销制度仍需健全。我国目前的吊销营业执照和注销制度的监管和处罚措施仍需完善。对于以注销方式退出，因必须经登记主管机关按照法定程序审核，审结相关债权债务之后才能注销资格，繁杂的程序以至于相当一部分市场主体不愿按照法定程序去办理注销登记。其次，破产法的适用范围有限。我国《破产法》仅适用于一般企业法人的破产，作为市场主体之一

---

[1] 参见夏秀渊："我国市场退出机制的缺陷及对策研究"，载《商业时代》2009年第3期，第50页。

的非企业法人机构和自然人的破产制度尚未建立，市场主体的退出机制不尽完善。再次，由于我国诚信体系建设的不完善，对退市主体缺乏后延续监管，对被吊销营业执照非法退出市场的主体并没有信用记录及严厉的处罚措施。违法成本过低，以至于违法退市后业主可以通过变更登记事项重新登记开业经营，扰乱市场秩序，增加市场的不稳定因素。随着我国市场准入门槛的降低，各类市场主体数量也日渐庞大，市场主体的变更也更频繁，完善市场退出机制势在必行。最后，随着我国金融市场开放程度的加深，新兴金融产品和金融实体不断推陈出新，市场化和社会化程度越来越高，对金融市场的市场准入和退出机制的监管要求也愈来愈高。除了存款保证制度，我国目前对金融企业尚未建立完备的市场退出机制，不利于金融业的健康发展，对金融业破产法的立法也迫在眉睫。为维护经济秩序，相关市场主体准入和退出的法律机制都有待于进一步完善，经济法对此任重而道远。

二、市场秩序法或市场规制法

（一）市场规制法的概述

市场秩序法就是为了维护市场经济秩序，对不端市场行为依法进行规制或处罚，也称为市场规制法。"规制"一词源于英语单词"regulation"或Regulatory Constrain。[1]根据《布莱克法律辞典》的解释，"regulation"有三种意思：第一，依法的控制或制约行为；第二，公司章程；第三，行政机构（Administrative Agency）颁布的具有法律执行力的规则。[2]"regulation"究竟是"调控""管制"还是"规制"，虽是一个语词的翻译问题，却可能影响整个经济法理论的构建。[3]管制往往被用来描述计划经济体制，规制往往被用来描述市场经济体制。[4]对于什么是规制，外国学者一般认为很难下一个准确的定义，甚至干脆定义为：由规制者实施的规范与制约（Wilcox and Shepherd，1979年）。概括国内外很多学者的说法，一般可以认为规制是社会公共机构，即由国家的立法、行政、司法机构依据政府公共政策目标，对微观经

---

〔1〕　参见［日］金泽良雄：《经济法概论》，满达人译，甘肃人民出版社1985年版，第45页。

〔2〕　See Bryan A. Garner, *Black's Law Dictionary* (8th ed). Thomson West. 2004. 1311.

〔3〕　参见陈荣堂："宏观调控权的经济法表达"，载《政治与法律》2009年第9期，第11页。

〔4〕　参见王全兴、管斌："市场规制法的若干基本理论研究"，载法苑精萃编辑委员会编：《中国经济法学研究精萃》（2002年卷），机械工业出版社2002年版。

济主体进行的一系列规范与制约活动，或对企业市场活动的介入。《新帕尔格雷夫经济学大辞典》解释为：规制指的是政府为控制企业的价格、销售和生产决策而采取的各种行动。市场秩序法主要包括四类：一是以竞争法为基础的竞争秩序法，主要是以竞争政策为目标，对破坏市场竞争秩序的垄断与不正当竞争行为加以限制，以促进公平竞争，如反垄断法和反不正当竞争法。二是以消费者权益保护为基础的消费秩序法。这类规制法主要以保护消费者权益为目标，维护公平的消费秩序，对损害消费者权益的市场行为进行规制，如消费者权益保护法。三是以维护正常的生产秩序为目标的生产秩序法。这类市场规制法主要是以维持生产秩序为目标，对破坏生产秩序中的不法市场行为进行规制，维持稳定的生产秩序，如产品质量法、产品标准法等。四是以维护经济活动中的社会公共利益，协调平衡社会整体利益为目的社会规制法。一般的社会公共秩序由行政法进行调整，经济法的根本任务就是保护在经济活动过程中的社会公共秩序，广义上包括竞争秩序、消费秩序和生产秩序，狭义上仅指除竞争秩序、消费秩序和生产秩序之外的其他公共秩序。如金融秩序、投资秩序、流通秩序等影响经济秩序公平、效益和安全的公共秩序。以维护社会公共利益，协调平衡社会整体利益为己任的"社会本位"是经济法的基本原则和核心价值，社会规制法是关于经济、社会、环境协调发展密切相关的各种法律规范、道德规范与社会规约，作为经济法的基本法对所有市场行为都具有适用性，如产品召回法、企业社会责任、环境保护法等。

（二）市场规制法的价值目标

市场规制法是为矫正市场失灵，运用公共权力调整社会经济生活，对市场主体的相关市场行为进行消极制约，以维护公平的市场经济秩序。市场规制法作为经济法的重要组成部分，在经济法学界基本达成了共识。把市场规制法的价值界定为维护市场经济秩序，这一价值内涵了公平、自由、效率和安全等目标。[1]市场规制法宗旨主要是为了维护竞争秩序、消费秩序、生产秩序和社会公共秩序，防止经营者采取违法行为破坏竞争秩序和生产秩序，损害消费者权益，扰坏社会公共秩序。市场规制法对维护市场经济秩序具有重要的意义，有利于对市场经济活动进行引导、规范和禁止，维护正常市场经济秩序，弥补市场自治秩序的缺陷和局限性。既防止市场主体滥用权利，

---

〔1〕 参见刘大洪、廖建求："论市场规制法的价值"，载《中国法学》2004 年第 2 期，第 91 页。

也为政府对市场进行规制提供法律依据，同时也起到规范政府行为的作用。我国目前市场规制立法必须同时兼顾两个方面的基本点：一方面，要规范市场行为和克服市场失灵，强化市场配置资源机制；另一方面，要规范政府行为和规制政府失灵，防止政府在市场规制执法过程中的违法行政和有悖于市场经济规律的政府行为。

市场机制在配置资源的经济活动过程中，正常的竞争秩序、消费秩序、生产秩序和社会公共秩序由民商法调整，但市场规制法对市场主体的经济活动有指引和规范的作用，任何经济活动都必须遵守市场规制法和民商法。市场规制法主要针对违反市场规制法，破坏市场经济秩序的市场不端行为进行矫正，维护市场经济秩序，确保经济活动的公平、效率和安全。我国现行的市场规制法还不完善，价格竞争是最重要的市场竞争机制，但新修订的《反不正当竞争法》没有对价格不正当竞争行为进行规制，甚至废除了在我国层出不穷的低价倾销的相关规定。《反垄断法》对行政垄断，行业垄断缺乏执行力。《消费者权益保护法》《产品质量法》《食品安全法》《广告法》《价格法》等经济法责任体系有待完善，违法成本过低，维权成本过高，执法力度不够，导致虚假广告、假冒伪劣商品、有毒有害食品、商品囤积行为等问题的出现。竞争和消费是市场配置资源的原动力，对安全生产、公平竞争及消费者权益等市场经济秩序的维护才能降低交易成本，确保资源配置的公平、效率和安全。

三、特别产业监管法

（一）特别产业法的内涵

在经济法学界，绝大多数学者没有严格区分一般市场规制法与特别产业监管法的关系，把对特别市场的监管等同于对一般市场的规制。邱本教授认为监管，通常含有监督和管理的内容，是有关机构对市场主体及其市场行为的监督管理。市场监管法不是某一部法律，而是一个法体系，是调整市场监管关系的法律规范。[1]有学者认为市场监管法是指市场监管主体对市场活动主体及其行为进行限制约束等直接干预市场经济活动的总和。[2]张守文教授

---

〔1〕　参见邱本："论市场监管法的基本问题"，载《社会科学研究》2012年第3期，第71、73页。

〔2〕　参见吴弘、胡伟：《市场监管法论——市场监管法的基础理论与基本制度》，北京大学出版社2006年版，第2页。

认为在二元结构体系下，市场监管法是中间地带，故应当从研究视角上一分为二地看待市场监管法，将其放入宏观调控法或市场规制法的视角中分别进行研究。[1]王全兴教授认为市场规制法包括市场规制一般法和市场规制特别法，市场规制特别法即是市场监管法。[2]有学者认为市场监管法是经济法不可或缺的部分，是与宏观调控法和市场规制法并列的经济法的独立组成部分。市场监管法不是市场规制法，不能将市场监管法与市场规制法等同，亦不能用市场规制法包含市场监管法。[3]

（二）特别产业法的价值目标

实际上，市场规制法和市场监管法两者既有共同点也有不同之处。两者的共同点在于市场规制法与市场监管法同属于经济法范畴，都以社会本位为核心价值，兼具公法和私法的特点，调整的都是市场行为，都是国家意志对经济秩序的调整，都以市场失灵理论为立足点，都是强制性法律规范。两者的不同点在于市场规制法主要是针对微观经济领域市场行为的矫正和规范，以纠偏为目的，是事后调整，以惩罚性规范为主，是对市场主体自治行为的规范，但同时市场自治行为也应服从国家的宏观调控政策和遵守宏观调控法律法规，其追求的价值目标主要是公平、效率和安全。如《反不正当竞争法》《反垄断法》《消费者权益保护法》《产品质量法》等，市场规制法属于经济法的基本法，对所有市场主体都适用。市场监管法主要是对中观经济领域的特别产业市场的监督和管理，一般都有专门立法，包括事前和事后的全面调整，包括市场准入、市场退出和市场行为等全面的监督管理。主要是以标准化规范为主，监管目标在于安全保障和风险防范。市场规制法和市场监管法两者时常会同时出现在同一部法律文件中，共同调整市场主体的行为。如商业银行法、保险法、证券法、房地产法、广告法、标准化法、会计法、审计法、邮政法、电信法等特别产业法，不仅关系国计民生，而且影响国民经济发展和市场经济建设，需要进行专门的立法监管。除对其市场准入和退出有专门的立法规定之外，对其市场行为也有明确的规范，实行标准化的事前监管。同时，特别产业法除了应遵守特别产业法的规定从事市场活动外，还应

---

〔1〕 参见张守文：《经济法理论的重构》，人民出版社 2004 年版，第 56 页。

〔2〕 参见王全兴：《经济法基础理论专题研究》，中国检察出版社 2001 年版，第 595~596 页。

〔3〕 罗刚、徐清："论市场监管法的地位——以市场监管法和市场规制法的关系为视角"，载《天津法学》2011 年第 2 期，第 88~91 页。

遵守一般市场规制法。对违法一般市场规则的行为，也应受到市场规制法的处罚，还应服从宏观调控法的相关规定。因此，特别产业法是以特别产业监管法为主，同时适用市场规制法和宏观调控法的法律规范的总称。我国目前的特别产业监管法立法相对滞后，导致很多行业标准落后直接影响到监管的效率与及国际贸易。特别产业监管法的目标在于确保安全保障和风险防范等社会公共利益，是维护市场经济秩序不可或缺的守护神，而且每个行业安全标准和风险管控不同，这也是特别产业监管法应专门立法的重要原因。

四、宏观调控法

（一）宏观调控法的法律机制

综观我国学界对宏观调控权的论证，从我国的"宏观调控"词语的起源及其发展来看，主要表现为两种进路：第一种认为，宏观调控权是一种新型的权力，而且是国家立法权、行政权和司法权之外的一种权力。[1]第二种认为，宏观调控权是衍生于行政权的一种权力类型，是行政权膨胀的结果，在性质上仍属于行政权。[2]实际上，宏观调控权不是新的权力，也不仅限于行政权，是国家立法机关、行政权力和司法机关的权力合力。立法机关通过经济立法授权行政机关宏观调控权，由行政机关依法进行调控，对于因宏观调控引起的纠纷通过司法裁决最终影响宏观调控的效果。国家宏观调控法是调整国家对社会经济宏观调控中发生的各种社会关系的法律规范的总称。[3]为了实现合规律性的宏观调控，关键在于对宏观调控主体的赋权和宏观调控责任体系的建立。[4]因宏观调控行为多表现为抽象行政行为，宏观调控形式主要表现为以经济政策为主，但也包括必要的经济法律法规和行政配套措施。

在宏观经济领域，宏观调控直接针对具体的经济问题和经济秩序进行调控，经济法律法规是宏观调控经济政策和行政措施的依据，且各种经济政策的实施都需要相应的行政配套措施来落实。如预算法、财税法、人民银行法、

---

〔1〕　参见陈云良："国家调节权：第四种权力形态"，载《现代法学》2007 年第 6 期，第 19 页。

〔2〕　参见王泽鉴：《民法学说与判例研究》（第 4 册），中国政法大学出版社 1998 年版，第 3 页。

〔3〕　参见漆多俊："宏观调控法研究"，载《法商研究》1999 年第 2 期，第 33 页。

〔4〕　参见李昌麒、胡光志："宏观调控法若干基本范畴的法理分析"，载《中国法学》2002 年第 2 期，第 14 页。

外汇管理条例等法律法规是宏观调控的法律依据，而各种财政政策、税收优惠政策、货币政策都需要辅以相应的行政措施才能落到实处，如财政专项转移支付、税收减免措施、银行准备金制度等具体行政措施落到实处。由于经济政策的制定者和行政措施的执行主体都是行政机关，以至于学界普遍认为，宏观调控主体就是行政机关。根据我国《行政诉讼法》第53条的相关规定，公民、法人或者其他组织认为行政行为所依据的国务院部门和地方人民政府及其部门制定的规范性文件不合法，在对行政行为提起诉讼时，可以一并请求对该规范性文件进行审查。第64条的相关规定，人民法院在审理行政案件中，经审查认为本法第53条规定的规范性文件不合法的，不作为认定行政行为合法的依据，并向制定机关提出处理建议。按照《立法法》第88条相关规定，当宏观调控相关的法律和政策被认定为不适当或不合法时，应当予以改变或者撤销。以上相关规定意味着，行政机关的宏观调控政策如果不合法，有可能其处理结果会影响宏观调控的实施。结合行政监管的法律相关规定，对不合法的宏观调控，相关人员如果存在违法行为也应承担相应的责任。《行政诉讼法》对宏观调控的司法审查可以有效监督宏观调控，确保宏观调控的正当性和有效性。责任人的责任形式，主要是行政处分，包括引咎辞职、撤职、责令辞职等行政或党纪处分。我国现行的法律机制，对宏观调控建立了完备的制度监督，使得宏观调控不再是权力的任性，以便更好地发挥其宏观调控的作用。

（二）宏观调控法的价值目标

宏观调控法不等于宏观调控，作为法律，宏观调控法是宏观调控法治化的表现形式，是宏观调控法理论最基本的范畴，是构建宏观调控法理论体系的逻辑起点，[1] 是对政府的宏观调控意志和政府的调控行为的法律约束和规范。宏观调控在经济上的合法性，取决于经济上的合理性，即经济上的合规律性。国家宏观调控行为实现经济上的合规律性是宏观调控法对宏观调控关系进行法律调整的目标。立法对宏观调控行为的合理性和正当性控制可以通过以下制度设计来完成：一是在立法中规定确立宏观调控措施的实体评判标准，使宏观调控措施符合市场公平、安全、效率及总供给与总需求的平衡和

---

〔1〕 参见张守文："宏观调控权的法律解析"，载《北京大学学报（哲学社会科学版）》2001年第3期，第125页。

可持续发展的要求。二是建立实体评判标准的程序保障措施。如决策的公告和征求意见、听证、评估、建议、审批、监督、专家论证和信息反馈等制度。三是建立监督和纠错制度。如对宏观调控一旦发现所采取的措施有悖其初衷，不符合前述实体标准，即应当停止实施。又如在实施中出现了过度行为，则应采取补救措施予以及时校正。四是建立法律责任制度，追究错误调控行为的法律责任，并赋予受害人通过申诉、诉讼获得救济的权利，[1]特别应建立行政问责制，建立符合经济法法治原则的宏观调控责任机制。问责制首先追溯政府公共管理主体的角色及其权责设置，要求相关职责主体对违背角色职责承担各种不利的法律后果。

宏观经济政策是宏观调控的方法和手段，受宏观调控法的规范和制约，但宏观调控法对宏观经济政策只规定严格的行使条件、行使方法、行使程序及相应的监督机制和纠错机制。[2]市场在资源配置中起决定性作用的宏观调控法，多为审时度势，因势利导的"相机抉择"的软法，制定一劳永逸，统一"固定规则"的宏观调控法的基本法不可行，但可把宏观调控的边界、宏观调控赋权、宏观调控权限、宏观调控程序、宏观调控绩效评价、宏观调控监督，包括违宪审查制、宏观调控权利救济，以及宏观调控责任制等纳入宏观调控法律之体系。关于宏观调控的"合理性""合规律性"及"合法性"，既要防止宏观调控权对市场机制和民事权利的侵害，还要评估宏观调控的效率，确保实现资源的优化配置。

经济秩序由一系列错综复杂的社会经济关系组成，既有民商事主体层面意思自治的市场秩序，也有国家层面的宏观调控经济秩序，还有应专门立法规范的特别产业秩序。因此，经济法调整的经济秩序是公权力与私权利相交融的法律秩序，经济法是公私法兼容的第三法域，是为了弥补民商法和行政法的缺陷而建立的新的法律机制。市场秩序法是建立在民商事主体意思自治基础上，对侵害社会公共秩序，破坏社会整体利益协调平衡，影响经济公平、效益和安全的市场行为的规制。因此，市场规制法虽以行政执法为其法律实施方式，但仍保留着民商法的私法基本特色，允许市场主体间可以私法的方

---

〔1〕　参见史际春、肖竹："论分权、法治的宏观调控"，载《中国法学》2006 年第 4 期，第 165 页。

〔2〕　参见李昌麒、胡光志："宏观调控法若干基本范畴的法理分析"，载《中国法学》2002 年第 2 期，第 7 页。

式处理某些违法市场规制法的纠纷，比如损害赔偿。同理，特殊产业法和宏观调控法所调整的社会经济关系中，属于私法的范畴同样应遵守市场主体的意愿，允许其以私法方式处理相关的社会经济问题。但不论是市场规制法、宏观调控法，还是产业特别法都强调公权力对涉及社会公共利益的市场经济秩序的干预，只是对不同的经济领域和市场行为采取的手段和方法不同，而且这种国家权力的干预往往又表现为行政执法，不可避免带有行政法的某些痕迹和特色，以至于经济法学界主流观点都把国家和政府作为一方经济法的主体，但忽视了经济法中的行政执法与行政法中的行政执法不论从目标、相对人还是手段上都存在差异，而其他部门法学者更是以此为由否定经济法的独立性。经济法作为调整经济秩序的综合法律体系，市场主体法是经济法体系的起点也是终点，调整着市场准入和退出的法律关系。市场规制法中的消费者权益保护法产品质量法、广告法、反不正当竞争法，虽从表面看是维护消费者权利，但这些法主要目的是通过私法公法化，既确保公权力对社会公共利益的维护，也通过私人的维权诉讼实施机制，实现对公平交易秩序的维护。在宏观调控法中，宏观结构秩序法也含有规制的意味，但其手段更为柔和，往往使用软法的宏观调控手段。[1]而特别产业法虽为专门法，但却包括了市场主体法、市场规制法、宏观调控法相关法律制度，是更具有经济法特色的分法。总之，经济法是由市场主体法、市场秩序法、宏观调控法和特别产业法组织成的综合法律规范体系的总称。

我国目前经济法学者构建的经济法理论体系一般包括经济法的调整对象、调整方法、范畴体系、研究方法、基本原则、宗旨理念、责任理论等。这些理论主要借助经济学、社会学的研究成果来构建经济法理论体系，以至于研究脱离法律规范和法律实践，对实践缺乏指导性。导致我国经济法体系构建不能通达，总论与分论理论研究联系不够密切，总论理论过于抽象，而分论部分基本上是照抄、照搬现行法律条文，总论理论不能完全解释分论中的法律现象，分论中相关的法律规定的法理也不能全部适用总论中的结论的局面。[2]研究经济法体系的内部结构需要考察其结构的特定性，因为特定的结构会产

---

〔1〕 参见刘水林："经济法是什么——经济法的法哲学反思"，载《政治与法律》2014 年第 8 期，第 90~91 页。

〔2〕 参见李曙光："经济法词义解释与理论研究的重心"，载《政法论坛》2005 年第 6 期，第 11~12 页。

生特定的功能，同样，特定的功能也需要特定的结构。据此，在研究经济法体系问题时，也可以把相关的调整对象理论、地位理论、价值理论等结合起来。由于体系本身就是一个系统，并且经济法系统就应当是一个外部协调、内部统一的部门法系统，因而还可以用系统论的方法来研究经济法的体系问题，其中结构分析的方法非常重要。

CHAPTER 4 第四章

经济法对传统法律关系的异构

经济法以维护社会公共利益为宗旨，协调平衡各方主体的社会整体利益，确保公平、效益与安全的经济秩序，对市场行为和政府行为进行调整和规范，并对传统的法律关系结构进行异构，在不同的经济法主体间不对称地配置权利义务实现实质公平，对政府适当扩权以及对社会组织分权以回应社会经济发展的需要。经济法在规则结构上有异于法律关系结构有成熟完整体系和范式，理论研究比较完备的传统民法、行政法和刑法。蜕变于民法和行政法的经济法，其法律关系结构必然既保持着民法和行政法的某些特征，但也别具一格，属于私法与公法相互交融的第三法域，存在公法私法化和私法公法化的特质，不同的经济模式相应的经济法规范的结构也具有多重性或复合性，是对传统法律关系的异构。如市场主体的类型化和角色化。经济法对传统法律关系的异构在于其解构了民法的任意性规范和行政法控权式规范的范式，使经济法主体、客体及规范形式都发生了改变。经济法律关系的私法公法化导致其主体、客体和内容都法定化，公法私法化构建了市场—社会中间层—政府三维关系的法律新机制。因此，经济法以"市场""政府"和"社会"作为新的法律元素，在资源配置的经济活动过程中，通过公法私法化和私法公法化建立第三法域，在传统二元法体系的基础上对传统法律体系进行解构，在市民社会以及政治国家之间构建了一种新的法律体系。

第一节　经济法主体的多维视角

主体论是任何部门法学理论研究都不能回避的重要的法学问题，也是法律实践中立法、司法、执法的理论依据。主体承载着法律关系的权责利义等内容，是部门法学构建法律关系理论、权义理论、行为理论、责任理论等论题研究的基础和法律实践的理论依理，主体的身份或是资格甚至决定着法律关系的存废，权责义利的承担。如果主体理论尚未得到科学论证，就难以构建部门法学的理论体系。因此，经济法主体是经济法理论研究的重要课题，不少学者进行了专门研究。国内学者对经济法主体的基本共识是：国家是经济法的一方主体。"国家主体说"或是"国家法律主义"基于"政治国家"和"市民社会"的社会结构关系，分析经济法主体的结构范式主要有两种：一种是二元结构的"国家—市场"范式，另一种是三元结构的"国家—市场—社会"范式。[1]经济法蜕变于民法和行政法的第三法域的特性，使其主体既有民事主体的私法性，也有行政法主体的公法性，表现出类型化或是法定化，具体化或角色化的多维结构，对经济法主体进行类型化和角色化的界定有利于明确其法律地位。

一、经济法主体论认识上的缺陷

（一）"国家主体说"的缺陷

1. "国家主体说"的内涵

肖江平教授从经济法学史的角度，以经济法主体、行为和目的为视角对经济法的定义进行类型化分析。认为国内学者对经济法的基本共识是：国家是经济法的一方主体，经济法是国家为了维护社公共利益和协调平衡社会整体利益，实现经济协调发展而规制经济运行行为过程中发生的经济关系。但对发生经济法所调整的经济关系中的国家或政府的行为方式及其作用对象的理解不同，形成了协调行为的"国家协调说"、干预行为的"需要国家干预说"、调制行为的"国家调制说"、调节行为的"国家调节说"等不同的经济

---

〔1〕 参见张士元："谈谈经济法主体的范畴和分类"，载《青海社会科学》1983 年第 5 期；李中圣："经济法主体的分类新探"，载《法律科学（西北政法学院学报）》1990 年第 4 期；程宝山："论经济法主体"，载《郑州大学学报（哲学社会科学版）》1990 年第 1 期；邱本："论经济法主体"，载《法学评论》1997 年第 3 期；谢茨昌："论经济法主体"，载《法学杂志》1989 年第 1 期；李友根："论经济法主体"，载《当代法学》2004 年第 1 期；蒋悟真："传承与超越：经济法主体理论研究——以若干经济法律为视角"，载《法商研究》2007 年第 4 期；郭维真："试论经济法主体的二元结构性"，载《福建师范大学学报（哲学社会科学版）》2008 年第 6 期；姚海放：《经济法主体理论研究》，中国法制出版社 2011 年版；张继恒："经济法主体理论的再证成"，载《甘肃政法学院学报》2013 年第 6 期；焦海涛："经济法主体制度重构：一个常识主义视角"，载《现代法学》2016 年第 3 期，等等，以及所有经济法理论研究的作品都对经济法主体进行探讨，在此不一一列出。

法的界定。[1]目前，国内学者对经济法的界定比较主流的观点主要有"纵横统一说"；"国家协调说""需要国家干预说""国家干预说""国家调制说""国家调节说""社会公共性管理说"等。[2]以上对经济法的不同界定，延续了传统经济法"国家与经济关系"的理念，认为国家是经济法律关系中的一方主体。除持行政隶属性经济关系说或行政管理性经济关系说等少数观点将主体界定为政府，大多数学说或观点都将主体定位为国家。[3]国家主体说成为我国目前经济法学界的主要观点，但这种经济法之"法律国家主义"值得商榷。

2. 经济法之国家主体论或是法律国家主义的误区

有学者认为：经济法视野中法律国家主义的核心要义是，通过立法授予国家或政府干预市场的权力，在市场调节失灵的领域借助市场规制和宏观调控等手段，弥补市场缺陷，实现社会整体经济利益。法律国家主义及其所呈现出来的国家意志性只是为权力干预市场提供了理论根据，并不必然导致权力过度干预市场。[4]这种"经济法之法律国家主义"倾向在理论上表现为对经济法之"市场与国家（政府）关系"的过度解读，认为经济法所调整的社会关系一定是国家（政府）必为经济法律关系的一方主体，处于干预者、协调者、管理者、规制者或调控者的地位，而另一方主体则是被干预者、被管理者、或受制者。强调国家（政府）在经济法中的主导地位，而且成为当前经济法学界对经济法本质的基本共识。[5]这种以国家权力为中心的经济法研究进路，背离了经济法产生的社会基础：社会化大生产及其基本形式——现代市场经济，忽视了经济法与市场经济的内洽性。[6]在法治社会，任何法律规范都是国家意志的体现，都是国家以不同的方式对社会关系的干预。不管

---

〔1〕 参见肖江平："经济法定义的中国学术史考察——侧重于经济法调整对象"，载《北京大学学报（哲学社会科学版）》2012年第5期，第118~123页。

〔2〕 参见李昌麒主编：《经济法学》，法律出版社2008年版，第48~52页。

〔3〕 参见肖江平："经济法定义的中国学术史考察——侧重于经济法调整对象"，载《北京大学学报（哲学社会科学版）》2012年第5期，第119、120、122、123页。

〔4〕 胡国梁："经济法逻辑：权力干预抑或法律治理辨——与陈婉玲教授商榷"，载《政治与法律》2016年第2期，第137页。

〔5〕 参见陈婉玲："经济法调整：从'权力干预'到'法律治理'"，载《政法论坛》2014年第1期，第184页。

〔6〕 参见蒋悟真："中国经济法研究范式"，载《法学家》2007年第5期，第25~26页。

是立法机关，执法机关还是司法机关，法律实施都离不开国家权力的介入，只是因为不同的法律行为以及不同的行为阶段国家权力介入的方式不同而已。

任何受法律保护和调整的社会关系，首先是国家立法机关通过立法对其进行确认，使社会关系受到相关的法律规范的调整、指引和保护，并最终能得到司法的保障。广义上，立法不仅指权力机关的立法，也包括行政机关的授权立法以及具有普遍约束力的有权机关所作的法律解释。对于任意性规范所调整的社会关系，司法机关的判决是其最后的法治保障。对于强制性规范，执法机关可以行政先行的方式介入，并确保司法对整个社会活动的最终法律保障。因此，没有可以脱离国家权力控制的法律规范和法律实施，任何受法律保障的社会关系必然离不开国家权力，国家是所有法律关系中起决定性作用的抽象主体，以不同的方式存在着，在社会和经济活动的不同阶段或是不同行为模式中，以直接或是间接参与的形式确保法律的实施。国家权力以不同的方式渗透到各种社会和经济活动中，在此层面上，国家是所有法律关系的一方抽象主体，不仅局限于经济法律关系主体。经济法的调整机制不仅限于政府的行政执法行为，还包括权力机关立法行为，司法机关的司法审判行为所形成的法治体系，以及依经济法规范法律逻辑的自洽性对经济法律关系主体行为的规范和指引。至于采取何种手段，取决于社会经济发展的现实。如果某种社会经济关系缺乏相关的经济法律规范，立法机关应该进行立法或是授权相关部门立法建立相应的法律机制，制定相应的经济法规范。正确认识经济法规范的渊源，才能厘清经济法作为法的本质属性与其他法没有什么不同，是调整政府、市场与社会在资源配置的经济活动中的社会关系的行为规范，具有国家意志，但不存在所谓的经济法之法律国家主义的特别法律关系或具体法律关系，国家也不可能成为具体经济法律关系的一方主体。

3. "国家主体说"认识论上的错误

有学者认为国家干预作为经济法的基本范畴，内涵丰富，意义重大。经济法的基本使命就是科学地认识国家干预，并创造性地将其法律化，对国家干预的主体、权限、范围、程序、方式和工具等作出一整套的法律规定，以实现国家干预的法治化。[1]这种经济法之"国家干预法"是对法律国家主义的具体阐释。但国家作为一种抽象存在，不可能成为具体的法律关系主体，

---

〔1〕　参见邱本：《经济法专论》，法律出版社 2015 年版，第 145 页。

把国家界定为经济法一方主体的思维模式犯了认识论的错误，变相否定了经济法规范的客观存在，把经济法规范的范式简单化为对国家干预行为的规范而不是对"资源配置的经济活动中的市场行为和政府行为的规范"，即忽略了经济法规范对市场行为和政府行为在资源配置的经济活动过程中，其内在法律逻辑自洽性的规范和引导。本质上，经济法既规范市场主体行为也调整政府行为，而不仅是"经济法就是调整国家干预行为"。经济法是国家权力机关、执法机关和司法机关对社会经济活动进行的干预，这与民法规范、行政法规范、刑法规范没有本质的区别，都是国家意志的体现，是国家通过不同的国家机关对社会经济活动的一种干预，这是法的一般性或普遍性。纵观我国的各种经济法立法，都体现了经济法对经济法主体在经济活动中的行为规范，而不仅仅只是规范国家或是政府干预行为。在经济法律关系中，经济法律规范引导和规范市场主体公平自由地进行竞争，并按市场规律现实资源最优配置，政府依法维护公平的市场秩序和公平地配置公共资源，与民法、行政法以及刑法等其他部门法的法律规范一样，发挥了法的指引功能。当市场主体行为或政府行为触犯相关的经济法律法规，或是破坏现有市场秩序时，通过行政机关或是司法机关对违法主体的违法行为依法进行惩处，并要求其承担相应的法律责任。经济法律规范与其他法律规范的功能无异，发挥了法的惩戒功能，只是法的适用主体不同和方式不同。因此，经济法是对以传统的民商法和行政法为基础的私法和公法二元法律体系的解构，并建立公私法兼融的第三法域。经济法通过公法私法化和私法公法化对经济秩序进行调整，建立了以政府执法为主而非法院司法审判解决纠纷的法律新机制。

亚里士多德在《形而上学》中批评那些把理念和具体事物相分离，独立自存的本体的人，认为如果理念是独立自存的本体，就不会与具体事物发生关系。如果它是个体，就不会呈现于众多不同的事物中。否则理念自己就和自己相分离。[1]亚理士多德的结论是：真正的本体只能说出单独的事物"是什么"而不能适用于所有的个别，但认识的对象往往是普遍的。[2]经济法作

---

〔1〕 参见［古希腊］亚里士多德：《形而上学》，吴寿彭译，商务印书馆1959年版，第173页，转引自赵映香："亚里士多德哲学中本体论和认识论的内在冲突"，载《天津社会科学》2011年第2期，第44页。

〔2〕 参见赵映香："亚里士多德哲学中本体论和认识论的内在冲突"，载《天津社会科学》2011年第2期，第44页。

为一种客观存在，属于国家法律体系中的一部分，具有法的共性，即国家意志的体现。但经济法规范不同于民法、行政法和刑法等其他部门法的规范，具体的经济法规范间既有联系也有区别，不同的规范之间存在共性或是普遍性，但又保持其个性。经济法学作为思想的范畴，就是通过思维活动厘清不同的经济法规范及其相关的社会经济现象之间的联系，把握其共性并通过概念清晰地表达。目前，经济法学界对经济法的认识，犯了认识论上的错误，混淆了本体与理念，整体和个体，一般和特殊，抽象与具体的关系。把经济法的理念当作具体的经济法规范，把抽象的国家作为具体的经济法主体，把法的概念简单化、具体化为经济法的概念，导致经济法理论研究陷入混乱与迷惘，经济法权责义无法落到实处的尴尬现实。实践中，经济法理论不能更好地解释具体的经济法律现象，总论与分论脱节，严重阻碍了经济法理论研究，影响了经济法学科建设的发展及其对经济法实践的指导。

（二）市场与政府关系定位的缺陷

经济法的理念起源于自由资本主义时期，因私有制导致社会生产资料分配的不公而需要国家进行干预，摩莱里最初的经济法理念就是源于社会分配的调整。但国内许多学者把国家干预等同于政府干预或是行政干预。然而，社会整体机制不能仅由政府干预，更不能只是行政干预。[1]在资源配置的经济活动过程中，政府可以依法对市场进行规制和监管而成为规制主体和监管主体，也可以因授权对资源配置进行宏观调控而成为调控主体。市场与政府在资源配置中的作用和范围不同，因此可以通过经济法律制度的设计，明确市场与政府在资源配置中的法律界限，防止市场主体权利滥用对公共资源的掠夺避免"公地悲剧"[2]，也防止政府滥用职权对市场进行干预损害市场主体的权益。经济法不是为了解决政府权力与市场权利的博弈关系而设的法律规则，不应把政府和市场锁定为经济法的一方主体，更不能认为经济法调整的社会关系仅是一种政府与市场间的规制与被规制、调控与被调控关系。[3]

---

〔1〕 参见邱本：《经济法专论》，法律出版社 2015 年版，第 28 页。

〔2〕 参见美国学者埃莉诺·奥斯特罗姆（Elinor Ostrom）1968 年在《科学》杂志上提出了"公地悲剧"理论，认为任何时候只要许多个人共同使用一种稀缺资源，就会发生环境的退化。（［美］埃莉诺·奥斯特罗姆：《公共事物的治理之道——集体行动制度的演进》，余逊达、陈旭东译，上海三联书店 2000 年版，第 11 页。）

〔3〕 参见陈婉玲："经济法调整：从'权力干预'到'法律治理'"，载《政法论坛》2014 年第 1 期，第 184 页。

经济法对社会资源分配的经济活动的调整机制应包括国家权力机关的立法行为、行政机关的立法和执法行为、司法机关的审判行为等国家行为。应明确经济法的国家干预只是一种抽象行为，不是具体的政府干预更不只是行政干预。经济法的价值目标在于，在资源配置的经济活动过程中，为了维护社会公共利益和协调平衡社会整体利益，通过立法规范和引导市场行为和政府行为，并授权政府对市场经济秩序的规制、监管和调控的干预权或执法权。

经济法律关系主体，一般认为包括市场主体、社会中间层组织、政府或政府机构。市场主体主要指参与资源配置经济活动的企业、社会组织和自然人，包括经营者和消费者。社会中间层就是沟通市场与政府之间关系的民间组织，如行业协会、商会等。[1]政府或政府关机作为经济法的主体资格主要指依法被授权作为市场的规制主体、监管主体、调控主体或者公共资源配置主体。在经济法律关系中，市场与政府并非必然是双方当事人。经济法律关系可能是发生在市场主体间竞争关系和消费关系，也可能是市场主体与政府或政府机关之间的规制关系和监管关系，也可能只是政府依法对市场秩序或经济秩序的宏观调控关系。政府不是当然的一方主体，这有别于行政法。也不是所有的经济法律关系政府都具有规制权和监管职权。如果混淆了市场与政府的关系，就容易陷入行政法的思维逻辑模式。虽然政府依法对资源配置具有规制权、调控权和监管权，但市场与政府关系并非附属关系，也不当然存在管制与被管制的关系。经济法之市场规制法是对市场主体在资源配置的经济活动中市场行为缺陷的规范，不以政府干预为前提，政府也不当然必须介入。这种经济法律关系是因为法律的特别规定而成立，比如在市场规制法律关系中，反不正当竞争法律关系，以及消费者权益保护的法律关系都是一种法定关系，政府机关可以依法对违法行为进行规制，但相关的经济法律关系、经济法律纠纷及其解决途径并不以行政先行程序为前提，即不仅仅限于政府对市场的市场规制关系，更不是因为政府或是行政机关的规制而产生。这类法律纠纷是属于经济法之私法范畴的经济法律关系，其私法性不同于一般的民事纠纷中私法的根本原因在于其是基于特定的经济法保护的社会经济关系，具有法定性和社会性，不以当事人的约定为前提，但因其涉及社会公共利益，受到公法的特别保护，这是经济法中的私法关系不同于民商事法律

---

〔1〕 参见王全兴：《经济法基础理论专题研究》，中国检察出版社 2002 年版，第 51~53 页。

关系的私法关系的重要原因，即经济法私法关系的法定性和社会性，也是经济法之政府规制权、监管权和宏观调控权存在的正当理由。因此，经济法律关系中的私法关系的当事人可以通过协商解决纠纷，也可以通过司法途径来解决纠纷，政府不必然是经济法律关系主体。不过，政府机关为了保护社会公共利益应该依法履行其执法职责。而在宏观调控法律关系或政府配置资源的法律关系中，市场主体也不一定是法律关系主体，如在预算法和财政法的法律关系中，市场主体就不是其法律关系主体，政府作为法律关系主体其在宏观调控中是被监管的对象而不是监管主体。但不论哪一种经济法律关系，其目的和宗旨都在于维护社会公共利益或协调平衡社会整体利益。因社会利益主体具有不确定性和抽象性，依经济法所调整的社会关系而不同，但可以在具体的经济法律关系中明确利益主体的法律地位，可以是市场主体中的经营者和消费者，也可以是政府或政府机关。

经济法规制关系和监管关系主要是调整市场主体间经营者与消费者的消费关系、经营者与经营者的竞争关系、投资者与发起人之间投资关系、信贷双方的融资关系以及市场主体的生产经营关系等，且这些经济法律关系虽属于私法关系，但通过经济法的调整已私法公化而具有法定性，已不同于民商法的自治性私法关系。这种私法性的经济法律关系的主体是市场主体，行政机关因授权对这种经济法律关系享有市场规制和市场监管的执法权，是经济法律关系的执法主体而非经济法律关系主体。在经济法律关系中，政府行政机关主要是执法主体不是当然的一方经济法律关系主体，这有别于行政法。如果混淆了市场与政府的关系，就容易陷入行政法的思维逻辑模式。在此层面上，虽然政府依法对市场配置资源的经济活动具有规制权、宏观调控权和监管权，但在经济法的法律关系中市场与政府的法律关系主要是程序法上的执法关系而非实体关系，这种执法关系是基于市场主体之间的经济法律关系或市场主体的生产经营关系而产生。对于市场自治秩序的竞争性领域，应遵循"法不禁止即自由"原则由市场自主参与资源配置，只有市场主体存在违法破坏市场秩序的情况下政府才有权对其进行规制，但相关的经济法律关系不是因为政府干预而产生，而是基于相关的经济法律规范和特定的法律事实而产生，这与民事法律关系、刑事法律关系和行政法律关系并无不同。经济法的市场规制法是对违法经济法规范破坏经济秩序的市场行为的规制，而不是规制政府行为，更不是调整政府的规制行为，虽然政府应该依法行政，但政府只不过是经济法的执法主体而非权利义务主体，就如同法院在审判案件一样，政府是在适用法律解决经济法律问题，政府依法规制和监管市场行为只是依法履行其市场监管职责而已。

经济违法行为除了应依法受到行政处罚，受害一方还可以通过司法途径获得救济。经济法所调整的社会关系是因经济法主体违法行为破坏了经济秩序而应受到经济法规制和监管，或是为了实现特定的经济目标通过宏观调控赋予市场主体特定权利和义务，但这些经济法律关系不是政府干预的果，而是政府干预的因。因此，在经济法律关系中，市场与政府并非必然是双方当事人，也不是所有的经济法律关系政府都具有干预权。虽然政府依法享有对经济法律关系的干预权，但政府对市场的干预权并非经济法的调整目标。如《反不正当竞争法》《反垄断法》的立法宗旨都是为了规范经营者的竞争行为，维护公平的竞争秩序，并授权政府机关对违法者进行执法。但这种不正当竞争关系法律，不以政府干预为前提，法律只是通过授权相关的政府机关对不正当竞争行为进行执法，相关的法律纠纷并不需要行政先行程序，当事人可以通过司法途径来解决纠纷，但政府或是政府机关应该依法对市场行为进行处罚或是监管，政府执法的具体行政行为受《行政诉讼法》的监督而不是经济法的调整，但政府应该依经济法的相关规定履行其职责，否则应依《行政诉讼法》承担相应的法律后果。政府干预是经济法实施的结果，不是引发经济法律关系的原因。把政府的经济职责或经济行为简单化为"法律授予国家或政府干预市场的权力"并自谓经济法之法律国家主义会导致国家权力在经济活动中的滥用，从而又让学者们对经济法陷入"权力控制"的怪圈，误入行政法思维模式的范畴，也就难以摆脱经济主之法律国家主义的泥潭。应厘清经济法所调整的社会关系中的市场、政府与社会三者之间的关系，但把经济法主体，特别是把国家主体或法律国家主义作为经济法区别于其他部门法的重要特征的定位，不仅容易混淆经济法与行政法的关系，经济法与民法的关系，更重要的是忽略和模糊了经济法的调整对象和法益目标，不仅因为对经济法主体定位的不同导致经济法学者对经济法的概念难以达成共识，也因这种经济法国家主体论偏离了法学的基本范式难以获得其他部门法学者的认同，进而成了制约经济法学理论研究的一个瓶劲。

二、经济法主体的类型化分析

（一）法律规范与类型化的关系

在法学和法律实践中，常利用"类型"而非概念来描绘案件事实的特征，类型与概念不同，其直接适用于具体事件时能被充分"具体化"。类型即"种类""分类"以及"典型"，指具有同一本质特征的事物所形成的种类[1]。类型化是广泛运用于各种领域的思维方法，有多种不同的模型，可以是归纳式的，也可以是演绎式的。法学的类型化思维，可以是法律扩充解释，补充法律漏洞，也可以是事实与法律的涵摄，如适用类推。考夫曼认为，在法秩序的层面上，类型被证实是法理念与生活事实间的中介，所有法律思想最后都环绕在这个中介展开，是规范正义与事物正义之间的中介。法规范是在刻画一种类型，描绘、说明这种类型，使其可以应用，并指出若干确定以及充分的要素。对于立法者而言，类型是既存的，尽可能精确地以法学方法论概念来容纳典型的生活事实，在法秩序的实现过程中，所作的是一再地闭阖、开放及再次的闭阖法律概念。[2]拉伦茨认为概念定义事实上是一种类型描述，正当的类型归属的论证事实上不能维持概念的涵摄，而要把隐含在标准中的法律思想与特定案件事实联结起来，借此针对同类案件事实充实此思想以外的内容，将此种思想"具体化"为同一类型，通过类型化思考塑造事件的类型并找出其典型的要素。[3]根据考夫曼和拉伦茨对法规范与类型关系的解读，法律规范就是一种类型化，是通过法的规范来描述某一类法律事实，并明确其要素或特征。

（二）经济法主体类型的多维结构

经济法主体的类型化既是对主体理论的框架进行拓扑，也是经济法立法实践的运用。经济法主体的类型化的立场展示其法律思维和立法对经济法精神和理念的追求，通过从抽象到具体的主体类型化，赋予了经济法主体以价值性和应然性的内涵。经济立法对抽象主体和具体主体的复合性描述对主体理论的启示在于，抽象主体与具体主体都是经济法主体类型体系中不可或缺的

---

[1]　中国社会科学语言研究所词典编辑室编：《现代汉语词典》，商务印书馆1996年版，第766页。
[2]　参见［德］卡尔·拉伦茨：《法学方法论》，陈爱娥译，商务印书馆2003年版，第15页。
[3]　参见［德］卡尔·拉伦茨：《法学方法论》，陈爱娥译，商务印书馆2003年版，第97、102页。

部分，不能因为追求具体而忽略了抽象主体在经济法主体体系中的地位，也不能为了理论的抽象而忽视对具体经济法律关系中的特定主体进行逐一描述。[1]在理论层面对经济法主体理论抽象的类型化，提炼出"政府-社会-市场"的独特经济法主体结构基本范式。通过立法上的类型化，明确规定了不同类型的具体的经济法主体，比如行政机关、行业协会、投资者、经营者、消费者、劳动者、社会组织、社会公众等各类主体的权利或权力、责任或职责，以及义务。经济法主体类型化的特殊性有别于民法平等主体的普遍性，是抽象性与具体性的复合，体现了经济主体的普遍性和特殊性，共性和个性的统一，是对经济运行法律规范化和法律逻辑思维抽象化的结果。源于并受制于经济法具体的"政府-社会-市场"的结构范式，与其他的法律部门主体有着明显的区别，体现了经济法的经济性或市场性、管理性和社会性的特色。

（三）经济法主体类型的法定性

经济法学通过抽象概念把经济法主体分为政府、市场主体、社会中间层组织等三类抽象主体范式，但不是每个市场主体和政府机关、社会组织都可以成为经济法主体。经济法通过法律的特别规定或授权，对市场行为和政府行为进行规范。经济法所调整的社会关系都具有法定性，是由特定的法律规定的，不同于民商法的自治秩序的社会关系，可由当事人约定。经济法主体的资格由法律明确规定或授权，对其的规范立法就是类型化的过程。因此，每一类型的经济法主体都具有相同的法律特征和基本的法律要素，具有特定性或是专属性。焦海涛博士认为，在经济法主体制度研究中，法律主体的专属性理论本身是对法律主体理论的常识性误读，也割裂了经济法主体制度与其他法律主体制度之间的内在关联。专属于某一部门法的主体实际上是不存在的，同一个主体因参与的法律关系不同，会享有不同的权利义务，从而成为不同部门法的主体。[2]焦博士关于"经济法的专属性"的批判值得商榷，其片面地从字面去理解"专属性"，认为"专属性"是指经济法主体"专属"于某一部门法。焦博士对"经济法专属性"的误读，未能从根本上去理解经济法主体"类型化"或是"专属性"的本质在于经济法对主体的法定性，使

---

〔1〕 参见蒋悟真："传承与超越：经济法主体理论研究——以若干经济法律为视角"，载《法商研究》2007年第4期，第84页。

〔2〕 参见焦海涛："经济法主体制度重构：一个常识主义视角"，载《现代法学》2016年第3期，第71页。

经济法主体通过法的规范类型化而拥有了"专属性"，或是特定性。其把经济法主体混同于民法和行政法的一般主体。认为经济法主体只是因为参与了经济法律关系而成为经济法主体，忽略了任何经济法主体都有法律预设的某类法律特征，以特别的法律规定为前提。经济法主体不同于民事主体，不具有平等的法律地位，每类经济法主体的法律地位都因不同的法律规定或授权而不同。比如商业银行法对"商业银行"的规定，消费者权益保护法对"消费者""经营者"的规定，税法对纳税人的规定。每一部具体的经济法都对其所调整的经济法主体有专门规定，以至于在同一经济法律关系中，不同类型的经济法主体法律地位不同，经济法主体的权责义也不同，有别于民事主体依法拥有平等的法律地位。因此，经济法不可能像民法一样制定统一的经济法典，像行政法一样制定统一行政处罚法典。不能用民法和行政法的思维来解读经济法，经济法既要保持民法和行政法的某些特性，但更应该明确经济法与民法、行政法的不同定位在于其是克服民法与行政法的不足而依法设立的新的法律机制。经济法是由不同类型的法律规范组成的法律规范体系，其经济法主体类型千差万别，但都是依法参与资源配置的经济活动并受经济法调整的市场主体、政府或社会组织中的某一类主体。在经济法的适用过程中，只有明确界定每一类经济法主体，才能落实其相应的权利或权力、责任或职责、利益、义务。

（四）经济法主体的角色化

1. 经济法主体的差异性与角色化

经济法主体属于不同的利益主体，表现出层次性和多样性的具体特征，承载着层次化和多样化的利益诉求。经济法主体的层次性和多样性正是不同经济法主体利益差异性的具体反映。经济法主体的多样性或差异性，形成了不同的法律角色。因此，在经济法主体的抽象性与具体性的复合关系中，不同的经济法主体之间存在着实质上的紧密联系和区别，每个主体都表现出独立的法律人格，都在特定的经济法律关系中扮演着不同的法律角色。经济法主体的类型化界定和设置了不同经济法主体的行为能力和责任能力，享有不同的经济权利或权力，承担着不同的责任、职责和义务，也有着不同的利益目标，使经济法主体呈现出角色化的特色。以至于同一主体在不同的经济法律关系中扮演着不同的角色，甚至于同一经济法主体对同一经济行为也可能承担着不同的法律角色，与民法主体法律地位的平等性不同，也不同于行政法中行政机关与相对人之间的管制与被管制的法律关系。比如，销售者在同一商品销售行为中承担着多种经济法的主体角色。在税法中经营者是纳税人，在竞争法和消费者权益保护法中是经营者，在工商管理中是行政相对人，其经济法主体资格和法律地位都不同，相应法律权利和义务也不同。对经济法主体的资格认定，应该根据各方主体在参与经济活动中的法律地位进行确认，同一行政主体、经营者、投资者、消费者等经济法主体，在不同的经济法律关系中的角色都不同。

2. 市场主体的角色

由于资源配置模式或经济活动方式不同，不同的经济法律关系中经济法主体资格的认定不同，其法律角色也不同，各类市场主体依其参与的不同经济活动类型享有相应的权责利义。与民事主体法律地位平等，权利与义务由当事人意思自治不同。经济法中市场主体的权利和义务来自法律的规定而不是当事人的约定，不以当事人的意志为转移。因此，经济法中市场主体都具有特定的法律角色，享有法定权利和承担法定义务，且同一市场行为在不同的经济法律关系中角色也可能不同。比如在购物过程中，消费者依《消费者权益保护法》对于其购买的商品依法享有消费权益，为消费者，属于权利主体，但同一购物行为，在税法中却要承担相应的纳税义务，为纳税人，是义务主体。同一经营者，其在《反不正当竞争法》中可能是不正当竞争侵权行为的受害者，比如雇员侵犯其商业秘密，但同时也可能成为对雇员劳动权益的侵权者，如违法用工。经济法之市场主体的法律角色是民事主体受经济法调整后的身份转化，其权利义务由任意性规范转化为强制性规范，是公权力对市场主体干预的结果，其法定性是经济法主体角色化的重要特征。

3. 政府的角色

政府或政府行政职能部门作为经济法主体存在四种身份或是角色，且每一个角色都具有专属性，隶属于不同的行政职能部门。一是规制者，指依法对市场主体在资源配置的经济活动过程的违法行为进行行政执法的部门，如各级市场监督部门、物价部门等行政职能机关。二是监管者，主要是对特别行业进行专属的监督和管理的行政职能部门，以及对市场具有监管职责的事业单位，如银行保险监督管理委员会、工业和信息化部等。政府及政府职能部门作为经济秩序的规制者和监管者，主要对市场主体在资源配置的经济活动过程中损害社会公共利益，破坏市场秩序的违法行为进行监督和查处。三是直接或是间接配置资源的政府部门。主要是宏观调控部门，比如财政部、国家税务总局、国家能源局、国务院国有资产管理委员会等具有行政审批权和宏观调控权的行政主管部门。四是政府作为特殊的市场主体。政府在政府采购和投资经营过程中，原则上政府与其他市场主体地位平等，但实际上不论是政府采购还是投资，都有专门的立法规范，受到严格的监管，不同于一般的市场自治中的市场主体，本质上可以依其产业特点归属于特殊的产业经济秩序的主体。经济法中的政府角色依法被授权行使市场规制权、监管权、宏观调控权和政府市场权（指政府采购权和政府投资权等市场权利），不同于行政法的政府角色。经济法与行政法调整的范围不同，经济法的政府角色仅限于在资源配置的经济活动中的规制者、监管者和宏观调控者、投资者和采购者，不同于行政法中政府对社会公共事务的管理角色。另外，为适应社会经济发展的急速变化，需要经济法对政府进行概括授权，以确保政府有效对市场配置资源的规制、监管、宏观调控和投资采购。因此，经济法对政府的概括性授权有别于行政法对政府法律保留原则的限权。经济法对政府的行政授权使其行政角色的法律地位不同于行政法中的政府被限权或控权的行政角色，经济法中的政府角色更强调积极性、灵活性和主动性的能动和绩效型的行政角色，以适应社会经济发展变化的需要。

4. 社会中间层的角色

在资源配置的经济活动过程中，政府的不当管制可能导致行政垄断降低效率，而个人或利益集团对资源支配权的无序竞争则会损害市场秩序。因此，政府和市场两者对资源的配置都存在缺陷，但政府与市场的关系并不是非此即彼的对立关系，政府解决不了所有的市场问题，而市场也不可能完全取代政府。像行业协会等具有公共性的社会中间层组织在政府和市场的互动中的补缺使其地位和作用越来越明显。社会中间层组织一方面行使政府的部分监管职能，一方面又能充分发挥市场在资源配置中的能动性，形成了"政府—社会中间层组织—市场"的经济法律关系。[1] 经济法目的型法律秩序的构建在对政府权力进行分配时，应弱化其权威和加强制约以防止其对市场秩序的肆意干预。经济法新的行政管理风格从民主政治的经验中借用了很多合理内容，其目的就是获得一种不受官僚政治权威束缚而更有目的性和自主性的组

---

〔1〕　参见王全兴：《经济法基础理论专题研究》，中国检察出版社 2002 年版，第 51~53 页。

织。这种后官僚组织[1]的"合作体系"（Cooperative Systems）能够享有更多参与的自主权，其不仅专注于行政管理的规则性，而是确立了合理性，吸收参与性，鼓励创造性和问责性等理念和价值。因此，经济法应从授予不同国家机关的行政权力中，本着公众参与法律规范实现的原则，根据后官僚组织的能动组织作用，给予其更广泛的领域以显示它们在选择方法和手段方面的能力和作用。[2]社会中间层组织承担了这种后官僚组织的使命，成为独立经济法主体并进而衍生出"政府—社会中间层组织—市场"三元主体框架，这也是对经济法之社会本位属性的彰显和映照。[3]经济法语境下的社会中间层组织，最初是指独立于政府与市场之外，为了解决社会转型时期的整体性危机的社会空间。随着危机进而转变为以维护社会群体利益为主，利益冲突时为沟通和协调政府与市场主体之经济活动的群体利益代表的社会组织形式，成为政府与市场良性互动的最好建构者，实现了国家与市场之间的制度化衔接。[4]

社会中间层组织是独立于政府与市场主体，为政府干预市场，市场影响政府和市场主体之间相互联系起中介作用的主体。[5]比较典型的例子就是行业协会和消费者协会等。社会中间层组织在市场与政府之间搭起了桥梁，可以依法或被授权行使政府的部分监管权，又可以代表市场主体与监管部门议价并建立内部自律监督机制，是联系市场主体与政府监督主体的重要组织形式。经济法之社会中间层组织对政府主体的分权解构了传统法律体系二元主体结构，构建了经济法的三维法律主体结构，并产生了相应的经济法主体不同类型的角色，更有利于明确界定经济法主体的权利（力）、责任（职）、利

---

[1] 后官僚制时代是一个新的组织时代，它意味着在组织内部和组织周围发生了革命性的变革。在组织内部，组织模型变得多样化和复杂化。在组织外部，新技术时代——特别是信息技术为代表的高科技正在日益改变和调整着各种社会关系。因为政治系统具有动态性、复杂性和多样性，因此管理和治理本身也应该是动态的、复杂的和多变的，善治就成为模型选择的唯一的标准。善治就是使公共利益最大化的社会管理过程，其本质特征就在于它是政府与公民生活的合作管理，是政治国家与公民社会的一种新颖关系，是两者的最佳状态。

[2] 参见［美］诺内特、塞尔兹尼克：《转变中的法律与社会》，张志铭译，中国政法大学出版社1994年版，第111页。

[3] 参见张继恒："社会中间层的经济法主体地位析辩——由'三元框架'引发的思考"，载《法制与社会发展》2013年第6期，第79页。

[4] 参见张占江："政府与市场和谐互动关系之经济法构建研究——以社会中间层主体为路径"，载《法律科学（西北政法学院学报）》2007年第3期，第95页。

[5] 参见王全兴：《经济法基础理论专题研究》，中国检察出版社2002年版，第524页。

益和义务。

第二节　经济法客体的特定性

一、经济法客体的类型

经济法的客体根据其法律属性可分为物和行为。首先，经济法上的物都具有法定性。不是所有的物都是经济法上的物，只有符合经济法上专门法律特设的物才是经济法上的物。可分为有形物和无形物。有形物是真实客观存在、看得见、摸得着或是被实体化的物。比如受法律专门保护的矿产资源、消费品、产品、应纳税商品。无形物是指看不见、摸不着、客观存在、能被人感知或是利用的无体物。比如商业信誉、商业秘密、电力等。其次，经济法律行为。经济法律行为可以分为合法行为和违法行为，根据经济法律行为的主体和特征可对其作如下分类：第一类，市场行为。指市场主体依法参与市场经济活动的合法行为和破坏市场秩序的市场行为或无序的违法行为，合法市场行为包括纳税行为、工商登记行为、消费行为和金融行为等。如破坏市场秩序的不正当竞争行为、垄断行为、侵犯投资者和消费者权益的行为，监管套利行为等。第二类，政府行为。包括政府对市场的规制行为、监管行为、宏观调控行为。比如对不正当竞争行为的监管、价格监管、税收监管、金融监管、行政审批、行政许可、政府采购、政府投资和政府宏观调控等。任何经济法律行为都是因为违反了相关的法律规定或者因法律授权而产生或设立。再次，政府在执行经济法的过程中，对规制行为、监管行为和宏观调控行为的实施依法享有特定的立法权和裁决权。因此，政府行政行为可概括为行政立法行为、行政执法行为和行政裁决行为。行政立法行为和行政裁决都是以行政执法机构对市场行为和经济秩序的规制、监管和宏观调控行为为基础。在实践中，经济法的行政立法和行政裁决是重要的行政执法行为，能满足资源配置过程中经济活动的调整需要，符合实质正义而大行其道，但其对法治建设的影响有待评估。最后，对行政立法和行政裁决等行政执法行为，应制定科学、合理和可纳入制度性监督的程序，防止行政执法权不被滥用，但这不是经济法的唯一和首要目标。经济法对政府行政执法部门的首要目标，在于明确授权政府对市场经济秩序的规制、监管和宏观调控的行政干预权，维护社会公共利益，协调平衡社会整体利益，确保公平、效益和安全的社会经济秩序，同时也明确规定执法的程序。

二、经济法客体的法定性

为了实现经济法的特定目标，经济法客体上的物和行为都由法律明确规定，因此经济法的客体具有法定性，这与民法上的客体有本质的区别。根据经济法的调整对象或调整范围的不同，经济法的客体是受经济法调整的物和行为，是经济法主体权责义指向的对象。不是所有的物和行为都能成为经济法的客体，只有经济法明确规定，需依经济法规定进行配置的物和受经济法调整的行为才能成为经济法的客体。比如，公共资源、矿产资源、土地资源、国有资产、纳税物资等关系民生，维系着国家经济社会发展大计和安全的资源，以及违反了市场规制法、市场监管法和宏观调控法的法律行为才可能成为经济法的客体。经济法律行为指在资源配置过程中受经济法调整的市场主体行为、社会中间组织的行为和政府行为。对于市场主体行为和社会中间组织的行为，只有违反经济法的相关规定，以及依法应接受监管和调控的行为才受经济法调整和规范，因此具有法定性。如损害消费者利益的行为、反竞争行为、行业协会的价格联盟行为、偷税漏税行为，以及市场准入和产业政策的调控等。对于政府行为、不论是规制行为、监管行为还是宏观调控行为，都源于法律授权并应该依法行使。经济法对政府行为既授权也控权，政府行为必须是法定行为，没有授权的政府行为是不合法的，但没有不受制约的权利和权力，经济法对政府既授权也控权。

第三节　经济法规范结构的异构

经济法源于资源配置的经济活动过程中，民法之私法权利义务规范对社会公共利益保护的缺失，导致民事主体为追求利润最大化，滥用民事权利侵害社会公共利益需要公权力的介入，以及行政法之公法对权力规范的局限性，为了克服民法私法任意性规范的不足和行政法公法强制性规范的僵化以及权力滥用，通过私法公法化来加强对社会公共利益的保护，通过公法私法化来发挥政府治理能力的效率和能动性。经济法中的私法规范是通过法律改良，对权利义务规范进行平衡协调使之公法化，实现差别待遇的实质公平。经济法中的公法规范通过授权或是分权社会中间层组织和市场主体实现公法私法化，以回应社会经济发展的需要。经济法对传统法律体系的异构主要是借"市场"和"政府"在资源配置的经济活动过程中对社会公共利益的维护，通过私法公法化和公法私法的融合，形成了公私法兼容的第三法域，解构传统两大法律体系的对立，形成了"市场—社会中间层—政府"的社会经济结构。因此，经济法属于私法与公法交融的第三法域，在同一经济法律关系中，私法规范与公法规范共同调整经济法律关系。

一、经济法主体权利义务规范的非对称性和私法公法化

在民事法律关系中，双方当事人主体地位平等，权利义务的配置一般是对等的，除法律特别的规定之外，民事权利义务主要是由双方当事人约定，权利义务是任意性规范。经济法的权利义务规范的法律结构是对民法的权利义务规范的异构，不仅不对称，而且表现出明显的私法公法化特色，是国家权力对私人意思自治的限制以及对私权的渗透。在经济法律关系中，双方当事人的法律地位不平等，为了协调平衡各方的利益，经济法规范对弱势的一方给予特别保护。在权利义务的配置上，强势一方主要承担责任或是履行义务，而弱势的一方依法受保护而享有权利。比如在《产品质量法》和《消费者权益保护法》中，只规定了经营者的义务和消费者权利。因此，在经济法律关系中，市场主体权利义务和政府职权职责都是法定而不是约定，是非任意性或强制性，违反经济法的行为不仅损害社会公共利益，而且也给相关当事人利益造成损失。为了防止权利的滥用损害社会公共利益，经济法权利为限制性任意规范，其权利的法律基础是基于法律规定而非双方当事人的约定，但当事人可以依法行使或是放弃。经济法上的义务一般都属于强制性规范，是禁止性或是义务性的规范。如《消费者权益保护法》中经营者与消费者的经济权利和义务不是对价的，更不对等，有别于民事合同权利义务的等价有偿原则。对于赔偿，民法上的赔偿一般适用补偿性原则，主要是弥补受害一方的损失，但经济法的赔偿适用惩罚性原则，不以损失为依据。经济法权利义务规范的非对称性是为了协调平衡实践中当事人客观上存在的实事上的不平等，确保实质上的公平，但经济法在对弱势一方给予保护时，应避免这种偏袒性立法极端化导致权利义务配置上的规则不公平。

二、经济法之行政概括授权和社会分权的公法私法化

（一）行政授权的适度扩张及规范

关于经济法对政府行为规范调整的理论研究，涉及对行政权力性质的认定是实体性规范还是程序性规范，是授权性规范还是控权性规范。市场的自发性、盲目性、逐利性的"经济人"的缺陷是随市场与生俱来的，这与市场的发展程度以及规模没有必然的因果关系，但与经济法的规范和引导，政府对市场的规制、监管和调控有直接关系。如果放任不管，市场对资源的配置就会导致不正当竞争或是垄断，资源浪费和社会分配不公等市场失灵就不可避免。为了防患于未然，应该通过经济法对市场在资源配置的经济活动中的市场行为进行规范避免市场失灵。经济法作为一种法律规范，不仅是对市场与政府的违法行为进行矫正，更重要的是通过经济法规范的内在自洽性预防市场失灵与政府失灵，对市场和政府在资源配置的经济活动中进行引导和规范。

经济法对资源配置的调整，首先是通过立法明确市场与政府资源配置的边界，规范市场行为，并通过立法授权政府对市场配置资源进行规管或是直接或间接资源配置。其次，经济法授予政府部门相应的行政职权，同时对其行政权的行使进行规范防止权力滥用。经济法对政府行为的规范和调整既是实体法也是程序法，政府部门必须依法行政。因此，经济法对政府既授权也控权，使政府从"全能无限政府"向"有限有效政府"转变。经济法属于公私交融的第三法域，对于权利与权力的位阶，在尊重私权自治的基础上，为维护社会公共利益授权政府对资源配置进行规制和监管，但也应防止权力的扩张对私权的损害。因此，政府行为在遵守行政合理性原则下依法行使自由裁量权。市场本身的局限性以及市场经济变化莫测的特点，要求经济法应突破行政法的"法律保留"原则对政府进行概括性授权，使政府为了维护社会公共利益和平衡协调社会整体利益及时因地制宜地对社会经济秩序进行干预，在此层面上，经济法不是要对政府控权而是要扩权以适应社会经济发展的需要，对政府的概括授权就很有必要，特别是对政府行政立法的授权和规范是经济法重要任务。各种经济政策和经济规章成为经济法规范的重要组成部分，而且根据社会经济的发展和目标不断地调整和变化。经济政策、经济规划及各种宏观调控措施、规管措施等各类行政权力的实施正是行政权力概括授权的结果。

经济法之行政权力的概括授权也是经济法有别于行政法之控权法的重要

特质。因为法律的制定和完善总是滞后于社会经济发展的进程，当新的社会生产力和生产模式出现并与现行制度发生冲突时，在还没有相应法律规范下，政府必须依职权作出相应的干预。比如我国的网约车、互联网金融，曾因缺乏相应的法律规范，导致问题丛生。因此，政府应该依职权在现行法律框架内，制定相应的规管措施应对新的经济问题。我国改革开放取得的巨大成就，以及我国能免幸于 1998 年亚洲金融危机以及 2008 年美国次贷危机，客观上正是得益于政府规管的红利以及对金融风险的成功管控，政府在现代经济发展中的作用至关重要。

实践中，大量的经济行政规章和行政规定在应对社会经济的发展变化时发挥了重要的作用，经济法的控权除了要遵守对具体行政行为的司法审查外，还应建立对抽象行为的司法审查制度。在国外，抽象的行政行为也应该接受司法审查。美国法院对行政规章可进行司法监督，主要审查三个方面内容：其一，是否存在越权；其二，是否存在专断；其三，是否存在违反宪法和法律权利以及法定程序的情况。[1]德国 1960 年的《联邦德国行政法院法》第 47 条规定了法院对行政规章的司法审查权，英国、法国法院对行政机关的立法可以进行越权司法审查。[2]根据我国《行政诉讼法》第 53 条规定，行政规章的合法性豁免于司法审查，《行政复议法》第 7 条也有类似对行政规章合法性免除审查的规定。如何建立经济法对经济行政立法权的法律监督机制是经济法面临的重要任务，也是我国经济法治建设的重要路径。

现代法律，如行政法属于典型的公法且具有控权功能。[3]经济法中的公法规范也必然存在着控权的效力。任何权力和权利都必须依法行使才能产生相应的效力，权力和权利的产生就意味着必须受到控制和监督。在此层面上，如果没有授权就谈不上控权和限权。随着社会经济的不断发展，社会经济关系越来越复杂化，经济法对政府、市场以及社会中间层组织的授权是随着社会经济的发展不断扩大的，其授权的形式和内容也是多样化。不排除在实践中权力和权利被滥用的可能，但任何违法滥用权力和权利的行为都应该受到

---

〔1〕　参见姜明安主编：《外国行政法教程》，法律出版社 1993 年版，第 260 页。

〔2〕　参见毕可志："将行政规章纳入司法监督范围之我见"，载《烟台大学学报（哲学社会科学版）》2000 年第 2 期，第 163~164 页。

〔3〕　参见陈云良："从授权到控权：经济法的中国化路径"，载《政法论坛》2015 年第 2 期，第 159 页。

经济法的处罚和制裁，是经济法之所以为"法"之根本，这与民法、行政法和刑法其他部门法并无不同，但并不能因此认为经济法是"控权法"而非"授权法"。经济法的法治建设在于如何完善相关的法律机制并依法实施，最终能得到司法救济。

（二）社会中间层组织的分权

法律化过程是在现代法律之合理的有效性基础的结构性限制之下发生的，它促成了民主的、根植于市民社会、政治公共领域和公民身份的合法化模式，把各个分化开来的社会系统的核心领域叫作社群共同体。法律是一个由于建制化过程而变得具有自我反思性的合法秩序。作为这样一种合法秩序，法律成了社群共同体的核心，而这个共同体又是整个社会的核心结构。在德国的宪法传统中，国家与社会相分离的原则被具体主义地赋予自由主义所理解的法治国的含义。但是，这个原则的一般含义是指对一种社会自主性的法律保障，这种自主性也允许每个人作为公民有平等机会来利用其政治参与权利和交往权利。国家与社会分离的原则，如果抽象地理解的话，要求一种市民社会，对于社会权力地位由此产生的权力潜力的不平等分配，市民社会必须加以缓冲和中立化，从而社会权力与之发生作用，仅仅是因为它对公民自主的发挥起促进的作用而不是限制的作用。"社会权力"的概念是作为衡量一个行动者在种种社会关系中维护自己的利益，既能促进，也能限制交往权力的形成，即使其方式不同于行政权力。在诸子系统横向分化并且网络化的复杂社会中，基本权利所提供的保护必须不仅涉及国家的行政权力，而且也要涉及所有大型组织的社会权力。"社会"作为合法秩序的总和，随着法律系统越来越履行全社会之整合的功能，则越来越集中在法律系统上。社会权力的运用意味着自主地实现形式上平等的行动自由和交往自由，满足了必要的物质条件。比如说，在政治谈判中，参与的各方要能够通过社会权力而为自己创造可信性。在另一种情况下，社会权力的运用使某些方面能借影响政治过程而把自身利益置于公民平等权利之上：把一种（如罗尔斯所说的）准纯粹的程序正义性嫁接在商谈及其不完备的程序合理性之上。这样，论辩逻辑并没有冻结，而是服务于形成具有法律效力的决定。[1]社会权力的性质具有公私二

---

〔1〕 参见〔德〕哈贝马斯：《在事实与规范之间：关于法律和民主治国的商谈理论》，童世骏译，生活·读书·新知三联书店2003年版，第89、213、214、218、122、305、331页。

重性，一方面社会组织或是社群的权力对外具有私权性，自我保护自我规范，但仅适用于其成员。另一方面社会权力相对于其成员来说就具有公共性，是成员民主自治的共识和规则，也是成员权利的有机结合，对成员具有规制力，行使了政府的部分监管职责。哈耶克在《通往奴役之路》一书中认为，在安排事务时，应该尽可能地运用自发的社会力量，而尽可能少借助于强制，这个基本原则能作千变万化的应用。[1]经济转轨时期，行政权力的剥离与转移实现机制是经济法重要内容。为适应社会经济发展的需要，必须从机制上对集中、僵化和扩张的政府权力进行调整，将部分经济权力从政府手中剥离并转移到社会组织和经济个体之上，化作社会权力和个体权利，实现公权私权化的公私法的转化。行政权力的分权对制约权力和服务经济都具有重要的意义。且社会权力也越来越重要，充分有效发挥社会组织和个体的力量，可尽量减少政府对经济运行的干预，除把部分审批权下放给社会组织外，甚至在某些领域的行业规范都可以由相关社会组织来制定。[2]

社会中间层组织的权力（利）性质因其类型的多样性和角色的多面性使得其权力（利）性质、来源、类型以及生成依据等问题的解决有些困难。不同层次和不同类型的社会中间层主体在权力（利）生成路径存在差异，从目前研究现状来看，经济法学界主要关注消费者协会和行业协会这两类社会中间层组织，对其他类型尚无深入探讨。[3]有学者以行业协会为例，认为社会中间层主体的权力（权）源或者自治权的权源包括：法律的直接授权、行政机关的委托、社会中间层组织、内部章程契约。并可以划分为两大类：一类是对外代表权、信息发布权等服务性权力，另一类是行业自治规范的制定权、处罚权、会员纠纷的裁决权等管理性权力。[4]有学者认为行业协会之经济法权力和经济自治权包括规章制定权、惩罚权、争端解决权、监督权和诉讼权。[5]可见，社会中间层组织的自治权是权力与权利的融合，是公法与私法交融的

〔1〕　参见［英］弗里德里希·奥古斯特·哈耶克：《通往奴役之路》，王明毅等译，中国社会科学出版社1997年版，第24页。

〔2〕　参见陈飞宇、胡国梁："转轨经济法控权功能研究"，载《求索》2015年第4期，第122～123页。

〔3〕　参见张继恒："社会中间层的经济法主体地位析辩———由'三元框架'引发的思考"，载《法制与社会发展》2013年第6期，第81页。

〔4〕　参见汪莉："行业协会自治权性质探析"，载《政法论坛》2010年第4期，第190页。

〔5〕　参见鲁篱：《行业协会经济自治权研究》，法律出版社2003年版，第145页。

典范，也是经济法规范之公私法融合的产物。在经济活动过程中，经济法对社会中间层组织的授权或是对其权力的认可，实现了社会中间层组织对政府的分权，意味着现代国家治理形态的转变，使国家的治理能力社会化以适应社会的激烈变化，某种程度是政府权力的变相扩张。使原来单一的"国家—市民"的"二重"社会结构转变为"国家—社会中间层组织—市民"的"三维"社会结构。社会中间层组织直接产生于市民社会，是其利益的代表者和管理者。在经济法的范畴内，社会中间层组织缓解了市场与政府的直接对抗，通过自律监督的自治既避免了市场的自由放任，又防止了政府盲目干预破坏市场规律和抑制市场活力。

经济法对传统法律体系的异构主要是借"市场"和"政府"在资源配置的经济活动过程中对社会公共利益的维护，通过私法公法化和公法私法化的融合，解构传统两大法律体系的对立，形成了"市场—社会—政府"的社会经济结构。在防止民事权利滥用和规范政府行为的制度设计中，对传统法律关系结构进行异构。经济法对民事权利义务进行不对称的配置，并突破行政法的法律保留原则以及程序正义，赋予政府更多行政自由裁量权以应对社会经济的发展需要。经济法蜕变于民法和行政法，经济法学的理论研究既要借鉴民法和行政法等其他相关部门法的研究成果和方法，更应该有所突破。经济法不能局限于传统法学的思维模式，但也不能沉迷于经济学等其他学科的研究成果背离法的范畴和轨道，脱离法的本质的经济法和经济法学研究将变得毫无意义。

经济法学的法学方法论

　　经济法学作为一门新兴学科，在其理论体系的构建和方法论上都尚未达成共识。目前我国经济法学界的学者对理论研究热衷于借鉴经济学、哲学、社会学等其他学科理论成果进行论证，导致其理论研究偏离法律规范的法治本源。经济法学的法学方法论就是要立足于现行经济法实在法，扬弃传统法教义学漠视法律价值判断的思维模式，以法教义学为基础，结合经济法规范之社会公共利益保护的特色，借鉴政法法学和社科法学[1]的综合方法，从经济法律规范的效力入手，把经济法律规范的社会效益评价纳入其规范效力的一部分，构建经济法规范的效力体系，解释现行经济法律规范在实践中的法律效力，让经济法的理论研究回归法教义学的思维模式，使经济法的理论研究成果能更好地指导经济法律法规在实践中的实施，实现经济法的法治价值。

---

　　〔1〕　社科法学是 2001 年苏力教授在"也许正在发生——中国当代法学发展的一个概览"一文中提出的中国法学研究的三种法学研究传统之一，即政法法学、诠释法学或法教义学、社科法学。社科法学指借鉴社会科学的经验研究方法，试图把法律话语与社会实践联系起来予以考察其实践效果，对法律的批评不限于一般的政治批判或道德批判，更侧重于实证研究发现的因果关系，运用传统上并不属于法学的某些经济学、社会学、人类学、心理学等学科的理论，发现法律实践的制度条件。社科法学把其作为法教义学的对立面，并通过对法教义学的批判建立自己理论观点，但目前尚未形成完整和权威的学术共识，苏力教授对社科法学的认识和界定也在不断地完善中。（参见苏力："也许正在发生——中国当代法学发展的一个概览"，载《比较法研究》2001 年第 3 期。）本质上，社科法学与英美学者所持的法律社会学和德国学者所持的法社会学观点没什么不同，但为了切合目前我国法学界关于法学方法的学术氛围，本书的社科法学泛指非法学视野或非规范法学的研究方法的统称，包括法社会学、法律经济学、法律人类学、法律心理学等学科。

第一节　法学及法学方法论

一、法学的概说

(一) 法学的本质

"法学"一词最早可追溯到拉丁语"jurisprudentia",其原意是指"法律的知识"或"法律的技术"。[1]这个词是由"juris"和"prudentia"两个词合成,前者的意思是法、权利、正义,后者的意思是实践智慧或智慧,合起来的意思是法的实践智慧或法的智慧,或者追寻法的智慧、对法的深入理解或有智慧的理解。在欧洲其他民族的语言中都有与此相对应的词,如英语中的"Jurisprudence",葡萄牙语中的"Jurisprudencia",法语中的"La jurisprudence"等。到了现代,"juris prudentia"一词因使用环境发生了意义转化。例如,在现代英语中"Jurisprudence"主要指探求法的一般原理的法理学,现代法语中的"Jurisprudence"则指判例和法的解释,而德语中的"Jurisprudenz"则主要是指法的解释及运用的方法,即狭义的"法学"。[2]法学虽然源于法律观念或者法律思想,但应当是一种理论化了的法律知识,否则就无法将研究不同法律问题的知识体系化和系统化。从历史而言,真正将法学纳入科学范畴的努力,大致说来始于古罗马。在查士丁尼所钦定的《法学阶梯》一书中写道:"法学是关于神和人的事物的知识,是关于正义和非正义的科学。"[3]对法学的研究对象如此定位的原因在于在人类社会早期,"法律被认为是由神颁布的,而人则是通过神意的启示才得知法律的"。[4]我国现代语言中所使用的"法学"一词,是从西语中翻译而来的。梁治平先生曾引证国外学者伯尔曼(H. J. Berman)的观点,认为11世纪末和12世纪出现于西方的新的法律方法论——其逻辑、论题、推理式样、抽象概括之程序,以及它使得具体与普遍、个案与概念彼此发生关联的各种技术——乃是自觉将法律系统化,使之成为

---

〔1〕参见胡玉鸿:《法学方法论导论》,山东人民出版社2002年版,第1页。

〔2〕参见王利明:《法学方法论》,中国人民大学出版社2011年版,第40页。

〔3〕参见〔罗马〕查士丁尼:《法学总论——法学阶梯》,张企泰译,商务印书馆1989年版,第5页。

〔4〕〔美〕E. 博登海默:《法理学:法律哲学与法律方法》,邓正来译,中国政法大学出版社1999年版,第3页。

一门自主科学的关键所在。因而梁治平先生认为："中国古代的律学之所以不是法学，而且注定不能够成为一门科学，首先是因为它完全不具有此种方法上的准备。中国历史上过于强烈的泛道德倾向从根本上消除了这种可能性，就像它使得职业化的法律家阶层自始便无由产生一样。"与西方的"法学"不同，中国古代的"律学"更多的是关心法律条文的注释与个案中法律适用的技术，既缺乏法与正义关系的探讨，也较少有系统的、理论化的知识化体系，因而不少学者认为，中国古代只有律学而无法学，并且律学本身与法学相距甚远。[1]

沈宗灵先生在其主编的《法理学》一书中写道："法学是一门社会科学。它研究法这一特定社会现象及其规律。"[2]按照约定俗成的说法，法学即研究法律的科学，因而法学又有"法律学""法律科学"等不同的名称。[3]"社会现象"与"规律"的陈述，实际上已经将法学纳入了一般意义上社会科学的范围。这一观念可以说是中国法学界的主流观念。[4]法学是以法秩序为基础及界限，借以探求法律问题之答案的学问。作为人文社会科学的一种，法学是最古老的人文社会科学，又是最直接接触世俗事务的人文社会科学。法学知识直接作用于人们的行为进而作用于社会，通过规范来建立社会的规则秩序。法学与政治学、社会学等其他学科一样，是一门独立的社会科学。从构造上看，法学学科包含了理论法学、法律史学、部门法学、比较法学等次级学科，它们又分设不同的下级学科，如部门法学中包括了宪法学、民法学、刑法学等。[5]

因此，"法学"是一个词义宽泛的术语，包括了所有以法律为研究客体的学科，如法社会学、法史学、比较法学、法哲学等，此为广义的"法学"概念。广义的"法学"就是研究法律现象的"科学"，法学即是"法律科学"之简称。归根结底，法学是一门科学制定法律并准确适用法律的学科，需要构建其自身的理论体系，但法学不是象牙之塔，不能仅仅满足于概念、体系

---

〔1〕　参见梁治平：《寻求自然秩序中的和谐——中国传统法律文化研究》，中国政法大学出版社1997年版，第318~319页。

〔2〕　参见沈宗灵主编：《法理学》，高等教育出版社1994年版，第1页。

〔3〕　参见胡玉鸿：《法学方法论导论》，山东人民出版社2002年版，第1页。

〔4〕　参见李步云主编：《法理学》，经济科学出版社2000年版，第1页。

〔5〕　参见王利明：《法学方法论》，中国人民大学出版社2011年版，第40页。

的自我周延，更应当以解决实践中具体的法律问题为目标。法学是人类认识和运用一切法律现象活动的集合体，不仅包括对法律的形式性描述，而且包括对法律性质的哲学思辨，也包括对法律操作技艺的抽象和总结。[1]经济法学作为部门法学，属于法学研究的范畴，其研究方法、法律知识和法律体系也是法律科学的运用。

（二）法学的内容

梅利曼认为，法学是根植于特定历史时期、特定地域的一种文化，反映了特定人群对法律的思考和需求。法学具有高度的系统化，通过法学建立起来的法律制度的"秩序化"，标志着法律系统化的完成。[2]我国学者大多认为，法学是一门研究法现象发展规律的学问。但大多数学者都有一个共识：法学是以寻求法律秩序为目标探寻法律发展规律的一门学问。一般来说，法学可以划分为几个层次：第一层次是以法律规范的形成、适用、效力等规律为研究对象的法学。这主要是从法规范抽象的一般规则出发，探讨法律规范自身的科学性，其与经验科学相对立。具体表现为我国法理学法哲学所讨论的法律概念、法律结构、法律功能和法律实现方式等内容。它主要研究法律规范本身具有的特性及一般原理。第二层次是关于对法律规范理解与适用的法学。这主要是以各部门法的内涵、体系、效力及具体适用为研究对象的法学，它着眼于从对具体的、有效的法律规范的理解、适用的角度来考察。在我国，各个部门法学主要承担了对具体法律规范进行解释的重任。第三层次是蕴涵价值导向与价值判断的法学。这就是说，它要借助历史学、社会学、经济学等知识，研究法学在社会生活中的发展规律和价值内涵，为立法、司法提供价值判断标准。不论是法的适用还是法教义学本身，都包含了价值判断因素，法学和司法裁判本身都在处理各种涉及价值判断的问题。从价值判断的层面考察，关于法律本源性质的哲学思考也属于此类。西方的自然法学、分析实证法学、社会法学、历史法学、功利主义法学、利益法学、现实主义法学等各大学派都致力于对法律的哲学本质予以界定。这个层次上的法学，因为需要借助多个学科的知识才能够全面地理解和研究法现象，因此，法学

---

〔1〕 参见王利明：《法学方法论》，中国人民大学出版社 2011 年版，第 9、15、41 页。

〔2〕 参见 [美] 约翰·亨利·梅利曼：《大陆法系》（第 2 版），顾培东、禄正平译，法律出版社 2004 年版，第 70~72 页。

在西方常常被称为"博学的学科"（A Learned Discipline）。法律的生命在于适用，无论法学怎么分类，其核心均是法律在社会生活中的实践。[1]

法学对于法律实务的意义不仅止于对司法裁判提供助力。其最重要的任务之一是发现一些现行法迄今尚未解决的法律问题，借此促成司法裁判或立法的改变。新的法律问题产生的原因包括：逐渐发展出来的新社会事实、基于公平正义、保护经济上的弱者或防止危险的观点需要作新的规则。[2]法学的客体包括两部分：一是由具体法律规则构成的体系；二是针对该体系的解释性技术科学。但事实上，法学远不止于此，还包括对社会学、心理学、经济学、语言学、逻辑学和体系化理论的广泛运用。即便是针对法律文本语言的解释活动，也涉及各学科的综合运用。例如，法社会学、法经济学已经成为讨论法律问题时的重要知识储备。这些学科的运用进一步增强了法学方法的科学性基础。在我国法学界，一般而言，均将法学研究的对象定位在"法律现象"及其发展规律方面。而所谓法律现象，是指法律以及由法律引起的相关的各种社会现象。据此而言，法学的研究对象可以分为三个层面：第一是法律，包括古今中外的各种法律规范和法律制度；二是与法律这一特定社会现象相关的其他社会现象，例如人的法律行为、社会的普遍观念等；三是法律及法律现象的规律，既包括法律产生、变化和发展的规律，也包括法律自身运行的规律。从法学方法论的历史源流来看，其本身就是建立在裁判者适用法律的经验和人们广泛的生活经验基础上的。[3]

简而言之，法学是关于法律思想、法律知识、法律史、法律规则、法律实施、法律效力、法律的社会效果等所有与法律、法律现象及其他与法律有关的社会现象的学科。只是根据法学研究对象和方法的不同，法学又有不同的分类。经济法学是法学体系中的部门法学，但目前国内学者的经济法学的理论构建更多地借由经济学、社会学和政治学的学术成果，没有立足于法学体系、范畴和法律规范，也较少运用法学知识和法律术语，有些偏离法学的轨道，一定程度造成了经济法学与其他部门法学的交流存在困难，导致了学术误解和纷争，也制约了经济法学的发展。

---

〔1〕　参见王利明：《法学方法论》，中国人民大学出版社 2011 年版，第 1~2 页。
〔2〕　参见［德］卡尔·拉伦茨：《法学方法论》，陈爱娥译，商务印书馆 2003 年版，第 113 页。
〔3〕　参见孙笑侠主编：《法理学》，中国政法大学出版社 1996 年版，第 1~2 页。

二、法学方法论的概说

（一）法学方法的本质

"法学方法论"（Methodenlehre der Rechtswissenschaft，Legal Methodology）概念来自德国法学界，并为大陆法系法学界所广泛采用。但事实上，作为一门认识和运用法律的工具，法学方法论在两大法系也都有各自的发展源流和广泛的运用基础。英美法学者常常将方法论称为"法律推理"（Legal Reasoning），或"法律推理方法"（the Methods of Legal Reasoning）、"法律论证方法"（the Methods of Legal Argument）、"法学方法"（the Method of Jurisprudence）、"法律方法"（Legal Methods）、"法律解释方法"（the Methods of Legal Interpretation）、"法律人的方法"（the Method Used by Lawyers）等这些概念的核心都是解释、运用判例法和成文法，通过特定技巧将法律规则与案件事实结合起来，并得出妥当的裁判结论的方法。在我国，法学方法论概念也存在多种表述，如"法律方法""法律学"等。法学方法与法律方法的关系一直存在争议。按照郑永流教授的考察，"法律科学方法论"（Methodenlehre der Rechtswissenschaft）和"法学方法学"（Juristische Methodenlehre）或"法学方法"（Juristische Methodik）是这门学科的两种德文表述。在当今德国法学界，"法律科学"（Rechtswissenschaft）一般包括法哲学、法律理论、法史学、法社会学、比较法学和法教义学。拉伦茨在《法学方法论》中开篇就指明，他所讲的法学是"狭义的法学"（Rechtswissenschaft im engeren Sinne），也就是"法律学"（Jurisprudenz），其用"法律学方法论"（Methodenlehre der Jurisprudenz）来表达其法学方法论。从我国台湾地区学者所使用的概念来看，他们大多采纳"法学方法"一词，法学方法通常都指的是有关指导法律适用活动的各种方法，从广义上包括法律解释、价值补充、漏洞填补等方法，而这与法学研究的方法是相区别的。[1]

黑格尔强调方法的主体性原理，认为"方法"具有可操作性、可判别性、目的性、创造性与经济性等基本特征，对于人们认识客观世界与精神世界而言，方法非常重要。它有利于人们根据不同的认识对象、不同的研究目的，

---

〔1〕 参见王利明：《法学方法论》，中国人民大学出版社 2011 年版，第 10、31 页。

而寻找到最为有效、简便和经济的研究方法。[1]法国学者巴罗指出，"离开方法的科学就不能称之为科学"。任何科学都应当遵循一定的方法。这些方法，有些是各学科知识所共通的，有些是各个学科所独有的。法学方法论尽管需要借助于一些共同的研究方法，如价值研究法、社会研究法，但由于其以探寻、归纳案件裁判适用过程中的法律具体适用为目的，因而也具有一些自身独有的研究方法。法学方法论应符合四个标准：其一，法学方法论有自己独特的体系，并以逻辑严谨为其重要特征；其二，法学方法论是对实践的总结，并可以通过实践加以运用与检验；其三，法学方法论并非关于法学方法的简单堆砌，而是针对法学方法的系统研究，目的在于解决具体的法律问题，回应社会对法律的需求；其四，法学方法论对经过长期演进形成的具体法学方法进行总结和提炼，既能够用以解释既有法律适用问题，也能够为准确适用法律提供可供操作的技巧。法学方法论是一门符合逻辑、符合经验和社会历史演进规律的社会科学，是一种人类通过理性认识事物，且能够为人们所反复使用的方法，即我们所称的一般意义上的科学方法。法学方法论是形式技术方法与认识论的结合。[2]法学方法为法学研究提供了思维模式、法律知识、法律适用和价值分析的路径，是法学理论与法律实践相结合的重要方法。

（二）法学方法的内容

从广义上说，法学方法是指关于法学理论和法律实践中的所有方法及其手段、工具、规则、程序的理论，是关于它们的综合知识体系。从狭义来讲，法学方法论则主要是指关于法学研究（或开展和进行法学研究的）方法的理论。[3]法学方法问题可以分为三个层面：一是法学研究的总体方法，简单地说，也即是哲学研究方法。即法学研究方法问题的一般知识，研究方法的本体问题等。法学方法论必然建立在相关的哲学观念基础之上，例如，阶级分析方法、价值分析方法、规范分析方法、社会实证方法等，是以不同的哲学立场来加以区分的，因而，必须将法学方法论的研究与法哲学的研究结合起来，确定价值观念与研究立场在法学方法论中的意义。二是理论研究使用的具体方法以及规范。这一层面上的方法包括实证分析和价值评价两种，以及

---

〔1〕 参见胡玉鸿：《法学方法论导论》，山东人民出版社 2002 年版，第 89 页。

〔2〕 参见王利明：《法学方法论》，中国人民大学出版社 2011 年版，第 14~15 页。

〔3〕 文正邦：《当代法哲学研究与探索》，法律出版社 1999 年版，第 153 页。

这两种方法的综合运用或延伸——比较方法。实证分析又可分社会实证分析、经济实证分析、逻辑实证分析，价值分析也可依其基本立足点及涉及的领域分为政治价值分析、经济价值分析、社会价值分析、文化价值分析等。三是法律实践的方法。这是超越传统方法论范围的内容，它源于法律问题的特殊性。因为法学研究不仅仅关涉认识领域，而且关涉实践领域，甚至主要关涉实践领域。也就是说，法学是一个关涉人际关系的高度职业化的知识体系，它不仅仅追求真，而且追求善，甚至追求美，用康德的话来说就是，它不仅包括纯粹理性而且包括实践理性。这个层面的方法包括立法行为、行政行为、司法行为、其他法实践行为等与法律有关的行为的方法，这里的方法表现为在相关领域中追求善的规范。例如：立法方法、法解释方法、法规范选择方法、法事实认定方法、法推理方法等。[1]

王利明教授认为："法学方法论作为研究法律规律、提供法律适用科学方法的一门科学，从具体理解法律规范而言，法学方法论以具体的司法适用为基础，结合多个学科的知识，以实现司法实践中的法律适用的最佳效果。法学方法论虽然要以各类法律规范的理解和阐释为内容，但并非仅仅是一般地学习、理解法律规范，而是以服务于司法裁判的实际需求为目的。故所谓的'法学方法论'不是有关法学研究的方法的学科，而是研究在司法裁判中如何准确、科学地适用法律规范的学科。法学方法论的研究对象是法律适用过程，这就决定了其具有浓厚的实践意义，是可以直接沟通法学研究和司法学方法论要为司法裁判者提供反映裁判活动中法律适用规律的方法。"[2]张文显教授认为："法学方法论就是由各种法学研究方法所组成的方法体系以及对这一方法体系的理论说明。一般说来，法学方法论的内容可分为两个基本层次或方面。第一个层次是法学方法论的原则，它构成了法学方法体系的理论基础，并对其他方法的适用发挥着整体性的导向功能。第二层次是研究的具体方法，它构成了法学体系的主干部分，在解决具体的法律问题方面发挥着广泛的作用。"[3]

很显然，王利明教授的法学方法主要是法适用的方法，特别是针对法院

---

[1] 参见胡玉鸿：《法学方法论导论》，山东人民出版社2002年版，第3、133页。

[2] 参见王利明：《法学方法论》，中国人民大学出版社2011年版，第2~3页。

[3] 张文显主编：《法理学》，高等教育出版社、北京大学出版社1999年版，第34页。

司法判断的法律适用而言，强调法学研究主要是服务司法审判，是比较狭隘的法学方法论。而张文显教授的法学方法是广义的，包括所有法学研究的方法，既包括法理论的研究方法，也包括法适用的研究方法，就法学方法而言，广义的法学方法论更符合法学研究的目标，也更切合实际需要。首先，法学内容和外延都是丰富的。不仅满足于实在法，也包括既往法，不能局限于法律的规范效力，也应关注法的理论和社会效益。其次，法律的适用也不应仅局限于司法审判。虽然现代法治仍然是以法院的司法审判为中心，为回应社会经济发展的需要，政府执法在社会治理过程中越来越重要，渐渐成为解决社会矛盾和问题的重要方式，但政府执法也应该遵守和服务法的规范。因此，现代法学的方法不应局限于法院法律适用的司法审判的个案研究的正义和原则的探究，也应关注政府执法——法律实施的社会正义——的基本原则和具体措施效用、手段。

三、法学的流派

（一）法学流派的概述

流派，又称派别，《辞海》解释该词曰："流派，指学术、文艺方面的派别"。法学流派，是指对法学领域中某一重大理论或问题持相同或相近的观点而形成的群体，相同的法学流派是价值观和方法论的共同体。同流派不但学者的立场、观念与思想意识相同，在内容上也具有系统性与一贯性，且更具有方法论上的独特性和同一性，因而其所建构的法学方法论也是相同的。谢晖教授认为，从历史过程看，法学流派之产生，乃是法学独立于其他学科的产物。人类之法律史源远流长，但独立的法学史只是新近的产物。以法理学为例，从公认的奥斯丁 1832 年所著的《法理学的范围》算起，法理学的独立不过近两百余年的历程，以往历史中纵有法理学，但很难说有法理学流派。学界关于法学独立前的所谓"法学流派"，实是哲学流派在法学领域中的体现。首先，没有独立的法学，便不会有独立的法学流派。显然，从历史过程看，法学流派的出现只是法学独立的产物。当法学依附于神学、哲学或政治学之时，不可能有法学流派的出现，如果说有，也只能是后人臆加的。其次，从判断标准看，法学流派，必须要有系统的观点与独特的方法两方面的判断标准。系统的法学观点，是构成法学流派之核心，而独特的法学方法是法学流派形成的基础。在实践中，对观点与方法在法学流派中的作用常有两种持完全相反的观点，即要么唯观点论，要么唯方法论。其实，观点与方法的抽象只有相对意义。严格说来，方法也是观点。在法学流派中，系统观点所揭示的是该流派对法律现象和本质具有定性意义的看法，而独特方法是指某一流派对法律进行探索、认识的手段、过程等。事实上，某种方法常被不同的流派所运用，在此意义上讲，观点之于法学流派，比方法具有更重要的意义。尽管如此，不同研究方法毕竟是得出不同观点的重要基础，因此某一法学流派必须要有区别于其他法学流派的独特方法。

从此意义上讲，选择方法与观点对某一法学流派的形成具有同等的意义。可见，从法学流派之一般标准判断，法学流派的出现，既要持有明确理论的观点，又要有独树一帜的方法。最后，从外在影响看。建立在特定研究方法基础上的法学结论，能否谓之法学流派，还要看其外在影响，主要标准有：首先，有无一批追随者；其次，有无对社会，尤其对法学教育形成一定的影响。一个学者的学术创造如果仅仅停留在个人学术思想领域，而未能对大众及同时代或后来的学者形成一定的影响，那么其只能称为学术成果，很难说已经形成流派，其方法被证成是死方法，其结论亦被证成是死结论。只有当某种法学学术观点有了一批追随者时，才能证明其观点与方法对学者阶层发生了影响，即被学者阶层所认同。同时，亦只有当该学术观点通过法学教育对社会产生影响时，才能表明该观点的社会意义和社会价值。法学流派发展的史实亦证明：任何一家号称流派的法学思想，都有一批卓越的追随者并对社会产生了巨大影响。因此不难看出学术影响及社会影响对法学流派形成的价值和意义。综上所述：所谓法学流派，是指以某种独特的研究方法为基点而得出的对学术及社会产生较大影响的系统化的法学观点。法学流派是一个历史的概念，当法学尚未独立之时，便没有什么法学流派，因此，法学流派是法学独立之产物。[1]谢晖教授对法学流派的界定，既是历史的也是现实的。某一法学流派的创立，是其独特的观点和方法的学术成果沉淀结晶的过程，也是其被现实社会和学界接纳和认可的结果。

（二）西方的主要法学流派

虽然西方的法学研究呈现出百家争鸣、学派立林的局面。然而，自然法

---

〔1〕 参见谢晖："创建我国的法学流派初论"，载《法商研究（中南政法学院学报）》1995 年第 6 期，第 29~30 页。

学派、分析实证法学派以及社会法学派仍然是西方三大法学流派。自然法学派以自然法作为评判实在法的基本尺度，侧重于价值本体意义，因而其研究方法常被人们称为"价值分析方法"，认为法学研究主要是"为公正安排社会关系及解决社会纷争找到合理的交往模式或法律框架"。[1]分析法学派突出强调法学的科学性，以法律规范为基础，把实证分析作为其研究的圭臬，重视法律本身结构和内在逻辑关系，其研究方法为"规范分析法"，强调法的形式，否定法学应当去研究正义、公平等不确定的法律价值。社会法学派则以社会分析作为其研究目标，强调通过法律的控制以实现一定的社会效果，重视法在社会中的实际效用，以法律功能、社会利益、法律实效等核心范畴架构法学的研究体系。[2]社会法学派突出强调法律与社会现实关系的考察，其研究方法也称为"社会分析法"。总的来说，三大法学流派都从不同的侧面揭示了法学研究的路径，有利于人们从不同的角度来观察法律问题。[3]

不同的法学流派间并非完全彼此孤立，而是存在着必然的联系。不同的法学流派的研究方法从不同的角度提示了法的本质特征、价值追求和实现路径。自然法学派从法的实质理性、理想、价值、本质属性高度概括出"应该是这样的法律"，追求的是"法之魂"的应然法，其价值分析法的研究方法也被称为法哲学方法。自然法是法律活动的基础和依据，也是评判实在法之善恶和社会法之效果的标准，既是法学理论研究和法律实践活动的基石，也是引领法学理论研究和法律实践活动的方向标。分析实证法学派立足于实在法的规范性，从实践中法的形式理性、逻辑自洽性、实现路径等法律规范的客观存在、逻辑推理及其效力论证"实际是这样的法律"，强调的是"法之形"的实在法。实证法以法的规范为要义，通过法律规范的内在逻辑推理来求证和维护法律权威，是贯彻和实现自然法理想目标和价值追求的方法和路径，是自然法从理论到实践的必然选择，是社会法效果评价的依据。分析实证法学派基于法律规范的研究方法也被称为法教义学或是注释法学。社会法学派以自然法的理性和价值为标杆，通过对实在法实施的社会效果进行综合评价，探索自然法与实证法相结合的法治路径，是侧重于"法之效"的实用法，社

---

〔1〕 参见周永坤：《法理学——全球视野》，法律出版社 2000 年版，第 3 页。
〔2〕 参见孙笑侠主编：《法理学》，中国政法大学出版社 1996 年版，第 1~2 页。
〔3〕 参见胡玉鸿："西方三大法学流派方法论检讨"，载《比较法研究》2005 年第 2 期，第 20 页。

会法学派常用社会分析的研究方法故也被称为法社会学。因此，三个法学流派在现代法学研究领域相应的也被分为法哲学、法教义学和法社会学三种形态。三个法学流派之经典在于其既有各种独特的理想目标或观点，也有别具一格的研究方法。但三个法学流派彼此齿唇相依，共同推进人类法学理论研究和法律实践的发展，谱写法治文明的篇章。

（三）我国法学流派的构建

20世纪80年代，在改革开放及西学东渐的影响之下，我国的法学学者就希望结束国内法学无流派的历史，也开启了中国法学流派梳理研究之旅。最先作出贡献的是上海社会科学院法学研究所，其推出的《法学流派与法学家》作为辞典性质的资料性参考读物，至今仍为学术界所引用。随后，法学界又陆续推出了多种这方面的论著。如何勤华教授的《西方法学流派撮要》则进一步在上述研究成果的基础上，对西方历史上的各法学流派进行了梳理，徐爱国教授则选取了九个西方法哲学命题并以此为线索阐述了"西方法律思想与法学流派"。这些梳理性的研究对于中国法学学派的建立乃至流派的形成无疑提供了良好的前期准备。在关注法学流派梳理的同时，中国法学者也开始关注中国自身是否需要法学流派、有无法学流派、有何种法学流派等问题。[1]20世纪末，有学者提出应该"创建我国的法学流派"，认为"中华人民共和国40余年的法学发展史，尚没有推出一个令世人侧目的法学流派来，这不能不说是令人遗憾的事。当社会发展把法治推为中华民族追求的目标取向时，法学流派的产生就不是任何个人的主观意愿所能阻止的，社会需求必然会将其推向法学家的议程"。[2]有学者提出"时代呼唤法学流派和法学家"，"当前中国法治国家的建设，必然需要并自然形成中国法学的各种流派，并产生一大批新时代的法学家，从而促进我国法治国家的建设进程"。[3]

2001年，苏力教授（"苏力"全名"朱苏力"，因其作品的署名为"苏力"，故文中用"苏力"）在《也许正在发生——中国当代法学发展的一个概览》一文中把中国的法学研究划分为三种传统：第一阶段，即注重政治意

---

〔1〕 参见刘艳红："中国法学流派化志趣下刑法学的发展方向：教义学化"，载《政治与法律》2018年第7期，第111~112页。

〔2〕 谢晖："创建我国的法学流派初论"，载《法商研究（中南政法学院学报）》1995年第6期，第29页。

〔3〕 蒋晓伟："时代呼唤法学流派和法学家"，载《政治与法律》1999年第4期，第1页。

识形态话语的"政法法学"。认为法学作为一个独立的学科，势必要从政治上论证其合法性和构建其法律话语的正当性。第二阶段，注重法律适用、解决具体法律纠纷的"诠释法学"，即法教义学。认为法学是实现法律作为专门化的技术和知识的可能性，使得法律不再是政治理论话语进入社会实践，成为一种实践的话语。第三阶段，借鉴社会科学的经验研究方法，试图发现制度或规则与社会生活诸多因素之间相互影响和制约的"社科法学"。把法律话语与社会实践联系起来予以考察其实践效果，对法律的批评不限于一般的政治批判或道德批判，更侧重于实证研究发现的因果关系，运用传统上并不属于法学的某些经济学、社会学理论，发现法律实践的制度条件。[1]时隔十三年，苏力教授于2014年在《中国法学研究格局的流变》一文中对社科法学又进一步进行了阐述，并掀起国内法学界对法学方法论研讨的热潮。在苏力教授之后，邓正来教授把中国法学概括为权利本位论、法条主义、本土主义和法律文化论四种理论模式。[2]汤唯教授则认为当代中国有五个学术流派，即为政治法学派、诠释法学派、社科法学派、批判法学派、综合法学学派。[3]这些概括使用的称谓或者与苏力教授使用的称谓一致，如政治法学派，或者可以在苏力教授的概括中找到大致对应的概念，如权利本位论可对应政法法学，法条主义可对应诠释法学，法律文化论可对应社科法学等。某种程度上说，迄今为止，政法法学、教义法学、社科法学，已成为当下中国法学研究格局中的三种法学研究范式，或者说政法法学派、教义法学派、社科法学派三个不同学派在我国的法学格局已然初步形成。[4]

姑且不论我国法学界是否有必要构建自己的独树一帜的法学流派，或是是否我国的法学流派就如苏力教授所言已形成了政法法学、法教义学和社科法学三大格局。但以苏力教授为主的社科法学派以法教义学为对立面，通过对法教义学的批判确立自己的观点、方法和理论知识，虽然在学界形成了一

---

〔1〕 参见苏力："也许正在发生——中国当代法学发展的一个概览"，载《比较法研究》2001年第3期，第3~5页。

〔2〕 参见邓正来："中国法学向何处去（上）——建构'中国法律理想图景'时代的论纲"，载《政法论坛》2005年第1期，第5页。

〔3〕 参见汤唯、王加卫："论中国法学流派分野的基本端倪"，载《法律科学（西北政法学院学报）》2006年第6期，第16~20页。

〔4〕 参见刘艳红："中国法学流派化志趣下刑法学的发展方向：教义学化"，载《政治与法律》2018年第7期，第112页。

定的影响力，但无论如何定论都难免有些为时过早。不过，双方的激烈辩论也促进了国内法学者对法学方法论更深刻的认识和探讨，并形成了我国法学方法论的丰硕学术成果，对构建我国法学流派和法学方法论具有重要的意义。法作为一种社会现象，是一种客观存在，虽然不同的历史阶段不同的国家法律的内容和表现形式有所不同，但法作为体现国家意志的行为规范的本质属性不会变。如果法学是一门社会科学，那么法学方法和法学理论作为人类认识、适用法律的方法和知识，不论是古今中外，必然有其共性。特别是我国现行法制和法学，在一定程度上都是借鉴西方发达的法律制度和法学研究方法、成果。虽然我国的法律制度和表现形式可能与西方发达国家会有所不同，我国的法学理论研究已取得了一定成果，但是否目前我国已经形成了中国特色的法学流派，或是我国法学真的非要自成流派是很值得商榷的事。

第二节　法学方法的类型化分析

纵观不同的学者，对法学方法的认知和界定都不同，对法学方法的类型也是各持己见。苏力教授对我国法学研究方法的类型化虽然有待于进一步的商榷，但国内法学界近年来围绕着苏力教授对我国法学研究现状的划分，掀起了关于法教义学和社科法学的法学方法论的激烈争论。

一、法教义学之法学方法

（一）法教义学的理论疏理

教义学思维最初源于神学，是基督教会关于信仰原则的研究。因对圣经的解释在发展过程中义出多门存在分歧，主流教会机构为了使信仰不至于"走调"制定了一些解释圣经与信仰的基本方针，作为神职人员解释圣经和信徒信仰的根据，即产生了神学教义学。[1]《牛津哲学词典》对教义学的词根"dogma"的解释是：一般指毫无疑问所持有的一种观念，具有无须辩护的确定性。《元照英美法词典》对"dogma"的解释是：①指教理、教义、教条、信条。②指独断之见。法教义学也被视作为狭义法学的贬义词，指不加反省而且盲目信赖现行有效法律的一种法学治学态度。法教义学至今还没形成被普

---

〔1〕　参见［德］卡尔·拉伦茨：《法学方法论》，陈爱娥译，商务印书馆2003年版，第109页。

遍接受的权威理论体系。较为权威的界定认为：法教义学是法学家们追求的狭义和本义的法学。"法教义学"是对德文术语"Juristische Dogmatik"或者"Rechtsdogmatik"的翻译，其他译法还包括"法释义学""法解释学""法律信条学（论）"等。在德国人的观念中，法教义学乃是法学的本义，或者说"法学＝法教义学"，其他诸如法哲学、法社会学、法史学，只是基于其他学科的视野和方法而对法律的研究。[1]王泽鉴先生对"dogma"的阐释为"圣经及其启示所应严守的规则""信仰规则""基本确信"的意思。指仅通过权威的宣言和源自信仰就可接受，无须理性的证明来排除怀疑。[2]

一般把教义学法律哲学对法律理论的贡献定义为规范法律理论（Normative Legal Theory），认为法教义法学是以法律规范为研究对象的社会科学。法学研究在很大程度上是规范性、解释性和应然性的研究。[3]法教义学不是认识性的，而是规范性的，即"对有约束力的调整之建议"。[4]德国学者把法教义学的任务和内涵概括为三方面内容：即概念演绎、判决说理、体系建构。[5]德国法学家阿列克西认为广义的教义学至少包含着对现行有效法律的描述、对这种法律概念体系的研究以及提出解决疑难案件的建议三个层次，并由此分别对应"描述—经验""逻辑—分析"和"规范—实践"三个维度。[6]凯尔森和哈特都认为法律最重要的特征是其规范性，凯尔森认为法律是一个"应当—主张"或"规范的事物"："通过'规范'使我们意识到一些事应当去做或者应当发生，尤其是一个人在特定时候应当做出某种行为"，因此法律科学必须是一门规范性科学。[7]法教义学要求法律论述按照一定的推理模式

〔1〕 参见［德］G. 拉德布鲁赫：《法哲学》，王朴译，法律出版社 2005 年版，第 113~114 页. 转引自张翔："宪法教义学初阶"，载《中外法学》2013 年第 5 期。

〔2〕 参见王泽鉴：《法律思维与民法实例：请求权基础理论体系》，中国政法大学出版社 2001 年版，第 211 页。

〔3〕 参见陈若英："中国法律经济学的实证研究：路径与挑战"，载苏力主编：《法律和社会科学》，法律出版社 2010 年版，第 18 页。

〔4〕 参见［德］阿图尔·考夫曼、温弗里德·哈斯默尔主编：《当代法哲学和法律理论导论》，郑永流译，法律出版社 2002 年版，第 451 页。

〔5〕 参见黄卉："从德国宪法判例中学习宪法实施技术——《德国宪法案例选释（第 1 辑）基本权利总论》评价"，载黄卉主编：《福鼎法律评论》，法律出版社 2012 年版，第 1 页。

〔6〕 参见［德］乌尔弗里德·诺伊曼："法律教义学在德国法文化中的意义"，郑永流译，载郑永流主编：《法哲学与法社会学论丛》（第 5 辑），中国政法大学出版社 2002 年版，第 17 页。

〔7〕 参见［英］罗杰·科特瑞尔：《法理学的政治分析：法律哲学批判导论》，张笑宇译，北京大学出版社 2013 年版，第 107 页。

展开而进行省察、解释和定义，从而整合出一个系统性、科学性和规范性而又富有哲理性、安全性、便捷性的"规范性"法律思维方法。[1]法教义学对实在法提供了论证，给出了法律问题的解决模式，包括一切可以在法律中找到的，以及法学与法律实践为法律增加的理论规则、基本规则和原则。[2]虽然对法教义学的定义尚缺乏统一的见解，但一般认为法教义学是针对特定法领域，依照现行有效的法律规范与个案裁判，阐明其规范内涵及联系，并且整理归纳出原理和原则，以方便法律适用、续造和改革的一种学问。[3]传统的法教义学将坚定信奉现行实在法秩序作为前提，并以此作为开展法的体系化与解释工作起点的一门规范科学。[4]

简而言之，法教义学是探究实在法的规范效力，将坚定信奉现行实在法秩序作为前提，而非探讨和评价其社会价值，体现出一种实证主义的倾向，是对法律规范体系化的预备，并以此作为开展法的体系化与解释工作起点的一门规范科学。[5]法教义学不等于法教条主义，对法教义学之法条主义的称呼涵盖了诸多可能的意义。[6]法教义学对实在法提供了论证，给出了法律问题的解决模式，包括一切可以在法律中找到的，以及法学与法律实践为法律增加的理论规则、基本规则和原则。[7]从而整合出一个科学、系统、规范而又富有哲理性、便捷性、安全性的"规范性"法律思维方法，要求法律论述按照一定的推理模式展开省察、解释和定义。[8]法教义学更深层次的使命和价值在于引导学术研究与法治实践的方法更新，其不仅是一种学术理论，更是一种技术或方法。法教义学正在淡化其传统独断解释学的品格与印象，从而更具有开放性与实践性。[9]法教义学的规范性确保了其法学研究法的本质属性，维护了法律的权威和规范的效力，是法学研究重要又必不可少的法学

---

〔1〕 参见［波兰］齐姆宾斯基：《法律应用逻辑》，刘圣恩等译，群众出版社1988年版，第334页。

〔2〕 参见［德］魏德士：《法理学》，丁晓春、吴越译，法律出版社2005年版，第137页。

〔3〕 参见王立达："法释义学研究取向初探：一个方法论的反省"，载《法令月刊》2009年总第51期，第23页。

〔4〕 参见白斌："论法教义学：源流、特征及其功能"，载《环球法律评论》2010年第3期，第7页。

〔5〕 参见张翔："宪法教义学初阶"，载《中外法学》2013年第5期，第916~918页。

〔6〕 参见王国龙："捍卫法条主义"，载《法律科学（西北政法大学学报）》2011年第4期。

〔7〕 参见［德］魏德士：《法理学》，丁晓春、吴越译，法律出版社2005年版，第137页。

〔8〕 参见［波兰］齐姆宾斯基：《法律应用逻辑》，刘圣恩等译，群众出版社1988年版，第334页。

〔9〕 参见焦宝乾："法教义学的观念及其演变"，载《法商研究》2006年第4期，第88页。

方法。

（二）法教义学的范式

1. 法教义学的规范性

传统上，法教义学是基于特定法的领域，依照现行法律规范与个案裁判，阐明其规范内涵及联系，整理归纳出原理和原则，以便法律适用、续造和改革的学问。[1]法教义学对"规范"与"规范性"的强调体现在：在裁判理论上主张以法律规范为司法裁判的基础、依据和框架，认真对待法律规范，并接纳价值判断和经验知识；在法概念论上主张法律是作为一种具有规范性的事物，既不同于价值也不同于行为；在法学理论上主张应持规范性研究的立场。[2]法教义学的任务就是在一般性的法律规则和具体的案件之间进一步准备裁判规则。[3]拉伦茨认为法学特质是以处理法的规范为其主要任务的，关切的应该是实证法的规范效力、规范意义、内容以及法院判决中包含的裁判准则。假使法学不想成为一种以自然法、社会哲学、历史哲学为根据的社会理论，而想维持其法学角色，就必须假定现行法秩序大体是合理的，否定现行法秩序，忽略现行法教义学的人，根本就不该与法学打交道。法律的规范性权威必须得到维护。规范性是法律的生命，也是其使命，离开了规范性，法律就什么也不是。法教义学不仅是一种思维方式，更是一种法律实践的技术或是方法，其更深层次的价值和使命在于引导学术研究与法治实践的方法更新。在所谓的"法适用"领域中，假使涉及的不仅是单纯的涵摄，而是评价性的归类或"具体化"时，价值导向的思考方式是不可或缺的；但是在非直接实务取向的法学理论的范围，在所谓的"法教义学"的领域中，情形似乎不然。依埃塞尔之见，法教义学乃是最终想构成一种独立体系之法概念及法制度的基本理论，主张其学说应具有严密不可侵犯的权威，其思考是一种价值中立的概念工作，其目标在于将评价的问题转换为认识或真理的问题，并且认为仅仅凭借规范及教义学技巧即可解决新的社会矛盾，而不须形成新

---

[1] 参见王立达："法释义学研究取向初探：一个方法论的反省"，载《法令月刊》2009年总第51期，第23页。

[2] 参见雷磊："法教义学的基本立场"，载《中外法学》2015年第1期，第198~223页。

[3] 参见［德］乌尔弗里德·诺伊曼："法律教义学在德国法文化中的意义"，郑永流译，载郑永流主编：《法哲学与法社会学论丛》（第5辑），中国政法大学出版社2002年版，第15页。

的社会合意。[1]

法教义学不是认识性的，而是规范性的，即"对有约束力的调整之建议"。[2]法教义学的核心在于强调法律规范的权威性，是以法律规范作为处理法律问题的核心，其处理对象可以是个别规范、规范要素、规范复合体、规范的联系以及规范和事实之间的关系。法教义学对"规范"与"规范性"的强调体现在：在裁判理论上主张以法律规范为司法裁判的基础、依据和框架，认真对待法律规范，在法概念论上主张法律是作为一种具有规范性的事物，既不同于价值也不同于行为，在法学理论上主张应持规范性研究的立场。[3]法教义学的任务就是在一般性的法律规则和具体的案件之间进一步准备裁判规则。[4]简而言之，法教义学是对法律规范体系化的预备，是探究实在法的规范效力，而非探讨和评价其社会价值。法教义学体现出一种实证主义的倾向。[5]法教义学的规范性思维，是将现行实在法秩序作为展开解释与体系化工作的坚实基础和信念，以实现法的公平正义为目标之规范性思维模式。这种思维模式是由既存实体法规范、程序法规范、形式理性逻辑推理规则的三重控制规则组成，具有安全性、稳定性、实践性。[6]法教义学的规范性使法学研究不会偏离法的轨道，为法的实施提供了理论依据和法律知识，确保法律能正确有效地实施。

2. 传统教义学的"法治"范式

传统法教义学强调保持法律体系的稳定性，坚持在实在法的秩序范围内解决现实问题，并在现有实在法的基本框架内依照法教义学方法提供对具体问题的有效解决方案，而不是随意地增加新的法规或是修改法律。法教义学认为司法是解决问题的根本，现实中的法律实践应该严格依照形式理性化的司法途径展开，避免其他治理权力对司法的干扰，严格在司法的边界之内以司法的路径来解决相关的法律问题。传统法教义学语境下的司法法律实践的

---

[1] 参见［德］卡尔·拉伦茨:《法学方法论》，陈爱娥译，商务印书馆 2003 年版，第 77、103 页。

[2] 参见［德］阿图尔·考夫曼、温弗里德·哈斯默尔主编:《当代法哲学和法律理论导论》，郑永流译，法律出版社 2002 年版，第 451 页。

[3] 参见雷磊:"法教义学的基本立场"，载《中外法学》2015 年第 1 期，第 198~223 页。

[4] 参见［德］乌尔弗里德·诺伊曼:"法律教义学在德国法文化中的意义"，郑永流译，载郑永流主编:《法哲学与法社会学论丛》（第 5 辑），中国政法大学出版社 2002 年版，第 15 页。

[5] 参见张翔:"宪法教义学初阶"，载《中外法学》2013 年第 5 期，第 916~918 页。

[6] 参见颜厥安:《法与实践理性》，中国政法大学出版社 2003 年版，第 170~172 页。

逻辑可被划分为两个步骤：第一，可适用的形式法；第二，案件事实与法规范切合。[1]传统法教义学思想体现的是一种典型的形式理性，追求法律的形式正义，讲究通过预定规则加以适用而实现法律秩序。[2]法治社会的"形式（合理性）"包含了两层基本含义：一是依据抽象的一般规则处理具体问题，而不是具体情况具体处理；二是法律系统的独立性和自主性，即规则的适用不受道德、宗教、政治以及掌权者意志等实质要素的左右。[3]

传统法教义学倾向于对法律实践的运作采取一种司法主义的"法治论"的态度。从法教义学的立场出发，现实中的法律实践应该严格依照形式理性化法治的要求展开，而不应与其他治理权力交织在一起。[4]司法机关应当避免其他治理权力对司法的干扰，将其从司法过程中清理出去，即使是不可避免政治内容的宪法问题，也应该严格在司法的边界之内以司法的路径加以处理。面对疑难案件，应当坚持从法教义学出发获得解答，而非考虑司法机关的治理功能，应当重视一般化的规则之治，而非特殊个案中的纠纷解决。[5]传统法教义学的"法治论"更多地体现在如刑法、民商法等传统法律部门之中，主要是通过个案的司法审判维护个体正义。这些法律部门解决的是人类社会的基本问题，经过长期发展早已形成较为稳定的基本法教义学框架。强调法律体系的稳定性，坚持依照法教义学方法提供对具体司法问题的有效解决方案，在现行实在法秩序范围内对现实问题的有解性以确保社会秩序的稳定，而非随意地在法教义学的概念与体系的研究方式之外引进其他的论述方式，改变法律或者增加新的法规，主要是以普遍实践理性论辩作为法教义学的内容。[6]传统法教义学更谨慎地看待法律对于外部学科成果的吸收，坚持将

---

〔1〕　参见李晟："实践视角下的社科法学：以法教义学为对照"，载《法商研究》2014 年第 5 期，第 83 页。

〔2〕　参见［德］马克斯·韦伯：《论经济与社会中的法律》，张乃根译，中国大百科全书出版社 1998 年版，第 9~10 页。

〔3〕　参见张翔："形式法治与法教义学"，载《法学研究》2012 年第 6 期，第 9 页。

〔4〕　参见陈柏峰、董磊明："治理论还是法治论——当代中国乡村司法的理论建构"，载《法学研究》2010 年第 5 期。

〔5〕　参见张翔："宪法教义学初阶"，载《中外法学》2013 年第 5 期，第 916~918 页。

〔6〕　参见［德］卡尔·拉伦茨：《法学方法论》，陈爱娥译，商务印书馆 2003 年版，第 103、109、117 页。

法律的作用长期保持在传统的法治范围内，强调稳定的实在法秩序。[1]但对于以行政执法为主解决社会经济问题的经济法，传统法教义学的司法审判不可避免地表现出滞后性和局限性。

3. 法教义学的法律解释

法学方法论是运用法律解释方法、价值判断和司法三段论方式解决法律适用中具体问题的学科。一方面，法律解释学的重点是探求如何解释法律和填补法律漏洞，确定与客观事实联系最密切的法律规则，解释待适用的法律规则。另一方面，法律解释虽然也要在解释过程中运用一定的价值判断方法（例如，注重裁判的社会效果就是一种价值判断方法），但并不将其作为一个独立环节而专门加以研究。在方法论中，法律解释正是要使法律的含义通过解释清晰化、明确化，能够探明立法的意旨，使立法的意旨能够得到准确的运用。把握具有普遍的代表性和典范意义的以司法裁判为中心的法律解释，能够在法律解释的研究中起到纲举目张的作用。法律解释所遇到的问题主要发生在司法裁判过程中，其解决也具有典型意义，能够为其他的法律适用提供模板，有助于形成法律规则的共识，减少法律适用的成本。[2]

法律解释的最终目标是探求法律在现行法秩序的标准意义或是规范意义，并同时考虑立法者规定意向及其具体的规范意图，才能确定法律在法秩序上的标准。所有因素不论是"主观的"或是"客观的"，均应列入考量，而且这个过程原则上没有终极的终点。[3]法律的目的解释，乃属论理解释之一种，重在法律之安定性和社会的稳定性，主要在社会急遽变化时扮演着重要角色，以具体的妥当性为主导，但也要符合公平正义。[4]阿列克西、阿尔尼奥和佩策尼克在《法律论证的基础》一文中指出，理性的可接受性是法教义学的规定性原则，但社会相关性才是最强的可接受的理性解释。[5]因此，法教义学

---

〔1〕 参见李晟："实践视角下的社科法学：以法教义学为对照"，载《法商研究》2014 年第 5 期，第 84 页。

〔2〕 参见王利明：《法学方法论》，中国人民大学出版社 2011 年版，第 16、19、21 页。

〔3〕 参见［德］卡尔·拉伦茨：《法学方法论》，陈爱娥译，商务印书馆 2003 年版，第 194~195、197~199 页。

〔4〕 参见杨仁寿：《法学方法论》，中国政法大学出版社 1999 年版，第 125~169 页。

〔5〕 See Aulis Aarnio, Robert Alexy and Aleksander Peczenik, "The Foundation of Legal Reasoning", *Legal Reasoning edited*, by Aulis Aarnio and D. N. MacCormick, Vol. Ⅰ, Dartmouth Publishing Company, 1992.

在解释现行法时，应当依据理性论证的标准去考察法律论证的可能性，[1]这种能力就是通过法教义学的解释和推理，为其规范主张获得更大的权威性或可接受性，但这种可接受性或权威性之获得必须考虑到理性论证的原则。因此，法教义学对现行法的解释应当具备理性说服力。[2]传统法教义学者虽然不关心法律究竟应当是怎样的，但现行法秩序的正义性也是其论证不可动摇的前提。现代法教义学的生命在于其理论与现实生活的对接，通过对实践的参与，得以解释和说明为解决法律问题提供合法合理的答案，实质性地参与法治建设，其发展不是由形式逻辑推理决定。法律推理和法律解释的方法和技术是法学方法论最基本的内涵。经济法学是法学的分支而不是哲学、管理学、经济学、社会学等其他学科的分支，这就决定了法律解释学等传统法学方法应该是经济法学主导性研究方法。[3]经济法教义学的解释是基于实在法的规范，以研究实现其法益目标最大化的实施机制。

4. 法教义学对规范体系的构建

体系化指经由分析、比较、归纳显示出相互之间的关系，以及各种关系形态所具有之作用，取向于目的和设定所期功能，将知识或事务根据其相互间关系组织起来的方法。利益法学认为，法律的功能在于裁断利益的冲突，这些对利益冲突的裁断即为法律规范，整个法律体系由利益冲突的裁断所构成。这些裁断本身也以各色各样之关联及交集相互联系在一起并构成体系。法学的重要任务就在于探求由这些裁断之间关联所构成的体系，并将之显现出来，概念法学所建构的体系即为演绎的体系。法律科学所处理的利益冲突是现实生活要法律科学所裁断的，且这些利益的冲突意旨层出不穷。[4]规范的体系化是对各种利益的内在平衡，是以实定法的核心利益或价值目标为中心，通过规范化来协调平衡各种利益关系。规范的体系化可以将一切可能发生之个别的情形归结到一个有依据的逻辑点，然后根据各种利益平衡协调形成整体，且在该整体中应完全包含前述每一个别情形和利益诉求，亦即其能

---

〔1〕　参见［德］阿图尔·考夫曼、温弗里德·哈斯默尔主编：《当代法哲学和法律理论导论》，郑永流译，法律出版社 2002 年版，第 128、459、462 页。

〔2〕　参见林来梵、郑磊："法律学方法论辩说"，载《法学》2004 年第 2 期，第 3 页。

〔3〕　参见邢会强："政策增长与法律空洞化——以经济法为例的观察"，载《法制与社会发展》2012 年第 3 期，第 132 页。

〔4〕　参见舒国滢主编：《法学方法论》，厦门大学出版社 2013 年版，第 168、176 页。

够接纳所有可能想象到的个体利益的可能性。[1]法规范并非彼此平行存在，存在各种利益冲突，其间有各种脉络关联，规范之意义脉络、上下关系体系地位及其对该当规范体系整个脉络的功能，在整个法秩序（或其大部分）都受特定指导性法律思想、原则或一般价值标准的支配。其中若干思想、原则作用在于诸多规范之各种价值，并借此法律思想得以正当化、一体化法规范，以体系的形式将之表现出来避免其彼此间的矛盾，法的体系化乃是法学最重要的任务之一。[2]体系思维在法学上的贡献在于，利用法律概念构成法律规范，通过法律解释和补充，利用体系的观点把握全体与部分间内在关系，使法律的适用更能确保其连续以及发挥规范价值的功能，通过行为规范之整合的效果促成统一而且贯彻的法秩序的形成与维持。[3]

法律体系化是一种永续的任务，没有一种体系可以演绎式地支配全部问题，体系必须维持其开放性。[4]体系化既是法教义学形成的形式要素，也是法教义学的一项重要工作。自19世纪以来，对法教义学任务的共识主要在于：建构法律规范体系，对法律概念进行逻辑分析并将概念运用于法律实践。[5]法教义学关注一种规范对整个法规范体系的影响和整体精神的契合度，以及其与此体系内部其他规范的融合状态。法律规范的体系化工作可以消解由法律解释的主观性和创造性可能导致的解释命题的零散性和任意性。因此，法律体系中各规范间的融合状态成为某个特定解释的正当性渊源之一，也影响着法律体系内部规范的相互效力印证以及整体规范效力的合力。[6]法教义学通过法律概念把法律规范的内在联系明晰化和系统化，使每一个法律规范不是孤立的存在，而是一个由若干规范相联结而成的"规范网络"。法教义学就是通过发现个体法规范之间，以及法规范与法原则之间的脉络关系编织成"规范网络"而完成体系化使命。因此，法教义学最重要的任务之一便是发现个别法规范和规范整体之间及其与法秩序主导原则间的脉络，并得以体系的形式

---

〔1〕 参见黄茂荣：《法学方法与现代民法》，中国政法大学出版社2001年版，第426~427页。

〔2〕 参见［德］卡尔·拉伦茨：《法学方法论》，陈爱娥译，商务印书馆2003年版，第316页。

〔3〕 参见黄茂荣：《法学方法与现代民法》，中国政法大学出版社2001年版，第406~407页。

〔4〕 参见［德］卡尔·拉伦茨：《法学方法论》，陈爱娥译，商务印书馆2003年版，第45页。

〔5〕 参见焦宝乾："法教义学的观念及其演变"，载《法商研究》2006年第4期，第88页。

〔6〕 参见白斌："论法教义学：源流、特征及其功能"，载《环球法律评论》2010年第3期，第12页。

将之表现出来，通过整合各种价值，消除规范间矛盾。这种体系化的努力不仅有助于弥合规范冲突，更有利于价值整合。[1]通过法律理论的体系化、法律规范的体系化，促成法律知识共同体、法律职业共同体，推动法律的完善和实施。[2]简而言之，法律规范的体系化就是部门法规范间的利益的平衡与协调的过程，通过体系化，化解部门法规范间内部的利益矛盾与冲突，实现实在法内在的和谐，进而使其所调整和规范的法律秩序和社会秩序达到协调稳定。

（五）现代法教义学的发展

1. 传统法教义学的不足

目前，学界对法教义学的解读主要是关于法院司法审判的法律适用，甚至对"教义"存要误读，直接把"教义"与法院的审判工作画上等号。如苏力教授认为"教义"在经验世界中并没有持久稳定且易于识别并与之对应的对象。所谓法教义学追求的是以理想法官为主体思考的有关法律解释和适用，越来越多的部门法领域如今已经开始摆脱 20 世纪 90 年代普遍流行的那种对相关立法或法规的字面含义解说，开始关心立法或监管或司法的实际后果。诸如金融、证券、税收、环境、资源、劳动、反垄断、社会法、国际贸易和知识产权等法律领域，因为主要是"事前监管"而非"事后救济"，很少有案件走进法院，传统法教义在这些部门法实践的经验确实很难实现。[3]金融、证券、税收、环境、资源、劳动、反垄断等经济法，其"事前监管"也必须要遵守严格的法律规定或"教义"，其基本法更不可能朝令夕改。不能简单地把"教义"等同于法院的工作或工作规则。诸如金融、证券、税收、环境、资源、劳动、反垄断等这类经济法因为主要是监管法，其法律适用主体是行政部门而非法院，而且为防患为未然采取"事前监管"的执法模式，但这并不意味着行政机关可以不遵守"教义"任意执法，更不是意味着经济法没有教义学，"由社科法学主导"。

在法教义学与法律实务的密切性的相关研究中，实践性被确认为法教义学的一种普遍性标准。法教义学应该具有某种实践结果，或者说应该具有实

---

〔1〕　参见［德］卡尔·拉伦茨：《法学方法论》，陈爱娥译，商务印书馆 2003 年版，第 316~317 页。

〔2〕　参见谢海定："法学研究进路的分化与合作——基于社科法学与法教义学的考察"，载《法商研究》2004 年第 5 期，第 91 页。

〔3〕　参见苏力："中国法学研究格局的流变"，载《法商研究》2014 年第 5 期，第 60~63 页。

践性效力。在实践中，假使法规范得以主张其具有规范性效力，那么不可避免地要思考规范效力的根据及界限，法规范本身的"意义"、实现法规范之行为的意义、法的"存在方式"或是"效力""正义"或"法律思想"等问题，而法教义学不能回答这个问题，这些问题属于法哲学，更确切地说是法伦理学应该处理的问题。[1]因此，在法教义学的范畴内，拒绝法哲学、法律理论以及法社会学等非教义学的思维方式是极为危险的。[2]法教义学除了对实在法本身的"实在性"的描述性维度，法教义学者的任务还在于通过概念分析的方法厘清实在法含义并探寻立法者的意图，分析实在法的规范结构，逻辑体系以及协调各种冲突规范间的关系，并为法律实践提供体系化和妥当化的裁决规则，这个规范性的维度对于法教义学之概念法学甚为重要。实在法本身也是一个"价值负担者"的存在，法教义学者需要对规范解释、新规范或新制度提出建议并加以论证，或者对法律实施的缺陷进行批评，并提出建议。[3]

现代法治的法院司法中心主义的预设，把法教义学的研究局限于司法实践，而忽略了其他法律实践法教义学的研究。特别是在经济法和行政法领域，行政执法是重要的法律实施形式，但却很少有学者去研究行政执法教义学。合法性是确保行政执法机关在处理经济和行政案件过程中"依法行政"的基本原则，经济法以行政治理为核心的行政执法也应该有"教义"，特别是经济法和行政法中的基本法的教义更是必不可少。行政机关因为依法对某些执法享有自由裁量权，而且其执法所依据的行政规章和经济政策为了回应社会和经济发展常常需要调整，其稳定性和确定性相对较弱。经济政策类"软法"的"教义"不像基本法的"硬法"那么明显和强烈，自由裁量的空间较大，但并不意味其没有"教义"或者不需要"教义"而随心所欲。"教义"不应仅存在于司法中，在经济法和行政法的行政执法过程中也应该有，是行政合法性原则的保证。法教义学总是由现存的法秩序中取得立足点，但现代法教义学不再是对法律的描述，而是一种论证技术，目的是提供适用于不同情景

---

〔1〕 参见舒国滢主编：《法学方法论》，厦门大学出版社 2013 年版，第 7 页。

〔2〕 参见〔德〕阿图尔·考夫曼：《法律哲学》（第 2 版），刘幸义等译，法律出版社 2011 年版，第 12~13 页。

〔3〕 参见〔德〕罗伯特·阿列克西：《法律论证理论—— 作为法律证立理论的理性论辩理论》，舒国滢译，中国法制出版社 2002 年版，第 312 页。

的法律有效实施的有用论据。[1]现代法教义学应是一个独立又开放的理论系统。

2. 构建现代法教义学的新方法

学界对"教义"的一般共识指对"权威""信条"的绝对服从,"教义"似乎与"法院"和"司法"没有直接联系。但由于传统法治是以法院的司法审判为中心,以至于法学界关于法的适用问题的法学教义重心都聚焦于司法审判。"法教义学"不应只是关乎法院司法审判的学问。法教义学的目的就是为了服务于法律实践,为其提供解决问题的预备答案或方案、模式。法教义学的"规范性"应该包括不同法律形式的规范,是对社会整个法律体系的所有规范的研究。因此,法教义学不应该仅局限于法律规范,具有规范效力的"政策""行政规章"和"行政规定"也应该有其相应的法学教义。另外,法教义学"实践性"在于其通过"规范"的诠释来指导法律实践或法律实施、法律适用。广义上的法律实践包括立法、司法、执法和守法等一系列的法律活动,甚至还可以包括法律教育和法律宣传等。法教义学就是通过对法规和法条的解释以便法律能更好地运用于每一个环节的法律实践。目前的法教义学偏向于司法实践,以至于有学者误认为法教义学就是司法审判活动法律的规则解释,但现代法教义学不应仅局限于司法审判活动。随着社会经济的快速发展,政府对社会经济生活介入的普遍性和重要性越发明显和必要,行政治理和行政执法成为现代法治重要的组成部分。现代法教义学应淡化其传统独断解释法学或是注释法学的品格与印象,从而更具有开放性与实践性。[2]因此,对行政执法和行政治理的教义学也就具有重要的意义。为了确保实在法的有效实施,法教义学以法律规范为中心,基于实在法的有效实施和实践运用,从传统的文义注释的实证分析法学向法律现实主义的实用法学的转变是现代法教义学研究的发展路径。现代法教义学应坚持以法律规范为核心的法律解释,但不应仅限于文义的注释"条文主义",而应通过法律逻辑推理,并借鉴法哲学、法伦理学、法社会学、法政治学、经济学和政治等多学科研究的知识成果和经验来丰富解释法律实践的内涵,确保实在法的有效实施。行

---

〔1〕 See Matti Ilmari Niemi, "Phronesis and Forensics", in *Ratio Juris*, Vol. 13 No. 4 september 2000, pp. 392~404.

〔2〕 参见焦宝乾:"法教义学的观念及其演变",载《法商研究》2006年第4期,第88页。

政执法教义学是经济法学和行政法学法律实践最为重要的组成部分，是带有实践目的的规范法学，应建立真正在经济法和行政法规范和实践之间循环往复的规范教义体系。使行政权力合法、合理地行使且被接受，这是行政执法教义学主要的任务，也是现代法教义学亟待解决的问题。

经济法和行政法一般都包括实体法、程序法和诉讼法，但经济法和行政法更多和常态需要处理的行政事务主要是事前的行政执法的监管和事后的行政处罚。特别是经济法，为能及时高效地回应社会经济发展需要提高行政效率，法律往往赋予行政执法人员自由裁量权或是概括授权，要求执法人员根据实情积极主动行政。经济法的法教义学对行政执法的实践必须回应这样的事实：在我国，经济法的行政干预不仅享有行政执法权，还享有行政立法权和裁决权，这种集立法、司法、执法于一体的特殊现象既是社会现实的需要，也有着深厚的政治传统根基。因此，经济法和行政法之行政立法、行政司法、行政执法以及各种行政规范性文件、行政惯例、司法判例、行政裁决、司法解释和行政解释等都应成为经济法学和行政法学之法教义学研究的事实案例和法源。经济法规范呈现为行为规范与裁决规范的独特组合，经济法和行政法的法教义学应该针对其执法实践，通过对相关经济法和行政法规范的解释，获得经济法和行政法领域的法律规范背后的法原理与法原则，比如行政执法过程中的"比例原则""依法行政""信赖保护""公共利益原则"以及"正当程序"等原则，利用法教义学为行政执法人员的执法提供预备答案和法理依据。因行政自由裁量不可避免，就应该对"行政合理性原则"和"越权无效"进行界定和解释。[1]特别是经济法规范之经济政策问题在经济法的法教义学中具有重要的地位，应是经济法学之法教义学重点研究的对象。经济法和行政法的行政执法的法教义学切合了现代法教义学的发展趋势：法教义学不再只是对法律的描述，而应从不同类型论据到结论所采取的一种论证技术。[2]现代法教义学不应该仅限于个案的司法审判，经济法和行政法的行政执法实施机制就是其不应该回避的法律问题。

---

〔1〕 参见王本存："论行政法教义学——兼及行政法学教科书的编写"，载《现代法学》2013 年第 4 期，第 39~41 页。

〔2〕 参见武秀英、焦宝乾："法教义学基本问题初探"，载《河北法学》2006 年第 10 期，第 135 页。

二、社科法学的法学方法

（一）社科法学的理论疏理

苏力教授认为："社科法学是针对一切与法律有关的现象和问题的研究，既包括法律制度研究、立法和立法效果研究，也包括法教义学关注的法律适用和解释，主张运用一切有解释力且简明的经验研究方法，集中关注专业领域的问题（内在视角），同时注意利用其他可获得的社会科学研究成果，也包括常识（外在视角）。"[1]"社科法学关注的法律适用者或解释者不局限于法官，常常也包括一切相关案例或纠纷的裁断者，有法院，也有其他适用解释法律并作出决定的行政机构决策者，如证监会、银监会、专利局、反垄断部门、环保局等。"[2]苏力教授把一切与法律有关的"现象和问题"的研究都视为社科法学的研究对象或是范围，甚至包括"法教义学所关注的法律适用和解释"都作为社科法学研究的范畴。社科法学主张不仅要研究"书本上的法"，而且要研究"行动中的法"，在"死"的法条之外关注"活法"。社科法学的"逆向运动"从某种意义上说，即社科法学以发现真实的法律、寻找真实可行的解决问题的方式为名所做的所有努力就像在"挑刺"或者说"查漏"，是在寻找不同、鼓励异端、发现例外。[3]社科法学学者认为"社科法学是综合性跨学科的法学研究方法，社科法学成为连接法学与其他社会科学的纽带，促进了法学与其他学科的知识的交流、竞争与合作，还可以组织法学与外学科的对话等；既包括法律社会学的经验研究，也包括法律文化研究，程序法治研究，以及横跨社科法学和法解释学的部门法学的法哲学研究等。除了法学，还注重与社会学、经济学、人类学、心理学等在内的多学科的法律研究方法，并形成与社会生物学、认知科学、法律经济学、法律社会学、法律人类学、法律与认知科学之间的跨界对话与交流，更具有知识的开放性。法律社会学、法律人类学、法律经济学、法律心理学等都可以被归结在其'旗下'，这些研究进路也分享了许多共同点，如后果主义、实用主义、经验主义、语境论等。社科法学成为连接法学与其他社会科学的纽带，促进了法学与其

---

〔1〕 参见苏力：《也许正在发生——转型中国的法学》，法律出版社 2004 年版，第 17 页。
〔2〕 苏力："中国法学研究格局的流变"，载《法商研究》2014 年第 5 期，第 60 页。
〔3〕 参见邵六益："社科法学的知识反思——以研究方法为核心"，载《法商研究》2005 年第 2 期，第 112 页。

他学科的知识的交流、竞争与合作，还可以组织法学与外学科的对话等"。[1]

社科法学学者希望法律与社会现实能更好地对接，让"书本上的法"或是"死法条"更有现实的效用。认为社科法学只是关注法律制度在现实生活中的效果，并以此剖析法律与社会间的相互关系。通过法律制度和规则来"倒推""追索"其产生的原因，以及存在和发展变化的规律性。但社科法学不关注法律制度和规则的逻辑结构，也不从法律的规范性和逻辑性出发，不主张法律对参与者行为的预测和指引功能的重要性，相反，则是力求描述法律在现实生活中的效果以及有效解释。社科法学学者认为，社科法学在研究的进路上，通过活动经验和实证分析，获取到影响法律制度运行和活动社会效果的不同因素，从政治、经济和社会等不同层面来解释发生这种现象和效果的原因，从而为完善相关法律制度提供进一步的思考。[2]社科法学更强调从实际而不是从理念和法学原理出发，强调在提出对策和方案之前必须掌握真实的一手材料进行经验研究。社科法学经验研究的积累，可以减少不合理的立法和法律实施所带来的社会矛盾、社会风险甚至社会震荡，使法律达到预期的效果。社科法学中的法律现象是以经验现象的面目出现的，它涉及的是法律运作的实然状态。[3]

（二）社科法学的困境

1. 社会法学的定位问题

时至今日，关于社科法学的讨论虽已白热化，社科法学的内涵和外延也在不断地发展和完善，苏力教授及其追随者对社科法学都尚未有明确的界定和统一认识。社科法学的"法"是指什么"法"？苏力教授用"泛社科法学化"来概括其研究范围是"一切与法律有关的现象与问题"。社科法学主张"不仅要研究'书本上的法'，而且要研究'行动中的法'，在'死法'的法条之外关注'活法'。"[4]从苏力教授社科法学的代表作《法治及其本土资源》和《送法下乡——中国基层司法制度研究》以及其近些年的学术研究成

---

[1] 参见侯猛："社科法学的传统与挑战"，载《法商研究》2014年第5期，第75页。

[2] 参见谷川："法律实践需求下的法教义学与社科法学：对照及反思"，载《河北法学》2016年第8期，第167、173页。

[3] 参见陈柏峰："社科法学及其功用"，载《法商研究》2014年第5期，第69、72页。

[4] 参见邵六益："社科法学的知识反思——以研究方法为核心"，载《法商研究》2015年第2期，第112页。

果，其对社科法学之"法"的界定也是"活法"的范围，其"泛社科法学"的界定应该也就想表达这种思想。因此，社科法学之"法"不仅是制定法或实在法，还包括民间法，甚至没有任何规范意义和效力的"语境上的法"，或者说仅是"文字上的法"，比如文学上的法律，电影上的法律等。这种法网天下，无所不能、无处不至的包罗万象的法学大杂烩，好比在德国，曾经的"法教义学＝法学"一样。"泛社科法学"是否也意味着在我国，以后的"社科法学＝法学"了呢？社科法学一统天下的"泛社科法学"的定位，不仅不能形成学术核心和学科特色，更是抹杀了学术多样化、专业化和类型化，不利于学术的竞争和发展呢？"泛社科法学"回避了法学研究的"类型化"和"专业化"，希望通过简单化的理论来解决复杂的法律问题。特别是社科法学对"法律有关的现象和问题"的研究，仅仅是建立在对现有法学理论和法律制度批判性"解构"或"破坏"的基础上，却没有自己的价值追求和基本的理论建构，其理论价值和实践意义有待于商榷。

社科法学更强调从实际而不是从理念和法学原理出发，强调在提出对策和方案之前必须掌握真实的一手材料进行经验研究。社科法学经验研究的积累，可以减少不合理的立法和法律实施所带来的社会矛盾、社会风险甚至社会震荡，使法律达到预期的效果。社科法学中的法律现象是以经验现象的面目出现的，它涉及的是法律运作的实然状态。[1]社科法学无视现行法律规范，以观察者的视觉审视法律行为、法律实践和法律制度等法律现象和问题，从法律社会学、法律人类学、法律经济学、法律心理学等多学科多视角，凭知识经验，对所有形式的法律的社会后果进行批判和检验。社科法学注重法律外部的研究视角，并不追求理性的概念化和体系化，是问题导向而不是法条导向。关心的是法条的生活世界，是真实世界的法律问题，而不是法条本身的规范问题。[2]因此社科法学评判法规范和法秩序的标准也是多元的，或者说，社科法学并没有评判法规范和法秩序的统一标准。[3]社科法学对法律事件的"后果"持"中立"和价值无涉的立场，其批判是多元而任意性的，甚至仅仅是为了批判而批判，缺乏价值目标的追求和法律秩序的理性构建，是

---

〔1〕 参见陈柏峰："社科法学及其功用"，载《法商研究》2014 年第 5 期，第 69、72 页。
〔2〕 参见侯猛："社科法学的传统与挑战"，载《法商研究》2014 年第 5 期，第 75 页。
〔3〕 参见陈柏峰："社科法学及其功用"，载《法商研究》2014 年第 5 期，第 69 页。

破坏性而非构建性的。社科法学在研究的进路上，通过活动经验和实证分析，获取到影响法律制度运行和活动社会效果的不同因素，从政治、经济和社会等不同层面来解释发生这种现象和效果的原因，希望为完善相关法律制度提供进一步的思考。[1]

苏力教授认为，"侯猛在讨论实证研究时隐含的一个假定就是这个世界有某些地方，学者通常称其为'田野'，会更有利于产生重要学术成果，而现在社科法学受制于学者没能自觉找到并长期进入的'田野'"。"社科法学强调并注重经验和实证研究，但这丝毫不意味着不需要或是可以放逐想象力。""任何出色的研究，都需要强大并坚实的想象力。""想象力的意义或功能就是在一个构建的思想空间中尝试着将那些之前怎么看都不大可能相关的经验现象关联起来，凭着某种直觉或预感察知这个联系能否成立。""而时下社科法学的最大问题是，特别是在诸如刑法和民法这些领域在司法实践上同法教义学竞争时，社科法学还没有拿出足够数量且更令法教义学者信服的学术成果，拿出来的至少还不像拉伦茨、考夫曼、李斯特那样令中国的法教义学者信服的成果。就我个人对当代世界及其对法律、法学需求的理解而言，如果坚持纯粹法学的路数，坚持教义、语词甚或词典定义的进路，那么作为一个传统，法教义学很可能最终将为法律人所遗忘。""社科法学最重要的工作就是要以有说服力的简单便利的理论，以及有效可行的解决问题的办法，争夺法律学术的和法律实践的受众"，"因此，社科法学学者必须持久努力，更要做好与法教义学竞争的准备。"[2]

2. 社科法学的"学术理想与目标"的商榷

社科法学以法律的"实然状态"为研究对象，所倡导的"经验""田野"和"想象力"作为法学研究的新方法和新视野，为法学研究注入了新的活力。社科法学者认为苏力教授的"社科法学"的标志性作品就是《法治及其本土资源》和《送法下乡——中国基层司法制度研究》。[3]《法治及其本土资源》打开了社科法学研究本土化之门，《送法下乡——中国基层司法制度研究》则被视为"田野"调查的经典之作，这些成就都值得肯定。但法学有其固有的

---

〔1〕 参见谷川："法律实践需求下的法教义学与社科法学：对照及反思"，载《河北法学》2016年第8期，第173页。

〔2〕 苏力："中国法学研究格局的流变"，载《法商研究》2014年第5期，第64~65页。

〔3〕 参见侯猛："社科法学的传统与挑战"，载《法商研究》2014年第5期，第75页。

本质特性，必须基于现实的法律资源，以特定的实在法的法律规范和相关制度为基础，不同于其他社科研究有更多的创新和创作的空间，不能仅仅是"证实经验"的描述，其"田野"调查和"想象力的放逐"都必须受限于现行的法律制度和资源。社科法学的研究方法为我国法学研究开辟新的路径，但其游离于法律规范和正式制度的学术视野，排斥理性逻辑思维，崇尚经验及想象力的思维模式难免贴上非正统性和反传统性的非理性标签，也进一步说明其不可能取代正统的法学研究进路。

社科法学不愿立足于实在法规范的实证分析，反对一切抽象的逻辑推理，仅满足于"田野"的经验实验和"放逐的想象力"的研究方法，很难从根本上去触动现行的法制，也就不可能对其形成合理性的理论建构，其学术价值有待于商榷。法律制度的设计是一项严谨的社会科学活动，不仅需要严密的逻辑思维对其进行法律结构的设计，而且需要科学的立法技术和程序设计。这不能仅依靠经验知识和"天马行空"的"强大的想象力"就可以实现，而是需要符合法律逻辑思维和客观规律的理性思维活动。而这一切，是以正统理性的法学为先驱的学术活动为基础的。因此，任何学术活动如果脱离现实的法律规范和制度的研究，只追求所谓的"理想"和"完美"的后果，却缺乏基本的制度构建，都是不现实的"柏拉图"，与其说是法学，更不如说是法律"戏说"。作为一种学术视角或是研究的进路，社科法学如此的定位也是无可厚非的。社科法学的实用主义、经验主义、后果主义以及语境论都脱离基本的法律规范，容易走上唯心的怀疑主义道路变得唯我独尊，目空一切，成为缺乏学术责任感的机会主义者。从苏力教授对社科法学理想目标的定位，社科法学引以为豪的创新与努力如果仅仅是为了出"学术成果"和"学术竞争"，而不是为了真正的从根本上探讨法律与社会的关系，以弥补"法教义学"存在的不足，并为法律实践提供有益的理论依据，那么这些创新和努力难免让人质疑其学术品质和社会价值。法学是通过学术活动为法律实践提供理论依据的学问，而不是"学术"的名利场。如果学术仅是为了竞争出"学术成果"和"争取话语权"或"受众"，而不是为了解决法律和社会问题，这样的学术竞争就是在哗众取宠、争名夺利，已经背离了法学应有的崇高的价值目标和根本任务，也就不可能走得太远。

（三）社科法学与法教义学的比较分析

尽管法教义学与法社会学或法律社会学的对立在西方已经是陈年旧话，

而我国的"注释法学"已有一定的发展。但如果不是苏力教授挑起相关的论题，在我国学界可能不会对相关的领域进行如此深入的比较研究和探讨。社科法学把法教义学置于对立面，并通过对法教义学的尖刻的批判来确立其存在感和树立权威，也自此拉开了两大阵营的论战。分别以"社科法学"和"法教义学"为主题在知网搜集相关的论文，自 2003 年起开始出现相关的论文（详见表 5-1）。从表 5-1 相关统计数字来看，自苏力教授 2001 年在《也许正在发生——中国当代法学发展的一个概览》一文提出"社科法学""注释法学"或"法教义学""政法法学"的分类以来，2003 年至 2013 年期间属于冷淡期，但自 2014 年苏力教授发表《中国法学研究格局的流变》一文以后，近两年来社科法学与法教义学相关领域已成为法学界的热门论题，不少法学核心期刊也很热衷于发表相关的论文。但法教义学派在捍卫传统法学规范研究以维护法律权威和法学正统性的同时，终究难解法律实践与社会有效性对接的问题，特别是传统法教义学局限于司法教义和专注于法条分析的思维模式难以应对迅速发展变化的社会经济，这也为社科法学的发展预留了生存的空间，但并非社科法学就可以取缔法教义学。

有学者在借鉴法社会学或法律社会学相关的理论和法律实践的基础上，对法教义学和社科法学进行了比较研究（见表 5-2）。[1]通过比较分析，两种法学方法优缺互现，并可实现互补，但由于两者从研究对象、视角、方法、进路、感知到目标都完全不同，其发展路径也就必然不同。法教义学以法律规范为基础，是对正统法律体系内的自主性的理性思考和完善，以寻求内生的和谐和安定。法教义学作为大陆法系法学研究的传统，虽然面对新的社会经济发展以及法律的变迁，需要修缮以回应新的需要，但为了维护法制原则和法律权威，确保现行法律秩序和社会秩序的稳定，法教义学必须服从实在法。法教义学作为一种规范性思维，是将现行实在法作为坚定信奉展开解释与体系化工作，以实现正义之规范性思维模式。这种思维模式是由既存实体法规范、形式理性逻辑推理规则、既存程序法规范的三重控制而形成，具有稳定性、安全性、实践性。[2]法教义学对法学者的意义并不在于确认原既存者，而是能保有批

---

〔1〕 参见宋旭光："面对社科法学挑战的法教义学——西方经验与中国问题"，载《环球法律评论》2015 年第 6 期，第 117 页。

〔2〕 参见颜厥安：《法与实践理性》，中国政法大学出版社 2003 年版，第 170~172 页。

判性地组织一些理由、思考、关系权衡，并超越法律素材对之加以审查整理使其适于应用，以提高法律的安定性，排除可能的怀疑及追求无可置疑的确定性为主要任务。[1]在法教义学中，实践性被确认为法教义学与法律实务相关研究中一种密切的普遍性标准。因此，法教义学应该具有某种实践性效力或者结果。法教义学不只是描述法律，而是一种论证技术，是以提供适用于不同情景的有用与有效的论据为目的的。[2]法教义学是基本的法学理论基础，也是维护法治与法制的基础，是一种有使命感和责任感的学术方法和理想追求。

表5-1　2003~2016年"社科法学"和"法教义学"相关论文的统计表　（单位：篇）

年份	2003	2004	2005	2006	2007	2008	2009	2010	2011	2012	2013	2014	2015	2016	2017	总	核	法
社科	1	1	0	0	2	3	3	2	1	0	4	10	20	32	11	86	49	32
教义	0	1	4	4	1	8	8	9	14	25	25	37	84	66	38	342	189	142

备注："社科"："社科法学"；"教义"："法教义学"；"总"：期总量；"核"：核心期刊；"法"：法学核心期刊；其中，未排除统计数据中两者有重复的部分。

社科法学与法教义学都应该以法律规范和法律制度为研究的基础，但根本前提预设和功能可以不同。社科法学目的是为了获得理论上进一步的研究探索，社科法学强调以经验研究来进行论证和理论构建。法教义学要为法律实践提供预备的答案或方案，主要侧重于法律条文或规范的注释。但法教义学应根据不同的法律类型和目标选择不同的研究进路，像民法等私法追求的是个体正义，强调的是法律对个案的调整，法律的实践主要是通过法院司法审判来解决纠纷，因此法教义学主要是以司法审判的法律适用为主。像经济法和行政法，着眼于社会正义，主要以行政执法为法律的实施方式，其法教义学主要就是以行政执法为主。不论何种法教义学，都应该服务于法律的实践。对于大陆法系国家，注释是法教义学的基本方法，为让法教义学的注释既能维护法律秩序，又能回应社会的需求，应在立法与司法、执法之间更合理的配置资源。对非原则性条款，规则制定时既要确保最低标准的基本原则，但又不应过于僵化，为法律适用预留更多的自由裁量的空间，也让法教义学

---

〔1〕　参见［德］卡尔·拉伦茨：《法学方法论》，陈爱娥译，商务印书馆2003年版，第109页。

〔2〕　See Matti Ilmari Niemi, "Phronesis and Forensics", in *Ratio Juris*, Vol. 13 No. 4 september 2000, pp. 392~404.

具有更多可以发挥的能动效力。行政执法教义学切合了现代法教义学的发展趋势：法教义学不再只是对法律的描述，而应从不同类型论据到结论所采取的一种论证技术。[1]社科法学如果要探究法律实施的社会效果，对经济法和行政法的行政执法实施机制就是其不应该回避的法律问题，而不应该仅限于个案的司法审判对社会的影响效果。

表 5-2　法教义学与社科法学的比较

	法教义学	社科法学
标的物或研究对象	法律规范	事实上的行为、实践和制度
视角	参与者视角	观察者视角
一般意义的方法	文本诠释学	社会科学诸方法
典型的方法	解释和体系化	经验素材的分析
进路	作为自治体系的法律	社会语境中的法律
法律的感知	形式的法律	形式的与非形式的法律
目标	创造法律体系的融性	说明并批判地检验

社科法学与法教义学两种学术主张的背后都隐含着关于法律及法学的本质、法学研究的立场和方法、法律实践、法律理论、法律价值、法律性质、法学教育、法律思维以及法律资源等问题的不同预设。论战有利于厘清社科法学与法教义学各自知识范围、理论基础、性质及其实践意义，有助于认识两者之间的差异以及其地位，明确两者应在竞争中协作互补，共建法学体系，并共同促进法学与法治实践的良性互动。[2]因此，季卫东教授认为法的社会科学研究范式创新的方向是从"结构-功能"主义转向含义的分析，提倡"议论的法社会学"，作为"法与社会"研究运动，乃至作为那种偏激化、解构化的"社科法学"的替代性范式。[3]社科法学的横空出世，打破了我国法学界的平静，不管社科法学最终何去何从，这场论战至少让法学界重新审视

---

〔1〕　参见武秀英、焦宝乾："法教义学基本问题初探"，载《河北法学》2006 年第 10 期，第135 页。

〔2〕　参见孙海波："法教义学与社科法学之争的方法论反省——以法学与司法的互动关系为重点"，载《东方法学》2015 年第 4 期，第 72 页。

〔3〕　参见季卫东："法律议论的社会科学研究新范式"，载《中国法学》2015 年第 6 期，第 27 页。

了各自领域的法学研究的方法和进路。"社科法学"与"法教义学"的论战掀起了我国法学界对法学方法论深入研究和探讨的热潮，这比起"社科法学"的论题本身更具有意义。从这个层面讲，社科法学是为法学界作了新的贡献。

（四）社科法学与法社会学的比较分析

1. 社科法学与法社会学的关系

侯猛博士认为从 20 世纪 90 年代以后，法社会学研究开始引入宏大理论范式，如国家与社会理论、功能主义理论、程序正义理论、权力技术和现代治理术等，并且引入了法律经济学、法律人类学和后现代主义等各种分析工具。而 21 世纪以后更为重视对具体问题进行跨学科的经验研究。这意味着法社会学研究已不再像传统法社会学那样以研究范围或对象为界进行研究，而是更注重运用不同研究进路来分析问题。不仅如此，法社会学研究的发展变化也对传统规范法学提出挑战，在这样的背景下，法社会学转向社科法学成为可能。社科法学与法社会学相比，虽然都直面社会生活中的实践问题，但是前者在知识上更强调开放性。这种知识的开放性，体现为不固守单一的法律研究方法，而是注重社会学、经济学、人类学、心理学，以及社会生物学、认知科学等在内的多学科方法，并认为国内社科法学研究总体上受到美国的法律社会学和法律经济学研究的影响。这与法教义学者所理解的法社会学并不相同，法教义学深受德国法学传统的影响，与法社会学的比较，其实更多的是源自德国知识传统的法社会学理论，如卢曼的法社会学理论。因此，要注意到背后两大知识传统的差异。[1]

对于社科法学而言，如何理顺其与法社会学等学科的关系，也许不是将其揽入怀中就可以让人信服的事，但社科法学学者都不愿或是无力去正视这个问题。侯猛博士希望以社科法学的美国背景的"法律社会学"，企图以此划清与德国背景的"法社会学"的关系，是有些勉为其难的牵强附会。在学界，"法律社会学"（Law and Society），或"法学与社会科学"（Law and Social Science），也译为法社会学，除语词上的不同，并没有本质上的差异，都是研究法律与社会关系的社会科学。不论是美国式的"法律社会学"还是德国式的"法社会学"，两者的研究进路、方法、甚至目标都是相同的，两者没有本质

----

〔1〕　参见侯猛："社科法学的传统与挑战"，载《法商研究》2014 年第 5 期，第 75 页。

的区别，都强调法律的社会性或法律的社会效果，都是从社会学的角度来探讨法律与社会的关系。至于有些学者喜欢称之为"法律社会学"还是"法社会学"，甚至混合使用，都不会带来理解和认识上的混乱。打着本土化旗号的"社科法学"，就是在法社会学或法律社会学基础上发展起来的。某种程度上，根据我国及国际学术的分野及其发展沿革，只能说社科法学是法社会学或法律社会学的新发展和不同语词的称谓，但并没有本质上的差别。

2. 西方法社会学或法律社会学的成就

法社会学或法律社会学在西方有较悠久的历史，并且有自己丰富多变的理论传统。法社会学诞生于19世纪末，自18世纪中叶到19世纪中叶属于法社会学的萌芽阶段。其标志是埃利希在其专著《法社会学基本原理》中正式提出"法社会学"概念与原理，发展至今已有一百多年。此后，经过一代又一代西方法社会学家的努力，开创了法社会学研究的繁荣局面。最重要的特点是，法社会学的重要思想与基本理论元素在许多经典法社会学家的作品中出现。最有代表性的当属孟德斯鸠的《论法的精神》，历史法学派的杰出代表萨维尼的《论立法与法学的当代使命》，耶林的《为权利而斗争》，边沁的《政府片论》，韦伯的《经济与社会》，埃米尔·涂尔干的《社会分工论》《社会学方法的准则》，莱翁·彼得拉日茨基的《法与道德研究导论》《与道德学说相联系的法与国家的学说》等。[1] 社科法学认为他们传承了西方法律社会学的衣钵，但学界对法社会学的认知一直存在着较大的分歧。庞德认为，社会学法学家关注的应该是法律运作，而非权威性抽象的律令内容。法律权威是指按政治方式组织起来的社会，从其对社会利益的保障中获得。[2] 埃利希认为，法社会学最主要的功能是把规整、管控和决定社会，并被行政法和狭义的公法认可的那部分法律从纯粹的司法裁判中区分出来，以证明其组织力。[3]

法律是社会现象之一，并不仅仅是一套法条或规范。因此，西方学者将法社会学或法律社会学定义为经验法律理论（Empirical Legal Theory）。法律

---

〔1〕 参见何珊君：《法社会学》，北京大学出版社2013年版，第1~5页。

〔2〕 参见［美］罗斯科·庞德：《法理学》（第1卷），邓正来译，中国政法大学出版社2004年版，第294~296页。

〔3〕 参见［奥］尤根·埃利希：《法律社会学基本原理》，叶名怡、袁震译，中国社会科学出版社2009年版，第31页。

建立和存在于整个社会生活当中，法律与社会生活之间存在功能方面的关联，法律的存在依赖于社会集体的想象和评价。法律并不仅从条文、规则本身获得力量，法律的产生与作用附带着法律以外的理想、权力和意见。法社会学能够提供人们认知、了解社会力量的博弈。法社会学通过法律与经济、政治、文化、道德等理想秩序之间的关系，企图把个别的事实加以系统化并尝试探索法律发展的规律性。[1]法律与社会研究的早期发展的一个重要的统一要素，是相对于非理论地考虑到法律的"影响"和"效果"，也就是对特定法律规则或其他学理的行为后果和实践中法律制度的功能进行研究。例如20世纪20至30年代的摩尔、克拉克以及道格拉斯。在这种形式中法律与社会研究，没有直接考虑一般意义上法律学理的本质和法律本质的一般性理论，也就基本没有对规范法律理论的问题产生影响。[2]英国的法学-社会研究（Socio-Legal-Studies）与20世纪50年代在美国兴起的"法律与社会"（Law and Society）两者共同的特征就是把法律置于制度与社会的变迁中去理解，并对形式主义法律哲学进行反思，以获得法律的社会意义。[3]

在法社会学中，作为一种社会现象，法律附带着法律以外的理想、权力和诸种诉求，法律构成了个人生活哲学与社会理念之间关系的折射镜。法社会学通过法律的镜头来看待社会。在某种意义上，社会曾经是法律知识中表现的联系、习惯、主张和责任的结构。[4]实际上，法社会学或法律社会学是把法置于十分广阔的社会背景下，作为一种特殊的社会现象进行分析和研究，从政治、经济、道德和文化结构等方面分析法在社会实际生活中的制定、执行、遵守、适用和效果。[5]这是法律社会学研究的核心价值，尽管泛社科法学认为其比法社会学有更宽阔的学术视野，包括所有与法有关的规范的和非规范的，比如人类学、心理学、文学上的各种形形色色的法律边缘话题，但社科法学对法律与社会的研究难脱离法社会学的范畴另辟蹊径，创建内容和形式

---

〔1〕　参见洪镰德：《法律社会学》，扬智文化公司2004年版，第18~22页。

〔2〕　参见［英］罗杰·科特瑞尔：《法理学的政治分析：法律哲学批判导论》，张笑宇译，北京大学出版社2013年版，第213页。

〔3〕　参见王勇："法律社会学及其中国研究进路的初步思考——一般理论与本土问题的知识建构"，载《法制与社会发展》2007年第2期。

〔4〕　参见［英］罗杰·科特瑞尔：《法理学的政治分析：法律哲学批判导论》，张笑宇译，北京大学出版社2013年版，第33页。

〔5〕　参见马新福：《法社会学原理》，吉林大学出版社1999年版，第3页。

上有异于社科法学的新学术体系。某种程度，只能说社科法学是法社会学外延上的一种扩展，但其内涵和本质并没有根本性变化。

3. 我国法社会学的发展沿革

不仅在国外，而且在我国，法社会学、法律经济和法律人类学的研究也早有历史传承。早在 20 世纪 20~30 年代国内就有国外相关译著，也有国内学者潜心研究法社会学。[1]我国有学者在 20 世纪 80 年代初开始提出"法社会学"的建设问题，法社会学的教学和研究在 1981 年重新提上议事日程，在教学和课题研究上也取得了突破。[2]首次法社会学理论讨论会 1987 年 9 月 12 日至 14 日在北京召开，与会学者普遍认为，作为法学和社会学的边缘学科或法学的横断学科，法社会学具有描述功能、检验功能、评价功能和相应的预测功能，在整个法学中有其独特的理论和方法论优势。法社会学由于侧重经验事实的实证考察和在此基础上的分析，有助于克服法学研究和法学教育中形而上学倾向和注释法学占优势的局面，实现法学理论和法制实践的统一。根据我国的具体条件并借鉴国外有关理论，提出了以法意识-法文化研究、法行为-法关系研究、法组织-法结构研究、法职业-法专家研究、法功能-法运行研究为主要内容的法社会学理论框架。法社会学的专题研究成果的报告，内容涉及我国法律规范的协同、法律文化、中国法文化的蜕变以及内在矛盾，社会主义法律意识及其形成的基础性要素和非基础性要素，异常（越轨）行为，社会变迁、社会整合与犯罪，当前农村社会问题的法律控制等。[3]虽然受

---

　　〔1〕 20 世纪 20 至 30 年代左右，法社会学以介绍和翻译西方论著为主，开始引进与传播法社会学的理念与思想。如严复因翻译法国孟德斯鸠的《法意》、斯宾塞的《群学肄言》被认为是引进西方法社会学的第一人。此外，马君武翻译的斯宾塞的《社会学原理》、赵兰生翻译的《斯宾塞干涉论》对法社会学思想在中国的传播发挥了引领式的作用。1922 年 2 月，李忻撰写的"法社会学派"一文刊登在北京的《政法学报》上。1925 年，他的《法社会学派》著作由北京朝阳大学出版社出版，成为中国最早提出"法社会学"概念的学者。张知本 1931 年出版的《社会法律学》在我国法社会学发展史上具有重要地位，是我国法社会学理论的第一次系统化和集大成者，被喻为"近代中国法律学人写的第一部法社会学专著"。而一些杂志对法社会学名著的刊登发表也起了推波助澜的重要作用，如以杨廷栋、雷奋为代表的留日学生创办于 1900 年的《译书汇编》杂志，最早刊载了孟德斯鸠的《万法精理》、法国卢梭的《民约论》、德国耶林的《权利竞争论》等名著，为法社会学观念在中国的输入铺设了第一个平台，对法社会学在中国的传播起了不小的作用。（参见何珊君：《法社会学》，北京大学出版社 2013 年版，第 5 页。）

　　〔2〕 参见何珊君：《法社会学》，北京大学出版社 2013 年版，第 6 页。

　　〔3〕 参见张文显："全国首次法社会学理论讨论会在北京召开"，载《法学研究》1987 年第 6 期，第 94 页。

当时社会和政治环境的影响，对法社会学的定位难免带上了意识形态的烙印，但会议对法社会学研究进路已达成了基本的学术共识，为我国法社会学后来的蓬勃发展明确了研究的方向和目标，法社会学者在相关的领域已取得了丰硕的成果。

社科法学应该借鉴西方法社会学和传承我国法社会学的丰硕成果，以现行法律规范和法律制度为基础，结合我国国情和本土法律资源，建立相应的法律-社会科学模型或构建其基本理论体系，而不是仅仅从"后果"和"因素"分析，主观臆断反向倒推某项现行法律制度和评价其社会效果。对西方经验的借鉴是必需的，但不应该只是画皮不画骨。社科法学以其更具"知识开放性"和"多重研究方法"为标签，并强调其美国"法律社会学"之风范和背景，以此来与德国风范的"法社会学"划清界限，但又借用法社会学的观点来打压法教义学。在中国法学界一直以来，法社会学与法教义学都是相敬如宾，齐头并进，且行且珍惜，在各自的领域发光散热，为法学研究倾尽其力，对我国的法学、法制和法治的建立和发展作出了卓越的贡献。社科法学者认为其从研究范围、内容和手段上超越法社会学之外，但并不能从根本上与法社会学进行分割。根据我国的法学传统，把社科法学视为法社会学或法律社会学的新模式也没什么不妥，至少不会引起国际学术交流的障碍。如果仅以"本土化"为名非要另起炉灶，也应该有更有说服力的"本土要素"。实际上，社科法学仍旧是对美国式的"法律社会学"和德国式的"法社会学"思维和范式的重述，并没有本质上的"本土化"的理论创新。

（五）社科法学的发展路径

1. 社科法学概念的厘清

侯猛博士认为社科法学的英文名称是"Social Sciences of Law"，中文直译"法律的社会科学"，只是简称社科法学而已。之所以如此简称，是因为考虑到以下两个方面的因素：第一，社科法学特别指向的是，那些在法学院进行社会科学研究的学者，以及一部分受过法学专业训练在法学院之外的其他学院所从事法律研究的社科学者，从而与在法学院之外的其他学院所进行法律研究但未受过法学专业训练的社科学者相对有所区分。这意味着来自不同知识背景的法律社会学学者、法律经济学者、法律人类学者，以及其他跨领域社科法学者的跨界对话格局已经形成。第二，社科法学的称谓虽未必严谨，但方便交流。[1]关于法律与社会研究的领域，西方学者称为"法学与社会科学"（Law and Social Science），或是"法律社会学"（Law and Society），也译为法社会学，在英国的法学理论中被称为"法律-社会学研究"（Socio-Legal Studies）[2]。在西方传统法律社会学研究中，又有法律-社会学（Legal Sociology 或 Sociology of Law）"社会学-法学"（Sociological Jurisprudence）[3]，或者"社会-法学研究"（Socio-Legal Research）[4]之分。不过，后两者主要指社会法学，是法学的一个分权，与法律社会学或法社会学从内涵和外延上都完全不同。"Social Sciences of Law"的英文名称可能也仅仅是我国学者的杜撰，这个术语在常用的外文学术期刊数据库里 HeinOnline 法律数据库、读秀外文和美国 EBSCO 公司资源外文发现系统 Find+基本都搜索不到，但其他英文名称可以搜索到相关的学术用语及相关的论文。意味着"Social Sciences of Law"是没法进行国际学术交流的，反而引起学术交流的障碍。打着"本土化""多元化"和"促交流"的"社科法学"，其实也就是西方法律社会学或是法社会学的"本土化"而已。把国内外已硕果累累的法社会学和法律经济学，加上法律人类学和法律心理学等边缘学科组合在一起谓之"跨学科"的"对话"的"社科法学"，也就是"新瓶装旧酒"，其实还是原来的味道。

2. 厘清社科法学的哲学问题

侯猛博士认为传统法社会学向现代社科法学转向的标志，构成托马斯·库恩所说的范式转换。其构成范式转换的两个基本特征是：第一，科学经典的成就空前地吸引一批坚定的拥护者，使他们脱离科学活动的其他竞争模式。第二，这些成就又足以无限制地为重新组成的一批实践者留下有待解决的种种问题。[5]认为苏力教授"社科法学"的标志性作品就是其《法治及其本土

---

〔1〕 参见侯猛："社科法学的传统与挑战"，载《法商研究》2014 年第 5 期，第 74 页。

〔2〕 参见王勇："法律社会学及其中国研究进路的初步思考——一般理论与本土问题的知识建构"，载《法制与社会发展》2007 年第 2 期，第 109 页。

〔3〕 参见朱景文主编：《法社会学》，中国人民大学出版社 2005 年版，第 2~4 页。

〔4〕 参见［美］坎培尔、威尔斯："社会中的法律研究"，载［美］埃文主编：《法律社会学》，郑哲民译，五南图书出版公司 1996 年版，第 23、27 页。

〔5〕 See XinHe, Black Hole of Responsibility: "The Adjudication Committee's Role in a Chinese Court", *Law and Society Review*, 2012, Vo. 42, No. 4, pp. 681~712, 转引自侯猛："社科法学的传统与挑战"，载《法商研究》2014 年第 5 期，第 75 页。

资源》和《送法下乡——中国基层司法制度研究》，[1]但类似的研究其实自20世纪90年代起，在苏力教授之前就有法社会学学者在进行"法律资源本土化"和"田野"的调查研究。[2]然而，在法学领域，如果只凭借法学的方法还非常不够。法学经常必须借鉴其他学科的观点，如经验性的社会调查、医学、生物学、心理学或某些技术。[3]在西方，对于法律社会学领域来说，从来就没有单一风格的法律与社会研究样式或检验标准，法律社会学研究等同于法律与社会科学研究，故通常伴有温和的改革锋芒。从事法律与社会研究的学者群体已经走向了支离破碎，因为他们在构建基本理论范式上意见纷纭，甚至常常对此没有多少兴趣。法律与社会学研究的传统也可以并且应当可以作为新学者重新界定该领域。这个领域的研究在发展趋势上是走向更大程度的包容性，但同时也趋向于片段化。随着包容性的增加，关于法律与社会研究究竟何为以及有关学者应有何作为这些问题，变得更加不确定且令人不安。这个领域进展的标志之一则是以下疑问：这个领域的边界是什么？何谓这个领域的正统与异端？[4]社科法学的理念、理论知识和研究方法没有从根本上对法社会学或法律社会学有新的突破，只是文字的表述上有所不同而已。

当初苏力教授提出的社科法学的研究进路，只是作为非法学视野，或是

---

〔1〕　参见侯猛："社科法学的传统与挑战"，载《法商研究》2014年第5期，第76页。

〔2〕　原中南政法学院的郑永流、马协华、高其才、刘茂林等1993年撰写了《农民法律意识与农村法律发展》一书，以湖北省八个市、县为标本，对我国农村法律文化状况及法律发展作了有意义的调查和研究。1992年以种明钊为首的原西南政法学院课题组通过对华北、华东、中南、西南、西北等地区农村和典型农村经济组织的调查，形成研究成果《中国农村经济法制研究》一书。原西南政法学院长期坚持对西南少数民族地区的法制状况进行社会学的考察研究，出版《凉山彝族奴隶社会法律制度研究》。1994年起，俞荣根主持的"中国西南少数民族习惯法"项目中已经完成了《羌族习惯法》（2000年）的调查和写作工作。1993年，夏勇教授主持了《中国社会发展与公民权利保护》的课题，通过广泛的社会调查走访了10个省（市）、23个县（市）、19个乡（镇），召开了230次座谈会，进行了6000份抽样调查问卷，广泛接触了农民、市民、法官与行政官员，并于1995年出版了专著《走向权利的时代》，在国内学界引起较大反响。1996年，以苏力为核心的名为"中国农村基层司法制度"的中青年学者的专项调查，形成了有代表性的专著《送法下乡——中国基层司法制度研究》。（参见何珊君：《法社会学》，北京大学出版社2013年版，第8页。）

〔3〕　参见［德］卡尔·拉伦茨：《法学方法论》，陈爱娥译，商务印书馆2003年版，第76页。

〔4〕　参见［美］奥斯汀·萨拉特："片段化中的活力：后现实主义法律与社会研究的涌现"，高鸿钧译，载［美］奥斯汀·萨拉特主编：《布莱克维尔法律与社会指南》，高鸿钧等译，北京大学出版社2011年版，第8页。

社会科学的法律研究方法，其研究视野和进路与正统法学不同。认为这种概括性界定在于把社科法学从法学研究的范畴中与法教义学区分开来，同时也明确自己的定位是非法学研究，是利用各种社学科学的方法来研究法学问题，为法律实施的社会效果提供理论依。从社科法学者一系列的论著，包括《中国法学研究格局的流变》中苏力教授对社科法学的进一步阐述，其所倡导的学术理念、基本理论、研究方法和进路，并没有任何新的建树，类似的研究更早在国内外的法社会学或法律社会学、法律经济学、法律人类学、后现代法学的著作里都有相关的研究成果，而且每一个学派都有自己独立的研究范式和学术目标，社科法学揣着"一统天下"的野心窃取这些学科成果，打着"跨学科"的旗号组装成"社科法学"，试图通过对法教义学的批判树立自己的权威并刷存在感。但社科法学没有坚实的理论根基和独立学术范式、品质、理想目标、法学方法的学术研究进路，可能只是昙花一现，充其量也就是后现代主义的又一种新思潮。社科法学应该先清楚自己的定位，搞清"我是谁""我想做什么""我能做什么"这些最基本的哲学问题，或许更能合理定位自己。

3. 明确社科法学的价值目标

社科法学放任自由的理想，漫无目标的定位导致其缺乏核心的价值目标。正如政法法学努力阐述政治与法律的关系，法教义学竭力维护实在法的秩序和权威一样，社科法学也应该有自己的价值目标。不能仅仅怀着一统江湖的雄心，借泛社科法学之名成为企图摧毁现行法律制度和法学理论体系的"推手"，却没有能力筑成自己的大厦。只探讨法律的社会效应的经典理论和社会实践在西方已很多，而且已有了较悠久的历史和成熟的理论体系和实践经验，社科法学应该思考如何真正地实现超越和创新，而不是仅仅强行把所有的学科捆绑在一起。

西方法律社会学以研究"经验"来探讨以往在法学研究中被认为概念性问题的主题，处理法的实际运作、实际的影响，法律服务的管道及福利与贫穷等议题，法律的改革是法律界更重要的任务。[1]不论是法律社会学还是法律经济学，都有很成功的经验可借鉴。重要的是，这些理论构建，都有特定

---

〔1〕 参见［美］坎培尔、威尔斯："社会中的法律研究"，载［美］埃文主编：《法律社会学》，郑哲民译，五南图书出版公司1996年版，第23、27页。

的价值目标。例如，边沁的功利主义的最大多数人幸福，其效用的原则要求法律制定和法律制度都以促进最大多数人的最大幸福为目标。效用将以对特定实践、制度和政策的价值的理性判断来替代传统的、自私的或主观道德判断。它们将被按照多大程度上实现共同利益来进行判断，标准是在多大程度上最大化地满足最大多数人的需求。[1]庞德的利益法学的利益基本单元严格意义上潜在的法律含义是对利益的强调，让其作为法律理论的基本单元，反映了在法律与集体需求和问题的紧密关系之间，一旦利益受到了合法性的保护，就成为法律权利。表达出了社会活动和社会关系结构，以及反映社会活动和关系变迁的要求得到法律承认的利益改变的模式。[2]罗尔斯的正义论认为公平正义包括差别原则和平等机会两个具体原则，并认为社会体系的正义在本质上决定于在不同社会的阶层中存在着经济机会和社会条件和如何分配基本权利义务。[3]韦伯意义上的理性是对法律的制定、颁布和适用的普遍性规则能力的一种衡量。韦伯意义上的"形式"理性，即作出法律决定的裁判标准本身是从法律规定之中推导出来，并将其作为判断的主要标准；反之，如果是由经济的、政治的、宗教的、伦理道德的等其他非法律法外因素所决定的裁判，则为韦伯意义上的"实质"理性。[4]科斯的效益与成本理论认为权利初始界定是实现资源配置的基础，交易成本越小，资源配置越优。权利的初始界定有利于明晰责权的界限，减少交易过程的纠纷和障碍。[5]卢埃林列举的现实主义对法律效果的关注，考虑要认真检验特定法律和法律制度的社会和经济效果。查尔斯·克拉克对民事和刑事程序的论述，威廉·道格拉斯对商业失败和破产的论述，尤其是昂德希尔·摩尔对银行法律和实践的论述，他们都认真对待某类法律学术的社会科学模型。另外，政策科学可以兼容对法律学理的各种看法，如20世纪40年代，耶鲁法学教授迈尔斯·麦克道尔及其政治科学家的同事哈罗德·拉斯韦尔开始了一个长期合作，试图建立一门政策科学：设定社会目标，引导了将政策形成和执行技术的理性化表

---

〔1〕　参见［英］边沁：《政府片论》，沈叔平等译，商务印书馆1995年版，第115页。

〔2〕　参见［美］罗斯科·庞德：《通过法律的社会控制》，沈宗灵译，商务印书馆2012年版，第34页。

〔3〕　参见［美］约翰·罗尔斯：《正义论》，何怀宏、何包钢、廖申白译，中国社会科学出版社1988年版，第5页。

〔4〕　参见［德］马克斯·韦伯：《经济与社会》（下卷），林荣远译，商务印书馆1997年版，第17页。

〔5〕　参见［美］科斯·哈特·斯蒂格利茨等著，［瑞典］拉斯·沃因、汉斯·韦坎德编：《契约经济学》，李风圣主译，经济科学出版社1999年版，第68页。

达摆在中心位置服务于法律的社会科学研究的跨学科运动。制定法律的最终权威的基石是一种社会学考虑，这给规范法律理论提出了难题，这是努力贴近现实的功利主义尝试。避免教条，避免抽象地讨论武断预设的自然权利，以及避免将权威神圣化。[1]

西方的法律社会学者都确立了自己的价值目标，然后再探讨实现的实施机制，实现法律制度与社会对接，而不仅仅是对法律与社会现实的漫无目的后果的关注和随性的批判。法律社会学是描述性的法律社会学，关注法律事实，法律关系的形成、演变，以及各种不同的社会秩序之间的关系等，目标是为寻求法律演变的规律性，研究法律的理想秩序与实际秩序的关系，特别是关注在法律条件下，社会生活如何由法律来加以操纵和调整。社科法学必须正视否认规范法律理论的最为激进的现实主义研究中依据行为而不是学理来考察法律的情形，社科法学如果要走得更远更稳，就应该借鉴西方法律社会学者的经验，以法律规范为基础，在基本教义之外探讨法律的社会"效果"及其实现机制，这个效果应该是体现特定的法律价值的，比如社会正义、社会秩序、公共利益、公共福利、人权、发展权、公平、效率等。法律的实施受政治、文化、经济和社会等多种因素的影响，法社会学研究的立场是如何从法律制度和规范的研究中去发现社会秩序的本质，通过对其他社会现象的分析提出一种对法律观点，更注重实际问题，以达到那些与法治的观念或正义的理想相一致的具体目标而使法律更有效地运行。[2]法律的实施机制不应仅局限于法院的司法审查，现代社会更多的法律实施有赖于政府的执法，治理才是实现社会管理的最佳法治方式。治理化的法律不再仅服务于个案纠纷解决简单司法问题，而是作为政党和政府有效管理社会和人民的手段。[3]

社科法学如果要探讨法律实施的社会效应，就应该把目标建立在如何实现对社会有效治理的问题上。司法一般解决的只是个体正义，其社会效应是

---

〔1〕 参见［英］罗杰·科特瑞尔：《法理学的政治分析：法律哲学批判导论》，张笑宇译，北京大学出版社 2013 年版，第 55、60、68 页。

〔2〕 参见王勇："法律社会学及其中国研究进路的初步思考——一般理论与本土问题的知识建构"，载《法制与社会发展》2007 年第 2 期，第 109、110 页。

〔3〕 参见赵晓力："通过合同的治理——80 年代以来中国基层法院对农村承包合同的处理"，载《中国社会科学》2000 年第 2 期。

单一而有局限性的，解决社会问题寻求的是社会正义，治理是实现法律与社会对接最好的法律机制和管理模式。社科法学是基于社会现实问题，寻求在现行实在法范围内的非法律解决问题的途径，其对法律实践作出评价，其更多倾向于强调"社会的有解性"而非"法律的有解性"，带着明显的功利主义的特色，因此更强调社会治理对于法治实践的需求。以社科法学为基础的"治理论"是与法教义学"法治论"相对立的另一种思维模式，即现代化的治理主要是通过社会科学以更灵活多变的方式来认识社会上需要法律回应的新问题，并不断调整法律的新边界。[1]如果社科法学以多元视角切入社会科学视角的"治理化"而非法律的方式来思考和理解法律问题，不仅能够更好应对社会经济发展的需要，更能全方位地解决社会中的复杂问题，并有利于法治社会建设。因此，社科法学对法律实践的具体运作形式方面更应注意现代治理的灵活运用，特别在一些新兴法律部门，法律与公共政策交互作用。通过治理机制，法律能够及时地回应社会中的新问题，增强法律在社会中的作用。

社科法学与法教义学都是在法治的原则下为解决社会问题采取的不同的视角和途径，为社会治理提供了多元化融合模式。社科法学的治理，必须把法治作为治理的重要途径，使法教义学传统的法治原则回应社会对秩序的要求，实现社会治理模式。社科法学不应该反法治和解构法治，而是强调法治的复杂性，并对法律规范的多样性具有建构作用。[2]为了适应社会经济发展需要，社科法学应根据社会科学乃至自然科学的最新研究成果来探讨社会、经济和法律相融合的治理机制，并通过对传统的法律部门进行改造不断创设新的法律规范，使法律的实施和社会治理更为灵活多变，以便更好地理解实践中那些复杂的且不能被法教义学所处理的问题，更有利于法治建设。如果社科法学学者的目标是为了寻求解决社会问题的有效法律机制，就不应该只把目光紧紧盯着法院的司法审判，与法教义学纠缠不清，而应该把精力转移到如何实现社会治理的有效机制上。社科法学应该摆脱后现代主义的那种解构性的批判思维模式，建立一种构建性的理性主义的研究方法。社科法学倡

---

〔1〕 See Richard A. Posner, *The Crisis of Capitalist Democracy*, Harvard University Press, 2010, pp. 337~362.

〔2〕 参见李晟：“实践视角下的社科法学：以法教义学为对照”，载《法商研究》2014 年第 5 期，第 83~85 页。

导面向社会现实，主张通过运用社会科学方法研究法律现象和问题，使法律制度融入社会体系。通过社会科学方法来解释法律与社会之间的张力，探寻法律实施的社会效果，使法律秩序与社会秩序对接，从而发现建设法律实施所面临的具体问题，实现法律对社会的管理和控制，这种理想目标是值得肯定的。社科法学与法教义学是法学研究的不同领域，不存在优劣态势，都是以不同的学术视野来探讨不同的法律实施机制。社科法学与法社会学并没有本质上的差异，也没有形成所谓的"本土要素"的理论体系、方法和价值目标。法律的适用和实施不应仅局限于司法审查，应该探讨司法之外的法律实施机制。社会治理是实现法律管控社会的最佳途径，也是社科法学应该追求的价值目标。

三、政法法学的法学方法

（一）政法法学的"浴火重生"

苏力教授在 2001 年的《也许正在发生——中国当代法学发展的一个概览》一文中提出"政法法学"概念时，认为"政法法学"的"思想理论资源基本上是广义的法学（包括政治学），其中包括从孟德斯鸠、洛克、卢梭、马克思、美国联邦党人等的政治思想，甚至包括后来的韦伯的理论、现代化理论等"，"这些思想资源并不是近代意义上的、强调法律职业性的法律思想"，故称之为"政法法学"。并认为"把法学作为一个独立的学科地位势必要从政治上论证这种合法性和正当性，是一种政治话语和传统的非实证的人文话语"。苏力教授对"政法法学"的态度就是要割断"法律"与"政治"的关系，建立完全"法律专业"话语的纯粹的法学体系，并断言"随着中国社会的发展变化，政法法学在狭义上的法学研究中的显赫地位会逐步被替代，在未来中国法学中起主导作用的更可能是诠释法学和社科法学。"[1] 苏力教授在《中国法学研究格局的流变》中承认当时"只说对了一半，甚至只对了三分之一"。认为政法法学曾经关注的如法律的"刀制水治""阶级性"和"社会性"问题等，如今已不再为法律学人所关注，"政法法学对法律学术的影响总体上日渐式微"，但政法法学"浴火重生"，"从学术界转向社会、从法学圈

---

〔1〕 参见苏力："也许正在发生——中国当代法学发展的一个概览"，载《比较法研究》2001 年第3 期，第3~5 页。

内的政治意识形态话语转变为公共话语"。政法法学摒弃"意识形态"和"阶级分析"的思维模式是社会发展和学术进步的必然结果，因为其必须要在"浴火重生"中转型，去构建更符合社会经济发展需要的"政治-法律"范式的理论体系。在这一点上，苏力教授对政法法学的认知似乎有了转变，承认政法法学未衰退，只是"转移了阵地"，但也"最多只是在大学本科甚至新生中还有些许影响"，"并因此相信随着学术发展和法学研究的职业化和专长化，政法法学会退出历史舞台"。

苏力教授对政法法学的解读似乎过于表面化，无视"政法法学"之"政治-法律"关系的重要性，仅停留在政法法学曾经的"意识形态"和"阶级分析"的思维模式，认为"政法法学的意识形态化和教条化导致其缺乏足够的思想和学术深度，因而被边缘化了"。苏力教授承认政法法学主张的"一些核心观念，如法治和权利等已深入人心，成为中国法学研究的共识和背景知识"的"公知"，其"社会影响力和知名度普遍甚至远远高于法律专业知识分子"。但对此却表现出不屑，并相信"政法法学会退出历史舞台"。如果某一学术流派或理念能成为"公知"并被接受，其生命力也就会延续，不论其以何种方式存在，至少说明其是有学术价值和社会意义的。被苏力教授批判为政治话语的"法治"和"权利"等现代法学的法律符号，为现代法学的理论建构和法律实践提供了丰富的法律素材和知识，成为现代法学和法律实践的基本元素和理论基础，并随着社会经济的发展，其内涵和外延不断地扩大。政法法学正是适应社会需求才得以发展，没有像苏力教授所预言的"衰亡"。

（二）政法法学的发展路径

卢曼指出："自近代早期以来就形成的悠久传统使我们在这里只看到一种统一的'政治-法律'系统。这主要是由于国家职能是一个既是政治的又是法律的概念。"[1]哈特和凯尔森是规范法学的典型代表，但哈特法理学比凯尔森的之所以有更广的影响，就是因为他对现代法律的政治关注，而凯尔森一直追求所谓的纯粹法学。[2]近现代的西方思想家从政法一体的模式来解读法律与政治关系：要么是政治决定法律，认为法律规范的内容可以由政治权力任

---

〔1〕　参见［德］卢曼：《社会的法律》，郑伊倩译，人民出版社 2009 年版，第 214 页。

〔2〕　参见［英］罗杰·科特瑞尔：《法理学的政治分析：法律哲学批判导论》，张笑宇译，北京大学出版社 2013 年版，第 84 页。

意伸缩。如霍布斯、边沁、奥斯丁的主权命令说，以及卢梭的公意说和人民主权说。要么是法律决定政治，认为任何政治行为都应该符合"合法性"基础，以潘恩、洛克、哈耶克为代表。总而言之，任何政治系统的法外行动，法律和政治都是一体的。[1] 苏力教授对政法法学的偏见，源于其对"法律"与"政治"关系的截割，像凯尔森一样追求所谓纯粹的法律和法学。这不仅不符合现代法治发展的历史进程，也不符合现实社会发展的需要。现代法治的法律机制正是源于那些"政治思想资源"，时下被社科法学者钟爱的"政策"也是"政治"的化身，是基于社会"公共性"的法律政治化或政策法律化的结果，也是当代社会"政治-法律"一体化的必然选择。政法法学者如果把阵地从"政治意识形态"转移到社会"公共性"上，就是顺应了这一时代的要求，其学术生命也就可以不断地延续。

诺内特和塞尔兹尼克认为，法律理论既不是没有社会后果的，也不是不受社会影响的。法律的基础、法律的结构、法律的理解、法律的地位，法律的效果等，都深刻地影响着政治共同体的形态和各种社会愿望的诉求。这些蕴含在法理学研究中，并鼓励对法律理论与社会政策的交互作用重作评价。政策需要的不是那些详细的规定，而是那些如何界定公众目的和实际选择的基本观点。法理学只有自觉地考虑社会政策对行动和制度设计所蕴含的意义，才能把握哲学分析，使其有助于保证那些基本的政策问题获得细致的研究，并不被湮没在那些未获细究的假定和观点中。诺内特和塞尔兹尼克认为，法律、政治和社会是密不可分的，为了使法理学更具活力和贴切，必须用社会科学的观点重新安排各种法理学问题，重新整合法律的、政治的和社会的理论。因此，可把法律分为压制型法、自治型法与回应型法三种类型，并认为除了自治型法无涉政治之外，压制型法和回应型法都与政治密不可分。[2] 拉伦茨认为，研究法律政治的法律家必须由各该当学科寻找必要的资料、经验素材。以现行法的正义前提为标准所作的批评，经常可以成为法律改革的具体建议，法学也就迈入法律政治的领域了。法律政治本来就是法学的正当工

---

〔1〕 参见伍德志："欲拒还迎：政治与法律关系的社会系统论分析"，载《法律科学（西北政法大学学报）》2012年第2期。

〔2〕 参见［美］诺内特、塞尔兹尼克：《转变中的法律与社会》，张志铭译，中国政法大学出版社1994年版，第3、35、60、87页。

作领域，法学对政治的参与是不可或缺的。[1]一般自治型的民法远离政治，但具有公法性质的行政法和公私兼容的经济法很难与政治分离。我国的现状是：很多政治问题法律化，法律问题又政治化，政治与法律相互影响和渗透。政法法学应该转移阵地来探究我国"政治-法律"相融合的政法理论，去构建最优最符合我国国情的政法体制。只要准确定位，明确目标和方向，政法法学就会在法学界有所作为，更不会退出历史舞台。

第三节　经济法学方法论的探析

一、经济法学方法论的反思

经济法学作为一门新兴的学科，伴随着我国改革开放过程中经济法律制度四十余年的风雨历程和坎坷，虽然取得了不少研究成果，但与传统的民法学、行政法学、刑法学等学科相较而言经济法的理论体系的构建、研究范式和法学方法论尚缺乏学术共识。在经济法较为发达的德日等国，法教义学贯穿于经济法学教育、法学研究和法学实践之中。[2]近三十年来，我国经济法基础理论研究讨论经济法目标、理念、价值、现代性、后现代性的文章很多，探讨经济法主体、经济法律行为、经济法律责任及经济法体系等法哲学的也为数不少，然而研究具体经济法规范构成，探讨经济法规范在特定法秩序中的效力以及解决具体法律问题的文章却乏善可陈。[3]在经济改革转型期，各种经济问题层出不穷，但经济法学界却很少在经济发展的法治建设中有所作为和建树。比如，财政税收制度、政府地方债务、房地产监管、国有资产监管、网络金融监管、证券市场监管以及各种垄断等，任何一个领域对国民经济都举足轻重，同时也问题重重，但很少有高质量具有理论深度和实践意义的研究成果供法律实践参考。目前的经济法研究与法律实践中的经济现实与经济改革缺乏联系，研究结果过于抽象，理论构建不能为现实法律问题的解

---

〔1〕　参见〔德〕卡尔·拉伦茨：《法学方法论》，陈爱娥译，商务印书馆2003年版，第76页。

〔2〕　参见张继恒："法教义学的勃兴对经济法意味着什么"，载《现代法学》2016年第1期，第187页。

〔3〕　参见冯果："法解释学等传统法学方法——未来中国经济法学的主流研究方法"，载《重庆大学学报（社会科学版）》2008年第5期，第130~131页。

决提供指导和参考，偏离了法学研究的初衷和实质。比如，经济法体系构建不能通达，总论理论抽象难理解，总论与分论研究脱节，分论基本上是照抄现行法律条文，总论不能解释分论中的法律现象，分论中相关的法律规定的法理也无从适用总论中的结论。[1]经济法学者常借用非法学的研究术语和研究方法来创新，混淆了研究方法和研究视角之间区别且本末倒置，不少经济法学者在孜孜不倦地探索经济法学独特方法论，比如法律经济分析法、公共选择理论、系统论、博弈论、成本效益分析法等常被经济法学者运用，但较少学者去研究经济法规范构成及其法律实施问题。比如，我国房地产法应如何对我国房地产行业起到法律规制作用，使房地产市场能健康地发展。证券法如何规制证券的发行与交易，使我国证券市场回归投资本色，发挥其应有的融资功能。我国的食品安全法、消费者权益保护法、金融法以及竞争法等经济法律法规数量庞大，但在实践中发挥其应有的规范效用还不够，没有更好地服务于我国相关的经济领域。

经济法作为新兴的部门法，与经济法相关的问题一般为新领域的法律问题，经济法之现代性以及公私法融合的特性注定了经济法教义学研究思维的独特性。特别是伴随着网络经济、知识经济、虚拟经济等新经济的发展，新的法律问题层出不穷。法教义学作为法学研究的方法属于思维模式范畴，其法律思维因"规范性"而备受关注。对这种规范性思维的研究不仅是法学理论繁荣的需要，更是法治实践的需要。[2]受学科发展的影响，我国经济法学的理论研究处于相对落后的状态，加之司法实践中经济审判庭的缺位，使得经济法学者对经济法规范性研究涉足不多，对经济法规范的体系化以及效力的解释滞后于经济及经济法的发展。目前，我国国内经济法学理论研究尚缺乏法教义学的自觉性，缺少明确的法教义学思维方式，我国经济法学者热衷于超然于法律之上的经济法目标、理念、范式，以及对经济学、政治学、伦理学、哲学等非法学学科理论的引用和依赖创新的非法学之社科法学的路径，缺少对经济法规范的理论逻辑演绎，使经济法方法论脱离传统法学以规范构成及效力为基础的方法论，导致经济法基础理论研究不仅少有突破，而且偏离

---

[1] 参见李曙光："经济法词义解释与理论研究的重心"，载《政法论坛》2005年第6期，第11~12页。

[2] 参见张牧遥、龚怀军："法教义学的法律思维及其三重控制——兼论程序的价值"，载《学术交流》2013年第8期，第60页。

传统法学方法论的轨道。[1]

经济法作为一门新的法律部门尚未能建立具有说服力和权威性的经济法理论体系，特别是背离经济法作为法的规范性研究，更多借助经济学成果的研究进路，使得经济法学不仅缺乏有关法规范的解释技术与方法，而且也欠缺经济法理论体系之所必需的哲学或法哲学层面的思想和理论。虽然经济法学的理论研究是以社会本位为核心，去探索经济法之社会利益和社会经济秩序的实现途径，但经济法学理论研究之社科法学倾向使经济法学越来越背离法的本质缺乏现实的解释力。我国经济法学理论研究脱离法规范的社科法学化的研究进路值得反思，法教义学对重溯经济法学研究方法和进路具有重要的意义。经济法学的研究应从实在法规范出发去构建包含经济法的概念、法律结构、体系结构、法律性质特征等内容的经济法学的理论体系，重视对竞争法、财税法、金融法等亚部门法经济法律规范的阐释和应用来研究经济法分论。经济法学的理论研究应摆脱其集法学、社会学、哲学、政治学、经济学等多学科相混合的大杂烩现状的社科法学进路，经济法学的研究回归法学的轨道，回归法学教义学的法学方法，构建经济法学的理论体系。

二、法教义学对经济法学方法的重溯

（一）经济法学之法教义学的内涵

纵观经济法的发展史，经济法就是以"市场""政府"和"社会"作为新的法律元素，在资源配置的经济活动过程中，为适应社会经济发展的需要，通过对以民法为代表的私法和以行政法为代表的公法二元传统法律体系的解构，在破解传统法律体系私法与公法的对立中诞生的新规则体系。比起民法和刑法等实在法的法典化和相对稳定性，经济法的实在法规范除了部分法典化外。主要是以行政法规、地方性法规、部门规章、地方政府规章等行政规范为主。因此，经济法具有不稳定性甚至随意性较大，导致歧异迭出和矛盾冲突也就在所难免。通过法教义学的清理、提炼与体系化工作，可以消除经济法歧异和弥补缺漏，从总体上把握统一的经济法规则体系，有利于经济法的

---

〔1〕 参见张守文："经济法学方法论问题刍议"，载《北京大学学报（哲学社会科学版）》2004年第4期，第70~78页。

传授、学习、认识与适用。倘若没有经济法教义学的体系化，立法将陷入盲目恣意的纷乱境地，甚至于停滞于低劣的水准。经济法虽蜕变于民法和行政法，但已形成其独具一格的学科特色。因此，经济法教义学在借鉴传统民法、刑法和行政法等学科法教义学的基础上，应该有所突破并创建自己的研究进路和范式。这不仅有利于经济法学科建设，而且也可以促进法教义学的发展。卡尔·拉伦茨认为法教义学对法律家的意义并不在于确认原既存者，而是能保有批判性地组织一些理由、思考、关系权衡，并超越法素材对之加以审查整理使其适于应用，以提高法律的安定性，排除可能的怀疑及追求无可置疑的确定性为主要任务。[1]

经济法是以维护社会公共利益，平衡协调社会整体利益，维护公平、效益和安全的社会经济秩序为己任，防止私权和行政权力的滥用，规范市场行为和政府行为，为适应社会经济的发展而建立的新的法律机制，经济法具有显明的社会性倾向。经济法通过对经济活动和社会活动进行规制来弥补市场的不足，以实质性规定来直接规制社会行为。经济法的实质性的目标导向也使其具有回应型法的特性，其以行政执法为主的法律实施机制，及追求实质正义的实用主义倾向，使经济法教义学更具有现代法教义学的特质。传统的民法和刑法的法律关系结构具有成熟完整的体系和范式，理论研究比较完备。蜕变于民法和行政法的经济法，其法律关系结构必然既保持着民法和行政法的某些特征，但也别具一格，是对传统法律关系的异构，属于私法与公法相互交融的第三法域。因此，以坚持实在法的规范性为前提，进行经济法规范体系化和解释为主的经济法学的法教义学，是修正经济法学非法学化倾向的必要路径。经济法以追求社会正义为目标，在经济法规范适用过程中，经济法学需要借鉴其他学科的研究成果来充实经济法规范存在的不足，在经济法的立法和法律适用的实践中发挥应有的作用。但其法教义学也应该保持与经济法哲学或其他相关理论适当的距离，明确经济法律规范的法律属性，揭示经济法规范体系自洽性与事实之间的涵摄，以及其内在的法理联系，建立现行有效的经济法规范体系，为经济法的有效实施或法律实践提供可供参考与选择的预案和理论依据。

---

〔1〕　参见［德］卡尔·拉伦茨：《法学方法论》，陈爱娥译，商务印书馆2003年版，第109页。

（二）法教义学对经济法规范体系的构建

随着社会经济深入发展，各种复杂性因素以及价值考量使法律实施过程中政治与法律不能恰当区分，公权力介入私人领域的现象越来越普遍，出现了以经济法和社会法为典型代表的公法和私法不同程度的混同，冲击了传统的公法和私法的法律体系，导致法律体系整体不完备和内部不协调，甚至有对二元体系解构并碎片化法律体系的趋势。在现行法律体系内，探讨新型市场经济秩序相关的法律问题的解决途径是经济法教义学的重任。经济法体系是由不同位阶的规范体系组成。除部分法典化的法律外，还有行政法规，特别是具有超强执行力的行政规章、地方法规、地方规章、政府规定组成。因此，经济法的体系化是比较复杂而艰难的工作。我国目前经济法学者构建的经济法理论体系一般包括经济法的调整对象、调整方法、规范体系、研究方法、基本原则、宗旨理念、责任理论等。这些理论体系研究脱离实践，对实践缺乏指导性。法律就其作用而言是一种规则，法学的任务就是发现以及创制更好的规则并适用于实践，更好地解决纠纷和化解矛盾。法学研究不只是为了研究而研究，而是要解决现实问题。研究经济法体系的内部结构需要考察其结构的特定性，因为特定的结构会产生特定的功能，而特定的功能需要特定的结构。在研究经济法体系问题时，可以把相关的调整对象理论、价值理论、地位理论等结合起来。由于经济法体系本身就是一个外部协调，内部统一的部门法系统。因此，可以用系统论的方法来研究经济法的体系问题，其中结构分析的方法非常重要。

经济法以维护社会公共利益和协调平衡社会整体利益，确保公平、效益和安全的经济秩序为其价值目标，并确立了"社会本位"的经济法原则。经济法的体系化就是在经济法的法益结构中，以社会公共利益为核心，通过各种规范来协调平衡各种社会利益，既有重点又有层次，各种法益目标相得益彰。维护社会公共利益是根本目标，平衡协调社会各方的利益是具体目标，最终实现公平、效益和安全的社会经济秩序的终极目标。在资源配置的经济活动过程中，经济法为了维护社会公共利益，通过规范化防止私权利的滥用，并赋予政府规制权、监管权和调控权，同时也规范政府行为避免权力滥用，协调平衡各方利益，缓和了经济效益与社会公平之间的对立，实现效益与公平的最优资源配置目标。对社会公共利益的维护必然会损害部分个体的利益，因此经济法通过规范体系尽可能在不同的利益主体之间寻求整体的平衡。经济法的法益目标是对现代法治的最好诠释，既超越了民法对私权的利益最大化的维护，又不拘泥于行政法对权力的僵化禁锢。经济法教义学的体系构建，就是在配置资源的经济活动的过程中，通过规范化维护社会公共利益，并建立公平、合理、科学的利益平衡机制，确保个体利益以实现社会的整体利益协调平衡，达到公平、效益和安全的统一。经济法的体系化在确保社会公共利益之社会本位原则的同时，应遵循"差异原理"和"均衡原理"，兼顾各类利益。[1]经济法教义学对资源配置的经济活动过程中体系化的利益衡量，通过制度设计在经济法律秩序内对各种问题或利害冲突进行价值判断的规范化制度设计，在维护社会公共利益的共同目标下，协调平衡各方的利益，追求经济秩序与经济自由的统一、经济效率与社会公平的统一、市场机制与政府调控的统一、个体利益与整体利益的统一等社会整体利益的平衡，[2]确保了社会经济秩序的公平、效益和安全。在宏观层面，既保证公权力对社会经济的宏观调控和有效协调，又要保证私权在市场竞争中的权利自由和平等，实现私人利益和社会公共利益的有机平衡。[3]在微观层面，市场主体在追求利润最大化的同时应该顾及弱势群体的利益，不损害其他经营者，消费者和劳工权益，实现经营目标的效益并兼顾公平原则。[4]经济法学通过法教义学对经济法规范的体系化，维护社会公共利益，协调平衡社会整体利益，确保公平、效益和安全的社会经济秩序。

与高度法典化具有稳定性的民法和刑法可以法典的形式来构建完备的规则体系不同的是，经济法规则体系是由各具特色又有其内在统一性的若干经济法子体系融合而成的综合体系，不是固化的法典。从法教义学的角度来审视经济法，因其规范体系和拘束力相对较弱在某种程度上也限制了经济法学科体系构建和发展。通过对经济法教义学规范体系化的研究，推进有特色的经济法体系的构建和加强对经济法规范的法律解释，是经济法学科建设的重要进路。经济法的体系化是项复杂而艰难的工作。总体上，经济法各种规范

---

〔1〕 参见张守文：《经济法原理》，北京大学出版社 2013 年版，第 8 页。

〔2〕 参见史际春、邓峰："经济法的价值和基本原则刍论"，载《法商研究（中南政法学院学报）》1998 年第 6 期，第 12 页。

〔3〕 参见徐杰："论经济法的立法宗旨"，载《法制日报》2001 年 7 月 29 日。

〔4〕 参见顾功耘："略论经济法的理念、基本原则与和谐社会的构建"，载《法学》2007 年第 3 期，第 18 页。

之间的联系相对比较松散，难以形成拉伦茨法教义学所期待的"规范网络"，对经济法规范的体系化也就更艰难，但就经济法某部特定法律或某个领域的法规进行体系化研究是可行也是必要的。经济法脱胎于民法和行政法的特点使得经济法学不能完全脱离民商法学和行政法学的教义学，其公私兼容的第三法域的特性使其法律规范更具有独特性，且带有明显的功利主义色彩，其实用主义的特质使得经济法为了回应社会现实的需要超脱且不拘泥固定法条的规范，灵活易变的经济政策和行政规章组成了庞大的经济法规范体系。与民法和刑法可以法典来构建各自法律体系不同，经济法体系是由各具特色又有其内在统一性的若干经济法子体系融合而成的综合规范体系，且由不同位阶的规范体系组成。在经济法规范的体系，以维护市场秩序和保护消费者权益为宗旨的法律法规，已形成相对稳定的规范体系，如《反垄断法》《反不正当竞争法》《消费者权益保护法》《广告法》《价格法》等市场规制法已法典化，以及与社会经济发展密切相关的金融法、财税法、房地产法等宏观调控法已经部分法典化，法教义学对这些经济法规范的研究具有重要意义。经济法除部分法典化外，尚没有形成统一的法典。实践中主要是通过法规、规章和政策来调整社会经济秩序的，而不是仅仅依据稳定的法典来回应社会需求。因此，我国的经济法体系主要由行政法规，特别是具有超强执行力的行政规章、地方法规、地方规章、政府规定等组成，这更是增加了我国经济法规范体系化的难度。

（三）经济法学之法教义学的"治理化"范式

然而随着社会经济的发展，各种复杂因素以及价值考量使法律实施过程中政治与法律不能恰当区分，公权力介入私人领域的现象越来越普遍，出现了以经济法和社会法为代表的公法和私法不同程度的混同，冲击了传统的公法和私法的二元法律体系，甚至有对二元体系解构并碎片化的趋势。经济法通过授权政府对经济秩序的干预权，更注重非法律因素在实践中的作用。比如各种经济政策的法制化，为适应社会经济发展需要而出台的各种行政规章，成了经济法规范的主要法律形式。这种进路指导之下的实践，在规划法、财税法、金融证券法、网络监管法、竞争法、环境法等新兴领域表现的更突出明显。经济法主要是通过灵活变动的政策和行政规章而非稳定的法典来回应社会的需求，突出了政府事前规制的"治理化"而不是法院事后司法救济的"法治化"，这种类型的治理模式随着现代社会经济的发展正在不断扩张，不过政府的治理必须依法进行。传统的法治基本原则在政府的治理中必须得到遵守，但是要解决具体问题就必须动态地调整法律及公共政策。某种程度上，经济法语境中的政府治理就是依法行政，是经济法实在法的实施，是经济法学法教义学应该重点研究的对象。社会利益和经济秩序成为经济法实在法重要的评价标准，政治诉求、经济发展、社会稳定等非法律因素影响甚至决定着经济法的规范，政府行政执法取代法院司法审判成为经济法解决社会问题的重要手段。

经济法为了回应社会经济的发展需要，主要是从社会科学的角度来探讨社会中出现的需要法律回应的新问题，并以更灵活多变的方式，特别是经济政策和行政规章进行调整。对经济政策和行政规章的法教义学，就应该针对相关规范的制定和实施展开，确保相关政策和规定的有效实施，使经济法的法治在实践中落到实处。因此，经济法教义学除了经济法司法之法教义学之外，主要研究和探讨的是政府在资源配置的经济活动过程中，为了社会公共利益和协调平衡社会整体利益，实现公平、效率和安全的经济秩序，如何维护市场秩序和公平合理配置公共资源的政府治理进路和策略。

（四）经济法的法律解释

法律推理和法律解释的方法和技术是最基本的法学方法论。[1]认为只有在法律文字特别"模糊""不明确"或"相互矛盾"时，才需要解释，那就是一种误解。全部的法律文字原则上都可以，并且也需要解释。解释本身并不是一种最后应借助尽可能精确的措辞来排除的"缺陷"，只要法律、法院的判决、决议或契约不能全然以象征性的符号语言来表达，解释就始终是必要的。[2]经济法学是法学的分支而不是哲学、管理学、经济学、社会学等其他学科的分支，这就决定了法律解释学等传统法学方法应该也必将是经济法学研究方法的主导性研究方法。[3]另外，经济法规范中大量的经济政策和行政规定，应加强对行政机关政策制定的法律控制，规范法律解释机制。经济法学者应把理论研究的重心放在有关经济的具体法律规则和法律问题上，应该直面经济改革的难点和焦点问题，站在经济法学科的最前沿，结合现行法律

---

〔1〕 参见林来梵、郑磊："法律学方法论辩说"，载《法学》2004 年第 2 期。

〔2〕 ［德］卡尔·拉伦茨：《法学方法论》，陈爱娥译，商务印书馆 2003 年版，第 80 页。

〔3〕 参见李曙光："经济法词义解释与理论研究的重心"，载《政法论坛》2005 年第 6 期，第 13 页。

规范，通过解释法律来剖析具体案例并总结法律解决问题的规则，而不是通过空洞的"范畴""主义"研究创造经济法学理论，为立法、执法和司法工作提供理性分析，为改革实践和经济发展提供经济法理论依据。[1]实践中，经济法的法律解释对指导司法实践和行政执法具有重要的意义。《反垄断法》实施以来，备受关注并已尘埃落定的"百度与人人信息网的反垄断之诉"，"360安全卫士与腾讯的 3Q 反垄断之诉"，都为反垄断法教义学研究提供了很好的案例素材，特别是关于"市场份额"及"相关市场"的司法认定，在两个案例中都体现了不同的司法视角和价值选择。如果经济法学的法教义学能为"市场份额"及"相关市场"司法审判提供更合理的法理解释，将为法官的司法审理提供有价值的参考。法教义学对反垄断法的法律原则及概念的提炼对司法审判参考具有重要的意义。国外对反垄断法学的法教义学的研究比较成熟，已经形成了较成熟的理论知识体系和基本原则，比如，反垄断法的本身违法原则、合理性原则、实质损害原则、效率原则等审判标准，以及行为主义和结构主义等反垄断法的法教义学。对于已经法典化的经济法学的法教义学，应秉承传统法教义学的做法，构建法律规范体系和解释方法，确保法律规范效力的稳定性。在《消费者权益保护法》实施初期发生的王某"知假买假"的案例，学者们对于"什么是消费""怎样界定消费者"都进行了学理上的探讨，该案算得上经济法学法教义学解释方法的经典案例。2008 年金融危机中出现的"金融消费者"权益的保护，以及近些年备受关注的"影子银行""网络购物平台""第三方支付"等新型的法律问题，都需要经济法学者从法教义学的角度去诠释现行法律制度的规范效力，并通过体系化和法律解释形成对司法和执法具有可供参考价值的法教义学理论。

我国交通运输部等机关 2016 年 7 月 14 日通过了《网络预约出租汽车经营服务管理暂行办法》（以下简称《暂行办法》），并于 2016 年 11 月 1 日起施行。自《暂行办法》出台，全国各地方政府依《暂行办法》的授权出台了实施细则。北京、上海等一线城市通过户籍限制市场准入达到对网约车的数量控制。从公共资源配置的角度讲，这是政府为了避免网约车数量过多造成"公地悲剧"，拥挤道路影响公共交通秩序而采取的合理措施，但却遭到不少

---

〔1〕　参见李曙光："经济法词义解释与理论研究的重心"，载《政法论坛》2005 年第 6 期，第 11~12 页。

法学学者的强烈反对。中国经济法学会组织的"经济法 30 人论坛"对网约车新政集体发声，与会法学者批判了一些城市对网约车的管制思维，认为"对网约车准入实行户籍限制和车型限制，既不合理也不合法，网约车新政应该在科学立法、民主立法过程中产生；应以竞争思维指导制定网约车细则，尊重市场，让市场对出租车运营模式作出选择"。部分经济法学者的发声，可视为对《暂行办法》实施的一种学理上的解释。但由于学者们无视经济法维护社会公共利益的社会本位原则，没有考虑网约车涉及公共资源的配置，应该遵守政府合理性管制原则，反而从民法"自由""民主""公平竞争""企业自主经营""消费者自由选择""商品和要素自由流动""平等交换"的角度对《暂行办法》的实施进行解读，未能为政府有效实施《暂行办法》提供最佳的经济法学的法教义学的方案和策略。不论政府是基于公共交通秩序、公共安全还是环境保护的制度设计，都是符合防患于未然的经济法维护社会公共利益的公共治理理念的，也是政府的职责所在，对社会公共利益的维护的公共利益政策不应让位于所谓的市场自由和经济民主的竞争政策，政府必须确保社会公共利益的底线。经济法的法教义学的法律解释一定要在立足于实在法的基础上，遵守社会本位原则，否则就会背离经济法的价值目标。

从法教义学的角度来审视经济法，因其规范体系结构较松散和拘束力相对较弱，在某种程度上也限制了经济法的学科构建和发展。经济法规范为解决形形色色的各种社会经济问题而呈多样化规范模式。比如，各类经济政策和行政指导，其指引功能已超越了其规范功能，或称为一种软性规范或弹性规范。经济法规范在特定时期内甚至具有不确定性，比如，我国政府对房地产市场调控的行政规定，各种调控措施伴随着市场经济和社会发展的变化不断在调整，对房地产的限购措施和刺激政策在不同的时期不同的地区交替作用。通过对经济法教义学的研究，推进有特色的经济法体系的构建和加强对经济法规范的法律解释，是经济法学科建设的重要进路，也是经济法政府治理的重要依据。经济法学理论研究应走上关注经济法规范的具体制度、崇尚法条解释、信守法律概念与语词、强调体系与逻辑的实用主义道路。简而言之，经济法学方法论应该回归到法教义学的轨道上，法教义学是经济法理论研究的重要方法。经济法学的法教义学对经济法概念、经济法原则、规范效力、规范体系的理论建构，以及规则解释的研究任重而道远。

三、经济法学之社科法学的解读

（一）经济法学之社科法学的内涵

经济法的实质理性就是建立在对经济法的社会效益评价的基础上的制度构建。因此，经济法学的法律活动不可避免地参与价值判断的法学评价。经济法学的法教义学除了坚守以法典形式和司法审判为主的实在法规范、原则和秩序之外，还要突破传统法教义学以规范和司法审判为中心的思维模式，探索政府所主导的经济政策和行政规章实施的社会效益以及对社会公共利益的维护，还应关注政府执法行为的合法性、合理性以及正当性。经济法之社会本位原则是其核心价值之所在。因此，经济法的社会性在所难免要求其法规范以确保社会公共利益为依归，其法规范总是渗透着社会效益的评价。特别是伴随着网络经济、知识经济、虚拟经济等现代经济的不断深入发展，经济法的社会化程度越来越高，经济法的社会效益之社会正义成了经济法的价值标准。这种价值标准贯穿于经济法的立法、司法、执法和守法的过程中，也成了经济法学的法教义学必须恪守的"教义"，诚如民法的"诚实信用"和"意思自治"一样，并化身为经济法的基本原则，比如经济法的"社会本位"原则。私人财产权以及合同的意思自治越来越受限于社会公共利益之社会本位原则的限制，也成为公权力干预私权利的正当理由。司法判决也不可能仅局限于现有规范的效力，社会效果及价值评价也常常成为影响法官自由裁量的因素。比如在反垄断法案例中，垄断行为对社会公共利益的侵犯常常是法官或是行政执法部门认定垄断行为的重要依据。典型的案例当数汇源果汁与可口可乐的并购案，根据当时商务部出具的相关数据，在案件审理过程中，"经营者集中具有或者可能具有排除、限制竞争效果"是定案的关键，该条文的规范很明显涉及社会效益的价值判断。

经济法规范的效力评价中，社会评价的价值判断应该是不可或缺的，因为其正是经济法规范所要保护的法益目标。所以，经济法学不应固守传统法教义学超脱于法律价值判断的模式，而应吸纳评价法学的价值判断和知识经验，有所扬弃并发展符合经济法规范效力和价值的法学方法。比如政府治理经验的借鉴，都是经济法学方法重要的知识要素。经济法学坚持法教义学的思维模式才不会偏离法学的轨道，也才能正本清源找到经济法在我国社会主义法治体系中的位置。因此，经济法的评价法学是在恪守规范形式理性基础上，对现行法律制度进行的价值评价，和社科法学无视现行实在法的规范性的后果主义有本质的不同。经济法的社会性是经济法规范效力研究的一部分，因此其法教义学研究不同于传统民法和刑法教义学研究的特性在于，法律规范的社会效益评价已成为其规范效力的一部分，价值评价自觉地成为经济法教义学的一种思维模式。对于新兴的经济法学研究，其法学方法应该是对社科法学的一种扬弃的传承。

（二）评价法学之社科法学的解读

价值判断始于赫克所倡导的利益法学，拉伦茨所开创的评价法学把其发扬光大，之后一直被视为法学方法论的最核心内容。评价法学承认法律不可避免地存在着漏洞，法教义学体系中存在着不确定概念或概括性条款以及尚未被立法者预见的新问题。[1]拉伦茨所谓的评价法学是指立法者如何评价不同的利益、需求，其赋予何者优先地位，凡此种种都落实在他的规定中，亦均可透过其规定，以及参与立法程序之人的言论而得以认识。借此所认识之立法者的评价，其对于法律解释、对于法律未直接规定但应为相同评价之案件的裁判，均可供作为推论的基础。拉伦茨认为，法学原则上是针对当时特定的法秩序，直接意义仅与该当时的法秩序有关。原则上将法学限制于某特定"实证"法秩序的既有范畴中，但并不意味着对于该法秩序之规范、问题解答或决定，法学就不能采取批判性的立场。其批判标准并非来自既存的，独立于现存法秩序之外的伦理典范。反之，乃是由法学本身借着不断检讨其于实证法秩序中一再遭遇的法律思想及评价准则而发展出来的。法学以实证法为其"工作前提"，将之视为一种正当的争端解决之标准转化为"经过衡量"之规范及决定的尝试，而借着从现行法的主导原则本身，发现其背后的标准，法学就能与个别的规则、决定保持一定的距离，因此也有可能批评它们。事实上，在法学文献中充斥着这些"体系内的批判，并且不只针对个别的法院裁判，同时也指向法定规则。因为唯有透过它们才能确切说明：被建议的规定方式在不同的社会事实领域中将发生何等影响，在该事物范围究竟有哪些可供选择的手段，其各自的优缺点如何"。[2]传统法教义学所遵循的概

---

〔1〕 参见孙海波："在'规范拘束'与'个案正义'之间——论法教义学视野下的价值判断"，载《法学论坛》2014年第1期，第77页。

〔2〕 参见［德］卡尔·拉伦茨：《法学方法论》，陈爱娥译，商务印书馆2003年版，第1、76页。

念法学所提供的传统的完美教义学体系在现实面前总是无能为力，由于无视法律存在漏洞，无法协调"规范拘束"与"个案正义"之间的对立关系。[1]特别是面对极速发展的社会和经济，层出不穷的社会现实使既定法律难以提供公平而有效的解决方案。学者王立达曾指出："法教义学应挥别概念法学的魅影，不再自限于法律效力之偏袒，承认法效力与法规范论述的多样性，致力于发展足以统合道德的、伦理的、实用的、政治和政策的等多层面规范论述的研究架构。"[2]为了既维系法律系统的封闭性又保持法律系统不至于完全与社会脱节，需要建构与社会相适的法律概念，维持法律对社会变化回应的能力，适当考虑经验知识和价值判断。[3]王泽鉴先生认为，法释义学为法律解释及法的续造的法律实践提供了法概念性手段，法释义学的概念、原则、分类都是与价值有关，具有实质的目的参与法规范的形成与发展。[4]因此，法学方法要超越概念法学，就必须有效解决疑难案件的价值判断问题。但法教义学的解释方法并没有处理根本性的价值冲突的能力，价值判断最终只能依托法官或者法律人的经验积累和实践理性，而不是法学方法或者任何其他方法。[5]传统法教义学通过区分立法与法的实施，把法律体系对习俗、道德、政治等因素的容纳，交由规范逻辑指引下的立法过程去完成，而对于现行法规范的运行则坚持以法律规范为依据，只有在现行规范不明确和互相冲突的"疑难案件"中，才在体系逻辑指引下适当考虑经验知识和价值判断。[6]如反垄断法把"合理性"作为其基本原则，在我国《反垄断法》中，这种合理性不仅在具体案件的法律适用中有所体现，而且在《反垄断法》第15条和第17条中也有明确规定"合理性"。合理性原则从美国司法审判的价值的判断到我国反垄断法的立法实践，是评价法学的价值判断在经济法实践中较典型的运

---

〔1〕 参见孙海波："在'规范拘束'与'个案正义'之间——论法教义学视野下的价值判断"，载《法学论坛》2014年第1期，第77页。

〔2〕 参见王立达："法释义学研究取向初探：一个方法论的反省"，载《法令月刊》2000年总第53期，第23页。

〔3〕 参见雷磊："法教义学的基本立场"，载《中外法学》2015年第1期，第221页。

〔4〕 参见凌斌："什么是法教义学：一个法哲学追问"，载《中外法学》2015年第1期，第233页。

〔5〕 参见白斌："论法教义学：源流、特征及其功能"，载《环球法律评论》2010年第3期，第9页。

〔6〕 参见谢海定："法学研究进路的分化与合作——基于社科法学与法教义学的考察"，载《法商研究》2004年第5期，第91页。

用，也是对传统法学方法的新发展。这种价值判断从最初的法教义学的司法实践走到立法实践，而又意味着可以在具体案例的法律适用中，通过法教义学扩展其运用价值。

蕴含于日常生活中的经验、常识和道德大部分都"符合"法律的规定，当具体法律规则与日常生活中的经验、常识和道德不吻合时，法律需要重新评价以维护法律的稳定性。[1]法学学者都是在竭尽全力来描述法律能够在什么程度上实现个人自由、社会秩序、公平的基本价值。[2]在法律史不同的经典时期，对价值准则的论证、批判或合乎逻辑的适用，都曾是法学家们的主要活动。[3]某种程度上，评价法学为法教义学注入了新的活力，开启了一扇门，使法教义学摆脱了"条文主义"和"注释法学"的禁锢，也为现代法教义学开辟了新的路进。因此，法教义学对于既存法秩序批判的标准应该是借法体系内部之规范、规范意义及其脉络关联的总结和抽象而获得的统合性原则，对于规范解释、争议条款以及法院判决保持一种反思性评价的可能性，法教义学构建的法律体系应具备自我更新、改善、校正的能力。[4]立法者颁布新的制定法规范时，是从诸多不同的可调整方式中挑选特定的一种来评判既存利益。在适用法律时同样是导向的评价，包含了评价法学不同分支的所有共同之处，通过"价值""评价"与"评断"依照不同分支所涉的价值概念，区分出"形式的""实质的""规范的""客观的"与"社会的"评价法学。在逻辑判断学说中"价值"只是意味着"判断"。[5]评价法学突破传统法教义学对价值判断的禁锢，不再死守法条的教义，对法律制定和实施都积极加入了政治、道德、社会和经济等因素的价值评价，或是纳入立法规范中，或是在法律适用中对司法和执法发挥了影响作用。从评价法学的开放性及实质正义的价值选择上来看，评价法学虽然立足于现行实在法规范，但根据我国学界对法学格局的划分，其本质上属于社科法学的范畴。

---

〔1〕 参见舒国滢等：《法学方法论问题研究》，中国政法大学出版社 2007 年版，第 377～389 页。

〔2〕 参见［英］彼德·斯坦、约翰·香德：《西方社会的法律价值》，王献平译，中国人民公安大学出版社 1990 年版，第 35 页。

〔3〕 参见［美］罗斯科·庞德：《通过法律的社会控制》，沈宗灵译，商务印书馆 2012 年版，第 55 页。

〔4〕 参见［德］阿图尔·考夫曼、温弗里德·哈斯默尔主编：《当代法哲学和法律理论导论》，郑永流译，法律出版社 2000 年版，第 462 页。

〔5〕 参见舒国滢主编：《法学方法论》，厦门大学出版社 2013 年版，第 50 页。

四、经济法学之政法法学的必然选择

（一）经济法学之政法法学的价值分析

根据苏力教授对政法法学的分类与概述，认为政法法学的"思想理论资源基本上是广义的法学（包括政治学），其中包括孟德斯鸠、洛克、卢梭、马克思、美国联邦党人等的政治思想，甚至包括后来的韦伯的理论、现代化理论等"，并认为"把法学作为一个独立的学科地位势必要从政治上论证这种合法性和正当性，是一种政治话语和传统的非实证的人文话语"。因此，政法法学主要是政治角度去解析法律的合法性与正当性。其合法性在于法律的产生都是特定政治机制运行下的产物，也只有经过特定的政治组织或国家机关的制定和认可的行为规范，且代表的是统治阶级意志。其正当性在于法律规范的内容应该符合主流价值的道德标准。因此，政法法学必须从政治、道德、社会与法律的角度去构建法律机制，包括法律关系、法律规范结构、法律责任、法律后果等基本的法理问题。简而言之，政法法学主要是关于法律的权利或权力、责任或职责、利益、义务等法学和法律的理论研究和探讨，其研究方法主要是关于法律规范的权、责、利和义的结构分析。但法律理论既不是没有社会后果的，也不是不受社会影响的。法律的基础、法律的理解、法律的地位、法律的效果等，都深刻地影响着政治共同体的形态和各种社会愿望的诉求。[1]以现行法的正义前提为标准所作的批评，经常可以成为法律改革的具体建议，法学也就迈入法律政治的领域。法律政治本来就是法学的正当工作领域，法学对政治的参与是不可或缺的。[2]

传统民法与行政法、刑法规范侧重于通过对当事人行为的规范实现对特定法益目标保护，所以更侧重于法的形式理性。经济法是为了实现对特定法益目标的保护而规范具体的行为，追求的是法的实质理性。形式理性法律制度适用一套普遍的规则，依赖于特定的法律推理来解决具体的法律冲突，因此更注重于规则设计和实施的程序正义。实质理性法之设计旨在具体情势下实现特定目标，比起经典的形式法更趋向于开放性和灵活性，也更具独特性。

---

〔1〕 参见［美］诺内特、塞尔兹尼克：《转变中的法律与社会》，张志铭译，中国政法大学出版社1994年版，第3页。

〔2〕 参见［德］卡尔·拉伦茨：《法学方法论》，陈爱娥译，商务印书馆2003年版，第1、76页。

经济法学的政法法学就要在政府干预与个体自由之间构建一种新的平衡机制，在维护社会公共利益的同时，防止政府干预对私权利的损害。传统的形式法越来越解决不了现实中发生的社会和法律问题，经济法的实质法通过对经济活动和社会活动进行集体规制来弥补市场不足，且不限于调整私人行为领域，而是通过实质性规定直接规制市场行为和政府行为，逐渐明确经济法主体的社会地位和社会角色，市场主体不仅履行法律义务，而且还应承担社会责任。而政府承担了行政干预目标实现、选择干预手段、实施具体干预行为以及承担特定干预后果的法律责任。因此，经济法之政策法律化、道德法律化和法律社会化的新机制使经济法学的研究方法需要转变成政策分析、价值分析和社会分析的方法，这种方法与法律参与方式的变迁导致了法律多元化。经济法的实质化完全应用于全新的组织结构和制度结构，要求由政府所实行的规制而非法院的裁判来解决社会现实问题。在法律制度之外，经济法的边界需要在政治和社会环境方面进行重新界定，要求法律参与和政治参与的整合，法律判断和道德判断的整合。[1]经济法之实质法成为国家修正由市场决定的行为模式和行为结构的主要工具，承担了新功能并为规制提供了正当理由。因此，其内在结构也发生了变化，以至于形式法中占支配地位的规则导向由逐渐增强的目的导向来补充。实质法通过有目的的规划，并通过标准、规制和原则来实施。经济法的实质性导向影响了经济法之实在法的构成，比如"政治范式"在经济法中不可避免。因此，经济法规范为适应社会经济发展的需要从形式法迈向实质法，传统形式法的严苛的规范结构发生异构。经济法的制度设计倾向于"法律政治化"和"政策法律化""规则范式行政化""道德法律化"的非正统规范的模式，但经济法的规范的设计，除了要规范市场行为和政府行为，满足社会经济发展的需要外，也应该遵守法的形式理性，不能为了实现特定的行政、政治、社会、道德目标而践踏程序正义。另外，经济法源于民法规范和行政法规范的不足而诞生，所以经济法的规范必须突破民法规范"权利义务"和行政法规范之"行政限权"的传统范式，构建经济法新的规范体系，建立不同于民法，也不同于行政法的研究范式——即"市场—政府—社会"三要素互相关系的法律调整模式。经济法的"市场—社会—

---

〔1〕　[德]图依布纳："现代法中的实质要素和反思要素"，矫波译，载《北大法律评论》1999年第2期，第581、592页。

政府"的规范模式，不同于民法的"权利义务"规范的"权责分配"和行政法的"行政限权"规范的"权力控制"。

（二）经济法学之政法法学的内涵

目前，经济法学的理论研究更侧重于从社科法学的角度，借鉴经济学、政治学、社会学和哲学的研究成果来构建经济法学的理论体系，而忽略基本的经济法的理论问题研究。以至于关于经济法的原则、宗旨、目的和价值等相关的学术成果较多，但有关经济法的法律权利、法律义务、法律责任等政法法学方面的研究较少。经济法规范就是为维护社会公共利益和协调平衡社会整体利益，确保公平、效益和安全的经济秩序，对资源配置的经济活动过程中市场行为和政府行为进行规范的制度设计。为了维护社会公共利益，经济法通过私法公法化来限制私权利，通过公法私法化扩展行政职能部门的行政干预权。经济法律规范通过对市场主体禁止性规范和积极义务性规范的制度设计来限制其私权的滥用，通过对行政职能部门经济职权、经济职责和经济法律责任的制度设计，授权行政职能部门积极的干预权以维护社会公共利益和协调社会整体利益，确保公平、效益和安全的经济秩序，并履行相应的行政职责和接受问责。对于经济职权和经济职责的规范，基于市场经济发展变化的不确定，很难通过立法明确规定具体的权责模式，一般采用概括授权的方式。在确保程序正义和司法救济的基础上，通过立法授权政府为维护社会公共利益，且不背离市场经济规律时对市场经济秩序进行干预。程序正义既包括干预权的取得应有相应法律依据或权力机关的授权，比如具体行政干预行为应得到权力机关的授权并接受其监督，也包括具体政府干预行为应严格遵守执法程序，而且应向社会大众公开，即行政干预应具有合法性和正当性。因此，权力机关在政府干预过程中不应该只是个旁观者，通过权力机关的介入，使政府的干预权的形式正义落到实处。比如人民代表大会对预算法执行的监督是个很好的实例。在经济活动过程中，因为任何政府的干预行为首先都是源于法律的授权，这是经济法规范的合法性保障。对于政府经济职责规范，主要是针对政府的不干预行为或不正当干预行为进行规范和问责，以确保政府干预的合法性和正当性，确保市场经济秩序健康有序地发展。

经济权利是法定权，具有相对性，也是一种权限，经济权利的行使不应损害社会公共利益。经济法对经济权利的规范，在遵守市场自治的任意性规范的原则下，赋予市场主体为维护社会公共利益的积极义务和禁止性义务，同时授权政府职能部门对市场主体行为可能损害社会公共利益时的市场规制的消极干预权和为维护社会公共利益的市场事前监管和宏观调控的积极干预权，但政府的干预应遵守市场规律和社会本位原则，不能损害市场主体的利益，避免行政干预对市场经济的破坏。对于经济义务的规范，主要是基于社会公共利益的义务，包括市场主体的社会责任。因此，对市场主体法定义务的履行，政府的干预是必要的，但法律规范应该基于公平原则，协调平衡各方市场主体的利益，避免政府滥用其干预权加重市场主体的义务。对于经济法律责任的规范，是针对政府干预行为和市场行为的缺陷采取的补救措施，是经济法律规范的最后一道防线，我国现行经济法的法律责任的设计不尽完善。基于经济法第三法域的特性及其调整手段多样性、经济法律关系结构的双重性，其法律责任的设计包括民事责任、行政责任、刑事责任等传统责任外，还应当增设道义责任和政治责任，特别是针对经济法之社会公共利益的法益目标，建立社会责任法律机制，使经济法律责任形成有效的综合责任体系。

五、经济法学之法学方法的融合

我国经济法学界应该反思原有的经济法学的研究路径，立足于"市场-社会-政府"的基本范式，着眼于资源配置现实中的经济活动过程中的社会经济秩序，在政府、市场和社会公共利益中探讨利益平衡机制。目前经济法学研究的最大问题在于"是否应将法学外的知识引入经济法学"或是"经济法学的理论构建是否必须依托于其他学科"，其实质也就是法教义学还是社科法学之抉择。法学作为一门学科有一套完整的知识符号、术语、价值和逻辑体系，经济法和其他法学二级学科一样，都只是法学整体中的一部分而已，并没有自己完全独特的方法体系和基本范畴。经济法学理论研究中脱离并轻视法律学科间系统性论证和现实法律规范约束的非法学方法论，不但不能服务于经济法的实践，也必然导致其他部门法学的抵制。[1]经济法律制度的改革总是与社会公共政策交织在一起，经济、政治、社会等非法律因素都影响并决定着经济法规范的制定与实施。很难从中单独分离经济法学研究范畴是社科法学还是法教义学的内容，不可能仅仅只围绕法律规范的展开研究。政法法学、

---

〔1〕 参见李曙光："经济法词义解释与理论研究的重心"，载《政法论坛》2005 年第 6 期，第 16 页。

法社会学和法教义学是经济法学研究和解决社会经济问题的相互独立而又互相关联的法学方法。经济法在维护社会公共利益时，既要防止市场主体的自由滥权对社会公共利益的侵犯，又要防止公权力借维护社会公共利益之名侵犯市场主体的权益。民商法个别规范的效力以及基本原则的解释力也越来越屈服于社会现实而需要进行调整。更深的利益冲突也不再是司法判决能解决的，比如垄断对竞争秩序的伤害，正是民事主体之自由滥权的结果。对垄断行为的规制已超出了传统民法教义学对规范的解释力所能及的范围，民法规范和原则的实施在司法实践中受挫，必须重新制定新规范调整新的社会关系。若仅借用行政法的强制手段去限制市场行为，会导致行政权力滥用不正当地伤害市场竞争机制。作为新兴学科的经济法，是传统民法体系内部冲突难以调和的产物，也是行政法调整力所不能的结果。经济法学的根本任务在于其理论研究既不能偏离法教义学法律规范效力轨道的形式理性，又要遵守政法法学的合法性、正当性及权、责、利、义的法治原则，也要借鉴社科法学的方法和路进，探讨符合公平、效益和安全的社会经济秩序的实质理性的治理机制。经济政策不可避免成为经济法规范体系的重要组成部分，经济法学理论研究应该摒弃传统法教义学封闭性和完全自主性的内生逻辑推理的思维模式，运用政法法学的理论和方法对经济法规范和体系进行理论构建，建构以经济法主体、权利、行为、权力、职权、义务、职责等法律要素为核心的经济法概念和范畴的理论体系。在严格遵守实在法的基础上，通过法教义学力求对现行经济法规范既合法又合理的解释，使经济法规范能更有效地发挥其应有的规范效力，以维持现有经济秩序的公平竞争和稳定发展。经济法及经济法学理论的发展绝非从对现行法的简单解释中直接获得，而是在对内涵不清和内容欠缺的制定法进行无数次补充和完善的解释过程中形成的。这种解释既包含对经济法规范背后之法理或哲理精神的揭示，也包括运用社会学、经济学、政治学等多学科的知识和成果的社科法学方法对经济法规范本身的正确适用所作的分析和拓展，通过社科法学的社会效果的评价完善经济法的理论体系。经济法学的法学方法应该综合运用政法法学、法教义学和社科法学在遵守经济法的形式法或法典等硬法规范的基础上，针对经济法的政策、行政规章、政府规定等相关的经济法的软法规范进行解释和理论体系构建，确保经济法能有效实施，发挥其法治权威和治理功能。

　　经济法学之法学方法的融合仍应以确保经济法更具有适用性，或者能够更好地适用为主要目标。因此，经济法学的法学方法既要秉持法教义学的规范特色，但也应超越经济法规范和实践而进行法哲学层面的政法法学的反思或者跨学科的社科法学的综合性研究，构建在经济法哲学和法伦理学基础之上，同时具有明确的价值导向的经济法学的法学方法。[1]法律就其作用而言是一种规则，法学的任务就是发现以及创制更好的规则并适用于实践，更好地解决社会经济问题，化解社会矛盾和纠纷。当下的经济法学研究应该回到我国市场经济的根本法律制度上，对现行经济法律制度的规范提出切实可行的有效性、正当性、合理性及技术性论证。[2]经济法学为了更好地回应时代变迁的需要，确保经济法的有效实施，不可能像传统民法学和刑法学的法教义学那样专注于法条的注释和司法判决，而应采取更具开放性和包容性的法学思维模式。经济法学的理论研究可以通过政法法学的法哲学和法学伦理对经济法律法规、行政规章、经济政策等经济法律法规范的权、责、利、义进行理论研究，利用法教义学对经济法进行规范化和体系化研究，结合社科法学的社会效益的价值评价，构建经济法规范理论体系，为经济法的政府治理提供理论依据。经济法是个不断发展，与时俱进的部门法，经济法规范在不断修改变化，经济法学的研究也应是个开放包容而务实的法学方法，经济法不像民法具有相对完备的自主性，可以甚至必须完全脱离于政治。经济问题总是与政治、社会问题息息相关，经济法的制度设计和实施也难免受政治和其他社会因素影响，所以经济法学的研究进路应该是法教义学与社科法学、政法法学齐头并进且互补与联合的进路。

---

[1]　参见张继恒："法教义学的勃兴对经济法意味着什么"，载《现代法学》2016 年第 1 期，第187~189 页。

[2]　参见吴越："经济法学现实地位与思索方法之考察"，载《政法论坛》2006 年第 5 期，第 47 页。

经济法对传统法学流派的理论传承与法律实践的融合

经济法作为新兴的部门法，伴随着社会经济的发展变化与时俱进。经济法学更是一门法学新贵，除了运用传统法学流派理论和理性思维来构建经济法的理论体系和指导经济法律实践外，还应借鉴经济学、哲学、社会学、政治学等学科的研究成果和方法来完善其理论体系。某种程度上，经济法既是自然法学派、分析实证法学派和社会法学派三大法学流派的理论结晶，也是对自然法、实在法和实用法最好的实践检验，是对三大法学流派理论与实践相结合的最好诠释。

第一节　经济法对自然法学的理论传承与法律实践的融合

一、自然法学的理论疏理

（一）自然法学的思想内核

"自然法"概念由古希腊人所提出，古希腊学者们认为"自然法"是凌驾于"实在法"（或称"人定法""制定法"等）之上的自然界固有的法。西方的"Law"一词即含有"规律"之意，"自然法"（Natural Law）这个术语中虽有"法"字，但"法"字无论在何国何时的语言中，都是多义词，其中有"法则""规律"之意，而古希腊的"自然法"实指自然规律或自然法则，但在西方文化传统中，自然法主要不是指物理自然法，而是指道德自然法，是指人类生活中的正义与道德准则，不仅评判和规范个人行为，而且评判和规范共同体的行为和社会制度。[1]既然"自然法"非人所制定，当然不能称

---

〔1〕　参见申建林："西方自然法学理论的当代走向分析"，载《环球法律评论》2007年第3期，第6页。

作法律，而只能称作"法"（意为法则、规律）。法律是人（国家）制定或认可的，并无"规律"的含义，而"法"却能从广义上解释为"规律"。证明了"自然法"即自然法则、自然规律的同时，也就证明了自然法学"合理内核"。这个"合理内核"即蕴含在自然法学内部的自然法则亦即自然规律。自然法学中所谓"自然法"是人性、理性、神性、公平、平等、正义等观点的体现，但这些概念是以人类的主观感受去解释"自然法"的，而人都具有阶级性和主观性，故这些解释也必然或多或少地为某个特定阶级服务。[1]

自然法从古希腊罗马的原生自然法到中世纪的神学自然法，再到近代理性古典自然法和现代新自然法，虽然在理论上千差万别，但仍有其共同一脉相承的理念。自然法是在承认实在法之上存在一种高于实在法且来源于神意、人权、道德等的基本原则的法学思想，并从不同的角度提出有关自然本质和作用的学说，诸如"正义""公正""公平""理性"等。总之，自古希腊古罗马时代兴起的自然法观念起，到西方资本主义几百年来所倡导和向往的理性、正义、平等、自由、公平的理念，始终是法学者对法的价值追求的重要部分，也是将法律理想变成现实的强大的实在法的推动因素和惯性力量。简而言之，自然法向来承认人格独立性，承认人追求价值和利益的合理性。[2]因此，自然法是自然法学研究的对象，是自然法学研究的基础，而自然法学是关于自然法的学说，是自然法思想内核的理论结晶。

（二）自然法学的演进

西方自然法学的思潮源远流长，通过对西方自然法学说的历史考察，从古希腊到19世纪，西方自然法传统不曾中断，其历史大致经历了以下四个阶段：古希腊古罗马的自然主义自然法，中世纪宗教主义自然法，近代的理性主义古典自然法，以及现代的新自然法主义。在不同阶段，人们对"自然法"的界定是不同的。在古希腊，自然法的代表人物是智者学派、亚里士多德和斯多葛学派，他们宣称自然法是反映自然存在的秩序的法，是实在法和道德正义的基础。在古罗马，自然法的代表人物主要有西塞罗、塞涅卡和盖尤斯，其自然法观念主要受斯多葛学派的影响，主张自然法在实在法之前就产生了，

---

〔1〕 参见张飞舟："论自然法学的'合理内核'"，载《法商研究（中南政法学院学报）》1998年第1期，第88页。

〔2〕 参见吕世伦、张学超："西方自然法的几个基本问题"，载《法学研究》2004年第1期，第154页。

是自然理性赋予人类的，是衡量实在法正当与否的根本标准，是公平正义的化身。自然法就是公平正义，公平正义就是自然法。在中世纪，自然法的代表人物主要是托马斯·阿奎那，他把奥古斯丁的神学法律思想和亚里士多德的自然法进行糅合，提出了神学自然法学，认为自然法是人类对来源于上帝的永恒法的认识、领会、接受与参与，它高于国家制定或认可的实在法，是实在法最终通向永恒法的桥梁，目的是使实在法符合正义的基本原则，实现实在法和上帝永恒法的内在统一。近代，英国的霍布斯和洛克，法国的孟德斯鸠和卢梭，德国的普芬道夫，荷兰的格劳秀斯等在宣传启蒙思想的同时，对自然法的相关思想进行了比较系统的阐述，从此古典自然法学在西方世界基本定型。[1] 19 世纪末和 20 世纪初出现的新自然法学派又称"复兴自然法学派"，是以主张自然法为特征的现代法学派别。在西方法学著作中，对该派的理解有广义和狭义之分，广义指从 19 世纪末起所有关于自然法或类似自然法的学说派别，包括天主教神学的新托马斯主义法学派别和非神学的世俗的自然法学说派别。狭义指 19 世纪以来特别是第二次世界大战以后兴起的非神学的自然法学说派别。与 17、18 世纪的古典自然法学派不同，新自然法学派不主张探索永恒的自然正义，认为应当寻求可以适应现实环境的理想标准，即主张内容可变的自然法，倡导阶级调和。如法国法学家夏蒙主张复兴自然法，要求个人权利与社会权利在理性和正义的制度下相互结合。又如德国法学家施塔姆勒提出了内容可变的自然法学说。第二次世界大战以后，随着法西斯政权的崩溃，否认公平、正义等价值准则的实证主义法学开始衰落，主张实在法应当从属于公平、正义等价值准则的自然法学说进一步兴起。主要代表人物有美国法学家富勒、罗尔斯和德沃金等。富勒的学说主要论证程序自然法，强调实在法与价值准则，法与道德的不可分性。在西方现代法律哲学中，新自然法学派是与实证主义法学派相抗衡的重要法学流派。[2]

格劳秀斯、霍布斯、洛克和孟德斯鸠等自然法学家通过"自然状态"展示了人的自然本性：充满激情和欲望、利益和需要。而"人类的欲望和其他激情并没有罪"，相反，对人的自然欲望和利益需要的满足构成了自然法的基本内容，这样近代自然法理论就成为论证自然权利的理论。比如，格劳秀斯

---

〔1〕　参见张飞舟："论自然法学的'合理内核'"，载《法商研究》1998 年第 1 期，第 88 页。

〔2〕　参见邹瑜、顾明总主编：《法学大辞典》，中国政法大学出版社 1991 年版，第 1614 页。

提出了天赋的自然权利和社会契约等观点，霍布斯论证了生命权，洛克论证了财产权、契约自由与有限政府，孟德斯鸠论证了政治自由、捍卫法治、权力分立与制约，卢梭论证了平等权，推崇民主与政治参与。正是这些自然法学家使近代的政治哲学兴盛繁荣，因为这些自然权利的有效保障主要不在于单纯的个人道德实践，而在于政治制度的设计。从自然法的定义来看，他们都强调自然法是永恒和普遍的道德原则（道德法），从自然法与人定法的关系来看，他们都认为自然法高于人定法，是人定法的基础，人定法必须合乎自然法才是真正的法律。从自然法的内容来看，他们均把正义作为自然法的根本原则。近代自然法学派还对自然法的具体内容进行了规定，概而言之如下：自由、平等、博爱、公正、和平、互助、感恩、宽恕、守信、谦虚、尊重他人、与人为善、承担义务、赔偿损失、惩罚犯罪、保存自己的生命、追求自己的幸福、同情他人的不幸、不侵犯他人的财产、愿过社会的生活等。[1]

19世纪，因英国思想家休谟的经验论对自然法理性基础的破坏，尤其是法国孔德的实证主义对价值命题的质疑，实证主义法学、历史法学和哲理法学的挑战导致西方自然法传统在19世纪中期至第二次世界大战的近一个世纪的时间里出现中断，以追求科学与实证精神的实证主义取而代之。法国民法学家惹尼抨击注释法学派拘泥于成文法的僵化解释方式，而提倡通过法官的判例和法学家的自由研究以发现成文法之外潜在的正义原则，施塔姆勒在法律概念之外提出了法律理念，并以此判断法律的正义性，拉德布鲁赫研究了实在法的有效性，富勒的自然法理论"关注的是法律的形式，即法律的内在道德问题"，德沃金通过研究司法审判和法律解释而提出了个人权利的法律原则，菲尼斯则提出了形式法治观。当代新自然法理论的研究领域已由政治哲学进入法律哲学。[2]

当代新自然法理论作为实证主义法学的对立面，更多的是从法律适用的社会效用层面探讨正义的原则，从而使当代新自然法理论更具有法律哲学的学科特征。这一研究重心的转移是由两种因素决定的：其一，自然法理论承担的使命发生了变化。西方近代自然法观念激起的是一场建构宪法制度的政

---

〔1〕 参见崔永东、龙文茂："'中国古代无自然法'说平议"，载《比较法研究》1997年第4期，第439页。

〔2〕 参见申建林："西方自然法学理论的当代走向分析"，载《环球法律评论》2007年第3期，第6页。

治革命，而当代新自然法理论需要的是在既有政治结构内进行法律调整。其二，学术背景发生了变化。出现了众多的实证主义法学派的代表人物，主要有奥斯丁、凯尔森、哈特和拉兹等。[1]进入 20 世纪后，随着社会经济不断的发展变化，生产社会化和经济全球化的不断加深，知识经济、网络知识、虚拟经济的出现，社会经济关系复杂多变，导致法律调整机制也发生变化，相应的自然法理念也发生变化，但当代新自然法学并不是对传统自然法的简单重复，而是伴随着新的法律机制，结合法律实践对自然法的理论重建、认识路径、基本准则和社会价值等基本问题上，通过变革与创新，实现了从传统到当代的转变，赋予自然法新的思想内涵，从而使当代自然法学摆脱传统理论困境而获得了新的生命力。从学科特征上看，20 世纪的新自然法理论不只是一种政治哲学，它更是一种法律哲学。

（三）　自然法学对经济法学的启示

自然法学家们将正义与利益、正义与法学相结合，形成了以正义为基础的自然法学的正义观，其发展分为三个阶段：即古代与中世纪以正义为基础的自然法学的自然义务观，近代自然法学以自由为核心的自然权利观，现代自然法学则以社会公平为核心的实质正义观。[2]自然法无论是世俗至善还是宗教至善，对人的行为施加的都是道德义务，因此西方近代以前的自然法理论只能成为自然义务的理论，但西方近代的自然法理论实现了从自然义务到自然权利的转变。如果说自然义务理论主要是一种强调个人道德修行的伦理学，那么，自然权利理论则是一种强调宪法制度的政治哲学。因此，梅因认为近代的自然法主要是一种政治命题和政治宣言，而不是一项"法律规定"和法律术语。[3]法治建设中，法律不仅体现为对自然权利的确认和保障的形式正义，还应表现为有利于和谐的社会秩序的确立以及确保社会公平的实质正义。法律应当是立法者遵守严格的程序，根据当时的社会背景，创制和社会主导价值相一致、契合民众心理和情感、体系结构上完整和谐的法律规范。法律所追求的"应然"是基于对"实然"的客观规律和社会现实的把握所作

---

〔1〕　参见申建林："西方自然法学理论的当代走向分析"，载《环球法律评论》2007 年第 3 期，第 5~7 页。

〔2〕　参见龚向和："论自然法学的权利观"，载《法律科学（西北政法学院学报）》2002 年第 2 期，第 14 页。

〔3〕　参见［英］梅因：《古代法》，沈景一译，商务印书馆 1959 年版，第 54 页。

出的合乎逻辑、契合社会对法律的价值期待的选择，是对自然法学派和实证法学派对立关系的融合。[1]

经济法作为新的法律部门，是我国现代法治建设中的重要环节，是在克服民法权利滥用和行政法权力限制的基础上，为了适应社会经济发展的需要而发展起来的新的部门法。自然法学所秉持的最基本又核心的自然法的公平、正义、理性、和谐等核心价值理念是经济法的价值目标，经济法的实质正义原则和合理性原则是经济法对自然法学思想和理念的传承，也是对自然法和实在法的法律实践的融合。经济法的实质正义原则在于经济法不仅是恪守古典自然法的政治宣言式的形式正义的自然权利观，而是基于自然法的公平、正义、自由、效率、民主、安全、秩序等最基本的价值观和合理性原则进行的制度设计，确保经济法律制度既合乎自然规律性，又确保法律权利和义务。经济法正是承载了法律的历史使命，在坚守自然法传统思想内核的基础上，通过法律实践丰富和创新了自然法的理论和价值，创建了新的法律机制，也为自然法学的理论研究翻开了新的篇章。

二、经济法对自然权利的修正

(一) 自然权利的主要观点

自然法学权利观的发展史表明，在古代与中世纪，自然法学说倡导的主要是义务，而不是权利，自然权利观念仅体现在各种关于正义的论述之中，没有特别关注权利，在任何古代或中世纪的语言里，都没有可以用"权利"来准确翻译的语词，更没有一个独立专指权利的词汇。[2]梅因说："所谓概括的权利是指各种权利和义务的结合。"[3]黑格尔在《哲学全书》中就曾指出："自然权利就是强者存在和暴力有理，而自然状态即是暴行和不法的状态，……必须加以限制和牺牲的正是自然状态的任意和暴行。"[4]洛克在《政府论》中，以"自然法"作为分析权利的逻辑起点，认为个人权利与生俱来，源于

---

〔1〕 参见刘云林："自然法学派和实证法学派论争的法伦理启示"，载《伦理学研究》2012 年第 1 期，第 46 页。

〔2〕 参见［英］A. J. M. 米尔恩：《人权哲学》，王先恒等译，东方出版社 1991 年版，第 7~8 页。

〔3〕 ［英］梅因《古代法》，沈景一译，商务印书馆 1959 年版，第 102 页。

〔4〕 ［德］黑格尔：《精神哲学——哲学全书·第三部分》，杨祖陶译，人民出版社 2006 年版，第 323 页。

人的"本性"，出自于"自然"，人生而拥有平等、自由、自主、自卫、生命、财产等人类"自然权利"，这些权利人所共有，不可剥夺，谁侵犯了这些天赋权利，谁就有权自卫和反抗。[1]洛克强调"权利和生活需要是并行不悖的"，进而区分了两类权利，一类是人们在自然状态中享有的三种自然权利，即人人同等地享有生命权、自由权和财产权，另一类是人人基于他所享有的保障一般人类的权利，而享有惩罚罪犯和充当自然法的执行人的权利。洛克从权利引出"社会契约"的观点，认为人们为了保护自身的权利，彼此赞同把自己权利的一部分"让渡给社会"或"让渡于公共机关"，以便联合组成单一的政治社会，他曾多次表明这样一种观点：自由（权利）也许并非产生于高尚的市民道德，而是政府体制（权力）正确组织的结果。但权利与政治权力的深刻冲突在于：权利的最大危险不是来自个人权利的滥用，而是政治权力，即自由（权利）赖以存在的政府体制问题。也许洛克要说明的是：自然权利只能存在于我们每一个文明人理想的拟制中，存在于我们每一个人对社会的道德判断中。[2]洛克的自然权利学说和社会契约论论证了国家权力的来源、性质，得出人们组建政府时应该具有的价值取向是保护人权。它至少在理论上化解了公权力和私权利的对立情结，因为正如以上论及的，国家的公权力和公民的私权利分别来自人们在自然状态实施的和享有的自然法的权利，公权力和私权利都是个人权利的转化形式，因此他们在本质上是相容相通的。

卢梭在《社会契约论》开头写道"人是生而自由的，但却无往不在枷锁之中"，认为"大自然希望儿童在成人以前就要像儿童的样子"，"真正自由的人只想他能够得到的东西，只做他喜欢做的事情，我就是我的第一基本原理"。同时，他认为"我们每个人都以其自身及其全部的力量共同置于公意的最高指导之下，并且我们在共同体中接纳每一个成员作为全体之不可分割的一部分"。[3]"可以把一个国家里的平等和不平等的最接近自然法则并最有利于社会的方式加以适当的调和，从而既能维护公共秩序又能保障个人幸福。"[4]

---

〔1〕　参见［英］洛克：《政府论》（下篇），叶启芳、瞿菊农译，商务印书馆1996年版，第3~9页。

〔2〕　参见征汉年、章群："西方自然法学派主要权利理论解读"，载《思想战线》2005年第6期，第38页。

〔3〕　［法］卢梭：《社会契约论》，何兆武译，商务印书馆1982年版，第24~25页。

〔4〕　［法］卢梭：《论人类不平等的起源和基础》，李常山、何兆武译，红旗出版社1997年版，第50页。

卢梭认为顺应自然的教育必然也是自由的教育，人与人的契约构成社会，人与社会的契约构成国家。自然准则高于社会准则，主权高于人权，集体权力高于个人权力。订立契约的行为，可以全部归结为一句话，那就是每个结合者及其自身的一切权利全部转让给整个的集体。卢梭把这个"集体"称之为主权者，或公意或公共的大我或公共人格，社会公众赋予这个公共的大我以支配它的各成员的绝对权力。在卢梭看来，这个体现总意志的主权者，正是在这种共同体中，每一个人的行为获得了统一。为了保护每个人能够安全地享受他所有的一切，就必须把公共利益置于个人利益之上。因此，卢梭要求人们要很好地区别与公民相应的权利和与主权者相应的权利，并区别前者以臣民的资格所应尽的义务和他们以人的资格所应享的自然权利。〔1〕

康德把权利划分为道德权利和法律权利，但这两种权利都派生于义务。"我们唯有通过道德命令（它是义务的直接指令）才认识到我们自己的自由——由于我们是自由的，才产生一切道德法则和因此而来的一切权利和义务。而权利的概念，作为把责任加于其他人的一种根据，则是后来从这种命令发展而来的。"依照权利所处的社会状态的不同，康德又把权利划分为"自然的权利"和"文明的权利"，分别称为"私人权利"和"公共权利"。自然权利指自然状态中的权利，但康德反对把自然状态视为无组织状态。自然状态下的个人权利是任意地自由行动，一个人可以用强力、欺诈对待别人、忽略别人的权利要求。同样，别人也用强力、欺诈对待他、忽略他的权利要求，所以，自然状态不存在真正意义上的权利。文明的权利是指有了公共法律并以此维护社会秩序的文明社会中的权利。它们实际上也就是实在法权利。〔2〕康德接受了古典自然法学对于权利的最基本的本体性解说——权利是一种自由。但是，康德拒绝了17世纪以霍布斯为代表的古典自然法学的这种看法：即在自然规律支配下人们做任何事的自由就是最初的自然权利。〔3〕康德虽然追随古典自然法学传统认为权利是一种自由，但他一方面在理论上把这种自由追溯为接受纯粹理性确立的绝对命令约束的个人自由意志；另一方面，他又从实

---

〔1〕 参见征汉年、章群："西方自然法学派主要权利理论解读"，载《思想战线》2005年第6期，第38页。

〔2〕 参见［德］康德：《法的形而上学原理——权利的科学》，沈叔平译，商务印书馆1991年版，第34、35、51页。

〔3〕 参见［英］霍布斯：《利维坦》，黎思复、黎廷弼译，商务印书馆1985年版，第97页。

践的意义上把这种被视为权利的自由溯源到公共意志。康德实际上认为，公共意志的存在是自由作为权利成立的决定性要素。[1]康德所说的作为权利的自由，是一种符合于普遍自由法则、可以和其他每个人的自由相协调的个人自由，是公共意志下的自由，即个人自由应服从于公共利益。

德沃金认为权利不只存在于法律规则之中，更重要的是"来源于政治道德原则的法律原则"。"正是法律的这种法律原则所给予的道德特征，赋予了法律特别的权威，以及人们对法律的特别尊敬。"与古典自然法学家把自由权利作为个人基本权利不同，他认为平等权是一种非常基本的权利。"政府必须关心它统治下的人民，政府也必须尊重它统治下的人民，政府必须不仅仅关心和尊重人民，而且必须平等地关心和尊重人民。"[2]法国激进资产阶级革命领袖、自然法学派的重要人物罗伯斯比尔总结和发挥了洛克与卢梭的观点，将大自然赋予人类与生俱来的权利概括为四个方面，形成了一个完整的权利体系。这四项"天赋人权"包括：①自由权。包括人身自由、财产自由、和平集会自由、言论和出版自由。②平等权。包括政治和法律上的平等。③参政权。包括选举和被选举权、对公职人员的监督和罢免权、对不法和残暴统治的抵抗权。④社会权。包括生存权、劳动权、受教育权和获得帮助权。他认为在所有这些权利中，财产自由权是最基本的人权。而他同时又认为，"自由应受法律的约束"并不意味着法律的目的在于限制和废除自由，而是在于保护和扩大自由。"这是因为自由意味着不受他人的束缚和强暴。而哪里没有法律，哪里就不能有这种自由。""法律按其真正的含义而言与其说是限制还不如说是指导一个自由而有智慧的人去追求他的正当利益。"[3]

古典自然法学的主要代表，如霍布斯、斯宾诺莎、洛克、卢梭等主张自然权利的自由，主要强调的是个人行为相对于国家意志的独立性、自主性。认为在自然状态下依据自然法就享有这种自由，而在自然状态下对人们的行为加以约束、限制的自然法本身是由一些明确的义务性规则构成的，这些义务性规则构成的自然法从霍布斯以后逐渐被人们视同为道德规则：即由于人

---

〔1〕　参见张恒山："由个人意志自由到公共意志自由——康德的权利学说"，载《环球法律评论》2013年第3期，第13页。

〔2〕　参见［美］罗纳德·德沃金：《认真对待权利》，信春鹰、吴玉章译，中国大百科全书出版社1998年版，第357页。

〔3〕　参见张宏生编著：《西方法律思想史》，法律出版社1986年版，第197页。

们在自然法之道德律的约束下享有道德权利（自然权利），人们进入文明国家状态后还保留其中一些权利，它们应当是国家制定实证法权利之依据。在古典自然法学的主流理论中，人们之所以在自然状态中享有自然权利，是因为他们接受了理性认识的自然法，而这些自然法是直接由一些义务性规则构成的。它们规定人们不得做什么、必须做什么等。换句话说，权利是由人们在理性义务规则约束自然自由（无约束的行为任性）的前提下获得的剩余的自由而构成的。所以，自然义务是权利自由的前提。这一论证虽然存在对理性作用的认识问题，但其大体上符合人们实践的思维规律。因此，自然法学派把"平等权、自由权、生存权和财产权"视为自然法的主要内容，认为这四项"自然权利"，尤其是私有财产权，是受自然法保护的、神圣不可侵犯的"天赋人权"。[1]

新自然法学褪去了道德正义形而上学的色彩，其法治论也渐次转向对法治形式价值的关注。在罗尔斯的正义论中，"法治"以正义原则为旨归，趋于描述一种确保正义价值的形式化制度体系与法治秩序。在富勒的法律道德性理论中，"法治"作为不断趋向道德目标的治理事业，体现为一种内在具有合理形式、蕴涵的"程序自然法"的秩序框架。新自然法学注重认知与方法的平衡，现实地考量法治的形式价值，进而转向对规范之内在属性及秩序之稳定形式的审思，这对强调程序正义的中国法治秩序构建不乏启示意义。罗尔斯承认"遵守不正义法律的义务"，富勒转向"程序自然法"，哈特保留"自然法最低限度的内容"，表明自然法学与分析法学基于法律实践的理论互动，韦伯从"理性"的角度分析了形式理性和实质理性，塞尔兹尼克则构建了"回应型法"来探讨法的实质正义。在法治问题上，道德主义的法治论传统也得到社会学观察视角与规范分析方法的有效调和，注重法治的规范性分析，关注法治的形式价值。新自然法学的法治论秉持现实态度，审思方法与认知的平衡，转向对规范之内在属性及秩序之稳定形式的审思，乃法治理论的有效调和与促进，这种法治理论对当前中国法治亦不乏启示意义。[2]

自然法从道德义务观到自然权利观的演变是伴随着社会经济发展的一种

---

〔1〕 参见张恒山："由个人意志自由到公共意志自由——康德的权利学说"，载《环球法律评论》2013 年第 3 期，第 13~16 页。

〔2〕 柯卫、马腾："新自然法学法治论之旨趣及启示"，载《广东社会科学》2017 年第 1 期，第 239、243 页。

法治文明的进步，但随着现代社会经济发展的社会化进程的加深，形式主义的平等权利下的实质上的不公平，以及权利的滥用对社会公共利益的损害不可避免，进而引发了新自然法学学者越来越关注法的实质正义，并思考从法律制度上禁止或是限制权利滥用，以及如何实现法的实质正义的法律新机制，而经济法正是承载了新自然法主义的理想和现实的新法律机制。

（二）经济法对自然权利的制度矫正

自由作为自然权利的核心价值，也是道德价值，且不仅是众多价值中的一种价值，而是指所有价值的根源。道德和道德价值只有在自由的环境里才会成长，也才会有高尚的道德标准，即道德标准与所拥有的自由程度成正比。只有在自由的行动受着强有力的道德信念引导时，自由社会才能良好地运行。因此，要想让自由有良好的表现，不但需要强有力的道德标准，而且要有一种特定类型的道德标准。自由社会总是对个人责任有着强烈信念的社会，只有在个人既做出选择，又愿意为此承担起基本责任时，服从才具有道德价值，因为它是出自选择而非强制，也才能赢得道德上的赞誉。这也都充分证明了为何最重要的事情就是自由社会要以强大的道德信念为基础，若想维护自由和道德，就应竭力传播正确的道德信念。[1]因为当人们根据道德的标准，以自己的知识和信念理性而合理地采取行动，并将产生的后果归因于自己时，这就促进了自我约束。自由是一个正义的法律制度必须予以充分考虑的人的需要，要求自由是人类根深蒂固的一种欲望。[2]孟德斯鸠认为，自由需要法治作保障，只有在法治国才会有真正的自由。因为在法治国中行政权没有专横的余地，一切都由法律来统治。"自由是做法律所许可的一切事情的权利，如果一个公民能够做法律所禁止的事情，他就不再自由了，因为其他人也同样会有这个权利。"[3]哈耶克认为自由是法治旨在保障的那种法律下的自由。[4]法律上没有个人的绝对自主领域，权利受到法律保障在某种程度上意味着权

---

〔1〕 ［英］弗里德里希·冯·哈耶克：《经济、科学与政治——哈耶克思想精粹》，冯克利译，江苏人民出版社 2000 年版，第 62~63 页。

〔2〕 参见 ［美］E. 博登海默：《法理学：法律哲学与法律方法》，邓正来译，中国政法大学出版社 2004 年版，第 298 页。

〔3〕 参见 ［法］孟德斯鸠，《论法的精神》，张雁深译，商务印书馆 1979 年版，第 154 页。

〔4〕 参见 ［英］弗里德利希·冯·哈耶克：《法律、立法与自由》（第 2、3 卷），邓正来、张守东、李静冰译，中国大百科全书出版社 2000 年版，第 150 页。

利受权力干预。[1]

法国 1789 年的《人权宣言》第 4 条对自由做出了一般限制，即自由指有权从事一切无害于他人的行为。因此，个人权利的行使以保证社会上其他成员也能享有同样权利为限制，此等限制仅由法律规定。无限制的经济自由就会导致垄断的产生。[2]古典自然法学派的自然权利源于自然义务，对自然权利的维护是正义的要求，但自由不是绝对和无限制的权利。从法理角度看，"法无授权即禁止"则可理解为对"权力"的限制，而"法不禁止即自由"，或是"法不禁止即可为"的"自由"或是"可为"也可理解为"权利"。在不同的语境下，自由的法律内涵不同。"法不禁止即自由"和"法无授权即禁止"两个法谚实为法和自由或者权利、权力的关系。自由和权力应受法律的合理限制已成为社会共识，法律以何种方式或在多大程度上限制自由和权力是关键。权利和权力必须通过法律加以保护和规范，"法不禁止即自由"是通过法律的否定或是禁止来界定自由的范围的，"法无授权即禁止"是通过法律的肯定或是授权来界定权力的范围的。[3]法学意义上的自由是指在法律允许范围内的自由，可以按自己的意愿从事对别人没有损害的活动的权利，这就是自由的法律界限，即法无禁止即自由的法治内涵。每个人只要不违背法律正义，就允许他按照自己的方式去追求他的利益。[4]"法无禁止即自由"的"法"应该理解为法律规定、法律授权、双方约定、甚至于道德约束等可以被法官适用于司法裁决的任何具有公平正义价值的行为规范。"法无禁止即自由"是法定、约定或者公序良俗、诚实信用等规范之内的自由。"法无禁止即自由"可以解释为除非法律禁止的，否则就是法律允许的。即"法律沉默下的自由"，也就是法律的沉默空间的自由。法律沉默空间指法律没有明确规定的领域，或是法无授权和法无禁止之间的空白地带或边缘领域。[5]公法的作

---

〔1〕 参见魏治勋：《禁止性法律规范的概念》，山东人民出版社 2008 年版，第 246 页。

〔2〕 See John Hospers. Libertarianism. Los Angeles，1971. 转引自 ［美］E. 博登海默：《法理学：法律哲学与法律方法》，邓正来译，中国政法大学出版社 2004 年版，第 303 页。

〔3〕 参见汪习根、武小川："权力与权利的界分方式新探——对'法不禁止即自由'的反思"，载《法制与社会发展》2013 年第 4 期，第 38 页。

〔4〕 参见 ［英］亚当·斯密：《国民财富的性质和原因的研究》，郭大力、王亚南译，商务印书馆 1972 年版，第 128 页。

〔5〕 参见龚柏华："'法无禁止即可为'的法理与上海自贸区'负面清单'模式"，载《东方法学》2013 年第 6 期，第 138 页。

用在于保障公民自由的安全条件，而私法在于创立自由与和平的秩序，应该强调从法律上限制公共权力以保障实现个人自由。[1]

但为了社会福利，自由就必须受到某些限制。任何自由都容易为肆无忌惮的个人和群体所滥用，这是自由社会的经验。[2]随着社会经济的不断发展，权利的社会化和公权力的扩张可能会动摇私权之"法不禁止即自由"和公权之"法无授权即禁止"的古典自由主义理念。"法无授权即禁止"和"法不禁止即自由"可通过法律授权项和禁止项进行列举，但两者的区别未能列举穷尽，即不可能通过列举立法的方式在"法律沉默空间内"对私权和公权进行明确的界分。现代社会经济的发展使市场自由的内涵扩张导致私权的滥用害及社会公共利益，私权利之"法不禁止即自由"的局限性暴露无遗。社会公共意识的增强以及对社会公共利益的维护，为公权力介入私权领域找到突破口，传统的公权力之"法无授权即禁止"的限制被打破。因此，对社会公共利益的保护成为市场自由和政府干预市场的底线，为了社会公共利益对私权和公权的限制越来越成为现代法治的共识。为防止市场主体因自利而侵害社会公共利益，必须对市场主体的权利和政府权力之间划出一道红线，在法律没有明文禁止的都是合法的与社会公共利益保护之间寻求平衡。同时，对政府的市场干预权，也仅限于法律授权的对社会公共利益的保护范围，应防止公权力滥用社会公共利益之名侵害私权。

自由应受到法律约束和限制，不是无限制的。[3]实践中，市场自由权利的滥用和异化滥觞于民商法"权利本位"和理性"经济人"[4]对私权利益

---

〔1〕　See Alfred Whitehead. Adventures of Ideas（Nen York. 1933：63. 转引自〔美〕E. 博登海默：《法理学：法律哲学与法律方法》，邓正来译，中国政法大学出版社 2004 年版，第 303 页。

〔2〕　参见汪习根、武小川："权力与权利的界分方式新探——对'法不禁止即自由'的反思"，载《法制与社会发展》2013 年第 4 期，第 40 页。

〔3〕　参见胡希宁编著：《当代西方经济学概论》（第 5 版），中共中央党校出版社 2011 年版，第351 页。

〔4〕　"经济人"就是以完全追求物质利益为目的而进行经济活动的主体，认为人的一切行为都是为了最大限度满足自己的私利，工作目的只是为了获得经济报酬。亚当·斯密在《国富论》中对"经济人"的基本行为特征作了详尽描述。他认为，自利的动机是人类与生俱来的本性，也是社会分工产生的根本原因，"人类几乎随时随地都需要协助，要想仅仅依赖他人的恩惠，那是一定不行的。他如果能够刺激他们的利己心，使有利于他，并告诉他们，给他做事，是对他们自己有利的，他要达到目的就容易得多了"。这种以追求个人利益为导向的基本心理动机就成为一切经济活动得以有效展开的内在动力。

最大化的追求。市场主体在追求"私权至上"和"法律不禁止即可为"的自由中，为实现利润最大化可能不择手段。经营自主权常被市场主体异化为"绝对自治权"导致权利滥用，强势的市场主体一方打破平等协商的自治原则，利用优势地位侵犯弱小一方的利益。市场主体不仅超越商业道德底线，滥用经营自主权违法谋取商业暴利，甚至违法犯罪。比如大股东通过操纵公司的经营管理权侵吞中小股东利益，具有市场支配地位的企业滥用其市场优势地位限制竞争打压中小企业的生存空间获取垄断利润，或者低价倾销损害同行业的竞争利益侵占市场，同业者采取价格联盟排除竞争，经营者囤积商品获取暴利侵害消费者利益，扰乱市场秩序，生产假冒伪劣产品等。民商法为了平衡"意思自治"和"防止权利滥用"，只能在司法实践中借用"诚实信用""公序良俗"和"禁止权利滥用"等基本原则由法官自由裁量，其裁决结果对相关民事行为或是认定为无效，或是撤销，并不能对违法者处以公权处罚以彰显公平正义。受民事诉权之限，对于危害公共秩序之市场自由行为，很难通过民事诉讼实现对社会公共利益之司法救济。

在经济发展社会化的背景下，民商法之"权利本位"的意思自治容易导致当事人权利滥用，出现了市场失灵。政府行政权力过度扩张、行政不当容易导致政府失灵。因民商法和行政法对市场失灵和政府失灵的调整具有局限性问题，无法通过当事人平等协商解决市场的信息不对称、竞争不充分、公共产品供给不足等外部性问题，也难以避免市场发展过程中的盲目性、局限性、周期性、分配不公等市场缺陷问题，而行政强权不可避免产生政府内部性、权力寻租、效率低下及权力的帕金森定律等政府缺陷。经济法融合了民商法的私法任意性和行政法的公法强制性，在法与自由、权利、权力的关系中寻求平衡，通过对政府行为和市场行为的规范和调整实现资源配置的公平正义。因此，在资源配置的经济活动中，市场主体依法享有市场准入的投资自由、经营自由和竞争自由之外，同时还应承担履行合同约定、保护环境生态、保障劳工权益、维护消费者权利、维护公平竞争秩序，依法纳税等社会责任。这些社会责任依民商法之自治和行政法之强权难以维持，必须借助公法和私法耦合的经济法进行调整、规范。比如，市场投资自由可能导致市场投资的盲目性，需要政府宏观调控法和产业政策的引导。市场主体经营自由之内幕交易、关联交易、囤积行为、低价倾销，如果仅从民商法之市场自由的角度来看，似乎符合自由正义，但这些行为的社会危害性破坏了市场秩序，损害其他投资者、经营者和消费者的利益而应该受到禁止。如何在自由与合法之间协调平衡，经济法在尊重市场主体之自治的基础上，授权政府依法进行调控、规制和监管。实践中，经济法借市场之手和政府之手在经济活动中协调平衡各方的利益，并维护了社会公共利益，具体的法律规范经济法，见表6-1。

　　经济法是以维护社会经济秩序的社会公共性为宗旨，在遵守民事主体平等协商权的基础上，通过公权力介入维护社会公共利益，并利用公权力对"法律沉默空间中自由"进行限制和保护的法律规范。因此"法律沉默空间的自由"是以尊重社会公共利益为底线的，而且这里的法律应该包括所有具有法律约束力的行为规范。博登海默认为"法律被用来调和相互冲突的自由或被用来使自由的价值同社会秩序中相互抵触的目的达成平衡"，"使法律在某些情形下为了公共利益而对自由进行分配或限制具有了必要性"。[1]经济法以社会公共利益保护为宗旨的价值理念，在尊重私权自治和遵守政府依法干预的基础上确立了其社会本位的基本原则。市场主体在法律沉默空间中的自由应该受到经济法律法规的限制，政府干预在追求实质正义时也应遵守经济法律法规限制。经济法之公私法交融的特质通过社会本位突破了"法不禁止即自由"和"法无授权即禁止"的界限，在"法律沉默空间"确立了其法律地位。市场与政府在资源配置的经济活动过程中，是以社会公共利益为相互角力的底线，市场主体在"法律沉默空间"的私权自由必须尊重社会公共利益，否则，政府有权对市场主体进行公权的处罚。相反，政府在"法律沉默空间"的干预也仅限于对社会公共利益的维护。经济法以维护社会公共利益为宗旨，在遵守民事主体平等协商权的基础上，通过公权力介入维护社会公共利益，并对公权力在"法律沉默空间中自由"进行限制以防止权力的滥用。因此"法律沉默空间的自由"是以尊重社会公共利益为底线的自由，且"法律"应该包括所有具有规范效力的行为规范。

---

〔1〕〔美〕E. 博登海默：《法理学：法律哲学与法律方法》，邓正来译，中国政法大学出版社2004年版，第306、307页。

表 6-1　经济法对市场主体自由的限制

市场主体的自由（权利）	自由或权利被滥用之情形	经济法的规制和调整
投资自由	违法设立公司企业；滥用法人独立人格制损害债权人的利益；假破产真逃债；滥用股权损害投资者权益	公司法、企业法、工商登记管理条例、行政许可法、三资企业法、证券法等
经营自由	侵犯消费者权益、侵犯劳动者权益、假破产真逃债、污染环境、破坏生态、资源浪费、偷税漏税等	产品质量法、消费者权益保护法、劳动法、公司法、企业法、破产法、市场规制法、宏观调控法、财税法、预算法、计划法、市场监管法、广告法、价格法等
竞争自由	不正当竞争行为、垄断行为、操纵市场行为	反不正当竞争法、反垄断法、市场监管法

三、经济法对新自然法学的理论阐释及其法律实践

（一）自然法道德正义的内涵

"ethics"一词源自希腊 ethos 一词（古希腊文为 ethikee），本意为"本质""人格"，也有"风俗"和"习惯"的含义，亚里士多德曾指出伦理德行是由风俗习惯沿袭而来。[1]moral 一词源自拉丁文，也有"习俗"的含义。但道德、伦理并非完全等同于习俗、习惯，前者涉及"善""好""正当""诚实"等基本价值判断和是非观念，与一定社会的精神气质、社会美德联系在一起。[2]道德可被定义为习惯了的规则，一种良好的习惯，这一看法也体现在一些立法中，比如许多国家将其表述为"善良风俗"或者"公序良俗"。因为"公序良俗是衡量习惯的标准，使习惯符合一般国民公正适当的法律感情，借以提高法律生活水平，进而与伦理道德观念相结合"。[3]自然法认为法律的本质是规则体系所体现的东西，这些东西是来源人的理性和良心的道德标准或原则。自然法承认实在法的规则，但认为实在法应接受一定道德标准和原则的检验，以确认这些规则是否符合道德正义，否则就是"恶法"，不能

---

　　〔1〕　参见〔古希腊〕亚里士多德：《尼各马可伦理学》，苗力田译，中国社会科学出版社1999年版，第26页。

　　〔2〕　参见谢晓尧：《竞争秩序的道德解读：反不正当竞争法研究》，法律出版社2005年版，第6页。

　　〔3〕　参见施启扬：《中国民法总论》（修订版），三民书局1992年版，第55页。

称之为法律，其也就失去了应有的效力。因为自然法认为这些道德标准和原则也是法律的组成部分，不能仅注重逻辑分析，还要考虑规则本应存在的内在的东西。首先，自然法用来检验实在法的道德标准或原则本身就包含了维护法律秩序的道德义务，而这种法律秩序包含政治国家制定或认可的实在法的规则体系。不难看出，既然道德标准或原则包含维护法律秩序的道德义务，那么自然法考虑政治因素也是一种必然，体现了自然法学和实证主义法学的互动融合。其次，自然法论者或道德论者也有政治立场。自然法论者或道德论者在坚守自然法学的同时，不会忘记他们始终生活在一个政治国家之中，对政治事件或政治问题总会有一定的看法和立场，这种看法和立场必然对自然法论者或道德论者的自然法立场或道德立场产生一定的影响。[1]自然法学家认为自然法的最终渊源是理性和正义感，其最终的约束力是道德上的谴责。他们把理智奉为神圣借以考察法的道德因素，包括维护法律秩序的道德义务，而这种法律秩序包括由国家强加和强制执行的法律规则体系。[2]

　　自然法学派和实证法学派关于道德与法律关系的争论，有利于认识法律和道德的内在联系。从大体上来说，自然法和国家制定的实在法是社会生活中存在两种法律形态。自然法代表着法律的理想状态，是对法律的终极价值目标的追寻，是一种理想化的法律，它不是有形的法律，而是一种正义的标准、一套价值体系。它高于实在法，是凌驾于实在法之上的指导法或是法律信仰。自然法之作为实在法的价值依据之所以是绝对的和必然的，乃是因为它来自一个超验的世界，这个超验的世界或者是柏拉图的绝对理念，或者是基督教的神性的绝对存在。总之，这个超验世界是一个与现世截然分离的"另一世界"，属于理想王国的精神世界的道德范畴。虽然，道德和法律的根据被托付在道理、人性、天意等具有本体意味的概念上面，但是所有这些概念都不曾表明"另一个世界"的存在。事实上，这里根本没有一种经验之外的超验世界，天道与人道其实只是一个道，就好像天地宇宙、人心也只有一个理一样。这种人与宇宙的特殊关系一直可以追溯到周人"以德配天"的原

---

　　〔1〕　杨显滨："论自然法学与实证主义法学的互动融合"，载《河北法学》2012年第9期，第159~160页。

　　〔2〕　参见〔美〕哈罗德·J.伯曼："论实证法、自然法及历史法三个法理学派的一体化趋势"，刘慈忠译，载《环球法律评论》1989年第5期，第12页。

始观念，其完整形态便是中国哲学史上名的"天人合一"论。[1]因此，自然规律是自然法的客观要求，人性和德行是自然法基本品质的主观标准。自然法的道德标准和自然规律也就成为了评判实在法的理论基础和价值选择的依据。

（二）经济法之商业伦理道德的自然法思想内核

经济法是维护国家、社会、经济和生活秩序的主要规则，但"商人的荣誉""商人的习俗"和"商人的礼仪"等道德规则也是构成商业活动准则的重要内容。市场既是人类品性的衍生物，也是人类品性的一个起因。社会秩序要求基本的行为规范，市场竞争需要维持最低限度的秩序。虽然市场规则可以法律化，但市场规则是在各方博弈互动中催生的市场自发形成的逻辑使然，并非人类精心设计和非外部力量制造的结果，只有遵守市场规律的自然法则的法律才可能成为市场规则。市场的经济模式的内在价值在于其的合道德性，市场被视为内含"道德"因素的一种经济体制。[2]道德概念与维护或违反那些被认为具有社会重要性的风俗有关，某一种行为之所以被认为是道德行为，不仅是因为履行这类行为利己，而是因其具有社会重要性或有利于他人，而忽略或妨碍道德行为将造成社会灾难。[3]孔子曰："富与贵，是人之所欲也；不以其道得之，不处也。贫与贱，是人之所恶也；不以其道得之，不去也。"孔子的儒道即"君子爱财取之有道"。译意即"人人都希望追求富裕和显贵，摆脱贫穷与低贱，但应该用仁德的正当方法去实现，即使在最紧迫最颠沛流离的时候，也一定要会按仁德去办事"。[4]权利作为人类的本性，不应只是国家赐予的特权，是源于人拥有理性这样一个事实。换句话说，权利之所以为权利，其"合法性"和"正当性"是需要经过道德来检验和证明。人需要权利，是因为他的生存依赖于它，理性的行动必须由（合理的）道德原则与理念来引导，或者说依道德规则来行使权利，不滥用权利，权利的道德判断基于对利己主义道德观点正当性的接受。道德为人们提供了有价值的准则，来引导他们作出抉择并采取行动，而自由市场经济建立在理性自

---

〔1〕 参见梁治平："'法自然'与'自然法'"，载《中国社会科学》1989年第2期，第214、255~256页。

〔2〕 参见孔祥俊：《反不正当竞争法的创新性适用》，中国法制出版社2014年版，第4页。

〔3〕 参见何怀宏：《底线伦理》，辽宁人民出版社1998年版，第14页。

〔4〕 参见冯必扬：《现代竞争》，中国发展出版社1996年版，第287页。

私的道德基础上。道德上，个人选择维持并改善自己的生活与幸福的人是利己主义者。简而言之，以理性的自私行事，追求自我利益的最大化，这是人类生活所需要的。如果道德为人们提供了自我保存的知识和指导，而且需要人们以维持和改善自身生活与幸福的目的行事，且不损害社会和他人的利益，那么理性利己地行事也是道德的。[1]因此，自由市场经济是一种承认理性自私行事是一种美德的经济制度。本质上，自由市场经济是道德的社会体系，保护每个人能活着追求自己理性自私生活的制度。因此自由市场经济制度保护所有个人的权利，使财富供应有可能不断增加。[2]

以营利为目的是企业天经地义的商业目标，市场自由主义者崇尚的利润的最大化也是利己主义的道德性在市场经济中的体现，不赚钱不盈利的企业固然不是好企业，已经背离其设立的宗旨，有负于其投资人，但"市场是一种伦理的制度"。[3]利润的最大化的利己主义的道德性也应该符合商业伦理。商业伦理既是一种道德规范和道德秩序，代表着一个国家在经济领域的道德文明的进步程度。博登海默曾指出，"伦理体系得以建立，乃是源于有组织的群体希望创造社会生活的起码条件的强烈愿望"，"道德界线的主要目的则是引发合乎社会需要的行为"。[4]市场秩序离不开制度的建构，从制度层面而言，道德和习俗都是人类行为的"规则"，是同源的。"道德（Moral）"和"伦理（Ethics）"是可以相互等同和替代的概念。[5]美国经济学家、诺贝尔奖奖金获得者米尔顿·弗里德曼也指出："一个社会的价值准则、文化、习俗，所有这些都是通过自愿的交换和自发的合作发展起来的，其复杂的结构

〔1〕　参见［奥］欧根·埃利希：《法社会学原理》，舒国滢译，中国大百科全书出版社 2009 年版，第 15、61 页。

〔2〕　参见［美］布里安·P. 辛普森：《市场没有失败》，齐安儒译，吉林出版集团有限责任公司 2012 年版，第 6、12、13 页。

〔3〕　参见［美］A. 爱伦·斯密德：《财产、权力和公共选择——对法和经济学的进一步思考》，黄祖辉等译，上海三联书店、上海人民出版社 1999 年版，第 38 页，转引自谢晓尧：《竞争秩序的道德解读：反不正当竞争法研究》，法律出版社 2005 年版，第 6 页。

〔4〕　参见［美］E. 博登海默：《法理学——法哲学及其方法》，邓正来、姬敬武译，华夏出版社 1987 年版，第 360~361 页。

〔5〕　参见韦森：《经济学与伦理学——探寻市场经济的伦理维度与道德基础》，上海人民出版社 2002 年版，第 10~12 页；何怀宏：《伦理学是什么》，北京大学出版社 2002 年版，第 8~12 页。

是在接受新东西和抛弃旧东西、反复实验和摸索的过程中不断演变的。"〔1〕现代西方自由主义代表人哈耶克在批判建构论的理性主义后，更是严格区分内部规则和外在规则两种不同的秩序渊源，并指出构成社会秩序的规则是自生自发生成的，是经由个人行动者之间的互动和协调而达成一致的。〔2〕因此，市场秩序是一种自治或是自律的内在规则与外在规则的结合，内在规则就是依靠商业道德的约束。市场有着创造和分配财富的活力，整个社会对于市场机制的基本道德态度有利于认识向来受到精英和大众质疑的市场道德性。不论哪一个群体，它们质疑的动机不仅仅是社会仁义或者公共利益。具体地说，这个观点也就是在道德上该受到质疑的既不是财富，也不是贫穷，而是贪婪，然而它也许是也许不是从事市场交易的人们的决定性动机。〔3〕由于社会规范体系的有效性，以及法律的滞涩和不完备性，对不断出现的新型权利类型及其表现方式不可能穷尽，并提供有效的保护，以至于必须借助于社会道德规范。法律只是社会正义的一种表达方式，却未必是正义本身。在某种意义上，法律的"合法性"也取决于一定的道德证明，而如果有了道德证明，一项利益即使未为成文法所规定也应当受到保护。〔4〕

在市场竞争中，由于市场体系与市场机制不健全，对于道德水平低下的竞争者，不顾社会舆论的谴责和良心的责备，为了追逐利润最大化，扭曲等价交换与公平竞争原则，采用某些不正当手段参与市场竞争，破坏竞争秩序，为了获取竞争利益可能不讲商业道德，宁可我负人，不可人负我，欺行霸市，以强凌弱，或是滥用其对某些产品的市场支配地位获取垄断利润，损害其他经营者和消费者的利益，违背法律与商业伦理。诸如在市场上生产和销售假冒伪劣产品、采取不正当的价格手段牟取暴利、制作及播送虚假广告、诱惑及强迫消费者购置等。至今我国仍有一些企业尚未有商业道德建设的理念，企业严重违背法律与道德。因此，需要从理论上探究及从实践中解决企业怎

〔1〕 参见［美］米尔顿·弗里德曼、罗斯·弗里德曼：《自由选择》，胡骑、席学媛、安强译，商务印书馆1982年版，第30页。

〔2〕 参见［英］弗里德利希·冯·哈耶克：《法律、立法与自由》（第1卷），邓正来、张守东、李静冰译，中国大百科全书出版社2000年版，第7页。

〔3〕 参见［美］丹尼斯·P. 麦卡恩："市场、商人和政府管理：从比较前现代儒学与西方哲学到商业伦理的素材"，载叶敬德主编：《市场经济与商业伦理》，复旦大学出版社2003年版，第46页。

〔4〕 参见孔祥俊：《反不正当竞争法的创新性适用》，中国法制出版社2014年版，第38、103页。

样才能遵循法律与道德标准履行社会责任。重视商业道德建设，以法律和道德来规范企业的经营行为，并创造了良好的经济效益与社会效益，这是我国企业经营的主流及发展方向。因此，重视研究企业伦理与营销道德已提到理论界与企业界的重要议事日程上。[1]

经济法作为社会控制的主要手段需要伦理道德支持，伦理制度是市场经济的底线，这条"底线"代表着平等、公正、权利、利他、多元等自然道德观念。所有的经济法法律关系都应根据它们的具体情况按照自然法正义衡平的道德标准进行调整才能达致具体的社会公正。市场中的竞争者、消费者和社会公众是多元化的利益主体，其多元化的利益都具有法律保护的必要性，在很大程度上和范围中，并不存在一个简单化的、非此即彼的利益取舍，应该从衡平的角度进行有效的资源配置，平衡协调各方利益，实现社会秩序的和谐共赢。市场秩序中诚实信用、平等、自由、公平、正义、秩序、等价有偿、互惠互利、公序良俗等都是市场经济活动和市场交易不可或缺的商业道德或是商道。经营者在谋求利润最大化的过程中，应通过公平竞争形成合理的价格机制，提高商品的品质增强企业的核心竞争力，确保企业利润最大化，满足消费者的需求，保护劳动者权益，维护生态环境，依法纳税，遵纪守法承担法律责任，并承担其社会道德责任，平衡个人利益和社会利益。市场主体追求理性的利润最大化的利己主义无可厚非，但不应该为了一己之私损害他人利益或是破坏公共秩序，利己不损人这是市场竞争秩序最基本的道德要求，利人利己是市场秩序的道德标准。这就是经济法对新自然法学的理论阐释。

（三）经济法商业道德之诚信原则

1. 诚信原则的道德性

诚实信用作为"帝王规则"是重要的传统道德范畴之一，具有普遍适用的价值意义，是实现法律之公平正义价值的基础，诚信原则体现了内在主观人格和外在客观行为的完美统一，是确保道德义务自觉履行的重要保证，也是平衡法律关系双方利益的最好的行为规范。"诚"主要指"内诚于心"，"信"则强调"外信于人"；"诚"主要是对个体的单向道德要求，"信"侧重于对社会群体的双向或多向要求；"诚"指道德主体的内在德行，"信"则是

---

〔1〕 参见甘碧群："企业营销道德状况及其影响因素初探"，载叶敬德主编：《市场经济与商业伦理》，复旦大学出版社2003年版，第87~89页。

"内诚"的外化，是社会化的道德约束。即人应当"诚实无欺、言行一致、恪守诺言"的美德。[1]这种"表里如一"的"诚信"既指包涵中国传统文化的"诚实不欺"，也蕴藏着西方国外所指的"good faith"，即"善意"。根据《布来克法律词典》的解释，善意是一种没有专门意思和成文定义的不可触摸的优良品质，包括诚实的信念、不存恶意、没有骗取或追求不合理好处的目的，忠实于自己的义务和责任。[2]这种内在的人格表现出来的就是信守承诺，不欺不诈，以满足相对方的良好愿望，确保双方利益得以平衡，实现公平正义。

企业在追求经济效益时，应该考虑社会效益，注重产品质量，以诚信为根本，承担起产品质量安全义务，维护劳动者、消费者利益，履行企业社会责任。亚里士多德在讲法的时候，对人性有一个基本认识，那就是当人为善的时候，人是所有动物中最好的动物，当人作恶的时候，人又是所有动物中最坏的动物，而一个没有道德底线的人，恐怕经常应该被归于最坏的动物一类。[3]一个人的行为具有合法性，未必就有合道德性。法律是行为规范的底线，一般不涉及高尚的道德品格。道德比法律有更高的要求，按照更高的道德标准去行为的时候才不至于突破法律的底线。如果道德底线被突破，法律底线也将难保。随着市场经济的发展，诚信原则在民事私法领域的局限性日渐突显，而在经济法中的地位愈发重要。诚信原则自罗马法以来就被视为私法领域的行为准则，并确立了其民法基本原则"帝王规则"的法律地位。随着社会的发展，时代的变迁，诚信原则也成为现代法治的基础，渐渐实现了其从道德约束到法律规范的蜕变，并奠定了其现代社会法治的基石，升华为市场经济的灵魂。市场经济是诚信经济，商业道德的核心就是诚实信用。确立经济法之诚信原则的基本原则，探讨经济法诚信原则的调整机制也就很必要。

2. 商业道德之诚信原则是经济法的基石

诚信伦理的价值在我国自古就受到高度重视。子曰："人而无信，不知其可也。大车无輗，小车无軏，其何以行之哉？"[4]意为：人没有诚信是没有用的。如果没有诚信之心的道德约束，就好比车子没有装到牛车上是没办法

---

〔1〕 参见刘荣军："诚实信用原则在民事诉讼法中的适用"，载 http://www.civillaw.com.cn/Article/default.asp? id=52275，访问日期：2018 年 5 月 14 日。

〔2〕 参见郑强：《合同法诚实信用原则研究：帝王条款的法理阐释》，法律出版社 2000 年版，第 4 页。

〔3〕 参见刘义青："诚信经营与道德及法律"，载《中国市场》2008 年第 18 期。

〔4〕 《论语·为政》。

行驶的，难免脱轨。封建社会奉行的"君子喻于义，小人喻于利"虽不符合现代社会"经济人"的假设，但在我国传统儒家伦理中，诚实守信被视为"立人之本""立政之本""进德修业之本"。英国著名法学家哈特认为："如果一个规则体系强加于什么人，那么，就必须有足够的成员自愿接受它；没有他们的自愿合作，这种创制的权威、法律和政府的强制力就不能建立。"[1]诚信原则不论其作为传统的道德约束，或是私法的契约义务，还是公法上的法律规制，都要求经济法主体主观上的内在自律，客观上外在行为乐意去接受约束。否则，诚信原则就难确立。因此，市场主体应该遵守社会公德和商业道德，认真履行其义务，诚实不欺，重承诺，守信用，善意经营，公平竞争，遵纪守法。建立在市场经济基础上的现代文明，最初发端于西方资本主义社会。这种建立在契约论基础上的诚信是西方社会的生活准则，它是"对承诺和协议的遵守和兑现，当某人不履行他的承诺，就是恶意行事"。[2]英国著名的哲学家和经济学家密尔认为"宪法道德的重要性并不亚于相关宪法本身的问题。政府的存在本身，以及其他能使政府持久存在的一切，都源于对宪法道德原则的遵守"。[3]政府诚信是立政之本，是宪法道德的基础，是以德治国的前提，也是政府依法治理市场经济的行为规范。日本学者也指出：该"帝王条款"虽然最先是在民法的债权法中得到肯定的，但是到了后来已经不分公法与私法，不分实体法和程序法，而适用于不同的法律领域，并成为最高层次的理念为人们所信奉和遵循。[4]

　　社会形成的基础是人与人之间的相互合作，诚信是维持这种合作的基本道德，对诚信的背离将导致人类社会的瓦解。诚信的对象应是社会上所有的人，不仅仅是熟人。但中国传统的家国同构现象，[5]形成了中国独特的诚信

---

〔1〕 ［英］哈特：《法律的概念》，张文显等译，中国大百科全书出版社1996年版，第196页。

〔2〕 参见徐国栋："客观诚信与主观诚信的对立统一问题——以罗马法为中心"，载《中国社会科学》2001年第6期。

〔3〕 参见 ［英］J. S. 密尔：《代议制政府》，汪瑄译，商务印书馆1997年版，第173页。

〔4〕 参见曹刚："从道德诚信到法律诚信——兼及道德运行机制的一点思考"，载《道德与文明》2004年第3期，第5页。

〔5〕 所谓"家国同构"，是指家庭、家族和国家在组织结构方面具有共同性，均以血亲-宗法关系来统领，存在着严格的父权家长制。父在家庭内是一把手，君王是国家的一把手，是全国子民的严父。不仅国君如父，而且各级地方政权的首脑亦被视为百姓的"父母官"。简言之，父为"家君"，君为"国父"，君父同伦，家国同构，宗法制度因而渗透于社会整体，甚至掩盖了阶级和等级关系，也湮没和扼杀基本的彼此诚信道德。

理念：中国社会自古以来的诚信主要局限于有血缘关系或者亲戚关系的群体内，儒教强调社会义务主要源于家庭，因此家庭内部形成坚韧的合作纽带，对于没有血缘关系的陌生人往往缺乏信任。[1]因此，诚信原则也就成了经济法调整市场经济的法治基础，包括经济法的诚信立法、诚信执法、诚信司法，也包括市场主体之间的道德诚信和守法诚信、履约诚信等。在经济法领域，不管是市场主体之间的平权关系，市场中间组织的协调关系，还是政府对市场规制、监管和宏观调控行为，都应该遵守诚信原则，从市场主体及社会中间层组织，扩展到政府机关、公共机构、公用设施、商场店铺、公职人员等。现代虚拟经济、网络经济和知识经济更是建立在信用的基础上的。经济法在调整市场经济的过程中，诚信原则即是经济法各方主体的道德约束，也是法律规范，是一种行为准则。

3. 诚信原则是市场经济的道德血液

马克思的资本论讲到商业利益时说：如果有10%的利润，资本就会保证到处被使用；有20%的利润，资本就能活跃起来；有50%的利润，资本就会铤而走险；为了100%的利润，资本就敢践踏一切人间法律；有300%以上的利润，资本就敢犯任何罪行，甚至去冒绞首的危险。[2]企业追求利润无可厚非，但"君子爱财，取之有道"。市场在对平等、自由、公平的精神追求下，交易各方必须以诚实的心理和行为行使权利、履行义务，使各参与者之间以及个人与社会之间达到利益均衡。[3]不求大公无私，但求利人利己的市场诚信应该是每一个流着道德血液的市场主体追求的崇高行为准则和理想目标，也是人类社会文明进步的风向标。当今法律发展的趋势更有把诚信原则看成无论是公法还是私法、无论是实体法还是程序法的一个更高层次的法律原则，并通过对信赖义务的创设，使其超越合同法甚至私法领域，扩展到整个社会生活领域。[4]私法领域的"个人本位"的绝对权利主义把诚信原则的"度"限定在一定的道德范畴内，主要靠当事人的自律来维持。在第三法领域，以"社会本位"为核心的经济法，以责任和义务为中心的行为模式仅依靠经济法

---

〔1〕 参见 ［美］弗朗西斯·福山：《大分裂：人类本性与社会秩序的重建》，刘榜离译，中国社会科学出版社 2002 年版，第 302 页。

〔2〕 《马克思恩格斯全集》，人民出版社 1979 年版，第 258 页。

〔3〕 参见宇光："诚信危机的法律救治"，载《辽宁公安司法管理干部学院学报》2004 年第 3 期。

〔4〕 参见杨靖："论我国企业诚信文化建设"，哈尔滨工程大学 2006 年硕士学位论文。

主体的自律也很难确保"诚信原则"的履行。因此，道德约束发展为法律规范成为诚信原则在经济法领域的调整范式。另外，除了传统市场交易必须遵守诚信原则外，现代信息经济、电子商务、知识经济、金融证券等虚拟经济都是以诚信为载体的，国家通过立法建立信用体系与实体经济融合。

市场自有其机制，从长远来看，市场会自然奖赏诚信者，惩罚欺骗者。[1]诚信作为市场经济发展的原动力表现在：第一，诚信是良好商业信誉的保证。商业信誉指社会公众对经营者的经济能力、信用状况、产品质量、社会责任等所给予的评价，该经营者在经济生活中信用的定位，是商品经济运行的基石。商业信誉是企业盈利的根本，是企业可持续发展的保证。良好的商业信誉源于企业的诚信经营，主要体现在企业提供的优质的产品和服务，良好的信用和财务状况，履约能力，社会形象等。第二，诚信是商业利益的平衡器。诚实信用原则实质上是市场经济价值规律中商品交换之等价有偿要求的道德约束与法律规制。建立诚信机制的关键是给欺诈者以重罚，使其望而却步。诚信应视为不对称信息市场的一种特殊商品，诚信的价格是欺骗的成本。这种替代关系在市场交易中具有普遍适用性，在诚信机制不健全的条件下，市场博弈的最优选择是即使对诚信的人也会选择欺骗，因为诚信的价格不高，即欺骗的成本很低，于是欺骗必然成风。"经济人"理性的假设说明经济法主体各方在市场经济的博弈中都力求利益最大化。市场主体对利润的追求成了天经地义的噬血本能，也使市场主体为了利润置公共利益而不顾。市场天然需要诚信，否则市场将可能运转不灵。但诚信原则从私法领域扩展到公法领域的过程中，其内容已发生了实质改变。当今中国社会推崇的"老实人吃亏"的功利主义的生存之道，格雷欣法则（Gresham's Law）[2]使诚信原则被社会唾弃，诚信缺失已成为我国市场经济发展的极大障碍。在中国传统道德规范意义上的诚信要求逐步趋于瓦解的同时，建立在市场经济基础上的诚信守则难以应势而成，诚信危机由此而生。[3]因此，只有提高失信的成本，诚信价

---

〔1〕　参见刘义青："诚信经营与道德及法律"，载《中国市场》2008年第18期，第93页。

〔2〕　"格雷欣法则"指在实行金银复本位制条件下，金银有一定的兑换比率，当金银的市场比价与法定比价不一致时，市场比价比法定比价高的金属货币（良币）将逐渐减少，而市场比价比法定比价低的金属货币（劣币）将逐渐增加，形成良币退藏，劣币充斥的现象。

〔3〕　参见李爱国："诚信的价格与人性的基本假设——银广厦、安然和证券市场监管之外"，载《河北经贸大学学报》2002年第3期，第11~13页。

格才能提高，失信也就会退出市场。诚信是市场经济各方博弈的手段，也是其博弈的结果，是市场经济发展的内在的客观规律。经济法在调整市场经济的过程中，经济法主体各方遵守诚实原则是一种客观的必然要求，也是一种行为范式，否则市场经济秩序就会紊乱甚至崩溃。

4. 民法诚信原则的衰落

民事活动的道德规则的调整主要是通过要求民事主体本着善意进行民事活动，再通过法官行使裁量权，对民事活动中的一方裁定其承担相应的责任以达到个体公正，最终达成双方的利益平衡。但随着社会经济的发展，新的社会经济关系和领域不断产生，出现了商业利益与公共利益的冲突，个人利益与社会利益的矛盾日渐激化。使以"个人本位"为核心，"私权绝对主义"为特征的民法很难通过双方"意思自治"调整新社会关系，无法公平地分配社会资源和化解社会新矛盾。如劳工问题、产品质量和责任问题、消费者权益保护、金融消费纠纷、电子商务法律问题、山寨产品侵权、证券交易欺诈等都是传统民法和商业道德难以调整的。另外，传统形式上的意思自治使弱小的劳动者、消费者、股民往往屈服于生产经营者、垄断经营者和用人单位、金融大亨的霸王条款。民事司法实践中，对商业道德的适用和实施缺少具体的义务规范和制度保障，对其含义及作用缺少明确的法律界定，主要是由法官适用道德伦理进行"自由裁量"的心证，其作用和功能均极富弹性，易被误用和滥用，难以发挥其规范作用。特别对于涉及公共利益的失信行为，其裁决的结果只是对民事行为裁定其无效或是撤销，给予受害者民事赔偿，而不能课以其公权力的处罚。法律的权威得不到彰显，公共秩序和公共利益得不到维护。法官的"自由裁量"可能因为司法机制不完善和法官自身的局限性很难发挥其应有的规范作用，难以补救不平等条款或契约瑕疵造成的不公和对公共利益的侵蚀，商业诚信在民事私法领域的功能渐渐被弱化。民事主体法律地位形式平等但实际力量悬殊的利益博弈，仅依私法的义务规范和商业伦理道德很难维护弱者的利益，经济法可以通过道德法律化并授权政府依法主导构成诚信体系，确保市场经济秩序公平、安全、自由、有序健康地发展。

5. 经济法之诚信原则的法律化

从美国学者伯尔曼所著的《法律与革命——西方法律传统的形成》及列维和泰格所著的《法律与资本主义的兴起》等著作中可见：道德原则和宗教

伦理对西方现代法律有着深刻的影响。比如作为维系资本主义制度之"纽带"作用的契约制度,就历经了基督教"诚信"原则对其明显的重塑。历史学家黄仁宇在《二十一世纪与资本主义》一书中指出,西方资本主义的全面发展正是基于"信用"这一道德基础,作为道德规范的"诚实信用"和"公序良俗"更被学者誉为市场经济法律体系的"黄金原则",所谓自由、权利、平等这些现代法律理念,根本上也是现代社会最为基本的道德准则。[1]诚信作为比法律要求更高标准的道德规范,对于没有诚信的人,法律的底线也将被突破。要救治诚信危机,首要的任务是建立反映市场经济发展水平和符合市场经济规律内在要求的法律制度和诚信道德标准。在法律制度的保障下,使诚信原则的道德规范不断深化和发展,真正实现从私法领域到公法领域的扩张。从自由正义来看,虽然道德和法律都要遵循实践理性的自由法则,但法律关注的是"外在自由",即"权利"或"正当性",而道德追求的是"内在自由",即"善举"或"德行"。[2]法律体系是一个有着内在统一逻辑的、稳定的、明确的、封闭的体系,它的形式上的特性是不以道德为标准,但从根本上说,它必然最终趋近人类的道德理想。[3]私法的诚信追求以个人"心性"修养为基础的高度自律境界,是一种建立在契约基础上,以权利义务为基础的公民基本道德规范,这种诚信不具有高标准要求,属于"基准道德"的范畴,每个人都应该且必须做到,这是道德法律化的现实依据。[4]自改革开放以来,我国人民代表大会及其常务委员会、国务院等先后制定了一系列关于激励守信和惩治失信的法律法规,为构建我国的诚信制度提供了法制保障,确保我国市场经济健康有序的发展。市场经济是法治经济,诚信是法治的基础,是市场秩序和规则形成的保证。我国现行社会的诚信基础很脆弱,功利主义思想盛行,缺乏基本的诚实理念。法治化是一项系统工程,诚信原则的法治化,就应该建立诚信立法、诚信执法、诚信守法、诚信司法及完善社会诚信体系,使诚信原则在调整市场经济活动的过程中有法可依,执法必

---

〔1〕 参见徐忠明:"'诚信'理念:法律与道德的基础",载《学术研究》2001年第10期,第70页。

〔2〕 参见[德]奥特弗里德·赫费:《康德:生平、著作与影响》,郑伊倩译,人民出版社2007年版,第95页。

〔3〕 参见曹刚:"从道德诚信到法律诚信——兼及道德运行机制的一点思考",载《道德与文明》2004年第3期,第5页。

〔4〕 参见沈慧芳:"诚信的法律保障",载《福建教育学院学报》2003年第4期,第50页。

严，违法必究。市场经济发达的国家，都很注重诚信法治建设。考察世界现代法律传统形成的历史，现代法治与道德有着密切的关联，诚信原则也不例外，法治是诚信的保障。如果法律得不到尊重，就会削弱其权威性，法治的信仰就难以形成，失信也就必然会在适合它生存的土壤中滋生并泛滥。

第一，诚信立法。众所周知，道德的调整是通过良知或是内心信念、传统习俗及社会舆论来实现。当人们为追求个人利益置传统习俗和社会舆论甚至良心而不顾时，道德的调整就显得无能为力了。商业道德的法律化主要包含三个方面的内涵。首先，建立诚信法律制度，即实体法上的诚信立法。主要通过制定一系列的经济法律法规，把诚信原则制度化和规范化，使诚信原则从道德规范提升到法律规范，从内在的自律转化为外在的他律。使经济法主体能够通过法律规范来预测其行为的结果，评估行为诚信和失信的成本，自觉趋利避害，遵守法律法规主导下的市场规则和竞争秩序，在追求利益最大化的同时实现各方互利互惠，建立一个良好的市场经济秩序。因此，诚信原则通过法律规范充分发挥了其应有的规范功能，实现了公平正义的价值目标。我国现行的经济法法律法规的制定中，也蕴含了不少对诚信原则的规范，甚至在《反不正当竞争法》中明确规定了诚信原则。其次，程序正义上的诚信。主要是通过立法完善各种救济途径，确保实体上的诚信原则得以保障，避免出现法律空白条文。要求在立法过程中应该避免重实体轻程序，减少概括性和原则性规定，条文应该更具有可操作性，确保有法可依，使诚信原则真正得以落实。最后，行政立法的诚信。政府的经济政策和规定应具有合法性、合理性、稳定性和科学性。我国现行政府的规范性文件主要是行政法规、地方法规、行政规章，甚至是经济政策。这些规范性文件的随意性和功利性、短视性、盲目性使经济法的权威受到损害，可能损害市场主体的对政府的信赖利益。诚信立法是诚信法治化的前提，政府诚信执法，是诚信司法的准绳，是诚信守法的行为标杆，是构建市场经济诚信体系的基础。

第二，诚信执法。目前，经济法的政府主体在执法过程中存在相当多的问题，除法制不健全外，因执法人员的素质不高所导致的有法不依、执法不严、违法不纠的现象大量存在，严重影响了经济法调整市场经济秩序的价值目标。从市场经济层面看，政府机关必须严格依据法律的授权从事相应的行政执法行为，做到"不缺位""不错位""不越位""不抢位"，严格依法履行其市场规制、市场监管和宏观调控职责，才可谓之诚信执法。从历史和现实来看，政府的失信是社会中最大的不诚信。经济法之政府主体在执法过程中，除要求市场主体要遵守诚信原则外，政府主体的行为也应该遵守诚信原则。个别政府机关执法过程中，存在行政权力寻租、行政不作为、行政暴力、行政越权和钓鱼执法等违法行政行为，损害了政府执法权威性而失信于民。诚信执法于政府是一项任重道远的事，是构建市场经济诚信体系，加强诚信法治建立的重要环节。

第三，诚信司法。司法作为解决社会纠纷的最后法律保障，也是维护法律权威和尊严的最后防火墙。民事司法通过赋予法官自由裁判权，打开诚信司法的道德入口，使标志社会进步且具有主导性和公共性的诚信价值观进入到司法体系中，确保了法律的稳定性和社会的适应性。[1]诚信司法对于司法权威的确立和司法公正的实现，对民众法律信仰的养成和司法人员诚信道德的培养具有深远的意义。诚信司法原则要求法官行使司法权要尊重客观事实，正确行使其司法的自由裁量权，以事实为依据，以法律为准绳，准确适用法律，合理分配权利义务，依诚信原则对法律适用进行解释，对法律漏洞进行补充，严格按程序公平公正地审理案件，树立司法公信力，维护司法权威，促进司法公平正义价值的实现。

第四，诚信守法。公民法律意识的缺失是法治建设中的严重问题，法律信仰的缺失，使法律有时沦为合法的牟利工具。在法律面前，严格要求他人，对别人是法律至上，严苛维权甚至滥用权利，对自己却是自由主义，置法律于不顾。如"山寨""刷单""马甲""水军""房闹""跑路"等市场经济活动过程中出现的失信现象，说明依据法律规定尊重他人的权利和规范自己行为的意识还未完全形成，通过法律的规范引导公民的诚信也势在必行。

（四）经济法之竞争规则的道德性

竞争在很大程度上乃是有关信誉或善意的竞争。竞争的作用恰恰在于它可以告诉我们谁将为我们提供更好的服务，亦即我们能够指望哪家杂货商或旅行社、哪家百货店或宾馆、哪位医生或律师可以为我们解决必须直面的各种特定的个人问题时提供最令人满意的解决方法。[2]竞争首先意味着独立的

---

〔1〕　参见曹刚："从道德诚信到法律诚信——兼及道德运行机制的一点思考"，载《道德与文明》2004年第3期，第5页。

〔2〕　参见［英］F. A. 冯·哈耶克：《个人主义与经济秩序》，邓正来译，生活·读书·新知三联书店2003年版，第144页。

人格尊严、平等的参与机会、受保护的财产和平等的发展权，从本质上讲它是最基本的人权，法律保护每一个人为竞争目的而享有经济自由。每一个人都有权跟其他人自由地进行公平竞争，法律应保障每一个人的正当竞争权。现代国家通过法律来支持或强化社会道德，在已有的社会道德中寻找竞争行为的规范资源，将内在的竞争规则成文化或是法律化。国家为了保护公平竞争权限制竞争自由，如通过立法"禁止不正当竞争"和"禁止不公平竞争"。[1]

为维护市场竞争秩序，使竞争在公正的规则下进行，几乎所有建立了市场经济制度的国家都制定出某种反不正当竞争商业行为的保护措施。尽管各国反不正当竞争立法模式不一，从不正当竞争行为的判断标准看，几乎都使用了大致相同的规范性而非描述性的道德标准，如《保护工业产权的巴黎公约》将其界定为"凡在工商业事务中违反诚实的习惯做法的竞争行为"，《发展中国家商标商号和不正当竞争行为示范法》将其规定为"违反工业或商业事务中诚实做法的任何竞争行为"，世界知识产权组织《关于反不正当竞争保护的示范规定》将其表述为"在工商业活动中违反诚实的习惯做法的行为或做法"，不同的国家分别采取了诸如"诚实交易惯例"（比利时、卢森堡）、"诚信原则"（西班牙和瑞士）、"职业道德"（意大利）、"善良风俗"和"未扭曲的竞争"（德国）。在反不正当竞争法中，道德的评判采取一种普遍的最低限度的道德标准，而不是理想的、崇高的标准，乃是基于社会共同生活的最起码的需要。[2]为维护市场竞争秩序，各国反不正当竞争立法对不正当竞争行为都确立了判断标准，但没有一个固定不变的内容，不过几乎都使用了大致相同的规范性而非描述性的"公平""诚实""善良风俗"等特定社会的道德标准的概念。道德可被定义为习惯了的规则，以及一种良好的习惯，许多国家立法当中，将其表述为"善良风俗"或者"公序良俗"。"善良风俗"在反不正当竞争法中被进一步具体化，是市场交易中公认的最低限度的诚实信用标准，即"利己不损人"的商业道义，并以此作为交易习惯为依据。竞争规则的道德要求并非要"经济人"接受某种"利他主义"崇高的伦理标准，而是指社会共同体中普通人通常的道义感，一般的社会正义评价标准，

---

〔1〕 参见王全兴主编：《竞争法通论》，中国检察出版社1997年版，第51页。

〔2〕 参见谢晓尧：《竞争秩序的道德解读：反不正当竞争法研究》，法律出版社2005年版，第9、10、11、131页。

维系社会共同体最起码的道德规范和伦理底线。在这里善良风俗不再是一个从哲理中归纳出的抽象的标准，而是市场交易中公认为最低限度的诚实与信用标准，它以交易习惯为依据。[1]不能苛求经营者做无私奉献或利人不利己的"经济圣人"，但利己不损人是市场主体商业道德的底线。道德标准之竞争规则有利于应对复杂多变的市场竞争，可以弥补竞争法律规则僵化和滞后的不足，以适应社会经济发展的需要，对规范市场竞争秩序具有重要的现实意义。

competition 竞争法将道德标准法律化的原因在于：第一，确立竞争的一般标准。竞争中"公平性"或"诚实性"的道德标准，不过是一个社会概念、经济概念、道德概念和伦理概念的反映。道德标准是一种需要进一步阐明的规则，有别于法律规则，规则以文字的明显方式制定了具体的规范内容，确立了行为的支配标准和模式。但道德标准并不预设一种具体的行为是正当还是不正当，但它能充分适应未知的社会情形的演变，一种行为是正当还是不正当，只有纳入到具体的社会环境才可以检验。第二，保障道德的逻辑优先性。在现代各国的法律框架下，道德可以为法律提供"正当性"或"合法性"证明，也可以弥补成文立法的不足。竞争法只有纳入特定的道德标准，才能够获得正当性被理解和接受。第三，以习惯和道德作为衡量竞争行为正当性的基准，其合理性还在于竞争行为的正当与否，判断的标准只能由市场内部生成。反不正当竞争法有着深厚的道德基础，它的产生源自商人对诚信行为的追求，它的任务在于对商业伦理的捍卫，它的适用以既存的道德标准为尺度。但一定的社会道德必须付诸法律的表达方式，使内生性制度转化为外生性制度，借此获得强制性和更高的权威性。竞争规则道德的法律化使"公平"与"诚信"既是法律规范，也是道德规范，并成为经济、社会、道德与伦理观念的社会制度集合体，在成文规则发生冲突时，道德标准可以起到协调规范的作用，有利于协调多元化利益关系，维系市场的道德底线，借此获得强制性和更高的权威性，也更具有确定性和可操作性。[2]

由于竞争是无休止的，且参与竞争的不道德手段的方式会不断更新，对

---

〔1〕　参见施启扬：《中国民法总论》，三民书局1992年版，第55页。

〔2〕　参见谢晓尧：《竞争秩序的道德解读：反不正当竞争法研究》，法律出版社2005年版，第11、139页。

竞争机制的保护需要适应市场不断变化的灵活机制，而法律的具体规则往往落后于社会实践，需要立法将道德伦理标准引入竞争法律制度，使伦理道德法律化，并确定为竞争法的基本原则，确立起一个概括性的、可普遍接受的行为准则，保护竞争中的公平性，使激烈的逐利行为不至于破坏整个社会应有的伦理底线，确保公平的竞争秩序。[1]另外，竞争机制受多种因素的影响，竞争机制的道德约束为确保公平竞争维护各方利益具有重要的意义，违背"善良风俗"的竞争机制可能破坏公平的市场秩序，损害他人的利益。竞争规则的道德性就在于，市场竞争不等于达尔文法则的"物竞天择""弱肉强食""优胜劣汰"的丛林法则，市场竞争不能凭着优势地位欺行霸市和进行不正当竞争。竞争规则的道德性在于"诚实信用""善良风俗""互惠互利"和"等价交换"等道德标准和商业原则在竞争中应得到遵守。

（五）经济法之商业道德责任的法律化

如果仅把道德规范看作是私法的范畴，而不关乎国家社会的公共利益。在救济方式上，主要限于私人救济，就缺少对公益救济的规定和保障。道德规范若普遍发挥作用，就必须赋予其法律的意志，并使之上升为由国家强制力保证实施的法律规范。因此，现代国家往往通过法律来支持或强化社会固有的商业道德，在已有的道德中寻找行为规范的资源，将内在道德规则成文化和法律化。[2]道德法律化指国家立法机关通过立法程序将全体公民都应该而且必须做到的那些基本道德要求上升为法律的活动，道德法律化源于道德自身对社会调整作用的局限性。

第一，法律的初衷乃是对道德价值目标的追求。作为在一定历史阶段调整社会各方利益关系的必要手段，法律对社会成员的要求在形式上是以必须如何的义务性规范、不得如何的禁止性规范和可以如何的授权性规范加以表达的，但就其所设定的目标和所内蕴的精神以及内在的价值追求而言，它无疑又是对人的价值、尊严、自由、利益、安全和幸福的一种维护，经济法、民商法、婚姻法、行政法乃至于刑法等实体法，莫不如此，都是为以上要素

---

〔1〕 参见孔祥俊：《反不正当竞争法的创新性适用》，中国法制出版社 2014 年版，第 9、11、38、131、139 页。

〔2〕 参见刘云林："道德法律化的学理基础及其限度"，载《南京师范大学学报（社会科学版）》2001 年第 6 期，第 33~38 页。参见刘云林："道德法律化的学理基础及其限度"，载《南京师范大学学报（社会科学版）》2001 年第 6 期，第 33 页。

服务的。第二，任何法律都蕴含着特有的价值精神，并和社会的主流道德相一致。法的创制史表明，任何法律的确立，无一不是以道德为其内在价值取向的。任何立法过程及其结果，都蕴含了立法者的价值理念和价值偏好，并体现着一个社会主导的道德价值取向。社会主义法律体系也与社会主义道德价值取向相一致，法律不是与道德理性无涉的某种外在规范。人类的法律体系如果不同道德价值目标保持内在的一致性，就很难成为真正合理的、正当的法。正是在这一意义上，有理由确认这样的观点：法律的生命力在于力求执行在法律制度和法律规则中默示的实用的道德命令。第三，法律只有基于道德，才具有存在的依据和合理性，从而才能为公民最大程度的认可和信守。因为，法之最高价值在于利益分配的合理性，法律应当通过公平合理地分配利益来体现自身的道德性，而利益又是人之生存和发展须臾不可或缺的东西。因此，当法律主导的利益分配不公正时，人们自然的行为逻辑就是对法律的对抗或排斥。从而，法之道德性就成为法律能否实现的首要条件。正是为了使法具有应有的效力，也为了防止法沦为恶法，必须从"源头"上将法奠基于道德价值之上。这既是对法的初衷和价值目标的一种具体落实，也为法之实现所必需。[1]实践中，企业社会道德责任的法律化已成为现代法治的重要组成部分。比如企业对环境、劳动者、消费者、产品的社会责任已法律化为法律责任，特别是在经济活动过程中，诚信道德责任的法律化对维护市场经济秩序具有重要的意义。

　　经济法在调整市场经济秩序的过程中，对于市场主体间的平权关系，可以用商业道德的诚实信用原则来约束平等主体之间的交易活动，辅以法官自由裁量权的司法救济。因此，私法中诚信原则的责任形式是软约束，不明确且不具有强制性，缺乏对违反诚实信用道德责任制裁的强制规定。诚信法律化成为法律条款后，如果仍旧缺少强制性约束，诚实信用引入法律就没有任何意义。制度为一个共同体所共有，并总是依靠某种惩罚而得以贯彻，没有惩罚的制度是无用的。[2]经济法最基本的属性在于它体现了国家运用法律对社会经济生活的干预，但不是所有的经济关系都需要国家法律干预，经济法的

---

〔1〕　参见刘云林："自然法学派和实证法学派论争的法伦理启示"，载《伦理学研究》2012年第1期，第44页。

〔2〕　参见［德］柯武刚、史漫飞：《制度经济学——社会秩序与公共政策》，韩朝华译，商务印书馆2001年版，第132页。

干预仅限于市场失灵，具有全局性的和社会公共性的经济关系。[1]在市场经济活动过程中，当经济法主体为了商业利益和个体利益违背诚信原则损害了社会公共利益时，经济法运用法律的手段，引导和规范各方主体的行为，平衡各种利益关系。如《反不正当竞争法》对违反一般条款、虚假宣传、商业诋毁、商业混同行为等的规制，《消费者权益保护法》对欺诈行为和《食品安全法》对问题食品的惩罚性赔偿的规定，《广告法》《食品安全法》和《产品质量法》对产品质量负有不实宣传责任的社会组织和个人课以连带责任的规定，都是经济法通过法律规范对违反诚信原则的行为所作的民事责任的否定性评价。除此之外，还规定了行政责任，甚至是刑事责任。以此来规范和引导经济法主体的行为，使市场主体在追求商业利益时，不应损害社会公共利益。

道德诚信原则法律化的实质在于其法律后果评价的责任法律化，通过立法课以失信一方相应的强制性法律责任，且这种责任不以当事人意志为前提，即要求失信一方承担公法法律责任。如行政责任，甚至刑事责任。如我国《反不正当竞争法》第18条对商业混淆行为、第20条对虚假宣传行为、《产品质量法》第50条对生产假冒伪劣产品和第53条对伪造产品产地的，伪造或者冒用他人厂名、厂址的，伪造或者冒用认证标志等质量标志的规定，以及第59条对在广告中对产品质量作虚假宣传，欺骗和误导消费者的市场主体的失信的行为规定了行政责任，对于情节严重违反《刑法》第140~149条生产、销售伪劣商品罪；第170条的伪造货币罪；第171条的出售、购买、运输假币罪，金融工作人员购买假币、以假币换取货币罪；第172条的持有、使用假币罪；第173条的变造货币罪；第174条的擅自设立金融机构罪，伪造、变造、转让金融机构经营许可证、批准文件罪；第178条的伪造、变造国家有价证券罪，伪造、变造股票、公司、企业债券罪；第192~200条的金融诈骗罪；第204条的骗取出口退税罪、逃税罪；第205条的虚开增值税专用发票、用于骗取出口退税、抵扣税款发票罪，虚开发票罪；第206条的伪造、出售伪造的增值税专用发票罪；第213条的假冒注册商标罪；第216条的假冒专利罪；第222条的虚假广告罪；第224条的合同诈骗罪，组织、领导传销活动罪；第227条的伪造、倒卖伪造的有价票证罪，倒卖车票、船票

---

[1] 参见李昌麒主编：《经济法学》，法律出版社2008年版，第53页。

罪；第 229 条的提供虚假证明文件罪，出具证明文件重大失实罪的失信犯罪行为应该承担刑事责任。《消费者权益保护法》第 55 条对欺诈行为，《食品安全法》第 148 条对经营者的失信行为规定了 3 倍和 10 倍的惩罚性赔偿的民事责任。

对失信行为课以法律责任也成为经济法调整市场经济关系的重要手段，且几乎存在于每一部经济法律规范文件中，举不胜举。诚信原则责任的法律化是道德责任法律化的重要形式，使商业行为不只受之于道德约束和法官的自由心证，道德责任的法律化已成为一种必然。诚信原则责任法律化是经济法借法律手段构建诚信体系的重要环节，应该不断推进和完善。法律对失信的规制和道德对诚信的约束，是对诚信行为规范的两个层面。法律的规制虽然要求更低的标准，但需要更多的社会成本。道德的约束要求更高的标准，但内在的自律不需要增加社会成本。从社会资源优化配置的角度来看，通过法律制度构建诚信体系应该是市场经济发展过程中的初级阶段，由道德来约束诚信原则才是文明社会追求的更高目标。因此，诚信原则在历经被市场经济的商业利益和个人利益扭曲和伤害之后，通过法律制度的疗伤和矫正，最终回归到道德规范的正道上，这才是我们所期盼的诚信和谐社会。

（六）经济法之诚信道德的社会化

道德的社会化首先是社会道德责任的培养，目标就是在全社会建立诚信体系。在市场经济范围内，不仅市场主体和社会中间层组织要讲诚信，国家行政主体也要遵循诚信原则。在经济法的视野下建立市场经济诚信体系。首先，政府的诚信执法，要规范政府行为，完善政府的职权，加强政府职责和健全监督机制，避免各级政府不良信用，防止干预权的滥用，杜绝官商勾结，以权谋私的行为，确保市场主体的依赖利益。其次，建立公民个人和企业的信用管理诚信体系。个人和企业信用制度是市场经济的基础，是市场经济发展的基石。利用我国较完备的户籍管理系统、工商管理登记制度和先进的网络技术、电子识别手段建立健全公民和企业的诚信档案，使每个公民和企业的诚信在阳光下运行，在生活中发挥必要的约束作用。同时，完善相关的配套措施。近年来，国家有关部门对诚信缺失高度重视并采取各种对策予以治理。除了各种经济法律法规对诚信原则进行法律化，各级政府和行政部门也出台不少构建诚信体系的行政规范性文件。[1]最后，应建立社会诚信监督体系。诚信是否能在阳光下运行，离不开监督体系的建设。既要健全制度监督，也要充分发挥社会监督的力量，特别是媒体的监督，对构建市场经济诚信体系具有重要意义。经济法只有在健全的市场经济诚信体系下，才能实现其维护社会整体公共利益的干预目标。

第二节　经济法对分析实证法学的矫正和法律实践的融合

一、实证法学的局限性

（一）实证法学的基本理论

19 世纪以前，法学还没有从哲学和政治学中分化独立出来。到了 19 世纪，西方近代自然法理论提出的政治目标和政治原则逐渐变成了立法和司法实践，实证主义通过对国家制定法的技术分析和法律适用的具体研究建构了法学的自足体系，从而使法学从其他学科中独立出来。[2]奥斯丁认为"所有'法'或'规则'都是'命令'"，"法律是一种强制要求一个人，或者一些人以一定方式去行为的命令"，"不具有命令性质的法准确地说根本不是法律"。[3]奥斯丁主张法律就是主权者发布的以制裁为后盾的命令，即法律的定义包含了主权、制裁、命令三个要素，是三者的有机统一体，缺一不可。实在法和自然法（理想法或道德）必须严格分开，法律本身就是主权者依据一定的标准建立的，而与正义或者道德、伦理之类无关，违背或背离实在法本身就是对立法者立法标准和原则的背叛，这一背叛本身就是非正义的，无须求助于正义原则加以论证。而以"纯粹法学"为特征的凯尔森实证主义法学

---

〔1〕　如国家经贸委发布的《关于建立中小企业信用担保体系试点的指导意见》之后，国务院《关于推进资本市场改革开放和稳定发展的若干意见》，关于拖欠工资须加付赔偿金的《劳动保障监察条例》，国务院办公厅转发国家经贸委《关于鼓励和促进中小企业发展若干政策意见》的通知，全国整规办、中宣部、中央文明办、司法部、教育部、全国总工会联合印发的《关于开展社会诚信宣传教育工作意见》。教育部办公厅《关于进一步加强中小学诚信教育的通知》，商务部关于在商务领域开展"诚信兴商"活动的通知等。

〔2〕　参见申建林："西方自然法学理论的当代走向分析"，载《环球法律评论》2007 年第 3 期，第 5~7 页。

〔3〕　参见［英］约翰·奥斯丁：《法理学的范围》，刘星译，中国法制出版社 2002 年版，第 17、30、32 页。

与奥斯丁不同之处在于，把"法律规范"引入到了法理学之中，从而取代了奥斯丁的"主权者命令说"，但仍然承认法律是一种强制性秩序。和奥斯丁一样，凯尔森在法的概念模式当中，也坚决地拒斥了道德、正义因素，他在自己法的概念中力图排除所有非法律的因素，认为法律概念不具有任何的道德含义，它仅仅指明一种社会组织的特定技术。认为法律问题作为一个科学问题，是社会技术问题，并不是一个道德问题。从某种意义上可以说，凯尔森的"纯粹法学"脱离了社会生活的现实，认为法律是与政治、经济、文化没有任何关联的东西，只强调逻辑分析，从而把自己孤立起来。[1]

奥斯丁和凯尔森都认为法理学的研究对象只能是实在法，注重对实在法进行逻辑分析，不对法律进行道德判断。在这种情况下，法律是否符合正义原则，是好还是坏都不影响法律的效力。哈特的概念分析法学同凯尔森的"纯粹法学"一样对奥斯丁的"主权者命令"说持批评态度，但他把语义分析引入法学研究，认为语义分析对法哲学意义重大。[2]哈特认为："法律反映或符合一定道德要求，尽管事实上往往如此，然而不是一个必然的真理。"哈特的学说是在奥斯丁的分析法学基础上形成的。奥斯丁认为，法是以命令为核心，包括主权者和制裁三要素的有机整体。哈特对此持否定态度。认为它过于简单，无助于人们对法这一社会现象进行全面了解，它歪曲了法的特征，必将带来法律专制主义。具体地说有四个缺点：第一，这一定义似仅适用于刑法，而刑法只是诸多法律之一，且刑法不仅适用于一般人，也适用于立法者本人；第二，法是一种行为规则，包括作为与不作为、权利与义务、授权与被授权等属性，而奥斯丁的定义只讲了义务、责任；第三，法的产生形式即渊源具有多样性，如习惯法并不是以明文规定的形式产生；第四，在奥斯丁的定义中，主权者是使人服从自己而自己不受法律限制的人，这无法说明现代国家全体选民或立法机关的地位，因为他们本身也受法律的限制，并且主权者这一概念也无法反映现在立法权力连续性的特点。[3]富勒认为，法律中"现实"与"应当"是不可分的，离开法律目的即法律应当是什么就不可

---

〔1〕　参见［奥］凯尔森：《法与国家的一般理论》，沈宗灵译，中国大百科全书出版社1996年版，第2、5页。

〔2〕　参见许小亮："法实证主义的方法论特质"，载《中外法学》2008年第3期，第392页。

〔3〕　参见［英］哈特：《法律的概念》，张文显等译，中国大百科全书出版社1996年版，第77、182页。

能理解法律形式。法律的"内在道德"，也即"程序自然法"对法律具有极为重要的意义。如果缺乏其中任何一个条件，并不单纯导致坏的法律制度，而是导致一个根本不宜称为法律制度的东西。[1]霍姆斯所说："我讨厌正义，因为我知道倘若有人谈起正义，不管出于什么原因，他都是在逃避从法律角度思考问题。"[2]拉兹认为法治就意味着人民要遵守法律的规定，自觉接受法律的统领和制裁，同时，政府也要依法行事，自觉遵守法律，不非法侵害人民的利益。[3]实证法学者把法律视为一种技术性的社会科学，法律被视为一种命令、权威和强制力，但无视法律的道德正义的价值评价，也无涉政治、社会、经济等外部因素的影响。实证法学可以维护形式上的法律权威，但却忽略了法律的实质上的公平正义，背离了法的价值目标。

（二）实证法学道德观的辨析

在西方法理学乃至其演变的漫长历史过程中，恶法与良法之争始终是法学家们关注的重要问题之一。19世纪以来西方自然法学派和实证法学派围绕道德与法律关系的争论可以成为当下中国法治建设重要的思想资源，具有重要的法伦理启示。这种启示具体表现在："恶法非法"和"恶法亦法"之争将有利于法律伦理基础的确立，德法有无联系的相辨逻辑是对法律运行的伦理规制，以及道德是否应该影响法律之歧见，也将使法律功能得以正确定位，对法律"形"与"神"问题的不同关注将有利于法之形式合理性和实质合理性的认知。[4]

1. 自然法与实在法的道德标准之争

亚里士多德在《尼各马可伦理学》开篇即说："每种技艺与研究，同样地，人的每种实践与选择，都以某种善为目的。所以有人就说，所有事物都以善为目的。"[5]法律的价值是一种社会事实，属于道德评价的范畴。自然法学者一直坚持法的正当性的正义观，"恶法"与"善法"对法的正义价值的评价是相对立的，但法律的价值受政治、道德、时代、社会等多种因素的影

---

〔1〕 参见［美］富勒：《法律的道德性》，郑戈译，商务印书馆2005年版，第47页。

〔2〕 参见沈宗灵：《现代西方法理学》，北京大学出版社2003年版，第403~406页。

〔3〕 参见何勤华、严存生编著：《西方法理学史》，清华大学出版社2008年版，第83~86页。

〔4〕 参见刘云林："自然法学派和实证法学派论争的法伦理启示"，载《伦理学研究》2012年第1期。

〔5〕 参见［古希腊］亚里士多德：《尼各马可伦理学》，廖申白译，商务印书馆2003年版，第3~4页。

响，关于正义的定义和标准，难以明确界定。[1]道德与法律都是社会行为规范，但具有不同的规范属性。无论作为手段还是目的，善都是客体有利于满足主体需要的属性，是一切领域的主体追求的道德价值目标。行为的善就是所谓的"应该"或"应当"，即行为有利于满足主体需要的效用性。而行为的恶，即行为有害于满足主体需要的效用性，也就是"不应该"或"不应当"。只有行为的善恶所谓应该不应该，或者说应该不应该是而且仅仅是行为的善恶。因此，虽然"应当"的行为者只能是主体，但"应当"的行为本身不是主体的活动而是主体的活动对象，是作为客体的主体行为对主体的效用，是客体属性而不是主体属性。立法者根据特定的价值目标对某一行为进行综合评价，并通过立法把特定行为规定为"应该"和"不应该"的法律行为，即"合法"行为和"违法"或是"非法"行为。依据"应该"的主客观标准，在道德价值判断上，根据行为的社会效用，把行为之"应该"和"不应该"分为"道德"与"非道德"或"不道德"的两大类型。某法律行为在道德上是"应该"行为或道德行为，该行为就是"正当"行为，相对应的法律规范就是"良法"或是"善法"。反之，某法律行为在道德上是"不应该"的就是"不正当"行为，法律上的"合法"行为未必就是道德上的"正当"行为，因为"合法"不等于"良法"或"善法"，"合法"也可能是"恶法"。根据行为对于社会的效用性，对社会具有效用的社会行为才具有道德应该与不应该、正当与不正当、道德价值或道德善恶的属性。与社会效用相符者就是道德"应该""正当"或"道德善"，相应的所涉之法为"善法"。反之即为道德"不应该""不正当"或"道德恶"，相应的所涉之法为"恶法"。因此，只有得到道德上认可的法律才是"善法"，道德上不认可的法就是"恶法"。法律与道德的关系使法理学在西方法律思想史上形成了自然法学和分析实证主义法学对立的两派。自然法学从道德出发，认为二者有着必然联系，法律应当是合乎道德的良法，不合道德的恶法不应叫作法律，即"恶法非法"。而分析实证主义法学从法律事实出发，认为二者没有必然联系，法律就是国家制定的实在法，不道德的法律只要合法制定就具有法律效力，即"恶法亦法"。[2]

---

〔1〕　参见祖彤："对恶法亦法理论新的认识及定位之初探"，载《求索》2013 年第 6 期，第 205 页。

〔2〕　参见李寿初："超越'恶法非法'与'恶法亦法'——法律与道德关系的本体分析"，载《北京师范大学学报（社会科学版）》2010 年第 1 期，第 114~115 页。

"恶法亦法"的理念最早可以追溯到古希腊哲学家苏格拉底。虽然苏格拉底没有正式提出"恶法亦法"的概念，但以极其悲壮的生命代价对其做出了诠释。因为使苏格拉底入狱最终判处死刑的法律本身是不正当的，是所谓的"恶法"。苏格拉底在受到不正当的法律审判，但他拒绝越狱和流亡，以自己生命的代价表达了遵守法律的信念和义务。[1]随着 19 世纪分析实证法学的兴起，并引发了分析法学与自然法学的争论。分析实证主义法学派的创始人奥斯丁创立了完整的"恶法亦法"的理论，在其代表作《法理学的范围》中明确阐述他的"恶法亦法"观点，提到法理学研究"法的存在"时认为："法是否存在是一个需要研究的问题。法是否符合一个假定的标准则是另外一种需要研究的问题"，"最为有害的法，即使与上帝的意志是十分矛盾的但也从来都是，并且继续将是司法审判机构强制实施的法"。[2]奥斯丁认为只要是依程序制定出来的实在法，不论良法还是恶法都必须得到尊重与遵守，即"恶法亦法"。应当在法理学研究中区分"应然法"和"实然法"。"应然法"是伦理学关注的道德范畴，而"实然法"才是法理学真正的研究对象。强调"实然法"应当得到良好的遵守与执行，严格守法的必要性，以及应尊重法律的权威。分析实证主义法学坚定法律信仰，强调形式法治的程序正义，突出法律效力的秩序价值。哈耶克认为："正是在形式法律这一意义上的形式法治，也就是不存在当局指定的某些特定人物的法律上的特权才能保障在法律面前的平等，才是专制政治的对立物。"[3]实证分析法学派的学者从现实角度出发，更为关注法的秩序价值以及程序正义，认为即使是"恶法"仍然应该得到遵守，以维护法的权威及社会的秩序，至少在形式上树立了法律的绝对权威，即合情合理不合法的也必须依法办，这对推动法治的发展也有着重要的意义。

自然法学派持"恶法非法"之观点，认为法律应该具有正当性，否认不正当性的法律是人们应该遵守的法律。亚里士多德指出："法治应当包含两重意义：已成立的法律获得普遍的服从，而大家所服从的法律又应该本身是制定的良好的法律。或乐于服从最好而又可能订立的法律，或宁愿服从绝对良

---

〔1〕 参见徐爱国、李桂林、郭义贵：《西方法律思想史》，北京大学出版社 2002 年版，第 21～22 页。

〔2〕 参见［英］约翰·奥斯丁：《法理学的范围》，刘星译，中国法制出版社 2002 年版，第 208～209 页。

〔3〕 参见［英］弗里德里希·奥古斯特·哈耶克：《通向奴役的道路》，王明毅等译，中国社会科学出版社 1997 年版，第 210 页。

好的法律。"〔1〕亚里士多德认为法治应当包含两重含义，已成立的法律获得普遍的服从，而大家所服从的法律又应该是良好的法律。即实现法治的两个条件：一是法律必须被遵守；二是人们所遵守的法律是良法。良法理论催生了实质法治，恶法亦法理论则催生了形式法治。〔2〕在西方法理学乃至其演变的漫长历史过程中，恶法与良法之争始终是法学家们关注的重要问题之一。在西方法治理论的建构中，恶法与良法的法理学的问题属于法律与道德的关系问题，所引发的"恶法亦法"和"恶法非法"的基本命题在某种程度上成为法理学流派的标签，示意着追求法治的两条路径：实质正义或是形式正义。从形式上看，强调"恶法亦法"意味着"讲法不讲情与理"，片面维护法律形式主义的权威，必然导致法律背离实质正义，走到人民的对立面。只有符合"常识、常理、常情"的法，才可能真正代表人民利益。〔3〕"恶法非法"是法治实现的前提和基础，是对实质正义的追求。"恶法非法"在当代中国法治建设中的路径是完善法制建立防止恶法产生，严格法律的实施确保良法得以实行，建立"恶法"的矫正和救济机制，坚守宪法精神的核心地位，树立法律信仰和弘扬法治理念。〔4〕

"善法"与"恶法"不是法制的结果，而是道德对其实施的社会效果的评价。法律受政治、经济、社会、道德、文化、时代、法治环境等多种因素的影响，社会的效用价值也是多元的。因此，对"善法"和"恶法"的界定只能是相对的，"善法"与"恶法"的标准也只是相对的。没有绝对的"恶法"，也没有永远的"善法"。在特定的条件下，某一"恶法"必然符合某一特定的利益目标，甚至于制定时都是基于某种"善意"，只是法治环境发生变化或是实施效果未达到预想目标，曾经的"善法"因为不适应社会经济发展的需要，不能取得良好的社会效果，甚至适得其反，转而成为"恶法"。因此，不论是"善法"还是"恶法"，都应该客观理性地评价。由于经济法的法律规范，特别是经济政策总是随着经济的发展变化而不断地调整，特别是宏观调控政策，更多是相机抉择，因此对经济法的评价很难确定一个恒定的

---

〔1〕　参见［古希腊］亚里士多德：《政治学》，吴寿彭译，商务印书馆 1965 年版，第 199 页。

〔2〕　参见李龙主编：《良法论》，武汉大学出版社 2005 年版，第 1 页。

〔3〕　参见陈忠林："'恶法'非法——对传统法学理论的反思"，载《社会科学家》2009 年第 2 期，第 9~10 页。

〔4〕　参见汪火良："'恶法非法'传统在当代中国法治中的养成：阻却因素与实现进路"，载《求实》2011 年第 1 期，第 63 页。

道德标准。但当一项经济政策和经济法律制度存在缺陷，所产生的经济效益导致伤风败俗，恶化了社会风气，损害了公平正义，就应该对其进行修改和完善，不能盲从于"恶法亦法"的形式主义。

2. 道德与法律关系的解读

自然法承认实在法就是各种规则，但法律的本质不是这些规则本身，而是规则所体现的必须是符合并来源于人的理性和良心的道德正义标准，是法律价值的体现。自然法要求用一定的标准和原则对实在法进行检验，如果与道德正义标准相符合，那么实在法就是有效的，与法律的价值追求相一致，即"良法"。因为自然法把这些标准和原则看作是法律的组成部分，也就是，在实证法的规则体系中暗含一些内在的道德价值，体现了人们对于真善美的不懈追求。[1]法律的内在道德不仅仅要求自我克制，且是在警告之下不做某些有害的行为。[2]法律的道德理论是由德沃金提出的，该理论主张在设计法律程序时，应当最大限度减少法律实施过程中的道德成本。道德成本是指错误惩罚无辜者带来的不正义，它的产生源于人的权利受到剥夺，因为剥夺一个人应得的权利就是不公正地对待他。道德成本所引入的权利观念与罗伯特·诺齐克的权利观具有相似之处，但它指出要享有实体权利，须求助于程序权利。这样，德沃金的结论是，离开实体权利，程序保障基本上是一种政策而不是原则，因为任何有关特定程序保障的要求在这时微弱得可以忽略不计。[3]

法律之道德性的意义在于：首先，法律乃国家公器，其强制性规范对社会生活和经济秩序的调控不仅具有立竿见影的效果，而且其影响具有广泛性。这意味着当一种法律如果符合道德要求时，就会产生积极的影响。而当法律违背了道德的要求时，将对社会生活和经济秩序构成消极的负面影响。因此，法律的创制必须符合特定的道德价值体系。其次，法律的重要使命之一在于通过公平合理地分配社会成员的权利和义务即利益分配的公正来确保社会公正的实现，通过对社会不公的矫正和对公民的权利救济来表明法律公正是社会公正的最后一道防线、最后一道屏障。而如果法律由于自身道德性的缺失

---

〔1〕 参见杨显滨："论自然法学与实证主义法学的互动融合"，载《河北法学》2012年第9期，第159页。

〔2〕 参见〔美〕富勒：《法律的道德性》，郑戈译，商务印书馆2005年版，第51页。

〔3〕 参见〔美〕罗纳德·德沃金：《认真对待权利》，信春鹰、吴玉章译，上海三联书店2008年版，第97页。

而不能公平合理地分配利益时，当法律有负道德的重托而难以成为社会公正的守护者时，社会公正就是一种空想。自然法学派和实证法学派对法之"形"与"神"问题的不同关注对于当代中国法治建设的启示在于，在法律运行的过程中，应该克服两者的局限性，超越其对立，将两者的积极方面加以有机的结合，真正使法律成为实质合理性和形式合理性兼具的良法。[1]制定法律的最终权威的基石是一种社会学考虑，这给规范法律理论提出了难题，但还是很容易在这里发现努力贴近现实的功利主义尝试。避免教条，避免抽象地讨论武断预设的自然权利，以及避免将权威神圣化。[2]卢曼对法律实证性作了如下表述："法律不仅是通过决定而制定的（亦即选定的），而且是根据决定而有效的（因此是不确定的、可改变的）。"[3]

事实上，后形而上学法律的实证性也意味着，法律秩序只有根据经过合理辩护的、因而是普遍主义的原则，才有可能构成和发展。[4]从一般认识论的角度看，价值的前提是人的需要。[5]公共行政本身要实现一定的价值，如秩序、安全、效率和正义等以满足社会的需要。行政决策和执行不得不对各种价值进行平衡，公共行政的目标就是在多元价值不可避免的冲突中作出满足各利益主体的决策。行政因为公共善而存在，行政之目的是为了促进和最大化自由、平等、民主、正义等基本价值。从人道目的论角度看，所谓国家权力的内谋和平与外抗敌侮，也不过是把侧重点放在满足生活目的之"社会与物质条件"维度而已。现代行政权力从自由主义的消极领域转向了积极能动地介入社会生活，为民众谋求更好的生存与自由环境，更好的物质生活条件，从谋求幸福生活提供更优越的物质和只要欲研究行政问题的人，皆要涉及价值之研究；任何从事行政实务的人，他实际上都在进行价值分配。[6]

---

〔1〕　参见周海挺："自然法视阈中的公法解释基本原则"，载《浙江省委党校学报》2014年第4期，第126页。

〔2〕　参见［英］罗杰·科特瑞尔：《法理学的政治分析：法律哲学批判导论》，张笑宇译，北京大学出版社2013年版，第68页。

〔3〕　N. Luhmann：Rechtssoziologie，Opladen 1983，210. 转引自［德］哈贝马斯：《在事实与规范之间：关于法律和民主治国的商谈理论》，童世骏译，生活·读书·新知三联书店2003年版，第87页。

〔4〕　参见［德］哈贝马斯：《在事实与规范之间：关于法律和民主治国的商谈理论》，童世骏译，生活·读书·新知三联书店2003年版，第87页。

〔5〕　参见申艳红：《社会危机防治行政法律规制研究》，武汉大学出版社2013年版，第49页。

〔6〕　［美］H. 乔治·弗雷德里克森：《公共行政的精神》，张成福等译，中国人民大学出版社2013年版，第142页。

奥斯丁和洛克都认为政府的职能就是要为社会公共福利服务。现代公共行政改革理论在为"好政府"定义时，认为只有能让积极的市场因素合理作用的政府才是好政府，将政府分离出来的职能交由社会来承担，并通过"政府业务合同出租""竞争性招标"等市场化的治理手段，与相对人积极协商谈判，以契约的方式确定双方的权责关系，形成公共事务管理的合作机制。同时，把竞争机制引入公共管理，给公众提供"用脚投票"的机会，迫使公共机构竭力改善服务以赢得更多的"顾客"，以此提高公共服务效率和质量。伴随着放松管制与管制方式的变革，弹性、温和、赋含民主色彩的行政合同、指导、激励、沟通等非强制性行政行为应运而生，并逐渐成为现代公共行政的主流方式，曾被过分强调的行政权力，随着公共利益与个人利益协调性的不断加强，行政权力的强制性属性日渐减弱。这些新的行政方式的广泛运用既适应了现代社会发展的客观需要，又有助于促进行政法制度创新和行政法治的发展。[1]这种治理模式有利于政府更有效地处理与市场的关系，为社会公众提供公共服务，在满足社会的实质正义要求方面起到了不可替代的作用，而经济法作为新的法律机制就是以社会公共利益为其法益目标的。

二、经济法对实证法的矫正和制度创新

在经济法的理论研究中，不仅需要从公平正义、经济自由、经济秩序等视角和现行法律文本的规定等角度去研究既有的民商法和行政法律体系所不能解释、包含的权利类型，并以经济法的视野解读与论证经济法的权利义务体系。[2]更需要从中国经济法的执法、司法与守法等法律实践的角度去发现与研究经济法的实施途径，克服实在法滞后的局限性对社会经济的不利影响，以弥补民商法和行政法在调整社会经济秩序中的局限性。为适应社会经济发展的需要，经济法对传统实在法的规范结构和法律实践都进行了变革。经济法吸纳了自然法的道德性和社会性，以实质正义和社会本位作为其价值目标，不再严苛于法律的形式正义。道德、社会、政治对经济法的影响是显而易见的，经济法的道德性、社会性和政策性往往成了经济法的评价标准，政府执

---

〔1〕　参见申艳红：《社会危机防治行政法律规制研究》，武汉大学出版社 2013 年版，第 84 页。

〔2〕　参见李友根："经济法学的实证研究方法及其运用"，载《重庆大学学报（社会科学版）》2008年第 5 期，第 128 页。

法而非法院裁判成为解决社会经济问题的重要法律途径。但经济法在实施过程中，应遵循程序正义原则确保实体的正义。

（一）经济法之第三法域的构建对实在法的修正

随着市民社会与政治国家的相互渗透，某些私人利益受到普遍的公共利益的限制而形成社会利益。私法与公法的相互交错，出现了作为中间领域、兼具私法和公法因素的第三法域。[1]随着社会经济发展的专业化和全球化的加深，知识经济、网络经济、虚拟经济的迅猛发展，不同经济领域和社会阶层的两极分化的趋势日益严重，弱势群体的社会问题越来越突出。经济、社会、道德和政治等现实问题，与人权、民主、公平、自由的诉求交织在一起的现代国家问题，都迫使法律不可能像实证法学派所主张的那样，超脱于现实政治、经济、社会和道德的影响而仅专注法律本身。法律作为社会最有效的调整器，必须对存在问题作出反应。因此，通过私法公法化对弱势群体进行保护成为现代社会的法律任务，而不仅仅是社会道德责任。在资源配置的经济活动过程中，如何实现对弱势的市场主体的保护是经济法的重要任务，经济法必须通过立法对市场主体间的权利义务进行配置，通过私法公法化立法对私权利的限制把私法义务法定化，并授权行政机关规制权、监管权和调控权，通过对弱势群体的保护来达到利益的平衡，矫正了传统民商法形式平等带来的实质上的不公平，确保社会经济秩序的和谐与稳定。另一方面，为确保社会经济秩序总体上的平稳健康地发展，经济法授权相关的政府职能部门依法对经济进行调控，使公权力伸入私权领域对经济活动进行干预，私权的自由受到限制，也表现出了私权公权化的特色。同时，政府在经济治理过程中，依法授权把部分行政职权分权给社会组织，或是通过建立市场、社会和政府的共同治理的协调机制实现公法私法化。

因此，经济法是私法与公法相互融合而产生的第三法域，其融合集中体现在两个方面：一方面，私法的任意性权利规范与强制性义务规范的融合。经济法通过私法公法化有条件地把民商法的任意性的权利规范转化为强制义务性规范，在充分尊重市场主体自由的基础上赋予强势的一方经济法市场主体更明确的法定义务，或是为了整体的社会经济秩序直接限制其经济自由，

---

〔1〕　参见董保华：“社会基准法与相对强制性规范——对第三法域的探索”，载《法学》2011年第4期，第20页。

并赋予强势一方的市场主体特定的义务。在经济法关系中，有限的权利性规范和法定的义务性规范构成了其私法的实体性内容，强制性的义务规范因行政机构的介入也涉及公法的内容，导致了私法与公法的融合。另一方面，经济法中公法也出现了强制性的禁止性规范、命令性规范与任意性规范的融合。在市场规制和监管过程中的经济法规范对于经营者或是强势一方的市场主体，多为强制性的禁止规范或命令式的义务规范，但对于弱势一方的市场主体，只是限制性的权利性规范。在宏观调控领域，指导性的宏观调控主要是一种任意性规范。因此，在经济法的公法领域也出现了强制性规范与任意性规范的融合。经济法之第三法域是对传统实在法的私法和公法对立关系的融合，经济法的"任意性"规范与"强制性"的规范的融合也是对传统法律范式的突破。使经济法的实在法不再只是机械而严苛的法条，而是可以能动地回应社会需求的活法。经济法通过私法公法化把自然法的法律理想或任意性规范强制化，赋予其法律的强制执行力，使自然法所捍卫的实质正义的道德标准法律化，让法律正义的价值目标得以实现。同时，经济法通过公法私法化赋予市场主体更多的自主权，来弥补实在法之公法的强制规范的滞后性和机械性以回应社会经济生活发展的需要。

（二）经济法对分析实证法学理论和法律实践的突破

经济法之"私法公法化"和"公法私法化"之第三法域法律机制的构建，确立了从民商法意思自治的权利本位到法定义务为重心的社会本位的新型权利义务观。经济法以维护社会公共利益，保护弱者协调社会整体利益为宗旨，明确了经济法以社会利益为目标的定位，以及对经营者权利限制，对政府之市场规制、市场监管和宏观调控之干预权的授权。经济法调整过程中各种权力（利）之间相互牵制关系，权力对权利的限制、权利对权力的制约关系，以及权利之间的平衡关系，在经济法的实体法的实施过程中，或是追求其价值目标的现实过程中，特别是涉及权力和权利之间的关系都是对传统实在法理论、规范结构和法律实践的一种突破。经济法的市场规制、市场监管和宏观调控都是以政府为主的行政治理模式，而非法院主导的司法审判模式。经济法的法律规范多为软法性的经济政策，商业伦理道德的法律化和经济政策的法律化使经济法更具有开放性以回应社会经济发展的需求。经济学中的市场失灵理论、信息不对称理论、外部性理论、公共物品理论、公共利益和私人利益理论、政府失灵理论、政府管制俘虏理论、市场竞争理论、市场机制理论、制度理论、效率论、控制论等经济学理论也成为解释和构建经济法律制度的基础，以至于经济法的理论不仅局限于自然法道德标准的正义理想，以及满足于实在法的程序正义的形式主义，而是海纳百川地获取了不同学科的研究成果构建了经济法学理论体系和法律规范体系，使经济法更具有科学性和合理性。

对于经济法的实证分析，除了应着力于经济法为维护社会公共利益，平衡协调社会整体利益，确保公平、效益和安全的社会经济秩序的法益目标，如何构建经济法规范的特殊范示及其自洽性之外，也应该研究经济法主体之政府机构如何合法、合理地行使行政规制权、监管权和调控权，这也是经济法实证分析的主要任务。经济法体系一般都包括实体法、程序法和诉讼法，经济法最常需要处理的行政事务主要是事前的行政监管、调控和事后的行政处罚。因此，经济法的实证分析，除了法院的司法审判，更应围绕政府行政部门的市场规制、市场监管和宏观调控展开。因此，行政立法、行政司法、行政执法以及各种行政规范性文件、行政惯例、司法判例、行政裁决、司法解释和行政解释、经济政策等都应成为经济法实证分析研究的事实案例和法源。经济法的实证分析呈现为市场行为规范、政府行政行为（包括行政立法、行政司法和行政很执法）规范与司法裁决规范的独特组合，经济法的实证分析应当通过对经济法规范的解释，获得经济法领域法律规范背后的法原理与法原则，比如经济法的法律实践过程中的"社会本位原则""合理性原则""实质正义原则""经济安全原则""社会效益原则""法律保留原则""信赖利益保护"以及"程序正义原则"等基本原则。经济法的社会公共利益是其根本目标和核心价值，因此经济法实证分析应围绕经济法的"社会本位原则"去研究和探讨其实现机制。经济法通过立法对不同的市场主体的权利义务进行配置以确保社会整体利益的平衡，因此对经济法的利益平衡机制的研究具有重要的意义。经济法对行政职能部门的概括权导致其行政自由裁量不可避免，因此应该对"行政合理性原则"和"越权无效"进行界定和解释。经济法中的行政立法权和行政许可权，特别是经济政策都是经济法的重要问题，也应该是经济法实证分析的重要内容。经济法的实证分析不应该仅限于司法审判个体正义，更应该侧重于经济法为维护社会经济秩序之社会利益的社会正义，对行政机关的市场规制、市场监管和宏观调控的法律实施机制进行研究探讨。

第三节　社会法学对经济法价值目标的构建

一、社会法学的理论疏理

（一）社会法学的兴起

19 世纪末，伴随工业化而来的贫富差距拉大和工人运动兴起的法律社会化，挑战了民法典的自由主义和个人主义，既导致了各国民法的修改，又促成了社会法的产生。法国的自然法学家也顺应时势，用新观念改造了自然法，结果是产生了可变的自然法和法律社会主义两种思潮。由天主教徒提出的可变自然法反对此前占主导地位的永恒自然法理论，希望用关心经济上处于弱势地位者福利的主张改变自由主义、个人主义的法律解释，从而减缓社会矛盾。法律社会主义则认为法学家应该从社会冲突中发现新的自然法主张，从而改变既有的法律本身，让大众的集体信念成为法律的真正创造者。19 世纪末不仅见证了自然法的世俗化，也见证了它的社会化。自然法的社会化又包括了两个层面：第一，运用一套"自然法"的语言解决社会问题；第二，讨论社会问题时使用的话语成为自然法语言的一部分。法律社会化过程中的两种新观念淋漓尽致地体现在内容可变的自然法理论中，新的自然法理论反对无视具体自然法主张在实践中效果的立场，意味着承认个人所处的社会情势可能导致形式上看上去合理的自然法在具体个案中产生不同的实践后果。或者说，此种自然法理论更倾向于优先实现以社会分配之实质平等为核心的实质正义。[1]各个社会子系统提交的各种竞争性规范，呈现的是各种社会规范之间在横向上的冲突关系，卢曼称之为规范的"社会维度"。德国的自由主义法学、利益法学以及美国的法律现实主义，以及当代的法律经济分析和法律政治分析，它们所具有的一个共同特征是在法律系统外部寻找法律统一性的象征物，探究影响法律正当性的社会因素。[2]

法律社会学也同各种社会法律哲学一起出现，是一种哲学的法律科学，

---

〔1〕　参见朱明哲："面对社会问题的自然法——论法律社会化中的自然法学说变迁"，载《清华法学》2017 年第 6 期，第 75、78 页。

〔2〕　参见［德］尼克拉斯·卢曼：《法社会学》，宾凯、赵春燕译，上海人民出版社 2013 年版，第17 页。

即哲理法学，或一种社会学法学，是借助于哲学、伦理学、政治学和社会学，研究一切意义上的法律，把它当作广义的关于社会的科学的一个很专门的方面。[1]相较19世纪的法律理论，社会学法理学的知识增量在于对利益理论的框架性建构：利益不是先定的权利，需要法律人从经验上关注需要法律承认和保障的问题，并由法律人根据特定时空之文明的法律先决条件以及有关法律目的的理想蓝图进行推论和界定。利益是法律的调整对象，是法律终极权威的渊源，是判定法律社会功效之标准。由此，经由庞德对于"社会利益"的选择和确定并明确认为这些社会利益比个人的自我实现更重要，社会学法理学为法律从外部构建了一个"社会神"。借鉴哈耶克对"社会"概念的反思，邓正来先生指出，社会学法理学提供的是一种中性的理论框架，其囿于实用主义的哲学基础将法律的性质问题与法律的功效问题混为一谈，从而无法保证法律必定达致善法，完成庞德所构建的"社会神"的批判。[2]经济法之社会利益的价值目标正是切合了社会法学的法律理想，社会法学的理论成果则为经济法学理论构建奠定了坚实的理论基础，而经济法的实用主义的法律实践也是社会法学的最好实践检验。

（二）社会法学的基本理论

洛克认为："社会或由他们组成的立法机关的权力绝不容许扩张到超出公众福利的需要之外，而是必须保障每一个人的财产。所以，谁握有国家的立法权或最高权力，谁就应该以既定的、向全国人民公布周知的、经常有效的法律，而不是以临时的命令来实行统治，应该由公正无私的法官根据这些法律来裁判纠纷。并且只是对内为了保障社会不受入侵和侵略，才得使用社会的力量。而这一切都没有别的目的，只是为了人民的和平、安定和公众福利。"[3]洛克认为法律就是要为人民谋福利，保障人民的平安。庞德认为"社会控制的主要手段是道德、宗教和法律。这种支配力是直接通过社会控制力来保持的，是通过人们对每个人施加的压力来保持的，施加这种压力是为了迫使他尽自己本分来维护文明社会，并阻止他从事反社会，不符合社会秩序假定

---

〔1〕　参见［美］罗斯科·庞德：《通过法律的社会控制》，沈宗灵译，商务印书馆2012年版，第4页。

〔2〕　参见王婧：《罗斯科·庞德的社会学法学：一种思想关系的考察》，上海人民出版社2012年版，第23页。

〔3〕　参见［英］洛克：《政府论》（上篇），叶启芳、瞿菊农译，商务印书馆1996年版，第152页。

的行为",[1]庞德更是强调通过法律的"社会控制"功能来实现对"社会利益"的保护。自由法学派代表人物艾尔利希主张通过"自由的发现法律的运动"的方法来达到维护"社会秩序"的目的,洛克和赫克主张通过法官自由意志的方法实现"公共福利"和"共同利益"。[2]后来又出现了通过功能主义、结构主义、定量分析、概率分析和心理分析等多种社会学方法来实现社会控制而达到一定社会效果的社会法学派别。西方法律社会学以研究"经验"来探讨以往在法学研究中被认为概念性问题的主题,处理法的实际运作、实际的影响,法律服务的管道以及福利与贫穷等议题,法律的改革是法律界更重要的任务。[3]社会法学派把法律理解为通过对人类本性以及行为的规范和控制,来实现一定的社会效果,达到一定的目的。虽然社会法学派在采用的方法和实现目的方面存在分歧,但对通过法律的控制来实现一定社会效果方面是一致的。

不论是西方的法律社会学还是法律经济学,都有很成功的经验可借鉴。重要的是,这些理论构建,都有特定的价值目标。这些西方的法律社会学者都确立了自己的价值目标,然后再探讨法律的社会实施机制,把法律制度与社会对接达到特定的社会效果。法律社会学是描述性的,其关注法律事实,法律关系的形成、演变,以及各种不同的社会秩序之间的关系等,目标是为寻求法律演变的规律性,研究法律的理想秩序与实际秩序的关系,特别是关注在法律条件下,社会生活如何由法律来加以操纵和调整。[4]社会法学主要基于法律是社会中的法律而不是社会是法律中的社会,法律目的和法律功能的二分性与规则、事实和方法的不确定性这三点理由,无论是作为道德理想追求的自然法还是作为规范体系的实证法,与社会中实际存在的法律相比,总是源于后者、体现于后者并作为后者的组成部分而存在的。因此,实证法并不总是逻辑自洽和封闭完满的,总是在以有限的资源(包括规则、原则、标

---

〔1〕 参见[美]罗斯科·庞德:《通过法律的社会控制》,沈宗灵译,商务印书馆2012年版,第9页。

〔2〕 参见[美]罗斯科·庞德:《法律史解释》,曹玉堂、杨知译,华夏出版社1989年版,第149页。

〔3〕 参见[美]坎培尔、威尔斯:"社会中的法律研究",载[美]埃文主编:《法律社会学》,郑哲民译,五南图书出版公司1996年版,第23、27页。

〔4〕 参见王勇:"法律社会学及其中国研究进路的初步思考——一般理论与本土问题的知识建构",载《法制与社会发展》2007年第2期,第110页。

准及各种各样的制度、程序、设施等）应对着社会中的个体和整个社会的要求、利益和期待。以至于在法律与社会相互作用、调适的过程中，歧义、矛盾、冲突、无所适从甚至无法可依等情况的出现就不可避免了。[1]

现代社会的复杂性和多元性使得单纯的政府管理不能克服危机产生的根源，也不能有效实现对危机的化解、应对和消除。[2]韦伯认为："应该从社会学而不是从法学上去理解具有实在效力的法律秩序。"[3]法律秩序具有多维性，现代法律规则及实施都容易脱离社会现实经验和其正义理想。如果要对法律进行彻底的研究，就应该把法律秩序的多种维度当作变项，不应该仅空谈法律与国家、政治、规则、强制以及道德之间的联系，而应该思考发生这些联系的条件和程序是什么，以及它们会产生什么样的社会影响或效果，即法理学的各种重大理论问题应该如何服从一种社会科学的观点。因此，需要尝试一种新的学术冲动把社会科学的观点和研究方法扩展到对法律机制的分析，对民权、民生、犯罪、贫困、生态破坏、消费问题、产品问题、民众抗议、劳工纠纷、城市骚乱以及权力滥用等法律与社会问题汇集在一起，去探究其法律实施的有效机制。[4]法律秩序的先定化预设了社会基本目标，以及社会改革与建构的参照系统，因此任何法律问题的讨论都是围绕着法律体系而产生。其基本逻辑是从社会本身寻找法治秩序难以建立的原因，并着力改变这些制约的因素，[5]并结合社会效果或社会制度来探讨法律实施的社会治理的法律新机制。经济法正是基于自然法学的实质正义，突破分析实证法的局限性，融合了社会法学的社会性，构建了经济法的社会利益的价值目标。

（三）社会法学的社会治理机制的内涵

治理基本特征是：多元主体参与权力运作，是以社会公共性或共同性为

---

〔1〕　参见贾焕银："社会法学派的法律漏洞观及其启示"，载《法律科学（西北政法大学学报）》2009年第4期，第9页。

〔2〕　参见［奥］欧根·埃利希：《法社会学原理》，舒国滢译，中国大百科全书出版社2009年版，第217页。

〔3〕　马克思·韦伯：《论经济与社会中的法律》，张乃根译，中国大百科全书出版社1998年版，第14、61页。

〔4〕　参见［美］诺内特·塞尔兹尼克：《转变中的法律与社会》，张志铭译，中国政法大学出版社1994年版，第1~2页。

〔5〕　参见王勇："法律社会学及其中国研究进路的初步思考——一般理论与本土问题的知识建构"，载《法制与社会发展》2007年第2期，第113页。

目的一种秩序建设和维护的管理模式。治理过程的基础不是控制和支配，而是协调参与，治理既涉及公共部门，也包括私人部门，并不意味着一种正式制度，而是包括各种有效率的，合理的非正式制度的安排。现代社会的复杂性和多元性使得单纯的政府管理不能克服危机产生的根源，也不能有效实现对危机的化解、应对和消除。[1]因此，社会危机防治行政的理论出发点应当是建立在政府治理理论基础之上。作为公共行政价值客体的国家和政府来说，自身是社会发展到一定阶段的产物，其目的就是通过对国家和政府的理想预期，赋予它特定的功能和使命，使其具有为社会服务的能力。政府与其他公共组织作为公共行政价值客体的属性和功能能否满足社会的需要，取决于两个方面：一是国家是否具备满足社会需要的属性和功能；二是社会是否善于利用公共行政客体——政府与其他公共组织的属性和功能。[2]社会学曾经把社会作为治理逻辑的中心，社会自由主义促成了法律、社会科学和政府管理的强劲结合。在 20 世纪，法律与政府管理的关联则更为突出，而社会则是法律与政府联系的桥梁。同样，社会科学也成为治理的重要辅助手段，部分是通过法律的媒介，包括犯罪学、社会工作和公共卫生领域（在较小程度上还包括医疗），后来涉及所有经济的和一般政策领域，比如社会保险、公共交通、住房、公共卫生、社会医疗以及各社会思潮等。美国各州政府和联邦政府，以及其他工业化程度较高的欧洲、日本、澳大利亚和美洲某些社会也是积极地接受了社会治理。对于法律的社会实践，没有任何其他路径或范式像治理一样有助于设定法律与社会的研究议题。[3]作为公共行政价值客体的国家和政府来说，自身是社会发展到一定阶段的产物，其目的就是通过对国家和政府的理想预期，赋予它特定的功能和使命，使其具有为社会服务的能力，而治理是实现这一目标的最佳路径。

法律的实施受政治、文化、经济和社会等多种因素的影响，社会法学研究的立场就是如何从法律制度和规范的研究中去发现社会秩序的本质，通过

---

〔1〕 参见〔奥〕欧根·埃利希：《法社会学原理》，舒国滢译，中国大百科全书出版社 2009 年版，第 217 页。

〔2〕 申艳红：《社会危机防治行政法律规制研究》，武汉大学出版社 2013 年版，第 69 页。

〔3〕 参见〔美〕奥斯汀·萨拉特："片段化中的活力：后现实主义法律与社会研究的涌现"，载〔美〕奥斯汀·萨拉特编：《布莱克维尔法律与社会指南》，高鸿钧译，北京大学出版社 2011 年版，第 6 页。

对其他社会现象的分析提出一种更注重现实问题的法律观点，以达到那些与法治的观念或正义的理想相一致的具体目标，而使法律更有效地运行。[1]法律的实施机制不应仅局限于法院的司法审查，现代社会更多的法律实施有赖于政府的执法，治理才是实现社会管理的最佳法治方式。治理化的法律不再仅服务于个案纠纷解决简单司法问题，而是作为政党和政府有效管理社会和人民的手段。[2]社会法学如果要探讨法律实施的社会效应，就应该把目标建立在如何实现对社会有效治理的问题上。司法一般解决的只是个体正义，其社会效应单一而有局限性，解决社会问题寻求的是社会正义，治理是实现法律与社会对接最好的法律机制和管理模式。社会法学基于社会现实问题，寻求在现行实在法范围内的非法律解决问题的途径，其对法律实践作出评价，更多倾向于强调"社会的有解性"而非"法律的有解决性"，带着明显的功利主义的特色，因此更强调社会治理对于法治实践的需求。因此，社会法学"治理论"是与实证法学的"法治论"相对立的另一种思维模式，即现代化的治理主要是通过社会科学以更灵活多变的方式来认识社会上需要法律回应的新问题，并不断调整法律的新边界。[3]如果社会法学以多元视角切入社会科学视角的"治理化"而非法律的方式来思考和理解法律问题，不仅能够更好应对社会经济发展的需要，又能更全方位地解决社会中的复杂问题，也更有利于法治社会建设。因此，社会法学对法律实践的具体运作形式方面更应注意现代治理的灵活运用，特别在一些新兴法律部门，法律与公共政策交互作用。通过治理机制，法律能够及时地回应社会中的新问题，增强法律在社会中的作用。

社会法学与实证分析法学都是在法治的原则下为解决社会问题采取的不同的视角和途径，为社会治理提供了多元化融合模式。社会法学不应该反法治和解构法治，而是强调法治的复杂性，并对法律规范的多样性具有建构的作用。社会法学的治理，必须把法治作为治理的重要途径，使实证分析法学

---

〔1〕　参见王勇："法律社会学及其中国研究进路的初步思考——一般理论与本土问题的知识建构"，载《法制与社会发展》2007 年第 2 期，第 109 页。

〔2〕　参见赵晓力："通过合同的治理——80 年代以来中国基层法院对农村承包合同的处理"，载《中国社会科学》2000 年第 2 期，第 121 页。

〔3〕　See Richard A. Posner, *The Crisis of Capitalist Democracy*, Harvard University Press, 2010, pp. 337～362.

传统的法治原则回应社会对秩序的要求，实现社会治理模式的法治化。[1]因此，为适应社会经济发展需要，社会法学应根据社会科学乃至自然科学的最新研究成果来探讨社会、经济和法律相融合的治理机制，并通过对传统的法律部门进行改造不断创设新的法律规范，使法律的实施和社会治理更为灵活多变，以便更好地理解实践中那些复杂的且不能被实证分析法学所处理的现实问题，更有利于促进法治建设。

二、经济法的政府治理是社会法学理论与实践的融合

社会法学是描述性的，不仅关注法律事实，还立足于法律关系的形成、演变，以及各种社会秩序的关系等，目标在于寻求法律演变的规律性，研究法律的实际秩序与理想秩序的关系，特别是更应关注在社会生活中，法律应如何对社会关系和秩序进行规范和调整。[2]社会法学以法律规范和法律制度为基础，探讨法律的社会效果及其实现机制，这个效果应该是体现特定的法律价值，比如社会正义、社会秩序、公共利益、公共福利、人权、公平和效率等价值，同时应构建实现法律的社会价值或效应的社会治理机制。经济法从法律之社会效用的社会法学的视角去探讨资源配置的经济活动过程中法律的社会效用，即经济法如何维护社会公共利益和协调平衡社会整体利益，确保公平、效益和安全的社会经济秩序。现代治理作为新型的管理模式，强调其目标的公共性或共同性，权力运用之民众参与性、多元性、非正式规则性，以及多中心主义等理念，是对正统单一行政管理权力之权威的突破和超越，也是回应社会经济发展的新的行政管理机制。现代社会经济的复杂性、多变性以及多元性使得简单的政府管理也不能有效化解、应对和消除现实中存在的社会经济问题。特别是以司法中心主义为核心的现代法治体系越来越难以解决现实中社会经济问题。"政府有形之手"与"市场之无形之手"资源配置两分法的对立也遭到了质疑，"治理"理论在经济法实践的运用也由此应运而生。经济法以维护社会公共利益为己任，其"公共性"的法益目标为治理模式提供了理论基础。经济法对市场秩序规制关系或市场监管关系、宏观调

---

〔1〕　参见李晟："实践视角下的社科法学：以法教义学为对照"，载《法商研究》2014年第5期，第83~85页。

〔2〕　参见王勇："法律社会学及其中国研究进路的初步思考———一般理论与本土问题的知识建构"，载《法制与社会发展》2007年第2期，第110页。

控关系的调整就是要在"市场""政府"和"社会"三者间建立内在的治理机制，正确处理市场、政府与社会间的互动关系。里夫金在《NGO 与第三世界的政治发展》一书的序言中提出："市场、政府和公民社会形成的三足鼎立"，构成市场资本、政府资本和社会资本。哈贝马斯提出了"私人领域"和"公共领域"须在"交往理性"中寻求平衡、共识。[1]治理的理念切合了经济法维护社会公共利益，协调平衡社会整体利益，并兼顾公平与效益、安全社会经济秩序的价值目标。

经济法之政府治理机制就是在资源配置的经济活动过程中，在市场、政府与社会之间建立的新的法律机制。政府治理通过市场与社会的参与，建立公共治善的共享机制，并通过社会中间层的分权机制有效缓解市场与政府之间的对立。政府治理调控的非正式规则的软法和行政执法先导的处理机制，回应了社会经济发展的需要，实现了经济法之实质正义的价值目标。但政府治理必须遵守经济法的基本法则和程序正义，建立相应的责任机制，确保政府治理的法治与善治的执法路径。经济法治理的原则，即法治原则、合理性原则、协商共治原则、公共行政原则、行政服务原则、实践原则。法治原则是政府治理的基础和根本，公共行政是目标，服务行政是手段，能动行政是方法，合作协商是机制，实践是检验的标准。经济法的治理应体现社会广泛参与、能动多样、刚柔并济、平等协商、自由选择等行政民主性要求，市场主体积极配合和实现经济法治理目标的积极效果，重视和运用多角度、多层次和多元化的行政指导、行政契约、行政资助、行政调解、行政奖励、行政协调等回应性、协商性的行为方式，以维护社会公共利益和协调平衡社会整体利益为目标，以社会经济秩序的公平、效益和安全为实践标准，实现私益与公益、自由与秩序的平衡的社会效果。

因此，政府治理应建立新的法律机制来规范市场秩序和政府行为，确保公平的竞争秩序和经济安全，同时也应防止行政权力被滥用。政府治理在遵守法治基本原则的基础上，使传统的法治机制和规则发生了嬗变，对其规则形式主义和法院司法中心主义进行了变革，也是对法律制定和实施机制的创新。经济法就是要在消除传统的"市场"与"政府""二元"结构对立的基础上，以"市场""政府"和"社会"间的相互关系为治理结构，建立以

---

〔1〕 参见陈琼、曾保根："对当代西方治理理论的解读"，载《行政论坛》2004 年第 5 期，第 90 页。

"市场""政府"和"社会"为法律元素的调整机制,构建"治理"与"法治""善治"相结合的共享机制的治理模式。经济法以"社会"作为新的法律元素,其政府治理的新法律机制既坚持了自然法学派的法律理想,又维护了实证分析法学派的法律权威,最终实现了社会法学派的价值目标。

经济法价值目标的重溯

经济法的实质性导向目的至上的兴起，把一直很严格刻板的规范性结构转变为"结构开放的"标准和"结果导向的"规则。新的目的导向影响了经济法基本的学理概念，传统的"公平""正义""秩序""平等""自由"的法律理念有了新的发展和突破。经济政策不可避免地要反映时代的政治诉求，形式法律探究的经典方法需要转变成"经济政策分析"的方法，这种方法与法律参与方式的变迁导致经济法的"法律多元化"。以至于"社会性""公共性""效益"与"利益""安全"也影响了经济法之实在法的构成，比如"社会公共利益""经济效益""社会效益"与"经济安全"等范式在经济法中不可避免，并成为经济法价值判断和法益目标的新标准。"社会本位"是经济法的核心价值目标，而经济法的终极具体目标就是确保公平、效率和安全的经济秩序。本质上，经济活动中的公平竞争秩序和交易规则，经济发展过程中的经济效益和社会效益，以及经济安全都是社会公共利益的具体表现，是经济法的具体目标。只有遵守公平的竞争和交易规则才可能维护稳定和谐的经济秩序，但除了公平的经济秩序，还应确保经济效益和社会效益以促进经济发展和社会进步，而经济安全是维护经济秩序的稳定健康发展的重要保证，如何通过对风险的管控确保国民经济安全是经济法重要的任务和目标。

第一节　经济法核心价值之社会本位

一、社会本位的基本理论

（一）本位的内涵
"本位"语出《左传·昭公二十七年》："复位而待"，晋杜预注："复本位待光命。"《通典·职官九》:"若其人难备,给事中以还明经者以本位领。"《南史·柳仲礼传》:"[侯景]遣仲礼、僧辩西上,各复本位",喻指其原来的地位。"本位"在开始造币时指硬币所用的金属成色和每个硬币应有的法定重量的规定,后来被用于经济学上的一个专用名词——金本位(Gold Standard),指的是以黄金为本位货币的一种货币制度,以黄金为单一的价值尺度去衡量其他商品的价值。英语相对应的翻译有"standard""oriented""based"。[1]根据《现代汉语词典》的解释,"本位"指"某种理论观点或做法的出发点"。[2]"法的本位"就是法以何种利益为重心或基点及以何种性质的规范为核心予以保护的问题,是由社会观决定的价值选择与工具选择的统一。简而言之,本位就是指某理论的基础或目标。人类社会由不同的自然人、法人或其他社会组织组成了不同的社群或组织,不同的社会个体、群体和组织都存在不同的利益。而国家由不同的社会群体、组织机构组成,国家作为一个实体也存在着国家利益。法律"本位"可以理解为一种对法律的认知方式,意指法律的核心所在,并以此为基础派生出法律的基本观念、基本目的、基本作用和基本任务。[3]"国家本位法"以国家为核心,国家通过法律实现政治统治,获取国家利益。"个人本位法"保护个人权利,主张个人至上,个人利益神圣不可侵犯。"社会本位法"则维护社会公共利益,追求社会整体利益的最大化,关注社会经济均衡发展,以增进社会整体效率为价值追求。[4]法律在维护个体利益、社会公共利益和国家利益时都表现出不同的价值取向,因此法律本位可以从三个层面来展开:一是在法律价值承载的主体上,是以国家、社会为本位,还是以个人为本位;二是从法律规定的内容上而言,是以权利为本位还是以义务为本位;三是在主体地位之间的关系上,当主体之间的利益发生冲突时,谁的利益应当放在优先考虑的位置上。[5]

---

〔1〕 参见黄文艺:"权利本位论新解——以中西比较为视角",载《法律科学(西北政法大学学报)》2014 年第 5 期,第 15 页。

〔2〕 中国社会科学院语言研究所词典编辑室编:《现代汉语词典》(第 5 版),商务印书馆 2005 年版,第 65 页。

〔3〕 参见许光耀、王巍:"经济法是社会本位之法",载《宁夏大学学报(人文社会科学版)》2003 年第 5 期,第 89~91 页。

〔4〕 参见穆虹:"经济法价值研究",山东大学 2007 年博士学位论文,第 51 页。

〔5〕 参见胡玉鸿:"社会本位法律观之批判",载《法律科学(西北政法大学学报)》2013 年第 5 期,第 12 页。

法学界常被学者提及的法本位的定义主要有两种：一种是从工具意义上的法律规范的选择来定义。认为法的本位是关于在法的规范化、制度化的权利义务体系中，权利和义务何者为主导地位、起点、轴心、重点的问题。[1]这种法的本位观把法分为"权利本位"和"义务本位"两种法律规范，仅针对法律规范本身而言，无涉价值评价，主要是适合于分析实证法学或法教义学的研究范畴。另一种是从抽象的社会观角度来定义法的本位。认为法的本位就是法保护的利益的基点或重心，是法的基本观念，往往与法的目的、价值作用紧密关联，因此，有学者认为法本位就是"法之基本目的，或基本作用，或基本任务"。[2]这种观点根据法的本原、目的和价值，把法的本位分为"个人本位""社会本位"和"国家本位"，能更体现法的社会效用和法益价值，主要适合于法的社会学研究范畴，或是以此探讨法的社会性。因此，要认识时代的法本位就必须从社会观念转化及法制变迁历程切入。社会的发展，使人们的生存与发展对社会的依赖方式及依赖程度亦发生着变化，人们的社会观念及认识社会的方法论也发生了转换。[3]

法的本位是随着社会和法治文明的发展进步不断地演化的，在不同国家不同的社会发展阶段与时俱进。在专制的奴隶社会和封建社会，蕴涵着专制色彩的国家本位的法律观占主导地位，到了自由资本主义时期，"天赋人权"与"私权神圣"的个人主义使"权利本位"泛滥，随着社会化大生产经济关系的深入发展，对社会公共利益的保护日渐重要，个人主义膨胀对社会经济秩序的破坏导致"权利本位"的价值逐渐衰落，取而代之的是社会本位的法律观。

（二）法律"本位"从"权利本位"到"社会本位"的价值演变

1. 权利本位的概述

霍布斯作为权利本位论的哲学奠基人之一，其论述了权利本位论的三个基本主张：权利先于义务，权利先于权力，权利先于欲望（以及意志和功利）。霍布斯认为自然权利是其权利本位论的逻辑起点，从自然权利的自然平等和自然自由出发，自然权利是无条件的，是一切法律和义务的基础。权利

---

〔1〕 参见张文显：《法哲学范畴研究》（修订版），中国政法大学出版社 2001 年版，第 35 页。

〔2〕 参见梁慧星：《民法总论》（第 2 版），法律出版社 2007 年版，第 35 页。

〔3〕 参见刘水林："经济法基本范畴的整体主义解释"，西南政法大学 2005 年博士学位论文，第 183 页。

始终是目的，是第一位的，权力是手段，是第二位的。国家主权和公民权利都起源于并服务于自然权利。自然权利是人的本质属性，是欲望、意志、功利的前提，是一切政治性、道德性和社会性问题的开端。霍布斯的权利学说是彻底的权利本位主义，并因此为现代社会、政治和法律提供了法理基础。[1]目前国内学术界对"权利本位"一语的英文翻译主要有三种译法：①"right-oriented"；②"right standard"；③"right-based"。英美哲学界所使用的"right-based"概念在语义上和内涵上最接近中国法哲学的"权利本位"概念。权利本位论属于权利的价值理论，贯穿于道德哲学、法哲学、政治哲学等学科领域。权利本位论的基本思想可以概括为四个"先于"，即权利先于义务、权利先于功利、权利先于权力、权利先于立法。首先，权利先于义务。该权利优先论认为权利与义务的关系乃是权利理论研究的基本主题，强调权利在价值上先于义务，权利是义务设定的理由，权利是义务存在的根据。其次，权利先于功利。该权利本位论者把功利原理视为是权利保障的最大威胁，强调权利的神圣不可侵犯性，反对在权利保障上进行功利计算。再次，权利先于权力。该权利本位论者对于"先于"的理解与其他三个"先于"有所不同，认为权利不仅在价值上先于权力，在时间上也先于权力。价值上的"先于"体现为权力来源于权利，权力服务于权利。时间上的"先于"，体现为权利产生在先，权力出现在后。最后，权利先于立法。该权利优先论认为权利虽然可以由立法来授予和确认，并借助于法律手段而得到有效保障，但权利并不依附于或受制于立法。权利先于立法，意味着权利可以不依赖政府和法律而存在，权利的正当性也不取决于政府和法律的评价。相反，对权利的确认与保障程度应是衡量政府的合法性和法律的合理性的根本标尺。而权利本位论又可以划分出自由至上主义权利本位论、平等主义权利本位论和马克思主义权利本位论三个分支。以诺齐克、哈耶克为代表的自由至上主义的核心理念包括个人主义、个人权利、自生秩序、法治、有限政府、自由市场、生产的美德、利益的自然和谐、和平。权利不仅构成了道德的边际约束，也是道德的最高价值标准，甚至是道德的唯一价值标准。平等主义权利本位论也强调个人自由（权利）的不可侵犯性，但并不认为自由（权利）是道德与法律的终极价值，更为关注平等的权利和权利的平等，认为国家负有解决不平等问题

---

〔1〕 参见凌斌："权利本位论的哲学奠基"，载《现代法学》2015年第5期，第3页。

的责任，因而主张为了平等而进行社会资源再分配。德沃金被公认为是平等主义的自由主义者，是平等主义权利本位论的代表人物。中国权利本位论建立在马克思主义的哲学基础之上，因而可称作马克思主义权利本位论。强调个人利益、团体利益或是公共利益，都必须受到社会的尊重和法律的保护。马克思主义权利本位论明确反对个人权利本位，主张多元权利本位。反对权利绝对优先论，主张权利相对优先论，但承认权利在与功利、义务、权力、立法等事物的关系中具有价值上的基础或优先地位。[1]

德沃金提出在不同的语境下，"权利"一词有不同的力度，其力图捍卫一种反功利主义的权利概念。认为不能以功利主义者所说的社会功利为由禁止一个人做他有权利做的事情。如果某人有权利做某事，那么即使剥夺他的权利是符合公众利益的，政府也不能这么做。但德沃金并不认为所有权利都是不可剥夺或限制的，而只是反对以社会功利为由剥夺或限制权利。认为政府可以基于其他理由正当地剥夺或限制权利，重要的理由是当人们之间的权利发生冲突，如言论自由权与名誉权发生冲突时，政府为了保护其中的一种权利才可以限制另一种权利。[2]德沃金倡导的是建立在个人主义基础上的权利观或个人权利观，其权利冲突和权利限制也仅限于对个人权利的保护，且不能以社会利益为由限制个人权利。因此，以德沃金为代表的西方权利本位论的民法文化精髓可以概括为个人主义。但20世纪后期西方市民社会遇到发展危机，人们开始重新审视个人主义哲学。个人主义权利本位基础假设充满玄幻色彩，割裂了个人与社会的天然联系，造成人的生物性与社会性之间的脱节，脱离历史、社会与价值的先验主体，忽略了权利应有的社会公共职能。把个体自由意志凌驾于社会之上，忽视了社会因素和公共道德对人价值选择和行为方式的塑造作用和约束。[3]虽然权利本位论在理论和实践两方面都有助于克服权力本位主义的极端化倾向，具有"矫枉必须过正"的意义上的多方面价值，但它却不是一种科学合理的理论。权利本位说内容方面的缺陷主

---

〔1〕 参见黄文艺："权利本位论新解——以中西比较为视角"，载《法律科学（西北政法大学学报）》2014年第5期，第14、15、19、20、21、22、23页。

〔2〕 See Ronald Dworkin, *Taking Rights Seriously*, Harvard University Press，1977，pp. 193、194、269，转引自黄文艺："权利本位论新解——以中西比较为视角"，《法律科学（西北政法大学学报）》2014年第5期，第19页。

〔3〕 参见李建华："权利本位文化反思与我国民法典编纂"，载《法学家》2016年第1期，第61页。

要是因忽视权力而误解权力，进而在理论上错误地处置权力，走到了与权利本位相对立的另一个极端，脱离法律生活实际，违背建立正常法律秩序的要求。在权利本位论者设定的权利义务分析的大框架内，权利本位说中的"本位"在逻辑上不可能是一国法律体系的本位。[1]在权利本位观念层里，权利被罩上天然的道德正当性光环。所谓权利神圣、权利不可剥夺、天赋人权、以权利对抗权力等理论和学说俘获了不少支持。法国学者若斯兰揭示了"行使权利无可过咎""权利无所谓滥用"等观念，[2]但权利本位论最终导致权利的滥用，最直接的恶果就是侵蚀了社会公共利益，破坏了社会经济秩序。

2. 权利本位的衰落

个人主义的权利本位论倾向于增强每个人保护自己的利益，而不是为增强保护社会公众福利的任何一个基本方面尽责。[3]自17世纪中叶开始，各资本主义国家先后通过不同方式重建自己的法律制度，指导这一法律工程的是洛克、卢梭和孟德斯鸠等启蒙思想家的理性主义、自由主义、个人主义、激进主义、分权主义和社会契约论等，在诸多主张的古典自然法理论中，个人主义在整个古典自然主义理论体系中占有重要地位，由此形成的法律制度成为自然法思想的制度化形式。与此相适应，个人主义主导的"权利本位"的立法认为，权利只能是个人的权利，个人权利与生俱来，并非政治权威或立法机关所赋予，而社会是个人的派生物不可能像个人那样享有权利。20世纪前的欧美立法完全贯彻了自然法的这一思想，从宪法、行政法到民法，再到诉讼法，无不以个人和个人权利为目标，社会和国家、义务和权力都成为满足权利的手段，而且权力被当作个人权利的天敌时刻受到限制。个人本位法律制度设计极大释放了个人的潜能和创造力，激活了个人这个决定整个社会活力的细胞，使人类社会在快车道上飞速前行。但个人本位如同一把"双刃剑"，在繁荣经济的同时也带来了不少社会问题。自19世纪中后期以来，由于早期资本主义制度的血腥与残酷，导致社会贫富悬殊，阶级矛盾尖锐，同时，周期性的经济危机使社会处于极度的动荡之中。垄断、生态环境、劳工

---

〔1〕 参见童之伟："权利本位说再评议"，载《中国法学》2000年第6期，第47页。

〔2〕 参见刘作翔："权利相对性理论及其争论——以法国若斯兰的'权利滥用'理论为引据"，载《清华法学》2013年第6期，第110页。

〔3〕 参见［德］马克斯·韦伯：《经济与社会》（下卷），林荣远译，商务印书馆1997年版，第43页。

和消费者等社会问题层出不穷，经济危机频繁爆发，社会秩序极度混乱。其直接原因看似是法律制度的问题，但真正的罪魁祸首则是隐藏在法律背后的极端个人本位思想。社会本位正是产生在这样的历史条件下，[1]在此时，法学上出现了注重社会正义、保护弱者权益的新自然法主义，法律也随之进入"社会化"时期。

在实践中，个人主义的"权利本位"的理念而导致权利滥用和异化。权利主体在追求"私权至上"及"法律不禁止即可为"的理念中，为实现利润最大化而不择手段。权利常被异化为"绝对自治权"导致滥用，强势的一方打破平等协商的自治原则，利用优势地位侵犯弱小一方的利益。权利主体不仅超越道德底线，滥用自治权违法谋取暴利，甚至违法犯罪。在司法实践中，民法为维护"意思自治"和防止"权利滥用"，只能借用"诚实信用""公共利益原则""公序良俗"和"禁止权利滥用"等基本原则由法官自由裁量，其裁决结果对相关民事行为或是认定为无效，或是撤销，并不能对违法者处以公权力处罚以彰显公平正义，更不可能对受损的社会公共利益进行救济。另外，"禁止权利滥用"作为民法基本原则，如果适用到司法审判过程中裁判个案，要经过法律原则的具体化过程，由法官对个案的具体情况进行价值判断和价值补充，法官在利益衡量的过程中也存在权力滥用的危险。[2]各国判例以及理论学说由加害目的及加害意思的主观标准演进到权利人之间相对立的利益均衡之破坏、合法利益的欠缺、公序良俗之违背、社会经济目的之违反、诚信原则之违反等客观的标准，使权利滥用要件更为客观化。[3]因此，为了防止权利的滥用，通过民事立法限制权利成了必然的选择。《德国民法典》第226条规定："权利的行使不得专以损害他人为目的。"1922年《苏俄民法典》第1条的规定："民事权利的行使违反社会的经济的目的的。不受法律保护。"《瑞士民法典》第2条规定："任何人在行使权利或履行义务时，都必须遵守诚实信用原则；明显的权利滥用，不受法律保护。"但民事法官的自由心证可能使受损的社会公共利益得不到公正的司法保护，使民事"禁止权利滥用"原则的公平正义得不到彰显。受民事诉权之限，对于危害社会公共

---

〔1〕　参见薛克鹏："论经济法的社会本位理念及其实现"，载《现代法学》2006年第6期，第93页。

〔2〕　参见刘静、沈磊："规制民事诉权滥用的程序法视角"，载《湖南大学学报（社会科学版）》2011年第3期，第15页。

〔3〕　参见史尚宽：《民法总论》，中国政法大学出版社2000年版，第715页。

利益之权利滥用行为很难通过民事诉讼受到应有的法律惩戒，对社会公共利益之民事司法救济难以实现。因此，为了维护社会公共利益，公权力对权利滥用的介入也就成为必然。

个人主义的权利滥用迫使西方学者反对自由放任的古典自由主义，急于论证政府对社会经济干预的合理性，要求政府对经济生活进行大规模的干预。[1]在第二次世界大战结束之后，凯恩斯主义被普遍接受，"大社会与小政府"模式被"大政府与小社会"模式取代。但在20世纪70年代，全球经济出现了停滞性通货膨胀，凯恩斯主张的国家干预理论陷入了难以自圆其说的困境。随着英国时任首相撒切尔夫人与美国时任总统里根的上台，放任自由的思潮回归，哈耶克、弗里德曼、布坎南、科斯、诺斯等学者将保守自由主义推向全面的复兴。虽然这一时期的保守自由主义与古典自由主义有相当大的不同，保守自由主义仍部分肯定政府的职能，也不要求政府完全退出市场，而是要求政府在尊重市场的前提下，对市场加以指导，并发挥应有的功能。直至20世纪70年代以来，保守自由主义中的市场乌托邦倾向造成了新的社会和经济危机，带来了新自由主义[2]和"第三条道路"理论的崛起。新自由主义理论家斯蒂格利茨主张政府相对于其他经济组织有两个特点："第一，政府是唯一对全体社会成员具有普遍性的组织。第二，政府拥有其他经济组织所不具备的强制力。""第三条道路理论主张政府对社会经济进行干预的方式必须是适当的，为避免政府失灵的产生，应将'私人产品'与'公共产品'区分开来，分离'政府生产'和'政府提供'，以调和私人利益与公共利益间的不一致。公共机构必须导入竞争、激励与创新机制，提升整体效率。为日益扩

---

〔1〕 参见曾峻：《公共秩序的制度安排——国家与社会关系的框架及其运用》，学林出版社2005年版，第9页。

〔2〕 新自由主义（Neoliberalism）是经济自由主义复苏形式的经济哲学，兴起于20世纪20～30年代，20世纪70年代以来在国际经济政策上扮演着越来越重要的角色。新自由主义核心价值是"经济人"假设，私有制永恒，市场经济万能，政府职能最小化。基本理论观点主要包括：①全面自由化，否定国家干预。②完全私有化，反对公有制。③绝对市场化，推崇市场原教旨主义。认为私有制是竞争的先决条件和市场机制的基础，市场机制能够调节一切经济活动，人为干预会破坏经济的稳定性。宣扬市场万能论，主张让市场经济自发地、不受调控地发挥作用。新自由主义危机指其理论在实践中的破产并导致金融危机，引发社会经济秩序紊乱甚至崩溃，经济衰退，失业率上升，社会矛盾激化等社会问题。2008年起因于由美国次贷危机的全球金融危机和欧债危机就是新自由主义危机的恶果。（张树桑："新自由主义危机对我国经济改革的启示"，载《华北金融》2014年第8期，第9～11页；吕海霞："论走向衰落的新自由主义"，载《生产力研究》2010年第1期，第11页）。详见本书第13章。

大的政府干预和成熟、发达的市场共生共存提供基础，并为建构'强国家、强社会'模式提供条件。"[1]随着新自由主义在2008年金融危机中的破产，为维护经济社会秩序，政府干预市场经济又成为各国政府应对危机的必然选择，第三条道路也成为政府公共治善的选择。

3. 经济法之社会本位观的确立

"社会"一词的含义在东西方观念中有所不同。中国传统观念，一般将"社会"视作以祭祀土地神为中心的地区性团体。随着文明发展，为生产或生活的便利及其他目的，人们结成的团体就超越了时空而得以普及和发展。这些团体就称为"社"或"会"。在西方，社会一词源于拉丁语"伙伴"一词，早先社会意指人类共同体，后来被学者抽象用以表示人与人结合的存在关系，直到19世纪30年代社会学的产生，才有了对社会这一概念的各种系统阐释。现今我国对"社会"一词在内涵和外延上的分歧，也主要受西方社会理论分歧的影响，这种分歧对法律观念及法律制度的建构有重要影响。在社会科学领域特别在社会学中，"社会"是与国家或政府、私人或个人、自然人、家庭、法人等个体相并列的概念。[2]不同的自然人、法人及其他组织、家庭构成了人类社会或社群，而不同的社会组织、社群或机构组成了国家。从地位上看，社会是基础、决定性因素，是连接个体与国家的重要桥梁，既代表着个体的利益，是个体生存的基础，也是国家形成的基础，其影响甚至决定着国家整体的命运，其中的社会经济关系、社会经济制度和社会法律制度又是核心与关键。从性质上看，社会制度具有非强制性，各种规则、组织、制度是人们在长期的共同生活中逐渐形成的，是"一致同意"的结果。社会中有一致公认的行为准则、道德规范、价值观念等，对触犯者，社会采取舆论谴责、疏远等方式进行制裁，从而达到社会调控的目的。从运行机制上看，社会在一定的历史条件下可以自我组织、自我运行，可以独立存在，无国家的社会状态已被历史所证明；即便是在有阶级的、复杂的历史阶段，社会内部的自主机能也能在不同程度上得到体现。但在一定的历史条件下，社会秩序的维持单靠社会自身的机制难以实现。在社会诸要素中，市场最具代表性，

---

〔1〕　参见于维君："经济法历史合理性研究"，西南政法大学2010年博士学位论文，第71页。

〔2〕　参见刘水林："经济法基本范畴的整体主义解释"，西南政法大学2005年博士学位论文，第98~99页。

更多体现了社会自发自治自动的属性。市场利用人们逐利的冲动，借助价格等信号系统，运用等价交换、自由契约等形式将社会成员（生产者与消费者）联结起来，满足彼此的经济需求。物质财富是人类社会生存和发展的基础，所有人类共同体都面临着一个重大经济生产的基本问题（生产什么、生产多少、如何生产和为谁生产）是运用集中命令形式还是运用分散自动的市场形式。正因为如此，国家与社会的关系相当程度上又表现为国家与市场的关系。[1]因此，社会成为维系市场与国家经济关系的重要纽带，经济法律问题也就是社会、市场、国家或是政府的核心问题。

马克斯经典论断提出"社会不是以法律为基础的，那是法学家的幻想。相反，法律应该以社会为基础"。[2]因此，法律是由它与社会的关系所决定的，这种关系属从于社会进化变迁的一种互动，它们能够像因果关系那样在经验上予以考察，而法律就是这一进化发展过程中相互决定、相互依赖的要素，法律通过使它自己对社会变迁要求做出适应而促进这一过程。[3]社会作为法律制度的出发点则似乎有着天然的正当性，且在社会与个体的有机统一体中，社会是主要的方面，它较之个体来说是更为根本的。首先，从人类社会产生来看，自然人、法人或其他组织等个体是社会的产物；其次，从个体的产生和存在来看，人类社会虽由个体组成，但社会是个体生存的基础，个体不能脱离社会而存在；最后，从个体的本质方面来看，社会规定着个体的本质，即社会关系的性格决定着个体的本性。[4]19世纪的社会学理论家意识到当时的西方社会正在逐步经历一个重要的历史发展阶段，他们把这个现象称为"国家"与"市民社会"的分离，概括地说，也就是一方面是政府、政治、集体利益等"公共"领域与作为另一方面的个人利益，反映这些利益的社会关系以及基于私人财产、合同等观念产生的私人交易的"私人"领域之间的分离。只有在承认"公众"和"私人"社会生活范围已明确分开，同时国家的权力也已延伸到能控制的社会内部的变化。"构成法的各种规范基本上

---

〔1〕 参见曾峻：《公共秩序的制度安排——国家与社会关系的框架及其运用》，学林出版社2005年版，第38页。

〔2〕 《马克思恩格斯全集》（第6卷），人民出版社1958年版，第191~192页。

〔3〕 参见胡水君：《法律的政治分析》，北京大学出版社2005年版，第201页。

〔4〕 参见周建华、曹瑾："市场经济与个人本位主义"，载《浙江学刊》2000年第5期，第97~99页。

保持了绝对不变，而在这些规范无任何改变的情况下，一场大的变革已经发生。"[1]

纵观西方法律史，西方社会的法律制度曾普遍经历过一个由"个人本位"向"社会本位"过渡的"法律社会化运动"时代。社会本位与20世纪的法学和法律的社会化有着紧密联系：一方面，对传统私法进行了纠偏式改造，使之适合现代社会之需要；另一方面，它成功指导了法律领域的新一轮变革，催生了经济法等法律的诞生，使面临危机的传统法得以重新整合。因此，社会本位并没有停留在思想层面上，而是已经转化为实实在在的社会行动，其中以经济法为代表的新的法律机制就是这种思想转化的最大制度成果。[2]大致说来，法律社会化的表现主要有三个方面：一是在法律理念上，从此前的个人本位（权利本位）转向社会本位。简而言之，法律不再完全注重于个人的权利和自由，不再以"完全理性人"来设定法律上的主体，而是强调社会公平，通过利益的再分配来确保社会的安全与稳定。二是在法律内容上，采取私法公法化策略。法律社会化说到底也就是私法的公法化，原本属于私法传统领域的内容，逐渐加入了国家强制性的因素，在意思自治基础上运行的私法行为越来越多地受到法律的限制，变得不那么绝对和自主。为了加强对私法的控制和干预，出现了公私法混合的法律领域，一定程度上缩减了私法的调整范围而扩张了公法的权力领域。如经济法、社会保障法、劳动法、环境法等这些第三法域的法律部门不断涌现，根本上改变了公私法二元划分的传统结构。三是在法律制度上，因应着福利国家的建构，社会保险、社会保障、社会救助等新型的法律制度如雨后春笋不断产生。与此前的慈善性的福利制度不同，现今的社会福利制度业已从单纯的弱者保护扩大到全体民众，以使所有社会成员都能过上体面的生活，保障人的尊严的实现。[3]正如拉德布鲁赫所言："由于对'社会法'的追求，私法与公法、民法与行政法、契约与法律之间的僵死划分已越来越趋于动摇，这两类法律逐渐不可分地渗透融合，从而产生了一个全新的法律领域，它既不是私法，也不是公法，而是崭新的第

---

〔1〕 参见［英］罗杰·科特威尔：《法律社会学导论》，潘大松等译，华夏出版社1989年版，第6页。

〔2〕 参见薛克鹏："论经济法的社会本位理念及其实现"，载《现代法学》2006年第6期，第92页。

〔3〕 参见胡玉鸿："社会本位法律观之批判"，载《法律科学（西北政法大学学报）》2013年第5期，第18页。

三类：如经济法与劳动法。"[1]法律对社会公益的保护机制得以确立，法律的社会本位日渐受到重视。

民法基于自治的精神，强调自由交易的原则，只要双方的交易不损害经济秩序这种公共利益，那么就是可行的。民法对社会利益的保护，是采用一种消极的方式来保护，即通过划定边界来约束个人利益的取得，这种方式可以使社会利益的现状不致恶化，并通过个人利益的提升来间接增进社会利益，但个人的逐利性可能导致其权利的滥用破坏社会公共利益。而经济法除了采用划定边界的保护方式外，还会基于适度干预的原则，采取限制某些市场主体行为的方式来促使经济秩序恢复到有序的状态，例如，禁止企业合并、禁止限制性竞争行为，禁止卡特尔等，因此它是消极保护和积极保护的结合。所以，就对社会利益的保护方式而言，有学者就非常精辟的归纳为"在传统公法与私法上，社会利益是作为界限而存在，即划定政府介入私人领域的范围与边界，更多通过政府的消极不作为达到保护个体利益的目的。而经济法则不仅延续了将社会利益作为干预者行为的准绳的宪法思想，而且更将社会利益作为干预者主动作为、积极追求的价值目标，并通过具体的制度供给实现社会利益"。[2]法律社会化要求现有的法律必须紧跟社会发展，切实反映社会内在要求，这促使国家的立法观念从个人本位向社会本位转移。经济法以社会本位观作为立法理念，具有维护社会利益，追求实质正义的性状、属性及作用，在众多法律部门中具有最强的社会性，能够满足人们对维护社会利益的需求。这样，社会利益在法律社会化的过程中，以制度范畴的形式予以确定，以社会利益为价值目标的经济法就是法律社会化的必然结果。[3]因此，经济法就是通过法律的社会化，以社会利益保护为立足点，在以民法为代表的权利本位的私法对权利滥用侵害社会利益保护乏力，以及行政法为代表的国家本位的公法对权力限制导致对社会利益保护的缺失的基础上，建立公私法兼容的社会本位的第三法域的法律新机制。

---

〔1〕 参见［德］拉德布鲁赫：《法学导论》，米健、朱林译，中国大百科全书出版社 1997 年版，第 77 页。

〔2〕 参见李昌麒、陈治："经济法的社会利益考辩"，载《现代法学》2005 年第 5 期，第 20 页。

〔3〕 参见曹胜亮、向德平："经济法价值目标的法社会学考证"，载《江西社会科学》2014 年第 6 期，第 208 页。

4. 我国学界经济法之社会本位的理论评析

法律社会化是对社会结构变迁的反映，它体现的是整个法律及法学思想的一个转向，而不是某个部门法的表现。如果以法律本位的理论来解释，就是法律的发展是由"义务本位"到"权利本位"再到"社会本位"。经济法是社会本位法的判断是准确的，它揭示了经济法在法律演进中的位置以及依托的法哲学思想，是对法律社会化的整体趋势的准确把握，因而具有积极的意义。[1]法律的社会本位与 20 世纪的法学和法律有着紧密联系。社会本位属于社会法学派的价值观，强调从法律的社会效用去评价法律的价值和构建相应的法律制度。比如庞德的利益法学、罗尔斯的正义论、边沁的功利主义的最大多数人幸福、韦伯的法律理性等。社会本位是针对社会制度和由此产生的社会问题提出的一种法律改革思想，社会制度与社会问题构成了社会本位存在的主要环境因素。[2]德国的经济法学家针对经济发展过程中的社会问题提出了以社会福利为视角的经济法理论，而日本经济法学者则直接把经济法视为社会法的一部分，但由于德、日经济法学者仅仅看到了经济法的社会性的一面，而忽略了经济法最重要最根本的"经济性"，即经济法对资源配置等经济活动的社会经济秩序的调整。因此，德日的经济法的理论和实践都走上了经济法之社会法的不归路，只是局限于经济法之社会福利之公共性或是社会性，而未能从根本上明确经济法的社会本位的本质特征在于维护社会公共利益，以及协调平衡社会整体利益的"社会利益"价值目标，以及确保公平、效益和安全的社会经济秩序的"公共秩序"的具体目标。以至于目前德、日经济法的理论研究穷途末路，裹足不前并最终走向衰落。20 世纪 70 年代末期以来，随着西方发达国家经济发展的滞胀和各种社会经济矛盾的加深，其社会福利经济政策的弊端日渐突出，也制约了经济法在西方国家的理论研究和法律实践，曾辉煌一时的德日经济法学也就一落千丈，少有学者问津。但我国经济法学者以社会本位为经济法的核心价值目标，明确了经济法的调整对象，构建了具有中国特色的经济法学理论体系。

我国的经济法学者在借鉴国外经济法学者和社会法学者相关成果的基础

---

[1]　参见甘强："经济法利益理论研究"，西南政法大学 2008 年博士学位论文，第 40 页。

[2]　参见薛克鹏："论经济法的社会本位理念及其实现"，载《现代法学》2006 年第 6 期，第 92、93 页。

上，结合我国经济改革开放过程中存在的经济与社会问题提出了经济法之社会本位的理念，将社会利益作为经济法的理论基石的社会本位论，已成为我国经济法学界的主流观点并达成了共识。李昌麒教授倡导的需要国家干预说认为："经济法是社会本位法，社会本位必须以维护社会公共利益为出发点。"[1]杨紫烜教授倡导的"国家协调说"认为："政府对市场进行管理、监督，要从社会整体利益出发来考虑。"[2]潘静成、刘文华等教授倡导的"新纵横统一说"认为："经济法从整个国民经济的协调发展和社会整体利益出发，来调整经济关系，协调经济利益关系，以促进、引导或强制实现社会整体目标的实现与个人目标的统一。"[3]王保树教授、邱本教授倡导的"社会公共性说"认为："经济法保护的不是私人利益和国家利益，而是社会公共利益。"[4]漆多俊教授倡导的"国家调节说"认为："维护社会总体效益，是国家所有经济调节行为以及全部经济立法和实施活动都必须追求的目标，遵循的原则，环绕的中心，体现的灵魂。"[5]史际春教授倡导的"经济管理说"认为："经济法应当从社会整体利益出发，调整具体经济关系，协调经济利益关系，以实现社会整体目标与个体目标的统一。平衡协调原则是经济法社会本位的具体体现和基本要求，只有通过平衡协调才能创造并维护一个令自由市场机制得以发挥作用的外部环境。"[6]徐孟洲教授倡导的"人文理念经济法"认为经济法集中体现了"以人为本、平衡协调和社会责任本位"三项基本要素，并以维护社会公共经济利益为主旨，以社会责任为本位。[7]张守文教授倡导的"政府调制说"认为经济法所要保障的应当不只是社会公益，经济法的调整应当兼顾各类利益，在经济法领域，尤其应当强调利益的均衡保护。因此，经济法不仅应当保障社会公共利益，同样也要保护个人利益和国家利益，还应

---

〔1〕 参见李昌麒：《经济法——国家干预经济的基本法律形式》，四川人民出版社 1995 年版，第 226 页。

〔2〕 参见杨紫烜主编：《经济法》，北京大学出版社、高等教育出版社 1999 年版，第 168 页。

〔3〕 参见潘静成、刘文华主编：《经济法》，中国人民大学出版社 1999 年版，第 55 页。

〔4〕 参见王保树、邱本："经济法与社会公共性论纲"，载法苑精萃编辑委员会编：《中国经济法学精萃（2002 年卷）》，机械工业出版社 2002 年版，第 99 页。

〔5〕 参见漆多俊主编：《经济法学》，武汉大学出版社 1998 年版，第 74 页。

〔6〕 参见史际春主编：《经济法》，中国人民大学出版社 2005 年版，第 90 页。

〔7〕 参见徐孟洲："论中国经济法的客观基础和人文理念"，载《法学杂志》2004 年第 3 期，第 36 页。

当注意私人利益的保护，经济法不可能只保护社会公共利益，而恰恰应当对各类利益予以均衡保护，这样才能更好第实现经济法的价值"。并强调"兼顾各种不同的利益，在总体上全面把握，综合协调，以实现一般均衡"，应当是"经济法调整的总体精神"，"事实上，经济法和各个部门法都要强调这种均衡，而且恰恰要实质上的均衡"。[1]甘强依据社会本位论者对社会利益的不同界定，把社会本位论分为两种：第一种是广义社会本位论，这种观点认为对社会利益的维护就是综合协调保护各种利益，虽然倡导保护社会利益，却实际上是对社会各种利益的整体性保护。第二种是狭义社会本位论，这种观点认为经济法只调整社会利益这种独立的利益形态，而且社会利益也只能由经济法来保护，社会利益与其他利益相比具有绝对的优先性。因此，广义社会本位论和狭义社会本位论相同之处在于二者均强调经济法的利益目标是社会利益，但两种社会本位论的理论在经济法保护的利益对象上有重大分歧，广义社会本位论强调了对各种利益的综合保护，而狭义社会本位论则强调只保护社会利益。[2]

纵观以上我国学者之经济法社会本位论的基本共识就是：经济法是维护社会公共利或者是社会整体利益的法。上述观点逐渐形成了我国经济法的社会本位论，即经济法是以社会为本位的法，这不仅是对经济法价值论方面相应属性的高度概括，实际上也是对经济法指导实践的各种原则本质属性的完美诠释，是经济法学迄今为止最有说服力的理论命题之一。[3]我国经济法学者关于经济法社会本位观的共识就是"社会利益"。简而言之，社会利益是社会公共利益与社会整体利益的总称，经济法的本位应当维护的就是社会利益。但对经济法社会本位的社会利益可分为两个层次来解读：第一层次，社会公共利益是经济法之社会本位的核心价值，也是私法防止权利滥用对其消极保护与公法授权对其积极保护的界限，是经济法的立法之本；第二次层，经济法对社会整体利益的保护是基于保护社会公共利益的基础上，通过协调平衡个体利益实现对社会整体利益的总体平衡或整体性保护。社会的公共利益往往表现为区域性、领域性和社群性，比如地方利益、行业利益、消费者利益、

---

〔1〕　参见张守文：《经济法理论的重构》，人民出版社 2004 年版，第 130、304 页。

〔2〕　参见甘强："经济法利益理论研究"，西南政法大学 2008 年博士学位论文，第 30~31 页。

〔3〕　参见曹平、高桂林、侯佳儒：《中国经济法基础理论新探索》，中国法制出版社 2005 年版，第 354~355 页。

经营者利益、投资者利益、劳动者利益等，个体利益受惠于社会公共利益，但不同个体利益、社会利益之间的冲突也不可避免，这种利益冲突不仅是民法上的侵权，更是对经济秩序的破坏，这种冲突是民法自治难以化解，甚至是自治权滥用的结果。比如，经营者与消费者的消费纠纷、经营者与经营者之间的反竞争行为。因此，经济法在维护社会公共利益的同时，应协调平衡社会整体利益中的个体利益维护社会整体利益，最终确保社会经济秩序的公平、效益和安全。

二、经济法之社会本位的价值分析

(一) 经济法之社会本位的法益目标

1. 法与利益关系的解读

从词源学分析，《辞源》和《现代汉语词典》都将"利益"释义为"好处"或"功用"。[1]"利益"（interest）指人们在生产和交往过程中获得的一种好处。利益包含着观念中的利益（Ideal Interests），决定着法律规则的创建，利益以及对利益所进行的衡量是制定法律规则的基本要素，法律规则运用利益来衡量理想价值和物质价值。利益是法律规范产生的根本动因，法律源于各种利益的冲击。立法者要在既定法律中体现出对人们利益冲突的平衡，而法官必然遵循既定法来调整各种利益冲突。"利益"概念是利益法学研究的出发点，它致力于认识法律之于人们日常生活的重要性，并试图从法律对人们生活的影响的角度来理解和发展法律规则。[2]对于利益与法的关系，许多学者都留下了颇有价值的论述。例如，亚里士多德认为法的任务就是为自由民的共同利益服务，柏拉图强调服务公共利益是法律的正当角色，乌尔比安则以利益为标准划分了公法和私法。[3]马克思认为："法的利益只有当它是利益的法时才能说话"；"每一个社会的经济关系首先是通过利益表现出来的"；法律"只是表明和记载经济关系的要求而已"，是"社会共同的，由一定物质生产方式所产生的利益和需要的表现"，"社会上占统治地位的那部分人的利益，

---

〔1〕 参见广东、广西、湖南、河南辞源修订组、商务印书馆编辑部编：《辞源》，商务印书馆1988年版，第188页；中国社会科学院语言研究所词典编辑室编：《现代汉语词典》，商务印书馆1990年版，第697页。

〔2〕 参见吕世伦、孙文凯："赫克的利益法学"，载《求是学刊》2000年第6期，第63~65页。

〔3〕 参见甘强："经济法利益理论研究"，西南政法大学2008年博士学位论文，第17页。

总是要把现状作为法律加以神圣化，并且要把习惯和传统对现状造成的各种限制，用法律固定下来”。[1]德国法学家耶林认为"法律应当来源于目的并为目的和利益服务"，"法是国家权力通过外部强制手段所保证实现的最广义的社会生活条件的总和"，"权力的基础是利益"，[2]从这种认识出发，耶林深入探讨了法律的目的以及法律是如何处理互相冲突利益的，进而从以下两个角度深化和发展了法学利益理论：其一，法律是由利益所创造的；其二，法律对利益的保护应当是平衡个人利益和社会利益。耶林虽然区分个人利益和社会利益，但他强调的却是对这两种利益的调和，耶林的这一观点具有开创性。[3]德国法学家赫克的利益法学直接源于耶林的理论，他认为利益法学从本质上而言是一种方法，是通过利益判断创建法律规则。利益是法律产生之源，利益造成了法律规范的产生，法是冲突的人类利益合成和融合的产物，因为法的每个命令都决定着各种利益的冲突法起源于对立利益的斗争。利益不仅决定了法的产生，而且还推动了法的发展。[4]日本学者美浓部达吉也指出"所有的法律，没有不为着社会上某种利益而生，离开利益，即不能有法的观念的存在"。[5]利益还促进了法的实施，遵守诺言和法律的人就会获得利益，不遵守诺言和法律的人就必须受到惩罚损失利益。[6]庞德的利益理论深受耶林的影响，他认为法律的功能在于承认、确定、实现和保障利益，或者说以最小限度的阻碍和浪费来尽可能满足各种相互冲突的利益。庞德认为："虽然法律并不创造利益，但利益迫切要求获得法律秩序保障。法律把它们加以分类并或多或少地加以承认，确定在什么样限度内要竭力保障被选定的利益，同时也考虑到其他已被承认的利益和通过司法或行政过程来有效地保障它们的可能性。在承认了这些利益并确定其范围后，又定出了保障的方法。规定各种价值准则，确定哪些利益应予承认，确定保障各种被承认的利益的范围，以及为了判断在任何特定场合下怎样权衡对有效法律行为的各

---

〔1〕 参见《马克思恩格斯全集》，人民出版社 2002 年版，第 1 卷第 178 页、第 18 卷第 307 页、第 6 卷第 292 页、第 25 卷第 894 页。

〔2〕 参见［德］鲁道夫·冯·耶林：《为权利而斗争》，胡宝海译，中国法制出版社 2004 年版，第 10 页。

〔3〕 参见甘强："经济法利益理论研究"，西南政法大学 2008 年博士学位论文，第 17 页。

〔4〕 参见吕世伦、孙文凯："赫克的利益法学"，载《求是学刊》2000 年第 6 期，第 63~65 页。

〔5〕 参见［日］美浓部达吉：《法之本质》，林纪东译，台湾商务印书馆 1993 年版，第 37 页。

〔6〕 参见［英］边沁：《政府片论》，沈叔平等译，商务印书馆 1995 年版，第 154 页。

种实际限制。"[1]庞德认为利益是各个人所提出来的一些要求、愿望或需要。如果要维护并促进文明，法律一定要为这些要求、愿望或需要作出某种规定。庞德对法律秩序所应该保护的利益进行了系统的分类，把利益划分为个人利益、公共利益和社会利益。个人利益（Indivual interests）指直接涉及个人并以个人生活名义提出的主张、要求或愿望；社会利益（Social interests）指涉及文明社会的社会生活并以这种名义提出的主张、要求或愿望；公共利益（Public interests）指涉及政治组织社会生活的某些其他方面的同类利益，并可以政治组织社会名义提出主张、要求或愿望。[2]利益决定着社会生活的法律形式，而法律往往有落后于利益的趋势。随着社会的发展，新产生的利益与作为旧利益表现形式的法之间就必然会产生一定的矛盾，正是这种矛盾推动着法律的不断向前发展。[3]

为了克服自由法学向法律外部寻求正当性资源的努力走向极端，赫克倡导的利益法学把"利益"重新拉回到法律的轨道上。他认为法律就是法共同体内部互相对抗的物质的、民族的、宗教的、伦理的诸种利益之合力，法律漏洞不能以自由发现活法的方式加以补充，而应详细考察现行实在法，探求立法者所重视的利益，并加以衡量判断。因此，利益法学一方面承袭了自由法学在法律自我观察上的外部指涉，但又试图克服自由法学过于强调外部指涉而或多或少忽视法律指向自身的缺陷，可以说是对法学自由主义某些激进取向的矫正。与欧洲自由法学和利益法学运动几乎同步的是，20世纪初的美国法学家庞德、卢埃林和霍姆斯等人掀起的法律现实主义思潮，这一思潮成为法律系统在自我描述上摆脱兰德尔形式主义法律观的开始，即法律制度通过一系列办法来达到，或无论如何力图达到法律秩序的目的在于承认某些利益，并由司法过程和行政过程按照权威性技术所发展和适用的各种法令来确定在什么限度内承认与实现那些利益，以及努力保障在确定限度内被承认的利益。法律秩序或作为决定争端之用的一整套权威性指示或根据这种意义上的法律，并不创造这些利益。在自然状态的古老观念和自然权利理论中，即

---

[1] 参见［美］罗斯科·庞德：《通过法律的社会控制》，沈宗灵译，商务印书馆2012年版，第35~37页。

[2] 参见［美］罗斯科·庞德：《法理学》（第1卷），邓正来译，中国政法大学出版社2004年版，第359页。

[3] 参见黄辉明："利益法学的源流及其意义"，载《云南社会科学》2007年第6期，第76页。

使没有法律秩序和一整套关于如何行为或如何作出决定的权威性指示，这种意义上的利益也还是存在的。[1]

甘强博士对利益与法的关系作了非常精辟的总结，认为两者互动关系在于：一是，利益是法的基础，利益决定着法的产生、发展和运作，法律影响着利益的实现程度和发展方向。法律的目的是保护利益，因此法律就是由利益所创造的。从根本上说，利益决定着社会生活的法律形式，而法律往往有落后于利益的趋势。二是，利益也需要法律的保障。因为人的利益是无限多样的，而资源却是有限的，那么就必然产生利益冲突，但仅靠人们的自律和道德的约束，是无法实现其利益的，因而需要法律的保障。从法律对利益的保护机制来看，主要包括立法环节的利益分配、执法环节的利益实现和司法环节的利益维护。立法环节既是社会各界的利益表达过程，也是立法机关在对各种利益要求进行综合的基础上，具体分配利益、权力、义务和责任的过程。执法环节则是将体现在规范性法律文件中的抽象的权利义务或权力职责转化为现实，亦即利益实现的过程。虽然利益是法的基础，但需要通过立法保护和平衡利益。法律的功能就在于调节、调和与调解各种错杂和冲突的利益。因此，利益与法的关系呈现出一个互动的结构，即利益决定法的产生并推动法的发展，法保护和调整各种利益。[2]任何法律都有应保护的特定利益，这是毋庸置疑的，但不是任何利益都受到法律的保护，任何法律的立法肯定是有目的和目标，不存在无利益诉求的法律，是利益促进了法律的产生和发展。法律制度对利益的调整以达到维护法律秩序的目的，通过立法使各种利益得到法律的承认和保护，并通过法律实践实现特定的利益目标。利益的正当性可以受到道德和法律的评价，但法律是界定利益合法的唯一标准。利益法学对利益划分和利益衡量的理论研究，对经济法的理论研究和立法工作都具有重要的借鉴意义。

（二）经济法语境下的社会利益

1. 社会利益的内涵

奥尔特加（J. Ortega Y Gasset）认为秩序并非外力施加于社会的压力，而

---

〔1〕　参见〔美〕罗斯科·庞德：《通过法律的社会控制》，沈宗灵译，商务印书馆1984年版，第35页。

〔2〕　参见甘强："经济法利益理论研究"，西南政法大学2008年博士学位论文，第17、18、19页。

是从其内部建立起来的一种平衡，不同的"社会"具有不同的含义。如"社会意识""社会良知""社会责任""社会活动""社会福利""社会政策""社会立法"或"社会公正"，或其在"社会保险""社会权利"或"社会控制"这些说法中的"社会的"含义不尽相同。因此，"社会的"不但有"共同体的"（communal）含义，还有"符合社会利益"或"按照社会的意志"，即遵照多数人的意志这种含义，有时大概还有针对相对不那么幸运的少数人而言的"社会承担的义务"这种含义。〔1〕庞德认为，一系列的社会利益，包括和平与秩序、一般安全、一般健康状态，以及与社会利益密切有关和同样重要的，还有关于保障家庭、宗教、政治和经济各种社会制度的社会利益。关于惩治叛乱的立法和保证言论自由的司法保护，关键在于给予从属于一般进步和个人生活这些社会利益之下的个人信仰和言论自由的利益，或给予保障社会制度的社会利益以相应的比重。立法充满了有必要使各种经济制度保障和个人生活相调和的例证。其他某些重要社会利益，如在一般道德方面的利益，使用和保存社会资源方面的利益，以及在社会、政治、经济和文化等方面的一般利益，还有个人生活中的社会利益——即以文明社会中社会生活的名义提出的使每个人的自由都能获得保障的主张或要求，这种要求使他获得了政治、社会和经济各方面的机会，并使他在社会中至少能过一个合理的最低限度的人类生活。〔2〕规范性权力和实际权力，一方面是指法律和惯例，另一方面则是指保有这些权力的群体。规范性权力和纯粹的强制力之间的关系，以及正当性和暴力之间的关系，从来都是随着观念利益和物质利益以及权力斗争的兴衰而变化的。历史上根本不存在无须社会利益支撑的有效观念和理想。〔3〕庞德认为法律虽不能直接创造利益，但是利益理论相对地回答法律目的问题，可以对利益进行分类，并加以承认、界定和使之有效，从而间接地增进社会利益。社会利益的概念较广，包括一般社会安全、社会资源、公共秩序，以及涉及经济、政治、文化、道德、伦理、宗教、公正和平等利益。〔4〕

---

〔1〕 ［英］弗里德里希·冯·哈耶克：《经济、科学与政治——哈耶克思想精粹》，冯克利译，江苏人民出版社 2000 年版，第 292 页。

〔2〕 ［美］罗斯科·庞德：《通过法律的社会控制》，沈宗灵译，商务印书馆 2012 年版，第 40～42 页。

〔3〕 ［德］马克斯·韦伯：《经济与社会》，阎克文译，上海人民出版社 2010 年版，第 39 页。

〔4〕 参见 ［美］罗斯科·庞德：《通过法律的社会控制》，沈宗灵译，商务印书馆 2012 年版，第 34 页。

孙笑侠教授认为，社会是由具体的私人或个人、自然人、家庭、法人等独立的个体组成的抽象整体，每个社会成员的个体都有各自的利益，也就是个体利益。社会利益的主体是公众，即公共社会。尽管社会利益表现在权利形式上其主体可以是公民个人、法人、利益阶层或国家，但社会利益的主体既不能与个人、集体相混淆，也不是国家所能代替的。社会利益的关键是在"社会的"一词的所有用法中，都假定共同体的行为背后存在着已知的共同目标，即社会的公共利益。从各种观点以及各国立法例来分析社会利益的内容基本上都涉及经济秩序和社会公德两方面。西方法学理论上，有时把社会公共利益等同于经济秩序，有时又理解为公序良俗，是因为经济秩序与社会公德往往是互为包容交互作用。经济秩序中就包含着社会公德，社会公德又影响着经济秩序。经济秩序的紊乱也就意味着社会公德的破坏，社会公德的破坏也就意味着经济秩序的紊乱。我国现行宪法和法律早已把社会利益与国家利益、集体利益和个人利益加以并列使用，这可以说是对社会利益独立性的法律承认。社会利益是公众对社会文明状态的一种愿望和需要，其内容也并非抽象得不可捉摸，社会利益包括如下六个方面的内容：①公共秩序的和平与安全；②经济秩序的健康、安全及效率化；③社会资源与机会的合理配置与利用；④社会弱者（如市场竞争社会中的消费者利益、劳动者利益等）；⑤公共道德的维护；⑥人类朝文明方向发展的条件（如公共教育、卫生事业的发展）等方面。[1]

孙笑侠教授认为利益有不同的层次性或阶层性和公共性，社会利益所体现的是利益的"共同性"或是"公共性"，社会利益内容上主要是包括经济秩序和社会公德，并从六个方面把社会利益具体化。孙笑侠教授关于社会利益的解读基本上阐明了社会利益的本质属性，即公共性和秩序性，是属于特定社会群体的经济秩序的公共道德范畴，成员都应该遵守。因为社会利益在不同的领域不同的社会环境中有不同的表现，实践中的社会利益应该不仅局限于孙笑侠教授所列举的六个方面，其秩序性也不仅局限于经济秩序和道德秩序，应该涵盖所有的社会秩序，包括法律秩序、政治秩序、文化秩序等，特别是法律秩序是社会利益的重要内容。另外，孙笑侠教授忽略了社会利益

---

[1] 参见孙笑侠："论法律与社会利益——对市场经济中公平问题的另一种思考"，载《中国法学》1995 年第 4 期，第 53~54 页。

的整体性和优先性，也就是不同的社群各种利益关系的协同效益以及社会利益优先于个体利益。哈耶克认为，当社会利益的"社会的"是从"服务于社会利益"这层含义上使用时，它赋予社会应当遵守的某些价值以优先权。[1]也就是，当个人利益、集体利益、国家利益与社会利益冲突时，社会利益优先于个人利益和集体利益，而国家利益又优先于社会利益。

2. 经济法上的社会利益

社会利益概念内涵和外延都比较丰富，从不同的角度不同的境语可以有不同的解读，但最根本的特性在于其具有公共性、普遍性、整体性和优先性。社会利益的公共性即社会公共利益指每个社会或社群个体都可以是社会利益的受益主体。普遍性指社会利益在内容上不是特殊的利益或个别利益，而是这种利益属于不特定多数人，属于特定社会或社群每个个体共同享有，表现为不同的区域、领域、社会阶层或社会群体的共同利益，也称之为社会公共利益。如环保生态、产品安全、消费关系都与社会不特定的公众利益有关，这也是经济法所应关注的社会公共利益。社会利益是个抽象概念，由不同的个体利益和各种社会公共利益构成，但不是各种利益简单汇聚总和，不同的利益主体间存在着利益的冲突。社会利益的整体性是指社会利益是整个社会群体不同的利益主体整体利益协调平衡的结果，是整个社会群体不同的个体利益间、不同的社会公共利益之间，以及个体利益与社会公共利益间的相互平衡协调的整体利益的溢出效应。因此，社会利益包括社会公共利益和社会整体利益，社会公共利益是具体利益，而社会整体利益是抽象利益。社会整体利益必须通过个体利益间，社会公共利益间，以及个体与和社会公共利益互相间的利益协调平衡来实现。社会利益的先优性指社会利益与个人利益相冲突出时，社会利益一般优先于个体利益。国家利益在经济法层面视不同的语境和法律关系，或等同于社会公共利益，或是等同于社会整体利益。比如金融安全秩序，既是社会公共利益，也可以视为国家利益。在经济活动过程中，社会公共利益和社会整体利益统称为经济法的社会利益，经济法既要保护社会公共利益，也要协调平衡社会整体利益。

经济法的社会利益理论是一个搭建利益与经济法关联的理论。从逻辑上

---

〔1〕 参见［英］弗里德里希·冯·哈耶克：《经济、科学与政治——哈耶克思想精粹》，冯克利译，江苏人民出版社 2000 年版，第 293 页。

讲，社会利益与经济法的关联，实际上是利益与法这一关系在经济法部门法中的反映。社会各种利益发生变化，或者出现了新的利益，法也将或迟或早地发生相应的变化。由于新的利益出现，必然要产生满足或者体现这种利益的组织形式，相应地，便要求法律对此明确地加以规定。不是所有的经济利益都是经济法上的利益，自治秩序中的个体经济利益就不一定是经济法利益，比如合同利益就不是经济法利益。经济法的社会利益是指在经济活动过程中，具有经济法的社会特性或是具有社会性的经济利益，是与维护社会公共利益和协调平衡的社会整体利益的经济秩序关系密切的社会利益。直接影响社会经济秩序的公平、效益、安全的利益理所当然是经济法的社会利益，比如涉及食品安全、侵犯消费者权益、不正当竞争、垄断、生态环境。诸如人的生命、安全、健康、自由和尊严等有关的产品和服务，是最为重要的非经济性利益，但却涉及不确定的多数人的生命健康具有社会公益性，是经济法的社会性经济利益或社会利益。经济法作为公私兼容之法，其社会利益的内容也可能受到民法等私法和行政法等公法的其他法律保护。长期以来，经济法学界一直致力于将社会利益作为经济法的独特范畴，并致力于找出这种利益与其他部门法利益的区别，进而强调经济法对其调整的合法性。[1]很显然，经济法和民法都调整经济秩序，但民法所调整的经济秩序是一种自治秩序，一般不涉及社会性，或者说民法维护的是个体利益而非社会利益，而经济法在尊重个体利益的同时主要保护的社会利益。行政法和经济法都致力于维护社会公共秩序，但行政法所要维护的社会公共秩序是非经济领域，是非经济性社会利益，而经济法所要维护的是在经济活动过程中的社会公共秩序，即经济性社会利益。简而言之，经济法所要保护的利益是具有经济性的社会利益，或是具有社会性的经济利益。经济法所要协调平衡的也是在经济活动过程中社会的整体利益。

随着经济的社会化大生产的分工与合作，个体利益与社会利益、国家利益已密不可分，为应对复杂多变的经济形势，权利的限制和权力扩张在所难免，法律的社会化使法学的发展也突破了传统观念上的公法与私法分野，扩展了法律理论和实践范围，不同法域之间的这种变化是与市场经济的发展变化相一致的，为现代经济法的产生提供了新的法律观念。当市场中的问题无

---

〔1〕　参见甘强："经济法利益理论研究"，西南政法大学2008年博士学位论文，第54页。

法在传统法律领域找到解决之道时，只能寻求新的法律机制。如垄断时期的市场经济关系不再是简单的私人关系或国家关系，[1]消费关系也不仅仅是合同关系。经济活动过程中的生产、交易与分配，使国家、社会经济组织与个人在市场中的关系越来越错综复杂，公私关系交织在一起，单纯依靠公法或私法都难以协调各种利益关系，需要有一个能将两者的特殊作用结合在一起的法律。这种法律应当以社会利益为中心，通过对社会公共利益保护，来协调平衡社会整体利益。经济法是社会本位法，以社会利益为核心，并保障市场经济秩序稳定协调发展。经济法的社会利益的法益目标在某种程度上使传统的公法和私法上的利益实现了一种均衡。

2. 经济法之社会公共利益的法益目标

按照字面含义理解，公共利益是指公众的、与公众有关的或为公众的、公用的社会利益。英美法系和大陆法系国家对社会公共利益的理解也有所不同。在英美法系中，公共利益又被称为"公共政策"（Public Policy），主要指被立法机关或法院视为与整个国家和社会根本有关的原则和标准，该原则要求将一般公共利益（General Public Interests）与社会福祉（Good of Community）纳入考虑的范围，从而可以使法院有理由拒绝承认当事人某些交易或其他行为的法律效力。美国学者认为："公共利益是指社会或国家占绝对地位的集体利益而不是某个狭隘或专门行业的利益，公共利益构成一个整体的大多数人的共同利益，它基于这样一种思想，即公共政策应该最终提高大家的福利而不只是几个人的福利。"[2]庞德认为公共利益（Public interests）指涉及政治组织社会生活并以政治组织社会名义提出主张、要求或愿望。[3]在大陆法系国家，与"公共利益"相关的概念是公共秩序，也被称为"公序良俗"，其所追求的也是公众共同的需求。[4]法学界讨论社会利益、社会公共利益、社会整体利益这些相近和相互的概念时，其重点并不在于对利益概念的讨论，而是围绕在所谓"公共"的概念，在阐明这个概念时有的个体主义者认为其

---

〔1〕 参见许光耀、王巍："经济法是社会本位之法"，载《宁夏大学学报（人文社会科学版）》2003 年第 5 期，第 89~90 页。

〔2〕 ［美］E. R. 克鲁斯克、B. M. 杰克逊：《公共政策词典》，唐理斌等译，上海远东出版社 1992 年版，第 30 页。

〔3〕 参见［美］罗斯科·庞德：《通过法律的社会控制》，沈宗灵译，商务印书馆 2012 年版，第 34 页。

〔4〕 参见符启林、罗晋京："论社会公共利益和经济法"，载《河北法学》2007 年第 7 期，第 22 页。

与个体利益的总和等同。如边沁就宣称"个人利益是唯一现实的利益"，"社会利益只是一种抽象，它不过是个人利益的总和"。又如，斯堪的纳维亚法律现实主义代表人物之一丹麦法学家阿尔夫·罗斯曾批评"社会福利"观为"幻想"，否认人类社会存在其本身的需要和利益，认为"所有人类的需要都是通过个人来体验的，社会的福利就等于其成员的福利"。[1] 对于"公共"的概念，许多学者认为就是社会中不确定的多数人。如德国学者纽曼认为公益是"一个不确定之多数成员所涉及的利益"。其"公"即公共，对于公共之概念的理解，他提出了"公共性原则"，也就是开放性，任何人可以接近之谓，不封闭也不专为某些个人所保留。有学者认为这种以过半数多数人的利益作为可排斥私益的公益之基础，也符合多数决定少数，少数服从多数的民主理念。因此，把不特定多数视为"公共"，直到目前，一般情况下是广被人承认的标准。[2]

因此，对社会公共利益的解读，其中的"社会"可以是特定地域、行业、群体或者整体，而"公共"指具有平等地位的不特定多数主体的集合。社会公共利益就是指不特定平等多数主体的"利益"，可以是社会上某些群体的共同利益，也可以是整个社会的共同利益，而国家利益就是整个社会的共同利益。社会公共利益包含的内容十分广泛，既有物质方面的内容，如公共产品、公共财政等内容，也包括公共安全、公共道德、家庭伦理、公共秩序等非物质的内容，对社会公共利益的保护，既涉及经济法，也涉及宪法、民商法、行政法等部门法的规定。[3] 但经济法所维护的是在经济活动过程中的社会公共利益。习惯上民事法律的规定对公共利益都统称为社会公共利益，很少涉及国家利益的法律事务。某种意义上，除了对国有资产的保护，以及对外关系涉及主权问题更强调国家利益，其他公共利益都可以称统为社会公共利益。在民商事法律中，为了强调民商事法律中私权利的社会性，把宪法中的"公共利益"具体化为社会公共利益，实质上两者是一致的，对两者的解读重点都在于"公共"和"利益"的界定，而非"社会"，与其对应的主要是"个人利益"而非"社会利益"。社会公共利益是公众对社会文明状态的愿

〔1〕　参见陈新民：《德国公法学基础理论》（上册），山东人民出版社 2001 年版，第 186 页。

〔2〕　参见刘水林："经济法基本范畴的整体主义解释"，西南政法大学 2005 年博士学位论文，第100 页。

〔3〕　参见符启林、罗晋京："论社会公共利益和经济法"，载《河北法学》2007 年第 5 期，第 24 页。

望与需要，其内容包括：公共秩序的和平与安全、经济秩序的健康、安全及效率、社会资源与机会的合理保存和利用、社会弱势群体利益的保障、公共道德的维护、人类朝文明方向发展的条件如公共教育、卫生事业的发展等。[1]

在我国的学术研究中，多数学者并没有严格纠正社会公共利益、社会利益和社会整体利益的差别，通常三者常被混用，但三者的内涵既有区别又有联系。某种程度上，社会公共利益可视为社会成员对社会公共资源享有的共有权利，如公共秩序、公共产品、生态环境等，只要是符合资格条件的社会成员就可享有相应的社会公共利益。社会公共利益具有广泛的内涵，在此不展开探讨。经济法语境下的社会公共利益，即在经济活动过程中，不论是从社会公益事业的角度，还是商业利益的角度，如果能协调平衡社会整体利益，并确保公平、效益和安全的经济秩序，促进社会经济的可持续发展造福于民，而不仅仅是短期的少数人受惠，都可以界定为经济法的社会公共利益，而且可视其在不同的经济法律关系享有的利益而不同。比如投资者利益、经营者利益、消费者利益，劳动者利益等。在经济活动过程中，各种利益相互交错，相互影响，甚至此消彼长。社会上有一种误区，认为商业利益非公共利益。但美国联邦最高法院在"凯洛诉新伦敦市案"[2]的判决就是一个典型例子。在该案中，法院支持了政府为开发商所进行的征地拆迁行为，因为该商业开发项目对整个城市的复兴和发展有着重大意义，其所产生的整体社会利益已经远远大于商业开发所带来的商业利益。我国《国有土地上房屋征收与补偿条例》第 8 条规定："保障国家安全、促进国民经济和社会发展等属于公共利益的需要。"

经济法语境中的社会公共利益，可以根据市场和政府对资源配置的不同

---

〔1〕 参见孙笑侠："论法律与社会利益——对市场经济中不公平问题的另一种思考"，载《中国法学》1995 年第 4 期，第 54 页。

〔2〕 凯洛诉新伦敦市案（SusetteKelo, etal. v. City of NewLondon, etal.）是美国联邦最高法院判决的一起关于政府是否可以以经济发展为理由征用私有财产并转移到另一个私有实体的案件。原告凯洛为被征地的居民代表，被告则是康涅狄格州新伦敦市市政当局。2005 年 6 月 23 日，美国联邦最高法院对这起案子所作的最新判决引来了各方广泛关注。这起涉及土地"有偿征收"的案子，按照美国联邦最高法院最新判决，地方市政当局有权强行征收私有土地用于商业开发——只要这种开发属于"公共使用"范畴。美国联邦最高法院裁定"该市对于被征地的规划部署合乎'公共使用'，且在第五条修正案条款的含义之内"。因为市政当局动用征用权是出于复苏当地经济的目的。

具体分为两种类型：第一类，社会公共资源。社会公共资源指由社会不特定多数人共同拥有共同使用的资源。政府在配置公共资源的过程中，政府对资源的开发利用以及社会分配，是为了满足社会民生基本的生活需求和维护国家的社会经济发展和安全，并公平分配。比如公共产品、公共财政。第二类，指在市场配置资源的经济活动过程中的社会经济秩序。比如生产秩序、竞争秩序、消费秩序、公共秩序、生态与环境保护秩序等都属于经济活动中的社会公共利益。如果商业开发没有损害以上经济秩序反而促进其稳定发展，其商业利益也属于经济法语境中的社会公共利益。因此，所有涉及民生和国家社会经济发展与安全的事项都属于社会公共利益的范畴。经济法之社会公共利益的法益目标定位是经济法对经济活动过程中的市场行为和政府行为进行调整的价值定位。其"社会性"或"社会本位"有别于民法的"个人本位"和行政法的"国家本位"。经济法语境下的社会公共利益超越个人利益又低于国家利益，具有社群性或集体性的特质，甚至具有地方性、区域性、行业性、时代性等特点。社会公共利益是动态发展的社会利益，需要在特定的时空和语境下来具体界定。经济法法益之社会公共利益的确立，为经济法的调整明确了目标，也为经济法和民法之间在私权的法域上划清了界限。政府是社会公共利益的法定守护者，维护社会公共利益既是政府的职权也是职责。

在经济活动过程中，如果一定要在市场和政府之间划一条红线，那么这条线就是社会公共利益。对于不涉及社会公共利益的私行为，由民法按意思自治原则调整，涉及社会公共利益的私行为受经济法调整。不涉及社会公共利益的领域由市场机制进行资源配置，涉及社会公共利益的领域由政府计划或是以政府主导进行配置。为防止私权利的滥用损害社会公共利益，经济法通过立法限制私权的滥用，同时授权政府依法对市场在资源配置中的干预权。对社会公共利益的维护既是公权力介入私权的正当理由，也是公权力在私权领域作用的底线。因此，社会公共利益是经济法的根本法益目标。经济法律制度或者规范，主要通过经济法律关系主体之间的利益协调平衡及博弈，来体现其公平、效率与安全的经济秩序的法律价值目标。

3. 经济法对社会整体利益的协调平衡

从功利主义角度来看，法律还被认为旨在平衡相互冲突的个人利益和要求。根据源自 17 世纪哲学家托马斯·霍布斯大量抽象理论并延续至今的著作观点，法律似乎是某种社会各成员之间设想的"社会契约"，根据"社会契约"，必须放弃个人自由的某些要求，以换取共同和平和良好秩序的体现和保障。事实上，法律保障社会的凝聚力和有秩序的改变，其方法是对相互冲突的利益加以平衡。这些利益包括私人的个体利益，也包括产生于社会生活的共同条件的社会公共利益，还有社会整体利益，尤指国家利益。新出现的利益要求和利益冲突（尤指社会利益）是法院和立法机关进行工作的基础，凭借新的立法，使社会变革中的骚乱转化为社会公共秩序。法律规范制订出来的条文、原则和惯例记录下有效地得到法律承认和保护的利益，也记录了那些遭受拒绝的利益。同时，还忠实记录某种利益所获承认的限度以及对某种冲突中的利益作出平衡的方法。[1]

利益衡量源于赫克的利益法学，并受到美国庞德法社会学的强烈影响，是在批判概念法学的基础上形成的一种法解释方法论。[2]我国学者杨仁寿教授则强调司法裁量要依据立法者的利益评价，要从立法者的角度来取舍利益，他指出："利益衡量乃在发现立法者对各种问题或利害冲突，表现在法律秩序内，由法律秩序可观察而得之立法者的价值判断。利益衡量在于立法者对各种问题或利害冲突在法律秩序内，由法律秩序可观察而得之的立法者价值判断。"[3]利益衡量作为法学方法早已超出民法领域而成为司法适用中具有普遍适用性的方法，正如梁慧星教授所言："凡涉及一切法律判断，亦即法的解释，就有利益衡量的问题。不仅民法的解释，包括宪法的解释、刑法的解释，只要是法的解释，可以说都存在理论与利益衡量的关系问题。只是法域不同，则利益衡量的方法有相当的差异。"[4]张守文教授认为，经济法的调整应当兼顾各类利益，[5]经济法的重要原理包括"利益多元"原则和"多重博弈"原则，应遵循"差异原理"和"均衡原理"。[6]史际春教授认为经济法的平衡协调原则指经济法的立法和执法要从整个国民经济的协调发展和社会整体利

---

〔1〕 参见［英］罗杰·科特威尔：《法律社会学导论》，潘大松等译，华夏出版社 1989 年版，第 78 页。

〔2〕 参见甘强："经济法利益理论研究"，西南政法大学 2008 年博士学位论文，第 24 页。

〔3〕 参见杨仁寿：《法学方法论》，中国政法大学出版社 1999 年版，第 235 页。

〔4〕 参见梁慧星：《民法解释学》，中国政法大学出版社 1995 年版，第 322 页。

〔5〕 参见张守文："论经济法学的特异性范畴"，载《北京大学学报（哲学社会科学版）》2006 年第 3 期，第 106 页。

〔6〕 参见张守文：《经济法原理》，北京大学出版社 2013 年版，第 8、13、14 页。

益出发，来调整具体经济关系，协调经济利益关系，以促进、引导或强制实现社会整体目标与个体利益目标的统一。[1]单飞跃教授认为平衡作为经济法的基本原则和理念，强调国家利益、社会公共利益和个人利益的协调。[2]社会尤其是当代社会无疑是利益多元且各种利益相互交织和冲突的社会，法律作为利益关系的调节器，必须回应和平衡各种利益诉求。[3]

在众多的利益形态中，"社会整体利益"尽管是一个迄今仍未形成一致公认的概念，尤其是人们在它与诸如公共利益（或社会公共利益）、社会利益、国家利益等概念的关系问题上亦可谓见仁见智，莫衷一是。[4]从语源上看，社会整体利益不同于社会公共利益，社会整体利益是社会公共利益的上位概念，因为社会公共利益是对社会中所有单独个人利益中的共性利益的提取。与社会公共利益只是着眼于利益共性的提炼不同，社会整体利益还包括了整体当中成员私人利益的冲突整合，是全体社会成员无数私人利益博弈的结果。由此可以看出，社会整体利益对社会成员私人利益的整合已经有了质的提升。[5]原则上，国家尤其是当代实行"多数人决议"的民主制度的国家系社会整体利益最适格的代表，因而国家利益与社会整体利益具有高度的契合性。国家是个抽象主体，国家利益的维护和实现有赖于国家机构及其机关工作人员，国家机构及其组成人员自身的利益可能以国家利益的名义出现，可能会导致国家利益与社会整体多数人的利益相冲突，国家利益就不能代表社会整体利益。[6]因此，国家利益与社会公共利益、社会整体利益不是完全等同和包含的关系。

经济法以社会整体利益的协调平衡为价值目标，将其作为一种外在变量。在社会整体利益的框架之下，整合秩序、自由、效率、正义各种价值，在进

---

〔1〕　参见史际春、邓峰："经济法的价值和基本原则刍论"，载《法商研究》1998 年第 6 期，第12 页。

〔2〕　参见单飞跃：《经济法理念与范畴的解析》，中国检察出版社 2002 年版，第 128 页。

〔3〕　参见曹胜亮、向德平："经济法价值目标的法社会学考证"，载《江西社会科学》2014 年第6 期，第 208 页。

〔4〕　参见卢代富："经济法对社会整体利益的维护"，载《现代法学》2013 年第 4 期，第 24 页。

〔5〕　参见冯果："经济法本质探微——经济法概念界定和制度构建的理性基础分析"，载《学习论坛》2007 年第 2 期，第 72 页。

〔6〕　参见李友根："社会整体利益代表机制研究——兼论公益诉讼的理论基础"，载《南京大学学报（哲学·人文科学·社会科学版）》2002 年第 2 期，第 116~125 页。

行制度设计时，解决具体经济摩擦，并选择以哪些价值为优先来主导排定价值体系的先后顺序。[1]对社会公共利益的维护必然会损害部分个体的利益，因此经济法律的制度设计应该尽可能在不同的利益主体之间寻求整体的平衡机制，在经济活动过程中协调平衡各方的利益，追求经济秩序与经济自由的统一、经济集中与经济民主的统一、经济效率与社会公平的统一、经济效益与社会效益的统一、市场机制与政府干预的统一、个体利益与整体利益的统一、经济发展与经济安全的统一等。[2]在宏观层面，既要保证公权力对社会经济的宏观调控有效协调，又要保证私权在市场竞争中的权利自由和平等，实现私人利益和社会公共利益的有机平衡。[3]在微观层面，市场主体在追求利润最大化的同时应该顾及弱势群体的利益，不损害其他经营者、消费者和劳工的权益，实现经营目标的经济效益并兼顾社会效益。经济法应站在社会整体利益的高度，平衡和协调各种经济利益主体在市场竞争过的不平衡与不协调的利益关系，但不排斥对个体的利益与局部的利益的保护，而且促进这些利益的整体增进。[4]

利益平衡从国外最初的法律解释、立法选择到我国经济法学界视为经济法的法益目标或是原则具有重要的意义。经济法学界虽然对经济法利益平衡原则的内涵和外延的理解稍有不同，但都肯定了经济法对利益的协调功能和平衡目标、理念，在经济法律制度的制定和适用过程也有不同程度的体现。《消费者权益保护法》的立法宗旨在于平衡实践中经营者与消费者在资源、信息、财力等各方面的不对等的现实，以实现实质上的公平。在《消费者权益保护法》中，通过法律制度设计赋予消费者更多的法定权利而要求经营者承担相应的法定义务，并对消费者的维权给予特别保护，如《消费者权益保护法》第 23 条规定经营者提供的机动车、计算机、电视机、电冰箱、空调器、洗衣机等耐用商品或者装饰装修等服务，由经营者在 6 个月以内承担有关商品瑕疵的举证责任。个体是社会的有机组成部分，市场主体由多种利益群体

---

〔1〕 参见曹胜亮、向德平："经济法价值目标的法社会学考证"，载《江西社会科学》2014 年第 6 期，第 204 页。

〔2〕 参见史际春、邓峰："经济法的价值和基本原则刍论"，载《法商研究（中南政法学院学报）》1998 年第 6 期，第 12 页。

〔3〕 参见徐杰："论经济法的立法宗旨"，载《法制日报》2001 年 7 月 29 日。

〔4〕 参见顾功耘："略论经济法的理念、基本原则与和谐社会的构建"，载《法学》2007 年第 3 期，第 18 页。

组成，不同的个体、群体之间的利益分配不均，利益冲突不可避免。在经济活动过程中，应该建立公平、合理、科学的利益平衡机制确保个体利益，以实现社会的整体利益协调平衡。经济法通过对社会公共利益的维护，确保了市场秩序的公平竞争和稳定发展，为个体利益的实现提供了保障，并通过协调平衡各方利益确保了社会整体利益。与传统的部门法相比，经济法在维护社会公共利益的同时，不仅保护各方主体的合法个体利益，而且也注重整体利益的协调平衡发展。

（三）"社会公共利益"法律实定化的价值分析

"公共利益"是政治学、哲学以及经济学领域研究的核心概念之一，随着法律社会化进程的不断深入，对社会公共事务的法律关注也越来越重要，公共利益法律实定化使公共利益从抽象的法律概念和法律原则逐渐演化为具体的法律实体和法律制度也就成为必然。"公共利益原则"包括"公共利益优先原则"和"公共利益保护原则"。"公共利益"一词是我国法律文件中出现频率最高的法律术语之一，据不完全统计，我国可查的法律中曾明确使用了"公共利益"表述的法律、法规、规章和规范性文件共 1259 件（次），其中宪法 2 次，法律 72 件（次），国务院行政法规 87 件（次），部门规章、地方性法规及其他规范性文件 1098 件（次），很多法律法规及规章中，对公共利益的引述和规定反复出现。[1]"公共利益"的规定广泛出现于我国的各类法律文件及司法案例中，虽然以上的数据随着法律的修改和完善还会不断变化，但公共利益的法律实定化在我国也是毋庸置疑的法律现象，是我国法治建设中重要的组成部分，在我国的法治建设和法律实践中都具有重要的意义。

1. "公共利益"的宪法基础

在国家无为而治的执政理念时期，强调公民的自由和对国家权力的限制，国家的任务仅限于保障公民自由、生命和财产的消极目的，而不追求积极促进公共福祉，国家的公共利益目的被限制在狭窄的范围内。在因战乱和局势动荡导致的经济衰废、民生凋敝时期，执政理念发生了变化，强调以国家的积极作为促进所有可能的民众福祉，国家的公共目的扩展到宽广的领域。进入 70 年代，新自由主义开始萌芽，德国著名法学者汉斯·皮特（Hans Peter）

---

〔1〕　参见黄有丽："'公共利益'的法律界定"，载《学术交流》2008 年第 4 期，第 35 页。

提出国家辅助性理论，认为实现公共利益是国家责无旁贷的绝对任务。但是，这种国家追求实现公共利益的行为，必须是在社会中个人凭自己的努力无法获得利益，从而使公益无法获得时方得为之，所以是一种次要的辅助性质的行为。[1]在不同的社会环境中"公共利益"具有不同的内涵和表现形式，甚至成为宪法上的公共权利。以各国宪法为例，以调查总量为157部宪法计，85个国家的宪法包含公共利益规定，明确提出了"公共福利"的概念或有"促进公共福利"的话语，占总数的54.1%，96个国家的宪法中存在"公共利益"词语的表达，占总数的61.1%。[2]比如，1919年的《德国魏玛宪法》第153条规定："所有权负有义务，其行使应同时有益于公共利益。"1949年《德国基本法》（即《波恩宪法》）第14条第2项规定："所有权伴有义务，其行使应同时兼顾公共福利。"《美国联邦宪法》第五修正案规定："非依正当程序，不得剥夺任何人的生命、自由或财产；非有合理补偿，不得征收私有财产供公共使用。"《日本宪法》第29条规定"财产权不得侵犯。财产权的内容，应由法律规定以期适合公共之福祉。私有财产，在公正补偿下得收归公用。"我国现行《宪法》第10条第3款规定："国家为了公共利益的需要，可以依照法律规定对土地实行征收或者征用并给予补偿。"第13条第3款规定，"国家为了公共利益的需要，可以依照法律规定对公民的私有财产实行征收或者征用并给予补偿"。第51条规定："中华人民共和国公民在行使自由和权利的时候，不得损害国家的、社会的、集体的利益和其他公民的合法的自由和权利。"

宪法的"公共利益优先原则"和"公共利益保护原则"统称为宪法的"公共利益原则"，常被具体化为"国家利益""集体利益"和"社会公共利益"；我国《宪法》第10条、第13条是对公共利益的宪法保护；第11条是对私营经济的宪法保护；第41条是关于行政执法机关及其工作人员的宪法监督；第51条是"禁止权利滥用"损害公共利益；第107条是对地方各级政府

---

〔1〕 参见陈新民：《德国公法学基础理论》（上、下册），山东人民出版社2001年版，第205页，转引自胡鸿高："论公共利益的法律界定——从要素解释的路径"，载《中国法学》2008年第4期，第57页。

〔2〕 参见［荷］亨利·范·马尔赛文、格尔·范·德·唐：《成文宪法的比较研究》，陈云生译，华夏出版社1987年版，第29页。

管理公共事务的宪法授权。[1]宪法的公共利益既是时代的要求，也是法治建设的需要，是法律社会化的最完美、最高级的法律表现形式，也是社会本位原则法律化的基石和宪法保障，其宪法价值在于：第一，明确了公共利益的宪法保护，禁止任何侵蚀公共利益的行为，即公共利益原则。第二，明确了公共利益对私权利的限制。为了满足公共利益需要可以限制私权利，可以通过法律授权有权机关依法为满足公共利益的需要和维护公共利益对私权利进行限制和处罚，即公共利益的优先原则。第三，明确禁止滥用私权利损害公共利益。民事主体在行使自由和权利时，禁止私权利损害国家利益、社会利益和集体利益，即禁止权利滥用原则。公共利益的宪法意义在于既要防止私权滥用对公共利益的侵蚀，也要防止行政机关借"公共利益"侵害私权利。

2. 民商事法律中"社会公共利益原则"的实践价值

在私法中引入"公共利益"的概念，是现代社会民主、法治国家的普遍做法。它不仅符合宪制原则，而且是现代法治原则的必然要求。只有引入"公共利益"概念，才有可能解决现代社会个人权利、自由与国家利益、社会利益可能经常发生的矛盾和冲突，才能防止个人权利自由不适当的膨胀和滥用损害国家的、社会的利益和他人的权利和自由，以及在国家、社会因安全、秩序、发展等需要而必须适度限制或损害个人权利、自由时，个人应在国家给予适当补偿后容忍这种适度的限制或损害。[2]在民商事法律中，"公共利益"常以"社会公共利益"的形式出现。社会公共利益原则是法律社会化在民商事社会经济活动中的法律表现形式，其目的和意义在于防止民商事活动中权利滥用危害社会公共利益。民商事法律传统中的社会公共利益原则，是为限制民事主体权利的滥用危害社会经济秩序而确立的法律原则，也是得以

---

〔1〕《宪法》第 11 条规定："在法律规定范围内的个体经济、私营经济等非公有制经济，是社会主义市场经济的重要组成部分。国家保护个体经济、私营经济等非公有制经济的合法的权利和利益。国家鼓励、支持和引导非公有制经济的发展，并对非公有制经济依法实行监督和管理。"第 41 条第 1 款规定："中华人民共和国公民对于任何国家机关和国家工作人员，有提出批评和建议的权利；对于任何国家机关和国家工作人员的违法失职行为，有向有关国家机关提出申诉、控告或者检举的权利，但是不得捏造或者歪曲事实进行诬告陷害。"第 107 条第 1 款规定："县级以上地方各级人民政府依照法律规定的权限，管理本行政区域内的经济、教育、科学、文化、卫生、体育事业、城乡建设事业和财政、民政、公安、民族事务、司法行政、计划生育等行政工作……"

〔2〕 参见姜明安："公共利益与'公共利益优先'的限制"，载《中国发展观察》2006 年第 10 期，第 62 页。

动用国家公权力介入私人生活、干涉市场交易、剥夺和限制私人合法财产的唯一足够充分且正当的理由，属于民商法的核心价值范畴之一。[1]《日本民法典》第 1 条第 1 款规定"权利必须适合公共福祉"，同条第 3 款规定"权利不许滥用"。我国的民事法律传统都明确规定了社会公共利益的原则，而且与国家利益区分开来。比如我国《民法通则》第 7 条规定："民事活动应当尊重社会公德，不得损害社会公共利益，扰乱社会经济秩序。"第 55 条规定："民事法律行为应当具备下列条件：……（三）不违反法律和社会公共利益。"第 58 条第 4 项规定，恶意串通，损害国家、集体或者第三人利益的民事行为无效，第 5 款规定，违反法律或者社会公共利益的民事行为无效。《物权法》第 7 条规定："物权的取得和行使，应当遵守法律、尊重社会公德，不得损害社会公共利益和他人合法权益。"《物权法》第 42 条第 1 款规定："为了公共利益的需要，依照法律规定的权限和程序可以征收集体所有的土地和单位、个人的房屋及其他不动产。"第 44 条规定："因抢险、救灾等紧急需要，依照法律规定的权限和程序可以征用单位、个人的不动产或者动产。……"《合同法》第 7 条规定："当事人订立、履行合同，应当遵守法律、行政法规，尊重社会公德，不得扰乱社会经济秩序，损害社会公共利益。"《合同法》第 52 条第 4 项规定，损害社会公共利益的合同为无效合同。可见，我国的《民法通则》《物权法》和《合同法》都把维护社会公共利益作为基本原则，且《民法通则》《合同法》还规定侵害社会公共利益的民事行为应承担无效的后果。

我国《城市房地产管理法》第 20 条规定："国家对土地使用者依法取得的土地使用权，在出让合同约定的使用年限届满前不收回；在特殊情况下，根据社会公共利益的需要，可以依照法律程序提前收回，并根据土地使用者使用土地的实际年限和开发土地的实际情况给予相应的补偿。"《国有土地上房屋征收与补偿条例》第 8 条对"公共利益"明确规定："为了保障国家安全、促进国民经济和社会发展等公共利益的需要，有下列情形之一，确需征收房屋的，由市、县级人民政府作出房屋征收决定：（一）国防和外交的需要；（二）由政府组织实施的能源、交通、水利等基础设施建设的需要；（三）由政府组织实施的科技、教育、文化、卫生、体育、环境和资源保护、

---

〔1〕 参见王轶、关淑芳："认真对待民法总则中的公共利益"，载《中国高等社会科学》2017 年第 4 期，第 77 页。

防灾减灾、文物保护、社会福利、市政公用等公共事业的需要；（四）由政府组织实施的保障性安居工程建设的需要；（五）由政府依照城乡规划法有关规定组织实施的对危房集中、基础设施落后等地段进行旧城区改建的需要；（六）法律、行政法规规定的其他公共利益的需要。"《信托法》第 60 条规定："为了下列公共利益目的之一而设立的信托，属于公益信托：（一）救济贫困；（二）救助灾民；（三）扶助残疾人；（四）发展教育、科技、文化、艺术、体育事业；（五）发展医疗卫生事业；（六）发展环境保护事业，维护生态环境；（七）发展其他社会公益事业。"以上对"公共利益"的具体规定有利于法院对公共利益的认定，也为行政部门依法维护公共利益提供了法律依据。通过对公共利益的明确界定，在限制私权利的滥用害及公共利益的同时，也防止公权力借公共利益之名损害私权利，对维护社会经济秩序具有重要的意义。

我国 2012 年修改的《民事诉讼法》第 55 条规定了公益诉讼，对"污染环境、侵害众多消费者合法权益等损害社会公共利益的行为，法律规定的机关和有关组织可以向人民法院提起诉讼。人民检察院在履行职责中发现破坏生态环境和资源保护、食品药品安全领域侵害众多消费者合法权益等损害社会公共利益的行为，在没有前款规定的机关和组织或者前款规定的机关和组织不提起诉讼的情况下，可以向人民法院提起诉讼。前款规定的机关或者组织提起诉讼的，人民检察院可以支持起诉。"目前，在我国不是所有损害社会公共利益的民事案件都能启动独立的公益诉讼程序，只有"污染环境、侵害众多消费者合法权益、食品药品安全领域侵害等损害社会公共利益的行为"才可以启动特别公益诉讼，其他损害社会公共利益案件只能启用一般民事诉讼程序。对社会公共利益的认定，除了《国有土地上房屋征收与补偿条例》第 8 条和《信托法》第 60 条有明确的范围界定，一般的损害社会公共利益的民事诉讼中仍没有具体的认定标准，主要还是法官结合"公共利益原则""公共利益优先原则""禁止权利滥用原则"等法律原则的自由心证，其法律效果或多或少会受到影响。

虽然权利滥用与损害公共利益原则之间可能存在交叉，但公共利益原则在我国的司法实践中还是得到广泛适用。有学者根据北大法宝统计显示，涉及公共利益的案件数量众多。对"公报"一级的案例进行分析，全文中出现"公共利益"为检索词，并以"精确匹配"加以限定，对两高"公报"一级的案例进行检索，截至 2016 年 1 月 31 日，共有 72 个与民商法有关的公报案例适用了公共利益原则。经过统计分析，发现其分布领域主要为：①传统的民商法领域，共 48 个案例。由于我国《民法通则》《物权法》《合同法》等法律明确规定，民事活动不得损害社会公共利益。在民商法领域出现了大量与公共利益有关的案例，广泛分布于物权法、合同法、商事法、亲属法、侵权法等领域。最多的是合同法领域，共 29 个案例，约占 40%，主要涉及公共利益对合同效力的影响。这与《合同法》第 7 条、第 52 条的明文规定有关。②知识产权领域，共 12 个案例，约占 16%。③不正当竞争与垄断领域，共 5 个案例，约占 7%。④行政法领域，共 6 个案例，约占 8%。⑤民事诉讼法领域，共 3 个案例，约占 4%。但有的案件可以同时归入不同（如合同法与民事诉讼法）的领域，这会造成一定的统计误差。[1]时过境迁，相关的数据随法律的修改会有所变化，但总体上不影响对事实本质的认定。随着网络经济、共享经济、智能经济、知识经济和虚拟经济等高度社会化新兴经济体的不断发展壮大，法律社会化和社会公共利益原则的实定化不可避免。虽然一般的民商事法律中的社会公共利益原则从抽象的法律概念到独立的公益实体诉讼，仍需要从法理论证和法律实践中进一步的探索研究，但我国目前特别公益诉讼制度的确立为社会公共利益原则的法律实定化奠定了坚实的理论和实践基础。社会公共利益原则在民商事法律中的确立，既是对宪法之公共利益原则的落实，也是对法律社会化之社会本位原则的回应。虽然社会公共利益的原则会对私权构成限制，但不能因此否定其在民商事法律中的重要意义，更不能因此在民商事法律中废弃社会公共利益原则。

3. 我国《民法总则》对"社会公共利益原则"立法的碎片化

（1）我国《民法总则》的相关规定。我国 2017 年通过的《民法总则》作为民事法律的上位法，没有完全传承"社会公共利益原则"这一民事法律传统，而是在立法中把"公共利益原则"碎片化。首先，《民法总则》没有规定"社会公共利益原则"作为民法基本原则。《民法通则》《合同法》和《物权法》第 7 条都规定了"不得损害社会公共利益"的基本原则（以下简称"社会公共利益原则"或"公共利益原则"）。但《民法总则》删除了《民法通则》第 7 条关于"社会公德原则"和"社会公共利益原则"，以及第

---

〔1〕 参见梁上上："公共利益与利益衡量"，载《政法论坛》2016 年第 6 期，第 8 页。

58 条第 5 款违反社会公共利益的民事行为无效的规定。《民法总则》第 1 条规定："为了保护民事主体的合法权益，调整民事关系，维护社会和经济秩序，适应中国特色社会主义发展要求，弘扬社会主义核心价值观，根据宪法，制定本法。"第 86 条规定："营利法人从事经营活动，应当遵守商业道德，维护交易安全，接受政府和社会的监督，承担社会责任。"第 117 条规定："为了公共利益的需要，依照法律规定的权限和程序征收、征用不动产或者动产的，应当给予公平、合理的补偿。"第 132 条规定："民事主体不得滥用民事权利损害国家利益、社会公共利益或者他人合法权益。"第 154 条只是规定"行为人与相对人恶意串通，损害他人合法权益的民事法律行为无效"，但没有像《民法通则》第 58 条第 5 项和《合同法》第 52 条第 4 项一样明确规定"违反社会公共利益的合同或民事行为无效"。第 185 条规定"侵害英雄烈士等的姓名、肖像、名誉、荣誉，损害社会公共利益的，应当承担民事责任"；该规定把英烈的人格权视为社会公共利益引发了学界的质疑。

《民法总则》虽然规定了"公共利益补偿原则"和"禁止权利滥用原则"，但废弃了"社会公共利益原则"。《民法总则》对公共利益的相关规定只是散见或是隐藏于其他条款中，对社会公共利益的保护全面放弃了传统民事法律概括性规定的立法模式，对损害"国家利益"和"社会公共利益"的违法行为也没有明确的规定为"无效"。根据"法无禁止即可为"的民法原理，是否意味着民事权利的行使只要法律没有禁止也可以损害或优先于公共权益？《民法总则》废弃社会公共利益原则或公共利益原则后，宪法的公共利益原则没能在《民法总则》中体现，只是规定了禁止滥用民事权利对社会公共利益的损害。《民法总则》对社会公共利益的保护处于模糊状态，民事活动如果侵害"国家利益"和"社会公共利益"也不当然是"无效"行为，也不是完全被禁止的行为，社会公共利益缺乏民法的绝对法律保障，宪法的公共利益原则没有在《民法总则》中得到落实。随着信息经济、知识经济、网络经济、共享经济和虚拟经济等现代经济社会化程度不断的加深，社会公共利益在现代社会经济中的地位和作用越来越重要，《民法总则》作为民法的上位法，没有传承《民法通则》和其他民事法律的"社会公共利益原则"的传统。《民法总则》对"社会公共利益原则"的废弃和碎片化的立法模式值得商榷。

（2）学者对《民法总则》之"公共利益原则"的解读。有学者认为《民法总则》秉承我国民事法律传统，认可公共利益的存在。如《民法总则》第

1 条有关立法就是在强调民法总则要确认、保障和维护公共利益。第 8 条确认民事主体从事民事活动，不得违反法律、不得违反公序良俗。其中所谓"法律"，主要是指以确认、保障和维护公共利益为目的的法律；其中所谓"公序良俗"，其实就是"公共利益"的同义语。第 117 条确认，为了公共利益的需要，依照法律规定的权限和程序征收、征用不动产或者动产的，应当给予公平、合理的补偿。该条协调的就是公共利益与民事主体利益之间的冲突关系。第 132 条确认，民事主体不得滥用民事权利损害国家利益、社会公共利益或者他人合法权益。其中"国家利益"以及"社会公共利益"就是公共利益的具体类型。第 143 条第 3 项确认，有效的民事法律行为不能违反法律、行政法规的强制性规定，不违背公序良俗。其中所谓"法律、行政法规的强制性规定"就是法律、行政法规中以确认、保障和维护公共利益为目的的法律规定；所谓"公序良俗"，与第 8 条含义相同，是"公共利益"的同义语。第 153 条第 1 款确认，违反法律、行政法规强制性规定的民事法律行为无效，但是该强制性规定不导致该民事法律行为无效的除外。其中所谓"强制性规定"，与第 143 条第 3 项相同，也是以确认、保障和维护公共利益为目的的法律规定。第 153 条第 2 款确认，违背公序良俗的民事法律行为无效。其中所谓"公序良俗"，与第 8 条相同，也是"公共利益"的同义语。第 185 条确认，侵害英雄烈士等的姓名、肖像、名誉、荣誉，损害社会公共利益的，应当承担民事责任。其中所谓"社会公共利益"，就是公共利益的具体类型。[1]该学者对《民法总则》公共利益的解读可以概括为以下几点：第一，把《民法总则》所保护的社会和经济秩序、社会主义核心价值视为公共利益；第二，国家利益和社会公共利益是公共利益的具体类型；第三，把"公序良俗""法律、行政法规的强制性规定"等同于公共利益；第四，把英烈的人格权视为公共利益。笔者认为，该学者以上关于《民法总则》之"公共利益"的解读值得商榷。

4. 对《民法总则》废除"社会公共利益原则"的质疑

（1）关于"公共利益"的界定。我国 1986 年《民法通则》第 7 条规定："民事活动应当尊重社会公德，不得损害社会公共利益，扰乱社会经济秩序。"

---

〔1〕 参见王轶、关淑芳："认真对待民法总则中的公共利益"，载《中国高等社会科学》2017 年第 4 期，第 78 页。

1999 年《合同法》第 7 条规定："当事人订立、履行合同，应当遵守法律、行政法规，尊重社会公德，不得扰乱社会经济秩序，损害社会公共利益。"2007 年《物权法》第 7 条规定："物权的取得和行使，应当遵守法律，尊重社会公德，不得损害社会公共利益和他人合法权益。"可见，在我国传统的民事立法中"不得损害社会公共利益"与"不得扰乱社会经济秩序"是长期坚持的两项并列的基本原则，两者具有关联性，社会经济秩序是社会公共利益的具体形式，但社会经济秩序不能等同于社会公共利益。把《民法总则》第 1 条"维护社会经济秩序"强行解读为"公共利益"有些勉为其难。社会经济秩序固然是社会公共利益的一部分，但不论从内涵和外延上都不能取代"社会公共利益原则"。虽然庞德对法律秩序所应该保护的利益进行了系统的分类，把利益划分为个人利益、公共利益和社会利益，但我国的传统民事法律中，《民法通则》《合同法》和《物权法》一般把利益分为他人利益、社会公共利益和国家利益。借助国家利益与社会公共利益的区分，可以明了国家利益的产生机制以及表达方式是不同于社会公共利益的产生机制和表达方式的。国家利益的产生机制就是政治权力的运作机制，国家利益强调统一性，通常以法律、法规、命令等形式来表达。社会公共利益的产生机制既可以是政治权力的运作机制，也可以是人们日常生活中的各类交往机制。而且社会公共利益可以具有地域性和阶层性，不必也无须强求统一性；它既可以借助法律、法规、命令等形式来表达，也可以通过舆论或习俗等形式来进行表达和传播。就国家利益与社会公共利益之间的关系，不可否认的是，国家利益在很多场合是政治权力的运作机制，对不同地域、不同群体的社会公共利益诉求进行折中、调和的产物，因此国家利益和社会公共利益在不少场合会出现重叠。正如马克思和恩格斯所言："正是由于私人利益和公共利益之间的这种矛盾，公共利益才以国家的姿态而采取一种和实际利益（不论是单个的还是共同的）脱离的独立形式，也就是说采取一种虚幻的共同体的形式。"[1]根据我国《宪法》以及民事法律中的相关规定，公共利益应该包括社会公共利益和国家利益，国家利益和社会公共利益是公共利益的具体形式。社会主义核心价值作为全民的精神财富，属于公共道德的范畴，可视为公共利益的一部分。把《民法总则》"维护社会和经济秩序"和"弘扬社会主义核心价

---

〔1〕　参见《马克思恩格斯全集》（第 3 卷），人民出版社 1965 年版，第 37 页。

值观"的法益目标也视为公共利益，虽然从内涵和外延上具有一定的可解性，但从立法技术上就有些差强人意，因为从条文的文义中体现不出"《民法总则》第1条有关立法就是在强调《民法总则》要确认、保障和维护公共利益"。

（2）公共利益与"公序良俗""法律、行政法规的强制性规定"的关系。学者关于"第143条第3项所谓'法律、行政法规的强制性规定'就是'法律、行政法规中以确认、保障和维护公共利益为目的的法律规定'；所谓'公序良俗'，与第8条含义相同，是'公共利益'的同义语"的解读值得商榷。"法律、行政法规的强制性规定"可以维护公共利益，但在法理上或是立法技术上能否把"法律、行政法规的强制性规定"的法益目标直接解释为"公共利益"，或是等同于公共利益值得商榷。任何法律规范都具有强制性，这是法律规范不同于其他社会规范之处，但不是所有的法律都旨在维护公共利益，有些法律规范维护个体利益也具有强制性。比如《消费者权益保护法》有关生产经营者的义务的强制性规定，是对个体消费者权利进行的直接保护，只是间接保护了公共利益。因此，其对公共利益的保护是通过对个体利益的保护，协调平衡社会整体利益而实现的。另外，认为"公序良俗等同于公共利益原则"也值得商榷，实际上，公共利益原则是不同于公序良俗的独立原则。主要理由是：从内容构成与表达方式上看，"公序良俗"和"公共利益"都是维护社会经济秩序，但两者不是同一范畴。"善良风俗"与"社会公德"相当，强调的是对"习俗惯例""善意德行"等非正统秩序的道德约束。而"公共秩序"或"公共利益"则与"社会经济秩序"同属于政治、经济和法律的范畴，强调的是正统秩序的制度约束。虽然公共利益的内涵可能与社会经济秩序、善良风俗存在交叉，但是它们彼此的基本含义是不同的。公共利益作为与公序良俗不同的并列原则更符合现代社会的需要，将公共利益原则解释为公序良俗条款，不仅与文义相去甚远，而且在内涵和外延上也不相同，难免给人牵强附会之感。事实上，许多国家或地区同时并存这两项基本原则。例如，虽然我国的《民法通则》《合同法》和《物权法》没有直接规定"善良风俗"，但"社会公德"和"社会公共利益"就是单独并列于第7条款中的。《日本民法典》第1条第1款规定"公共利益原则"，而第90条规定"善良风俗原则"，即"私权必须适合公共福祉"。我国台湾地区"民法"第2条、第72条原本就有关于公序良俗的规定。但是，1982年"民法总则"修正时在第148条第1款增加了"不得违反公共利益"的内容。我国台湾地区这一条款的前后变化清楚地表明：公序良俗与公共利益在内涵上虽然可能有交叉，但并不是同一概念。在我国主要民法典建议稿中，这两项原则同时并存。例如梁慧星教授主持的民法典草案建议稿第 3 条与第 7 条，分别规定了民事权利受社会公共利益限制原则与公序良俗原则；王利明教授主持的民法典建议稿第 7 条与中国法学会民法典征求意见稿的第 7 条也都是把两者并列的。[1] 可见，在相关国外或地区的立法，以及我国民事的立法传统和著名的民法学者都认为公共利益原则是不同于公序良俗的独立原则。将"公共利益原则"强附为"公序良俗"，废弃"社会公共利益原则"的立法进路值得商榷。

（3）"公共利益原则"与"禁止权利滥用原则"的关系。我国《民法通则》《合同法》和《物权法》第 7 条都规定了社会公共利益原则，目的在于防止民事权利滥用对社会公共利益的侵害，但禁止损害社会公共利益或禁止损害公共利益与禁止权利滥用不能等同。《民法总则》第 132 条规定："民事主体不得滥用民事权利损害国家利益、社会公共利益或者他人合法权益。"第154 条规定："行为人与相对人恶意串通，损害他人合法权益的民事法律行为无效。"没有采取《民法通则》第 58 条第 4 款规定恶意串通，损害国家、集体或者第三人利益的民事行为无效，第 5 款规定违反法律或者社会公共利益的民事行为无效的相关规定，废除了对损害"国家利益"和"社会公共利益"的民事行为应被禁止或无效的规定，只是强调了对"他人合法权益"的私人利益的保护，有把《民法总则》完全"私法化"之势，某种程度纵容了私权为了利益最大化损害公共利益的行为。该规定把社会公共利益原则或禁止损害公共利益混同为禁止民事权利的滥用，但社会公共利益原则与民事权利滥用不论从内涵和外延上都不同。社会公共利益原则在于保护公共利益不受侵害，目的在于防止当事人损害社会公共利益，指向的对象主要是社会公共利益，强调权利的社会性，是对权利社会性的限制，或者强调的是权利的社会义务，即民事主体的社会责任，是权利社会化的要求，但权利本身并不具有促进公共利益的积极义务。而权利滥用是权利行使逾越了权利的正当性，侧重于对权利不正当的禁止，可以指向国家利益、社会公共利益和私人利益，强调的是权利的正当性，在于避免权利的越权或不正当性行使。我国《宪法》

---

〔1〕　参见梁上上："公共利益与利益衡量"，载《政法论坛》2016 年第 6 期，第 7 页。

第 10 条第 3 款、第 13 条第 3 款规定了权利的社会性，而第 51 条规定了禁止权利的滥用，是分别规定的。《民法通则》《合同法》和《物权法》第 7 条规定的民事活动应遵守"社会公共利益原则"，以及《物权法》第 42 条规定的"为了公共利益的需要，依照法律规定的权限和程序可以征收集体所有的土地和单位、个人的房屋及其他不动产"规定的都是权利的社会性，而《民法通则》第 55 条第 3 款规定"民事法律行为不违反法律和社会公共利益"，第 58 条第 5 款规定"违反法律或是社会公共利益的民事行为无效"。《合同法》第 52 条第 4 款规定"违反社会公共利益的合同为无效合同"是关于"禁止权利滥用"，也是分别立法的。可见，我国传统的民事立法对于"社会公共利益原则"与"禁止权利滥用原则"都是分别立法的。

许多国家或地区也是采取"公共利益原则"与"禁止权利滥用原则"分别立法的模式，如德国联邦宪法法院明确指出："《德国基本法》第 14 条第 2 款意义上的所有权的社会约束，说明了所有权的义务与限制，主要在于为具有相应立法权的立法者提供宪法依据，不宜作扩大化解释。"换言之，增进公共利益不是私权行使时的积极义务。因此，《德国基本法》第 14 条规定了"公共利益原则"，而《德国民法典》第 226 条规定了"禁止权利滥用原则"。《日本民法典》第 1 条第 1 款规定"权利必须适合公共福祉"，第 3 款规定"权利不许滥用"。有学者认为，"违反公共利益"与"损害他人为主要目的"是两种不同的规范类型。两者的功能、要件与法律效果不同，应有区别的必要。[1]我国《民法总则》第 132 条的规定与传统民事立法和国外或地区的相关立法都不同，在法理上缺乏《民法总则》法律规范间内在的逻辑自洽性和民事法律体系外在的协调统一性，是对"社会公共利益原则"的弱化和碎片化。

（4）"英烈条款"之社会公共利益的探讨。《民法总则》公布后，理论界和实务界对第 185 条所创设的英雄烈士人格利益民法保护制度（以下简称"英烈条款"）的立法必要性提出了各种质疑。

首先，英烈条款专设立法的必要性问题。《民法总则》专设英烈条款除了把其列为"社会公利益"，应承担"民事责任"的"宣示性条款"作用之外，并没有特殊的保护机制对英烈的人格利益进行专门保护。在民事司法实践当

---

〔1〕 参见梁上上："公共利益与利益衡量"，载《政法论坛》2016 年第 6 期，第 7 页。

中，侵害死者的人格利益的侵权行为方式，一般地表现为侮辱、诽谤、贬损、丑化和违反公序良俗或者社会公德的其他方式等方式。这些侵权行为方式，既存在于对英烈人格利益的侵害，也同样存在于对普通死者人格利益的侵害，这些侵权行为方式不因被侵权人是英雄烈士抑或是普通死者而有所不同，这些侵权行为方式所应承担的民事责任也因此并无不同，但要借助法官的自由心证对其进行民事裁决，甚至可能因为"原告缺位"无法启动诉讼程序使该"民事责任"无法落实，使英烈条款名不符实成为摆设。本世纪前，无论是批复性司法解释还是规范性司法解释，均针对死者自身人格利益及其近亲属权益的追思之情及精神痛苦都是被认定为私益。最高人民法院2001年3月10日起施行的《关于确定民事侵权精神损害赔偿责任若干问题的解释》第3条规定：自然人死亡后，其近亲属因下列侵权行为遭受精神痛苦，向人民法院起诉请求赔偿精神损害的，人民法院应当依法予以受理：①以侮辱、诽谤、贬损、丑化或者违反社会公共利益的其他方式，侵害死者姓名、肖像、名誉、荣誉；②非法披露、利用死者隐私，或者以违反社会公共利益、社会公德的其他方式侵害死者隐私；③非法利用、损害遗体、遗骨，或者以违反社会公共利益、社会公德的其他方式侵害死者遗体、遗骨"的三种侵害死者人格利益的行为方式中，均有"违反社会公共利益"的规定，而且对普通死者和英烈的保护都是一视同仁，符合民事法律关系主体地位一律平等的原则。2010年生效的《侵权责任法》第2条第1款中的"民事权益"，包含了死者人格利益。而2015年2月施行的最高人民法院《关于适用〈中华人民共和国民事诉讼法〉的解释》第69条再次明确："对侵害死者遗体、遗骨以及姓名、肖像、名誉、荣誉、隐私等行为提起诉讼的，死者的近亲属为当事人。"至此，我国死者人格权益保护制度，从请求权和诉权主体、保护范围、保护期限、责任范围、责任方式、赔偿数额等，已经系统化。

其次，英烈人格利益实定化的意义。法律委员会认为，英烈是一个国家和民族精神的体现，是引领社会风尚的标杆，加强对英烈姓名、名誉、荣誉等的法律保护，对于促进社会尊崇英烈，扬善抑恶，弘扬社会主义核心价值观意义重大。[1]有学者认为：英雄烈士的人格利益及以展现其人格利益具体

---

〔1〕 参见黄伟："民法总则的价值共识和时代精神"，载《实践（思想理论版）》2017年第5期，第35页。

形象的英雄事迹、形象和精神，经由历史传承，已经演化、衍生成为中华民族对中国人民在革命斗争、保卫祖国和社会主义现代化建设事业中英勇牺牲精神的共同的历史记忆，深刻蕴含着社会公众的历史情感和民族情感，英雄烈士的人格利益由此融入社会的公共利益之中并成为重要组成部分，对它的保护就是对社会公共利益的保护。若将第 185 条的要义仅仅认定为对英雄烈士的人格利益实施保护，则势必导致对该条立法的内容的必要性的否定。[1]但英烈条款实定化是否真的能实现对英烈特殊人格利益的保护值得商榷。公共利益的实现是公共行政的目的，是行政行为的合法性依据，但另一方面，公共利益更是限制公民基本权益的界限，是保护公民合法权益的"防火墙"。[2]有学者认为：根据《民法总则》第 3 条民法的平等原则，如果仅将"英烈条款"的目的理解为保护英烈私人格利益并进行特别保护就有违反民法平等原则之嫌。但英烈条款保护对象不是普通死者，而是对国家具有重大贡献的"英雄烈士"，"英烈条款"中的社会公共利益，显然不同于一般死者人格利益中所体现的社会公共利益和公共道德，也不是一般的公序良俗。故明确"英烈条款"保护的社会价值和意义，把英烈的人格利益视为公共利益并对其进行特别保护，有利于与我国司法解释中对普通人格利益私权的社会公共利益原则保护区分开来，不至于产生法律规范的交叉、冲突，也不至于产生法理层面和民法基本原则的违反等现实问题。[3]最高人民法院认为："之所以特别保护乃是英雄烈士等的个人利益已经成为社会公共利益的一部分，于此，才有超越一般民事主体保护程度的必要性。"[4]因此，英烈人格权益的社会化和实定化有利于加强对其的保护，这种立法宗旨值得肯定。

最后，《民法总则》之英烈条款的局限性。我国自 2001 年的《关于确定民事侵权精神损害赔偿责任若干问题的解释》就开始了对死者人格权益的保护，但相关规定仅仅作为认定侵害死者人格权益"方式"而非"实体"，强

---

〔1〕 参见迟方旭："《民法总则》第185条的核心要义是维护社会公共利益"，载《红旗文稿》2017年第11期，第30-31页。

〔2〕 参见胡鸿高："论公共利益的法律界定——从要素解释的路径"，载《中国法学》2008年第4期，第67页。

〔3〕 参见罗斌："传播侵害公共利益维度下的'英烈条款'——《民法总则》第一百八十五条的理解与适用"，载《学术论坛》2018年第1期，第85页。

〔4〕 参见沈德咏：《中华人民共和国民法总则条文理解与适用》（下册），人民法院出版社2017年版，第1222页。

调的是行为违法而非结果违法，即是以"违反社会公共利益"的"方式"侵害任何死者人格利益，以及死者近亲属精神，而非把死者的人格权益作为"社会公共利益"实定化单独保护，这与英烈条款直接把英烈的人格权益视为社会公共利益的实体权利有本质的区别。《民法总则》通过立法使其社会化和实定化，其价值目标在于英烈留下的民族共同记忆、共同情感和精神，已成为社会主义核心价值观的一部分，并可引导尊崇英烈和扬善抑恶的社会风气，这种立法宗旨是值得肯定的。最高人民法院对死者人格权益保护的司法解释严格遵守了民法的社会公共利益原则，而英烈人格权之社会公共利益实定化进一步提高了对其民事司法保护力度。但《民法总则》取消了"社会公共利益原则"和"社会公德原则"的规定，导致民事活动中的违反社会公共利益和社会公德，损害死者人格权益的行为丧失了法律制裁和救济的民法依据。受目前我国民事公益诉讼制度的限制，虽然把英烈的人格利益实定化，也不能取得公益诉讼保护机制，其民事司法保护仍然局限于一般的民事诉讼保护机制，当没有"适格的原告"提起民事诉讼时，该条款也起不到作用，不能从根本上解决英烈人格的社会公共利益的实体性特殊保护。受限于社会公共利益的私法保护的局限性，其法律效果很难实现其法益目标。严格意义上讲，英烈的姓名、肖像、名誉、荣誉等人格利益属私权的范畴，但英烈条款超越私权的平等性和自治性。根据我国目前的民事诉讼机制，民事社会公共利益原则不仅可以保护英烈的人格利益，也不会导致在维护英烈人格时与其他民事基本原则相冲突的窘境。

对英烈人格利益的尊重从根本上属于个人信仰的问题，把英烈的人格利益理解为社会主义核心价值观与优良的社会公共风气和道德传统，并归属于为社会公德可能比归属为社会公共利益更符合其价值体系。但鉴于《民法总则》废除社会公德原则和社会公共利益原则，目前关于英烈条款之公共利益原则的学理解释是在现行《民法总则》欠缺社会公德原则和社会公共利益原则的体例下，较为符合其文义和法益目标的诠释，但其所带来的法律内在逻辑自洽性的法理问题和民法体系的统一性问题仍就值得探究。《民法总则》在废弃社会公共利益原则的体例下，却又单独把英烈人格权视为社会公共利益的一部分并实定化，这种立法技术显得有些突兀。而且由于民法的私法特性对社会公共利益保护的局限性，现代的民法司法救济不可能专门赋予英烈人格权益的公权保护，其实定化的现实意义除了达到"宣示性"效果，并不能从根本上现实对英烈人格权益的保护，弘扬崇尚英烈精神的社会主义核心价值目标，且这种私法保护通过《民法通则》原来的社会公德和社会公共利益的法律原则制度就可以实现。总之，对英烈条款的立法及其引发的各种质疑都源于《民法总则》废弃社会公共利益原则的立法进路。法律应保护英烈的人格权益和弘扬其至高无尚的英雄精神是毋庸置疑的，但如果要赋予其更强有力的法律保护，可能又是我国现行民法制度力所不能的。要实现英烈人格权益实定化的价值目标，需要进一步完善现行民事诉讼制度，建立普通公益诉讼机制，或是把英烈的人格权益列入特殊公益诉讼的保护范围。否则，通过现行的民事诉讼机制很难从根本上实现对英烈人格利益的保护。

2018年4月27日第十三届全国人民代表大会常务委员会第二次会议通过《英雄烈士保护法》（以下简称《英烈法》），使英烈人格利益之社会公共利益的实定化从《民法总则》的专款规定迈向专门立法保护。《英烈法》通过专门的公法保护机制对其进行保护，第4条明确规定各级政府是维护和弘扬英烈精神的责任主体，第22条、第23条、第24条、第27条明确规定了损害英烈人格权益和纪念设施的行为，应受到相应的行政处罚。第25条规定了对英烈人格权益的民事诉讼保护，第26条、第28条和第29条规定了损害英烈人格利益和纪念设施，构成犯罪的应承担刑事责任。《英烈法》对英烈人格利益的保护实现了从行政责任、民事责任和刑事责任的全面保护，弥补了《民法总则》虚化英烈条款的不足。虽然《英烈法》可以有效地保护英烈的人格权益，但弘扬英烈崇高精神主要还是依赖于社会公德和公序良俗层面的道德约束，应该从提高社会道德水平，加强英烈事迹的社会宣传和倡导英雄主义，反对拜金主义和物质主义，形成一种积极、健康、文明、崇高、正义的社会风气。

《民法总则》删除关于"社会公德"和"社会公共利益"基本原则的立法进路，不仅使《民法总则》与现行《物权法》和《合同法》第7条的相关规定相脱节，也使社会公德和社会公共利益不仅丧失了其作为法律原则的调整功能，导致社会公共利益不再直接受到民法保护，这种立法模式值得商榷。《民法总则》这一修改，必将引起其他民事法律的基本原则也作出修改，否则将导致民事上位法与下位法伦理上的混乱，破坏民事法律体系的和谐统一。

（四）经济法的社会责任

1. 社会责任的内涵

《现代汉语词典》定义"社会责任"（Social Responsibility）是指一定的社会历史条件下社会成员对社会发展及其他成员的生存与发展应负的责任。[1]目前，关于社会责任的研究主要是从企业的角度来探讨企业的社会责任。企业社会责任由来已久，古罗马思想家西塞罗认为"商人把金钱用于建筑城墙、船坞、港口、水道以及服务于社会的各项工程是正当的"。[2]中世纪意大利学院派哲学家托马斯·阿奎那认为商人应该是"用他从商业中获得的适当利润来维持自己的家庭生活，或者帮助穷人"[3]才不被谴责。现代意义的企业社会责任随着社会化大生产的发展产生于20世纪初，当大企业特别是垄断企业与社会各阶层的矛盾日渐激化，引发理论界和实业界激烈争论，认为企业不是在真空中运作，与社会各方面有着密切联系，企业除了要在市场中对投资者负责之外，还要对消费者、员工、国家、社会、基于竞争者负责。1924年美国学者谢尔顿虽然首先提出了现代企业社会责任的概念，但未受到重视，直到1953年鲍恩出版《企业家的社会责任》一书，企业社会责任才引起人们的关注。尽管争论不断，至今也没有一个充分被认可的企业社会责任定义。综合众多学者的观点，从经济法的角度看，企业的社会责任指企业为社会公共利益，对除股东之外的其他利益相关者应该承担的责任，可以是法律责任也可以是道德责任。利益相关者是指责任的相对人，可以是自然人、法人、社会团体及国家，不一定存在法律或是约定的法律关系，有可能与企业就不存在任何法律关系，甚至也不存在直接的社会联系，比如捐赠人和受捐赠人。

资本主义工业时期的亚当·斯密在《国富论》提出了"经济人"及"利润最大化"的思想，认为每一个人，只要他不违反公正的法律，就有完全的自由去按他自己的方式去追求他自己的利益，用他的劳动和资本去和任何其

---

〔1〕 参见中国社会科学院语言研究所词典编辑室编：《现代汉语词典》，商务印书馆1978年版。

〔2〕 参见巫宝三主编，厉以平、郭小凌编译：《古代希腊、罗马经济思想资料选辑》，商务印书馆1990年版，第317页。

〔3〕 参见［意］托马斯·阿奎那：《神学大全》，段德智译，商务印书馆2013年版，第2部分第77题第4条，转引自李宝平："企业社会责任及其实施机制研究"，西南财经大学2010年博士学位论文，第9页。

他人或其他一类人的劳动和资本竞争。[1]亚当·斯密的"经济人"和企业利润最大化被经营者误读为逃避其社会责任的金科玉律,古朴的商业伦理被抛弃。斯密的"经济人"理性原则和"看不见的手"的自由经济理论催生了社会经济达尔文主义"适者生存"的商场搏杀竞争规则。美国经济学家米尔顿·弗里德曼也把利润最大化作为企业唯一的追求目标。认为企业只是在竞赛规则中追求利润,企业经理只有尽可能地为股东赚钱,没有比接受此外的社会责任更能损坏自由社会的基础。[2]波斯纳的论证理直截了当,认为在一个致力于财富最大化的社会里,人们只有通过有利于别人才能改善自己的境况,因为当一个人生产别人购买的物品和服务时,他生产的东西必定既对自己有利也对他人有利。与其他更折中的经济和政治结构相比,财富最大化将为了别人生产更多的总福利。[3]哈耶克认为自爱这一人性中的普遍动机,它可以通过追求自己的利益去促进公众的利益。[4]"利润最大化"论者认为企业在追求利益最大的过程中才能更好地促进社会利益的最大化。因此,"利润最大化"也就成了商人追求的价值目标和逃避其社会责任的遮羞布。对股东的责任成了企业的唯一责任,社会责任自然没有企业主动承担。

刘文华教授认为经济法是社会责任本位法,是以社会责任为最高准则,无论国家还是企业都必须对社会负责,在对社会共同尽责的基础上,处理和协调好彼此之间的关系。[5]刘文华教授在《经济法本源论——"社会基本矛盾"是解释和解决经济法系列问题的理论基础》之文中认为"经济法是协调解决社会整体利益和社会个体利益之间矛盾,以及协调解决与社会整体利益直接相关的社会个体利益之间矛盾的法律部门"。[6]刘文华教授把"社会责

---

〔1〕 参见 [英] 亚当·斯密:《国富论》(下册),杨敬年译,陕西人民出版社 2001 年版,第 75 页。

〔2〕 See Milton Friedman,"The social responsibility of business is to increase its profits",*New York Times Magazine*,1970,13,pp. 122~126.

〔3〕 参见 [美] 罗纳德·德沃金:《原则问题》,张国清译,江苏人民出版社 2008 年版,第 332~333 页。

〔4〕 参见 [英] 弗里德里希·冯·哈耶克:《经济、科学与政治——哈耶克思想精粹》,冯克利译,江苏人民出版社 2000 年版,第 243 页。

〔5〕 参见潘静成、刘文华主编:《中国经济法教程》,中国人民大学出版社 1995 年版,第 46 页。

〔6〕 参见刘文华:"经济法本源论——'社会基本矛盾论'是解释和解决经济法系列问题的理论基础",载张世明、刘亚丛、王济东主编:《经济法基础文献会要》,法律出版社 2012 年版,第 11 页。

任"提升至经济法的本位，更有学者对"社会责任本位"深入探讨和诠释。[1]
"社会责任本位论"学者包括刘教授尽管强调"社会责任本位"理念在经济
法理论研究中的重要性，但却没有对社会责任的内涵和外延展开论述。王
雨本教授把"社会责任"解释为"社会责任又称企业的社会责任"；[2]闫
翠翠则认为"社会责任既是义务又是权利（力）"，蒋冬梅将社会责任归纳
为"责权利效相统一的原则"。[3]我国经济法学者关于经济法"社会责任本
位"的见解在理论上的论述还不够周延，还有待深入，是否为经济法之本
位尚值得商榷，但相关的论述为研究经济法之社会责任开启了一扇重要的
大门。

2. 经济法之社会责任机制的构建

对企业社会责任的理论研究，自始至今，经济学界比法学界要多很多，
甚至于管理学、社会学研究成果也不少，相较之下，法学界专门研究的不多。
他山之石可以攻玉，经济法学界把企业社会责任纳入经济法责任体系范畴，
是经济法学理论研究的一个重大成就，但企业社会责任对经济法责任的理论
研究及法律实践的贡献不应仅限于此，应该升华和突破。经济法是保护社会
利益之法，经济法的社会责任制度应该体现其对社会利益的维护。如反垄断
法维护有序的竞争秩序，消费者权益保护法维护消费者权益或维护公平的消
费秩序。产品质量法确保产品质量和安全，价格法确保物价稳定，财税法的
目的在于社会整体的公平分配等，都是基于社会利益的保护，有别于民法对
私权个体利益的保护，经济法把保护社会利益作为自己的法益目标。社会责

---

〔1〕 参见王雨本："经济法社会责任本位理论是社会管理创新的思想基础"，载《法学杂志》
2012 年第 11 期；李嵩誉："经济法社会责任本位浅析"，载《河南司法警官职业学院学报》2005 年第
1 期；王雨本："社会责任本位是经济法的基本定位"，载张忠军、朱大旗、宋彪主编：《擎社会责任之
光：刘文华教授 80 华诞庆贺文集》，法律出版社 2012 年版，第 66 页；蒋冬梅："经济法社会责任本位
论"，载张忠军、朱大旗、宋彪主编：《擎社会责任之光：刘文华教授 80 华诞庆贺文集》，法律出版社
2012 年版，第 73 页；闫翠翠："经济法是社会责任本位法——刘文华教授经济法理念解析"，载张忠
军、朱大旗、宋彪主编：《擎社会责任之光：刘文华教授 80 华诞庆贺文集》，法律出版社 2012 年版，
第 83 页。

〔2〕 参见王雨本："经济法社会责任本位理论是社会管理创新的思想基础"，载《法学杂志》
2012 年第 11 期，第 73 页。

〔3〕 参见闫翠翠："经济法是社会责任本位法——刘文华教授经济法理念解析"，载张忠军、
朱大旗、宋彪主编：《擎社会责任之光：刘文华教授 80 华诞庆贺文集》，法律出版社 2012 年版，第
86 页。

任正是基于经济法"社会本位"之社会利益的维护，对民法"个人本位"至上导致权利滥用以及行政法"国家本位"之权力无限扩张的制约。经济法上的社会责任应具有如下特征：

第一，所有的经济法主体均是责任主体。经济法作为维护社会利益的法，任何一个经济法主体都应该对其害及社会利益的行为承担相应的责任，所有经济法主体都是其适格责任主体。只要侵害了社会利益，就应承担相应的社会责任。很多在经济活动中损害社会利益的行为，不仅都是企业所为，也可以是消费者、劳动者、社会组织和个人。企业的行为主要还是人的行为，对那些隐匿于企业或者组织背后，损害社会利益有主观过错的"责任相关者"，也应当承担其应有的社会责任，可能是法律上的也可能是道义上的，可以通过制度设计来实现。当一纸契约就可以把一个可能负有道义责任的人免于责罚时，道德和法律面对契约自由似乎无能为力，契约自由的公平正义备受质疑。从民法的角度看，当事人有权放弃不害及他人的权利，但当经济法主体放弃维权或是消极行使权利，被损害的社会利益就得不到维护，法律的公平正义就会被忽略。因此，每个经济法主体在经济活动中，应依法维护社会利益彰显法律的权威，让法律能发出正义之光，这是法治社会所必需的，也是社会经济秩序公平、效益和安全的保证。

第二，社会责任维护的是社会利益。经济法法益之社会利益的确立，为经济法的调整方向明确了目标，也为经济法和民法之间在处理私权的法域上划清界限。对于不涉及社会利益的私行为，由民法按意思自治原则调整。比如一般的买卖合同关系和竞争关系。否则，需要经济法的干预。比如囤积商品的行为，看似经营者买卖自由的私行为，但却会扰乱社会经济秩序，应该进行规制。消费者挥霍自己的财物，铺张浪费，民法上认为这是行为人的权利，但此行为是对社会资源的浪费，虽很难从现有的法律上追究责其法律责任，但道义上他应该受到谴责。

第三，社会责任的实现需要公权力介入或者公众参与。政府是社会利益的法定守护者，维护社会利益既是政府的职权也是职责。在经济活动过程中，如果一定要在市场和政府之间划一条红线，那么这条线就是社会利益。市场主体的经济活动不应该损害社会利益，社会利益既是政府干预市场的前提也是目标。社会成员包括社会中间层组织是社会利益的既得者，理所当然享有参与权。不仅分享和维护社会公共利益，而且要监督市场行为与政府行为等。

第四，社会责任是综合性责任。经济法之公私法交融的第三法域特性，使经济法的法律责任具有综合性，包括了民事责任、行政责任、刑事责任等法律责任。调整私权的部分可适用民事责任，调整公权的部分可适用行政责任，触犯刑法可适用刑事责任。经济法上的民事责任形式是基于传统的归责原则而设的法律责任制度，以存在特定的经济法律关系为前提，主要是基于对私权的保护间接维护了社会利益。因此，其对社会利益的保护具有局限性。如果经济法主体怠于行使权利或履行职责，社会利益将得不到很好的维护。但经济法上的民事责任不同于民法上的责任，除了可依法采取填平损害赔偿之外，还可以依法适用惩罚性赔偿。对于经济法上的行政责任，包括市场规制、市场监管和宏观调控的行政责任，是行政执法职能部门依法对市场主体进行的行政处罚、行政强制措施和行政禁令等责任追究。经济法主体如果触犯刑法，还应该承担刑事责任。经济法的社会责任是传统法律责任之处的另一种独立的责任方式，除了法律责任，对市场主体还可以是道德责任，对行政执法工作人员可以依法问责，承担政治责任。

第五，公益诉讼是经济法社会责任的诉讼模式。社会实施，是指社会组织和个人为实现及维护社会权益即集体公益通过行使社会（集体）权利实施法律，典型的是提起集团性公益诉讼，但还包括未进入诉讼程序的一系列方式。如在法国，消费者组织通过发起消费者集体"罢买"行动来"抵制"某个有损广大消费者权益的产品或服务。[1]对社会利益的维护，是每个社会成员、社会组织、国家机关共同的责任，社会组织或者个人都可以通过公益诉讼途径来维护社会利益。我国2012年修订的《民事诉讼法》第55条规定了特殊公益诉讼，对污染环境、侵害众多消费者合法权益等损害社会公共利益的行为，法律规定的机关和有关组织可以向人民法院提起诉讼。虽然《民事诉讼法》在公益诉讼的保护范围仅限于环境保护和消费者利益两类社会公共利益，而且诉讼主体仅限于法定的社会组织，但公益诉讼制度的确立，一定程度为经济法之社会责任的实现提供了制度上的保障，也为今后社会责任之公益诉讼的完善奠定了基础。特别是为建立经济法的普通公益诉讼制度，扩大社会公共利益之公益诉讼的受案范围以及对扩大诉讼主体资格，构建和完

---

〔1〕　参见赵红梅："经济法的私人实施与社会实施"，载《中国法学》2014年第1期，第177页。

善经济法之社会责任制度具有重要的意义。

三、经济法之市场优先原则与社会本位原则的价值抉择

（一）市场优先原则对经济法基本理论的误读

市场优先原则是以谦抑干预理念为基础，以市场在资源配置中的"决定性作用"取代"基础性作用"来解读政府与市场的经济关系。市场优先原则论认为谦抑干预理念是对政府与市场关系的再认识，符合经济法理论新发展的趋势。因此，经济法在调整市场与政府的关系时，遵循市场优先原则是谦抑干预理念在经济法基本原则领域的映射。并认为市场优先原则的内涵有三个子原则：首先，市场基础原则是指在任何经济领域都应当优先发挥市场机制的调节作用，国家干预应仅局限于市场失灵的范围当中；其次，国家干预与市场失灵相适应原则是指在确实发生市场失灵的场合，国家对经济的干预也要恪守谦抑，与市场失灵的程度相适合；最后，市场优先原则是指在既有经验和理性无法判断某一领域是否市场失灵时，应优先假设市场未发生失灵，而暂不进行国家干预。简言之，谦抑干预理念认为应当在明确市场优于政府的前提下，将国家干预以一种克制和谦逊的方式嵌入市场失灵的边界划定当中：即在市场没有发生失灵的情势中不应当进行国家干预；在市场确实发生失灵的情势中，国家干预要依附于市场机制发挥作用；在市场停止失灵或失灵程度降低的情势中，国家干预应及时退出或相应限缩其强度；在虽有经验和理性却无法判断某一领域是否市场失灵时，应假设市场未发生失灵，暂不进行国家干预。[1]

市场优先原则本质上就是权利本位论，其理论基础就是市场原教旨主义。市场优先原则的政府谦抑干预也就意味着不论市场准入还是市场行为，在没有出现市场失灵的情况下，都是由市场自治优先，政府对市场应该放任不管，其最大的缺陷在于完全忽视经济法维护社会利益的根本的价值目标和政府保护社会公共利益的职责，也就是从根本上否认了经济法的社会性，以及经济法调整社会经济秩序的自洽性。市场优先原则曲解了"市场在资源配置中起决定性作用"的经济法内涵，没有明确界定市场与政府在资源配置中的社会

---

〔1〕 参见刘大洪："论经济法上的市场优先原则：内涵与适用"，载《法商研究》2017 年第 2 期，第 87 页。

利益关系，简单机械地以权利本位来解读"市场在资源配置中的决定性作用"。谦抑干预原则可能会导致政府的不作为或怠政行为，不利于充分发挥政府的行政治理能力。特别是这种市场优先原则理论的思潮容易误导国家的经济政策导致"唯市场论"的市场原教旨主义和新自由主义，以至于忽略了经济法保护社会利益的根本目标。

　　这种市场优先思潮不仅会误导我国的经济政策，而且会迷惑经济法学者，使经济法学的理论研究迷失方向，甚至影响经济法的立法和法律实施。2016年10月12日，中国经济法学会组织的"经济法30人论坛"对网约车新政首次集体发声，与会经济法学界学者批判了一些城市对网约车的管制思维，并在一些原则问题上达成共识，认为"对网约车准入实行户籍限制和车型限制，既不合理也不合法，网约车新政应该在科学立法、民主立法过程中产生，应以竞争思维指导制定网约车细则，尊重市场，让市场对出租车运营模式作出选择"。[1]经济法学者集体声讨网约车市场监管，但却无视公共交通秩序和安全问题等社会公共利益问题，主张适用竞争政策的市场优先理念管理涉及公共安全的网约车市场的思维模式值得商榷。价格竞争是重要的市场竞争机制，不正当价格竞争特别是低价倾销常被我国经营者利用取获不正当竞争利益，其对竞争秩序的破坏是显而易见的。但受市场优先思潮的影响，立法者无视低价倾销引发的价格战对市场竞争秩序的严重破坏，以及不正当价格竞争对消费者和其他经营者利益的侵蚀，把价格竞争视为经营者的自主经营权而不主张对其进行干预，以至于不仅在新《反不正当竞争法》的立法中没有不正当价格竞争的相关规定，而且废除了旧法对低价倾销的相关规制。市场优先原则的思潮对目前我国经济法的立法、法律适用和市场实践，以及经济法学理论研究的影响是毋庸置疑的，其背离经济法社会本位核心价值的思维模式对经济法和经济法学的发展百害无益，不仅会误导经济法立法的政策选择，也会使经济法学的理论研究迷失方向。

---

〔1〕 参见杜楠、邓晔、谭晨："'经济法30人论坛'第1期：网约车市场监管的制度设计和问题"，经济法网：http://www.cel.cn/List/FullText? articleId = dc7f3e56 - d8dd - 4b5b - bafe - c5e8acc3fa4e，访问日期：2017年11月4日。

（二）市场优先原则应避免误入市场原教旨主义的陷阱

1. 市场原教旨主义的危机

（1）市场原教旨主义的解析。"原教旨"是指某种宗教的"根本教义、原初宗旨"。指当宗教中的某些群体不能适应社会发展，固守原初教义，产生极端的行为倾向，这种现象就被称为"原教旨主义"。"原教旨主义"，意味着它是一种被发展至极端的信念，任何原教旨主义的信念都有一个共同特性，就是非黑即白、非此即彼的判断方式。概括来说，"原教旨主义"的基本特征表现为"僵化、封闭、倒退、极端、排他、对抗"。市场原教旨主义（Market Fundamentalism）源于19世纪，也称"放任自由（laissez-faire）主义"，最早的理论基础是亚当·斯密在《国富论》中对市场"看不见的手"的描述，信仰市场这只"看不见的手"在市场机制中的调节、修复作用，反对政府对市场的调控和干预，并提出了"经济人"及"利润最大化"的思想，认为每一个人，只要他不违反公正的法律，就有完全的自由去按他自己的方式去追求他自己的利益，用他的劳动和资本去和任何其他人或其他一类人的劳动和资本竞争。[1]

市场原教旨主义的经济理念就是：第一，认为市场可以自动恢复均衡状态，而均衡状态则是最有效率的资源配置状态，对自由竞争的任何限制，都会干扰市场机制的效率，必须加以抵制，不需要政府以任何方式进行干预。第二，赋予利益追求者道德品格。通过将私人利益和公共利益等同，为追求私利者赋予了道德品质，认为如果允许人们追求自己狭隘的私利，公众的利益就可以得到最大化。市场原教旨主义认为放任自由的市场经济具有解决经济和社会问题的能力，任何干扰市场的行为都将减小社会总福利水平。因此，需要放宽商业和贸易的监管，限制国家的干预，而企业家精神和自由资本将增加所有经济参与者的财富。市场原教旨主义认为，国家干预是低效率的和有害的，因为国家干预经济总是产生一些负面影响，因此不应允许对经济的任何干扰。比如中央计划经济、福利国家和凯恩斯国家干预理论都存在不少缺陷，市场原教旨主义据此断定自由市场必定是完美的。市场原教旨主义往往强调，政治决策比市场更不完善，但常被过度滥用，政府干预会影响市场效率。由于市场原教旨主义缺乏对社会道德责任的关注，不适当地赋予了市场主导地位，过分夸大市场机制的优越性，对任何干预，无论来自国家的，

---

[1]　参见［英］亚当·斯密：《国富论》（下册），杨敬年译，陕西人民出版社2001年版，第75页。

还是来自国际机构的，都一概反对和抵制。

市场原教旨主义者的显著特征在于：第一，私人利益至上的"权利本位"的权利观扭曲了市场自由权利。导致市场主体把追逐利益最大化作为评价企业唯一标准，而忽略企业的应承担的社会责任，导致企业对社会公共利益缺乏关注，甚至滥用市场权利损害社会公共利益。第二，将私人利益等同于公共利益。市场原教旨主义为追求私利者赋予了道德品质，假定集体性的对私人利益的追求会产生经济稳定，声称公共利益可以通过允许人们追逐自我利益得到最好的实现，并趋向于均衡，以至于私人利益就会就等同于公众利益。索罗斯认为，"这种思想使得非道德的市场行为被赋予了一种道德的特性，即将个人利益的追求变为一种美德，类似于对真理的追求"。[1]

市场原教旨主义被应用至各个经济领域，个体追求利益的过程被认为是中立的，而忽略了明显的公平和道德。从国外的经验来看，涉及公众福利的行业并不适用纯粹的市场化经营，比如医疗、保险、住房、食品监督、公共交通等并非完全市场化或是私有化。因此，发达国家并没有采用完全纯粹的市场经济，政府在涉及行业监管、民生保障、再分配等领域发挥着重要的作用。利用市场经济机制是追求社会进步和发展的必经过程，其作用与人类进化过程的自然选择类似。反对市场原教旨主义并非反对市场经济，而是反对利用市场来进行不符合道德准则和法律规定的行为。社会公共利益应当被置于特殊利益集团和个体利益之上，同时政府在普通企业经营领域的影响应当限制在最小范围，并不能简单地认为市场可以完美解决所有问题。社会经济秩序的建设，都有赖于推进自由、民主、道德和法治建设。[2]如果纯粹依靠市场，当企业面对不道德行为时，从企业本身的角度出发，由于追求利润而监管套利就难以避免，很难确保公共利益不受侵害。为了维护社会公共利益，就需要政府加以干预。

（2）市场原教旨主义的危害。市场原教旨主义在美国和西方世界的造成的破坏性影响，可能要回溯到 20 世纪 70 年代的石油危机。在英国，撒切尔夫人开始大刀阔斧的私有化改革；在美国，里根政府推行"新联邦主义"，鼓

---

〔1〕　参见腾世华："索罗斯的市场原教旨主义批判与开放社会思想"，载《理论学习》2002 年第 9 期，第 50~51 页。

〔2〕　参见诺亚研究："反对市场原教旨主义并非反对市场经济"，载 http://trust. hexun. com/2012-12-21/149331429. html，访问日期：2018 年 11 月 6 日。

吹"市场的魔力"。而1994年至1995年墨西哥、巴西、阿根廷的拉美危机，1997年的亚洲金融危机，美国2008年的次贷危机，都是市场原教旨主义导向的结果。[1]世界经济从1980年以来就历经多次国际金融危机，它们对美国经济的影响相对不大，因为一旦危机威胁到美国经济的繁荣，美联储就会积极干预。但是许多国家，如阿根廷、巴西、墨西哥、泰国、印度尼西亚、韩国、俄罗斯等国一直都任由这种市场的自由毁坏着，政府没有采取积极适当的干预政策，以至于至今经济不仅没有完全修复，反且越陷越深长期低迷停滞。金融市场的全球化是市场原教旨主义者的目标之一，他们并不认为金融市场是天然不稳定的，以及市场越大就需要越强大的公共机构来维持其稳定，而是得出相反的结论：他们谴责国际货币基金组织（IMF）造成了不稳定。美联储前主席格林斯潘号称"四朝元老"，在四届政府中执掌金融大权，其竭力推行的新自由主义货币政策，是造成2008年金融危机的罪魁祸首之一。他于2008年10月23日在国会作证时承认其在执掌美联储期间对金融业疏于监管，助长了金融自由化。认为这是个"错误"，现代风险管理范式已经"走偏"，他对放松监管这一政策的信念已经"动摇"。

2008年在次贷危机最严重时，美国有14万家企业倒闭，工业生产下降46.2%，银行倒闭140家，西方世界工业生产下降37.2%。危机重创了西方国家经济，泡沫经济破灭，股市崩盘，资产大量缩水。据2009年3月9日亚洲开发银行报告，仅2008年全球金融资产缩水超过50万亿美元，相当于全球一年的产出。五年来，美国家庭净资产缩水36%，从10.29万美元下降到6.68万美元。大约有1100万宗住宅抵押贷款（占美国住房贷款总额23%）已资不抵债，即贷款余额大于房价。另据美联储数据，衰退吞噬了美国人近20年的财富，失业人数剧增。据国际劳工组织报告，2008年次贷危机以来，全球约有5000万个工作岗位消失，2011年底，全球有1.96亿人失业，2012年上升到2.02亿，失业率达6.1%。发达国家的就业率到2016年末才恢复到2008年次贷危机前的水平。美国失业率一度升至近10%，欧盟2012年一季度失业人口达2470万人，比上季度增加19.3万人，比上年同期增加210万人。欧盟为应对衰退所采取的紧缩政策，进一步加剧了欧洲就业形势恶化，大量

---

[1] 参见吴易风、王晗霞："克鲁格曼论金融危机、经济危机和自由市场原教旨主义"，载《中国人民大学学报》2009年第5期，第41页。

失业人口流入庞大的贫困队伍。危机加剧了贫富两极分化，原本富裕的社会呈现贫困化的颓势。由于经济泡沫破裂，居民资产严重缩水，中产阶层处境艰难。据墨西哥《宇宙报》报道，美国人口普查统计显示：经济衰退已使4600万美国人口生活在贫困之中，创近52年来最高纪录。据美国国会预算办公室2011年10月25日报告，1979年至2007年，1%最富有的人税后家庭收入增长了275%，而最贫穷的20%的人税后家庭收入仅增长18%。2010年，美国贫困率上升到15.1%。2009年，领取免费食品券的人数增加到3220万。次贷危机伤害的不仅是发达国家的劳动人民，发展中国家的劳动人民所遭受的灾难更加深重。次贷危机爆发后，美欧国家运用经济、行政手段转嫁危机，加害于发展中国家，使它们蒙受双重灾难。在西方信奉新自由主义的营垒里，许多学者、官员、政治家直面危机，正视现实，重新审视，深刻反思，转而批判这种市场原教旨新自由主义。日本知名的兼官员一身的经济学教授中谷岩对自己所学所讲所用的经济学进行了认真反思，说自己曾经"过于天真地相信资本主义全球化和市场至上主义的价值"；曾宣扬"如果日本也能像美国那样进行自由经济活动，转变成市场机制发挥机能的社会，就能变得像美国人那样富裕、幸福"。在参与政府决策时，曾力主把美国的经济体制、政策和结构引进日本，但美国次贷危机使他的幻想破灭。索罗斯对于市场原教旨主义的批判可谓一针见血，他认为："眼下发生的令人难以置信的一切正是我所说的市场原教旨主义这一放任市场和让其自动调节理论作用的结果。危机并非因为一些外来因素，也不是自然灾害造成的，是体制给自己造成了损失。"[1]

2. 我国经济改革应避免对"市场决定性作用"的误读落入市场原教旨主义陷阱

我国自改革开放以来，市场经济促进了国民经济的巨大发展，同时，市场原教旨主义也已渗入到我国经济的各个领域。在学界，围绕着"市场之手"与"政府之手"的争论从没有消停过，"市场万能论"甚嚣尘上，甚至可能误导我国经济改革与发展的方向，产生不良后果，也影响了我国经济社会发展的进程。盲目相信市场，把现存的经济问题都归于政府管制的结果，认为只要把问题交给市场就能迎刃而解决。但如果仅把市场化和简政放权作为改革的主要目标，但未能正视我国目前市场真正的问题在于我国市场基础薄弱、

---

[1] 参见于祖尧："西方市场原教旨主义的衰败"，载《红旗文稿》2012年第24期，第14~16页。

市场生态环境较差、市场条件不成熟、市场信息不充分、诚信缺失等现实基本性问题。而这些市场问题不能完全依靠市场自我克服，市场条件也不能内生而成，需要国家法律建制进行培育。市场逐利的本性注定其不能满足民生基本需求，也解决不了市场外部性以及经济发展总体失衡等问题。只有正确厘清市场与政府的关系，从根本上认清市场原教旨主义的本质，才能避免其对我国经济改革与发展的危害。从中华人民共和国成立至今，经济体制从完全政府计划经济，到政府计划为主，市场为辅的有计划的商品经济，再到市场与政府在不同领域分别配置资源的社会主义特色的市场经济，到十四大提出"要使市场在社会主义国家宏观调控下对资源配置起基础性作用"，以及十八届三中全会提出的"市场在资源配置中起决定性作用"的经济改革发展。我国经济从无"市场"到"市场起决定性作用"，发生了质的飞跃，市场因素在资源配置或者经济发展过程中发挥了越来越重要的作用。"市场起决定性作用"是指在资源配置中的方式主要是市场，但市场的配置机制仍需要国家的参与。市场在资源配置过程中，市场机制的发挥，市场秩序的维护，市场缺陷的矫正都需要国家或是政府参与。而且国家或政府因素影响并决定着市场对资源配置的效率、公平与秩序，国家或政府对资源的配置依然确保了控制力。目前，我国在经济转型改革过程中，有些人对"市场决定性"的问题存在着误解。

首先，把"市场决定性"理解为排除国家或减少政府干预的市场自主行为。市场优先原则是对"市场决定性"的误读，根本原因还是受市场原教旨主义思潮的影响，在学界和实务界都存"市场万能论"和"唯市场论"的思想毒素。从表7-1中的一系列改革可以看出，政府的改革似乎就与市场并立。如公司注册资本的改革，被暂停的股票发行 IPO 注册制改革。

其次，政府通过市场化淡化了对基本民生和社会公共利益的干预。在简政放权改革过程中被清理的行政事项中，不乏与民生、公共利益关系密切的领域。表7-1所列的事项，多数是涉民生、公共事业和社会公共利益领域和事项，属于政府必须监管的范畴，如食盐专营和出租车行业市场的管制几乎是全世界通行的做法。由于各地区民众对食盐碘配方的需求不同，食盐市场开放势必造成不同标准的食盐流入各地市场，但不一定符合当地民众碘盐的需求，而政府是很难对其进行监管的，特别是广大农村市场。民众对食盐碘标准配方不可能了解，需要政府通过专营管制确保合格加碘食盐的供应。自2014年废止实施《食盐专营许可证管理办法》以来，各地的假冒伪劣食盐事件激增。据中国盐业协会初步统计，2014 年全国共查处涉盐违法案件 60 027 起，发案率比上年增长 48.59%，共捣毁贩假制假窝点 473 个，缴获假劣食盐 24 606 吨，收缴违法金额 136.98 万元，依法判刑 513 人。[1]2015 年全国共查处涉盐违法案件 6 万余起，同比增长 9.5%。[2]食盐作为一类市场容量有限且关乎国民生命健康的特殊商品，应对其进行总量、质量和地域进行严格的管制，避免无序市场竞争影响合格优质食盐的供应。作为涉及民众健康的基本民生产品，政府对食盐从品质保证到价格监管都责无旁贷，属于必须严格监管的行业。

网约车作为出租车的一种，只是公共交通的一种补充。目前我国网约车的合法化和市场化，除了与受政府管制的巡游出租车构成了不公平竞争，更重要的是因为道路交通是拥挤型公共产品，网约车不受限的增加必定会导致交通拥堵。网约车作为公共交通的一种补充，涉及公共交通资源的配置问题，公共交通秩序和安全问题等社会公共利益应该是其监管的首要目标。因此，对网约车的监管应适用公共政策而非竞争政策。不受数量控制的发展网约车势必会造成道路的拥堵恶化公共交通秩序，这是不证自明的道理。网约车合法化和市场化后不断爆出的各种法律和社会问题，特别是 2018 年两个花季少女惨遭网约车司机残杀的惨案，希望她们生命的代价能引起国人对网约车市场化和合法化的反思。对本该属于政府监管职责范畴的民生、公共领域完全市场化的改革值得进一步的研究和探讨，但可以探寻政府与市场的共享机制。

最后，"市场起决定性"并非不需要政府监管。市场在资源配置中起决定性作用并非市场可以随心所欲，政府袖手旁观。由于我国市场机制还不成熟，市场的逐利性导致市场主体滥用市场自由权，损害市场秩序。我国市场上存在的各种为了谋取利润不择手段的市场违法行为严重破坏了市场秩序，比如各行各业普遍存在的假冒伪劣产品、不正当竞争、偷逃税收、损害劳动者权益，以及破坏生态环境的市场行为，说明市场为了谋求利益最大化进行监管套利。市场在资源配置中的"决定性作用"不是放任自由的市场原教旨主义，市场机制的实施，市场秩序的维护，市场缺陷的矫正都离不开政府的依法规制、监管和调控。经济转型改革过程中，不论政府之手还是市场之手都不可

---

〔1〕 参见"中盐协会茆庆国理事长分析当前盐业面临四大矛盾"，载 http://www.cnsalt.cn/d.asp?id=26192，访问日期：2018 年 11 月 17 日。

〔2〕 参见"取消食盐限价：或将不涨反降"，载 http://www.ce.cn/xwzx/gnsz/gdxw/201606/15/t20160615_12854491.shtml，访问日期：2018 年 11 月 17 日。

或缺，应各司其职，但正确界定政府与市场的边界是最重要的问题。在资源配置的经济活动过程中，应该明确社会公共利益作为界分市场行为和政府行为的底线。市场不可以滥用市场自由损害社会公共利益，政府有权对市场滥用权利损害社会公共利益的行为进行规制和监管。欧美国家市场原教旨新自由主义的失败已验证了市场化不是经济发展的灵丹妙药，在我国经济改革的制度设计中，应借前车之鉴，认清市场化、自由化、私有化存在的不足，明确界定市场与政府的关系，依法加强政府对市场的监管，同时探索建立政府与市场在公共领域的共治治理机制。

表 7-1 我国的市场化改革及简析

事项	相关市场化改革
公司注册资本	取消低法定注册资本；实缴改为认缴制；废除相关资本违法犯罪的法律规定
行政审批	取消 60%~70%行政审批权；负面清单管理模式
股票发行	股票 IPO 注册制（已在科创板试行）
民生、公共领域	废除食盐专营许可
	网约车的合法化
	医改非编制化（试点）
	房地产的救市与刺激措施
金融监管	股票私募基金合法化；
	网络金融自由
	利率市场化（推进）
互联网+	网络市场自由化
国企改革	混合所有制改革探索

（三）经济法对市场优先原则的扬弃

1. 经济法对市场优先原则之"市场自由"和"市场优先"权利本位的解读

经济法是市场在资源配置中起决定性作用的制度安排，是调整市场和政府在资源配置的经济活动过程中社会经济秩序的法律制度。"市场决定性作用"就是遵循"法无禁止即自由"或是"法不禁止即可为"的法律原则，在竞争性领域由市场自主进行资源配置，市场准入由审核制改为备案制，无须审批核准仅需备案，便可申请登记成立公司或以其他商事主体资格从事经营活动。即法律没有禁止的市场行为，市场主体有自由理性去做认为最有利于自己的事情。[1]但不能简单地把"市场决定性作用"解读为"市场优先原则"而误入市场原教旨主义的陷阱。自由和权力必须通过法律加以保护和规范，"市场决定性作用"是对"法无禁止即自由"和"法无授权即禁止"两个法谚的解读，可视为经济法律关系中市场自由或者市场权利与政府权力关系的法理依据。"法不禁止即自由"是通过法律的否定或是禁止来界定市场自由的范围，"法无授权即禁止"是通过法律的肯定或是授权来界定权力的范围。[2]市场自由，既包括市场准入或投资上的自由，也包括市场生产、销售和分配上的自由，也就是市场自治的经济秩序。在民商法领域，对于竞争性领域赋予市场主体更充分的自由，凡是法律不限制或是不禁止的领域市场主体均可平等进入。[3]但"市场起决定作用"不完全等同于"市场优先原则"，与民法调整的私法领域中民法主体法律地位的平等不同的是，在同一经济法的法律关系中，经济法主体的法律地位因身份不同各异。在经济法律关系中，市场主体的类型、组织规则、行为方式都采取法定主义，只有符合法律规定条件，才能成为适格的市场主体。[4]市场优先原则并不意味着市场在任何领域都具有优先性和政府干预的谦抑性。根据《宪法》第 7 条规定，国有经济是国民经济的主导力量。公有经济是立国之本，关乎国计民生。国有资本的正当性并不仅由法律所赋予，其价值在于将资本的利润用于社会目的，为社会福利和公共善治提供物质基础。党的十八届三中全会《关于深化体制改革若干重大问题的决定》强调："必须毫不动摇巩固和发展公有制经济，坚持公有制主体，发挥国有经济主导作用，不断增强国有经济活力、控制力、影响力。"该决定还规定了政府审批企业投资项目的范围包括五类，即对生态安全、重大公共利益、国家安全、战略性资源开发、全国重大生产力布局等涉

---

〔1〕　参见［英］霍布斯：《利维坦》，黎思复、黎廷弼译，商务印书馆 1998 年版，第 164 页。

〔2〕　参见汪习根、武小川："权力与权利的界分方式新探——对'法不禁止即自由'的反思"，载《法制与社会发展》2013 年第 4 期，第 38 页。

〔3〕　参见王利明："市场主体法律制度的改革与完善"，载《中国高校社会科学》2014 年第 4 期，第 137 页。

〔4〕　参见徐学鹿："论市场经济的立法原则"，载《中国法学》1996 年第 1 期，第 12 页。

及经济秩序社会公共性的非竞争领域的市场准入适用政府审核制。市场为了追逐利润与生俱来的自发性、盲目性、滞后性等市场缺陷会破坏市场经济秩序，并造成资源的浪费，影响经济发展过程中的公平、效益和安全。政府通过市场准入审核制度对特定领域的市场进入或退出市场进行管理，是政府对资源配置的一种制度安排。在非竞争性，一般是具有社会公共性的领域，政府计划或政府干预是资源配置的重要环节，但市场的进入和退出都源于法律的授权、许可和确认。因此，在非竞争性领域，并不适用所谓的市场优先原则和政府谦抑原则，政府应依法适度干预。

经济法视野下市场在资源配置中起决定性作用包括两个层面的内涵。首先，在竞争性领域由市场机制发挥资源配置的作用。在竞争性领域，应完善市场准入机制，消除市场准入的壁垒，让市场主体平等地进入，让市场充分竞争，由市场自主依法定价，形成企业自主经营、公平竞争，消费者自由选择、自主消费，商品和要素自由流动、公平交易的现代市场体系，提高资源配置效率、公平和安全。其次，在非竞争领域的公有经济中引入市场机制。根据《宪法》第 7 条的规定，国有经济对非竞争性资源的配置起主导作用。市场在资源配置中起决定性作用的意义在于，公有经济主导并不意味着公有经济在运行过程中不要市场，相反，为增强公有经济的活力、控制力和影响力，公有经济在运行过程中应引入市场竞争机制，建立科学合理的价格机制。不以营利为目的但要确保有一定的利润为社会福利和公共善治提供物质基础。在产权配置过程中，确保公有经济对"关系国家安全和国民经济命脉的重要行业和关键领域"控股的前提下，吸收民间资本优化产权结构，积极发展混合所有制经济，并建立现代企业制度。公有经济也应该遵循"市场在资源配置中起决定性作用"，依照市场规律经营。北京公交是全国乃至全世界票价最便宜服务最全面的公共交通，2013 年 12 月 18 日，北京市交通委召开新闻发布会证实其对北京地铁涨价方案进行调研[1]。地铁涨价势在必行，此消息也引起社会热议，反对者赞成者均有之。民意是政府决策不可忽略的因素，但

---

〔1〕 参见刘延岳："北京地铁涨价方案四选一 网友：公交涨价还会远吗"，2013 年 12 月 18 日北京市交通委召开新闻发布会证实，正在进行地铁票价涨价调研，称是针对"高峰期涨价""普遍涨价""按里程收费""有涨有降"四方面的全方位调研。13 日，北京曾公布的一份通知中提出，制定地铁高峰时段票价差别化方案，引起广泛关注，载 http://finance.sina.com.cn/roll/20131219/062117681753.shtml，访问日期：2017 年 12 月 19 日。

政府的决策更应该理性而科学。公共交通作为公共产品政府有责任提供，但政府对公共产品的供应并不意味着全部由政府买单。政府的社会福利政策应该与政府的财政实力相适应，否则就会加重政府的财政负担，影响政府的服务能力。公共事业是个休养生息的行业，需要不断的投资维护。政府有义务无偿提供基础设施，但相关的服务应该是有偿消费。政府的收费定价应该在遵守市场规律的前提下，根据政府财政预算不以营利为目的，但要确保合理的收益支持公共行业健康发展以便能提供更好的服务。这是政府计划在配置资源中应该要考虑的市场因素：即成本与效益，也是"市场在资源配置中起决定性作用"在政府计划中的关键所在，但绝不是所谓的市场优先原则，而是政府主导下市场参与公共治理。

2. 经济法对政府干预之谦抑原则的解读

世界银行发展报告认为若无有效的政府，经济、社会的可持续发展是不可能的，有效的政府而不是小政府是经济和社会发展的关键。[1]政府在社会经济发展过程中的作用毋庸置疑，政府对社会经济的管理是其职权也是职责。现代经济是实体经济与知识经济、网络经济、信息经济等虚拟经济组成的复杂的综合经济体，市场不可能解决所有的社会经济问题，经济的健康稳定运行需要国家干预或调控，[2]次贷危机后欧美等国家加大政府对经济的调控和加强金融监管就是很好的例证。市场在资源配置中起决定性作用意味着大市场小政府，原则上市场能解决的就由市场决定，政府只在法律授权范围内履行监管职责。但对小政府的理解应该是相对的，要求政府应该是理性高效法治的政府，行政权力不能肆意扩张，政府只能在法律授权的范围内行使行政权、审批权和监督管理权，但小政府不应该是无为无效的政府，不能机械地把市场优先原则简单等同于政府干预的谦抑而忽略政府在维护经济秩序中的能动性的重要作用。相反，小政府应该在不侵犯市场主体权益，不破坏市场机制的前提下，为了维护经济秩序，保护社会公共利益，协调平衡社会整体利益，确保公平、效益和安全的社会经济秩序为己任的高效有为的政府。面对复杂的经济形势，应避免借市场优先原则误入市场原教旨主义的不归路。

---

〔1〕　See The World Bank, *World Development Report 1997: The State In A Changing World*, MA: Oxford University Press, 1997.

〔2〕　参见王振东：《自由主义法学》，法律出版社2005年版，第188页。

欧美经验证明，市场原教旨主义的市场万能论并非灵丹妙药。因此，政府是固守"法不授权即禁止"的经济法形式正义做无为政府，还是审时度势确保经济法的实质正义目标做有为政府，是消极管理，还是积极管理，是被动管理还是主动管理，是刚性管理还是柔性管理，社会本位原则是政府理性行政管理的价值选择，也是避免新自由主义危机的政府治理模式，更是依法治国的理念创新。如何在"法不禁止即自由"的市场优先原则与政府"法不授权就禁止"的政府干预谦抑原则的权利与权力之间寻求平衡点，把握好市场与政府的界限，在保障市场主体权利的同时，充分发挥政府能动性，是经济法法治建设的重要问题。

市场经济是法治经济，不管是市场主体还是政府都应该依法办事。经济法作为规范市场行为和政府行为之法，经济法对于政府行为的规范应遵从"法无授权即禁止"的谦抑原则。这些"法"既可以是宪法、法律、行政法规、部门规章、地方法规、地方规章，甚至于是为了达到宏观调控目的的经济政策。[1]对于政府之"法无授权即禁止"也体现了政府干预的谦抑原则，即政府只能依法律授权行使权力，无授权就无权力，不能滥用干预权。但市场优先原则不等于不要政府干预，政府干预的谦抑原则也不是政府就必须减少干预。相反，在市场失灵破坏经济秩序的情况下，政府应充分发挥行政能动性及时、稳妥、有效地进行干预。比如1998年亚洲金融危机，2008年美国次贷危机和欧债危机各国政府为了应对危机都出台了各种积极的救市干预政策，而不是机械地遵守所谓的市场优先原则和政府谦抑原则放任不管。经济法对市场准入的经济秩序的制度设计主要考量的是：社会公共利益、社会整体利益的协调平衡，以及公平、效益和安全的经济秩序等理念。

（四）经济法之社会本位原则对市场优先原则的矫正

在经济法律关系中，国家也享有国家经济利益，比如，经济发展权、经济安全权、宏观调控权等国家利益。社会公共利益是社会特定成员对共同的

---

〔1〕 法律与政策是现代社会调控和治国互为补充的两种手段，政策是国家或政党为实现一定的政治、经济、文化等目标任务而确定的行动指导原则与准则，具有普遍性、指导性、灵活性等特征。中国现行经济法中有20部法律含有"政策"一词，共使用87次。不同语境中的经济法政策语义各不相同，可以在"目标""性质""标准""实施手段""信息指引"等语境中解读经济法的政策语义。比如货币政策、产业政策、中小企业政策、税收政策、信贷政策、价格政策、财税政策、差别电价政策、投资政策、进出口政策、税收优惠政策、竞争政策。参见单飞跃、张玮："经济法中的政策——基于法律文本的实证分析"，载《社会科学》2012年第4期，第89页。

利益享有的权益，如消费秩序、竞争秩序、公共产品、公共资源、产品安全、社会保障、公共财政和环境生态保护等，可以具体化为特定共同利益群体的利益，比如，投资者利益、经营者利益、消费者利益、劳动者利益、使用者利益、被保障者利益和纳税人利益等社会利益，且不同的社会利益主体之间可能存在矛盾和冲突，经济法从社会整体上对不同的社会利益进行协调和平衡，并确保经济秩序的公平、效益和安全。当市场主体自由危害社会公共利益和国家利益时，民商法除了通过民事司法由法官适用禁止权利滥用原则的自由裁量权裁定民事行为无效或是撤销，并不涉及公权力的处罚及对社会公共利益的救济。因此，对公共利益的维护必须借助公权力的介入。但因为行政法的行政法定原则和行政强制原则，不适用于瞬息万变的市场经济关系。为了维护社会公共利益，唯有公法与私法兼备的经济法担起此重任。经济法对社会公共利益的保护、社会整体利益协调平衡，以及对公平、效益和安全的社会经济秩序的维护，为公权力介入私权领域找到破突口，传统的公权力之"法无授权即禁止"的限制在概括授权的情况下得到了适度地扩张，这也是经济法之授权法与行政法之限权法的本质区别。为防止市场主体为了私利侵害经济秩序，必须对市场主体的权利划出一道红线，红线内授予政府对经济秩序中的社会公共性保障权，在法律没有明文禁止的都是合法的与社会公共利益保护之间寻求一种社会整体利益的协调平衡机制，并确保经济秩序的公平、效益和安全。市场在资源配置中起决定性作用的市场优先原则首先应明确界定市场主体的行为界限，即市场主体能做什么和不能做什么；其次应明确市场行为的内容，即市场主体该如何做。

十八届三中全会提出的市场在资源配置中起决定性的市场优先原则并非在任何领域都适用，也并不意味着市场优先就必然导致政府干预的谦抑。恰恰相反，政府应在经济法概括授权的情况下，遵从市场的"法不禁止即自由"与政府的"法不授权即禁止"把市场行为与政府行为纳入法治的轨道。经济法对"法律沉默空间"的调整是以社会公共利益为契机，在保障市场主体权利的同时，充分发挥政府能动性，是政府治理的重要保障。另外，行政体制的改革应伴随着一系列法律制度建设和配套措施的完善，而且应该是循序渐进的建构过程，而不是一蹴而就的运动。因此要完善相关的法律制度和责任机制，加强政府监督管理能力和提高服务意识，建设社会诚信体系，构建管理信息共享平台，完善风险防范机制和风险管控机制，建立多层级多渠道的立体综合监管体系，积极鼓励社会力量监督，处理好政府与市场的关系，强化市场主体的责任意识和政府的监管职责，确保市场在资源配置中起决定性作用的法治建设。

社会本位论是经济法学界关于利益法学的主流观点，核心在于经济法应当维护社会公共利益，可以说经济法的主流学说都将社会公共利益作为经济法的理论基石，经济法是维护社会公共利益之法。[1]经济法的社会本位观的最高价值理念就是社会公共利益，如经济安全、环境保护、资源合理利用、公共秩序、消费者权益保护、产品质量等是市场在资源配置中不可或缺的社会本位原则的考量，是制约个人本位的权利滥用和国家本位的公权力扩张的利器。经济法保障和促进经济法的社会利益的机制在于：社会资源的配置需要市场机制与政府共同发挥作用，经济法对市场在资源配置中起决定性作用的调整，一方面确保市场机制对资源配置充分发挥决定性作用，建立公平竞争市场机制，鼓励自由公平竞争，协调平衡市场主体各方的利益。然而，由于市场的逐利本性、垄断、不公竞争、损害消费权、侵犯劳工权益、污染环境、破坏生态、偷税漏税等违法侵害社会公共利益的行为难免发生。通过经济立法对市场不法行为进行规制，并立法授权政府执法监督权，为防止政府权力扩张对社会成员权利的侵害，通过立法确立政府介入社会经济的程序规则以及责任追究制度。实践中，权利滥用和权力扩张并存。市场在资源配置中的决定性作用的发挥，就是经济法通过建立市场自治机制与政府干预机制，维护社会公共利益和协调平衡社会整体利益，并兼顾公平和效益、安全的基本法益目标。在经济法的法益结构中，既有重点又有层次，三个法益目标相得益彰。维护社会公共利益是基本目标，平衡协调社会各方的利益是具体目标，最终实现公平、效益与安全的经济秩序是终极目标。经济法的法益目标是对现代法治的最好诠释，既超越了民法对私权的利益最大化的维护，又不拘泥于行政法对权力的僵化禁锢。在资源的配置过程中，经济法为了维护社会公共利益，通过制度设计防止私权利的滥用损失社会公共利益，同时，规范政府行为避免权力滥用，协调平衡了各方利益，缓和了经济效益与社会公平之间的对立，兼顾了效益与公平、安全的最优资源配置目标。

---

[1] 参见甘强："经济法利益理论研究"，西南政法大学 2008 年博士学位论文，第 30~31 页。

第二节 经济法的公平价值

一、公平价值的理论疏理

公平作为永恒古老的法律价值之一，是法律规则在调整不同社会关系时希望达到的均衡状态，具有主观性和相对性。不同的语境，不同的时代，不同的群体，不同的社会背景，不同的学者对公平的定义有所不同。一切道德观念、法律及其依据的所谓自然法或公平正义观都是现时社会经济关系的反映，为经济关系所决定，因此是具体的、相对的和历史的，不存在抽象的、绝对的和永恒不变的公平正义观。[1]对公平的探讨自古就有，我国古思想家和先哲们也曾探寻求公平的理念。如《论语·季氏》有"不患寡而患不均"的思想。南宋末年的钟相、杨幺起义就曾经提出"等富贵，均贫富"的政治纲领。戊戌变法的倡导者康有为在《大同书》中曾描绘一幅无私产、无家庭、无阶级、无邦国、无帝王、人人相亲、人人平等的"大同"世界的理想画面。古希腊柏拉图主张一种生而不平等的自然正义观，认为给予个人以公平的对待就是每个人应该履行与其地位相应的职责并得到与其能力相称的回报。[2]亚里士多德也是持有相同不平等的正义观，认为"分配的公正"就是根据人的才能和身份来分配政治职务和财富，"矫正的正义"是出现纷争时通过法院的帮助来寻求权利救济。[3]斯多葛学派主张"人人具有作为人的尊严，一切人的权利平等"。[4]中世纪时期，因基督神学对世俗财物的禁锢，表达物质利益要求的公平理念难以得到张杨。随着中世纪禁欲主义的衰落及近代世俗社会的发展，人们个性意识复苏及对物质利益的重视，公平价值重新受到思想家们重视，他们把公正作为永恒的社会价值目标，对当代西方公平理念的构

[1] 参见徐大建："西方公平正义思想的演变及启示"，载《上海财经大学学报》2012年第3期，第8页。

[2] 参见［古希腊］柏拉图：《理想国》，郭斌和、张竹明译，商务印书馆1996年版，第154页。

[3] 参见［古希腊］亚里士多德：《尼各马可伦理学》，廖申白译，商务印书馆2003年版，第128~134页。

[4] 参见［美］梯利：《西方哲学史》（增补修订版），葛力译，商务印书馆1995年版，第121~123页。

建产生了直接影响。[1]人人平等观念已经深入人心，个人的自由平等权利便成为基本价值观念，公平正义的目的也从幸福生活变为社会政治制度的合法性，洛克提出了"人人平等，人的基本权利神圣不可侵犯和按劳分配的原则"。[2]

卢梭把专制和暴政看作是人类社会不平等的顶点，认为"正义和善是分不开的"。马克思认为公平是一个社会历史范畴，体现了一种差别性原则，[3]正义并不意味着个人的德行，也并不意味着人们之间的理想关系，而是意味着一种制度。意味着某种关系的调整和行为的安排，能使生活物资和满足人类对享有某些东西和做某些事情的各种要求的手段，能在最少阻碍和浪费的条件下尽可能多地给以满足。以个人对享有某些东西或做某些事情的要求、愿望或需要作为出发点，也可能以不强迫他去做他所不想做的事情的要求、愿望或需要作为出发点。在法律科学中，从耶林以来，把这些要求，愿望或需要称为利益。在法学上，所讲的执行正义（执行法律）是指在政治上有组织的社会中，通过这一社会的法院来调整人与人之间的关系及安排人们的行为；现代法哲学的学者也一直把它解释为人与人之间的理想关系，人们曾经把上面提到的满足需要的条件，或者是保证利益的制度，或者是关系的调整与行为的安排，或者是人与人之间的理想关系等诸如此类的事情，看作是不用暴力就能实现的东西。[4]丹尼尔·韦伯斯特认为，正义是人在世上的最高利益。在伦理上，把它看成是一种个人美德或是对人类的需要或者要求的一种合理、公平的满足。在经济和政治上，可以把社会正义说成是一种与社会理想相符合，足以保证人们的利益与愿望的制度。德沃金认为绝对而无差别的平等，不但是一个软弱无力的或容易被其他价值压倒的政治价值，它根本就没有价值：用勤快人的成果去奖励那些能够工作却选择了游手好闲的人，这样的世界根本不值一提。[5]罗尔斯认为公平正义包括差别原则和平等机会原则两个具体原则，并认为一个社会体系的正义，本质上依赖于如何分配基

---

〔1〕 参见吴忠民：《社会公正论》，山东人民出版社 2004 年版，第 12 页。

〔2〕 参见［英］洛克：《政府论》（下篇），叶启芳、瞿菊农译，商务印书馆 1964 年版，第 627 页。

〔3〕 参见成谢军："西方公平正义理论对我国市场经济发展的启示"，载《生产力研究》2008 年第 21 期，第 111 页。

〔4〕 参见［美］罗斯科·庞德：《通过法律的社会控制》，沈宗灵译，商务印书馆 2012 年版，第 35、73 页。

〔5〕 参见［美］罗纳德·德沃金：《至上的美德：平等的理论与实践》，冯克利译，江苏人民出版社 2003 年版，第 8 页。

本的权利义务，依赖于在社会的不同阶层中存在着经济机会和社会条件。[1]

二、经济法的正义观

（一）经济法实质公平的内涵

公平是一种价值体系和社会理想，经济法在资源配置的经济活动中应当遵循公平性原则进行制度设计。民法所追求的公平是建立在主体地位平等上的形式公平，通过法律规定民事权利一律平等以实现机会平等。实践中，这种形式上的公平却难以达到实质公平的目标。罗尔斯把分配的主要问题归结于社会的基本结构，提出差别原则要求分配正义遵循"按劳分配"和"有利于最不利成员利益"的原则。分配过程中，不承认劳动质的差异，按劳分配就会走向平均主义影响资源配置的效益。而忽视经济法主体地位的差异，弱势一方的权利就得不到保护从而导致实质不公平。经济法为了维护市场秩序，并确保公平竞争，公平交易以及公平分配，必须通过制度设计对经济法主体进行权责义的不对称配置，使弱势的一方权利保障和优势地位的一方义务承担都法定化，通过权利义务差异配置来达到实质上的公平。

形式上的平等不是经济法的追求，而是经济法应该修正的理由。例如，全民分红对于存在贫富差距的国家来说是以形式上的平等扼杀了实质上的公平，因为对于高收入群体，分红对他们来说是微不足道的，但对于低收入人群却可以改善他们的基本生活条件。人人分红的形式平等却使最需要的人不能获得更多帮助。社会保障法、消费者权益保护法、劳动法在一定程度上可以使弱势的一方享受到更多制度和社会的关照，以消除其客观条件上存在的差异导致资源分配上的不公。经济法通过差别原则的制度设计来消除资源配置的不合理以及浪费，经济法的公平原则体现了罗尔斯差别原则分配正义理论的实质公平的价值，从根本上弥补民法形式公平的不足，通过制度设计对经济法主体权利义务差异性配置的不平等来实现其实质上的公平。比如，比例税率、累进税率比人头税更显公平合理。公平是一种价值体系和社会理想，必须通过经济法律制度的设计来实现，市场在资源配置中起决定性作用的经济法的公平原则具体应包含权利公平、机会公平、规则公平、分配公平及差别原则。

---

〔1〕 参见［美］约翰·罗尔斯：《正义论》，何怀宏、何包钢、廖申白译，中国社会科学出版社1988年版，第5页。

（二）权利的公平

在民商法中，权利的公平就是权利的平等，即在经济活动的制度设计中，对于竞争性领域市场主体权利能力一律平等，只要符合法律规定，不存在任何特权和限制。任何市场主体都平等地享有经济民主和经济自由的权利，同时依法承担法律上和道义上相应的义务，并平等地受到法律保护。虽然民商法强调民商事主体地位一律平等，但只是形式上的平等，事实上的不平等是客观存在的。这种事实的不公平导致了其权利上的不平等，比如，经营者和消费者因双方对经营者提供的商品或服务掌握的信息不对称，消费者因为信息不充分限制了其权利的行使，不能与经营者公平地进行交易。相反，经营者可能利用信息优势进行虚假宣传，欺诈和误导消费者，损害消费者的利益。经营者的竞争力不同，具有优势地位的经营者可能滥用其优势地位损害其竞争对手的利益，损害公平的竞争秩序。实践中，虽然市场主体享有权利的形式平等，但个体条件的差异使市场主体的权利处于实质不公平的地位。经济法就是通过制度设计，平衡不同市场主体之间存在的实质上的权利不平等，确保市场主体间的权利公平。因此，经济法通过私法公法化的经济立法，对形式上权利平等的市场主体进行权利义务的不对等配置，使经营者单方对消费者承担法定义务，而消费者单方享有法定权利。通过权利义务不对称的经济立法来弥补实践中经济法律关系主体权利义务的实际上的不公平，达到实质公平。

（三）机会的公平

机会指实现目标和获得利益的可能性。[1]公平社会的目标是让公民拥有同等的财富，还是拥有同样的机会，或是让每个人只拥有满足其最低需要的财富？平等要求政府致力于某种形式的物质平等，把它称为资源平等（Equality of Resources）。[2]机会公平的目标要求：第一，消除社会因素对个人正当发展的阻碍，使人们免于歧视，社会成员拥有同样的起点；第二，对于无法拥有同样起点的社会成员应减少自然因素对个人正当发展的阻碍。[3]

---

〔1〕 See Alan H1 Goldman, *The Justification of Equal Opportunity*, *Equal Opportunity*, *Social Philosophy and Policy*, 19871. p. 88.

〔2〕 参见〔美〕罗纳德·德沃金：《至上的美德：平等的理论与实践》，冯克利译，江苏人民出版社 2003 年版，第 9 页。

〔3〕 参见孙一平、董晓倩："论机会公平的目标与原则"，载《理论探讨》2013 年第 3 期，第 158 页。

在我国，客观存在的城乡差异、地区差异、文化差异使人力资源、物力资源、教育资源、医疗资源、文化资源等各种社会资源的配置存在机会上不公平。地区差别使我国的沿海与内地，东西发展机会失衡，城乡差别使城市与乡村的机会各异，导致我国经济发展地区差异和城乡发展的失衡。国有企业与政府的天然联系及其资金优势，使国企比民营企业拥有更多的竞争机会。经济法的财政转移支付、精准扶贫、城镇化建设等财政政策、经济政策都是消除地区差别和城乡差异的重要途径，国有企业的混改，民营企业参与公共事业的共享机制，都是通过经济法律制度合理配置社会资源，消除机会不公的重要机制。

（四）规则的公平

规则公平指市场主体参与资源配置的各项经济活动的规则和过程要平等和公开透明，没有规则公平就不会有公平的机会，公平的规则是机会公平的保证。特权、行业垄断等规则上的不公平导致了市场机会的不公平。特权直接限制了公平竞争，行政垄断人为设置了市场进入的障碍和不平等竞争条件，如地方保护主义就是通过不公平的规则限制外地企业在本地的竞争以保护本地企业。网约车和出租车都是竞争同一客源，但我国有关网约车市场定价机制与巡游出租车的政府定价之机制就是在两者之间设立了不公平的竞争规则。垄断行业对民营资本进入的限制，都是规则不公平导致机会不公。另外，权力寻租的潜规则更是制度上的毒瘤。凯恩斯主义、自由主义学派、货币主义学派、供给学派和理性预期学派等都是在交换规则公平、效益优先的基础上发展了古典经济学派的公平效益观，科斯定理、帕累托最优等经济原理更是论证了公平规则对有效配置资源的意义。在资源配置的经济活动过程中，规则的不公平直接限制了公平竞争、公平交易和公平分配。因此，经济法应完善相关的法律制度，确保规则的公平。

（五）分配的公平

1. 平等原则

当代西方学者对分配正义的研究主要有三大流派：功利主义、罗尔斯主义和极端自由主义亦称自由至上主义。虽然三大流派具体观点有所不同，但都坚持以"最大多数人的最大幸福"为分配正义的根本原则。卢梭认为，只有当人人都有一些东西而又没有人能有过多东西时，社会状态才会对人类有益。卢梭的分配观有平均主义的倾向。新福利经济学派的代表人物萨缪尔森把帕累托最优状态视为收入分配的绝对公平标准，更强调资源分配的效益。

德沃金提出有关分配平等的两种一般性理论：第一种，福利平等论；第二种，资源平等论。福利平等的目标在于对所有人都真正至关重要的事情上使人们达到平等，政治偏好和非个人偏好的实现，不应被纳入旨在使人们通过分配达到福利平等的任何计算之中。福利平等只要求人们在一些规定的资源上达到平等。因而这种形式的福利平等无异于资源平等或至少是某些资源方面的平等。资源平等分配的前提是某种形式的经济制度，它主要是一种分析手段，但在某种程度上也是一种实际的政治制度，是一种界定和达到社会目标的手段，这些目标有繁荣、效率和总体功利等不同说法。对不同的技能给资源平等提出的问题分析，要求的是一种所得税，而不是一种财产税或消费税。假如以平等的资源作为起点，则希望用征税去调整不同的技能造成的收入差别，实现资源平等。[1]

我国改革开放以来，国民经济飞速发展，人民物质生活得到了巨大的改善和提高。与此同时，我国收入分配差距也日益拉大，贫富差距日渐严重。世界银行的报告显示，中国 1% 的家庭掌握了全国 41.4% 的财富。[2]我国国家统计局公布的 2012 年的基尼系数[3]为 0.474，已超国际认可的安全警戒线 0.4。过去十年，基尼系数在 2008 年达到最高值 0.4910，随后开始逐步回落。10 年间，基尼系数全部高于 0.4。[4]但从 2012 年到 2017 年，中国居民收入的基尼系数分别为 0.474、0.473、0.469、0.462、0.465、0.4675，从 2016 年比 2015 年有所下降之后，2016 年和 2017 年我国的基尼系数又逐年上升，但总体上近年来我国基尼系数总体较前些年还是有所下降。[5]导致我国分配不公主要有以下几个原因：第一，城乡居民收入差距大。由于城乡基础条件不同，制约农村经济发展的因素较多，比如粗放型经营导致土地资源产能效益低下，农产品结构不合理，农产品价格低廉，增收途径单一，农村教育资

〔1〕 ［美］罗纳德·德沃金：《至上的美德：平等的理论与实践》，冯克利译，江苏人民出版社 2003 年版，第 4、24、42、88 页。

〔2〕 参见王晓菊："我国实现收入分配公平的路径选择"，辽宁大学 2011 年硕士学位论文，第 3~4 页。

〔3〕 基尼系数是 1922 年由意大利经济学家基尼提出而得名。是用来衡量一个国家财富分配是否平均的指标之一，数值在 0 和 1 之间，基尼系数越大，说明居民收入差距越大，贫富差距越大。按照国际一般标准，0.4 以上的基尼系数表示收入差距较大，即 0.4 是国际公认警戒线。

〔4〕 参见陈石月："我国基尼系数十年超越国际 0.4 警戒线"，载 http://news.sina.com.cn/c/2013-01-19/064926072495.shtml，访问日期：2017 年 12 月 19 日。

〔5〕 "统计局：2016 年基尼系数为 0.465 较 2015 年有所上升"，载 http://www.chinanews.com/cj/2017/01-20/8130559.shtml，访问日期：2017 年 12 月 18 日。

源缺乏，农业现代化程度低，缺乏专业农业人等因素都制约着农村经济的发展。根据 2017 年的国家统计局数据显示，2016 年的城乡居民人均收入倍差 2.72。十八届三中全会，提出了城乡二元结构是制约城乡发展一体化的重要因素，为提高农民收入，要加快构建新型农业经营体系，赋予农民更多财产权利，推进城乡要素平等交换和公共资源均衡配置。第二，地区收入分配不平衡。由于受历史原因、自然条件、社会环境、文化差异及政策实施的影响，我国东部与西部，沿海与内陆，大城市与中小城市之间存在较大差距。随着资金，人才等优势资源继续向大城市聚集，这种差距还会越来越大。中西部及中小城市有着丰富的自然资源和劳动力资源，但缺乏资金与人才，配套基础设备落后。中央财政转移支付还不足以完全解决地区发展。政府应制定科学合理的发展战略，完善中西部及中小城市的基础设置，培育市场新机制，引导资源合理向中西部及中小城市流动。第三，行业收入差距大。虽然每个地方都有最低工资保障，但最低工资定价标准未形成合理机制，劳动价格不能体现劳动价值，体力劳动的价格被严重低估，教育资源配置的错位导致人才培养越位，人才缺乏与人才浪费并存，行业发展严重不均衡从而影响行业收入的差距加大。第四，违法收入导致分配不公。因为制度不完善，政府缺陷和市场缺陷不可避免，违法经营，侵吞国有资产，权力寻租，偷税漏税等违法行为使一部分人获取了不法收入，侵占公私财产。为了消除实践中的分配不公，完善政治体制和经济体制改革，加强监督管理势在必行。

2. 差别待遇原则

柏拉图、亚里士多德、马克思都强调分配的差异性。但柏拉图和亚里士多德的差异性是为统治阶级获取特权披上华丽的外衣，马克思的差异性原则为按劳动分配找到理论依据。迈克尔·沃尔泽在《正义诸领域：为多元主义与平等一辩》一书中，提出了旨在实现所谓"复合"平等的多元论社会正义理论。认为分配的正义是一种丰富的思想，分配正义的观念与占有有关，也与是（being）和做（doing）有关；与消费有关，也与生产有关；与土地、资本以及个人财产有关，也与身份和地位有关。不同的分配需要不同的政治安排来实施，不同的意识形态来证明。分配的内容包括成员资格、权力、荣誉、宗教权威、神恩、亲属关系与爱、知识、财富、身体安全、工作与休闲、奖励与惩罚以及一些更狭义和更实际的物品。反对使人民尽量在总体处境上成为平等的"简单"平等主义者的目标，主张所谓不同的物品的"社会意义"，认为医疗和体面生活的其他必需品应当按照需求来分配，惩罚和荣誉应当按照人民应受惩罚和应得荣誉情况来分配，高等教育应当按照天赋来分配，工作应当按照雇主需求来分配，财富应当按照技能和市场运气来分配，公民身份应当按照共同体需求和传统来分配，如此等等。认为把医疗保健完全留给市场的富裕社会不是一个正义社会。[1]沃尔泽反对分配中的平均主义，强调分配的多元复合性或差异性，主张按需分配，认为市场对公益产品分配是非正义的。

罗尔斯在《正义论》一书中所提出的理论的最大特色在于他提出的"差别原则"，认为分配应该遵循"有利于最不利成员利益"的原则。该原则体现了罗尔斯分配正义理论的实质公平的价值，但容易导致平均主义。罗尔斯还认为："正义的主要问题是社会的基本结构，或更准确地说，是社会主要制度分配基本权利和义务，决定由社会合作产生的利益之划分的方式。"[2]罗尔斯把分配的主要问题归结于社会的基本结构，比如政治体制和经济制度、社会条件等。而这是市场不可能解决的，调整分配是政府义不容辞的事。差别原则要求分配正义遵循"按劳分配"和"有利于最不利成员利益"的原则。"按劳分配"解决了第一次分配的公平问题，主要是依据市场规律进行分配。既要遵循劳动价值的一般规律，[3]建立最低工资保障制度，也要注重创造性劳动对社会的特别贡献符合帕累托法则[4]。

"有利于最不利成员利益"的原则主要解决第二次分配的公平问题。要求政府通过财政转移和第二次分配支付，建立社会保障制度、社会救助制度、

---

〔1〕 [美] 迈克尔·沃尔泽：《正义诸领域：为多元主义与平等一辩》，褚松燕译，译林出版社2002年版，第1~19页。

〔2〕 参见 [美] 罗尔斯：《正义论》，何怀宏、何包钢、廖申白译，中国社会科学出版社1988年版，第8页。

〔3〕 劳动价值论是关于商品价值由无差别的一般人类劳动，即抽象劳动所创造的理论，最初由英国经济学家配第提出，亚当·斯密和大卫·李嘉图对劳动价值论做出了巨大贡献。马克思继承了亚当·斯密、李嘉图理论的科学成分，用辩证法和历史唯物论从根本上改造了劳动价值论，论证了它的历史性质，并在劳动价值论基础上科学地创立了剩余价值理论以及后来的利润、平均利润理论。价值规律是商品的价值量由生产商品的社会必要劳动时间决定；商品交换以价值量为基础，遵守等量社会必要劳动相交换的原则。

〔4〕 帕累托法则又名二八定律、帕累托定律，也叫巴莱多定律、80/20定律、最省力的法则、不平衡原则等，是由19世纪末20世纪初意大利经济学家帕累托发明。认为在任何一组事物中，最重要的只占其中一小部分约20%，其余80%尽管是多数却是次要的，因此又称二八法则，并被广泛运用到生活和企业管理方面。帕累托法则只是说明少数作用的重要性，但实践分配中并不一定遵循2：8的标准比例。

社会福利制度，并积极发展慈善事业，但要避免搭穷人的便车导致新的分配不公。如北京公交的低价运营惠及全民本是好事，在政府承担能力有限的情况下，全民低价让本来可以负担公交成本的人也享受到这份不应该有的福利，挤占了有限的福利资源，这部分优惠也许对他们来说是微不足道的，但对那些真正需要帮助的人却是雪中送炭。资源放错了地方就是浪费，把有限的福利资源给那些真正需要帮助的人才能发挥福利制度的功能和优越性，否定差异原则就会导致平均主义。不承认劳动品质的差异，按劳分配就会走向平均主义影响资源配置的效益。

经济法追求的是权利公平、机会公平、规则公平、分配公平和差别待遇的实质公平，是对民法形式公平的矫正。经济法不同的公平原则之间的价值目标各异但又彼此联系，规则公平是经济法公平价值目标的核心，是其他公平制度的法制保障。经济法通过私法公法化和公法私法化的规则设计对经济法主体权责利义的配置，来消除经济法主体之间客观上存在的不平等。如经济法通过消费者权益保护法对消费者和经营者权利义务的不对称的配置来协调平衡双方的利益，赋予消费者法定权利弥补其弱势地位的缺陷，课以经营者法定义务来限制其滥用市场优势地位，通过规则的公平来现实权利的公平。通过竞争法的规则设计防止不正当竞争和垄断限制竞争，确保竞争机会的公平。通过对财政转移支配和第二次分配的差别待遇的制度设计实现分配公平。经济法的公平价值目标是以维护社会公共利益为基础，以实现社会整体利益的协调平衡为具体目标，最终确保社会经济秩序的公平、效益和安全。

第三节　经济法的效益价值

一、经济法语境下的效益

经济学上的效益或效率（Efficiency）属于生产力范畴，指以最少的资源消耗取得同样多的效果或以同样的资源消耗取得最大的效果。民法以意思自治为基本原则，以个体权利本位为中心的法益目标在于实现个体利益的最大化，也就是经济学上的效益或是效益、利润的最大化，但个体在市场效益或利润的追逐过程中的自发性、盲目性、逐利性、局限性常常导致过度竞争浪费资源而降低效益，无序竞争的耗能低效成了经济发展的障碍。社会经济发展的快速变化，行政法之法律保留原则对政府行政权力的限权，使政府不能与时俱进地及时调整经济政策应对社会经济的发展，导致政府治理能力不足，以至于社会整体的经济效益低下。经济法克服了行政法的局限性，根据社会经济的发展需要通过对政府的概括授权，使政府及时因地制宜通过经济政策、行政规章和政府规定采取应对措施促进经济发展提高效益。20世纪70年代兴起于美国的法律经济学，将"效益"价值直接引入司法实践，引起法理学革新。法律经济学是把资源配置效益与经济制度设计结合起来研究的新兴学科，[1] 科斯定理[2]、帕累托定律[3]和卡尔多-希克斯效率[4]等法律经济学的研究成

---

〔1〕 参见韩桂君："公平：经济法的终极关怀——质疑'效率优先，兼顾公平'"，载《河南师范大学学报（哲学社会科学版）》2008年第2期，第121页。

〔2〕 科斯定理是由诺贝尔经济学奖得主罗纳德·哈·科斯（Ronald H. Coase）命名。"科斯定理"这个术语是乔治·史提格勒（George Stigler）1966年首次使用的。科斯定理的基本含义是科斯在1960年《社会成本问题》一文中表达的，其原文如下：what I showed in that article as I thought, was that in a regime of zero transaction costs, an assumption of standard economic theory, negotiations between the parties would lead to those arrangements being made which would maximize wealth and this irrespective initial assignment of rights. This is the infamous Coase theorem, named and formulated by George Stigler… （coase, 1992, The institutional structure of production, The American economic review, volume 82, issue 4, September, 1992, pp. 713~719.）而"科斯定理"这个术语是乔治·史提格勒（George Stigler）1966年首次使用的。法经济学界及经济学界，对科斯定理有许多不同的解读。科斯定理较为通俗的解释有二种，第一种解读：给定初始权利安排，如果交易成本为0，那么当事人之间的自由谈判总是会导致有效率的资源配置结果。即给定初始权利安排，如果交易成本大于0，那么当事人之间的自由谈判将达不到最有效率的资源配置结果；第二种解读：给定交易成本为0，那么不同的初始权利安排会导致同样有效率的资源配置结果。即给定交易成本大于0，那么不同的初始权利安排会导致不同的资源配置结果。（莫志宏："科斯定理与初始权利的界定——关于初始权利界定的法与经济学"，载《中国政法大学学报》2008年第5期，第13页。）

〔3〕 也称为帕累托最优或帕累托效率（Pareto Efficiency）、帕雷托最佳配置，是博弈论中的重要概念，是意大利经济学家维尔弗雷多·帕累托（Vilfredo Pareto）提出，由约瑟夫·朱兰（Joseph M. Juran）根据帕累托本人当年对意大利20%的人口拥有80%的财产的观察而推论出来的。帕累托最优是指资源分配的一种理想状态，假定固有的一群人和可分配的资源，从一种分配状态到另一种状态的变化中，在没有使任何人境况变坏的前提下，使得至少一个人变得更好，这就是帕累托改进或帕累托最优化。帕累托最优的状态就是不可能再有更多的改进的余地；换句话说，帕累托改进是达到帕累托最优的路径和方法。帕累托最优是公平与效率的"理想王国"。（张培刚：《微观经济学的产生和发展》，湖南人民出版社1997年版，第109页。）

〔4〕 "卡尔多-希克斯效率"是由英国经济学家卡尔多和希克斯提出，是比较具体的财富最大化标准，认为如果从资源的重新配置所获取的增量利益足以补偿（但不要求实际要补偿）在同一资源配置过程中受到损失的人的利益，那么这种资源的重新配置就是有效率的。（载 http://wiki.mbalib.com/wiki/%E5%8D%A1%E5%B0%94%E5%A4%9A%EF%BC%8D%E5%B8%8C%E5%85%8B%E6%96%AF%E6%94%B9%E8%BF%9B，访问日期：2014年1月2日。）

果为经济法的制度设计提供了经济学上的理论依据。根据法律经济学的理论研究成果，帕累托最优认为完全竞争状态下，资源配置能达到最理想的公平和效益。科斯定理认为权利初始界定是实现资源配置的基础，交易成本越小，资源配置越优。权利的初始界定有利于明晰责权的界限，减少交易过程的纠纷和障碍。卡尔多-希克斯效率则认为如果从资源重新配置所获取的增量利益足以补偿同一资源配置过程中受到损失者的利益，那么这种资源的重新配置就是有效益的。

因此，经济法语境下的效益原则强调的是社会整体效益，既包括个体经济效益，也包括社会效益，特别是强调个体经济效益之间、个体经济效益与社会效益之间的整体协调平衡，体现了经济法的"社会人"的价值目标，与民商法所追求的个体利益最大化的"经济人"的价值目标不同。在市场经济条件下，资源的最优配置是客观物质资源经过一系列经济法律制度安排来实现。通过竞争法律制度排除市场竞争障碍，降低过度竞争对社会资源的浪费和无效配置，减少不正当竞争和明晰产权降低交易成本，维护公平的竞争秩序，提高竞争效益，并建立公平的救济和保障机制，协调平衡各方经济主体的利益，实现社会整体利益而提高经济效益，通过产业政策、货币政策、财政税收等法律制度进行宏观调控，公平有序地配置资源提高效益促进经济的健康发展。

二、效益与公平的关系

（一）"效率优先，兼顾公平"分配原则的评析

"效率优先，兼顾公平"是我国经济学学者周为民、卢中原1985年在"社会公平与社会保障制度改革研究"的课题中提出来，并以《效率优先，兼顾公平——通向繁荣的权衡》为题发表于1986年的《经济研究》杂志。当时我国的经济体制改革目标是在公有制基础上的有计划的商品经济，为了搞活国有企业，就必须打破旧体制下大锅饭式的平均主义，并鼓励个体户、私营企业等多种经济成分共同发展。在这样的背景下，报告提出了"效率优先，兼顾公平"的主张。[1]文章发表后产生了较大的影响，在我国"以经济建设为中心"，"发展才是硬道理"的改革开放大背景下，1993年中共十四届三中

---

〔1〕　参见李素文："关于'效率优先，兼顾公平'的法经济学评述"，载《山东社会科学》2006年第12期，第12页。

全会通过的《关于建立社会主义市场经济体制若干问题的决定》，文件中提出"效率优先，兼顾公平"的分配原则，经济法学者也提出"效率优先，兼顾公平"的经济法原则。在"效率优先，兼顾公平"思想和原则的指导下，我国在经济改革开放过程中，为了经济效率，也曾实行了一系列提高经济效率的经济法律制度。如为提高国有企业的效率，对国有企业进行打破"大而全"的国企转制的改革，国企的效率显明提高，但也出现了大批下岗职工。我国1994年以来建立的以效率为原则的间接税为主的税收法律制度，改革开放初期为了吸引外资的"三减二免"的税收优惠措施，为了鼓励对外贸易推行的出口退税制度，都体现了以效率优先的经济发展的理念，为我国经济建设发挥了关键作用。但一项法律制度片面追求效率而忽略了公平，就失去了法的正当性，应该被修正或是废止。如果只考虑效率，就容易犯"唯GDP论"的错误，忽视经济发展过程中的公平问题。效率不仅是量的增长，还应包括质的优化，而且要符合公平正义的科学发展观。任何以损害公平为代价而换取的效率都不是经济法所追求的终极目标。不可否认在历史的不同发展阶段，为了特定的经济目标经济法难免在制度设计上采取以效率换公平的模式，但只是权宜之计，不应该作为永恒不变的基本原则。

(二) 兼顾效率与公平的经济法基本原则

西方经济学者罗尔斯、德沃金等为代表的民主自由主义者强调平等，坚持公平优先于效率，而以诺齐克、哈耶克、弗里德曼、布坎南等为代表的市场自由主义者强调自由，坚持效率优先于公平。以上两种主张都把公平理解为平等，把公平与效率片面对立起来，强调要么牺牲效率换取公平，要么牺牲公平换取效率。平均主义表面是平等的，但却忽略了个体的差异导致效率低下。西方国家在凯恩斯"国家干预主义"理论的影响下推行的福利政策，强调公平影响了效率出现了经济滞涨。垄断在经济上对个体可能是有效率的，但却抑制了公平的竞争，影响了整体经济的发展。阿瑟·奥肯、互瑞昂等认为公平与效率相互依存，不应该把公平理解成平等，把公平与效率对立起来。平等与效率双方都有各自的价值，其中一方对另一方没有绝对的优先权。那些允许经济不平等的社会决策，必须是公正的，是促进经济效率的。[1]根据

---

〔1〕 参见［美］阿瑟·奥肯：《平等与效率》，王奔洲等译，华夏出版社1999年版，第86~87页。

美国经济学家威廉姆森"倒 U 型理论",[1]市场竞争与自由、公平、效益密不可分。在改革开放初期,更强调效率是符合社会经济发展规律的。但两者不应该存在先后,应该平衡协调发展。缩小收入差距不仅是社会公平与公正问题,而且有利于扩大消费需求,拉动经济持续增长,同时实现"公平"与"效率"两大目标。[2]

　　首先,公平的制度能激发市场自由竞争,降低交易成本,实现资源的优化配置。市场竞争是建立在自由基础之上的,没有自由就不存在市场竞争。市场在资源配置中起决定性作用就是希望通过自由、有序、公平竞争的市场秩序激发竞争提高效率。其次,提高效率有利于实现公平机制。提高效率能够生产出更多的产品,增加社会财富,增强国家对市场的调控能力和社会福利的供给能力,有利于建立完善市场机制,改善劳动环境,提高劳动者的待遇,健全社会救济制度和社会保障制度,缓解社会矛盾,激发社会成员的积极性、主动性和创造性,促进社会成员之间的协作和配合,降低矛盾的消耗,创造更多的社会财富,提高经济效率,实现效率和公平的双赢。只有公平对待消费者和劳动者,才可能促进消费,激发劳动者的生产力,也才可能提高效率。经济法通过对特定社会关系的调整,不断地解决个体营利性和社会公益性的矛盾,兼顾效率与公平。[3]再者,经济法中的效率是总效率,是社会整体效率的协调平衡的溢出效率。经济法中的效率不仅指经济效率,还包括社会效率。不同于民商法主要强调利润最大化的个体效率,是不同的个体经济效率、总体经济效率,以及社会效率间的协调平衡的结果。例如,不能为了盲目追求 GDP 而不考虑环境生态的保护。最后,经济法的公平和效率应该是统一协调的合力,不是此消彼长的反作用力,经济法应该摒弃"效率优先,兼顾公平"的理念,确立兼顾效率与公平的发展观,最终实现共同富裕。

---

　　〔1〕　倒"U"型理论是美国经济学家威廉姆森(J. G. Williamson)提出来的。他利用 24 个国家 1940 年至 1961 年间的有关统计资料,计算了 7 个国家人均收入水平的区际不平衡程度。结果表明,随着经济增长和收入水平的提高,区域间不平等程度大体上呈现先扩大后缩小的倒"U"型变化。因此,尽管经济发展初期区域增长不平衡,区际人均收入水平差距扩大,但从长期看,区域经济增长和人均收入是趋于均衡的。威廉姆森认为,在经济发展的初期,非均衡过程即区域发展差异扩大是经济增长的必要条件;而当经济发展到一定水平后,均衡过程即区域发展差异缩小又构成经济增长的必要条件。

　　〔2〕　参见杨汝岱、朱诗娥:"公平与效率不可兼得吗?——基于居民边际消费倾向的研究",载《经济研究》2007 年第 12 期,第 56 页。

　　〔3〕　参见张守文:《经济法原理》,北京大学出版社 2013 年版,第 28 页。

第四节　经济法的安全价值

国家经济安全是指国家能消除国内外潜在的经济危机，防止外界不稳定因素冲击，避免本国经济遭到严重破坏，经济能够全面、可持续、健康发展的一种状态。经济安全问题的滥觞与经济的飞速发展及由此产生的一系列经济不确定性密切相关。第二次世界大战以后，世界经济飞速发展，自20世纪50年代开始，以美国、日本以及欧盟为代表的地区性经济集团开始崭露头角，国际经济关系出现新的调整与变革，国际贸易规模不断扩大，国际投资迅速扩展，金融资本的全球性流动日益频繁。在国际经济合作取得令人瞩目成绩的同时，与之伴生的投资风险、金融风险、贸易风险等也成为危害各利益主体乃至一国经济安全与稳定的重要因素。经济全球化加速了世界经济贸易、投资和金融的自由化，使各国经济相互依存程度不断加深，利益关系趋于复杂，经济竞争逐渐加剧，贸易摩擦逐渐增加，经济安全风险日趋加大，金融安全、能源安全、技术安全、粮食安全、人才安全等问题凸显。在此国际背景下，许多国家重新思考和权衡经济安全与军事安全、政治安全的相互关系，提升经济安全在国家总体战略中的地位，并从国内、国外两条战线保障国家经济安全。面对非传统安全尤其是国家经济安全的地位日益凸显，任何一个主权国家都必须要对经济安全问题有清醒的认识，要认真思量如何通过科学的社会管理的制度设计，提高自身防范风险和社会负面影响的能力。[1]

一、经济安全的概述

20世纪60年代以来，针对日益复杂的国际经济情势及因此而可能引发的国家安全威胁，美、日等国的学者开始关注和研究经济安全问题，并得到政策层面的支持。例如，美国宣布将经济安全作为国家对外政策的主要目标，日本在《国家综合安全报告》中明确提出"经济安全"概念，将"经济安全与军事安全等传统安全并列为国家安全的重要组成部分"。美国1994年的国家安全战略报告还把经济利益和全球安全利益并提。随着全球经济一体化与

---

〔1〕　参见李红亮："风险社会视阈下匡正国家经济安全问题的伦理对策"，载《经济问题》2013年第12期，第18页。

信息化的快速推进，国家经济安全正逐步成为与军事安全并重的话题，受到各主权国家的高度重视。在我国，以包括政治安全、经济安全、军事安全等11 项内容的总体国家安全观的提出为标志，经济安全被视为国家的基础性安全，与作为根本性安全的政治安全一道，成为总体安全观中的前提性安全体系。[1]

（一）经济安全的内涵

国家经济安全意指一个国家或地区保持其经济低风险运行所应具备的条件和状态，包括但不限于实体经济和虚拟经济稳定发展、金融和物价基本稳定、资源有效供给和环境有效保护、就业比较充分且质量较高、社会财富分配相对公平和财政预算基本平衡等。[2]经济安全涉及金融、产业、能源、农业、贸易、货币、投资、债务、经济结构、就业等各种经济问题。[3]国家经济安全是国家安全的重要组成部分，关于国家经济安全的内涵，学术界主要有三种界定：第一种是"状态论"；第二种是"能力论"；第三种是"状态与能力并重论"。"状态论"认为，国家经济安全是主权国家经济发展和经济利益不受外部和内部威胁而保持稳定、均衡和持续发展的一种经济状态，是指在经济全球化条件下，一国经济发展和经济利益不受外来势力根本威胁的状态。[4]"能力论"认为国家经济安全是一个国家经济抵御国内外各种干扰、威胁、侵袭的能力，是指一国最为根本的经济利益不受伤害，在国际经济生活中具有一定的自主性、自卫力和竞争力。[5]"状态与能力并重论"认为经济安全是指在开放的经济条件下，一国为使国民经济免受国内外各种不利因素干扰、威胁、侵袭、破坏而不断提高其国际竞争力，从而实现可持续发展、保持经济优势的状态和能力。[6]国家经济安全具体体现在国家经济主权独立，

---

〔1〕 参见田鹏辉："经济安全与经济刑法立法模式选择"，载《法商研究》2018 年第 3 期，第 95～96 页。

〔2〕 参见章海山：《经济伦理及其范畴研究》，中山大学出版社 2005 年版，第 54、57 页。

〔3〕 参见李红亮："风险社会视阈下匡正国家经济安全问题的伦理对策"，载《经济问题》2013 年第 12 期，第 20 页。

〔4〕 参见舒展、刘墨渊："国家经济安全与经济自主性"，载《当代经济研究》2014 年第 10 期，第 29 页。

〔5〕 参见雷家骕主编：《国家经济安全：理论与分析方法》，清华大学出版社 2011 年版，第 4 页。

〔6〕 参见柳辉、吕天宇："扩大内需：我国经济安全的战略选择"，载《华东经济管理》2001 年第 4 期，第 41 页。

经济发展所依赖的资源供给得到有效保障，经济的发展进程能够经受国际市场动荡的冲击等。[1]美国著名国际关系学者罗伯特·吉尔平将经济安全定义为："经济竞争力及其带来的相应的国际政治地位和能力。"[2]

以上三种论点都有合理之处，但也有不足。"状态论"强调国家安全应该达到标志性状态，但忽略了实现这种状态所应包含的其他要素能力论。"能力论"强调维护国家经济安全的能力，但能力只是实现安全的手段和途径，而非安全本身。[3]目前理论界关于国家经济安全的内涵的"状态论"和"能力论"的分歧，实质是没有区分国家经济安全和国家经济自主性的边界。国家经济安全是一国经济发展和经济利益不受外来势力根本威胁的状态，国家经济自主性是一国自主地参与国际经济活动而不受外来势力根本威胁的能力，是"状态和能力"的综合体现。国家经济安全是存在状态和表象，国家经济的自主性是内在素质和本质。强大的国家经济自主性，是国家经济长期处于安全状态的保障。国家经济的安全状态，反映了国民经济体系具有较强的自主性。有时，国家经济表面看来是安全的，但国家经济发展的自主性却有被削弱的迹象，经济发展存在隐患，最终可能导致经济的不安全。国家经济自主性的研究对象，是国家经济可持续发展的能力，包括经济竞争力、应变力和凝聚力。研究国家经济自主性的目的，在于确保国家安全战略制订的准确性，从而实现国家经济利益的长治久安。不管是经济全球化还是资本主义经济危机，其对民族国家经济发展的影响，更应注重考量的不是经济发展的现状即经济安全问题，而是经济发展长期安全的保障问题，即经济发展的自主性问题。国家经济安全不仅涉及国家经济全局性安全，还包括能源安全、粮食安全、金融安全等各子领域，研究目的在于通过对存在状态的监测、预警、应对等，维护国家可持续发展。[4]

随着风险社会和全球化浪潮的席卷，以及我国当代社会建设和社会发展

---

〔1〕 参见史忠良："参与经济全球化必须注意国家经济安全"，载《经济经纬》2002 年第 1 期，第 22 页。

〔2〕 ［美］罗伯特·吉尔平：《世界政治中的战争与变革》，武军、杜建平、松宁译，中国人民大学出版社 1994 年版，第 125 页。

〔3〕 参见左敏："国家审计如何更好地维护国家经济安全"，载《审计研究》2011 年第 4 期，第 8～9 页。

〔4〕 参见舒展、刘墨渊："国家经济安全与经济自主性"，载《当代经济研究》2014 年第 10 期，第 31 页。

程度的不断加深，为了有效解决经济安全问题，必须在国家经济安全管理中嵌入伦理因素，国家经济安全体系应在制度、机制、价值导向上恪守道德伦理理念和遵守经济伦理规范，应以国家经济体系的稳定、健康、可持续性、良性运转为首要目标，最大限度地降低不确定性的安全隐患，不断增进人民群众的生活福祉。具体内涵包括：第一，独立自主的经济实力。国家能够保持其经济可持续发展所需资源的有效供给，国民经济体系能够自主稳定运行，国民经济整体福利处于不受外界不可抗力的恶性侵害、损害的状态和能力。第二，抵抗外部经济威胁的能力。一个国家的经济发展实力处于不受外界根本性致命因素威胁的状态。第三，稳定、健康、可持续发展的经济状态。也就是国家的根本性经济利益免受侵害、不招致损失的状态或现实。在伦理视域中，国家经济安全自然内含一种价值诉求，本质上是国家利益即使在内外环境均不利的条件下经济都能得到保障的一种较理想的经济运行状态。伦理向度的国家经济安全要求政府有效掌控国家经济命脉，保持国民经济的持续增长，有效抵御外来冲击和有效防范长期积累的国民财富免于在顷刻之间大量流失，重点是确保国家经济战略利益的无风险或低风险的状态，经济主权没有受到严重损害，使经济危机的风险因素处于可以控制的状态。[1]

国家经济安全问题，总体上是宏观问题，但实际上国家经济的微观、中观和宏观层面都是相互关联，紧密联系，国家经济安全是个统一协调的安全体系。微观经济是国家经济的基础，微观经济是否景气与稳定，必然影响国家经济的安全稳定；中观层面的特殊行业和区域经济关系国计民生，是国民经济的核心，产业经济和区域经济是国家经济的支柱，对国家经济安全具有重要的意义。宏观经济领域是国家经济安全的方向标，金融、货币、经济总量、就业率等都会影响国家的经济安全，一般可通过宏观调控来确保国家的经济安全。为了国家经济安全，不论是微观经济的个体，还是中观经济的产业或区域经济，都应该服从国家宏观经济调控的需要。

（二）经济安全的内容

经济安全不仅包括微观经济领域的生产安全、投资安全、交易安全、信

---

〔1〕 参见李红亮："风险社会视阈下匡正国家经济安全问题的伦理对策"，载《经济问题》2013年第12期，第19页。

息安全、技术安全、产品安全、消费安全，还包括中观领域的产业安全、环境生态、能源安全、粮食安全，以及宏观经济领域的金融安全、财政安全、货币安全和国家债务安全等。经济安全是维护国家经济秩序的重要保证，但重点领域的经济安全有以下几个方面：金融安全、产业安全、能源安全、财政安全、粮食安全等，其中金融经济安全是国家经济安全的核心，财政安全、能源安全和粮食安全是经济安全的基础环节，产业安全则是一国经济安全的基本内容。国家经济安全是协调统一的整体，任何领域的经济安全问题都不可避免会影响到国家经济安全。国家经济安全与个体经济安全是对立统一体。一方面，国家经济安全与个体经济安全具有一致性。国家经济安全风险得到有效管控，经济实现持续发展，有助于个体管控自身经济安全风险。没有国家宏观经济安全的保障，个体的经济安全也是不稳定、不可靠的。而多数个体实现经济安全本身就是国家经济安全的表现，如果多数个体经济安全风险过高，持续时间过长，社会将出现动荡，国家也很难实现经济安全。另一方面，国家经济安全与个人经济安全具有对立性。国家利益具有整体性和长期性特征，与个体利益并不总是相一致。国家经济发展长远来看有助于整体经济安全，但在特定的时期，国家经济的调控可能会对特定个体的经济安全带来影响。[1]从微观上看，经济安全的道德思量是企业健康运行的必要保障。从宏观上看，经济安全的伦理是经济科学发展、社会和谐进步的必然要求。具体来讲，国家应该从伦理责任上积极主动地调整经济战略与策略，具体包括：加强经济立法，完善市场竞争机制，建立公平贸易机制，优化产业结构，减少对外贸易摩擦，加强金融监管，抵御金融风险，尊重国际惯例，积极发挥建设性作用，回应国际社会诉求，高度重视气候环保问题，推动加强国际互利合作，确保资源能源安全，农业安全；增强经济信息安全意识，维护技术安全，加强境外投资的政府管理和引导，确保海外资产安全。稳定是一国经济安全的重要标志和本质特征。要做到稳定经济必须强化经济安全责任意识，制定经济安全的伦理规则。[2]只有政府和市场、社会结合起来，才能做到资源的合理配置，从而在各环节良性运行的情况下提升经济安全度。

---

〔1〕 欧阳俊、邱琼："国家经济安全刍议"，载《科学社会主义》2015年第2期，第16~17页。

〔2〕 参见李红亮："风险社会视阈下匡正国家经济安全问题的伦理对策"，载《经济问题》2013年第12期，第20页。

中国共产党第十八届中央委员会第三次全体会议后，决定于 2013 年 11 月 12 日成立国家安全委员会。2014 年 4 月 15 日，首届国家安全委员会会议明确了国家安全的内涵，即构建集政治安全、国土安全、军事安全、经济安全、文化安全、社会安全、科技安全、信息安全、生态安全、资源安全、核安全等于一体的国家安全体系。其中，政治安全、社会安全、科技安全、信息安全、生态安全、资源安全都直接或间接与经济安全有关。经济安全是国家安全的基础，也是国家安全的重要组成部分。[1]2015 年 7 月 1 日第十二届全国人民代表大会常务委员会第十五次会议通过《国家安全法》，其中第 3 条规定："国家安全工作应当坚持总体国家安全观，以人民安全为宗旨，以政治安全为根本，以经济安全为基础，以军事、文化、社会安全为保障，以促进国际安全为依托，维护各领域国家安全，构建国家安全体系，走中国特色国家安全道路。"第 59 条规定："国家建立国家安全审查和监管的制度和机制，对影响或者可能影响国家安全的外商投资、特定物项和关键技术、网络信息技术产品和服务、涉及国家安全事项的建设项目，以及其他重大事项和活动，进行国家安全审查，有效预防和化解国家安全风险。"

二、我国面临的经济安全问题

我国经济建设与发展，经过 40 年的改革开放，与世界经济紧密地联系在一起，并取得了举世瞩目的巨大成就，但同时也存在不少经济安全问题。从内部来看，经济发展不平衡影响了我国经济的全面的安全稳定。我国经济总量已经居于全球第二，众多实物指标稳居世界前茅，加之我国地域宽广，经济成分多元、结构复杂，经济传导机制层次多、互动性强，各地区各行业互促互补使经济波动程度大为减轻。但鉴于各地发展水平不一，当前所面临的财政、债务和环境问题的性质和程度相差悬殊，维护经济稳定的复杂性更高、协调难度更大。从外部来看，随着开放程度的提高，我国经济受到外部环境的影响越来越大。一方面，我国对外依存度较大，受国际市场波动影响较大，2015 年我国天然气对外依存度约为 30%，石油对外依存度高达 60%。另一方面，外资在我国已开放行业中影响较大，已开放产业中，排名前 5 位的企业

---

〔1〕　参见胡再勇、林桂军："国家经济安全：OECD 的治理架构、政策措施及启示"，载《国际经济合作》2014 年第 12 期，第 10 页。

几乎都由外资控制，中国 28 个主要产业中，外资在 21 个产业中拥有多数资产控制权，对产业安全造成了一定威胁。尤其在全球化和信息化时代，金融要素在世界各地流动，他国金融危机将很快传导至本国，给本国经济带来巨大冲击，2008 年美国次贷危机引发世界性经济紧缩的消极影响遗存至今。[1] 具体而言，我国目前重要而紧迫的经济安全问题主要体现在如下几个方面：

（一）金融安全的问题

1. 外资对金融安全的影响

随着全球化发展的不断深入，金融创新和金融渗透给金融安全带来了潜在的安全风险。金融安全是国家经济安全的核心，特别是 2008 年美国次贷危机以来，各国都加大对金融审慎监管的力度。而我国对外资金融机构的进入管制则较为宽松。为了全面履行入世承诺，我国按照《具体承诺减让表》中承诺的步骤逐步实现对外资银行等金融机构的全面开放，以外资银行为代表的金融机构在我国扩张迅速。外资金融机构对证券、货币、黄金、外汇、债券等金融市场深度参与，国际资本对我国金融市场波动影响日益增强。维护金融安全，归根到底要提高金融业竞争能力、抗风险能力、可持续发展能力。2017 年 11 月 10 日，财政部时任部长朱光耀介绍了我国向外资开放金融市场的具体情况：中方决定将单个或多个外国投资者直接或间接投资证券、基金管理、期货公司的投资比例限制放宽至 51%，上述措施实施三年后，投资比例不受限制；将取消对中资银行和金融资产管理公司的外资单一持股不超过 20%、合计持股不超过 25% 的持股比例限制，实施内外一致的银行业股权投资比例规则；三年后将单个或多个外国投资者投资设立经营人身保险业务的保险公司的投资比例放宽至 51%，五年后投资比例不受限制。2018 年 4 月 10 日习近平在博鳌亚洲论坛开幕式上宣布了我国将大幅度放宽金融市场准入后，中国人民银行行长易纲在第二天的"货币政策的正常化"分论坛上提出了 12 项金融领域的开放举措和明确的时间表。中国银行保险监督管理委员会于 2018 年 4 月 27 日在官方网站发布了《银保监会加快落实银行业和保险业对外开放举措》，并与该文同时推出了与之配套的《中国银行保险监督管理委员会关于放开外资保险经纪公司经营范围的通知》及《中国银行保险监督管理委

---

〔1〕 参见顾海兵、张敏："中国经济安全研究：五大误区与辩证方法论反思"，载《经济学动态》2017 年第 2 期，第 18 页。

员会办公厅关于进一步放宽外资银行市场准入有关事项的通知》，以上金融政策明确取消银行和金融资产管理公司的外资持股比例限制，内外资一视同仁；允许外国银行在我国境内同时设立分行和子行，允许符合条件的外国投资者来华经营保险代理业务和保险公估业务，大幅度扩大外资银行业务范围，全面取消外资保险公司设立前需开设两年代表处要求。

实际上，中国无论从外资并购国内企业的立法，还是从设定最高入股比例大小看，为维护金融业所建立的安全网略显宽松，尽快制定囊括金融业在内的国家发展关键领域的、统一的外国投资安全法是有效保障国家经济金融安全的迫切需要。[1]国家外汇管理局《合格境外机构投资者（QFII）投资额度审批情况表》显示，截至 2016 年 5 月 30 日，合格境外机构投资者（QFII）积极参与我国资本市场的总数已达 296 家，批准的投资额度达到 809.51 亿美元。此外，部分外资企业以强大的金融资本为支持，试图操纵石油、天然气、铁矿石开采等中国的矿产资源业，以控制中国矿产品等重要资源或对我国的某些战略产业实施控制。外资金融机构在我国设立的独立或分支机构，占据了大量市场份额特别是高端消费市场，如私人银行、并购上市、信用卡业务、投行业务等，对我国金融业发展构成了全方位的有力竞争。同时，随着金融开放的不断深入，外资金融机构对我国银行业、证券业、保险业等金融行业参股、控股，不但套取了巨额利润，而且影响了我国金融产业安全。[2]

随着我国一带一路的不断深入的发展，金融开放势在必行，但金融开放的风险与机遇并存。如果在金融市场没有具备条件，国内没有建立有活力的、市场导向的金融体系之前就向外资全面开放金融市场可能是个冒险，甚至会导致严重的后果。成功的金融自由化和金融开放不是一个自由放任的过程，而是一个政府积极参与和引导的过程。如果没有建立相应的监管措施就对外全面开放，使得短期债务迅猛增加，最终会引发金融危机。应理性看待外资的作用及明确开放的目标，如果把目前我国金融市场的问题简化为金融抑制而盲目开放可能就会面临更大的金融风险。外资不是"救世主"，期望外资来解决国内金融问题是不现实的，力图向国外投资者转嫁银行改革的成本更是

---

〔1〕 参见陈锋："美国《外国投资安全法》对我国金融机构的影响及启示"，载《金融与经济》2009 年第 7 期，第 36 页。

〔2〕 参见王伟："国家金融安全法治体系研究：逻辑生成与建构路径"，载《经济社会体制比较》2016 年第 4 期，第 196 页。

不可能的。金融开放要做到国内与国外协调，必须采取审慎渐进的步骤，密切关注开放进程中出现的问题，居安思危，未雨绸缪，防患于未然。在实施过程中，这些步骤的具体内容大都有一个"渐进"展开的过程，"渐进"意味着每一项具体内容都是一个错综复杂、循序渐进的过程。既要谨慎缜密，不急于求成，又不可因噎废食，错失良机。既要清楚国内处境，又要明白国外状况；既要看到当前局面和问题，又要预测到未来态势；既要看到有利的一面，又要看到不利的一面；既要看到显现的情形，又要看到潜在影响。特别是当我国允许外资在金融领域享受国民待遇，甚至超国民待遇，并放弃51%股权限制的安全阀时，不论时何时都理应该做好"狼来了"的准备，防患于未然。对于金融问题，应该坚持客观经济规律和金融审慎监管的基本原则。

2. 现代金融的安全问题

金融是货币资金融通的总称，主要指与货币流通和银行信用相关的各种活动。主要内容包括：货币的发行、投放、流通和回笼；各种存款的吸收和提取；各项贷款的发放和收回；银行会计、出纳、转账、结算、保险、投资、信托、租赁、汇兑、贴现、抵押、证券买卖以及国际贸易和非贸易的结算、黄金白银买卖、输出、输入等。[1]随着金融业和资本市场的不断发展，金融的功能发生了很大变化，已引发了各种金融风险，扰乱了金融秩序，影响了金融安全。

首先，金融创新对金融秩序的冲击。现代金融业不仅可以融通资金、调剂资源、创造信用，而且具备了分散风险、转移风险的功能。现代金融市场也不仅仅是纯粹的资本市场，金融虚拟经济的不断扩张，金融资本已经紧密地与实体经济相互媾和，金融市场的发展已经捆绑了实体经济，纯粹的金融资本关系也不复存在，美国和英国大约70%的储蓄和贷款都用于房地产。石油期货与股票市场及实体经济的关系更是息息相关。各种金融创新更是层出不穷，商业银行制度对金融资源进行规模化、跨时期甚至跨区域的配置，使风险更加集聚，且存量化。金融制度的创新使现代金融业成为无所不能的资本大亨，金融资本通过信贷向实体经济渗透，经证券化又脱壳于实体经济，成为无须物质基础，只需一系列制度保障就可以在资本市场上流通的金融衍

---

[1]　参见何盛明主编：《财经大辞典》，中国财政经济出版社1990年版，第645页。

生产品。资本市场通过资产的流动实现了风险的分散和流动，商业银行对风险的处理能力却没有相应的改善和提升，配套的法律监管措施远远滞后于金融业的发展。随着电子商务的迅猛发展，网络金融和电子支付等金融工具的网络化，使现代金融已经完全超越其货币融通的功能，与各种经济和生活完全融合在一起，也滋生了不少现代金融风险。这种风险既有微观中的金融信贷、金融消费或金融理财、网络支付等方面的风险，也有中观上的金融业的产业风险，特别是因监管的缺失滋生了不少影子银行，严重冲击了金融体制。如我国 2014 年和 2015 年在国内疯狂发展的网络众筹和 P2P 网贷严重扰乱了我国的金融秩序。还有已经渗透和改变国人日常生活的移动支付，对我国金融体系和秩序的影响是毋庸置疑的。如果微观经济和中观经济秩序中的风险没有得到管控，最终会漫延到宏观领域。

其次，虚拟经济对金融安全的影响。虚拟经济的概念由马克思最早提出的虚拟资本（Fictitious Capital）衍生而来，他认为虚拟资本是在借贷资本和银行信用制度的基础上产生的，包括股票、债券等。在现代经济中，它主要指金融业。在《新帕尔格雷夫经济学大辞典》中，"虚拟资本是指通过信用手段为生产性活动融通资金"。[1] 由此来看，虚拟经济不仅包括证券业、资本市场，货币市场，而且包括银行业、外汇市场等。随着房地产金融、能源金融和各种金融衍生产品的创新发展，虚拟经济是一个涵盖金融业，凡是以价值符号互为交易对象及为此所构筑的交易平台，都属于虚拟经济范畴。与实体经济相比，虚拟经济具有高度流动性、不稳定性、高风险性和高投机性等四个方面的特征。虚拟经济领域交易的只是价值符号而不是有形的实物，以至于虚拟资产被无限放大，造就了虚假繁荣下的泡沫，虚拟经济通过全球化把这个泡沫向全球扩散。虚拟经济通过金融信用、证券和债务等价值符号向实体经济渗透，导致房地产泡沫、地方巨额债务、金融衍生产品、网络信贷跑路、共享单车影子银行等各种现实金融问题，对经济安全带来了潜在的威胁。

最后，经济全球化对现代金融安全的影响。经济全球化导致美国次贷危机引发了国际金融危机，也让世人更真切地体会到经济全球化是把"双刃剑"。一方面，资本的快速流动可以让一些有投资潜力的国家和地区获得发展

---

〔1〕　参见［英］约翰·伊特韦尔、默里·米尔盖特、彼得·纽曼编：《新帕尔格雷夫经济学大辞典》，经济科学出版社 1992 年版，第 340 页。

所需要的资本要素，从而更有效地整合国内和国际资源；另一方面，资本流动中的大量"热钱"也很容易成为金融危机的推手，并借助全球化的信息网络将危机在全球范围内迅速扩散，从而把所有国家都卷入到金融危机之中。这些风险在扩散的过程中，由于彼此间的联动关系，还可能产生新的风险源，全球化则进一步放大了风险的影响和潜在后果。[1]经济全球化使世界各国经济和风险一体化，特别是金融资本风险的国际化更明显。相对经济全球化，各国法制不统一，加上深受国家利益限制，尤其是个别大国意志的制约，也受困于各种利益矛盾和冲突，对经济和风险的管理互相独立都成为国际金融风险管控的障碍。应对全球风险的经验表明，除了要增强现有的国内金融治理机制，也需要积极推动全球金融治理机制的形成和健康发展。因此，全球治理不仅要依赖双边、多边合作的深入以及地区性合作治理机制的发展，更有赖于国际秩序民主法治水平的提高，建立长效国际金融合作协调机制。

（二）产业安全的问题

1. 外资对我国产业安全的威胁

产业安全是经济安全的基础，是国家制定产业政策、实行经济干预的最基本出发点。当前，中国产业正在全面融入世界，这既为快速发展创造了契机，也给经济安全带来了挑战。产业安全问题已经引起了国内各方面的高度重视，逐渐成为经济理论和政策研究的热点问题。在"产业安全"定义上，产业竞争力和产业控制力两大视角不能够全面涵盖产业安全的范围，理论上缺乏足够支撑，导致了在实践中难以明确界定"产业安全"问题的讨论范围，也加大了分析产业安全问题、表现形式、影响因素等问题的难度，难以形成具有一致性、规范性的研究范式。应重新界定产业安全的定义、表现形式、维护能力、影响因素等基础问题。产业安全问题可以从产业损害和产业风险两个层面进行界定，如果产业当前处于危险的状态，可以称之为"产业损害"；产业未来处于危险的状态，可以称之为"产业风险"。产业损害度侧重考察产业运行过程中受到的，以及使国民经济受到的现实损害，是产业现实安全问题；产业风险度则侧重考察产业未来运行中的受到的以及使国民经济受到不可接受损害的不确定性，是产业长远安全问题。因此，将二者结合起

---

〔1〕 杨雪冬："多极联手重塑世界经济规则"，载 http://world. people. com. cn/GB/89881/97034/11202409. html，访问日期：2018 年 5 月 28 日。

来，就既能对现实的产业安全问题进行评价，也能对未来的产业安全问题进行预警。[1]简而言之，产业安全问题包括产业竞争力、产业控制力、产业损害和产业风险等方面，产业的竞争力和产业的控制力属于产业的抗风险能力，是产业安全的保障。产业风险和产业损害是产业的危险状况或危害状况，表明产业不安全，应采取措施化解风险。对于产业安全，既有产业本身经营管理不善，投资抉择失误，发展目标定位不当等内部管理安全防范的问题，也有外部竞争环境恶化和外资并购操纵产业等，特别是外资并购对民族产业发展的影响是显而易见的。

据国务院研究发展中心 2006 年发表的研究报告指出，在中国已开放的产业中，每个产业排名前五位的企业几乎都由外资控制：中国 28 个主要产业中，外资在 21 个产业中拥有多数资产控制权。玻璃行业、电梯生产厂家，已经由外商控股，18 家国家级定点家电企业中，11 家与外商合资，化妆品行业被 150 家外资企业控制，20% 的医药企业在外资手中。据原国家工商总局调查，电脑操作系统、软包装产品、感光材料、子午线轮胎、手机等行业，外资均占有绝对垄断地位。而在轻工、化工、医药、机械、电子等行业，外资公司的产品已占据 1/3 以上的市场份额。[2]随着我国对外开放的程序的深入，外资对我国企业的并购和控制会越演越烈，甚至进一步恶化。凡外国资本对我国企的兼并，几乎都是在廉价吞并我国的名优企业、优质资产和庞大市场份额，然后消灭我国的企业品牌，甚至最终形成行业垄断或是控制权。外资并购中国企业并不仅仅是获取经济利益，其背后有着深刻的政治和经济背景。外资并购之初，外方先充分掌控被并购品牌的渠道等优势资源，嫁接自己品牌，之后就雪藏国内品牌，利用国际品牌的溢价能力，通过品牌错位，实现从高端市场到低端市场的全行业的垄断和控制。通过垄断并购、品牌绞杀，外资用钱把国内企业固化在国际产业分工格局中打工者的角色上。外资恶意并购重要行业企业的案例屡屡发生，破坏了我国的产业结构平衡，甚至可能影响我国在国际投资与贸易中的独立地位。首先，外资并购的标的体现其战略意图。外资并购对象瞄准我国关键行业和行业龙头企业，不是漫无目的的

---

〔1〕 参见刘莉雪、郑凯、刘灵凤："对产业安全若干基本概念的探讨"，载《北京交通大学学报（社会科学版）》2015 年第 4 期，第 33~34 页。

〔2〕 参见丛亚平："利用外资八思"，载《瞭望新闻周刊》2006 年第 51 期，第 44 页。

攻城拔寨，而是着眼于全产业链并购从而实现对我国某一行业的控制。其次，外资并购的行业领域多元化，从过去的一般消费品行业向基础工业延伸，比如，"凯雷并购徐工""舍弗勒并购洛轴"为代表的外资并购境内装备制造业等。再次，外资来源地高度集中。外资主要来自欧美发达国家，占实际外资总额的90%。1994年墨西哥经济危机、1998年阿根廷金融危机，都证明了主权国家应从国家安全的角度出发，对外资并购进行审查，防止国家经济命脉被外国掌握。[1]随着我国经济实力的增强，我国企业海外投资和并购常被欧美发达国家以"双反"调查和"国家安全"为由进行审查、打压并拒绝市场准入。虽然不能像欧美等国家滥用国家安全审查进行贸易保护，但也不能毫无忧患意识对外资来者不拒。我国很多行业都被外资控制也说明我国产业存在巨大的安全危机。

2. 我国对外资安全审核的演变

随着中国改革开放的深入展开，投资领域的国家安全审查问题日益凸显，既面临着对外投资的法律挑战，又面临着外商投资国家安全审查制度的健全完善问题。从外商投资国家安全审查制度的发展历程来看，我国改革开放以来关于外商投资的国家安全审查制度，主要涉及企业设立审批、行业准入审批和外资并购审查等三个发展时期。第一阶段：1979年至1994年以企业设立审批为起点的国家安全审查制度。在改革开放初期，以企业设立审批为起点的制度萌芽时期，对外资的审核以国家安全为主，主要适用"三资企业法"；第二阶段：1995年至2002年以行业准入审批为主体的国家安全审查制度。适用的法律除了"三资企业法"外，主要是《外商投资目录》，以国家安全为由对外资进行的行业准入核准的负面清单管理，明确外资限制和禁止的行业；[2]第三阶段，2003年至今，随着我国加入WTO，在很多领域都全面放开，对于外资企业设立和市场准入上，很多领域外资都享有国民待遇，也不再是外资国家安全审查的重点。对外资的审核目标在于外资对产业安全影响，即外资并购中产业安全或经济安全问题。截至2018年10月，我国外商投资企业累计近95万家，实际利用外资累计超过2.1万亿美元，外商投资已成为推动我

---

[1] 参见卢玲："外资并购背景下国家经济安全法律保障体系的构建"，载《甘肃社会科学》2014年第2期，第136~137页。

[2] 参见江山："论中国外商投资国家安全审查制度的法律建构"，载《现代法学》2015年第5期，第85~88页。

国经济社会发展的重要力量。

《外商投资产业指导目录》首次颁布于 1995 年，至 2017 年版目录已经过 7 次修订，目录将外资准入行业分为"鼓励类""限制类"或"禁止类"。2015 年版目录将限制性措施由 2011 年版的 180 条减少到 93 条，2017 年版目录进一步将限制性措施减少到 63 条，比 2011 年版总计缩减 65%。修订《外商投资产业指导目录》，进一步减少限制性措施。自 2017 年版目录开始，我国外资准入施行"准入前国民待遇+负面清单管理"制度，2018 年出台《外商投资准入特别管理措施（负面清单）》，是外商投资准入负面清单首次单独出台，而且负面清单不再分为"限制类"和"禁止类"两部分，而是以整体形式出现并在正文中具体表述相应的特别管理措施。2018 年版负面清单保留 48 条特别管理措施，比 2017 年版 63 条减少了 15 条。清单条目少了，相应地将进一步缩小外商投资审批范围。2018 年版负面清单推出了一系列重大开放措施，具体包括：一是大幅扩大服务业开放。金融领域，取消银行业外资股比限制，将证券公司、基金管理公司、期货公司、寿险公司的外资股比放宽至 51%，2021 年取消金融领域所有外资股比限制。基础设施领域，取消铁路干线路网、电网外资限制。交通运输领域，取消铁路旅客运输公司、国际海上运输、国际船舶代理外资限制。商贸流通领域，取消加油站、粮食收购批发外资限制。文化领域，取消禁止投资互联网上网服务营业场所的规定。二是基本放开制造业。汽车行业取消专用车、新能源汽车外资股比限制，2020年取消商用车外资股比限制，2022 年取消乘用车外资股比限制以及合资企业不超过两家的限制。船舶行业取消外资限制，包括设计、制造、修理各环节。飞机行业取消外资限制，包括干线飞机、支线飞机、通用飞机、直升机、无人机、浮空器等各类型。三是放宽农业和能源资源领域准入。农业领域，取消小麦、玉米之外农作物种子生产外资限制。能源领域，取消特殊稀缺煤类开采外资限制。资源领域，取消石墨开采、稀土冶炼分离、钨冶炼外资限制。总体上，国内目前随着外商投资的全方位开放，对外资的安全审核和限制越来越不重视，但外资的安全问题应该是不可忽视的问题，特别是一些重要领域和重要行业，比如，金融、能源、粮食、农业和公共领域等，应该确定一个安全阀，不能盲目全面开放。

我国目前有关外资安全审查的规定主要有 2006 年商务部等六部委联合颁布的《外国投资者并购境内企业的规定》，该规定第 1 条表明了我国对于外资的监督和管理的目的之一在于维护国家经济安全。同时第 12 条规定："外资在并购我国境内企业时如果可能影响到我国国家经济安全的应当向商务部申报，商务部也有权采取措施消除并购行为对国家经济安全的影响。"2006 年《国务院关于加快振兴装备制造业的若干意见》规定："大型重点骨干装备制造企业控股权向外资转让时应征求国务院有关部门的意见。"国家发改委于2006 年发布的《利用外资"十一五"规划》规定：加强外资并购重点行业核心企业的监督与审查，确保国家对关乎国计民生及国家安全重点行业的控制主导权。由国务院国资委于 2007 年公布的《关于企业国有产权转让有关事项的通知》规定：外资并购方的行为不能违反本国经济安全的禁止性规定。2008 年 8 月 1 日实施的《反垄断法》第 31 条的规定中有原则性表述，即"对外资并购境内企业或者以其他方式参与经营者集中，涉及国家安全的，除依照本法规定进行经营者集中审查外，还应当按照国家有关规定进行国家安全审查。"这是我国第一次提出"国家安全审查"的概念。2010 年国务院印发的《关于进一步做好利用外资工作的若干意见》正式提出要求加快进行外资并购安全审查制度的建立。2011 年国务院办公厅发布《关于建立外国投资者并购境内企业安全审查制度的通知》（以下简称《通知》），明确指出建立部际联席会议制度以实现对外国投资者并购境内企业的安全审查，同时指出由发展改革委和商务部牵头会同相关部门开展并购安全审查，这是我国第一次提出建立国家安全审查制度。《通知》规定："并购安全审查的范围为：外国投资者并购境内军工及军工配套企业，重点、敏感军事设施周边企业，以及关系国防安全的其他单位；外国投资者并购境内关系国家安全的重要农产品、重要能源和资源、重要基础设施、重要运输服务、关键技术、重大装备制造等企业，且实际控制权可能被外国投资者取得。"同年，商务部根据《通知》发布了《商务部实施外国投资者并购境内企业安全审查制度的规定》，进一步规定了对于外资的国家安全审查程序，相应的制度初步成型。2014 年国家发改委发布了《外商投资项目核准和备案管理办法》对外资的管理体制进一步深化，其中第 7 条规定："外商投资涉及国家安全的，应当按照国家有关规定进行安全审查。"2015 年国务院办公厅发布了《自由贸易试验区外商投资国家安全审查试行办法》（以下简称《试行办法》），该办法在自贸区试点积极开展的背景下规定了与负面清单管理模式相适应的外商投资国家安全审查制度，并对制度的审查范围、审查内容、审查程序和机制做了原则性的规定。

2015 年颁布的《国家安全法》中第 59 条规定对影响国家安全的外商投资予以国家安全审查，并在第 3 条中明确规定我国坚持总体安全观，第 19 条明确规定："国家维护国家基本经济制度和社会主义市场经济秩序，健全预防和化解经济安全风险的制度机制，保障关系国民经济命脉的重要行业和关键领域、重点产业、重大基础设施和重大建设项目以及其他重大经济利益安全。" 2019 年 3 月 15 日第十三届全国人大二次会议表决通过《外商投资法》第 35 条规定："国家建立外商投资安全审查制度，对影响或者可能影响国家安全的外商投资进行安全审查。依法作出的安全审查决定为最终决定。"《外商投资法》只是对外商投资的安全审查制度作了原则规定，并没有强调经济安全的重要性。比起我国企业对外投资总被国外以国家安全审查为由被拒，我国对外资的国家安全审查还需进一步加强。

3. 我国外资安全审查存在的问题

当前我国在外资国家安全审查制度建设的过程中，面临着相关法律规范有待完善、国内法律与国际条约协调性不足、相关立法与现行法律规范冲突等情况，造成在对外资进行安全审查时难免出现制度运行不顺畅。[1]首先，外资安全审查的法制有待健全。我国目前关于外资安全审查的相关规定，在法律层面主要有《反垄断法》《国家安全法》和《外商投资法》，但相关的行政法规，特别是部门规章较多，导致相关规定层级过低，缺乏权威性。不同的规定内容不协调统一，甚至存在冲突的问题。且现行外资安全审查法的相关规定主要是原则性的，而审查的程序、内容、范围则通过部委的多个法律文件加以规定。因缺乏直接规范外资安全审查的基本法前提下，现有的条文之间联系不够紧密，协调性较差。其次，外资安全审查职能主体有待明确。目前，国务院建立的由发展改革委和商务部牵头会同相关部门开展并购安全审查的部际联席会议制度，职能主体多元化，导致职权职责分工不够明确，效率有待提高，以至于相关规定难落到实处，对外资准入时的安全审查不严导致我国绝大多数行业受外资侵害和控制。

自《反垄断法》2008 年实施以来，至 2018 年 11 月，经营者集中申报 437 件，立案 385 件，审结 380 件，绝大多数的外资并购根本没有进行安全审

---

〔1〕　参见张哲畅："我国外资国家安全审查制度的法律困境分析"，载《齐齐哈尔大学学报（哲学社会科学版）》2018 年第 3 期，第 85 页。

查程序。另外，对外资使用疏于监管也导致对外资安全威胁意识不强。国务院研究发展中心 2006 年发表了一份外资在我国的研究报告以来，再也没有权威机构对我国外资的使用现状进行调研。外资在各产业中的控股现状相关资信的缺失或是不公开、不透明，不仅职能部门不积极介入导致监管缺失，也缺乏社会的有效监督，这加大了外资对我国各行各业操控的风险。

(三) 能源安全的问题

能源安全的概念诞生于 20 世纪 70 年代两次石油危机，初衷主要是为了防止石油供应中断，确保石油供应安全。随着社会经济发展对资源、环境的需要，能源安全涵盖的内容日益多元化。能源安全主要是关于能源供给安全，能源供给安全是能源安全的核心内容。国家能源安全的概念由两个有机部分组成，分别为能源供应的稳定性（经济安全性）和能源使用的安全性，即能源供给安全和能源消费安全。[1] 广义的能源安全被界定为能源供给安全、能源生产和使用安全、能源运输安全、能源环境安全及能源安全预警机制等。[2] 亚太能源研究中心（APERC）认为影响能源供应安全的因素主要来自以下五个方面：第一，燃料储备及国内外供给者情况；第二，经济体满足预期能源需求的供给能力；第三，经济体能源资源和供给者多样化水平；第四，获取能源资源的便利性，与可得性相关的能源基础设施如能源运输基础设施；第五，地缘政治因素。因为世界周边的政治稳定性常成为影响石油、天然气等能源供应危机的主要原因。因此，将能源供给安全定义为：综合考虑能源来源（品种和来源地）、运输、战略储备、地缘政治、支付能力、技术、制度等多种因素，满足一定地域范围当前和未来获取充足的、符合社会经济发展需要的能源产品。[3]

能源安全关系到一国的生存与可持续发展，近年来世界主要产油国的政治不稳定和社会动荡使能源进口国的能源进口风险持续上升。当前，我国正处于新型工业化与城镇化建设的关键时期，随着经济规模的进一步扩大，能源需求将会持续增长，供求矛盾也将长期存在。作为能源生产和消费大国，

---

〔1〕 参见张雷："中国能源安全问题探讨"，载《中国软科学》2001 年第 4 期，第 7 页。

〔2〕 参见沈镭、薛静静："中国能源安全的路径选择与战略框架"，载《中国人口·资源与环境》2011 年第 10 期，第 49~54 页。

〔3〕 参见薛静静等："中国能源供给安全综合评价及障碍因素分析"，载《地理研究》2014 年第 5 期，第 843 页。

中国的能源供给安全问题一直备受关注，甚至有一些别有用心的国际机构大肆宣扬"中国能源威胁论"导致我国能源进口形势十分严峻。2009 年以来，我国已经成为世界第一大能源消费国，2013 年我国的能源消费占全球能源总消费的 22.4%，而且能源对外依存度上升较快，能源安全形势严峻。在经济增长适度放缓的背景下，2015 年我国石油消费仍持续增长，对外依存度首次突破 60%，天然气进口量则达 624 亿立方米，对外依存度上升至 32.7%。从近十年能源生产数据看，能源生产总量经历持续增长后在 2016 年转头下降，2017 年又开始上扬。2014 年至 2016 年原煤产量连年下降，2017 年略有回升。原油产量继 2016 年低于 2 亿吨后，2017 年再次降低。日益高起的能源进口量与对外依存度将在一定程度上影响我国的能源安全，如何进一步加强能源储备，分散进口风险，日益成为国家关注的焦点。为应对能源安全，应推进能源革命，优化能源供给结构，提高能源利用效率，构建高效、安全、清洁的现代能源体系，切实保障国家的能源安全。[1]

在新的能源形势下，新的能源安全观正在形成。应摒弃传统能源安全观中以单一的石油安全为核心的理念，在关注石油安全的同时，也关注天然气、电力、煤炭、核能等在内的主要能源的全面安全。在能源使用安全上，将更多地关注与生态文明建设的关系。大力推进生态文明建设，推动能源生产和消费革命，控制能源消费总量，加强节能降耗，支持节能低碳产业和新能源、可再生能源发展，确保国家能源安全。适应这一要求，能源安全的侧重点也会发生一些调整。气候变化问题使得能源安全的内涵扩展到环境的影响上。2016 年 4 月 22 日，175 个国家在纽约联合国总部签署了《巴黎协定》，很多国家和机构开始将努力积极推动《巴黎协定》于年内生效作为工作目标，这也就意味着 2020 前行动进程产生影响，特别是发展中国家关注的《京都议定书》第二承诺期。在这种情形下，能源使用安全可能会比能源供需和能源价格更被关注，那么，能源安全的内涵如何进行深化，可能成为今后的一个重点研究课题。另外，能源安全战略的研究将趋向更加全面性和开放性。能源安全内涵的丰富和扩延将带来能源安全战略研究重点的转移，将更多地从系统工程的视角，从政治、经济、能源、环境、外交、军事等多个方面展开战

---

〔1〕 参见李根等："基于改进 AHP-FCE 的新常态下中国能源安全评价"，载《生态经济》2016 年第 10 期，第 27 页。

略性研究，并从国家战略的高度转向全球战略的视角，即将一国的能源安全与全球能源安全紧密地联系在一起。[1]

（四）粮食安全问题

粮食安全既是经济和社会发展的基础，也是国家安全的保障，深受各种因素的影响和制约。全球粮食产量的地域性失衡问题，表现为全球粮食总产量、人均占有量以及耕地占有量等均存在严重的地域性失衡，进而导致世界粮食贸易品种、地区贸易结构亦出现严重的地域性失衡。20世纪70年代爆发的粮食危机令世界震惊和恐慌，1974年联合国紧急召开世界粮食大会，在会上联合国粮农组织（FAO）为各国敲响了"粮食安全"的警钟。进入21世纪后，虽然世界粮食生产和供给平稳增加，但某些年份还是出现了粮食安全问题，尤其是在2007年至2008年间，全球范围内的粮食安全问题再次凸显，引起了各国政府的注意和人民的担忧，不少国家为了确保本国的粮食安全实施粮食贸易禁运政策并对粮食贸易设置壁垒，人为阻碍粮食贸易和流通，导致世界粮食安全局势的进一步恶化。为了确保我国粮食安全，每年需从国际市场上进口大量的粮食作物。因此，粮食安全无论是对世界各国还是我国都是一个战略性问题。[2]

根据农业农村部预测，到2020年，我国的粮食缺口将达到1亿吨以上，这表明我国正在成为农产品的进口大国。与此同时，由于工业化和城市化的影响，我国的耕地面积在以每年40万公顷的速度减少，可以预见我国与粮食国际市场的联系会更加紧密。基于此，研究粮食国际贸易路线中的关键节点的"阻塞风险"对于我国粮食安全具有重大的现实意义。我国奉行"谷物基本自给，口粮绝对安全"的粮食安全战略，这一战略本身即是对全球粮食安全作出的巨大贡献，2016年我国口粮自给率高达98%，如果按照国际粮食标准（含小麦、玉米和大米）我国粮食自给率仍在95%以上，国家粮食安全的风险完全可控。但是，也要看到一个事实，我国的粮食进口正在快速增长，进口粮食的性质已经从过去的调剂品种之间余缺转为大规模进口，国际市场对我国粮食安全的重要性正与日俱增，个别品种如大豆当前已经高度依赖国

〔1〕 参见周新军："能源安全问题研究：一个文献综述"，载《当代经济管理》2017年第1期，第4页。

〔2〕 参见赵峰、宋学锋、张杰："地域性失衡、'大国效应'扭曲与我国粮食安全战略研究"，载《江西社会科学》2018年第3期，第52页。

际市场进口。2016 年我国小麦、玉米、大米和大豆的进口分别为 341 万吨、317 万吨、356 万吨和 8391 万吨，而 2000 年进口数量分别仅为 88 万吨、0 万吨、24 万吨和 1042 万吨。如果把粮食的定位扩大到大豆，2016 年我国的粮食自给率仅为 85.89%。目前我国在肉类消费、植物油和糖的消费上仍旧面临较大缺口，考虑到国内耕地和水资源等硬性约束，这些食物缺口都将表现为粮食进口压力。我国粮食贸易中面临的四个风险，分别是高不可抗力的自然风险、粮食禁运风险、依赖长距离海运风险和涉农企业竞争力弱的风险。[1]

根据我国粮食消费需求与供给缺口的预测，截至 2017 年，我国粮食生产实现了 16 年的连续增长，基本解决了全国人民的温饱问题，伴随着我国人口的不断增长以及人们生活水平的提高，加之工农业用粮的增加，预计未来我国粮食总需求量的增长将会大大超过国内粮食生产量的增长，到 2020 年预计将达到 6.7 亿吨，到 2030 年预计达到 7 亿吨；而粮食总产量 2020 年预计达到 5.68 亿吨，2030 年达到 5.83 亿吨。相比之下，粮食总产量的增速落后于需求量的增速。2016 年我国人均粮食消费量为 455 公斤，2020 年预计达到 479 公斤，2030 年达到 491 公斤；2016 年我国的人均粮食产量为 445 公斤，2020 年和 2030 年预计的人均粮食产量分别为 463 公斤和 482 公斤。因此，我国粮食消费需求与供给无论是在总量上还是在人均上，都存在着较大的缺口。同时，根据农业农村部预测，我国将保持大米和小麦的高度自给水平，到 2030 年，我国小麦的自给率维持在 97% 以上，大米的自给率高达 99% 以上，基本能够实现小麦、大米的自给自足。但除这两个品种外的其他品种均无法维持自给。玉米产量预计 2020 年达到 2.2 亿吨，2030 年达到 2.43 亿吨，然而玉米需求量预计 2020 年将达到 2.4 亿吨，2030 年达到 2.85 亿吨，需求增长过快导致玉米供需缺口加大，玉米自给率将会从 2016 年的 96% 下降到 2030 年的 85%。此外，我国大豆的供需缺口更大，预计 2020 年大豆进口量为 8000 万吨，2030 年进口量为 9000 万吨，到 2030 年我国的大豆自给率将会下降到 34%。综上所述，我国粮食产量和消费量（产销量）之间存在着缺口性失衡，

---

[1] 参见王帅："全球粮食贸易中关键点的风险与我国粮食安全"，载《国际经济合作》2017 年第 11 期，第 26 页。

预计这个缺口性失衡将会呈现扩大态势，并且在空间上表现出地域性差异。[1] 2018 年粮食总产量 65 789 万吨，比 2017 年降 0.6%，我国的粮食安全仍旧面临挑战，对外进口的依赖程度不断增加。

农业是立国之根本，粮食是农业之根本。促进粮食生产持续、稳定、健康发展，对稳定粮食市场供给和价格，增强粮食市场调控、确保国家粮食安全意义重大。我国粮食生产受耕地、淡水等资源环境约束，连续增产的难度越来越大，进一步增产的空间受限；现阶段粮食供需结构性矛盾日益突出，大豆因产量不足需要严重依赖于进口，稻谷、小麦、玉米则出现结构性和阶段性过剩，普通品种已供给过剩，优质品种仍严重不足。目前，我国粮食生产面临着以下问题：①粮食产量、库存量、进口量"三量齐增"，反映了在国内外粮食市场形势时刻变化等背景下由粮食价格支持等政策激励形成的注重总量增长模式的不可持续性。②受全球粮食产能扩张、国际油价低迷等影响，国际粮价持续低迷，而国内粮食生产的物质成本、人工成本、土地成本"三本齐升"，国内外粮食价格倒挂，在价格天花板下压和成本地板抬升的双重挤压下，种粮比较效益不断下降，影响了各类农业经营主体的种粮积极性。③长时间、高强度的农业生产引发部分地区对耕地、淡水以及生态等资源的过度开发利用，造成农业资源污染加重、生态环境破坏等，影响了农业资源的永续利用、粮食质量安全的可持续保障以及农业的持续健康发展。④我国对粮食的"黄箱政策"的支持水平已接近 WTO 规则所许可的"天花板"。未来我国支持粮食生产稳定发展，不能再以提价为手段，政策工具的选择直接面临国际规则的挑战。[2]

（五）我国企业对外投资的风险问题

随着经济全球化不断的发展和深化，我国企业境外投资越来越多。但由于我国企业缺少跨国经营管理的经验，管理体制尚不适应国际化经营的需要，往往使得企业在"走出去"的过程中遭遇意想不到的风险，这在国有企业中更为明显。

首先，国内缺乏专业的境外投资风险评估机构。目前，国内缺乏专门的

---

〔1〕 参见赵峰、宋学锋、张杰："地域性失衡、'大国效应'扭曲与我国粮食安全战略研究"，载《江西社会科学》2018 年第 3 期，第 55 页。

〔2〕 参见王育花、童成立："解决中国粮食安全问题，重'量'更要重'质'——'粮食安全'专刊"，载《农业现代化研究》2017 年第 4 期，第 1~2 页。

海外投资风险评估机构以帮助海外投资企业分析和评估海外投资项目的可行性，企业本身受信息渠道、自身评价或判断能力等方面因素的影响很难正确判断某项目在国外是否具有发展前景。由于部分海外投资企业对投资项目的前期调查不充分、不科学，从而导致项目投资后经营亏损。近年来，我国企业跨国经营虽然取得了一些进展，但与发达国家相比仍相对落后。据不完全统计，我国海外企业中盈利的占55%，其中多为非生产性企业；收支平衡的占28%；亏损的占17%，而且以生产性企业居多。在实施跨国经营决策时，缺乏风险意识和风险制约机制，在投资项目、环境分析、地点选择、合作伙伴选择、经营策略的制定与执行等方面，都缺乏足够的科学论证，因而往往造成重大决策失误，导致国有资产受到严重侵蚀。

其次，我国企业缺乏专业的海外投资人才。我国企业也缺乏一整套适应国际市场竞争需要的人力资源管理机制。许多从事跨国经营的企业还没有建立起现代化的人力资本观念，对人才资源管理的认识仍旧停留在人事制度管理的层次上，导致外派人员专业能力和积极性都不高，远远不能适应当今国际市场竞争的需要。分散化经营与恶性竞争风险使我国设立的境外企业分散化经营现象严重，使得企业不但无法在资本、技术、市场、信息以及生产等方面实现资源共享与互补，甚至反而会引发越来越严重的内部过度竞争。说明这些企业投资母体之间缺乏联系和合作。企业需要加强和完善公司治理机构，强化企业内部的激励和约束机制，积极培养人才，完善人才管理。发展国际化经营管理，不仅需要金融、法律、财务、技术、营销等方面的专业人才，更需要有战略思想和熟悉现代企业管理的经理人才。目前，我国缺乏熟悉国际规则和东道国市场法律的人才，导致我国企业对外投资面临着法律风险问题。

再次，我国企业境外投资缺乏科学管理和投资决策。在当今经济全球化趋势下，跨国企业都以兼并或建立策略联盟作为发展手段以实现规模效应，而我国企业显然尚未跟上这种跨国经营的潮流。由于我国从事国际化经营的主体主要是国有企业，至今依然存在着条块分割的管理体制，使得海外的国有企业分支公司即使在业务上有相似和交叉之处，也难以进行有效的合作和信息交流。国有企业自身机制与国际上跨国公司的通行体制存在较大差距，限制、束缚了海外企业的经营活力和经营理念，使海外中资企业难以像跨国公司的子公司那样以各种手段进行兼并和联盟经营。在同一项目的竞争中，企业间往往出现竞相压价、恶性竞争的局面，难以建立起战略联盟，这也从内部进一步增大了企业跨国经营的风险。

最后，我国企业境外投资面临着严重的政治风险。中国企业海外投资、贸易和并购，更多的风险不是商业上的而是政治上的。我国企业在发达国家面临着被打压、限制和甚至禁止入市的风险，在发展中国家的投资更是要面对法律制度不健全、政府更迭、社会动荡，甚至战争的各种政治风险。2017年美国新任总统特朗普上任以来，打着美国优先的旗号，为了遏制中国的发展，打击中国2025制造的发展战略，不惜违反国际公约，退出多个国际公约和双边条约，更是违背WTO规则向我国及全世界发动贸易战，以安全问题为由限制我国企业在美国的投资和收购、贸易，通过各种不正当手段打击我国高科技企业，华为被迫撤出美国市场，中兴也几乎被置于死地，虽然最终以巨额罚款换生存，但代价是很昂贵的。企业应在投资前对投资所在国的经济发展状况、政局稳定情况、投资国的法律和对外国投资的优惠政策进行综合评估。境外企业设立后，也应要求海外经理人员及时提供当地各种政策动向的情报，并由专门机构进行分析。评估工作专业性较强，如果企业实力有限，就要注意发挥咨询公司等中介机构的作用。随着我国"一带一路"进程的不断推进和发展，中国企业走向世界是一种必然，但企业应充分做好各种风险防范措施，特别是应对经济风险，更应该合理评估，趋利避害，防患于未然。

三、经济法对经济安全的法律保障机制

(一) 美国关于经济安全相关规定的启示

随着全球经济一体化与信息化的快速推进，国家经济安全正逐步成为与军事安全并重的话题，受到各主权国家的高度重视，而美国是最早将经济安全纳入国家安全战略的国家。1993年2月，克林顿在美利坚大学演讲时提出，"把贸易作为美国安全的首要因素的时机已经到来"。1993年11月，时任国务卿克里斯托弗在向参议院外交委员会作证时，将经济安全列为克林顿政府对外战略的首位。美国《1994年国家安全战略报告》(National Security Strategy 1994) 将强大的经济实力、国防力量及全球自由市场经济和民主人权列为美国外交政策的支柱。1999年12月，美国白宫新闻总署在《新世纪的国家安全战略》中将增强美国的安全、保障美国的经济繁荣、促进国外的民主和人权

列为国家安全战略的三个核心目标。[1]美国没有专门的国家经济安全法，其关于国家经济安全的立法分散于各种联邦法、行政法规、各州法律的大量判例之中。美国《1994年国家安全战略报告》指出经济安全是国家安全的基本原则，国家安全战略报告还把经济利益和全球安全利益并提。1999年，《新世纪的国家安全战略》把经济安全列为国家安全战略的核心，明确把国家经济安全列为国家安全之首和对外政策的三大支柱之首。2010年《国家安全战略》中提出，在外交领域，将任命一名首席经济学家，建立一个新的早期预警机制，以发现经济、安全和政治相互交织的问题。[2]

1. 能源安全的保障措施

20世纪70年代，突如其来的石油危机使美国政府意识到本国能源安全的脆弱，因此有必要针对美国石油安全链的脆弱环节，寻求长效的应对机制。美国为了保证其能源战略的顺利实施，根据不同阶段的国情和世界局势多次制订修改与能源相关的立法，[3]美国能源法律体系不断完善，且具有极强的法律操作性。其特点表现为：在国内，通过提升能源利用效率、鼓励能源多元化和倡导节约能源来实现能源自主和独立，从而降低能源对外依存度；在国外，为了减少对不稳定能源来源地的依赖，能源外交中心从中东转向里海地区，逐步深化与加拿大、墨西哥等美洲国家的能源合作，从而提高各方对全球经济、安全和环境的关注，美国常以能源安全为由限制我国企业在美国能源方面的投资。美国能源安全主要将焦点集中在以下四个方面：

第一，应对能源危机。1973年石油危机发生后，为了应对由此给美国社会所带来的冲击和对经济的影响，时任总统卡特签署了《1978年国家能源法案》和《1980年能源安全法案》，其目的是突出发展新能源的要求，增加美国国内能源供应，解决能源安全问题。

第二，鼓励能源多元化。随着美国能源的快速发展和能源安全形势的日益严峻，新的能源越来越受到重视。《1992年能源政策法案》是美国第一部大型能源政策法案，《2005年能源政策法案》是对1992年能源政策法案和其

---

〔1〕　参见胡再勇、林桂军："国家经济安全：OECD的治理架构、政策措施及启示"，载《国际经济合作》2014年第12期，第111页。

〔2〕　参见姜茸、梁双陆、李春宏："国家经济安全风险预警研究综述"，载《生态经济》2015年第5期，第35页。

〔3〕　参见陈子楠："美国能源战略立法保障及启示"，华北电力大学2013年硕士学位论文。

他相关法案的部分修订。这一阶段能源政策的目的是：增加国内能源生产，促进节能，提高能效；强调可再生能源的重要性，实现品种多样化；控制海湾石油资源，积极推动美国核电，实现能源来源多元化，以减少对进口能源的依赖；增加石油战略储备，整合能源环境与经济政策等。2009 年颁布的《美国复苏与再投资法案》是近年来美国关于新能源和可再生能源最新的一部法案，该法案明确了对新能源给予财政激励。[1]同年还推出了《美国清洁能源安全法》。这两部法案的目的是：开发绿色能源和提高能效，支持可再生能源项目、清洁能源项目、智能电网改造。

第三，实现能源独立。2009 年美国的《美国清洁能源安全法》之后，出台的能源法案的核心多集中在发展新能源，增强能源自给程度，逐步实现能源独立。美国能源政策及立法以全面反映能源发展战略作为总体指导思想，采用综合性能源立法为主、专门性能源立法和配套性能源立法为辅的模式，并随着时代变迁不断发展。

第四，能源战略储备。从 20 世纪 70 年代开始，美国的能源安全主要集中在能源储备上。1975 年 12 月 22 日，时任总统福特签发《能源政策与储备法》，宣布将正式着手建立"战略石油储备"。《能源政策与储备法》成为美国石油危机应对机制基本法律依据的核心蓝本，此后历届政府对石油危机应对机制进行调整、对战略石油储备进行补充，都必须在修订该法案的基础上进行。《能源政策和储备法》提出建立石油储备计划，储备经费由政府承担。美国严格限制对能源储备的动用，如需动用必须经过总统的批准。美国迄今为止只动用了两次储备石油，一次是海湾战争，另一次是 2000 年世界油价大涨。克林顿总统上台后，通过对《能源政策与储备法》的修订，将动用战略石油储备作为调控国内能源市场的重要手段，同时引入商业化运作机制，通过抛售一定的战略石油储备筹集储备设施运转和建设资金。与之形成鲜明对比的是，小布什总统严格控制动用战略石油储备，坚持将战略石油储备作为危机应对措施和国防燃料储备而非政策或市场调控工具。"9·11"事件后，为防止恐怖主义袭击而造成石油供应中断，小布什总统指出，美国"必须加

---

〔1〕 参见朱帅："借策美国清洁能源战略"，载《中国经济和信息化》2013 年第 23 期，第 61～63 页。

强并最大限度地扩充战略石油储备"。[1]根据美国能源信息署公布的美国石油库存数据，截至 2015 年 6 月，美国的战略石油储备为 $6.929×10^8$ 桶，为世界上数量最大的政府应急原油储备。[2]特朗普上台后，坚决退出《巴黎协定》，彻底推翻"清洁电力计划"等已成为其所勾勒美国能源蓝图的重要标签。受益于页岩油产量的大幅增加，甚至推动美国的能源出口。

2. 金融安全的监管

在 1933 年之前，美国对金融安全监管信奉的是自由主义观念，金融机构的行为很少受到政府的管控。1933 年经济危机后，美国对金融实行了严管政策，相继出台了《1933 年银行法》《1933 年证券法》《金融服务现代化法》《银行合并法》《国际银行法》《投资公司法》《证券投资保护法》等金融法律，构建了对金融业的严格监管体系。从 20 世纪 80 年代开始，随着金融环境的变化，美国开始放宽对金融的管制。如《放松对存款机构管理与货币管制法》《加恩-杰尔曼存款机构法》《全国性证券市场促进法》《金融服务现代化法》。这些法案打破了美国分业经营与管理的局面，允许外资银行进入保险、证券等行业。尽管美国顺应经济的发展需要，整体上放宽了对金融业的管制，但是放宽并不等于放弃，美国的监管依然存在。20 世纪 80 年代颁布的《银行法》对金融信息透明度、存款准备金、资本充足率和资本负债均进行了明确的规定。20 世纪 90 年代初颁布的《联邦存款保险公司改进法》规定，将对不符合法律规定标准的保险公司进行严厉的制裁。美国政府在 2008 年的次贷危机之后痛定思痛，2010 年美国颁布的《多德-弗兰克法》将加强宏观审慎监管确定为美国金融监管改革的主要目标之一，且全面强化对微观金融数据的收集和分析则成为一项重要议题。根据该法的授权，美国成立了金融稳定监管委员会（FSOC）以及金融研究办公室（OFR），并明确了金融研究办公室的主要职责是向金融稳定监管委员会以及社会公众提供高质量的金融数据、统一的数据标准以及深入的研究，以维护美国金融体系的稳定。金融研究办公室主任由美国总统任命并经参议院确认，其下设研究与分析中心、数据中心以及金融研究咨询委员会。在金融研究办公室的主导和推动下，美国在

---

〔1〕　参见杨昀："美国石油危机应对机制"，载《国际资料信息》2007 年第 2 期，第 11~14 页。

〔2〕　参见贾智彬等："美国能源战略发展史对中国能源战略发展的启示"，载《中外能源》2016 年第 2 期，第 3~4 页。

微观金融数据整合以及大数据技术的应用方面进行了一系列探索与尝试。[1]

从美国"次贷危机"爆发的主要原因来看，金融监管法律制度未能跟上金融创新的步伐，相反，新自由主义思潮导致金融监管法律制度的缺失。例如，1974 年美国《商品交易法》（CEA）正式免除了美国商品期货交易委员会（CFTC）对场外金融衍生产品市场（OTC）监管的责任，将按揭工具、远期、回购选择等 OTC 金融衍生品定义为非商品而免除 CFTC 的监管责任。1998 年春季，当美国商品期货委员会主席对场外金融衍生产品的激增表示担忧时，格林斯潘表示，出台新的监管措施有扰乱资本市场的风险。1999 年美国国会通过了《金融服务现代化法》，推行金融自由化，开始放松了金融监管。2000 年美国国会通过了《商品期货现代化法》，彻底解除了对包括信用违约掉期在内的金融衍生产品的规制和监管。[2]正是因为美国金融衍生产品创新的市场自由化和去法律监管化，导致席卷全球的金融危机。美国的次贷危机是住房抵押贷款资产证券化（Mortgage Backed Securitization）监管失控的结果。美国的资产证券化是个相当复杂和系统化的制度机制，涉及借款人、贷款人、特设机构、信托机构、信用增级机构、评估机构、投资者等众多主体。[3]而如此复杂的系统化机制却游离于政府和法律监管之外，美国未对资产证券化进行专门立法监管。

另外，美国金融监管缺乏协调性且效力低。美国的金融监管主要是双重监管模式。主要指其监管机构既有联邦设的监管机构又有各州设立的监管机构，美国 1978 年的《金融机构监管和利率控制法》规定成立联邦金融机构检查委员会，由该委员会协调美联储、货币监理署、联邦存款保险公司、国家信用社管理局和储贷监理署五家联邦银行业监管机构的监管，建立统一的监管原则、标准和报表格式，统一各监管机构的政策和监督检查活动，但在多头监管的情况下，金融监管机构达到 115 个。[4]监管机构数量庞大导致协调

---

〔1〕 参见王达："宏观审慎监管的大数据方法：背景、原理及美国的实践"，载《国际金融研究》2015 年第 9 期，第 59 页。

〔2〕 参见吕炳斌："金融创新与金融监管——以全球金融危机为背景的审视"，载《中国法学会经济法研究会 2009 年年会经济法理论研讨会会议论文集》（下），第 237~238 页。

〔3〕 参见窦竹君："美国住房信贷资产证券化的法律规制及对我国的启示"，载《河北法学》2003 年第 1 期，第 115 页。

〔4〕 转引自黄辉："金融监管现代化：英美法系的经验与教训"，载《中国法学会商法学研究会 2008 年年会论文集》（下），第 853 页。

性差，从而影响了监管的效率。特别对金融创新产品，既没有专门的监管机制，也没有专门的监管机构，对资产评估和信用评级、增级更是缺乏监管。

2010 年 5 月 20 日晚间，美国政府推出一个系统的金融监管制度改革的蓝图。参议院以 59 票对 39 票的投票结果通过了金融监管改革法案。此项法案意义重大，是自 20 世纪 30 年代以来对美国大银行施加监管措施增加最多的一项法案。其核心内容大致有三个方面：一是扩大监管机构权力，破解金融机构"大而不能倒"的困局，并可限制金融高管的薪酬；二是设立新的消费者金融保护局，赋予其超越目前监管机构的权力，全面保护消费者合法权益；三是采纳所谓的"沃克尔规则"，即限制大金融机构的投机性交易，尤其是加强对金融衍生品的监管，以防范金融风险。[1]新金融监管法案，从制度的层面对金融监管改进改革，大至大金融机构的并购等各种运作，小至抵押贷款的发放、信用评级的制定以及各种衍生金融工具的交易等都将纳入监管范围，但未涉及监管机构和模式的深刻调整。政府除了将增强对金融市场的监管力度，还成立新的金融消费者利益保护机构，避免金融危机悲剧再次发生。按照法案的规定，将创立一家消费者保护机构、加强对衍生品交易的监管并禁止银行进行自营交易，并将建立一套针对倒闭金融机构的清算机制，成立金融监管委员会来监控市场，美国政府当局还成立委员会为欲发行证券的银行指派信用评级机构。对于金融安全，美国通过立法等形式，确立对外资并购本国企业的审查机制，为金融业的稳健运行搭建了良好的外部防御体系。任何外国资本想进入美国金融市场，不仅受到行业监管部门的规章制度的约束，还可能经过多部门要员组成的外国投资委员会的仔细审查。虽然迄今为止该委员会很少展开正式全面调查，但该机构的强大威慑力往往迫使并购方在国家安全审查进入决定性阶段时，选择放弃并购交易，以避免政治风险。

次贷危机爆发后，美国司法部门一直都没有太大的作为，没有任何人因为次贷危机负上直接的法律责任，投资者却成了这场危机的替罪羊，这有悖于司法正义。司法如何在现行金融法律规范的框架下，破除"买者自负"的投资原则，维护金融消费者的合法权益，是对司法实践的一大考验，也是金

---

〔1〕　参见刘洪、刘丽娜："美国金融监管改革的'关键突破'"，载 http://news.xinhuanet.com/fortune/2010-05/21/c_12127508.htm，访问日期：2018 年 5 月 30 日。

融法制嬗变的契机。直到 2010 年，美国司法部、联邦调查局和金融危机调查委员会等有关部门才开始启动司法程序，调查华尔街银行在推销、售卖以及交易债务抵押债券（CDO）中的行为。[1]这场司法风暴虽然姗姗来迟，但总算带来一丝正义的曙光，还全世界人民一个公道。我国经过改革开放，国内市场孕育的商机吸引了无数外资机构来华发展，各行业、各地区为招商引资，推出了一系列优惠政策，一时间掀起了外国机构投资、入股、兼并、收购国内企业的浪潮，外资在带来了新技术、新设备的同时，也带来了控制国民经济命脉的潜在威胁，过去的两年多时间内，仅在已召开的五次中美战略经济对话（SED）中就以此为金融要价提出过三次，其用心正如美国宾厄姆顿大学社会学教授詹姆斯·彼得拉斯所指出的："美国在中国金融市场的渗透和扩张，是华盛顿经济政策中的一项长期战略目标。"[2]我国目前对外资进入金融市场的宽松政策应慎惕"狼来了"的风险，不能盲目扩大外资对金融领域的进入，无视外资对金融领域的渗透和控制。

3. 外资并购上的安全审查

美国既是世界上最大的外国投资输入国，也是最大的外国投资输出国。美国经济活动的重要特征就是全球化。美国关于外国投资管理的制度分为联邦政府和州、地方政府两个层面。美国为加强对外资并购活动的监管，联邦政府层面颁布了大量相关的法律，如 1976 年《国际投资调查法》与 1977 年《改善国内外投资申报法》对外国投资者施加了一般性申报义务，要求外国投资者有义务主动向政府主管机关申报其经济活动。1988 年的《埃克森-费罗里奥修正案》（Exon-Florio Amendment）是在对《1950 年国防产品法》第 721 节修订的基础上颁布的。该法案授权美国总统当外资存在"损害国家安全的威胁"的收购、合并与兼并时行使自由裁量权予以制止，但在具体的法律实

---

〔1〕 2010 年 4 月，美国证交会（SEC）起诉高盛"证券欺诈"。5 月中旬，美国检察机关对 9 家华尔街投行、3 家评级机构开始头大介入调查，正式启动刑事法律程序。美国媒体披露，美国联邦检察官已经对摩根士丹利展开初步刑事调查，了解该公司在由其帮助设计的抵押贷款衍生品交易中是否存在误导投资者的行为，以及是否与投资者对赌。另外，摩根大通、花旗、德意志银行和瑞士银行都榜上有名，还有三大信用评级机构标普、穆迪和惠誉也收到检察院传票。（兰晓萌："美国金融监管改革'有保有压'"，载 http://www.chinatimes.cc/yaowen/guoji/2010-05-21/14111.shtml，访问日期：2019 年 5 月 27 日。）

〔2〕 参见陈锋："美国《外国投资安全法》对我国金融机构的影响及启示"，载《金融与经济》2009 年第 7 期，第 37 页。

行期间，美国关于审查标准究竟是"国家安全"还是"国家经济安全"争执不休。2007 年的《外商投资与国家安全法》（Foreign Investment and National Security Act，FINSA）及其 2008 年的《关于外国人收购、兼并和接管的条例》（Regulations on Mergers，Acquisitions and Takeovers by Foreign Persons）则修改了之前以《埃克森-费罗里奥修正案》为核心的外资并购国家安全审查规范，对外资进入美国某些行业进行了全面限制，并对外资并购美国企业所涉及的国家安全问题提出了新的定义。确立"国家安全"是美国外资并购安全审查的标准，并确立对外资并购的审查标准应采用"国家安全"标准，这一标准既代表国家宏观利益，也可以具体到微观领域，如"经济安全""资源安全""环境安全"等。选择这一标准事实上有益于美国继续维持开放自由的贸易环境。因为"国家安全"概念模糊，但在适用时就可以非常灵活，根据个案审查的需要随时界定和适用。因此对待来自其盟友国家的企业，可以按照一般审查标准，而对待像中国、中东等国家，则会引发更多安全审查程序的适用，甚至会加剧泛政治化倾向。另外，根据所涉行业的不同，由不同法律分别对外资予以规范，如《外国农业投资披露法》《国防生产法》《原子能法》《联邦通讯法》《矿产租赁法》《联邦国际银行法》等。通过这些法律的颁布，构筑起了比较完善的规制外资并购的法律城墙。[1]美国通过立法等形式，确立对外资并购本国企业的审查机制，为金融业的稳健运行搭建了良好的外部防御体系。任何外国资本想进入美国金融市场，不仅受到行业监管部门的规章制度的约束，还可能经过多部门要员组成的外国投资委员会的仔细审查。虽然迄今为止该委员会很少展开正式全面调查，但该机构的强大威慑力往往迫使并购方在国家安全审查进入决定性阶段时，选择放弃并购交易，以避免政治风险。

4. 农业安全的保护

美国对农业的立法从 20 世纪 30 年代开始，每间隔 5 年至 10 年就有新的立法出现，最终形成了以农业法为基础，配套 100 多个重要法律法规的农业法律体系，内容涵盖农业的全方面，主要包括农业补贴、粮食储备、农产品贸易等直接关系美国农业安全的重要内容。为保护农业发展，美国对农业进行大量的补贴。关于粮食储备方面，立法对粮食仓储商的资质有着极高的要

---

〔1〕　参见于永宁："论我国外资并购国家安全审查制度"，载《学术交流》2014 年第 11 期，第 46 页。

求，对仓储许可证、仓储商的责任、粮食检验分级都有明确的规定。有关农业贸易的法律法规也较多，反倾销法、反补贴法在农业上都有应用。农业立法的全面表明了美国将农业安全置于国家利益的重要地位。[1]

美国政府在 1933 年遇到了建国以来最大的经济危机，其农产品价格在国内外市场上均暴跌，许多农民因为农产品卖不上价而面临破产，故美国开始实施由法律指引的积极农业支持政策，该支持政策主要包括财政转移支付政策，也包括农业基础设施建设补贴、农业技术服务补贴、农业商业贷款贴息补贴等，这些以立法形式为主要载体的补贴政策奠定了市场化后期农业保护政策法律的基础。在长达半个多世纪的财政转移支付支持农业发展的政策指引下，美国农业发生了翻天覆地的变化，但这项支持政策也给美国联邦政府带来了极其严重的财政赤字问题。在加入 WTO 后，美国政府在面临这种严重的赤字问题时，不得不减少甚至停止财政转移支付农业政策，美国政府在该时期，把原有的按照市价 5% 的农机购置补贴降至 0，而加强了利于该国农业企业迎接国际化挑战的农业支持政策。21 世纪初，随着全球农业生产水平的整体提升，各国农产品产量均有所增加，这使得世界农产品产量增加、价格暴跌，也影响了美国农产品的出口价格，更影响了许多美国农场主的生产积极性。在这种大背景下，美国政府为了稳定粮食产量，增加农场主的生产积极性，决定以稳定和提升农产品的出口价格为目标，实施又一轮的财政救市计划。具体包括财政直接补贴和价格支持补贴。在直接补贴方面，按种植面积、种植品种一次性给予农场主一定比例的直接补贴，如对花生的直接补贴标准为 91.95 美元/公顷；在价格支持方面，对难以核实直接补贴标准的农产品，给予间接价格补贴，如对市场价格波动比较明显的且事关国民经济命脉的小麦实现最低 6.75 美元/蒲式耳（1 蒲式耳小麦 ≈ 26.309 千克）的保底收购价格。现阶段，美国政府又实施了新一轮的农业支持政策，该体系主要由价格支持政策、直接补贴政策、出口支持政策和生态农业支持政策构成。由于美国每年平均出口约占全年总产量 25% 的粮食，故外向性的农业支持政策是美国政府一项极其重要的农业经济政策，为了更好地在全球推广本国生产的农产品，美国建立了一套行之有效的农产品国际推广策略。美国实施了由四种子策略构成的外向性农业支持策略，即农业出口信用担保策略、全球市

---

[1] 参见徐英倩："论我国国家经济安全立法"，载《学习与探索》2017 年第 10 期，第 66 页。

场开拓服务策略、化解常见贸易壁垒服务策略和直接出口补贴策略。生态农业支持政策，即绿色补贴政策。美国政府有针对性地实施了"绿色补贴专项政策"，这种补贴政策统合了农民增收的愿望和政府保护环境的意识。为了更好地实施绿色补贴政策，美国政府以《农业安全及农村投资法》为蓝本制定了具有一定可行性的现金补贴计划和技术援助计划，并准备在"绿色事业"中创纪录地提供 220 亿美元综合财政补贴，以便让美国大多数农场主走上可持续发展的农业生产道路。[1]

美国充分利用 WTO 黄箱和绿箱政策，提高补贴效能。通过设置补贴标准，美国农业补贴实现与当期生产不挂钩，把主要农业支持政策作为非特定产品黄箱政策使用，按照不超过农业总产值的 5% 上限计算，争取到每年高达 150 亿~200 亿美元的补贴空间，有效规避 WTO 规则对国内支持政策的限制，保护了农民种粮收益。2014 年以后，美国农业政策更加注重发挥农业的生态和环境保护功能，整合环境保护项目，通过 WTO 绿箱政策，提高农业可持续发展能力。农业补贴政策实施以来，美国政府一直面临着较大的财政负担，随着美国农产品价格走低，财政支出还将继续增加。根据美国国会预算办公室预测，2014 年至 2018 年财政度美国农业法案的总支出为 4890 亿美元，平均每财政年度农业补贴政策支出达 147 亿美元。自 2014 年以来，农产品价格继续走低，大多数农产品市场价格都低于参考价格，价格损失补贴大面积启动，补贴的额度也大幅增加，预计 2017 年至 2020 年每财政年度的价格损失补贴支出都将突破 20 亿美元，远远超出 2016 年的 7.8 亿美元。与此同时，联邦作物保险支持也将增加，预计 2017 年至 2020 年每财政年度支出将超过 70 亿美元，与 2016 年相比，增幅将达 80%，政府财政负担仍然较大。加强价格下行风险的管理。美国农业政策对浅层次风险（Shallow Losses）和长期价格波动风险（Multiple-year Losses）进行双重管控。其中，补充保险选择计划、累计收入保险计划和农业收入风险保障计划交叉互补，为作物保险的免赔额提供风险保障，避免浅层次风险带来的损失；价格损失补贴计划和农业收入风险保障计划对长期价格走低造成的收入损失进行补贴。保留对农业灾害救助的资金安排。2014 年，农业灾害救助计划经授权永久生效，包括牲畜补偿

---

〔1〕　参见杨秉珣："美日欧三大经济体农业政策发展研究"，载《世界农业》2014 年第 9 期，第 72、73 页。

计划，牲畜饲料灾害救助计划，对牲畜、蜜蜂和饲养鱼的紧急救助计划，果树救助计划在内的四个项目均得以延续。生产者无须支付任何费用，当调整的年度总收入不超过 90 万美元，就可获得补偿。但对紧急救助项目补贴上限做出相应规定，成为联邦作物保险的有益补充。[1]

5. 美国海外投资的保障措施

20 世纪之前，美国海外经济利益不多，海外投资保护并不突出，相关法律制度始于 20 世纪上半叶的殖民利益争夺，真正发展于二战后的对外援助，20 世纪 80 年代以来快速发展，迄今已成为保障利益最庞大、价值理念最前沿、规则设计最精细的法律制度体系。总体来看，美国海外投资法律制度延续性较强，始终围绕保障投资者利益和推动投资自由化，美国海外投资法律制度根据美国发展利益需要，立法重点大体上遵循"单边-双边-多边"的发展脉络。二战后初期至 21 世纪 90 年代之前，美国主要通过《对外援助法》（1948 年、1961 年先后出台两个版本，历经多次修改）《共同安全法》《岁入法》，以及相关机构颁布的保护境外企业、应对突发事件、明确国别风险等的指南文件等调整对外投资活动，主要以国内立法为主，发挥为政治、军事、战略利益服务的工具性价值，以规范、约束和服务海外投资者的方式规避风险或提供救助，通过取消对别国援助或采取出口限制保障美国公民财产权利。单边立法具有东道国认可难、争端协调难、易生外交争议等缺陷。为更强有力地保护投资者，重申其在外交中的重要地位，并支持和巩固美国倡导的国际法标准，美国借鉴和吸收欧洲国家签署双边投资协定（BIT）的经验，于 20 世纪 70 年代日益倾向于通过 BIT 保障海外投资权益。1977 年 3 月 7 日，美国国务院法律顾问和经济与商业事务助理国务卿共同提议启动 BIT 计划，同年 8 月 15 日得到批准。从 1982 年与巴拿马签署第一个 BIT 开始，美国缔结 BIT 步伐逐渐加快，并开始制定用于谈判的 BIT 范本。截至目前，美国共制定 1982 年、1994 年、2004 年、2012 年四个 BIT 范本，签订并生效的 BIT 共 42 个。还成立以订有 BIT 的发展中国家为投保东道国的海外私人投资公司，使其充当外国政府与美国投资者的桥梁，从而使政治性问题获得商业性解决。尽管如此，与美国签署 BIT 的多为面积小、国力弱、对外投资少的资

---

〔1〕 参见张晶："新常态下完善农业支持政策的总体思考——以美国农业政策新动向为借鉴"，载《世界农业》2018 年第 6 期，第 65、66 页。

本输入国，而不包含日本、欧盟等发达经济体以及中国、印度、巴西等新兴大国。德国、中国、英国、法国等均与超过 100 个国家签署 BIT，美国相对较少，但其始终以 BIT 范本和谈判影响国际投资实践，引导国际投资法走向。与国内立法和双边规则相比，美国近年来更重视打造多边规则，以提高对区域乃至全球经贸合作的引导力。从 20 世纪 90 年代起，以缔结《北美自由贸易协定》（NAFTA）为标志，美国立法重点向多边领域过渡，除继续利用世界贸易组织协议中有关投资规则外，积极在乌拉圭回合谈判和经济合作与发展组织（OECD）会议中推动讨论制定《多边投资协定》，后因各方利益分歧作罢。奥巴马政府上台后，美国另起炉灶，力推分别面向亚太和欧洲的《跨太平洋伙伴关系协定》（TPP）与《跨大西洋贸易与投资伙伴关系协定》（TTIP），并于 2015 年 10 月 5 日宣布就 TPP 达成基本协议。TPP 作为综合性区域经贸协定，不仅实现了规范领域的全覆盖，而且在环保、劳工、原产地和政府采购等方面设置了高标准条款，在理念和规则方面均具有浓厚的美国色彩。[1]

　　海外投资保险制度（Overseas Investment Guaranty）是美国 1948 年首创。美国海外投资保险制度的保险人是海外私人投资保险公司（OPIC）。该公司的业务主要在于为美国海外投资者的投资提供保险与保证业务，同时也鼓励中小企业向发展中国家投资。OPIC 是独立的法人，具有公私两重的性质。该公司的法定资本由美国国库拨款，但是在经营管理上自负盈亏，在行政上它又隶属于美国政府。这样海外私人投资保险公司就可以避免资本输出国与资本输入国之间的直接对抗，使政治性问题得到商业性解决。当海外投资者向海外私人投资保险公司申请保险成功后一旦所承保的政治风险发生，OPIC 即可取得代位权，代替海外投资者向东道国政府索赔的权利。美国的海外投资保险制度是一种双边保险制度，是以其同东道国签订双边投资保证协定作为法定条件，即美国海外投资者只有在向与美国定有双边协议的国家的投资才能向 OPIC 申请投资保险。美国的双边保险制度使一部分投向没有与本国订有双边投资保护协定关系的国家的投资不能得到 OPIC 的承保，承保范围较小，但其对本国的投资具有引导作用。在向东道国国家实行代位求偿时，又因为

---

　　[1] 参见吕岩峰、冯德恒："完善中国海外投资法律制度的思考：中美比较的视角"，载《云南社会科学》2016 年第 6 期，第 14 页。

双边协定这一依据而便于代位求偿的实现。美国的双边投资保证协定通常包括三种：较早的"友好通商航海条约"以及后来发展和应用较多的双边投资保证协议和双边投资保护条约。美国的双边保险制度使一部分投向没有与本国订有双边投资保护协定关系的国家的投资不能得到 OPIC 的承保，承保范围较小，但其对本国的投资具有引导作用。在向东道国国家实行代位求时，又因为双边协定这一依据而便于代位求偿的实现。[1]自二战以来，随着美国的海外投资越来越多，对海外投资的保护也就愈受到重视。

日本政府对国家经济安全关注较早，于 1976 年颁布的《70 年代前期经济计划》中，首次提出"经济安全"问题。于 1978 年颁布的《新经济社会七年计划》中强调"要注意经济安全"。1980 年发布题为"以确定经济安全保障为目标"的《国家经济安全报告》，首次提及经济安全概念，并将经济安全与军事安全并列为国家安全的组成部分。这标志着日本国家经济安全研究有重大发展。1982 年 4 月，日本发表了《以确定经济安全保障为目标》的国家经济安全报告，将保障国家经济安全的战备思路和政策运作贯穿于日本的经济发展实践之中。[2]

俄罗斯方面于 1996 年，《俄罗斯国家经济安全战略》获批准后，俄政府制定出了经济安全的指标和参数，联邦安全会议拟定出《俄罗斯经济安全指标清单》，总计 22 项指标，并明确规定了阈值参数。1997 年，《俄罗斯联邦国家安全构想》明确指出经济安全是俄罗斯国家安全的关键。2006 年，普京提出要从多方面维护国家经济安全。[3]国外有关经济安全的立法值得我国借鉴。

（二）构建我国经济安全的法律体系

1. 完善经济安全的法律机制

据统计，目前我国国家安全方面的法律，除《国家安全法》外，根据2016 年《总体国家安全观干部读本》所收编的法律，有数十部直接涉及国家安全问题。但尚没有专门的经济安全的立法，相关的规定散见于国家安全的

---

〔1〕 参见张靓婧："美德海外投资保险制度的比较及对我国的借鉴"，载《长春理工大学学报（社会科学版）》2014 年第 1 期，第 51~52 页。

〔2〕 参见胡再勇、林桂军："国家经济安全：OECD 的治理架构、政策措施及启示"，载《国际经济合作》2014 年第 12 期，第 11 页。

〔3〕 参见姜茸、梁双陆、李春宏："国家经济安全风险预警研究综述"，载《生态经济》2015 年第 5 期，第 35 页。

相关规定中，主要是关于外资的安全审查的规定，并且相关法律规定较为概括和抽象，法律约束力不强，立法层级较低，不同的规范性文件间协调性尚需改进。[1]如果条件成熟，可以制定《经济安全法》基本法，这是构建经济安全法律体系的基础。《经济安全法》作为基本法，应当具有原则性、战略性和宏观性的特点。经济安全基本法不仅需要对经济安全内涵、经济安全目标与原则等基本概念有清晰定义，而且还需要明确界定经济安全机构的职能与运作方式、规定经济安全事件应对措施等。根据经济安全基本法，依据宏观经济的循环流转，国家经济安全可以细化至金融、产业、资源、农业、海外投资等五个领域。每一领域都需要至少一部对应的部门法，与《经济安全法》相比，部门法需要更强的可操作性以付诸实践。在金融领域，中短期内应修改《中国人民银行法》，提高中国人民银行作为中央银行的独立性。长远期则需制定《金融安全法》，合理划分金融监管机构的职责，建立相关的沟通协调机制。定量化金融监管目标，并确定应对措施。[2]

2. 建立经济安全的法律体系

（1）完善现行金融法律体系。金融法律体系是金融法治建立的大厦，是经济安全的核心。构建完善的金融法律体系，必须以科学的立法为基础，完善配套设置。应结合现行金融法律制度存在的问题，以经济全球化的视野，针对金融开放后存在的金融风险，在现有的金融法律制度基础上构建新型现代金融法律体系。

第一，加强金融立法。应该包括三个层面的同步建设来构建国内金融法律体系。我国的金融法律体系应以第一个层次的金融法律为核心，第二个层次的金融行政法规为重点，第三个层次金融行政规章和司法解释为补充，以法律体系外的金融政策为协调的金融法律、行政法规、行政规章、司法解释和政策为主体，多层次、全方位的金融法律体系，形成一套既适应中国国情又逐步与国际惯例接轨的金融法律制度。首先，加强金融监管方面的立法。从监管机构的设置及权力的分配到具体的监管措施，都应该法制化，既有实体法也有程序法，真正做到依法监管。应建立中央银行法、商业银行法、证

---

〔1〕 参见王伟："国家金融安全法治体系研究：逻辑生成与建构路径"，载《经济社会体制比较》2016 年第 4 期，第 198 页。

〔2〕 参见顾海兵、詹莎莎、孙挺："国家经济安全的战略性审视"，载《南京社会科学》2014 年第 5 期，第 24 页。

券法、保险法、票据法、担保法、信托法、金融房地产法、金融能源法、外汇管制法、货币结算法、网络金融、电子支付及金融衍生产品法、资产证券化法、信用评级法、信用增级法、资产评估法、金融会计法、金融财税法、金融监管法、外资金融机构及其监管法、金融消费者权益保护法等金融法律规范体系。对金融衍生产品专门立法监管，使金融创新更规范更合理。加强网络金融的立法，完善电子支付法律制度。建立独立的金融消费者权益保护法律制度，维护金融消费者的合法权益。其次，完善其他配套措施的立法。因为金融业，特别是金融衍生产品涉及多行业及复杂的社会关系，如信用评级、资产评估、法律、会计等中介服务，相应的配套措施的立法也应完善。再者，完善金融法律综合责任的立法。建立完善的金融监管和宏观调控的问责机制，明确金融法律责任。实践证明，仅仅依靠行政处罚和民事赔偿责任也不能规制金融违法行为，对破坏金融秩序，给社会造成重大损害的金融违法行为，有必要通过刑法追究其刑事责任，增加其违法成本，故应建立行政责任、民事责任、刑事责任的综合责任体系。最后，提高立法技术和创新。金融法律体系是一项庞大的法律工程，针对金融业复杂多变，专业技术高等特点，应建立专门立法机制，特设金融立法督促委员会，对金融法律制度进行检查评估，对不能适应金融业发展的法律制度启动修订程序，修正法律滞后的不足；提高立法层级，规范金融行政规章的制定。应确立金融法律规则和原则调整的法治目标，完善金融法律立法，提高法律规范的层次，规范行政规章的制定。在确保法律优先原则和法律保留原则的前提下，赋予金融监管机构金融规章的制定权，以应对瞬息万变的金融秩序，但应避免行政立法对法治的冲击。

第二，完善金融法律制度的配套措施。其一，规范金融政策的作用。金融政策在金融法律体系中举足轻重，金融政策由于其适时性和灵活性，在引导金融市场发展和调整金融秩序上具有较大的适用空间和范围，可以弥补法律滞后的不足，针对存在的问题能及时做出调整，减少市场的盲目性和风险性，稳定金融市场秩序。特别是金融宏观调控主要是以金融政策为主，规范金融宏观调控和金融监管的政策，完善相关的配置措施具有重要的意义。其二，发挥司法制裁和救济功能。司法是确保法律实施的保障，也是法治社会解决社会纷争的终结机制。应建立金融司法审判机制，设立专门的金融司法机构，培养既懂法律又懂金融的复合人才，提高司法系统处理金融违法案件的能力。其三，加强对金融中介行业的监管。金融业的发展，离不开其他中介服务业。特别是金融创新，涉及法律、会计、资产评估、信用评级、信用增级、金融产品销售等多个行业，而且每一个环节都至关重要。次贷危机正是放松了对这些中介服务行业的监管，以至于金融衍生产品突破法律和道德的底线，在虚假资产评估、评级和增信的包装下横空出世，扰乱整个金融秩序。其四，增强金融风险调控能力。金融虚拟经济的高风险性就在于，它以实体经济为名，而又可以脱离于实体经济独立交易。其交易客体仅仅是价值符号，不涉及实体交易，交易可以在瞬间完成，虚拟财富和风险也在无形的交易中倍增或锐减。调控金融虚拟经济的关键就是要完善相关监管和信息公开制度，使所有的虚拟经济的交易都在掌控之中。其五，规范实体经济交易市场。实体经济市场，特别是房地产市场，与金融市场是唇齿相依的，实体市场的不规范交易和不健康发展也会传导到金融业，扰乱金融市场秩序。其六，建立金融业的市场自律机制。尽管实践证明金融的市场自律不可靠，但法律的能力是有限的，道德的力量才是无穷的，逐步建立金融业的自律机制，可以发挥道德之自律功能，减少社会的监管成本，形成一个自净的金融竞争环境。特别是在金融创新和网络金融等新兴的金融行业，由于法制不健全，经营者应该遵守行业规定和商业道德准则。其七，增强社会金融法治意识。金融法治意识的缺失才是金融危机的根本原因。金融资本家规避法律和操控法律，置法律和道德不顾。监管机构无视法律，未依法履行监管职责。投资者和金融消费者缺乏法治观念，没有用法律武装自己。不论是金融资本家还是监管者或是金融消费者，都因为缺乏金融法治意识才酿成金融危机的恶果。所以，增强社会金融法治意识是综合治理金融业的重要举措。

第三，增强金融业的法律监管。金融危机的爆发验证了金融"新自由主义"的破产。金融虚拟经济的无限膨胀，金融资本家对利润的贪婪注定仅依靠市场自律的想法是很天真的，金融危机再次证明，监管是金融业健康发展的重要保障，但金融的监管必须在充分尊重市场规律和遵守法律原则下进行，才能实现金融创新和金融监管的同步发展。国外的金融监管主要有三种模式：第一种是建立一个法定的专门协调机构，由法律直接规定协调与合作的框架和相关制度安排，由协调机构专门行使协调职能。如美国通过美联储、英国通过金融服务监管局来进行金融监管的协调。第二种是由专门的法律规定监管机构之间的协调合作事项。如韩国 1997 年通过的《设立金融监管机构法》

对负有金融监管职能的韩国银行、财政部、金融监管委员会（FSC）、证券与期货委员会（SFC）、存款保险公司和金融监管服务局（FSS）相互之间的职责分工、监管合作和信息共享等方面都作出了具体规定。第三种是由法律对监管机构之间的协调合作提出原则性要求，具体的协调合作框架由监管机构之间的监管协调合作安排确定，如在监管机构之间签订谅解备忘录。如英国2000年的《金融服务与市场法》要求金融服务局（FSA）与国内外有关机构进行适当的合作。[1]纵观世界各国的金融监管，由于金融监管的专业性、技术性和政策性较强，虽然各国采用的监管模式各有不同，但不管是混业管理还是分业监管，都存在多部门共存的监管格局，都需通过正式的制度安排逐步形成完善的协调机制。不管是美国的"双重多头"监管模式还是我国现行的"一行二会"，都存在协调性差效率低的问题。

我国金融业在2008年的金融危机中幸免于难，是因为我国金融业国际化程度低而绝缘金融有毒衍生产品。他山之石可以攻玉，在我国金融业对外开放迅速发展的当今，为避免重蹈美国覆辙，在借鉴欧美等发达国家经验的基础上，结合国际金融监管协调机制建设的经验和国内金融监管协调机制建设的探索，构建我国完善的金融监管机制是当务之急。我国金融监管的改革主要就是强化金融监管协调，明确监管机构的法律地位，为未来的混业监管做好充分的准备，促进整个金融体系稳定运行及健康发展。随着金融虚拟经济不断发展，金融业的各类业务相互渗透，特别是混业经营已成为我国金融业未来改革和发展的方向，我国2018年把金融监管的"一行三会"改为"一行二会"的半分业半混业监管模式。从长期看，制定统一的金融业监督管理法，逐步由"分业经营、分业监管"走向"混业经营、统一监管"的监管体制，同时采用注重以风险为核心的审慎监管，这是我国金融业未来改革与发展的必然趋势。维护金融安全，归根到底要提高金融业竞争能力、抗风险能力、可持续发展能力。

第四，重塑和改造国际金融体系。首先，改革国际货币体系，打破美元的垄断霸权，促进国际货币体系的多元化。改革国际金融体系需打破美元在国际货币体系中的垄断和霸权地位，建立"以美元为主导、多种货币并举"

---

〔1〕 参见怀成立："浅论关于完善我国金融监管协调机制"，载 http://www.studa.net/jinrong/090814/15311670.html，访问日期：2018年5月30日。

的多元化国际货币体系。只有改善国际货币体系，稳步推进国际货币体系多元化，才能共同维持国际金融市场的稳定。其次，推动国际金融组织改革，提高发展中国家在国际金融组织中的代表性和发言权。最后，加强国际金融监管合作，设立国际监管机构，完善国际金融监管体系。因此，加强金融监管合作，尽快制定普遍接受的国际金融监管标准和规范，消除金融监管真空，建立覆盖全球特别是主要国际金融中心的早期预警机制，建立国际机构协调国家层面利益，实施对全球金融体系的监管，加强国际监管协调已成为当务之急。[1]

基于前述规定，着眼于对当前我国经济与金融运行的新常态以及对我国金融安全风险现状的分析，我国应当形成有效维护国家金融安全的法律规则和金融宏观调控、金融监管体系、金融稳定体系等，以安全为目标构建国家金融安全法治体系，加强金融立法、执法、司法、守法等各个环节。运用效力层级较高的法律法规，用法治化的方式确立国家的经济金融安全总体战略，把金融安全纳入到最高决策层，并为其他相关法律规则和法律实施体系的建立提供指引性的基本框架。提高金融立法质量，对现行金融安全法律体系进行梳理，不断进行金融立法创新，形成系统化的维护国家金融安全的法律规则。建立完善的金融调控体系，确保金融宏观运行健康、稳健，形成有助于保护国家相关领域安全的金融监管体系，[2]构建维护国家金融安全法治体系，确保我国金融安全。

（2）建立能源安全保障机制。为应对能源危机，我国应多管齐下，确保我国的能源安全。第一，建立能源法律新机制。毋庸置疑，能源战略和能源安全在社会经济发展中具有非常重要的意义。为应对能源危机，保障能源安全，开源节流的能源法不仅是一项重要法律制度，也是一项基本国策。开发新能源已成为重要的基本国策，国家通过各种产业政策鼓励扶持新能源产业。能源法是涵盖国家发展能源经济战略方针、能源开发利用规划、规制、管理、能源安全及节能等内容法律规范。能源法的制定实施，将解决我国能源消费增长与经济增长，能源供应与能源消费，以及能源供给与能源安全等制约能

---

〔1〕　参见陈柳钦："金融危机下国际金融体系改革的思考"，载《中共天津市委党校学报》2009年第6期。

〔2〕　参见王伟："国家金融安全法治体系研究：逻辑生成与建构路径"，载《经济社会体制比较》2016年第4期，第198页。

源发展的三大矛盾，对环保节能，提高能源利用效率起到重要作用。有利于调整基于能源开发、加工、储运、供应、贸易、利用发生的能源物质利益关系。为应对能源危机，保障能源安全，各国都十分重视能源立法。特别是20世纪70年代发生了石油危机，世界能源供应形势紧张。有效合理地使用有限的能源，压缩石油消费，成为各国最紧迫的问题，促使各国加快了能源立法的进程。日本于1979年颁布《能源使用合理化法律》，1974年法国制定《省能法》，1976年英国颁布《能源法》，1978年美国颁布了《国家能源政策法》。这些法规的颁布，对缓解能源危机、发展经济发挥了积极的作用。我国也十分重视能源管理工作，制定和颁布了一系列有关能源的法规。1983年9月1日水利电力部发布《全国供用电规则》、1986年1月12日国务院发布《节约能源管理暂行条例》、1986年10月29日国务院发布《民用核设施安全监督管理条例》、1987年9月15日国务院发布《电力设施保护条例》、1997年11月1日第八届全国人民代表大会常务委员会第二十八次会议通过《节约能源法》，由第十届全国人民代表大会常务委员会第三十次会议于2007年10月28日修订通过。2016年7月2日第十二届全国人民代表大会常务委员会第二十一次会议通过了《节约能源法》修改。《节约能源法》为推动全社会节约能源，提高能源利用效率，保护和改善环境，促进经济社会全面协调可持续发展具有重要的意义。根据《节约能源法》第2条规定：能源，是指煤炭、石油、天然气、生物质能和电力、热力以及其他直接或者通过加工、转换而取得有用能的各种资源。第3条规定：本法所称节约能源（以下简称节能），是指加强用能管理，采取技术上可行、经济上合理以及环境和社会可以承受的措施，从能源生产到消费的各个环节，降低消耗、减少损失和污染物排放、制止浪费，有效、合理地利用能源。第4条规定："节约资源是我国的基本国策。国家实施节约与开发并举、把节约放在首位的能源发展战略。"认真履行《节约能源法》是每个公民、法人和其他社会组织的法律义务，但由于缺乏配套措施，宣传力度和执行力度不够，部分地方政府甚至为了提高经济不能很好地执行《节约能源法》。在生活生产过程中，我国的《节约能源法》并没有真正走进生产与生活的社会经济活动中，相关的规定未能充分发挥其应有的功能。

第二，建立有效的国际能源合作机制。我国是能源消费大国，能源对外依存度上升较快较高，传统的石油海上运输安全风险加大，跨境油气管道安全运行问题不容忽视，国际能源市场价格波动增加了保障国内能源供应的难度。在这种情况下，建立有效的国际能源合作机制是保障我国能源安全的重要内容。[1]在能源安全方面，中俄两国作为能源消费和能源生产大国，要努力重塑与两国地位相称的定价影响力，协调两国在国际能源市场定价的话语权，提高应对价格波动的风险管理能力，在上合组织以及 WTO 框架下，加强中国与中亚的能源合作，建立中国与中亚的能源俱乐部和能源战略联盟，通过定期召开能源会议和能源合作论坛等形式，加快能源合作，构建能源应急机制，以应对国际油气价格波动对双方造成的重大影响。利用友邦巴基斯坦优越的地理位置，与伊朗、沙特、土库曼斯坦等世界重要的原油输出国为邻，临近霍尔木兹海峡，因此要重点建设中巴"能源走廊"。[2]积极参与国际能源新秩序的构建，建立公平合理的国际能源价格机制，防止能源安全问题被国际化和政治化而受制于人。

（3）完善我国外资安全审查机制。随着经济全球化和"一带一路"的不断深入发展，我国对外开放的力度也会越来越大，但对外资的安全问题不能因为招商引资而懈怠，在遵守 WTO 相关规定的同时，应该加强对外资安全的审核，遵守如下的原则：第一，企业市场准入上应该严格遵守国家安全原则。国家安全是所有市场准入的基本原则，不论是中资还是外资企业的市场准入，除了严格遵守《国家安全法》的相关规定，应根据党的十八届三中全会《决定》关于政府审批企业投资项目的范围的五类，即国家安全、生态安全、全国重大生产力布局、战略性资源开发、重大公共利益项进行国家安全的审核。第二，外资企业并购上经济安全的原则。经济安全是国家安全的重要组成部分和表现形式。在产业领域，根据经济发展与国际经验，制定《外商投资法》和《反垄断法》等一系列法律法规。同时，制定和强化产业安全审查的机制，包括：产业安全审查发起的程序，产业安全审查机构的权责及其审查标准，产业安全审查的流程和监督机制，长远期则制定《产业安全法》。对涉及经济安全的产业类型、产业安全的临界状态、产业损害与垄断案例的查处等方面做出比较具体的规定。在战略资源领域，中短期内修改现有的《煤炭法》《电力法》等涉及资源安全的法律，增加定量的发展目标。长远期则应制定《战

---

〔1〕　参见程苤："中国—欧盟能源合作的法律原则与发展趋势——以《可持续能源安全方案》为视角"，载《暨南学报（哲学社会科学版）》2016 年第 7 期，第 30、37 页。

〔2〕　参见高志刚："中国与西北周边主要国家经济安全评价研究"，载《甘肃社会科学》2016 年第 5 期，第 207 页。

略资源安全法》,包括:战略资源的标准与种类、战略资源管理机构的职责、战略资源储备建设的标准、规模、运作机制等。对企业资源利用效率的规定、对特定资源(例如石油)立法的指导意见等。[1]

为捍卫国家经济,特别是金融安全,可以借鉴域外经验与做法,以法律形式建立外国投资审查机制或国家安全审查制度。由全国人大根据外国投资安全法,授权国务院相关机构联合组成外国投资审查委员会或国家安全审查委员会,明确该委员会任务、工作程序和职责、赋予该委员会对符合审查情形的交易进行国家安全审查,有权否决任何可能危害国家经济安全的事项,对已成事实的交易,可要求交易双方恢复到交易前之情形,对于委员会无法达成一致意见的,可申请提交全国人大或其执行机构裁决。对于专业性强的特殊企业,如金融行业的投资申请可考虑在外国投资安全委员会或国家安全审查委员审查时,设立由来自民、产、学三方组成的专家委员会同时陪审,以求公正、客观,有利于行业发展。[2]国家安全的强制审核标准与对外开放并不矛盾,也不存在外资歧视问题,内资和外资都应一视同仁,应遵守市场准入的国家安全原则和产业保障的经济安全原则。未来的国家安全立法,应在现行立法的基础上不断完善,以《国家安全法》为统帅,形成体系完整、内容协调、重点突出、程序完备的国家安全体系,为国家经济和金融安全奠定立法基础。[3]制定《经济安全法》基本法,并针对特殊行业的外资准入制定严格的行业安全审核标准,加强对外资的经济安全审核,保障我国产业的经济安全。

(4)完善我国粮食安全的保障机制。粮食问题是关系民生的重要问题,在我国是与"三农"问题关系密切的社会问题。如何转变传统粮食安全保障策略,使其符合经济社会发展需求,是现阶段中国农业供给侧改革过程中亟待解决的一个课题。地狭人稠的日本历来高度重视粮食安全问题。粮食安全保障策略与国内支农政策和农业发展计划均密切相关,是历届日本政府优先

[1] 参见顾海兵、詹莎莎、孙挺:"国家经济安全的战略性审视",载《南京社会科学》2014年第5期,第24页。

[2] 参见陈锋:"美国《外国投资安全法》对我国金融机构的影响及启示",载《金融与经济》2009年第7期,第37页。

[3] 参见王伟:"国家金融安全法治体系研究:逻辑生成与建构路径",载《经济社会体制比较》2016年第4期,第198页。

考虑的工作之一。纵观日本粮食安全保障策略的演进，尽管中日两国农业发展阶段、农业政策体系有诸多不同，但两国农业资源禀赋、饮食文化等方面存在相似之处，日本保障粮食安全策略选择及其政策实践对于我国具有较大的借鉴意义和参考价值。一方面，日本根据发展阶段适时调整粮食安全保障策略的总体思路；另一方面，日本转化思路从高度重视自给率转向注重提升潜在生产能力，转换策略适时调整海外农业投资战略与布局，审时度势发挥自身优势提升农业国际竞争力。[1]以上日本经验值得现阶段我国在制定农业政策时参考借鉴。

首先，激发农业粮食生产的潜力。通过惠农政策激励农业粮食生产，进而激发其潜在的生产力以提高粮食的自给力。其次，加强农业粮食生产的国际合作。为了弥补国内粮食生产的缺口，探索国际粮食供应合作新机制。除了完善进口国外粮食外，也可以利用我国先进的粮食生产技术，与国际上的主要产粮国和国外农业企业建立联合粮食生产基地，稳定我国的粮食供应，确保我国粮食安全。最后，建立粮食安全保障法律机制。粮食是关系国计民生的特殊商品，为了促进粮食生产，维护粮食流通秩序，保障国家粮食安全，2012年国家发展改革委、国家粮食局会同有关部门在调查研究的基础上，起草了《粮食法（征求意见稿）》（以下简称《意见稿》），2014年曾再次向社会征求意见，2015年曾报送国务院后，还没有出台。《意见稿》第3条规定："国家应坚持立足国内实现粮食基本自给的方针，国家实行宏观调控下市场调节粮食生产、流通、消费活动的管理体制，保持全国粮食供求总量基本平衡和价格基本稳定。"这种"宏观调控下的市场调节管理体制"的定位很值得商榷。美国前总统克林顿都说，把粮食当成和彩电一样的商品，是一种没有道理的疯狂。[2]粮食是特殊的商品，不应适用以市场调节为主的宏观调控，应该是适用中观特殊产业的市场监管机制，但同时积极发挥市场的调节功能和政府的宏观调控能力，三管齐下，建立科学、合理的粮食管理体系。在此基础上，应加快《粮食法》的立法，结合《农业法》及其他"三农"的相关规定，建立农村合作社和财政补贴的长效机制，完善各种"三农"政策和法

---

〔1〕　参见王学君、周沁楠："日本粮食安全保障策略的演进及启示"，载《现代日本经济》2018年第4期，第60~70页。

〔2〕　参见顾秀林："农业'结构调整'全球观"，载 http://blog.sina.com.cn/s/blog_ 6188d25201 00gcg9.html，访问日期：2018年12月8日。

律机制，激发农民种粮的积极性。建立粮食价格保障机制，防止价格波动"粮贱伤农"。如政府的价格补贴、价格调控和农业强制保险等。在农业领域，应该继续完善我国的三农政策和各种惠农措施，加大对三农的建设和补贴力度，完善保护耕地、农地和农村土地承包经营权相关的立法，建立农产品公平合理的价格机制，提高农民种粮的积极性，确保基本口粮的自给自足。健全我国粮食进口的对外贸易法律机制和价格机制，确保我国粮食进口的安全和稳定。

（5）建立我国企业对外投资的安全保障机制。随着对外投资规模的不断扩大，我国的海外投资利益显著增加，面临的各种挑战和风险也逐渐凸显。我国目前虽然已初步建立了防范和应对各种非市场风险的体系框架，但却存在诸多局限。鉴于海外投资对我国扩大对外开放、推动经济转型升级和确保能源资源安全的重要意义，当前亟须通过两方面着力完善相应的保障体系以有效维护我国的海外投资权益。一方面，应就海外投资权益保障建立统一性的领导机构，充分发挥政府在宏观上的统筹和引领作用；另一方面，针对我国海外投资权益所面临的法律、政治和安全风险，应整合政府和社会资源，建立并完善相应的法律保障机制、政治和外交保障机制以及安全保障机制，确保这些领域内的机制安排在预防、预警、应急和善后等环节上的连贯性。[1]应从如下几个方面完善我国对外投资的安全保障体系：

第一，构建中国对外直接投资的法律体系。目前，我国的境外投资仍未形成具体的对外投资立法保护；对外投资是否可以实现经济可持续发展，不仅应遵守投资国的法律，而且国内也应建立鼓励和保障对外投资的相关的法律规定，保障对外投资企业的利益，确保投资者的合法权益受到有效保护。具体除了形式上的批准和备案，海外投资管理体系还应包括对外投资的事前的协助、投资优惠和各项服务，以及海外利益等，都应该得到法律的保护。随着"一带一路"建设的深入推行，中国亟须完善对外投资安全保障的立法，确保我国企业境外投资的合法利益，鼓励更多企业走出国门。

第二，打造对外投资安全法律人才专门培养机制。对外投资是一个系统性的项目，需要专业人才对投资目的国的法律环境、国际惯例和市场状况进

---

〔1〕　参见吴其胜："外部风险生成机制与我国海外投资保障体系的完善"，载《国际关系研究》2016年第5期，第123页。

行调查了解，并依法科学合理进行投资决策。建立人才培训机构可以帮助对外投资的企业更好地对风险进行识别，帮助企业妥善解决法律纠纷。同时，为了更快更好地推动企业实施"走出去"战略，提高海外投资的抗风险能力。加强企业海外投资的管理和决策水平，与外资合作和风险防范的综合能力，在复杂的经济政治背景下培育综合性人才，国家层面要高度重视社区导向型培训的法律人才，形成长期的培训机制。

第三，建立政治风险保障机制。为了防范企业对外投资的政治风险，应通过外交途径签订双边投资保护协议，建立投资前的风险评估机制和事前保障措施，确保企业境外的投资利益。

第四，完善海外投资中介服务的配套措施。对外投资需要法律、保险、投资决策、信贷和风险评估等中介机构的专业服务，解决企业缺乏风险管理机制以及专业人才短缺等问题。

第五，建立中国对外投资的保险制度。海外投资保险制度是指资本输出国政府对本国海外投资者在国外可能遇到的政治风险，提供保证或保险，投资者向本国投资保险机构申请保险后，若承保的政治风险发生，致投资者遭受损失，则由国内保险机构补偿其损失的制度。它是国际投资保护的重要法制之一。关于政府设立专门的对外投资保险制度，国际上主要有三种体制：政府主办的公司、政府机构、政府和国有公司共同办理保险业务。我国倾向于构建第三种对外投资保险体制，主要原因为我国的对外投资保险责任人是国家发改委和中国出口信用保险公司，更适合于政府和国有公司共同承担保险业务。就如德国的信托与监察公司和黑姆斯信用保险公司，它们是联邦政府的法定保险代理执行人，而主管和审批是由德国经济部、财政部和外交部代表组成的部际委员会执行。[1]

经济安全是国家安全的重要环节，政府除了应从宏观调控和中观监管上对金融安全、能源安全、产业安全和粮食安全建立全面的经济安全防范和保障机制，也应该注重从微观的角度对企业的海外投资安全，产品和服务的消费安全、投资安全等层面确保个体或局部的经济安全，目标就是建立全面的经济安全保障机制。

---

〔1〕　参见倪英子："中国对外投资安全保障建设要点分析"，载《河南社会科学》2017年第12期，第22~23页。

经济法的理性思考

　　韦伯认为西方现代社会的理性是衡量一种法律制度制定、颁布和适用普遍性规则能力的程度，并提出形式理性和实质理性的理论，对于何为"形式"和"实质"可作如下理解：如果作出法律决定的裁判标准本身是从法律规定之中推导出来，并将其作为主要的判断标准，那么，这就是韦伯意义上的"形式"理性。反过来讲，如果裁判是由法外因素所决定的，如基于政治的、经济的、伦理道德的、宗教的其他非法律因素来判断，这就是韦伯意义上的"实质"理性。[1]韦伯认为经济行动或活动就是"以经济为取向"为主要动力，行动是为了满足对"效用"欲望的行动。[2]实际上，韦伯的法律理性的最终结果就是为了实现其特定的法益目标，不论是形式理性还是实质理性，都是为了特定法益目标所追求的社会效用，都是服务于法律应实现的最理想的社会目标，即结果理性。

　　经济法作为调整市场经济的法律规范，对其的理性思考有利于探讨经济法调整市场经济的模式。通过分析经济法之理性主义的本质及其法律内涵，在对经济法形式理性和实质理性的价值分析的基础上，明确经济法结果理性是形式理性和实质理性的辩证统一。

---

　　〔1〕　参见李昌麒主编：《经济法学》，法律出版社 2008 年版，第 53 页。
　　〔2〕　参见〔德〕马克斯·韦伯：《经济与社会》（下卷），林荣远译，商务印书馆 1997 年版，第 156 页。

第一节　法律理性主义的概述

一、理性主义的内涵

理性的概念在古希腊源出于"logos"和"nous"这两个词。"logos"一般被翻译作"理性、概念、判断、定义、根据、关系"等，归根结底，理性就是作为"光"（phaos）或"启蒙"（enlightenment）的"智慧"，是对理性的认识功能和批判功能的最高概括。[1]钱钟书说："古希腊文'道'（logos）兼'理'（ratio）与'言'（oratio），两义可以相参，近世有谓'人乃具理性之动物'本意为'人乃能言语之动物'。"[2]"nous"乃是一个"有智慧的本原、一个使世界有秩序的精神"。[3]理性是与知觉、情感与欲望等感性相对立的，是人类运用概念及推理等特有的认识方式对事物获得符合逻辑结论的思维方式。理性认知必须以客观事物为基础，通过演绎和归纳，采用科学严密的逻辑推理来认知事物，这种认知是主观能动对客观世界的反应。理性通过论点与具有说服力的论据发现真理，通过符合逻辑的推理而非依靠表象而获得结论，意见和行动的理由，能够识别、判断、评估实际理由以及使人的行为符合特定目的。笛卡尔认为，只有那种被认为具有绝对必然性的，而且不会被质疑的东西才属于理性认识的范围。[4]英语 Rationalist 及其相应名词 Rationalism，汉语一般译作"理性主义者"和"理性主义"。理性主义是建立在承认人的推理可以作为知识来源的理论基础上的一种哲学方法。一般认为随着笛卡尔的理论而产生。17 世纪至 18 世纪间主要在欧洲大陆上得以传播，本质上体现了科学和民主，是启蒙运动的哲学基础。

西方哲学自文艺复兴以来的发展，因其不同的表现形态和理论内容，呈现出三个阶段：一是从文艺复兴时期到 19 世纪中叶的近代哲学；二是 19 世纪中叶至 20 世纪 60、70 年代的现代哲学；三是 20 世纪 60、70 年代以来的哲

---

〔1〕　参见程志敏："理性本源"，载《人文杂志》2001 年第 4 期，第 28 页。

〔2〕　参见钱钟书：《管锥编》，中华书局 1986 年版，第 408 页。

〔3〕　参见［美］梯利：《西方哲学史》（增补修订版），葛力译，商务印书馆 1995 年版，第 33 页。

〔4〕　See Rene Desartes, *Philosophical Works*, Cambridge Press. 1931, p. 3, 转引自程志敏："理性本源"，载《人文杂志》2001 年第 4 期，第 28 页。

学，即所谓的后现代主义哲学。理性主义（Ratio-nalism）、非理性主（Irra-tionalism）和反理性主义（Anti-rationalism）是这三个哲学发展阶段的重要表征。[1]自17世纪开始，理性一直是科学的发展动力，依靠逻辑与数学的方法寻找适用于自然界的普遍法则，并形成了近代自然科学的基础。当人们将理性的理念与方法用于社会现象与历史现象的研究时，便开始了近代社会科学的理性研究。[2]随着社会与科学的发展，自19世纪以来，理性主义作为一种价值观念、思维方式和方法逐渐流行起来。霍克海默在《工具理性批判》中指出，理性被局限于目的与手段的关系，从而蜕变为技术理性，发展为一种社会统治形式。因此，理性主义是指用理性的方法去解释宇宙间的现象、用理性的方法去分析各种问题，和用理性的方法去管制个人和社会生活的各种活动。[3]

二、法律的理性主义

（一）法律理性主义的内涵

17、18世纪资产阶级革命时期启蒙思想家们宣传的就是理性主义法律思想。当时，它是反对中世纪的神学主义法律思想和封建专制主义的重要武器，具有巨大的历史进步作用。但理性主义法律思想的倡导者没有看到社会生产方式对国家和法的决定意义，而宣扬超阶级的、抽象的理性的决定意义，则是历史唯心主义的表现。[4]韦伯认为，理性基础是基于对已制定的规则之合法性的信仰，以及对享有权威根据的规则发号施令者之权利（合法权威）的信仰。立法和司法可能要么是理性的，要么是非理性的。倘若对于立法和司法问题的秩序，应用一些不能根据理智监督的手段，例如，采用神谕或其替代物，那么它们在形式上是非理性的。在实质上，十分具体的对个案的评价，不管是伦理的或者是感情的或者是政治的评价，对判决具有决定性意义或实质性的，而不是一般的准则。"理性的"立法和司法既可能在形式方面，也可

---

〔1〕 参见文兵："理性主义、非理性主义与反理性主义"，载《暨南学报（哲学社会科学版）》2001年第1期，第23~29页。

〔2〕 参见张国庆："论理性主义公共政策分析的局限性"，载《北京大学学报（社会科学版）》1997年第4期，第54页。

〔3〕 参见伍启元：《公共政策》，商务印书馆（香港）1989年版，第338页。

〔4〕 参见孙国华主编：《中华法学大辞典·法理学卷》，中国检察出版社1997年版，第268页。

能在实践方面都是理性的。任何正式的法在形式上至少是比较合理的。然而，只有仅仅在从实质法上和程序法上尊重一些明确无误的、普遍的事实特征的意义上，这种法才是"正式的"。形式主义又可能具有双重性质，直观形式主义和逻辑形式主义。直观形式主义就是要求法律外在具有感觉上直观的重要特性，并对这些特征负有连带责任，比如说过某一句话，签过字，采取某种特定的、其意义永远固定的象征性行动，这也是最严格方式的法的形式主义。逻辑形式主义是通过逻辑的意向阐释挖掘法律上重要特征的含义，并据此采取严格抽象规则的形态，构建和运用固定的法的概念。采纳这种逻辑上的理性时，虽然削弱了直观的形式主义的严格性，因为外在特征的明确无误正在消失。但是，同实质理性的对立却因此而上升。因为后一种理性恰恰意味着，除了对抽象的意向阐释进行逻辑的概括外，其他属于品格的威严的准则，也应该对法律问题的判决有影响：即伦理的要求，或者功利主义的或其他的适当性规则，或者政治的原则，它们既突破外在特征的形式主义，也突破逻辑抽象的形式主义。[1]

　　在韦伯看来，法律理性的演变，是由原始诉讼中的魔术支配的形式主义和神的启示支配的非理性相结合的阶段，或有时也通过神权政治或家族对财产制赋予实质的、非形式的目的合理性阶段，向专门法学家型的、逻辑合理性和系统性类型转变，与此同时，法的逻辑严密性逐渐增强，诉讼的技术合理性也日益丰满。韦伯将法律理性的这种发展线路，抽象为法律理性的四种理想类型：其一，形式非理性。即法的创造和发现，并不是通过一般性的规范引导出来，而是通过超越理性控制的各种方式（神明裁判、神谕等），以及在礼仪上采用形式主义程序进行的。其二，实质非理性。即法的创造和发现，并非通过一般性的规范引导出来，而是通过一个事例所作的感情评价来决定。其三，形式理性。以程序正义为特征，主要重视在诉讼程序上的明确要件标记。法律形式理性化，主要表现为法律规范逻辑意义上的严格性与确定性，在实体和程序两个方面都具有确凿的、一般性的事实。其四，实质理性。通过打破外在的形式主义或逻辑的形式主义的规则性、逻辑性、程序性，更强调功利性、政治性、合目的性原理，对法的创造和发现给予决定性明确，它遵

---

〔1〕　参见［德］马克斯·韦伯：《经济与社会》（下卷），林荣远译，商务印书馆1997年版，第17页。

循意识形态整体的原则（道德、宗教、权力政治等），而非法律本身。[1]韦伯对理性的认知和类型化分析，摆脱了法律形式理性主义的桎梏，使法律理性主义不论在学理上还是法律实践中都奠定了重要的理论基础，也使理性主义的理论研究和实践经验都得到了实质上的升华。对近代法律形式理性缺陷的批判和实质理性价值的认同，使法律理性从抽象的逻辑推理的规则主义的形式理性，回归到真正解决社会现实问题的实质正义的法的价值目标。

（二）自然法学的实质理性的演变

法律理性主义源于古希腊与古罗马，但兴起于欧洲的启蒙运动。西方自然法的核心内涵是理性，认为"自然"的本质是基于本性和智力的理性命令。如格劳秀斯说："自然法是正当的理性命令，是断定行为善恶的标准"；[2]洛克说："理性，也就是自然法，教导着有意遵从的全人类。"[3]阿奎那采纳了《查士丁尼学说汇纂》中的正义概念认为"使每人各得其所的稳固恒定的意志"，"在比喻意义上，可以说正义在人自身之内活动，因为人的理性命令其愤情和欲情，而这二者服从理性，也是因为通常人的各个部分都各得其所"。根据阿奎那的理论，自然法是不证自明的实践理性原则。实践理性自然地理解为人的善（或恶）从而当作或当避的一切事物都属于自然法的律令。[4]西塞罗也倾向于把自然法和理性等而视之，并把理性设想为宇宙中的主宰力量，认为"真正的法律乃是一种与自然相符合的正当理性，它具有普遍的适用性并且是不变而永恒的。康德以更为明确的方式进行表述"每个理性结论必须表现必然性"。[5]从赫拉克利特的"逻各斯"到斯宾诺莎的"几何学证明方法"再到富勒的"程序自然法"，都体现了一种认知理性的演绎推理，它企图与专断和任性划清界限。如果说西方的自然法是一种"道德法"的话，那么这个道德是先验的理性道德，所以，西方的自然法通常被称为理性法。自然法启蒙运动的核心是张扬理性，提倡科学，反对神权，确定以人权为核心的人文主义精神。随着数学、化学、物理等自然学科的迅猛发展，自然法学的

---

〔1〕 参见宋功德："法哲学视野中的法律理性"，载《法制与社会发民展》2000年第6期，第71页。

〔2〕 参见徐爱国、李桂林、郭义贵：《西方法律思想史》，北京大学出版社2002年版，第107页。

〔3〕 参见［英］洛克：《政府论》（下篇），叶启芳、瞿菊农译，商务印书馆1993年版，第144页。

〔4〕 参见杨天江："凯尔森对自然法学说批判的再思考——基于阿奎那自然法传统的反驳"，载《法制与社会发展》2013年第2期，第152页。

〔5〕 See Immanuel Kant, *Schriften zur Metaphysic and logic Wiesbaden*, Noston Press, 1952, p. 565.

概念、逻辑、思维方式、理论体系等都受到了不同程度的冲击，烙上了强烈的科学化"理性主义"的烙印，而这种理性主义要求不再执着地追求对神或上帝的极端信仰，理性应当在一定程度上与国家制定或认可的实在法互动或被其部分取代。[1]

自然法认为法律的本质是规则体系所体现的，来源于人的理性和良心的道德标准或原则。自然法承认实在法的规则，但认为实在法要接受一定道德标准和原则的检验，以确认这些规则是否符合道德正义。自然法论者或道德论者在坚守自然法学的同时，不会忘记他们始终生活在一个政治国家之中，对政治事件或政治问题总会有一定的看法和立场。毫无疑问，在这个角度上，自然法必然要考虑政治因素对自身的影响。道德、政治、社会和法律关系的融合，成为自然法理性思想的目标。西方自然法从古代自然法的道德正义、到中世纪的宗教神学、再到古典自然法的自然权利，直至新自然法的法律社会性，经历了盲从于古代的"自然律"或"自然命令"的"道德正义"，到宗教主义的"神灵教旨"、古典自然主义的"天赋人权"和新自然主义的"权利的社会性"的理性思想的演变。特别是古典自然法以人的理性为基础，承认每个人的主体性，推导出在人类的社会生活中，应当以每个人为本位，认为每个人都能凭自己的理性进行独立选择和判断，能根据自己的理性计算来设计人生、自主自治的完善生活，进一步推演出人的独立性和自治性，即个体本位的思想。这一观念反映在法律领域，就是认为每一个人都自然地享有人之为人的权利，这些"自然权利（天赋权利）"是自然法的规定，它们先于且高于公共权利（力），所以就算进入政治共同体，公共权力也不得任意侵犯或剥夺人权。[2]因而，根据西方自然法，可以推导出在人类的法律制度中，应当以每个人的权利为起点和归宿，这就是权利本位的思想。西方社会奉行个体本位和权利本位固然大大解放了人的本性，增强了社会的活力，是民主发育的甘露，是经济、政治和文化大发展的不可或缺的因素，但也带来一些弊端。[3]

自然法的道德正义的实质理性的"自然权利观"发展到近代古典自然法

---

〔1〕　参见邓春梅："论古典自然法学与分析实证主义法学"，载《求索》2007年第9期，第115页。

〔2〕　参见［美］哈罗德·J.伯曼："论实证法、自然法及历史法三个法理学派的一体化趋势"，刘慈忠译，载《环球法律评论》1989年第5期，第13页。

〔3〕　参见马建兴、蒋清华："超越中西的自然法之镜——自然法思想新论"，载《太平洋学报》2006年第11期，第54页。

主义的法律形式理性的"权利本位观",权利从人的理性和良心的道德标准或原则演变为一系列法律规则来保障,并通过严格的程序正义来实现。自然法的道德正义的自然权利的实质理性实定化为法律实体正义和程序正义的现代法律理性的"法律权利","权利"不仅具有道德合理性而且也具有了法律上的正当性,是一种至高无上的私人权益。这种"权利本位"的法律文化在解放人性的同时容易导致权利的滥用,不利于社会公共利益的保障,这也就导致自然法的理性思想从"权利本位"到"社会本位"的演变,法律的理性思想也从"形式理性"的"绝对主义"的"权利观"到"相对主义"的"实质理性"的"权利的目的性"和"结果理性"的"权利社会性"的蜕变。

(二) 实证分析法学的形式理性的演变

韦伯将理性化过程视为法律现代化过程的核心,而形式理性也逐步演化为理性的核心。如果早期的理性主义主要是作为价值与目的范畴而存在的话,那么,随着理性化过程的推进,理性化的过程成为一个工具与形式理性逐步扩展直至压倒价值理性并占据社会各个领域的主导地位的过程。正是由于法律包含着诸多合理性的因素,在近代世界,法律成了社会控制的主要手段。在现代法治国家,法律的理性精神最终被抽象为"法治"观念,而法律的合理性则相应地表现在:如何通过各种制度设计,将法治的一系列原则转变为国家的行动逻辑。[1]现代法律从三个方面体现了理性,即:制度化、技术化和程序化,制度化或者是规则化是法律形式理性的基础,技术化是法律理性在形式方面最重要的特征,程序化是法律形式理性的保障。形式理性能够成为理性的核心的根本原因在于:第一,形式理性是其他理性的外在表现形式,是实现实质理性的公平正义和社会和谐稳定的重要手段和途径,其外延具有最大的理性,能包含逻辑上符合目的与手段一致性的所有行为。第二,社会科学是一种心理态度、价值观和生活方式,从自然律、神学教义到科学与技术的发展过程,是代表一个历史时代的文明形式,其基本路径是以科学与技术发展为核心的工业化过程。在这样的理性化过程中,法律理性自然也演变为以形式理性为主的理性。但除了上述原因外,法律形式理性为核心还取决于以下原因:首先,法律的形式理性是法律实现的路径和技术保障。法律作为社会运行的一个保障系统,工具性与实用性是其最基本的要求。因此,即

---

〔1〕 参见周少华:"法律理性与法律的技术化",载《法学论坛》2012 年第 3 期,第 105 页。

使启蒙思想家也必然努力将自然法的法律理想通过制度设计转化为现实的法律制度，这种转化包括解决政治、经济与社会问题的一系列可操作的法律规则、程序和技术。其次，社会化分工与科学技术的发展进步需要实证分析的形式理性。随着社会分工与科学技术的发展，现代社会在制度上完成了世俗社会与宗教的分离、政治社会与市场社会的分离，这些分离是靠复杂的以知识为基础的制度设计与运行技术为保障的。现代社会制度在很大程度上是依赖技术与知识存在的，而不主要是依赖人们的价值而存在。与之相适应，社会分工必然在认识论与方法论上导致分析实证主义方法的流行，从而为法律形式理性的扩张提供了方法上的支持。再者，自然科学方法和科学世界观对社会科学的影响。随着科学技术的发展进步及其社会经济影响，并成为决定理性社会命运的力量。自然科学专注于事实的科学主义和遵守规则与秩序的逻辑推理的实证主义方法，也成为探求社会真理和实现法律价值的重要方法，尤其自波普尔与库恩之后，科学理论极大地适用于法律推理研究。[1]最后，形式理性成为现代法律的主要特征。现代法治从规则、程序到结果，都强调其外在形式性以及内在逻辑性和实施路径的程序性。正如韦伯所认为的那样，法律的理性实际上成为技术与程序的合理性。法的公开性、自治性、普遍性、确定性、可诉性、权威性，以及专业化、科层制、官僚化等法律特征都是法律形式理性的体现与反映。所以，对现代法律的研究与思考，必须纳入形式理性的范畴之中。[2]

19世纪末，历史法学家曾对美国司法中的法律形式主义提出过质疑，其中最有力的质疑来自于霍姆斯。在其1881年的著作《普通法》中，霍姆斯提出，"法律的生命不是逻辑，而是经验。一个时代为人们感受到的需求、主流道德和政治理论、对公共政策的直觉——无论是公开宣布的还是下意识的，甚至是法官与其同胞们共有的偏见，在决定赖以治理人们的规则方面的作用都比三段论推理大得多"。[3]在1897年的演讲《法律的道路》中，霍姆斯进一步指出"我提到的这一谬误即是这样的一个观念，认为在法律发展中唯一发挥作用的力量是逻辑…我提到的危险不在于承认支配其他现象的原则也同

---

〔1〕　参见张保生：《法律推理的理论与方法》，中国政法大学出版社2000年版，第6页。

〔2〕　参见岳彩申："论经济法的形式理性"，西南政法大学2003年博士学位论文，第1页。

〔3〕　参见［美］小奥利弗·温德尔·霍姆斯：《普通法》，冉昊、姚中秋译，中国政法大学出版社2006年版，第1页。

样制约着法律，危险在于这种观念，即比如像我们这样特定的制度，能够像数学那样从某些行为的一般公理中推导出来"。[1]在 1905 年洛克纳案中，霍姆斯提出了反对意见，其中重要的理由即为"一般性命题并不能决定具体的案件。这个判决基于比清晰的大前提更为微妙的判断或直觉……"[2]

霍姆斯反对法律形式主义的理由主要有两点：一是诱使法学家错误地将活生生的法律描述成为符合原则的虚构的要求，使得法律与社会脱节；二是迷惑法官把充满政治意味的东西看成是从纯粹的概念逻辑中推演出来的，使得他们可以在相互竞争的政策之间进行"暧昧的、并且经常是无意识"的选择。[3]霍姆斯反对法律形式主义并非否定逻辑在司法裁决中的作用，"这种思考方式是完全正常的，律师受到的训练就是在逻辑上的训练。类推、区分和演绎的诸过程正是律师们最为熟悉的。司法判决所使用的语言主要是逻辑语言"。霍姆斯强调，要看到"在合乎逻辑形式的背后，存在着对于相互竞争的立法根据的相对价值和重要性的判断"，这种判断不仅真实存在，而且还是"整个程序的根基和关键"。[4]因此，霍姆斯认为法官有责任将对不同利益进行比较和权衡的思考导入法律推理的三段论中。庞德继承了霍姆斯对于法律形式主义批判的立场。如前所述，庞德将霍姆斯所批判的法律形式主义称之为"机械法理学"，不过庞德的理由更加强调这种法律形式主义使得法律脱离了社会的现实和需要。[5]庞德同样主张将利益的权衡引入司法乃至行政裁决的过程。并且在庞德的社会学法理学中，发展出来更为细致而系统的法律目的与利益理论。[6]

韦伯对于法律形式理性的"期望"，与德沃金在构建其"法律帝国"时

---

〔1〕 参见［美］霍姆斯："法律的道路"，载［美］斯蒂文·J. 伯顿：《法律的道路及其影响——小奥利弗·温德尔·霍姆斯的遗产》，张芝梅、陈绪刚译，北京大学出版社 2005 年版，第 424 页。

〔2〕 参见北京大学法学院司法研究中心编：《宪法的精神——美国联邦最高法院 200 年经典判例选读》，中国方正出版社 2003 年版，第 176 页。

〔3〕 参见［美］托马斯·C. 格雷："霍姆斯论法律中的逻辑"，载［美］斯蒂文·J. 伯顿：《法律的道路及其影响——小奥利弗·温德尔·霍姆斯的遗产》，北京大学出版社 2005 年版，第 180 页。

〔4〕 参见［美］霍姆斯："法律的道路"，载［美］斯蒂文·J. 伯顿：《法律的道路及其影响——小奥利弗·温德尔·霍姆斯的遗产》，张芝梅、陈绪刚译，北京大学出版社 2005 年版，第 424 页。

〔5〕 See Roscoe Pound, "Liberty of Contract", *The Yale Law Journal*, VOl. 18, No. 7 (May, 1909), D. 464, p. 71.

〔6〕 参见王婧：《罗斯科·庞德的社会学法理学：一种思想关系的考察》，上海人民出版社 2012 年版，第 71 页。

的"信心"异曲同工。同样，正如德沃金理想中的赫拉克勒斯并不存在一样，韦伯所偏爱的最理想、最具有逻辑性的形式法，也并不一定在任何场合都有实效。这是因为：其一，依据逻辑而创制的规则，尽管有可能保证规则体系结构的逻辑性，或形式理性，但它并不能完全消除哈特所谓的规则的"空缺结构"。其二，尽管规则体系本身具有很强的逻辑整合力，但这种形式逻辑不一定能够保证整个规则体系对社会现实需要的有效回应，即出现法律形式理性与实质理性之间的悖论。其三，理性的法律规则当然是有用的，但是，法律规则的调整功能只能在合理的范围和幅度内才能奏效，亦即在哈耶克所谓的"秩序结构"中，规则只能在其对应的秩序层次中才有现实价值，否则，认为由有限理性的规则创制者所创制的规则是"天衣无缝"的，从而与一切社会行为、社会事实形成对应，这无疑是一种"致命的自负"。有鉴于此，尽管法律形式理性至关重要，规则体系的严密逻辑性的确是法律规则富有实效的基础。但是规则并非万能，即便兼顾形式理性与实质理性的规则体系亦不例外。法律形式理性、实质理性只有与理性的法律解释、法律评论实现完美结合，才能使法律规则在适度的调整范围内更富调整实效从而最大限度地展现法律理性、最大程度地实现法律的"回应"价值。[1]

形式理性本身是一种方法论，西方法治化过程实际上也正是形式理性化的过程。法律形式理性最基本的意义在于法律规则、技术与程序手段的合理性和正当性，而法律规则又必然包括技术与程序的要求，科学与技术的进步促进了形式理性的发展。法律形式理性的首要意义在于排除了价值判断与道德观念导致的法律不确定性的影响，实现法律自身的确定性、稳定性和可操作性。法律实践的特点决定了其理性必然是形式理性与实质理性的统一，并且形式理性服务于实质理性，最终实现其法益目标的结果理性。这一法律形式理性是以法律规则为基础，以法律价值载体和技术支持系统，以及法律实施路径的程序为特征，确保法益目标实现的结果理性。

（三）社会法学的结果理性

社会法学本身具有悠久的历史，并且有自己丰富多变的理论传统。法律与社会研究的早期发展的一个重要的统一要素，是他们（相对于非理论）考虑到了法律的"影响"和效果，也就是对特定法律规则或其他学理的行为后

---

〔1〕　参见宋功德："法哲学视野中的法律理性"，载《法制与社会发展》2000年第6期，第72页。

果和实践中法律制度的功能进行研究。这种对行动中法律的后果研究，直接继承了法律现实主义者所开拓的经验研究，例如 19 世纪 20、30 年代的摩尔、克拉克以及道格拉斯，在这种形式中对法律与社会的研究，没有直接考虑一般意义上法律学理的本质和法律本质的一般性理论，也就基本没有对规范法律理论的问题产生影响。因此，大多数法律与社会的研究没有给这一理论招来什么挑战。"经验法律理论"（关注于在理论上将法律本质解释为历史和社会背景下的学理和行为）的这个法律社会学的悠久传统，依旧不是法律和社会研究的核心关注，至少在美国法律现实主义这个发源地还是这样。法律的经济分析最后存在于政策与科学的现实主义继承者的各种运动之间。[1]

20 世纪 80 年代以后，西方国家进行了所谓的"重塑政府运动"，旨在追求充分发挥政府与市场的功能优势。这一改革具有鲜明的"效率"取向，但这种对"效率"的追求是以法律的实质化思维与实质正义的价值判断为基础的，并大力提倡法律的社会性，更强调法律实施的目的和后果。第一，减少加诸政府之上的各种规则、程序的约束，发挥政府机能，通过对社会公共利益的保护来引导行政行为并实现公共行政的目的。第二，适当放松国家和政府对市场经济的管制。强调以目的和结果为主导的控制取代以规则实施为主导的控制，将目的实现的程度作为主要的法律评价标准，改革国家与政府的民主决策机制，引进市场选择机制，创建一个灵活有效的法律实施机制，通过公法私法化和私法公法化模糊公法与私法之间法律技术上的差别，突破程序正义的形式主义，利用市场机制和第三部门的优势，提高政府对经济事务的行政效率，通过道德法律化和政策法律化实现法律实质化的运行与过程，其主要目的是矫正过于僵化的法律形式主义，使法律回到形式正义与实质正义兼顾的均衡状态，从而使法律更能回应社会的需要，追求由目的来引导法律的活动，并把目的的结果作为批判、评价现存法律制度与实现的基本标准，并由此开拓法律的变革之道。法律追求目标的普遍价值和实质正义，期望用实在性目的约束和减少因淡化规则约束可能引发的法律适用的任意性。强调利用目的来指导司法机构与行政机构的活动重要意义在于：一方面，可强化法律适用的针对性和适应性，实现实质正义，满足社会中真正需要救济的成员的需求；另一

---

〔1〕 参见［英］罗杰·科特瑞尔：《法理学的政治分析：法律哲学批判导论》，张笑宇译，北京大学出版社 2013 年版，第 213 页。

方面，通过扩大司法机构与行政机构的自由裁量权，赋予其自主选择更符合效率目标要求的法律适用方式，在效率的基础上实现法律对社会的回应性。[1]

法律理性必须通过法律论证来实现，现实主义法学家对法律论证逻辑基础的挑战表明，仅仅依靠传统逻辑（形式逻辑或演绎逻辑），已不能为法律论证的合理性提供逻辑辩护。需要在非单调逻辑基础上引入非形式逻辑的"相干性—充足性—可接受性"标准，从非形式逻辑角度为法律论证的合理性提供逻辑辩护，从而也为法律理性的逻辑合理性提供了辩护。如果说法律公正是法律所追求的终极目标的话，那么，法律理性便是达至这个终极目标的根本保障。没有理性的公正是无法想象的。[2]制定法律的最终权威的基石是一种社会学考虑，这给规范法律理论提出了难题，但还是很容易在这里发现努力贴近现实的功利主义尝试。避免教条，避免抽象地讨论武断预设的自然权利，以及避免将权威神圣化。[3]因此，非形式的理性，如果更容易实现法益社会目标的最大化，这种结果理性也是可取的。在社会的治理中，非正统性的治理模式越来越受到关注。法律的实施不仅仅追求程序正义和法律理想的价值目标，而法律的社会效用也成为评价法律的重要标准。为了回应社会的需要，法院的司法审判也不再是解决法律社会问题唯一途径，以政府执法为主的治理模式改变了传统的以法院为主的司法中心主义的法治模式。除了正式的形式理性和实质理性，非正式的合理性结果的目标导向已成为新的法律评价标准。

"理性主义"都具有"实质的"性质，它追求的不仅是规则最精确的、法的技术和诉讼程序中最完备的形式法学，而且是在内容上最符合那些"权威"的功利主义和伦理要求的非理性实质法。随着法律思想的日益理性化，以及社会化方式的日益理性化，会产生种种不同的后果。随着思想的日益世俗化，法学可能会把政治学、社会学和哲学上的成果作为"自然法"价值的一部分，并影响法的实践。[4]形式理性的最终目标是为了服务于实质理性和结果理性，最终达成最有效的社会目标。自然法的道德标准和原则也是法律

---

〔1〕　参见岳彩申："论经济法的形式理性"，西南政法大学2003年博士学位论文，第184~185页。

〔2〕　参见熊明辉："法律理性的逻辑辩护"，载《学术月刊》2007年第5期，第20页。

〔3〕　参见［英］罗杰·科特瑞尔：《法理学的政治分析：法律哲学批判导论》，张笑宇译，北京大学出版社2013年版，第68页。

〔4〕　参见［德］马克斯·韦伯：《经济与社会》（下卷），林荣远译，商务印书馆1997年版，第139页。

的组成部分，不能仅注重逻辑分析，还要考虑规则本应存在的内在的实质正义和合理的社会效果。自然法用来检验实在法的道德标准或原则本身的理性思想就包含了维护社会秩序和法律秩序的道德标准，因而这种法律秩序包含道德标准、社会规则和政治国家制定或认可的实在法规则体系。既然道德标准或原则包含维护社会秩序和法律秩序的道德义务，那么自然法应考虑社会和政治因素也是一种必然，也就体现了自然法学、实证分析法学和社会法学的理性融合。法律价值、规则以及制度的安排也就成为法律理性的重要内容，特别是法律理性从自然法价值的探讨，到实证法实在法规则制定及实施，以及最后到社会法学所主张的关于法律实施的社会效果，渐渐地演化为从法律的实质理性到形式理性，再到法律的结果理性的法律价值、技术与程序、效果等一系列的理性思维与制度融合的过程。理性是经济与法律现代化的核心问题之一，或者说经济与法律的现代化就是指经济与法律的理性化过程。

第二节　经济法的形式理性

经济法的理性主义指在资源配置的经济活动过程中，经济法主体应该遵守法律形式理性和实质理性，维护社会公共利益，并协调平衡社会整体利益，确保公平、效益和安全的经济秩序的价值目标，促进社会经济发展进步的结果理性。经济法的理性就是对市场经济规范化进行理性思考及运用的结果，在形式理性上要求经济法符合法律逻辑思维和设计，实质理性要求法律以实现正义、自由和秩序为价值目标，结果理性上应维持公平、效益和安全的社会经济秩序。

一、经济法的形式理性的内涵

法律的理性随着科学技术与现代社会的发展变迁，从自然法的法律理想的实质理性逐渐演变为以形式理性为核心的现代法治模式。因此，从形式理性的角度对法律进行实证性研究，成为法学研究的主要途径之一，经济法也不能例外。

（一）经济法形式理性的内涵

在经济法中，形式理性是对经济法的普遍性、统一性、规范性与逻辑推理的信奉，在理论上表明了规则至上的理念，在实践与事实意义上强调经济法调整经济活动的法律逻辑性和程序的正当性，在方法论上确立了关于经济法规则与目标选择的基本方法。然而，国内对经济法的形式理性缺乏必要的探讨，以价值判断与人文主义为核心的思辨性分析主导着经济法的研究，并引发了许多的学术争论。这种有关价值判断的讨论当然是重要的，但以价值性评价为基础的研究毕竟无法回答经济法的许多问题，如经济法的规范性、逻辑性、程序性等基本范畴问题，都不是用价值判断所能解释的。经济法的形式理性对完善经济法的规则体系、内在的逻辑自洽性和程序的正当性具有重要的意义。经济法的形式理性是对经济法权威的确立与证明，包含着对经济法的以下要求：一是经济法作为调整社会经济秩序，规范市场行为和政府行为的规则，必须具有严格的内在逻辑的自洽性，体系上的完整性与和谐性的规则体系；二是有关经济法的思维活动应当具有尊重逻辑推理与正确的思维习惯的法律技术；三是要求包括国家或政府在内的各类经济法主体的行为应当符合经济法的规则与权威的基本要求，并实现行为的程序控制。[1] 即经济法的形式理性可归纳为：规则性、技术性和程序性。因此，对经济法的形式理性进行探讨，成为解释许多经济法理论与实践问题的必要途径。

（二）经济法形式理性的价值目标

经济法的形式理性把经济法对市场经济秩序的调整过程看成是一个从抽象到具体的演绎推理的过程，运用理性的抽象思维来形成各种形式化的经济法律概念和行为规范模式的规则体系，然后再将其运用于那些需要由经济法来调整的经济法律关系。经济法的形式理性有着严谨的逻辑推理的规则运用与可预计性的技术标准，并以符合法律逻辑的程序正义和制度规则作为评判标准。经济法的形式理性在于其规则的统一性、普遍性和确定性；法律逻辑技术的自洽性和程序的正当性。

第一，规则的统一性、普遍性和确定性可以确保经济法形式上的公平。规范作为一种法律术语，最早来源于拉丁语的"nonmar"一词，指规则、标准或尺度。从概念与法律程序相关的意义上讲，规则的特征在于它包含了一种允许、命令、禁止或调整人们行为与行动的概括性声明或指令。在通常意义

---

〔1〕　参见岳彩申："论经济法的形式理性"，西南政法大学 2003 年博士学位论文，第 1、9、86 页。

上，规则并不包含用于个别的特定的情形所需要的具体而特别的处理方法。[1]在规则的语境下，可以将经济法规则的规范性归纳为以下两个基本要素：一是普遍性与统一性；二是确定性。[2]经济法形式理性首先要求建立内容协调统一的规则体系，且对规则所采用的判断标准应属于经济法律制度之一，并以此衡量经济法律制度的自洽程度，且遵行的某些判断标准具有一般性和普遍性，可以适用于所有类似案件，以确保经济法形式上的公平。经济法规则体系是由多层级多领域的规范文件构成，不同层级规范之间以及不同领域的规范之间内容应该和谐统一，立法时应避免不同法律文件之间的冲突，并与时俱进，能充分回应对经济社会发展的法治需要，确保在每个经济领域都有法可依。

第二，法律技术性确保经济法规则法律逻辑的自洽性。形式理性最基本的意义是手段符合目的的需要，即手段的合理性。手段存在于技术与程序中，因此，形式理性便演变为技术与程序的合理性，规则包括法律规则当然属于技术与程序的范畴。因此，西方法治化过程实际上也正是形式理性化的过程。另一方面，形式理性本身作为一种方法论，也构成理性主义的核心内容。经济法的形式理性技术要求经济法的规则运用，可以通过法律内在自洽性的逻辑推理适用于解决各种经济法律问题，以实现其价值目标。经济法规则的技术性是经济法合理性的基础，也是对经济法权威的确立与证明。法律作为规则体系在某种程度上是向人们提供解决问题的一种方法与技术，法律规则从制定到适用，都离不开方法和技术。经济法与其他法律规则一样，实际上一系列经济法律规则制定和适用都离不开方法与技术。因此，经济法作为规则体系，必须包括规则实现的方法与技术，否则无法转化成现实中发挥作用的制度，不可能独立地运用，更不可能自洽。从法理的角度看，法律的独立性必须要求法律有相对独立的逻辑上自足的知识体系。以逻辑推理为基础的方法与技术虽然不等于知识体系的全部，但构成了法律知识体系的重要组成部分。这种以方法和技术为重要内容的知识体系独立支撑着经济法在理论上的存在与号召力。经济法方法与技术的独立表现为经济法研究范式、思维模式

---

〔1〕 参见［美］E. 博登海默：《法理学——法哲学及其方法》，邓正来、姬敬武译，华夏出版社1987年版，第224~225页。

〔2〕 参见岳彩申："论经济法的形式理性"，西南政法大学2003年博士学位论文，第65页。

及规则的逻辑结构等方面具有一定的独特性。[1]因此，经济法为了回应社会经济需要，其法律价值目标、法律表现形式、法律适用、法律实现机制、法律责任方式等法律机制、方法和技术与传统的民商法、刑法都不同，但这并不等于经济法没有或不需要形式理性，而是其法律形式的独特性需要从不同的法律技术的角度去诠释。比如，经济法以行政执法为主的行政治理机制、经济法的政策化和道德化等法律形式，都是对传统法律形式的突破。

第三，程序正义（Procedural Justice）是经济法形式理性的制度保障。所谓法律程序，就是人们实施法律行为所依据的时间和空间上的法定步骤和方式。哈特在论述法律的要素时，除了推出作为效力渊源的承认规则，为了补救第一性规则的静态性，引入了改变规则，所指向的是立法程序；为了应对第一性规则的社会压力分散，引入了审判规则，所指向的是法院的司法程序。因此，立法程序和司法程序构成法律程序中极为重要的两翼。然而，有法律程序不等于有正当程序或是实现程序正义，并非一切法律程序都是正当的，其中包含着价值问题。因此，现代法治主张重视法律程序的语义，其实不是笼统地指一般的法律程序，而是指正当的法律程序。比如，著名的毒树之果理论、米兰达规则、无罪推定理念、司法角色分化以及起诉状一本主义等，都是源于正当程序理念产出的文明果实。[2]程序正义被视为"看得见的正义"，其实是英美法系国家的一种法律文化传统和观念，源于法律格言："正义不仅应得到实现，而且要以人们看得见的方式加以实现"，即不仅结果公平，过程也应公平。尽管程序正义早在 13 世纪就出现在英国普通法制度之中，且其理论在英美法学界已得到相当大的发展，但程序正义作为一种观念，其理论一直到 20 世纪 60 年代以后才大规模地出现，并在美国得到前所未有的发展。受英国长期以来形成的法律传统的影响，人们一般特别重视法律程序，相信"正义先于真实"（Just ice before Truth）、"程序先于权利"（Process before Rights）。[3]1971 年，美国学者约翰·罗尔斯出版了著名的《正义论》一书，在该书中提出并分析了程序正义的三种形态：纯粹的程序正义、完善

---

〔1〕　参见岳彩申："论经济法的形式理性"，西南政法大学 2003 年博士学位论文，第 3、84 页。

〔2〕　参见杨力：《法律思维与法学经典阅读：以〈哈特法律的概念〉为样本》，上海交通大学出版社、北京大学出版社 2012 年版，第 51 页。

〔3〕　参见［法］勒内·达维德：《当代主要法律体系》，漆竹生译，上海译文出版社 1984 年版，第 337 页。

的程序正义以及不完善的程序正义，并着重对纯粹的程序正义进行了论述。在罗尔斯看来，如何设计一个社会的基本结构，从而对基本权利和义务作出合理的分配，对社会和经济的不平等以及以此为基础的合法期望进行合理的调节，这是正义的主要问题。要解决这些问题，可以按照纯粹的程序正义观念来设计社会系统，"以便它无论是什么结果都是正义的"。这种纯粹的程序正义的特征是：不存在任何有关结果正当性的独立标准，但是存在着有关形成结果的过程或者程序正当性和合理性的独立标准，因此只要这种正当的程序得到人们恰当的遵守和实际的执行，由它所产生的结果就应被视为是正确和正当的，无论它们可能会是什么样的结果。例如，公平机会原则的作用就是从纯粹的程序正义的角度保障分配的正义得到实现。纯粹的程序正义的实践优点在于：在满足正义的要求时，它不再需要追溯无数的特殊环境和个人不断变化着的相对地位，从而避免了由这类细节引起的复杂原则问题。[1]罗尔斯所分析的正义的深刻启示在于，对一种至少会使一部分人的权益受到有利或者不利影响的活动或决定作出评价时，不能仅仅关注其结果的正当性，而且要看这种结果的形成过程或者结果据以形成的程序本身是否符合一些客观的正当性、合理性标准。其特点在于，认为法律程序是为保障一些独立于结果的程序价值（Procedural Values）而设计的，这些价值包括一系列活动过程的公开性、次序性、时效性、民主性、公平性、平等性、合理性等。一项符合这些价值的法律程序或者法律实施过程固然会形成正确的结果，但是这种程序和过程的正当性并不因此得到证明，而是取决于程序或过程本身是否符合独立的程序正义标准。法律程序在作为实现公正结果的手段方面的价值，确保法律程序自身价值的实现是法律实施过程的关键所在，但认为只要遵循了公正、合理的程序，结果就应被视为是正当的，这种"程序本位主义"的纯粹程序正义观因为忽略了客观事实本身是非曲直的价值判断，容易导致程序形式主义而偏离实质公平，这种纯粹的程序正义观值得商榷。在卢曼看来，法律实证主义的程序主义在描述现代实证法上并不完全成功，这尤其体现在处理法律的封闭性与开放性的关系问题上所表现出来的理论纠结。一方面，法律实证主义窥视到了程序主义法制观中的自我指涉，并把这种自我指涉与法律的绝对封闭性等置，其最高形式就是凯尔森的纯粹法学。凯尔森纯粹法

---

〔1〕 参见肖涛："罗尔斯的准纯粹程序正义"，载《兰州学刊》2012年第3期，第26页。

学隔断了法律系统与其他社会子系统的联系，否定法律指涉到政治、经济、宗教的可能性，当然也更没有为这种外部指涉指出可能的实现路径。凯尔森临终前仍然固执地坚持着"规范决定着规范"就是对功能分化时代充盈着程序主义精神的法律实证化特征的准确概括。[1]

　　不论是传统上还是实践中，受法院司法中心主义法治观的影响，程序正义主要是针对司法审判，特别是刑事审判而言。但由于经济法的法律渊源主要是行政法规行政规章、政府规定、经济政策，其实施机制主要是行政执法而非司法审判，因此其程序正义原则不仅局限于司法审判环节，而是贯穿于经济法的立法、司法、执法和经济活动过程中。经济法的法律实践中的程序正义是对纯粹程序正义的扬弃，是在坚持程序的公开性、次序性、公平性、平等性、正当性和合理性等基本价值的基础上，不论经济立法、司法、执法还是经济活动都确保程序的公开、次序、时效、民主、公平、合理、平等等核心价值。具体包括：第一，公开原则。程序公开原则是"看得见的正义"的基本要求和保障，要求经济立法、司法、执法和经济活动在没有正当理由的情况下，都应向社会公开并接受社会的监督。比如，立法机关或立法机构向社会公开立法的每一个进程并向社会征求意见和接受社会的监督；司法公开是重要的审判原则，除法律规定不公开审理的案件都应公开审理；行政执法的公开不仅包括执法过程的公开，还包括相关信息的公开；经济活动的公开主要是相关经营信息的公开，比如产品的说明义务、信息的披露义务。第二，次序和时效原则。次序和时效是程序正义的基本要求，是确保经济法实践和经济活动能顺利按时进行的保障。第三，民主参与原则。经济法的程序正义包括每一个经济法主体在有权依法参与经济法的相关法律实践活动中，享有相应的权利和承担相应的义务。第四，正当性原则。指所有的经济法的法律实践活动应依法定的具体要求、次序、步骤和时效逐一去落实运行，不能忽略任何环节。第五，合理性原则。指程序的实施具有可操作性，能真正保障结果的公平正义。第六，平等性原则。指在经济法的法律实践中，每一个经济法参与主体都应享有被尊重的权利，能依法充分享有其权利和履行其义务，不应受到歧视和差别对待。

　　经济法的程序正义要求经济法主体严格遵守经济法的法律法规进行相关

─────────────

　　[1]　[德]尼克拉斯·卢曼：《法社会学》，宾凯、赵春燕译，上海人民出版社2013年版，第18页。

的经济活动，程序应是有序、公开、平等、合理的。经济法规则体系是经济法调整经济活动和经济秩序的基础，法律技术是经济法价值的载体及其目的的支持系统，而程序正义为"看得见的正义"的制度保障。从制度的视角讲，经济法的形式理性就是经济法通过规则、技术与程序确认经济法主体行为的合法性，规范市场主体行为，赋予政府相关部门对市场经济的规制、监管和调制的干预权，并对政府行为施加程序上的限制。经济法实践的特点决定了其理性必然是形式理性与实质理性的统一，并且形式理性服务于实质理性。[1]因此，经济法形式理性的首要意义在于，其规则性、技术性和程序性对经济法主体行为的规范，使经济法主体可以明确行为的内容和准确地预见行为的结果，并以此指引各种市场经济活动。

二、经济法的形式理性的局限性

（一）反法律形式理性的法学理论与思潮

形式理性对维护现代法治体系具有重要的意义，但不能否定其形式理性自身所具有的局限与缺陷，这些局限曾引起许多著名学者的批评与争论。就法学理论与思潮而言，有不同运动在不同程度上提倡反对法律的形式主义或有此倾向，比如利益法学派、自由法学派、历史法学派、现实主义法学派、后现代主义法学派及批判法学派都具有明显的反形式主义的倾向。韦伯认为形式理性与实质理性的关系及其演变过程难以避免冲突的发生。哈贝马斯把价值因素引入到对现代法律结构与功能的分析是对形式理性主义的某种程度上的矫正。昂格尔则更关注社会形态的变迁与法律类型之间的互动关系。这些著名学者对形式理性的关注与批判某种程度反映了形式理性在法学理论与实践中存在着局限性。[2]哈耶克认为，利益法学派与现实主义法学派的主张摒弃了在解决争端时通过应用法律规则逐渐形成的逻辑构造，应用在具体案件中需要保护的特殊利益的直接估价来取代这种逻辑结构。自由法学派与利益法学派有异曲同工之妙，其目标是把法官尽可能地从僵化的规则束缚中解放出来，允许他们依据他们的正义感裁决案件。[3]美国现实主义法学派的代

---

〔1〕 参见周少华："法律理性与法律的技术化"，载《法学论坛》2012 年第 3 期，第 105 页。

〔2〕 参见岳彩申："论经济法的形式理性"，西南政法大学 2003 年博士学位论文，第 79 页。

〔3〕 参见 [英] 弗里德里希·奥古斯特·哈耶克：《自由宪章》，杨玉生等译，中国社会科学出版社 2000 年版，第 368~372 页。

表人物之一弗兰克在其 1930 年出版的著作《法律和现代意识》中对法律的确定性进行了猛烈的抨击。[1]诺内特与塞尔内兹克将法律分为三种类型，强调了不同法的形式理性与实质理性的不同地位，提出了目的型法取代自治型法是现代社会发展必然结果的论断，并产生了广泛的影响。[2]后现代主义对现代主义所主张的科学理性持批判立场，总体上是反形式理性的。[3]哈贝马斯虽然在其著作《后形而上学思维》中表明了他与反理性的形而上学批判主义的立场不同，但他强烈主张理性不能还原为技术原则，认为理性的工具化将导致理性的毁灭与社会的非人文化。因此，应当用实践理性取代先验理性。后现代主义的代表人物之一利奥塔认为，后现代知识还表现出另外一个特点，即所谓的非逻辑的各行其是。法经济学派的一个分支在很大程度上也是反对形式主义的，他们以经济成本与效率的分析方法解释法律的基本问题，目标便成为最重要的追求。[4]

美国现实主义法学派的重要人物，法经济学派的代表人物波斯纳赞成现实主义法学与批判法学关于法律不确定性的观点，对法律的客观性与普遍性持怀疑态度，主张用实用主义哲学观察与分析法律现象，强调对法律社会目标和有关事实的探讨，反对法律概念的抽象化与形而上学。不论上述学派对法律形式理性从何种角度进行了何种批判，其有一个共同的特点，即都强调对法律实质目标或法律规则自身以外的知识的追求，并因此否定法律规则的确定性、普遍性、统一性等形式理性的优先性地位。[5]反形式主义的一个重要思想基础是公平主义与协作主义。就理解法律的理性而言，形式理性的不足可以透过理性的实质内含及实践经验来补充，这也是当代哲学研究理性的成果之一，法律的理性分析也有借助这些成果的必要。[6]形式理性容易走向教条主义、唯心主义和形式主义。形式理性对规则性、技术性和程序性的严

---

〔1〕　See *Jerome Frank Ian and the Modern Mind*, New York 1930.

〔2〕　参见［美］诺内特、塞尔兹尼克：《转变中的法律与社会》，张志铭译，中国政法大学出版社 1994 年版。

〔3〕　参见洪晓楠：《文化哲学思潮简论》，上海三联书店 2000 年版，第 139 页。

〔4〕　参见陈弘毅："当代西方法律解释学初探"，载梁治平编：《法律解释问题》，法律出版社 1998 年版，第 21、23 页。

〔5〕　参见岳彩申："论经济法的形式理性"，西南政法大学 2003 年博士学位论文，第 84 页。

〔6〕　参见陈妙芬："形式理性与利益法学——法律史学上认识与评价的问题"，载《台湾大学法律论丛》第 30 卷第 2 期。

苛要求，可能会因为法律规则的滞后性沦为教条主义，对法律逻辑形式性的追求忽略了客观事实的是非曲直的真相而走向形而上学的唯心主义，盲从于程序的形式主义反而损害了实质正义，最终影响法律功能的正常发挥。

（二）我国经济法形式理性的缺陷

首先，规则体系有待完善。在我国，由于现行经济法律体系有待完善，经济法渊源的多层级和低层级特色，容易导致经济法规则体系政策化、行政化和低层级化倾向。高层级的经济法规则不足与政府权力的膨胀容易损害经济法的形式理性，特别是行政立法的增加，经济政策和政府规章成为经济法的主要渊源，削弱了经济法的权威。根据我国《立法法》和《规章制定程序条例》的相关规定，实践中对行政规章的制定是由政府和行政机关相关部门或机构通过"立项""起草""审查""决定""公布""解释"和"备案"等行政内部行为完成的。

行政权力的执行首先通过行政规章的抽象行政行为形成具体的行政职权，再通过具体行政行为来实现行政目标。实践中，政府和行政机关自行设定的大量的行政规章是政府的行政职权的根源。据不完全统计，现行有效的部门规章有6003部，地方政府规章达11 943部之多，[1]庞大的低层级的政府规章可能导致行政滥权。因此，规范行政规章的制定是从源头上制约行政权力的重要途径。根据我国新《行政诉讼法》第53条规定，行政规章的合法性豁免于司法审查。《行政复议法》第7条也有类似对行政规章合法性免除审查的规定。作为政府和行政机关行政执法主要依据的大量的行政规章，排除在司法合法性审查之外，这也为政府制定行政规章的抽象行政行为之权力的扩张留有余地，进一步影响了我国经济法规则的统一性、普遍性和确定性的形式理性。

其次，对行政干预行为缺乏有效监督。行政权力是各种国家权力中使用最广泛、最活跃的一种权力，具有扩张性和被滥用的倾向，一旦失去制约必然导致权力滥用和腐败。[2]经济法之行政执法而非法院司法的法律问题的处理机制，说明行政权力和行政干预是经济法的核心问题，而立法干预和司法

---

〔1〕 参见王素珍、李小梅："行政规章在行政审判中的适用问题研究——以最高人民法院公报案例库判决为考察对象"，载《中国海洋大学学报（社会科学版）》2014年第1期，第99页。

〔2〕 参见沈荣华主编：《行政权力制约机制》，国家行政学院出版社2006年版，第5页。

干预对行政干预的预防和校正功能具有监督作用。但在实践中，由于立法相对滞后，相对瞬时变化的市场经济不可能快速反应并制定相应的法律规范，立法干预在现行法律体制中很难发挥其应有的作用。受我国目前行政司法制度的制约以及经济法庭的缺失，经济法的司法干预只是行政诉讼和民事诉讼的一种辅助补救措施，加之因经济法规范对政府干预行为没有明确规定法律责任，对非法和违法行政干预很难进入司法程序，特别是对严重影响经济秩序的庞大的政府规章的抽象行政行为不能启动司法审查，司法监督作用受限。《1997 年世界银行报告》对腐败的界定："为达到个人目的而滥用权力"，"透明国际组织"对腐败的定义为"腐败是滥用权力以谋取私人利益"。[1]行政权力经济活动过程中，会因权力不透明不公开，边界不清晰和程序不公，以至于掌权者通过权力寻租，在暗箱中谋取私利导致贪腐发生。[2]

最后，经济法责任机制的缺陷。经济法既是授权法也是控权法，任何权力既是授权也控权，也应承担相应的法律后果。我国的经济法通常只重经济职权、经济权利、经济义务的规范，对相应的经济职责和法律责任的规定较少，使经济法的自洽性受阻发挥不了应有的规制作用。因为经济法属于公私交融的第三法域，经济法的法律责任也就表现为集民事责任、刑事责任和行政责任为一体的综合性责任。但经济法以调整社会经济秩序为目标，是为了防患于未然，其归责任原则一般是行为主义而非结果主义。因此，经济法的民事责任不仅仅是填平性赔偿的补救机制，更注重惩罚性赔偿的调整功能。但我国目前的经济法律机制有待完善，民事责任主要还是以填平性赔偿为主，没有发挥经济法民事责任的惩罚性功能。特别是经济法政府主体法律责任的缺失，使行政干预权缺乏有效制约和监督，行政干预的越权、滥权、怠权和权力寻租不可避免。政府和行政机关行使权力但问责机制不健全，这也正是行政权力可能出现问题的根源。不仅使经济法调整功能受影响，经济法的权威受损害，也使经济法成为"没牙的老虎"，经济法律责任难落到实处。

（四）完善经济法形式理性的建议

经济法的形式理性要求遵守有法可依、有法必依、执法必严、违法必

---

〔1〕　参见［新西兰］杰瑞米·波普："制约腐败——构建国家廉政体系"，转引自沈荣华主编：《行政权力制约机制》，国家行政学院出版社 2006 年版，第 5 页。

〔2〕　参见陈坤、仲帅："权力清单制度对简政放权的价值"，载《行政论坛》2014 年第 6 期，第 23 页。

究的法治原则。在经济法的实施过程中，政府在行使对市场经济秩序的干预权时，政府是经济法律关系重要的一方主体。政府对市场经济秩序的规制权、监管权和调控权既是政府的职权，也是政府的职责。如何规范、制约和监督政府的行政权力，完善政府的经济职责，是经济法形式理性的重要环节。

1. 完善经济法的规则体系

法律作为规则体系在某种程度上是向人们提供解决问题的一种方法与技术，这些规则应存在于法律逻辑的自洽性内，能用来解决现实经济活动中发生的法律问题，且规则体系内不存在规范性冲突。我国目前的经济法规则有待完善。首先，确保经济规则的统一性、稳定性和确定性。应提高经济法规则制定的层级效力，尽可能减少低层级的规则的立法，避免不同层级不同领域法律规则的冲突，完善规则制定的科学性、合理性、技术性和程序性。其次，规则设计应符合法律规范的技术特征。经济法本质上属于法律规范，其法律规则不仅应符合法律规范的逻辑结构，其语言表达也应符合法律规范用语。因为经济法实质理性对其形式理性的技术影响，某种程度解构了传统法律规范的结构和语词，经济、政治、道德和社会对经济法规范的影响是不可避免的，但经济法规范的设计，应避免表述上的经济化、政治化、哲学化和社会化，遵循严谨的法律思维、法律逻辑结构和法律术语。最后，确保经济法规则制定的程序正义。经济法实质化理性不可避免，但为弥补其形式理性的弱化，应完善经济政策、行政规章和政府规定等经济法规则的立法机制，加强监督和制约。

2. 规范经济法行政权力的法治路径

根据"主权在民"观念及"法治国"原则，法律是行政权唯一的来源。[1]英国学者边沁在《权力的合法化》一书中认为权力的"合法性"是多维度的。首先，行政权力的取得与行使与已确立的规则一致；其次，权力的规则本身具有正当性。[2]政府和行政机关在行使权力的过程中，先通过立法把特

---

〔1〕 参见王名扬：《英国行政法》，中国政法大学出版社 1987 年版，第 100 页。

〔2〕 参见张浪："行政规定的合法性研究"，苏州大学 2008 年博士学位论文，第 45 页。

定的行政主体或机构的行政权力具体化为行政职权。[1]只有明确行政权力扩张之源头，才能从根本上真正扼制行政权力的任性。在我国目前的行政诉讼体制下，对抽象行政行为的行政规章免予司法审查，以至于因执行行政规章受到的损失在我国目前的司法体制下不可能通过司法途径获得救济。行政权力源于宪法或是法律的授权这是基本的法治原则。韦伯认为形式理性的法律思想指高度逻辑的普遍性思维，是现代法律关系和行政管理的本质特征。在立法上要求制定逻辑清晰，并可以适用于任何情况的完美规则体系。[2]因此，行政权力的法律形式要件应该是行政权力依法产生，依法执行并受法律的监督与制约。

美国建国者们对权力达成的基本共识是：所有权力都必须由法律赋予，否则行政机关不能享有和行使任何权力，并且任何权力都必须通过法律来制约和控制。[3]美国法院对行政规章可进行司法监督，主要审查三个方面内容：其一，是否存在越权；其二，是否存在专断；其三，是否存在违反宪法和法律权利以及法定程序的情况。[4]德国1960年的《联邦德国行政法院法》第47条规定了法院对行政规章的司法审查权，英国、法国法院对行政机关的立法可以进行行政越权司法审查。[5]美国1946年颁布的《联邦行政程序法》开始对行政权加强控制。立法上确定法律保留原则，政府超越权限所立之法可以撤销；执法上通过程序控制和监督机制加强行政机关自律、内部监督和公众监督；司法上法院拥有案件的最终裁决权。三权分立又制衡的机制使国家权力体系处于良性运作中，行政权机动又规范地处于法律轨道之上。[6]西方行政控权机制是建立在"三权分立"的基础上，通过立法权，行政权和司法

---

〔1〕　我国《立法法》第80条第1款规定："国务院各部、委员会、中国人民银行、审计署和具有行政管理职能的直属机构，可以根据法律和国务院的行政法规、决定、命令，在本部门的权限范围内，制定规章。"第82条第2款规定："地方政府规章可以就下列事项作出规定：（一）为执行法律、行政法规、地方性法规的规定需要制定规章的事项；（二）属于本行政区域的具体行政管理事项。"

〔2〕　参见［德］马克斯·韦伯：《论经济与社会中的法律》，张乃根译，中国大百科全书出版社1998年版，第62页。

〔3〕　参见［美］汉密尔顿、杰伊、麦迪逊：《联邦党人文集》，程逢如、在汉、舒逊译，商务印书馆2007年版，第264页。

〔4〕　参见姜明安主编：《外国行政法教程》，法律出版社1993年版，第260页。

〔5〕　参见毕可志："将行政规章纳入司法监督范围之我见"，载《烟台大学学报（哲学社会科学版）》2000年第2期，第163~164页。

〔6〕　参见黄洪："行政权的本质研究"，西南政法大学2011年硕士学位论文，第28页。

权各自独立运行又互相制衡建立"以权力制约权力"的控权机制。根据我国《宪法》第 2 条、第 3 条规定，我国行政权和司法权不仅源于权力机关而且还应受其制约。对行政权力的权力制衡主要是由人民代表大会对行政机关通过控权和监督来实现。如果要达到控制和规范政府权力的目的，那就应该在法治框架内对权力结构及本质进行制度性调整。如果没有建立有效的制度监督机制，就不可能从根本上对行政权力形成有效的制度制约。若要把权力装进制度的笼子，必须由人民代表大会对现行体制进行结构性改变和权力重新配置，并建立人民代表大会对行政权力的有效监督机制。

3. 行政权力的制约和监督机制

孟德斯鸠认为，一切有权力的人都容易滥用权力，这是万古不易的一条经验。[1]权力倾向于腐败，绝对的权力倾向于绝对的腐败。[2]行政权力的滥用是腐败的源头，如果没有制度制约，只要存在权力就容易滋生权力的腐败。因此，为了防止权力的滥用，应对权力的规范运行、程序正义、责任、监督、制约等通过对行政体制的改革和完善，从制度上建立权力的制约机制，"把权力关进制度笼子"。对行政权力的制约和监督包括三个层面的机制。第一，以权力制约权力。孟德斯鸠曾认为要防止滥用权力，就必须以权力制约权力。[3]因此，应依法治原则，建立立法机关，行政机关，司法机关之间的国家权力相互制衡机制。我国实行人民代表大会制，按民主集中的原则，由人民代表大会对行政权力进行设置和监督，对具体行政行为人民法院可以依法进行司法审查，从而达到对行政权力的监督与制衡。其次，建立以权利制约权力的监督机制。权力应该尊重权利，实现权利制约权力。除非为了维护社会公共利益，否则政府就不能肆意介入。再次，建立社会监督权力机制。控制政府权力的有效力量就是社会监督的参与。现代社会是多元共治的社会，政府的公共决策是非政府机关或组织、个人等多方参与的利益博弈的结果。因此，行政权力受到了多方的牵制与约束，权力的行使被置于社会民众广泛参与的监督之下。通过赋予基层民众的参与权、申述权、表达权、表决权，确保社会力量对行政权力的监督。行政权力只有建立在制度制约和监督的基础上

---

〔1〕 参见［法］孟德斯鸠：《论法的精神》，张雁深译，商务印书馆 1961 年版，第 154 页。

〔2〕 参见［英］约翰·埃默里克·爱德华·达尔伯格-阿克顿：《自由与权力》，侯健、范亚峰译，译林出版社 2011 年版，第 294 页。

〔3〕 参见［法］孟德斯鸠：《论法的精神》，张雁深译，商务印书馆 1961 年版，第 154 页。

才可能真正在阳光下运行，防止权力的滥用，也才能从根本上避免腐败的滋生。

4. 完善经济法的责任机制

经济法的责任机制应在现行民事责任、行政责任和刑事责任综合责任的基础上，以预防和处罚相结合，建立独立的经济法的风险责任、惩罚性赔偿责任和绝对责任机制。为了维护社会经济秩序，经济法的法律责任不仅应强调事后处罚，更应关注事前预防，对风险和危害进行管控和防范。比如，产品召回制度、宏观调控制度、行政审核制度，相关的制度对风险的管控具有重要的意义，但应进一步明确责任主体。为了保护消费者利益，对经营者的违法经营进行更严厉的处罚。比如，消费欺诈的惩罚性赔偿，生产者对缺陷产品的绝对责任。政府的行政职责兼具任务与责任的双重性质，是特定的行政主体及其行政人员承办好其职务范围内的事项，以及当其未履行义务时要承担相应的法律责任的依据。经济行政职权与行政职责是合为一体的。行政职权源于行政职责，是保证完成行政任务、履行行政职责的一种必要手段；行政职责才是目的和根本，行政职权因行政职责而存在，行政职责是行政职权的根据和界限。[1]行政职权明确的是行政主体可以做什么，如行政审批权力。而行政职责明确的是行政主体应该做什么，如调控监管职责。只有明确政府和行政机关行政监管的职责范围，加强"放权"与"控权"的衔接，规范政府的干预权，按照职责分工把各项政策措施落到实处，应对行政权力的制定和运行过程建立相应的问责机制，且权责要相当。

问责制是将概括的和具体的角色担当、问与责结合在一起，强调现代社会中的角色及其义务，要求在其位谋其政、不在其位不谋其政，并施以有效的经常性督促，若有违背或落空则必当追究责任，不允许其"脱法"。[2]因此应该建立行政规章、政府规定等抽象行政行为审查机制和问责机制，遏制权力肆意扩张。对行政规章制定存在主观过错的相关人员，应承担行政处分为主的行政责任、政治责任和道德责任，构成违法犯罪的还应该承担相应的刑事责任。同时，应该授予人民代表大会对行政规章和政府规定的监督权。

---

〔1〕 参见王学辉等：《行政权研究》，中国检察出版社 2002 年版，第 117~118 页。

〔2〕 参见史际春、冯辉："'问责制'研究——兼论问责制在中国经济法中的地位"，载《政治与法律》2009 年第 1 期，第 3 页。

对在行政审批过程中存在的违法行政行为，可依行政诉讼法和行政复议进行救济，并追究相关人员的法律责任。行政权力的滥用和扩张只有从制度上建立相应制约和问责机制，才可能真正地把权力关进制度的笼子，从根本上规范和制约行政权力的任性扩张和滥用。明确政府与市场关系，从政府和行政机关行政职责范围着手，明确政府和行政机关的责任范围，使行政目标有的放矢，责任落到实处。经济法形式理性的弱化已成为制约经济法发展和损害经济法权威的毒瘤，完善经济法的规则性、技术性和程序性是经济法理论研究和法律实践的重大课题。

第三节　经济法的实质理性

一、经济法形式理性向实质理性的蜕变

在西方思想史上，自从亚里士多德以来，有关正义的理论文献可谓汗牛充栋，理论学派纷立，但这些正义观所关注的是"形式正义""均衡正义"以及"矫正正义"。[1]从经济法的历史背景看，自法国大革命以来，不断有人呼吁政府不仅应当实现形式上的正义，而且应当实现实质性正义即分配的正义或社会性正义。美国批判法学派的代表人物昂格尔认为，由于社会福利的需要、党派利益的矛盾、社会价值的多元化，法律推理变得越来越复杂，人们必须在不同价值观之间进行选择，语言对于法律而言不再是固定性的范畴，明确的普遍性的规则无法再获得有效地实现，而不得不求助于模糊的标准。因此，从形式主义向目的性或政策导向的法律推理转变，从关心程序形式公正向实质公正转变是必然的。[2]理性法传统以道德和法律的区别为出发点，思考在实证法自身之内的事实性与有效性之间的张力。从道德角度提出的正义论更具现实主义态度，不应该满足于对适宜的政治文化条件的反思，而应该对法治国及其社会基础的历史发展进行带有规范性质的重构。[3]

---

〔1〕　See M. D. Bayles, *Procedural Justice*, D. Deidel Publishing Company, 1990.

〔2〕　［美］昂格尔：《现代社会中的法律》，吴玉章、周汉华译，中国政法大学出版社 1994 年版，第 181~183 页。

〔3〕　参见［德］哈贝马斯：《在事实与规范之间：关于法律和民主治国的商谈理论》，童世骏译，生活·读书·新知三联书店 2003 年版，第 79 页。

实质理性之"实质正义"或"实体正义"（Substantive Justice）就是强调法律"给予每个人以其所应得的对待"或者"对同等情况予以同等对待"，即使人们所应得的权益都得到平等的维护，应得的义务得到平等的履行，应得的责任得到合理的分配。因为它们重视的是各种活动结果（Resuit，Effect）的正当性，而不是活动过程（Process）的正当性。换言之，只要某种涉及人们权益之分配或者义务之承担的活动，其最终的结果符合人们所承认的正当性、合理性标准，这种活动本身就是完全可以接受的，不论人们在形成这种结果时经历了什么样的过程。这与纯粹的程序正义的形式主义是两种截然不同的价值标准，也是对形式理性中的程序形式主义的修正。实质法存在的理由在于，"规则理性"对经济活动和社会活动进行集体规制，从而弥补市场的不足，但其实现的只是个体正义，而法律并不限于为自主的私人行动划定领域，而是通过明确实质性规定来直接规制社会行为，法律的目的就逐渐地导向了特定的社会角色和社会地位，以维护特定的社会利益为目标，最终现实社会正义。[1]

卡门卡和泰伊指出，至少在法律界，20 世纪的律师寻求维持曾在 19 世纪流行的基本的法律概念、态度和程序，他们试图"把法律与管理规则相区别、把法院与特种法庭相区别、把司法与行政相区别。而现在成为这种危机的一部分的是这种区别变得越来越靠不住了"。诺内特和塞尔兹尼克认为"当法律变成更具开放结构时，当法律的来源更丰富时，当法律的认知能力提高时，法律的诡辩术就失去了它的独特性"。"随着有目的法律的出现，就有一种人为因素减少的迹象，就有一种法律分析和政策分析趋同的迹象，就有一种法律与道德判断重新整合以及法律参与和政治参与重新整合的迹象"。如今法律分析几乎不能同政府政策及其实施的分析相脱离。主张"纯粹的"法律逻辑分析对于律师来说，这种分析日益得到来自政策的论据，即以政府的目标、社会效用、道德主张或经济福利为根据的论据的补充，而且有时被它们所取代。[2]图依布纳认为实质法是国家修正由市场决定的行为模式和行为结构的主要工具。经济法堪称"三分法律七分经济"，此结论表明在特定的条件下，

---

〔1〕　参见［德］图依布纳："现代法中的实质要素和反思要素"，矫波译，载《北大法律评论》1999 年第 2 期，第 610 页。

〔2〕　参见［英］罗杰·科特威尔：《法律社会学导论》，潘大松等译，华夏出版社 1989 年版，第 340 页。

经济法的实质理性强于其形式理性。经济法中的问题并非是纯粹的法律问题，往往是涉及经济、政治、社会等多个领域的"综合问题"。面对这些"综合问题"，传统法律知识和法律技能日益显得捉襟见肘，难以应付。[1]

在实证法理论看来，政策不属于法律的范畴，因为法律是逻辑严密的规则体系，政策不具有法律规则的形态。我国 1986 年的《民法通则》第 6 条规定："民事活动必须遵守法律，法律没有规定的，应当遵守国家政策。"但 2017 年通过的《民法总则》取消了民事活动的"政策条款"的相关规定，使得国家的经济政策在民事活动中的效力被弱化甚至不确定，《民法总则》去"政策化"的立法模式值得商榷。在经济法的结构中，应该考察政策与经济法的关系。很多法学家认为政策与法律是不可分的，甚至政策是法律的一部分。例如，美国著名法学家德沃金认为，规则、原则与政策都是法院裁判的依据，政策既是更重要的，也是权宜性的，但不如原则具有恒久性，因此，原则优于政策。在经济法的结构中讨论政策的地位具有特别重要的意义，因为经济活动受政策的影响是毋庸置疑的。经济法某种程度上是一种政策性规则体系，这种看法虽然未必正确，但足以反映经济法与政策的密切关系。在实践中，经济活动以及大量的经济法案件的处理都是以经济政策为导向，有的甚至直接根据政策选择处理方案。尤其在市场不够成熟和法律制度不够完善的国家，政策事实上成了指导经济活动的最主要工具之一。根本上，经济政策是经济立法的前提，而经济法则是投资政策、贸易政策和竞争政策等经济政策的法律化，是对经济政策有效实施的法治保障。[2] 经济政策的软法性和能动性是经济法之公法不同于行政法之公法的重要特征，经济政策可以对政府行为进行目标、性质、标准、实施手段、信息指引等行为指引和规范。

因此，经济政策规则成了经济法结构上的一个重要特点，即政策成为经济法规则体系的重要组成部分，或政策成为经济法的重要渊源。政策作为经济法的一部分，其意义在于缓解了经济法规则与事实的紧张关系，弥补了经济法的空缺结构，以回应社会经济发展的需要。但政策的开放性和灵活性是一把双刃剑，因为政策制定的随意性以及易变性一定程度上牺牲了经济法规

---

〔1〕 参见叶明："经济法实质化研究"，西南政法大学 2003 年博士学位论文，第 58 页。

〔2〕 参见张守文、于雷：《市场经济与新经济法》，北京大学出版社 1993 年版，第 17 页。

范的确定性、统一性与稳定性。[1]经济法是刚性调整还是柔性调整，是公权强制还是私权自治，在不同的时期，政府对经济的干预总是有特定的行政目标。经济法的实施往往无须考虑经济法内在的法律逻辑技术的自洽性，而是以行政命令强制推行，其程序正义也常常让位于特定行政目标，经济法的形式理性难以维系。如我国在金融危机中实施的"家电下乡"就是为了应对金融危机，本着扶持家电行业，拉动内需一箭双雕的目标而采取的干预措施。但政府通过招投标把"家电下乡"机会只给实力更强大的大企业，而本来就以农村市场为主的中小企业却被排除在这种优惠政策之外。这种产业政策对因出口下降陷入困境的家电行业走出危机的扶持是显而易见的，其社会效益和经济效益都符合政府的行政目标，体现了政府干预之经济法的实质理性。但法律形式程序正义常被忽略，甚至于出现行政越权，滥用行政干预权的情形。"家电下乡"是产业政策，但应在公平自由的竞争平台上由市场来选择，在没有正当理由证明招标更公平合理的情况下，通过招投标就把大部分中小企业排除在外，只对中标家电企业的财政补贴涉嫌行政垄断，对未中标企业构成不公平竞争，违反了公平竞争原则，其招投标中存在的一些形式上的不公平破坏了其程序正义，进而损害了其实质正义。法律的制定总是滞后于社会的发展，面对千变万化的市场经济，经济法应该如何发挥其应有的功能，经济法政策化的实质理性对探讨经济法的新型规范模式具有重要的意义，但应避免为了特定行政目标的实质效果而损害形式理性的程序正义。

二、经济法的实质理性的内涵

形式理性的法律制度创制并适用一套普遍的规则，形式理性的法律依赖于通过特有的法律推理来解决具体冲突的法律职业群体。但随着福利法治国家的到来，人们特别强调实质理性法，即法律作为一种有目的的、目标导向的干预工具。由于实质法之设计旨在具体情势下实现特定目标，它比起经典的形式法更趋于一般性和开放性，但同时也更具独特性。这种目的至上的实质性导向的新法律机制，把一直很严格刻板的规范性结构转变为"结构开放的"和"结果导向的"规则标准。新的目的导向影响了基本的学理概念，也影响实在法的构成，法律"规则主义"探究的经典方法也转变成"社会政

---

〔1〕　参见岳彩申："论经济法的形式理性"，西南政法大学 2003 年博士学位论文，第 74 页。

策"分析方法。此外，法律的实质化创制了新的制度和组织结构以及新的法律运行机制：要求由政府行政机关实行的行政规制而非法院的司法裁判作为解决社会法律问题的主要方式，非正统的社会组织机构取代正统机关。在法律制度之外，法律的边界需要在政治环境和社会环境方面进行重新界定。实质理性要求"法律判断和道德判断的整合、法律参与和政治参与的整合"，"法律社会化""道德法律化"与"政策法律化"也就成为必然。法律秩序从形式理性模式转换为实质（目的）理性模式，即从实质理性转向两种不同类型的法律理性：结果的"实质"理性、以过程为导向的建构制度与组织参与所具有的"反思"理性。[1]经济法的实质理性就是要求经济法对政府干预在特定条件下是概括授权而非具体授权，使政府面对复杂多变的经济秩序在授权范围内能及时灵活地进行干预。因此，经济法实质理性指经济法的立法、执法和司法要更多地考虑社会效果，而不是仅仅注重法律效果，也即法律决定的标准不是单纯内在于既有的法律规定之中，而是深嵌在具体的社会现实生活之中。经济法的实质理性要求立足于"社会本位"原则，在遵守法律规则的基础上，考虑其非法律的其他社会因素，如政治、经济、民族、宗教、道德、社会、环境等对法律适用后果的影响，根据社会性和人性来确定经济法的价值标准，同时把那些公共理性所能够理解和接受的价值公理、原则和规则法律化。因此，在经济法的规则体系中，政策法律化和道德法律化也成了必然。

经济法之实质法成为国家修正由市场决定的行为模式和行为结构的主要工具，承担了法律的新功能并为规制提供了正当理由。因此，其内在结构也发生了变化，以至于形式法中占支配地位的规则导向，由逐渐增强的目的导向来补充。经济法的实质性目的导向把形式法刻板的规范结构转变为结构开放的，标准和结果导向的规则。新的目的导向影响了经济法之实在法的构成，比如"政治范式"在经济法中不可避免，政治对经济法的影响是显而易见的。实质法确立了有目的的规划，并通过标准、规制和原则来实施。这种方法与法律参与方式的变迁导致了法律多元化。经济法的实质化建构了全新的组织和制度结构，要求由政府所实行的规制而非法院的裁判来解决社会经济问题。

---

〔1〕 参见［德］图依布纳："现代法中的实质要素和反思要素"，矫波译，载《北大法律评论》1992 年第 2 期，第 581、593 页。

在法律制度之外，经济法的边界需要在政治和社会环境方面进行重新界定，要求法律参与和政治参与的整合，法律判断和道德判断的整合。因此，经济法的制度设计倾向于"法律政治化"和"政策法律化""规则范式行政化""道德法律化"的非正式范式，经济法规范为适应社会经济发展的需要从形式法迈向实质法。经济政策就是通过目标、标准、性质、实施手段、信息指引等对政府行为进行指引和规范，实现经济法的实质理性的新的法律机制。

形式理性的规则下任何自由都容易为肆无忌惮的个人和群体所滥用，因此为了社会福利，自由就必须受到某些限制，这就是自由社会的经验。[1]特别是当市场自由之私权滥用害及社会公共利益时，为了社会公共利益的维护，对私权的限制越来越成为现代法治的共识，对社会公共利益的保护成为限制市场自由和政府介入的理由。随着经济发展社会化程度的加深，知识经济、网络经济、虚拟经济和共享经济等新兴经济的迅速发展壮大，其社会化对社会经济秩序的影响是显而易见的。如何规范这些新兴经济的运行，确保经济秩序的健康发展，维护社会公共利益也就越发重要。如在应对金融危机、房地产泡沫、通货膨胀、产品质量和消费者权益保护等涉及社会公共利益的经济问题时，为了达到一定的经济目标，满足特定的政绩要求，政府常常采取一些应急措施对市场经济进行干预，行政强权的社会效益是显而易见的，经济法的实质理性得到彰显。政府为了社会整体利益和社会整体经济的发展，根据经济发展的需要采取各式各样的干预措施，或是在法律实施中对市场的规制、监管和调控进行变通以达到更理想的社会效果，这就是经济法之实质理性。

实质理性之所以仍然激发着社会行动并继续在规则的形成与变革中发挥着重要的作用，其部分原因在于现代社会的理性未能恰当地解释不公平及不平等问题，而社会的基本原则与规则不仅包括正式与理性的规则，还包括非正式与分化性的基本规则。[2]为平衡各种社会利益关系，经济法为了"社会本位"的价值目标，当僵化的法律和行为规范的实施可能会损害社会公共利益时，在现行法律制度基础上，寻求新的调整模式。如为应对金融危机，欧

---

〔1〕　参见汪习根、武小川："权力与权利的界分方式新探——对'法不禁止即自由'的反思"，载《法制与社会发展》2013 年第 4 期，第 40 页。

〔2〕　参见［瑞典］汤姆·R. 伯恩斯等：《结构主义的视野：经济与社会的变迁》，周长城等译，社会科学文献出版社 2000 年版，第 212 页。

美国家对金融高管限薪以及对金融创新加强监管、我国"家电下乡"的产业政策以及股市和楼市的救市政策。都突显了经济法为了维护社会经济秩序，通过授权政府干预市场的实质理性的价值选择。

第四节 经济法的结果理性

一、结果理性是形式理性和实质理性的辩证统一

对于反形式主义，一些学者提出了截然不同的看法并对反形式化思潮与运动提出了明确的批评，伯尔曼则是其中最杰出的代表。伯尔曼从西方法律传统的危机入手对反形式化思潮进行了分析与评价，认为主张否定西方法律传统的自洽性、完整性的思想与做法，并非解决现代社会法律弊端的灵丹妙药。因此，如果对法律形式主义的批判，变成了对规则本身的攻击和对规则、先例、政策和衡平这四者间维持平衡的西方法治传统的攻击，就失去了合理性。[1]伯尔曼对实用主义法学提出了以下批判：第一，实用主义法学用强调法律目标和公共政策来反对形式主义，公正就会失去其历史和哲学根基；第二，对法律形式主义的反叛无法防止把自由裁量的审判变成压迫的工具；第三，如果对法律形式主义的批判动摇了西方法律传统的话，就不再具有合理性。自富勒在 19 世纪 60 年代提出法治的八项原则以来，法治不仅成为世界多数国家社会制度的基础，而且也成为文明国家的一种意识形态与精神追求。[2]史蒂文·J. 伯顿认为，制度的合法性必须具备两个条件：一是从理论方面说，它要求人们普遍地承认服从法律的义务；二是从实践方面说，法律以及政治的制度值得人们忠实地服从。[3]史蒂文·J. 伯顿认为，法律应该是形式理性和实质理性的统一。韦伯在分析现代法律发展的趋势时，曾经担忧地说："在任何情况下，如将社会学的、经济学的，或伦理学的观点引入法律概念中去，

---

〔1〕 参见沈宗灵：《现代西方法理学》，北京大学出版社 1992 年版，第 33 页。

〔2〕 参见［美］哈罗德·J. 伯尔曼：《法律革命——西方法律传统的形式》，贺卫方等译，中国大百科全书出版社 1993 年版，第 47 页。

〔3〕 参见［美］史蒂文·J. 伯顿：《法律和法律推理导论》，张志铭、解兴权译，中国政法大学出版社 1998 年版，第 197 页。

法律观点的准确就会受到影响。"〔1〕虽然法律规范的实质理性更易实现法的价值目标，但背离了形式理性的规范其正当性就值得怀疑。过于追求实质合理性，必然使人为因素、道德因素、政治因素以及时势因素无限制地膨胀。所以过分追求实质理性而忽略形式合理性的法律势必会难以与人治划清界限。〔2〕虽然反形式主义思潮有其重要基础与贡献，但如果其意味着对传统法治的否定的话，那么它不可能走得太远。因为对法律形式化的批判与否定必须限定在完善法治而不是否定法治的框架内。否则，难免会走向空想与偏执。因此，对形式化及形式主义的批判与否定必须在承认形式理性的前提下本着更好地提高法律的形式理性的辩证立场，才是正确与恰当的。否则，同样会走向极端与非理性，由此可见，反形式化思潮与运动都应有限度，不能走得太远。〔3〕

卡多佐曾指出："先例的背后是一些基本的司法审判概念，它们是司法推理的一些先决条件，而这些概念正是在生活习惯、社会制度之中才得以生成。通过一个互动过程，这些概念又反过来修改着这些习惯和制度。"〔4〕某种程度，正是形式法修正和推动了实质法的发展，实质法又丰富充实了形式法。把法律看作是一个循环的封闭系统的实证主义观点，非常切合于这种模式。如果把这种模式当作基础，那么福利国家的实质化的法律秩序就可能显得是一种剧变，甚至是宪法架构的破产。福利国家法律不仅仅是、从来也不主要是由一些界定明确的有条件纲领所构成的，而是包括一些政治性的政策，并且在法律运用中依赖于原则的论证。用实证主义的分权命题来衡量，法律的实质化导致了一种"重新道德化"，它通过将道德原则的论据和政治性政策的论据接纳进法律论辩之中，而松动了政治立法者对司法的直接约束。〔5〕

从理论与思想的渊源和背景看，法律形式主义与反形式主义作为两种不

---

〔1〕　参见〔德〕马克斯·韦伯：《论经济与社会中的法律》，张乃根译，中国大百科全书出版社1995年版，第317页。

〔2〕　参见孙笑侠：《法的现象与观念》，山东人民出版社2001年版，第334页。

〔3〕　参见岳彩申："论经济法的形式理性"，西南政法大学2003年博士学位论文，第84页。

〔4〕　参见〔美〕本杰明·卡多佐：《司法过程的性质》，苏力译，商务印书馆2000年版，第8页。

〔5〕　参见〔德〕哈贝马斯：《在事实与规范之间：关于法律和民主治国的商谈理论》，童世骏译，生活·读书·新知三联书店2003年版，第304页。

同的方法论思想一直存在着争辩。规范和价值的区别在于：首先，它们所指向的行动一个是义务性的，一个是目的性的；其次，在于它们的有效性主张的编码一个是二元的，一个是逐级的；再次，在于它们的约束力一个是绝对的，一个是相对的；最后，在于它们各自内部的自洽性所必须满足的标准是各不相同的。规范和价值这些逻辑属性上的区别，导致了它们在运用中的重要区别。在具体场合的行动是受规范支配还是受价值支配，造成不同行动取向。根据规范，可以决定的是被命令做什么；在价值领域，可以决定的则是被建议做什么。当然，在两种情况下，运用的问题都要求对正确的行动进行选择。在法律原则或"法律价值"那里，这种区别经常被人忽视，因为实证法所适用的总是特定法律区域和相应范围的承受者。尽管法律的有效性范围有这种事实性限定，基本权利却在不同情况下有不同的意义：或者像德沃金那样，把它们理解成义务论性质的法律原则；或者像阿勒克西那样，把它们理解为可最大化的法律价值。作为规范，它们是根据所有人同等的利益来调节一个问题；作为价值，它们与其他价值一起形成一个组合并构成表达这一特定法律共同体之认同和生活方式的符号秩序。[1]

法律的形式理性与实质理性是从不同的法律技术、方法、标准、价值和目的来评价法律的后果。根本上，形式理性和实质理性都代表着不同的法律诉求，是现代法治文明不可或缺的一部分。没有形式理性的程序正义，权利和权力就会被滥用，法律的权威就会受到损害，但只强调形式理性而不考虑法律实施的社会效果，就会导致条文主义和形式主义损害法律的公平正义。因此，现代法治应该是建立在形式理性和实质理性辩证统一基础上的结果理性。

二、结果理性之目的法的价值分析

在 20 世纪初，在科学与技术主义和工业文明的影响下，法律的实证分析与概念方法曾经流行一时。然而，时过境迁，随着社会经济改革与社会政策的发展变化，有目的的立法干预与国家干预的作用越来越明显，分析与概念的逻辑方法逐渐不再像以前那样受欢迎。价值理性却激发着社会行动并继续

---

〔1〕 参见［德］哈贝马斯：《在事实与规范之间：关于法律和民主治国的商谈理论》，童世骏译，生活·读书·新知三联书店 2003 年版，第 316 页。

在规则的形成与变革中发挥重要的作用，其部分原因在于现代社会的理性未能恰当地解释不公平及不平等问题，而社会的基本原则与规则不仅包括正式与理性的规则，还包括非正式与分化性的基本规则。[1]在行政权扩张的过程中，合法性问题一直是人们关注的焦点。合法性源于行政的法理基础及由此表现出来的程序化、非人格化和效率优势。追求合法性可能导致行政机构缺乏应变能力，也同时必然降低了经济法的回应能力。回应性反对形式主义对结果的忽视，认为法律为了实现特定的目的，目的既是国家机构的使命所在，又是国家机构存身的根基。当服从于规则不再足以作为司法与行政机关免受批评与指责的恰当理由，目的便成为对回应性而言至关重要的因素。它是机构所要努力完成的使命，也是机构得以创建的基础。新公共管理的思维普遍认为，缺乏目的既是教条与僵化的根源，也是机会主义的根源，但用目的控制代替规则会引发公共行政的合法性和回应性之间的紧张关系。因此，这一问题的解决依赖于民主政治决策机制的改革以及政治或行政官员对公共利益的忠实程度和实践能力。[2]

韦伯认为人是其目的的理性最大化者，目的外生于决策过程，对现实手段的唯一要求就是它能够使目的的实现达到最大化程度。[3]耶林指出："对逻辑的整体崇拜，使得法学成为法律的数学，是一种误解，也是一种对法律本质的误读。"通过对权利自由意志论的批判，耶林将权利的实质定位于利益，认为"权利的概念是以法律上对利益之确保为基础，权利是法律上所保护之利益"。[4]1872 年，耶林在著名演讲《为权利而斗争》中指出，"法权（Recht）的概念是一个实践的概念，即一个目的概念"。[5]权利是个人在社会中的生存条件，为权利而斗争是道德上的自我主张，是个人对自己的义务，也是个人对于国家的义务。在 1877 年出版的《法律的目的》（Der Zweck in Recht）中，耶林明确指出，"目的是整个法律的创造者，没有赋予法条目的，也就没有法条"。法律即为"透过国家的强制力量所获得的，确保社会生活条

〔1〕 参见［瑞典］汤姆·R. 伯恩斯：《结构主义的视野：经济与社会的变迁》，周长城等译，社会科学文献出版社 2000 年版，第 212 页。

〔2〕 参见岳彩申："论经济法的形式理性"，西南政法大学 2003 年博士学位论文，第 185 页。

〔3〕 参见周少华："法律理性与法律的技术化"，载《法学论坛》2012 年第 3 期，第 105 页。

〔4〕 Rudolph yon Jhering: Geist. 1II, IS, pp. 339、351, 转引自吴从周：《概念法学、利益法学与价值法学：探索一部民法方法论的演变史》，中国法制出版社 2011 年版，第 107、111 页。

〔5〕 ［德］鲁道夫·冯·耶林：《为权利而斗争》，郑永流译，法律出版社 2007 年版，第 1 页。

件之形式"。[1]通过国家的强制以保障社会生活条件的方式即法律的形式，而社会生活条件，即广义的利益，就是法律的内容与目的，从主观的立场而言，就是权利。至此，耶林完成了从概念法学主义者到人类目的动力学的转变。[2]

在庞德看来，19世纪后期法律形式主义在美国司法中的适用即有将科学性视为法律目的的倾向，庞德称之为"机械法理学"。庞德更是明确指出，"这些法学派都努力只根据法律本身而且只从法律本身的方面出发建构一种法律科学"。[3]因此，在1912年庞德提出的六条社会学法理学纲领中，第一条即是研究法律制度和原则的实际社会效果，而所有的纲领都被庞德视为使法律在达到目的方面更为有效的手段。[4]庞德也因此被萨默斯称之为美国实用工具主义法学的领军人。[5]庞德认为利益的承认、界分和保障最终是个价值衡量问题，认为法律要满足的人类需要并非是超验或者普遍的，而是某种特定时空条件下的价值或者人类传统。庞德以社会工程类比法律，"社会工程被认为是一个过程，一种活动，而不只是一种知识体系或者一种固定的建筑秩序"。[6]社会工程意义上的"法律"指法律人根据权威性材料体系，运用阐释等技术，在司法、行政等过程中实现法律秩序协调利益冲突、满足人类需要的目的。[7]实质法通过它对福利—法制国提供政治干预的种种贡献来证明其"系统理性"。由于政治系统承担了确定目标、选择规范性手段、规定具体行为以及实施规划这些责任，实质法显得日趋重要。它是国家修正由市场决定的行为模式和行为结构的主要工具。实质法承担了为规制提供正当理由

---

〔1〕 See Rudolph von Jhering：ZweckISⅥ11. Vorrede 以及 ZweckIS 73L，转引自吴从周：《概念法学、利益法学与价值法学：探索一部民法方法论的演变史》，中国法制出版社2011年版，第126、132页。

〔2〕 See Julius Stone, "The Golden Age of Pound", *Sydney kw Review*, V01.4, No.1（1962），pp. 3. 83.

〔3〕 ［美］罗斯科·庞德：《法理学》（第1卷），邓正来译，中国政法大学出版社2004年版，第91页。

〔4〕 See Roscoe Pound, *The Scope and Purpose of Soci—ological Jurisprudence, Concluded*, IIL Sociological Jurisprudence, Harvard kut Re—uzm, V01. 25. No. 6（Apr. , 19, 2），pp. 513, 515.

〔5〕 参见王婧：《罗斯科·庞德的社会学法理学：一种思想关系的考察》，上海人民出版社2012年版，第66页。

〔6〕 ［美］罗斯科·庞德：《法律史解释》，邓正来译，中国法制出版社2002年版，第225页。

〔7〕 参见王婧：《罗斯科·庞德的社会学法理学：一种思想关系的考察》，上海人民出版社2012年版，第68页。

这种新功能，它的内在结构发生了变化，以致于形式法中规则主义占支配地位的规则导向，由一种逐渐增强的有目的利益导向来补充。实质法通过有目的的规划来实现特定的社会目标，并通过规制、标准和原则来实施。这种迈向有目的法的趋势对于教条的法律制度的概念建构产生了重要后果。[1]因此，法律价值目标从形式正义导向实质正义，法律实施从司法裁决向行政执法转变，法律后果从个体正义导向社会正义，是法律结果理性之目的法的基本法律特征。

三、经济法的结果理性

法律的结果理性追求的是社会正义，是形式理性和实质理性辩证统一的结果。法律形式主义自身存在缺陷：抽象化和概念化的法律形式主义本身蕴含着脱离现实的僵化危险，而且在抽象和概念化的过程中使得法律体系内部原有的很多协调冲突的机制被排除掉了。[2]理性化行政首先体现为对传统社会恣意性行政权力和行为的制约，行政权力从无限到有限的转变，严格界分行政与社会、市场、公民个人之间的关系。而且理性化行政必然视效率为其首要功能性价值。[3]经济法具有明显的目的导向性，其法益目标就是为了特定的社会利益而非仅法律的形式正义。这种目的导向的结果理性必须建立在形式理性和实质理性的基础上，是形式理性和实质理性的辩证统一。因此，经济法为了社会公共利益，协调平衡社会整体利益，确保社会经济秩序的公平、效益和安全，必须通过制度的设计对社会资源和经济法主体的权责义进行配置。如为了实现特定的法益目标，经济法通过财政转移支付和政府的扶贫政策对落后贫困地区进行各种财政补贴扶贫，通过公法私法化和私法公法化，突破合同自由的原则限制，对经营者和消费者、政府以及社会中间组织进行权利、义务、职权和职责进行设置。使强大的经营者对消费者履行法定义务，而弱小的消费者却只享有法定的权利保护，而政府和社会中间组织为了维护这种平衡关系被授予行政执法权或社会公益权。经济法通过制度设置

---

〔1〕 参见［德］图依布纳："现代法中的实质要素和反思要素"，矫波译，载《北大法律评论》1992年第2期，第610页。

〔2〕 参见王婧：《罗斯科·庞德的社会学法理学：一种思想关系的考察》，上海人民出版社2012年版，第59页。

〔3〕 参见申艳红：《社会危机防治行政法律规制研究》，武汉大学出版社2013年版，第46页。

对传统的法律形式理性的公平正义进行修正，以实质理性作为其价值目标，最终实现社会公平正义的结果理性。

李昌麒教授认为："国家干预可以划分为国家的静态干预和动态干预，前者通常表现为以经济法律的形式所确立的干预，它是常态的，后者通常表现为根据国内和国际经济形势的变迁而采取的非常态下的临时性干预，典型的如国家对重大突发事件的干预。"[1]对于经济法的国家干预，李昌麒教授认为静态干预是经济法的表现形式，即应该符合经济法的形式理性。因此，制定经济法律规范，完善经济法律体系是经济法形式理性的要求，也是确保有法可依，依法干预的保证。动态干预是经济学中的一种国家行为，属于经济法律事实，也可以理解为经济法的实质理性，主要是为了社会公共利益和协调平衡社会整体利益，或针对突发事件的应急措施，但不应该成为经济法调整模式的常态。为了克服市场缺陷实现经济法的"社会本位"目标，经济法的形式理性和实质理性应该辩证统一，在遵守法治原则的形式理性下，实现经济法的最大社会效益的结果理性。

经济法是以维护社会公共利益，协调平衡社会整体利益，确保公平、效益和安全的经济秩序为目标，经济法以目的为导向的结果理性应是形式理性和实质理性的辩证统一，是在遵守形式理性基本要求的情况下，寻求最能实现社会正义的实质理性。经济法的目的因其实用性而具有一定的特定性与依附性。特定性指经济法规则以解决特定的社会经济法律问题为目的，依附性则指经济法规则与政府的施政方针相制约，某些经济法文件和规则受政府施政方针的影响。例如，竞争法仅仅以解决市场中经营者公平竞争秩序为目的，而这种目的常常受国家政府经济政策与经济形势的影响，具有不确定性。[2]2008年金融危机中，给全球经济带来灾难的美国华尔街金融高管，不仅不用承担任何责任，九家严重亏损需要接受政府救助资金的银行，置企业社会责任于不顾，向其高管发放巨额奖金。尽管有学者认为合同规定应该被支持，这种合同自由原则是法治的灵魂。但如果企业滥用其合同权利损害社会公共利益而不承担法律责任，就有违法治的公平正义原则。2008年7月31日，美

---

[1] 参见李昌麒："论经济法语境中的国家干预"，载《重庆大学学报（社会科学版）》2008年第4期，第85页。

[2] 参见沈敏荣：《法律的不确定性——反垄断法规则分析》，法律出版社2001年版，第130页。

国众议院通过了一项有关金融企业管理层薪酬标准的新制度，允许联邦银行业监管机构对金融企业薪酬体系实施监管。此举在自由经济模式下，通过立法对企业内部管理进行干预，是经济法形式理性和实质理性相结合，是现代法治的体现。如果实质理性是以牺牲法律公平正义为代价，是对法治的一种破坏。金融危机中政府对楼价的救市，政府为抑制房价上涨而采取的限购令，以及各种打压楼市的措施，尽管可能实现短期调控目标，但不论救市措施和限购措施，动用政府财政救济非弱势群体购楼者和人为限制购房者条件，都没有明确的法律依据，其形式理性不足。形式正义是实质正义的基础和保证，实质正义是形式正义的目标，其核心就是社会整体利益的平衡。行政干预既是一种职权，也是一种权限，任何行政干预都应该符合经济法律法规的法定职权和特别授权，并可以通过司法的最终裁决进行救济。为了社会公共利益，政府干预应该遵守法律和市场经济规律，立足于社会本位的原则，并通过立法干预和司法干预，使政府干预行为和市场行为规范化、科学化和合理化，达到政府干预的最终目标。

市场与政府在资源配置中的经济法解读

　　市场调节与政府计划是资源配置的两种方式，经济法是调整市场与政府在资源配置过程中的经济秩序的法律规范。资源的配置有赖于经济法律制度的设计，市场在资源配置中起决定性作用是我国经济转型期的发展进路，应通过经济法的制度设计明确市场与政府在资源配置中的界限，在竞争性领域充分发挥市场机制对资源配置的决定性作用，在非竞争性领域确保国有经济的控制力，并引入市场竞争机制，建立市场参与公用事业公共善治的共享机制，完善和规范市场与政府对资源配置和监管机制。经济法通过制度的设计，矫正市场和政府在资源配置过程中的缺陷，确保资源配置的效益、公平和安全。

第一节　资源配置的经济法解读

一、资源的界定

　　关于资源（Resources）的概念至今尚未形成能够被人们普遍接受的定义。《辞海》对"资源"解释为"资财之源，一般指天然的财源。"[1]《当代汉语词典》关于"资源"的解释是"地球上天然具有的生产资料和生活资料的来源。"[2]《现代汉语词典》的解释为"资源是生产资料和生活资料的天然来源"。[3]联合国环境规划署对资源定义为"所谓资源，特别是自然资源，指

---

　　〔1〕　参见辞海编辑委员会编：《辞海》，上海辞书出版社1999年版，第1868页。
　　〔2〕　参见《当代汉语语词典》编委会编：《当代汉语词典》，中华书局2009年版，第1915页。
　　〔3〕　参见中国社会科学院语言研究所词典编辑室编：《现代汉语词典》，商务印书馆2009年版，第1662页。

在一定时间和地点的条件下，能够产生经济价值的，以提高人类当前和将来福利的自然环境因素和条件"。[1]上述两种定义只限于对自然资源的解释，是狭义的定义。阿兰·兰德尔在其《资源经济学》中把"资源"定义为"资源是人类发现的有用途和价值的物质"。[2]阿兰·兰德尔主要从客观物质对人类社会贡献的角度对资源进行界定。马克思在《资本论》中指出："劳动和土地，是财富两个原始的形成要素。"恩格斯认为："劳动和自然界在一起它才是一切财富的源泉，自然界为劳动提供材料，劳动把材料转变为财富。"[3]马克思和恩格斯对资源的定义既包括自然资源的客观存在，也包括人的劳动创造等社会资源。《经济学解说》将"资源"定义为"生产过程中所使用的投入"，"按照常见的划分方法，资源被划分为自然资源、人力资源和加工资源"。[4]阿兰·兰德尔、马克思和恩格斯对资源的定义是广义上的资源观。

以上关于"资源"的定义主要是就资源作为一种客观存在或是物质形态对社会财富的创造价值层面对资源进行的解释。在社会化大生产的知识经济和信息经济时代，新的资源观，如果从资源对社会财富的创造价值的层面理解，资源不仅是物化的客观存在，资源还应该包括以物化形态资源为基础，作用并影响着其功能和价值实现的主观能动性成果，即一系列的制度设计和精神财富的积累，比如，法律资源、政治资源、文化资源等社会资源。因此，资源不仅指自然资源，还包括人力、人才、信息、知识等社会资源，也包括行政资源、立法资源和司法资源等制度设计。各种资源相互作用共同创造了社会财富，推动社会发展进步。

二、经济学语境下的资源配置机制

经济学语境下的资源配置（Resource Allocation）是指由于资源的稀缺性，为了现实不同的社会目标，达到最优利用资源，充分发挥资源的创造价值和

---

〔1〕［美］梅萨罗维克、［德］佩斯特尔：《人类处于转折点——给罗马俱乐部的第二个报告》，梅艳译，生活·读书·新知三联书店1987年版，第4页。

〔2〕［美］罗伯特·雷佩托：《资源管理战略》，夏堃堡、柯金良译，中国环境科学出版社1988年版，第12页。

〔3〕《马克思恩格斯选集》（第4卷），人民出版社1995年版，第373页。

〔4〕参见［英］彼得·蒙德尔等：《经济学解说》，胡代光等译，经济科学出版社2000年版，第56页。

效能，并通过特定的方式把有限的资源合理运用到社会的各个领域中去，以最少的成本获取最佳的效益。[1]因为制度的设计也需要社会成本，也会产生效率，而且制度资源最终决定和影响着物质资源和社会资源的配置。在不同的社会经济条件下和为了不同的社会经济目标，资源配置是通过不同层次制度设计，形成资源配置的动力机制。马克思对价值规律、价格机制、供求关系与竞争机制等相互之间关系的分析，揭示了市场对社会资源配置的调节机制，并指出价值规律在资源配置中所起的决定性作用。在市场经济中，资源配置的动力机制主要源于企业追求自身利益的需要和优胜劣汰的市场竞争法则。马克思认为平均量（劳动时间、平均利润等）决定价格（价值），市场资源配置的最重要动力是各企业资本的利润率趋于平均化的资本追逐利益的机制。[2]但自1870年的边际革命以来，主流经济学使用边际分析方法来解释价格现象。认为决定经济均衡的不是利润率趋于均等的平均化力量，而是建立在居民和企业选择行为基础上的边际力量。即企业如何达到自身最大利益和与之对应的要素最优组合方式和规模。[3]

2007年10月15日瑞典皇家科学院将2007年诺贝尔经济学奖授予美国经济学家莱昂尼德·赫维茨（Lenonid Hurwicz）和罗杰·迈尔森（Roger B. Myerson）、埃里克·马斯金（Erics. Maskin），以表彰他们对创立和发展"资源配置的机制设计理论"作出的贡献。1973年赫维茨在《美国经济评论》杂志上发表论文《资源分配的机制设计理论》基本奠定了机制设计理论的框架，提出了"不可能定理"，即不存在任何机制既能使每个人透露其真实信息又能实现帕累托最优。赫维茨认为，"资源配置机制设计"理论就是要设计出一套经济机制，避免信息不完全所带来的资源配置损失，实现资源最优化利用等既定目标。[4]赫维茨构建的机制设计理论框架的要点在于：只有满足参与约束和激励相容约

---

〔1〕 参见［美］弗兰克·N. 马卡尔主编：《经济学百科全书》，吴易风主译，中国人民大学出版2009年版，第1954页。

〔2〕 参见王云中："论马克思资源配置理论的依据、内容和特点"，载《经济评论》2004年第1期，第31~32页。

〔3〕 参见孙洛平："市场资源配置机制与经济理论的选择"，载《南开经济研究》2002年第3期，第8页。

〔4〕 参见祖强："机制设计理论与最优资源配置的实现——2007年诺贝尔经济学奖评析"，载《世界经济与政治论坛》2008年第2期，第84页。

束这两个条件，社会目标才能实现。[1]20 世纪 70 年代到 90 年代，马斯金提出并证明了一个社会选择规则可以纳什均衡[2]实施的充分和必要条件的可行规则，即马斯金定理。认为通常在一个机制下有很多均衡点，马金斯研究了所有均衡点都能实现这一目标的充分和必要条件的理论，即实施理论。该理论强调，当制定程序规则时应能确保社会可以从一系列的选项中作出最好的选择。[3]如果社会选择规则选择了某个选项，那么在所有参与人都没有降低对这个选项的偏好的情况下，这个选项总是社会选择的结果。[4]1981 年迈尔森提出了"最优拍卖设计理论"的显示原理，认为任意一个机制的任何一个均衡结果都能通过一个激励相容的直接机制来实施。[5]

"资源配置机制设计"理论研究的核心是如何在信息分散和信息不对称的条件下设计约束和激励相容的机制来实现资源的有效配置，这与经济法的调整机制有异曲同工之处。经济法有别于其他部门法的要点之一就在于其把约束和激励作为兼容的调整手段。比如，税收优惠政策、卡特尔的宽恕制度和豁免制度、反垄断法的适用除外等。"资源配置的机制设计理论"深化了当事人在不同情况下对资源最优配置机制性质的理解，有利于识别市场机制在何种情况下会失效，并有助于确定有效的交易机制、管制计划和表决程序等制度设计，为研究、比较和设计不同经济制度安排或经济机制设计提供了理论框架。[6]我国经济转型期的新常态下，如何让市场在资源配置中起决定性作用，机制设计理论为合理的约束和激励机制的制度设计提供了理论基础，为

---

〔1〕参见郭其友、李宝良："机制设计理论：资源最优配置机制性质的解释与应用——2007 年度诺贝尔经济学奖得主的主要经济学理论贡献述评"，载《外国经济与管理》2007 年第 11 期，第 5 页。

〔2〕所谓纳什均衡指的是一种策略组合，在该策略组合上，即任何参与人单独改变策略都不会得到好处。换句话说，如果在一个策略组合上，当所有其他人都不改变策略时，没有人会改变自己的策略，则该策略组合就是一个纳什均衡。参见高鸿业主编：《西方经济学》（微观部分），中国人民大学出版社 2011 年版，第 292~296 页。

〔3〕参见祖强："机制设计理论与最优资源配置的实现——2007 年诺贝尔经济学奖评析"，载《世界经济与政治论坛》2008 年第 2 期。

〔4〕参见费剑平："2007 年度三位诺贝尔经济学奖得主学术贡献评介"，载《经济学动态》2007 年第 11 期，第 6 页。

〔5〕参见祖强："机制设计理论与最优资源配置的实现——2007 年诺贝尔经济学奖评析"，载《世界经济与政治论坛》2008 年第 2 期，第 83~86 页。

〔6〕参见郭其友、李宝良："机制设计理论：资源最优配置机制性质的解释与应用——2007 年度诺贝尔经济学奖得主的主要经济学理论贡献述评"，载《外国经济与管理》2007 年第 11 期，第 1~2 页。

经济法律制度的设计提供了理论依据。

三、资源配置模式的经济法解读

经济法作为调整市场与政府在资源配置中的经济秩序的法律规范，经济法律制度的设计关键是正确处理市场与政府之间的关系。西方经济学家关于资源配置的理论研究及实践，围绕着市场机制"看不见的手"与政府配置的"有形之手"自资本主义诞生之日就未停止过。在经济学界，把资源配置机制划分为市场调节和政府计划两种模式，为经济法的制度设计提供了理论依据和实践基础。

一是市场机制的配置。即由市场自发作用，依据价值规律，通过市场价格机制、供求关系和竞争机制作用，使资源向获利的领域、行业、地区、企业流动，从而使资源确保有效配置。在市场经济条件下，资源配置的基础性力量是市场调节机制。市场配置资源的方式就是使企业与市场发生直接的联系，企业根据价值规律，通过供求关系、价格机制和竞争机制实现生产要素的合理配置。在理想状态的市场条件下，市场机制能够保证资源配置的效率最大化。然而，现实中的市场并不完美，价格机制失调、供求关系失衡、竞争不充分、市场机制作用的盲目性和滞后性，都可能导致产业结构不合理，社会总供给和社会总需求的失衡、社会分配不公、公共产品缺乏、市场秩序混乱等现象。因此，为了克服市场的缺陷，经济法利用制度设计去矫正市场的失灵也就成了必然。比如，市场主体法对市场准入的调整，市场规制法和市场监管法对市场经济秩序的调整，宏观调控法对公共财政、社会分配和产业结构的调整等，通过经济法律机制纠正市场机制的缺陷，确保市场在资源配置中发挥决定性作用，维护公平、效益和安全的经济秩序，以确保经济法的法益目标。

二是政府计划的配置。政府资源配置机制指政府为了特定目标，人为地对资源的流动进行间接和直接的干预，促使资源向着符合实现特定目标的方向流动。因市场对国民经济结构调整和整个国民经济运行的调节具有局限性，需要政府通过宏观调控对市场调节的自发性和盲目性加以必要的引导，但政府配置也是有限的，难以解决资源配置的效率问题。资源的稀缺性带来的人与物之间的配置关系只是形式，而实际上体现资源所有和利用两方面的人与人之间的利益关系，才是资源配置实质内容。[1]资源的配置形式上是物质要素的分配，但本质上是生产关系的配置。由于政府的内部性，政府权力膨胀可能损害市场机制，影响资源配置的公平和效率。因此，政府对配置资源也离不开经济法制度的设计。对政府行政权力的限制和监督是确保政府在资源配置中依法行政的法治保障。应完善现行经济法律制度，使政府对资源依法配置。比如通过产业法、规划法、预算法、财税法、金融法、市场规制法、市场监管法等经济法律制度的完善，使政府依法监管市场和配置资源。

习近平在 2014 年 5 月 26 日就"中共中央政治局就使市场在资源配置中起决定性作用和更好发挥政府作用"的问题进行第十五次集体学习时，提出"在市场作用和政府作用的问题上，要讲辩证法、两点论，'看不见的手'和'看得见的手'都要用好，努力形成市场作用和政府作用有机统一、相互补充、相互协调、相互促进的格局，推动经济社会持续健康发展"。[2]"市场看不见之手"和"政府有形之手"对资源的配置在资本主义发展的不同时期伴着欧美国家经济沉浮交替作用。历史经验证明，市场经济的发展离不开"市场"和"政府"两只手，任何一种极端都会阻碍经济的发展。"全能型"政府的计划经济禁锢了经济的发展，但过于"自由放任"的无政府状态常导致经济崩溃。欧美历史上的经济危机现在还未摆脱困境，由美国次贷危机引发的 2008 年的金融危机，究其根源，就在于新自由主义思潮下，政府放松经济监管酿成的恶果。现行国内的经济发展面临着严峻的下行考验，特别是对国民经济有着较大影响的房地产业，伴着各种调控政策，房价暴涨暴跌。房价上涨时，政府实施各种限制楼价的调控政策。房价下跌时，政府又频频出手救市，从限购松绑到限制降价，税收减免、政府补贴、贷款优惠，政府试图以行政手段来干预楼市。作为特殊商品市场，政府对房地产市场适当监管是必要的，但任何违背市场机制和价值规律的行为终究会事与愿违。完善的市场经济法律制度可以弥补市场缺陷，规制政府干预行为，避免市场失灵和政府失灵。

---

〔1〕　参见周晓唯："法律的经济功能——要素资源配置的法经济学分析"，载《西安电子科技大学学报（社会科学版）》2001 年第 4 期，第 20 页。

〔2〕　参见习近平："'看不见的手'和'看得见的手'都要用好"，载 http://www.sh.xinhuanet.com/2014-05/28/c_133367321.htm，访问日期：2018 年 1 月 30 日。

第二节　经济法语境下的资源配置机制

一、法律资源配置是资源配置的制度设计

美国经济学家道格拉斯·C. 诺思认为制度是一个社会的博弈规则。[1]西方古典经济学忽略了制度在经济增长中的作用，没有把制度当作稀缺性资源加以分析。交易及制度诸问题能否作为经济学的研究对象，首先就看其是否具有稀缺性。[2]现代制度经济学认为，"制度也是一种稀缺性资源。制度经济学发展的最高境界就是将法律制度当作完整的经济效益的影响因素加以分析，也就是把法律制度当作一种社会资源加以认识"。[3]法律资源是指能够对主体产生利益的一切法律规范、法律程序以及法律活动，[4]是能够满足人类生产活动和生活需要的法律制度、法律文化、法律信息、法律机关、法律实施和法律服务等动、静态法律要素的总称。法律资源配置是指依法治国进程把各种法律资源分配到维护和调整社会关系的活动过程中。[5]物质资源的配置与法律资源配置的相互关系在于，法律资源为社会成员的物质财富的取得、拥有及运用提供一个合理的秩序和制度保障，法律资源配置体现并决定着社会资源配置状态。资源的配置首先是法律资源的配置，即经济法律制度的设计。经济法律制度在市场经济中的作用可区分为两个层次：一是作为市场机制形成前提的经济法律制度。如产权法律制度和市场准入法律制度等。二是在市场机制运行中为克服市场机制失灵和政府失灵需要由经济法进行矫正和规范、引导的经济法律制度，如市场规制法、市场监管法和宏观调控法。法律制度就其功能来讲，分为确认功能、协调功能、规范功能、处罚功能。因此，经济法通过调整市场与政府在资源配置活动过程中的经济秩序，具有维系社会

---

〔1〕　参见〔美〕道格拉斯·C. 诺思：《制度、制度变迁与经济绩效》，杭行译，格致出版社、上海三联书店、上海人民出版社 2008 年版，第 3 页。

〔2〕　参见卢现祥：《西方新制度经济学》，中国发展出版社 1996 年版，第 6 页。

〔3〕　参见陈宗波："论法律资源配置的基本原则"，载《苏州大学学报（哲学社会科学版）》2008 年第 5 期，第 22 页。

〔4〕　参见顾培东："中国法治进程中的法律资源分享问题"，载《中国法学》2008 年第 3 期，第 3 页。

〔5〕　卢现祥：《西方新制度经济学》，中国发展出版社 1996 年版，第 6 页。

正义的使命，维护社会公共利益和协调平衡社会整体利益，并对市场与政府在资源配置中的市场行为和政府行为进行确认、协调、规范和处罚，弥补市场的不足，规范政府的行为，确保公平、效益和安全的经济秩序。

二、经济法在资源配置中的价值目标

法的价值在于实现由一定的社会经济条件所决定的正义、效益、自由和秩序要求，而经济法的价值也在于实现这些目标。经济法的实质正义正是要求根据特定时期的特定条件来确定任务，以实现最大多数人的幸福、利益和发展。直接追求社会效益应为经济法价值观的独到之处，其他法律部门或者不追求宏观社会效益，或者是在追求实质正义之终极目标的法体系中通过形式主义的调整间接地实现社会效益。[1]法律经济学把资源配置效率与制度设计结合起来研究，如科斯定理、帕累托定律、卡尔多-希克斯效率等理论成果为经济法学对经济法律制度的研究提供了理论依据，也是对"资源配置机制设计"理论很好的诠释。根据法律经济学，科斯定理认为权利的初始界定是实现资源配置的基础，交易成本越小，资源配置越优。帕累托最优认为完成竞争的状态下资源配置能达到最理想的公平和效率。卡尔多-希克斯效率认为如果从资源的重新配置所获取的增量利益足以补偿同一资源配置过程中受到损失的人的利益，那么这种资源的重新配置就是有效率的。因此，资源的最优配置是客观的物质资源经过主观的一系列经济法律制度的安排，通过降低交易成本和排除限制竞争，并建立公平的救济和保障机制，在追求公平与效率、安全的目标中实现。

公平和效率应该是统一协调的合力，不是此消彼长的反作用力，应该摒弃"效率优先，兼顾公平"的理念，确立兼顾效率与公平的发展观。首先，公平的制度能激发市场自由竞争，降低交易成本实现资源的优化配置。其次，提高效率能够生产出更多的产品，增加社会财富，增强国家对市场的调控能力和社会福利的供给能力，有利于建立完善市场机制，改善劳动环境，提高劳动者的待遇，健全社会救济制度和社会保障制度，缓解社会矛盾，激发社会成员的积极性、主动性和创造性，促进社会成员之间的协作和配合，降低

---

〔1〕　参见史际春、邓峰："经济法的价值和基本原则刍论"，载《商法研究（中南政法学院学报）》1998 年第 6 期，第 9~10 页。

矛盾的消耗，创造更多的社会财富，提高经济效率，实现效率和公平的双赢。

三、市场与政府对资源配置的经济法路径

（一）资源配置的经济法基础

资源泛指所有的社会资源。既包括生产要素资源、资本要素资源、人力资源等物质资源，也包括行政资源，立法资源和司法资源等制度设计。[1]根据法律经济学，资源的最优配置是客观的物质资源经过主观的一系列经济法律制度的安排，在追求公平与效率的目标中实现安全。这些经济法律制度既包括宪法中与经济相关的经济宪法，也包括各种与资源相关的法律法规、经济政策，以及依法制定的调整经济的各种部门规章、地方法规、政府规章。科斯认为法律的功能是通过公共权威的权利界定为交易双方提供经由市场交易重新安排权利的起点。[2]美国法律经济学运动的主要发起者波斯纳认为所有的法律活动（包括立法、执法、司法）和全部的法律制度（公私法制度、司法制度、审判制度等）的最终目的都是为了最大限度地增加社会财富和最有效地利用资源。[3]传统上法律的作用是定纷止争，与经济效率没有直接的关联，但科斯另辟蹊径，提出著名的科斯定理。作为一个经济学命题，科斯的初衷主要是为了说明现实中导致资源有效配置实现的机制。但启发了法学界关于法律与经济效率之间关系的全新认识，认为法律可以通过初始权利界定实现有效率的资源配置。这种把权利界定与效率相联系的视角转换孕育了法律经济学这门新兴学科。法律经济学对科斯定理存在的两种解读[4]代表

---

[1] 笔者认为，在社会化大生产的知识经济和信息经济时代，新的资源观如果从资源对社会财富的创造价值的层面理解，资源不仅是物化的客观存在，资源还应该包括以物化形态资源为基础，作用并影响着其功能和价值实现的主观能动性成果，即一系列的制度设计和精神财富的积累，比如法律资源、政治资源、文化资源等社会资源。各种资源相互作用创造社会财富，推动社会发展进步。

[2] Coase, "The Federal Communication Commission", *Journal of Law and Economics*, 1959.

[3] 参见魏建、黄立君、李振宇：《法经济学：基础与比较》，人民出版社2004年版，第206页。

[4] 法经济学界及经济学界对科斯定理有许多不同的解读。科斯定理较为通俗的解释有二种：第一种解读为：给定初始权利安排，如果交易成本为0，那么当事人之间的自由谈判总是会导致效率的资源配置结果。即给定初始权利安排，如果交易成本大于0，那么当事人之间的自由谈判将达不到最有效率的资源配置结果。第二种解读为：给定交易成本为0，那么不同的初始权利安排会导致同样有效率的资源配置结果。即给定交易成本大于0，那么不同的初始权利安排会导致不同的资源配置结果。

着法律的两种价值追求：效率和公平。即影响资源配置效率的因素中的交易成本维度和产权维度。科斯定理可以表述为：如果现实中交易成本足够小的话，当事人的自由选择倾向于导向有效率的资源配置结果。科斯定理也可以认为是亚当·斯密"看不见的手"的理论升级版。[1]波斯纳认为法律既可以通过降低交易成本来实现效率，也可以直接将权利赋予出价最高的人而模拟市场交易的结果。[2]科斯对于法律制度的关注在于经济系统的运行效率，而波斯纳等人是为了增进人们对法律和法律制度本身的理解而运用经济学的分析方法，但科斯对此的态度总体上是否定的。[3]借用布坎南的术语，界权是对规则的选择（Choice Rules），而交易则是规则下的选择（Choice Under Rules）。埃里克森教授引入"无谓损失"（Dead Weight Loss）概念通过强调本可界权而没有界权，或者不该界权却盲目界权，都可能产生效率损失，在社会规制层面提出了界权与否的成本差异。[4]

不管法律经济学界关于科斯定理解读的争论及科斯当初的原意如何，但关于科斯定理理论研究所涉及的内容，比如权利初始界定、交易成本、效率等相关理论对经济法学关于资源配置的理论研究具有重要的借鉴意义。根据科斯定理，资源配置的基本路径：首先，权利的初始界定是实现资源配置的基础；其次，交易成本越小资源配置越优。如果法律制度设计不合理或法律制度实施不畅通就会增加交易成本导致资源配置效率低下。因此，应该通过制度的完善来降低交易成本。如我国现行的出租车行业就是典型的因为制度设计缺陷导致行政垄断对市场准入的限制而扭曲了市场机制，使司机和消费者的利益没有受到保护。另外，外部因素也会影响交易成本从而影响资源配置的

（接上页）（莫志宏："科斯定理与初始权利的界定——关于初始权利界定的法与经济学"，载《中国政法大学学报》2008 年第 5 期，第 113 页。）

〔1〕　参见莫志宏："科斯定理与初始权利的界定——关于初始权利界定的法与经济学"，载《中国政法大学学报》2008 年第 5 期，第 112~116 页。

〔2〕　See Ponsner, R. A. Legal Pragmatism, Metaphilosophy, Vol. 35. , No. 1, (Feb. 2004), pp. 47~159, 转引自莫志宏："科斯定理与初始权利的界定——关于初始权利界定的法与经济学"，载《中国政法大学学报》2008 年第 5 期，第 114 页。

〔3〕　See Wang, Ning, "Coase onthe nature of economics", *Cambridge journal of economics*, Vol. 27, No. 6, 2003, pp. 807~829, 转引自凌斌："界权成本问题：科斯定理及其推论的澄清与反思"，载《中外法学》2010 年第 1 期，第 104 页。

〔4〕　参见［美］罗伯特·C. 埃里克森：《无需法律的秩序——邻人如何解决纠纷》，苏力译，中国政法大学出版社 2003 年版，第 115 页。

效率。K. 阿罗认为：①如果有足够的市场；②如果所有生产者和消费者都按照竞争规则行事；③如果在这种情况下达到均衡状态，那么资源配置就达到了帕累托最优状态。相反，如果市场不能符合这些条件要求，不能达到帕累托最优状态，就出现市场失灵。[1]外部因素导致市场在资源配置中出现失灵。因此，需要经济法介入克服市场本身的缺陷。科斯推论的要点在于：当市场因交易成本较高而运行不畅时，法律应当代替市场实现资源的最优配置，市场失灵和交易成本过高都成了政府干预市场的借口，因此可能导致法律部门过多干预经济生活，而人们对法律干预的实际效果产生过高期望值。[2]科斯将法治与市场的交互关系理解为法治对市场的单方作用，忽略了法律界权过程的机会成本和效率损失。即制度本身存在缺陷会影响资源配置的效率。政府的过度干预会增加资源配置成本从而影响到资源配置的公平与效率。因此，经济法应该对政府的干预行为进行规范和调整。法律经济学相关法治理论与资源配置的研究结果表明资源的配置是一系列法律制度的安排，如何通过制度设计来降低交易成本是经济法学研究的重要路径，经济法作为调整市场行为与政府行为的法律规范，是实现资源最优配置的制度保障，更是市场在资源配置中起决定性作用的法治基础。

（二）资源配置的经济法路径

1. 资源第一次配置的经济法基础

图 9-1 表明，资源一般经过两次配置实现其配置目标。第一次配置中，在遵循市场机制情况下，依据市场主体法或市场准入法实现权利的界定和初次分配。对于非竞争领域，严格遵循《宪法》第 7 条规定的"国有经济，即社会主义全民所有制经济，是国民经济中的主导力量。国家保障国有经济的巩固和发展"和党的十五大规定的"国有经济控制关系国家安全和国民经济命脉的重要行业和关键领域"，并依照党的十八届三中全会强调"必须毫不动摇巩固和发展公有制经济，坚持公有制主体，发挥国有经济主导作用，不断增强国有经济活力、控制力、影响力"的顶层设计，确保政府主导关系国民经济安全和经济命脉、国计民生的非竞争领域，确保国民经济的健康稳定发展，

---

〔1〕 参见 ［英］约翰·伊特韦尔、默里·米尔盖特、彼德·纽曼编：《新帕尔格雷夫经济学大辞典》（第 2 卷），经济科学出版社 1992 年版，第 351 页。

〔2〕 参见凌斌："界权成本问题：科斯定理及其推论的澄清与反思"，载《中外法学》2010 年第1 期，第 104~105 页。

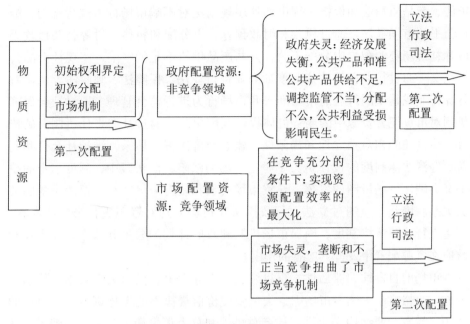

图 9-1　经济法对资源配置的路径

以及公共产品和准公共产品的提供，并通过初次分配实现资源配置。对不属于"关系国家安全和国民经济命脉的重要行业和关键领域原则上由市场自主配置资源"的原则，在竞争领域，依据"法不禁止即可为"的原则让各类市场主体自由进入市场，并通过竞争机制、价值规律、价格机制等市场机制实现资源的优化配置。在竞争领域由市场配置资源，通过供求关系、市场竞争机制，依价格机制和价值规律，公平、自由、公开、高效地配置资源。在非竞争性领域，政府在遵守市场准入机制条件下，实现政府主导关系国民经济安全和经济命脉、国计民生的非竞争领域，确保国民经济的健康稳定发展，以及公共产品和准公共产品的提供，并通过初次分配实现资源配置。

2. 资源第二次配置的经济法矫正

资源配置中的市场缺陷和政府缺陷会影响资源配置的效率和公平正义，不论是市场配置还是政府计划都可能导致目标落空。因此，应建立纠错机制进行第二次配置。通过政府规划法、计划法、预算法、财税法、货币政策、产业政策等宏观调控法引导市场合理配置资源，避免市场配置资源的盲目性和自发性导致的资源浪费。通过反垄断法、反不正当竞争法、消费者权益保护法、产品质量法和价格法等市场秩序规制法对不端市场行为进行规制，维护公平的市场秩序。通过税收和财政预算、再分配和转移支付等公共财政手段弥补市场资源配置中分配不公，公共产品供给不足的缺陷，实现社会的公平正义。通过行业监管法律制度如商业银行业法、保险法、邮政法等法律对特殊行业或是垄断行业的市场准入和市场行为进行监督管理。通过社会保障机制对市场配置资源中的弱势群体提供制度保障。通过社会责任机制突破传统法律责任的相对独立性和局限性，建立经济法责任体系，维护社会公共利益。经济法律制度的设计是为了矫正市场的缺陷，但实践中，制度本身的缺陷又会破坏市场机制的发挥，导致市场失灵和政府失灵，甚至扭曲正常的社会关系。因此，应通过立法，行政执法和司法活动对资源进行第二次配置，完善现行经济法律制度，确保市场机制和政府计划的公平和效率，让市场和政府在资源配置中发挥其应有的作用。

市场的自发性、滞后性、盲目性、不充分竞争、供求关系失衡、信息不对称、价格机制失调等市场因素失灵致使价值规律不能发挥调节市场机制的作用，导致产业结构不合理，社会总供给和总需求失衡，公共产品缺乏，社会分配不公，市场秩序混乱等现象。资源的第一次配置只是建立在理想状态下的基本制度设计，但市场的失灵和政府的失灵是客观存在的，且会影响资源配置的效率和公平。市场的失灵表现在市场的盲目性和自发性违背了价值规律和供求关系，破坏了市场机制。比如市场的垄断和不正当竞争扭曲了竞争机制，导致不公平竞争和低效率配置。市场的"逐利"本性可能导致其权利的滥用损害消费者利益，破坏环境生态，损害劳工权益，甚至偷税漏税导致社会分配不公。政府失灵表现在政府调控监管不当破坏市场机制以及教育、医疗卫生、社会保障、公共基础设施等公共产品和准公共产品供给不足，经济发展失衡，公共利益受损，民生福利得不到维护等现象。比如"山寨"产品就是市场失灵和政府监管缺失的产物。在市场竞争不公和政府监管失灵的情况下，"山寨"产品以仿冒、盗版、偷逃税收，规避监管等手段违法致富。第二次配置通过立法、行政、司法等制度设计，建立纠错机制，矫正市场失灵和政府失灵，让市场和政府在资源配置中发挥其应有的作用，提高资源配置效率性和公平性。如通过完善市场准入机制，消除在竞争性领域市场准入的壁垒，让市场主体平等自由进入市场，充分竞争，自主经营。市场规制法、市场监管法规范不公平竞争行为确保市场经济健康发展，通过财税法、预算法、规划法、产业法等宏观调控法调整国民经济结构，确保社会公平分配以及公共产品、准公共产品的提供，维护公共利益保民生。通过宏观调控法对社会分配、公共财政和产业结构的调整，市场主体法对市场准入的调整，市场监管法和市场规制法对市场经济秩序的调整等法律制度来纠正市场机制的缺陷，维护社会公共利益，协调平衡社会的整体利益，确保市场在资源配置中的公平、效益和安全，实现经济法的法益目标。

第三节 市场机制在资源配置中的经济法解读

一、竞争性领域的市场机制

竞争性领域就是在市场准入上一般适用准则主义，不需要政府职能部门审核批准，也没有特殊条件限制的领域。理想状态的市场条件下，市场调节机制是资源配置的决定性力量。市场对资源的配置即市场配置资源的方式就是由市场自发作用，使企业与市场发生直接的联系，依据价值规律，通过市场价格机制、供求关系和竞争机制的作用实现生产要素的合理配置，使资源向获利的行业、领域、地区、企业流动，从而确保资源配置的效率最大化。[1]在竞争性领域，市场主体享有充分的自主权，市场主体自主权包括两个方面的内涵：第一，市场主体依法享有基本的市场经济权利。原则上，任何市场主体的法律地位一律平等，依法可以取得相应市场权利。经营者可以依"法不禁止自由"的原则来安排生产经营活动，消费者可以充分享有购物选择权，投资者享有投资营收权等。第二，禁止和限制政府对市场经济活动的不正当干预。原则上，市场对资源的配置是由市场发挥决定性作用，完全由市场自治，只有市场经济活动损害社会公利益，破坏社会整体利益的协调平衡，扰乱公平的社会经济秩序，影响社会经济效益，危害经济安全，政府才对市场经济活动进行干预。如我国在 2019 年 1 月 1 日《电子商务法》生效之前，网络电商从市场准入到市场经营、市场退出，几乎完全是自由开放的市场，所有的交易规则除了遵循现行的法律之外，完全由市场决定。但近几年数据显示，电商的消费额每年都有增无减，各电商平台的自我管理也越来越规范，

---

〔1〕 参见周晓唯："法律的经济功能——要素资源配置的法经济学分析"，载《西安电子科技大学学报（社会科学版）》2001 年第 4 期，第 20 页。

消费者乐此不疲，这就是市场自由选择的结果，也达到了较好的经济效益。市场在资源配置中的决定性作用就是在竞争性领域避免政府的干预和不必要的管制，开放市场准入限制，坚持市场自治原则，通过市场竞争优胜劣汰，实现社会资源优化配置，但电子商务领域也存在不少法律问题需要规范，比如不正当竞争、消费者权益保护、刷单、信息安全、支付安全等问题层出不穷，《电子商务法》对规范电商交易，维护公平竞争秩序，保护消费者权益具有重要的意义。

二、非竞争性领域的市场机制

根据《宪法》第7条、党的十五大和十八届三中全会的规定，国有经济对非竞争性资源的配置起主导作用，但国有经济主导并不意味着国有经济在运行过程中不要市场。相反，国有经济要确保有所为有所不为，为增强国有经济的活力、控制力和影响力，国有经济在运行过程中应引入市场竞争机制，建立科学合理的价格机制。不以营利为目的但要确保有一定的利润为社会福利和公共善治提供物质基础。使市场在资源配置中发挥决定性作用，关键在国有经济中引入民营资本的混合经济管理模式，让国有经济发挥控制力和影响力，确保国有经济对"关系国家安全和国民经济命脉的重要行业和关键领域"控股的前提下，吸收民间资本优化产权结构，积极发展混合所有制经济，并建立现代企业制度。国有经济除了在"关系国家安全和国民经济命脉的重要行业和关键领域"起主导作用外，国有资本的正当性并不仅由法律赋予，其价值在于将利润用于社会目的，为社会福利和公共善治提供物质基础。孙中山先生的民生主义主张用国有资本来"节制资本"就是不允许私人资本控制重要的国计民生行业，而由国有资本取代私人资本，兴办铁路，水利和电气等公共事业。[1]国有经济的"非营利性"和"公益性"要求国有经济退出竞争性领域。国有经济的"非营利性"指其不以营利为目的，既有别于"社会团体法人"，也有别于以追求利润为目的的"营利性企业"，但国有经济也应该遵循市场规律经营管理。

国有资本要在市场竞争中通过营利性来实现目标，确保国有资产保值增值，更好地服务于民生。"公益性企业"或"特殊企业法人"这些企业也应

---

〔1〕 参见史际春："论营利性"，载《法学家》2013年第3期，第4页。

遵循市场机制进行经营管理。比如，公共交通作为公共产品政府有责任提供，但政府对公共产品的供应并不意味着全部由政府买单。在我国现阶段，政府的社会福利政策应该与政府的财政实力相适应，否则就会加重政府的财政负担，影响政府的服务能力。欧盟国家的经济一定程度上受累于高福利，让政府财政不堪重负而举步维艰。公共事业是个休养生息的事业，需要不断的投资维护。政府有义务无偿提供基础设施，但相关的服务应该根据政府的财力实行有偿消费。政府的收费定价应该在遵守市场规律的前提下，根据政府财政预算不以营利为目的，但要确保合理的收益支持行业健康发展以便提供更好的服务。这是政府计划或正面清单在配置资源中应该要考虑的市场因素：成本与效益，也是负面清单管理模式下市场在资源配置中起决定性作用的市场机制在政府计划中的市场因素。

第四节　政府在资源配置中的经济法解读

一、政府对资源配置的监管

（一）政府对资源配置中市场准入和退出机制的监管

市场为了追逐利润与生俱来的自发性、盲目性、滞后性会破坏市场秩序，并造成资源的浪费。政府通过市场准入管理制度对企业进入或退出市场进行管理，是政府对资源配置的一种制度安排。市场的进入和退出都源于法律的授权、许可和确认，是资源配置的重要环节。经济法对市场准入的制度设计主要考量是：秩序、公平、自由、效益和安全等理念。市场准入机制有准则主义、核准主义和特许主义三种模式。准则主义指市场主体只要依法登记就可以在登记的范围享有市场主体资格。在竞争性领域市场主体按"法不禁止即可为"的原则自由进入市场，不需要政府的审核批准，只需要登记备案即可成为相应的市场主体。核准主义指非竞争性领域，必须依法由相关部门审核批准才能取得经营资格。主要适用于涉及国家经济战略、国家安全和公共利益而需要政府审批的领域。党的十八届三中全会《关于全面深化改革若干重大问题的决定》明确规定了政府对企业投资项目的审批范围共包括五类，即重大公共利益、生态安全、国家安全、全国重大生产力布局、战略性资源开发等领域。特许主义是指通过专门的特殊立法对市场准入以及经营行为进行审核批准和监督管理，市场主体必须严格依法在核准的范围内经营。如证券期货、金融保险、房地产业等行业都由专门法律明确规定对市场的准入进行审核批准。另外，我国目前市场主体退出机制有待完善。首先，吊销营业执照制度和注销制度有待健全，监管不到位。实践中，由于注销程序繁杂且缺乏严格惩罚机制，多数市场主体不是通过注销退出市场，而是采取不参加年检的被动方式等待工商部门吊销执照，以达到逃避债务税收和拖欠账款的目的。加上我国诚信体系建设有待完善，对市场退出缺乏后续监管，没有失信记录，对被吊销营业执照非法退出市场的主体没有建立严厉的处罚机制，违法成本过低以至于违法退市后，业主依旧可以再重新登记经营，继续危害市场秩序。其次，我国现行的《企业破产法》只适用于企业法人破产，尚未建立非企业法人机构和自然人破产机制，对市场退出缺乏相应的保障。最后，我国虽然已建立了存款保险制度，但金融企业破产法律制度尚未建立，退出机制有待完善，为了推进和完善金融业市场化进程，对金融企业破产立法也迫在眉睫。

经济法对市场准入的制度设计是资源配置过程中最重要的环节，是确保资源配置公平竞争的起点，维护市场秩序健康发展的关键。比如，近年来网络金融的P2P信贷平台和网络众筹融资平台，以及"网约车"网络预约租车平台、共享单车网络平台都因市场准入机制不完善，缺乏对市场准入的法律监管，对市场秩序造成了不小的冲击，不少网络金融平台出现跑路现象，给投资者造成巨大损失。资本市场是涉及多数民众利益的市场，为了维护社会公共利益，政府应该采取审慎监管原则，不能放松对市场准入的监管。随着现代经济社会化程度的加深，政府对新经济需要采取新的监管模式，特别是对"互联网+"经济模式，因为涉及社会公共利益或是公众利益，应严格依法对市场准入进行监管，如果政府放任不管就会损害民众利益，破坏市场秩序。

（二）政府对市场秩序的规制与监管

市场秩序是由市场经济的社会观念、制度安排和法律体系等所规范、形成和保持的经济运行的状态。在内容上涵盖产品的生产秩序、消费秩序、流通秩序和收入分配秩序等。[1]包括商品交易和流通过程中的秩序问题，如市

---

〔1〕 参见张卓元主编：《政治经济学大辞典》，经济科学出版社1998年版。

场进出秩序、竞争秩序、价格秩序、交易秩序等。[1]经济法对市场秩序的维护主要包括市场规制法和市场监管法。市场规制法和市场监管法都是依法授权相关的政府机关对微观经济领域市场行为的监督管理。不同点在于市场规制法适用于所有市场主体，以纠偏为目的，以惩罚性规范为主的事后调整，是对不端市场行为的矫正和规范。市场规制法是运用公权力矫正市场失灵，对不端的市场行为进行事后处罚的消极制约，以维护公平市场秩序。市场规制法的价值在于维护市场秩序，确保市场自由、公平、效率和安全。[2]如反垄断法、反不正当竞争法、消费者权益保护法、价格法等。既防止市场主体滥用权利，也为政府规制市场提供了法律依据，规范政府行为，防止政府在执法过程中违法行政。市场监管法侧重于对特殊行业市场行为的监管，属于事前调整，以标准化规范为主，主要是对特殊市场行为的监督和管理，通过对市场主体强制行为的规范，追求市场的安全保障和风险防范。市场监管法和市场规制法常会同时出现在同一部法律文件中，共同调整市场主体的行为。如产品质量法、商业银行法、证券法、保险法、房地产法、电信法、会计法、广告法、标准化法、审计法、邮政法等行业监管法，既有市场规制法，也有市场监管法。

市场规制法和市场监管法是为弥补市场局限性和缺陷，规范市场行为，并授权政府依法对市场配置资源过程中的市场行为进行监管，以维护市场正常秩序的法律制度，是资源配置中市场机制的法治保障，但我国现行的市场规制法和市场监管法有待完善。消费者权益保护法、食品安全法、产品质量法、价格法的违法成本过低，维权成本过高，责任体系不完善，执法力度过低，导致虚假广告，假冒伪劣商品，有毒有害食品的出现。医患关系问题，金融消费关系问题和三农市场的监管等问题都需要立法规范。网络经济、知识经济、虚拟经济的立法上的滞后更是制约了政府部门的监管能力，导致政府对市场的监管和规制无法可依。加上违法行政，执法不严和越权行政等行政违法行为，以及缺乏有效的监督机制等都影响到政府对市场秩序的治理能力。因此，完善相关的市场规制法和市场监管法，规范政府行为是经济法在维护市场秩序中的重要任务。

---

〔1〕　参见袁礼斌：《市场秩序论》，经济科学出版社 1999 年版，第 3 页。

〔2〕　参见刘大洪、廖建求："论市场规制法的价值"，载《中国法学》2004 年第 2 期，第 91 页。

二、政府在非竞争性领域对资源的直接配置

(一) 政府对资源配置的宏观调控

市场机制对资源配置的缺陷是与生俱来的。市场不能实现宏观经济总量稳定和平衡，很难对宏观经济和公共产品进行调节，市场调节在某些社会领域不可能达到预期的社会目标和效益。因此，政府配置资源是为了特定目标，对资源的流动进行直接或间接干预，使资源向特定目标的方向流动。政府对市场调节的自发性和盲目性缺陷的矫正，主要是通过宏观调控的必要引导，弥补市场调节的不足和抑制市场的消极作用，发挥政府计划调节优势。市场对资源配置的缺陷需要政府的参与，但由于政府权力膨胀和内部性，可能会滥用权力损害市场机制影响资源配置的效率和公平。对稀缺资源的配置所体现的是资源的利用和所有的人与人之间的利益关系。[1]资源配置形式上表现为生产要素的分配，但实质上是生产关系的配置。因此，应通过经济法律制度对政府配置资源进行规范和调整，对政府行政权力进行限制和监督确保政府依法配置资源。对政府限权和对市场放权的行政体制改革，但更应该完善现行经济法律制度。比如，通过完善财税法、金融法、证券法、规划法、产业法、预算法等宏观调控经济法律制度实现政府对资源有效公平的配置。另外，经济上的合规律性是宏观调控法的根本，要实现合规律性的宏观调控，关键在于对宏观调控主体的合理赋权和建立宏观调控责任体系。[2]特别是要建立宏观调控行政问责，要求相关职责主体对违背角色职责的行为承担不利法律后果。因宏观调控行为多表现为抽象行政行为，当其被认定为不当或不合法时，应当予以改变或者撤销，责任形式主要是包括撤职、引咎辞职、责令辞职、行政处分等行政或党纪处分。[3]市场在资源配置中起决定性作用的宏观调控法，多为因势利导的"相机抉择"的软法。为了确保宏观调控的合法性、合理性、合规律性，既要防止滥用宏观调控权侵害市场机制，还要建立科学合理的宏观调控效率评估机制，确保资源优化配置。

---

〔1〕 参见周晓唯："法律的经济功能——要素资源配置的法经济学分析"，载《西安电子科技大学学报（社会科学版）》2001年第4期，第20页。

〔2〕 参见吴弘、胡伟：《市场监管法论——市场监管法的基础理论与基本制度》，北京大学出版社2006年版，第2页。

〔3〕 参见史际春、肖竹："论分权、法治的宏观调控"，载《中国法学》2006年第4期，第165页。

（二）政府公共财政对社会分配的调整

美国学者马斯格雷夫认为政府财政的职能是通过提供公共产品实现分配正义。[1]分配正义关注的是在社会成员以及群体成员之间权力、权利、义务和责任配置的问题。[2]财税法在国民收入分配领域的调节作用对促进分配正义具有重要的意义。公共财政通过纳税人在国家经济活动中参与管理、参与决策、参与监督、从而实现财政法定、财政平等、财政民主、财政健全等财税法律制度的和谐。政府公共财政作为矫正市场失灵的财税制度，通过向全社会提供公共服务和公共产品等公共性基础条件，以确保公平竞争的市场环境，促进市场秩序健康有序地发展，并通过公共财政政策对财政税收再分配，提供社会福利和社会保障促进全社会的公平分配。[3]财税法通过财税手段介入国民收入分配过程，在国家、企业和居民之间实现国家财政收入的分配职能，并通过财政法定形式来确保国民收入分配程序公正和分配结果公平，实现财税分配的秩序和正义的功能。[4]财税法在资源配置中，为缓解公共产品需求增长与公共财政供求不足的矛盾，应探寻公共产品供给的民间参与的"多元善治"经营模式，打破政府对公用事业的垄断经营，突破公共财政对公共需要供给模式，引入民营资本共治，形成政府与市场相互促进和相互制约的互动共治机制，弥补市场在资源配置中公共需求不足和分配不公的缺陷，建立国有企业收益与公共财政共享机制，确保在社会公共利益最大化目标下，实现政府与市场对资源配置的利益共享机制，确保公共产品资源优化配置的公平与效率。

在资源的配置中，"市场之手"与"政府之手"应该依法发挥其资源配置功能。在市场对资源配置起决定性作用的经济改革浪潮中，市场之手与政府之手如何发挥作用才能"把权力关进制度的笼子"是值得经济法学界深思的课题。我国改革开放取得的巨大成就得益于我国政府对市场高效的管控能力。能幸免于1998年亚洲金融危机和2008年美国的次贷危机及欧债危机，正是

---

〔1〕　参见〔美〕詹姆斯·M.布坎南、里查德·A.马斯格雷夫：《公共财政与公共选择：两种截然不同的国家观》，类承曜译，中国财政经济出版社2000年版，第45页。

〔2〕　参见〔美〕E.博登海默：《法理学：法律哲学与法律方法》，邓正来译，中国政法大学出版社1999年版，第278~279页。

〔3〕　参见刘剑文："收入分配改革与财税法制创新"，载《中国法学》2011年第5期，第49页。

〔4〕　参见刘剑文："公共财政与财税法律制度的构建"，载《政法论丛》2012年第1期，第23页。

得益于政府管制的红利。相反，欧美等发达国家却深陷危机泥潭经济举步维艰。现行制度尚存不足，但在改革过程中应该扬弃而不是全盘否定，应该理性看待政府对市场的管制。市场在资源配置中起决定性作用的关键在于正确处理好市场与政府的关系。经济法作为规范市场秩序与政府行为之法，如何在尊重市场自由和规范政府干预之间寻求平衡，市场的"法不禁止即可为"与政府的"法不授权即禁止"是经济法调整机制的重要原则。对此应减少行政审批，放宽市场准入，激发市场活力和经济发展动力，调动民间投资的积极性促进经济的转型发展，同时可以避免权力寻租防止腐败。因此，应该通过完善相关的经济法律机制，使市场的自由与政府的监管都在法治的轨道上运行，既要避免新自由主义的无政府状态，又要防止政府滥用权力对市场机制的伤害。

经济法之"政府治理"的法律机制

现代治理作为新型的管理模式，强调其目标的公共性或共同性，权力运用之民众参与性、多元性、非正式规则性，以及多中心主义等理念，是对正统单一行政管理权力之权威的突破和超越，也是回应社会经济发展的新的行政管理机制。经济法之政府治理机制就是在资源配置的经济活动过程中，为维护社会公共利益，协调平衡社会整体利益，确保公平、效率与安全的经济秩序，在市场、政府与社会之间建立的治理机制。政府治理通过市场与社会的参与，建立公共善治的共享机制，并通过社会中间层的分权机制有效缓解市场与政府之间的对立。政府治理调控的非正式规则的软法和行政执法先导的处理机制，回应了社会经济发展的需要，实现了经济法之实质正义的价值目标。政府治理作为政府干预市场经济活动的重要模式，必须遵守经济法的基本法则和程序正义，并建立相应的责任机制，确保政府治理的法治与善治的执法路径。

第一节 治理的概述

一、治理的内涵

"治理"（Governance）最早源于古典拉丁文和古希腊语中的"掌舵"一词，原意是控制、引导和操纵的行动或方式，主要用于与国家公共事务相关的宪法或法律的执行问题，或指管理利害关系不同的多种特定机构或行业。西方或现代"治理"最初用于私营领域的组织管理，如公司的治理。因为治理理论的合理性，治理理念越来越广泛地被运用于分析政治、社会、经济、文化等各个领域的现象，其解释和内涵也越来越丰富，比如，政治学（政府治理）、管理学（公司治理）、社会学（社会治理）、经济学（市场治理）、国际关系学（国际治理、全球治理）等。[1]治理是对传统政治空间以及行政管理模式的超越，对治理不同领域的学术背景、理念、思维和视角的研究，很难形成统一明确且权威的界定。皮埃尔·德·塞纳克伦斯（Pierre de Senarclens）认为治理是一个脆弱的概念，从来没有确切的定义。其基本理念是：政府不应完全垄断一切合法的权力，社会机构和单位也有责任维持秩序，参加经济和社会调节。多种多样的政府性和非政府性组织、私人企业和社会运动，一起构成本国与国际的政治、经济和社会调节形式。[2]公领域的治理一般指国家机关为了实现社会公共目标，通过制度设计和安排，协同公民以及政治组织、经济组织、社会团体等社会组织，共同管理社会公共事务，推动社会、经济、政治和文化等各领域共同发展的过程，是多元主体共同管理社会公共事务，解决社会冲突和协调不同利益冲突的一系列体系、体制、规则、制度、程序和方式的总和。

"治理"本身就意味着对传统政治空间的超越。这个最初用于私营部门的词汇，1989 年被世界银行用于概括非洲当时的情形，世界银行当时对"治理"的定义十分广泛，认为"治理是为发展而在管理一个国家的经济和社会资源方面运用权力的方式"。[3]此后，联合国下属的全球治理委员会在 1995 年发布了一份题为"我们的全球伙伴关系"的研究报告，对"治理"做了更为详细的界定：即治理是各种公共的或私人的个人和机构管理其公共事务的诸多方式的总和。治理有四个特征：治理不是一整套规则，也不是一种活动，而是一个过程；治理过程的基础不是控制，而是协调；治理既涉及公共部门，也涉及私人部门；治理不是一种正式的制度，而是持续的互动。[4]此后，又有学者对"全球治理"进行了更加学术化的定义，认为"治理是公私机构管理其共同事务的诸多方式的总和。它是使相互冲突的或不同利益得以调和并且采取联合行动的持续过程。它既包括有权迫使人们服从的正式制度和规则，也包括人们和机构同意的或以为符合其利益的各种非正式的制度

---

〔1〕 参见吴志成："西方治理理论述评"，载《教学与研究》2004 年第 6 期，第 60~61 页。

〔2〕 参见［瑞士］彼埃尔·德·塞纳克伦斯："治理与国际调节机制的危机"，冯炳昆译，载《国际社会科学杂志（中文版）》1999 年第 1 期，第 92 页。

〔3〕 See World Bank, *Covernance and Developmem*, Washington D. C：World Bank，1992：3.

〔4〕 See The Commission on Clobal Covernance, *Our Global Neighborhood*, Oxford Oxford Universily Press. 1995, pp. 2~3.

安排"。[1]从以上定义可以看出，治理与传统的"管理"和"行政"最根本的不同在于：治理的主体既包括政府，也包括政府以外的私人机构；治理的权力不仅来源于正式的制度，而且也来源于协商、合作、伙伴关系，确立认同及共同目标。因此，治理作为一种新的多元化管理机制，表现为主体和规则范式多元化，以及工作方式多样化。传统的"政府管理"理论，"管理"或"管治""行政"主要由政府行为组成，其实施方式是通过自上而下发号施令的强制措施，但治理不同于单一的权威管理。治理与"管治""管理"和"行政"最根本的区别在于其主体除了政府，还包括政府以外的私人机构。治理权来源于正式法律制度，以及非正式规范文件的政策、规定、计划、办法、协商、合作、伙伴关系等。治理过程中，正式权力的影响力一定程度被降低，权威被分解。"治理"在明确政府对公共管理职权的范围内，更强调政府部门与民间组织的合作共治。公共管理不仅依赖政府权威，主要是通过协商合作的伙伴关系等方式来实施，而且目的旨在于最大限度地增进公共利益。[2]

20世纪90年代以来，为回应时代需求，治理理论以其平等、合作、多中心和网络化为现实情况间的紧张提供了新的视角。治理理论是对公共事务复杂化的回应，是对单中心管理范式的挑战，也是对政府和市场两种协调机制的超越。政府内外各种关系相互交织，形成复杂、多元的网络化格局。在这一格局中，权威被日益分解，正式权力的影响力降低。基于"政府治理"理论，俞可平教授指出，"统治"由政府行为组成，其权威是政府，施威方式是通过自上而下的发号施令，施威领域以国界之内为限；"治理"则是由公民社会组织承担的公共管理，以及民间组织与政府部门合作进行的公共管理活动，其权威不一定是政府机关，而主要通过合作、协商、伙伴关系，确立共同目标等方式来实施对公共事务的管理，是一个上下互动的管理过程。"治理"的目的旨在最大限度地增进公共利益。政府治理理论观念的转变在于抛弃"管理"概念的单极威权的气势，而从服务行政的角度，强调行政的服务性和互动合作性。[3]公共行政本身要实现一定的价值，如秩序、安全、效率和正义等。行政决策和执行不得不对各种价值进行平衡，公共行政的艺术就是在多

---

〔1〕　参见［美〕詹姆斯·N.罗西瑙主编：《没有政府的治理》，张胜军等译，江西人民出版社2001年版，第34页。

〔2〕　参见申艳红：《社会危机防治行政法律规制研究》，武汉大学出版社2013年版，第34~35页。

〔3〕　参见申艳红：《社会危机防治行政法律规制研究》，武汉大学出版社2013年版，第35页。

元价值不可避免的冲突中作出满足各利益主体的决策。行政因为公共善治而存在，行政之目的是为了促进和最大化自由、平等、民主、正义等基本价值。从人道目的论角度看，所谓国家权力的内谋和平与外抗敌侮，也不过是把侧重点放在满足生活目的之"社会与物质条件"维度而已。现代行政权力从自由主义的消极领域转向了积极能动地介入社会生活，为民众谋求更好的生存与自由环境，更好的物质生活条件。[1]治理对于政府更有效地为社会公众提供公共服务，在满足人们的实质正义要求方面起到了不可替代的作用。行政正义的最终合理性和正当性的根基就在于强调人的价值、人的尊严和人的权利。行政正义的价值体现就在于强调对人的尊重、对人的正当需求的满足。[2]

二、"治理"的发展沿革

西方的治理可追溯至原始民主治理阶段、古希腊城邦自治阶段、中世纪社会宗教治理模式，而以法律之治和自由民主为特征的现代政治文明的"治理"，在欧洲格局中发展为"民间参与""联合合作""多极协商"等模式，在三权分立制度中则被赋予对抗与制约的含义，发展出"自主治理理论"和"社会中心论"和"多极中心主义"等理念。[3]"治理"并非舶来品，我国古代的"治理"以独特的文化传统和历史传承历经五帝治理、诸子治国理政、汉朝"修齐治平"、唐朝"制法成治"、宋朝"资治"之鉴、元代"治乱警监"、明朝"重修吏治"和清朝"治权"之辩。新中国成立后，我国先经历了国家全能主义的"计划管理模式"和社会管理创新的"内生性演进"。[4]党的十八届三中全会通过的《关于全面深化改革若干重大问题的决定》提出"推进国家治理体系和治理能力现代化"的现代化治理方略。该《决定》全文共24次提到"治理"一词，这主要有：国家治理、社会治理、政府治理、国际经济治理、社区治理、治理能力、治理体系、治理体制、治理方式、治理结构、依法治理、系统治理、源头治理、综合治理、第三方治理等，涉及

---

〔1〕 参见［美］乔治·弗雷德里克森：《公共行政的精神》，张成福等译，中国人民大学出版社2003年版，第142页。

〔2〕 参见王锋：《行政正义论》，中国社会科学出版社2007年版，第67页。

〔3〕 参见李龙、任颖："'治理'一词的沿革考略——以语义分析与语用分析为方法"，载《法制与社会发展》2014年第4期，第25页。

〔4〕 参见李龙、任颖："'治理'一词的沿革考略——以语义分析与语用分析为方法"，载《法制与社会发展》2014年第4期，第5页。

治理体系、方式方法、结构层次、组织人员等诸多方面。按照治理的不同领域和不同层面,治理涉及国家治理、社会治理、政府治理、公司治理、法人治理、社区治理等多方面。[1]2019 年 11 月 5 日,《中共中央关于坚持和完善中国特色社会主义制度推进国家治理体系若干重大问题的决定》,主要阐述中国特色社会主义制度和国家治理体系发展的历史性成就、显著优势,提出新时代坚持和完善中国特色社会主义制度、推进国家治理体系和治理能力下现代化的重大意义和总体要求。我国历代的"治理"从古代的"治国理政"之"治化""治宜""治平""治本""治术"之说,到现代的"善治""法治""民生""民本""和谐""稳定""强国""富民""公平""效率"等多元价值体系的构建,形成了具有中国特色的治理理论体系。国内学界对"治理"的理论研究,主要是通过引入西方治理理论,并结合中国国情进一步深入探讨,从多层次和多视角来探讨"治理"与"法治""善治"之间的关系。

三、治理的界定

西方的现代治理理论是兴起于 20 世纪 70、80 年代社会科学的研究范式,20 世纪 90 年代以来,政府内外各种关系相互交织,形成了复杂、多元的网络化格局。西方学者认为治理理论是对公共事务复杂化的回应,是对单一管理范式的挑战,也是对政府和市场两种协调机制的超越。治理理论为回应时代需求,以其合作、协商、多元化、多中心和网络化等方式对现实社会、政治、经济、文化以及国际关系各领域提供了新的视角。世界银行认为:"治理是为了发展而在一个国家的经济与社会资源的管理中运用权力的方式,是利用机构资源和政治权威管理社会问题与事务的实践。主张建立为公共事务处理提供一个可靠而透明的框架,良好的治理应该会促进非政府机构,尤其是私营企业的参与。"[2]经合组织发展援助委员会扩展了世界银行的治理观,认为治理是为经济和社会的发展,运用政治权威管理和控制国家资源。公共管理机构应为经济的运作创造必要环境,提倡健全行政管理、尊重法律和廉洁负责的政府。经合组织的成员国有责任将对其发展促进与援助,并与自由主义模式

---

〔1〕 参见许耀桐、刘祺:"当代中国国家治理体系分析",载《政治学研究》2014 年第 1 期,第 10 页。

〔2〕 See World Bank, *Covernance and Developmem*, Washington D. C: World Bank, 1992, p. 3.

的推行联系在一起。[1]联合国发展计划署认为："治理是基于法律规则和正义、平等的高效系统的公共管理框架，贯穿于管理和被管理的整个过程，它要求建立可持续的体系，赋权于人民，使其成为整个过程的支配者。"[2]"治理是使相互冲突的不同利益得以调和并且采取联合行动的持续过程，是公私机构管理事务的诸多方式的总和，既包括有权迫使人们服从的正式制度和规则，也包括人们和机构同意的或以为符合其利益的各种非正式的制度安排。"[3]世界银行、经合组织发展援助委员会和联合国发展署对"治理的范围"的界定较狭隘，主要指"权力"在公领域对经济与社会资源配置过程中的运用，但其承认治理是正式制度和非正式制度的相结合的管理机制。全球治理委员会对"治理的范围"定义更宽泛全面，把公共的和私人的，集体的和个人行为的层面，以及治理的措施、政治决策的纵横模式都包罗在内。[4]但其仅把治理界定为一种"非正式制度"和"一个过程"，不利于"治理"在实践中有效、合法运用。

学者对治理也有不同的解读。罗茨在《新的治理》中列举了治理的六种定义：即"作为最小国家的管理活动的治理""作为新公共管理的治理""作为善治的治理""作为公司管理的治理""作为社会控制体系的治理""作为自组织网络的治理"，建立以协商、合作为特性的政府、市场、社会互动模式。[5]青木昌彦认为治理机制的重要命题就是："即便在发达的市场经济，私有产权和合同也不仅仅由正式的法律系统来执行。各种各样的治理机制，无论是私人的还是公共的，正式的还是非正式的，作为制度安排的复合体都同时发挥作用。"[6]詹姆斯·N. 罗西瑙（James N. Rosenau）认为治理与统治不同，治理是由共同目标支持的过程，目标未必出自正式规定和合法的职责，

---

〔1〕 参见［美］查尔斯·沃尔夫：《市场或政府——权衡两种不完善的选择/兰德公司的一项研究》，谢旭译，中国发展出版社1994年版，第93页。

〔2〕 See UNDP, *Public Sector Management, Governance, and Sustainable Human Development*, New York, 1995, p. 9.

〔3〕 参见［美］詹姆斯·N. 罗西瑙主编：《没有政府的治理》，张胜军等译，江西人民出版社2001年版，第34页。

〔4〕 参见［瑞士］彼埃尔·德·塞纳克伦斯："治理与国际调节机制的危机"，冯炳昆译，载《国际社会科学杂志（中文版）》1999年第1期，第93页。

〔5〕 参见李龙、任颖："'治理'一词的沿革考略——以语义分析与语用分析为方法"，载《法制与社会发展》2014年第4期，第5页。

〔6〕 参见［日］青木昌彦：《比较制度分析》，周黎安译，上海远东出版社2002年版，第88页。

也不一定依靠强制力量迫使别人服从。治理既包括政府正式机制，也包含非正式、非政府的机制。这些管理不一定需要政府参与，也无须依靠国家的强制力量来保证实现。没有政府的治理虽未被赋予正式的权力，但在其活动领域内也能够有效地发挥功能。[1]威廉森认为治理是一种秩序工具，是利用实现共同利益的机会来化解潜在的冲突，缓解矛盾降低威胁。[2]综合世界各类国际组织及学者对"治理"的界定，不论内涵与外延都很丰富，各具特色但也不乏共性。不论是官方还是学界，对"治理"的基本共识主要是：治理是一种新的多元化管理机制。治理基本特征是：多元主体参与权力运作，规则范式的多元化，以及工作方式的多样化，是以社会公共性或共同性为目的的一种秩序建设和维护的管理模式。

第二节　经济法语境下"政府治理"的内涵

现代社会经济的复杂性、多变性以及多元性使得简单的政府管理不能有效化解、应对和消除现实中存在的社会经济问题。特别是以司法中心主义为核心的现代法治体系越来越难以解决现实中的社会经济问题。对"政府有形之手"与"市场之无形之手"对资源配置两分法的对立也遭到了质疑，"治理"理论在经济法实践的运用也由此应运而生。经济法以维护社会公共利益为己任，其"公共性"的法益目标为治理模式提供了法治基础。经济法对市场秩序规制关系、市场监管关系和宏观调控关系的调整就是要在"市场""政府"和"社会"三者间建立内在的治理机制，正确处理市场、政府与社会间的互动关系。里夫金在费希尔的《NGO与第三世界的政治发展》一书序言中提出："市场、政府和公民社会形成的三足鼎立"，构成市场资本、政府资本和社会资本。哈贝马斯提出了"私人领域"和"公共领域"须在"交往理性"中寻求平衡、共识。[3]经济法就是要在消除传统的"市场"与"政府""二元"结构对立的基础上，以"市场""政府"和"社会"间的相互关系为

---

〔1〕　参见［美］詹姆斯·N.罗西瑙主编：《没有政府的治理》，张胜军等译，江西人民出版社2001年版，第5页。

〔2〕　参见［美］奥利弗·E.威廉森：《治理机制》，王健等译，中国社会科学出版社2001年版，第14页。

〔3〕　参见陈琼、曾保根："对当代西方治理理论的解读"，载《行政论坛》2004年第5期，第90页。

治理结构，建立以"市场""政府"和"社会"为法律元素的调整机制，构建"治理"与"法治""善治"相结合的共享机制的管理模式。治理的理念切合了经济法维护社会公共利益，协调平衡社会整体利益，确保公平、效益和安全的社会经济秩序的价值目标。因此，经济法中的政府干预应该建立科学合理的政府治理模式，或者经济法中的政府干预行为应该是一种政府治理行为。

一、政府治理是经济法的调整机制

（一）经济法之政府治理机制的内涵

现代经济需要一种敏锐的、其功能可以预期的法律制度，一种由最强大的强制权力予以保障的法律制度。[1]在经济全球化、信息化、资本化、社会化、虚拟化、知识化的现代社会，市场很难通过自主行为应对复杂多变的社会经济新形势，而国家对经济的管制更是其国家经济职责所在。市场机制的发挥离不开政府提供的基础条件，市场自由和社会自由都需要政府进行社会性整合和系统性整合，才能确保市场和社会的稳定发展，形成良好的社会经济秩序，维护社会公共利益。因此，一个成功的政府应当保护市场的运行正常，因竞争的可能性取决于市场，而竞争又决定着一切产品和生产要素的价格，使其成为指导生产的可靠依据。同时，政府对劳动力市场也要发挥一定的影响力，以确保公正或公平的劳动关系。[2]市场资本的运作，资源的公平配置，社会公共产品的提供，市场自由机制的实现都离不开国家权力机构的参与。市场与政府这种离合互现的关系需要建立一种更具弹性的管理机制，随着经济社会化，法律社会化进程的不断推进，特别是社会中间层或社会力量参与政府管理市场的过程中的作用越来越重要。

政府治理作为一种新机制，通过经济法的制度设计，成为调整政府与市场、社会关系的重要且必需的模式。政府治理模式为经济法正确界定政府与市场、社会关系提供了新的范式和理论基础，也从根本上改变了多年来在学界占主流的"经济法之国家主体论"的观念，明确了经济法所调整的市场与政府、社会之间的关系是一种"政府治理关系"，而不是"国家协调关系"

---

〔1〕 参见 〔德〕马克斯·韦伯：《经济与社会》，阎克文译，上海人民出版社 2010 年版，第 453、456 页。

〔2〕 参见 〔英〕弗里德里希·冯·哈耶克：《经济、科学与政治——哈耶克思想精粹》，冯克利译，江苏人民出版社 2000 年版，第 259 页。

"需要国家干预关系""国家干预关系""国家调制关系""国家调节关系""国家管理关系"。在这种新的法律调整机制中，政府是经济法关系中起主导作用的一方主体，政府治理对市场经济的干预仅限于在资源配置的经济活动过程中所涉及的社会公共利益的领域或关系。因此，要求政府干预市场的过程中，应尊重市场自由的基本权利，市场自治的领域政府就不应该介入，而且社会力量以不同的方式参与到市场与政府的关系中。政府在处理市场经济、社会问题时，不再仅依据现行法律法规以及政府权威单方决定，而是通过市场和社会的参与合作，并以各种合理的、非正式的规则来解决纠纷和化解潜在的冲突，以应对社会经济复杂多变的现实需要，政府应与时俱进地建立市场治理机制。经济法就是这种政府治理机制的法治和法制的制度保障，而政府治理是经济法的重要的调整机制和范式。

（二）经济法的政府治理行为

经济法中的政府治理行为主要是指政府在治理过程中依法行使市场规制、市场监管和宏观调控的干预权，但这种干预权不等于单方的行政强制行为，而是在行政主导下，市场主体、社会共同参与的一种协商共治的管理模式。

1. 政府治理中的行政规制和监管行为

经济法视野下的政府治理中的政府行为包括政府对市场的规制、监管行为和宏观调控的行政干预行为。随着社会经济的发展，新自由主义的泛滥与社会经济发展社会化趋势的冲突加剧。市场自由权利的滥用损害了社会的公共利益，比如，市场自由放任的结果必然导致垄断，而垄断会损害公平的竞争秩序，自由放任的金融创新导致了美国的次贷危机并引发了金融危机和欧债危机。我国的 P2P 网络融资平台和网络金融众筹的跑路问题，网约车市场的无序竞争等问题，一定程度上正是受新自由主义"市场原教旨主义"思潮影响的恶果。政府对市场的规制和监管的干预理由源于市场缺陷的存在，政府干预能够克服和矫正市场失灵维护社会公共利益，而这正是经济法的法益目标。市场经济活动会对没有利害关系的第三方产生消极的影响，这也为政府干预市场的合法性提供了正当理由。如环境污染等消极外部性，不可能通过平等协商来解决。[1]

---

〔1〕 参见［英］科林·克劳奇："市场与国家"，载［英］凯特·纳什、阿兰·斯科特主编：《布莱克维尔政治社会学指南》，李雪、吴玉鑫、赵蔚译，浙江人民出版社 2007 年版，第 258、261 页。

伴随着科学技术的突飞猛进，人类发展进入网络经济、知识经济、虚拟经济的新经济时代，经济社会化和全球化已不可避免。高度社会化和全球化的新经济模式涉及众多民众的利益，并滋生了潜在的风险，为了维护市场秩序保护民众公共利益和经济安全，公权力对社会化的市场行为负有监管的职责，这正是政府必须介入市场经济的主要原因，也是经济法概括授权政府经济管理职权的重要依据，同时也要求经济法对政府行为必须进行规范和调整。经济法对政府行为的调整，不同于行政法对行政权力的限制。经济法对政府行为的调整是既授权也控权，并非国内部分经济法学者认为的经济法是控权法，是为了规范政府对市场经济的干预行为之法。[1]在经济法的政府治理中，政府的行政规制和监管的行政干预是经济法的重要实施方式，也是政府治理中的正统制度，并主导着市场自治和社会的参与。政府规制和监管行为是政府治理核心之一，是对市场自由滥用权利的限制，也是对社会中间层参与治理的分权依据或是权源。政府监管行为从正统制度的单极权威向多元化及社会化转变是经济法之政府治理机制的必然选择，也是政府治理走向法治与善治的必由之路。

2. 政府治理中的宏观调控行为

受行政法及行政诉讼法之法律保留和程序正义的限制，行政法难以适应瞬息万变的市场经济的发展。现代经济系统复杂多变需要政府的宏观调控来引导。为了使市场经济秩序井然有序，不能继续依赖市场盲目自发的力量，而是应当借助于政府宏观调控。

首先，市场的盲目性和局限性以及自利性，以至于市场机制对配置资源的缺陷是与生俱来的。市场很难通过自主机制实现经济总量稳定和平衡，也不可能自愿对公共设施进行投资。特别是在社会公共领域，市场调节不可能实现预期的社会公共目标和效益。政府是民众为了保障他们自己权利而选择的代表团体，其作用在于为他们的福利进行活动。[2]市场的逐利性使市场为了追求利润不择手段破坏竞争秩序和损害消费者利益，市场的缺陷使得国家有足够的理由或条件去干预市场，因此政府干预也是政府的职责。政府对市

---

〔1〕 参见陈云良："从授权到控权：经济法的中国化路径"，载《政法论坛》2015年第2期，第159～160页。

〔2〕 参见［美］丹尼斯·朗:《权力论》，陆震纶、郑明哲译，中国社会科学出版社2001年版，第32～42页。

场调节的自发性和盲目性通过宏观调控加以必要的引导，对资源的流动进行直接或间接干预，使资源向特定目标的方向流动，弥补和抑制市场调节的不足和消极作用，发挥政府计划调节优势搞好宏观经济的平衡，确保经济全面发展。比如通过规划法、产业法、财税法、预算法、金融法、证券法等宏观调控经济法律制度来引导资源的合理配置。经济上的合规律性、效率性和公平性都是宏观调控法的调整目标。经济法可以通过对经济活动的实质性要求来直接规制市场行为，从而弥补市场的不足，并确定目标，选择规范手段、规定具体行为以及实施规则的责任，明确其社会角色和社会地位是修正由市场决定的行为模式和行为结构的主要工具。政府治理对市场的合规律性的宏观调控，关键在于对宏观调控主体的赋权和宏观调控责任体系的构建。[1]

在全球化、信息化、资本化、社会化、虚拟化、知识化的现代社会，市场很难通过自主行为应对复杂多变的社会经济新形势，而国家对经济的宏观调控更是责无旁贷，但政府治理对市场的宏观调控必须要符合客观的经济规律。因此，通过对政府的概括授权，让政府对市场享有自由裁量的调控权，对社会经济发展变化随机应变进行调整，使规则更富有弹性、灵活性以应对复杂多变的社会经济现实。因此，非正式规则的经济政策往往成了政府治理中宏观调控的主要范式以确保经济效率，但正式的经济法规则不能被破坏以确保正当性。政府治理的宏观调控通过把正式规则与非正式规则相结合兼顾了经济发展过程中的公平与效率。

其次，政府公共财政职能的分配正义也是政府治理的目标。政府治理中财政的职能就是提供公共产品并实现分配正义。分配正义关注的是在社会成员或群体成员之间进行权利、义务和责任配置的问题。[2]财税法在国民收入分配领域发挥着调节作用，对促进分配正义具有重要的意义。政府公共财政作为矫正市场失灵的财税制度，向全社会提供公共产品和公共服务等公共性基础条件，以确保有序的市场经济秩序和公平竞争的市场环境，并通过公共财政政策对财政税收再分配，提供社会保障和社会福利促进全社会的公平分

---

〔1〕　参见吴弘、胡伟:《市场监管法论——市场监管法的基础理论与基本制度》，北京大学出版社2006年版，第2页。

〔2〕　参见［美］E. 博登海默:《法理学: 法律哲学与法律方法》，邓正来译，中国政法大学出版社1999年版，第278~279页。

配。〔1〕政府治理公共财政的本质是纳税人有权在国家经济活动中参与决策，参与监督管理，从而实现财政法定、财政民主、财政平等、财政健全等财税法律制度的和谐。〔2〕比如基础性企业或公用事业的运行需要大规模投资或规模效应，不宜展开竞争，故应该对市场准入进行限制。即基础性企业或公用事业的垄断是必需的，既合理也合法。市场不能有效地解决公共物品供给问题，因为把无所付出者从获益者中排除是不可能的（要么极昂贵，要么极困难），所以应当全部或部分免费。〔3〕政府治理在资源配置中，为缓解公共产品需求增长与公共财政供求不足的矛盾，应探寻公共产品供给民间参与的"多元善治"治理模式，打破政府对公用事业的垄断经营，引入民营资本共治，突破公共财政对公共需要的供给模式，在社会公共利益最大化目标下实现政府与市场对资源配置的共享机制，形成政府与市场相互促进、相互制约的互动机制，实现利益共享与公共产品资源优化配置的效率和公平。另外，政府治理应通过建立国有企业收益与公共财政共享机制，弥补市场在资源配置中分配不公和公共需求不足的缺陷，实现资源配置的公平与效率。

二、经济法之政府治理的法律特性

贝阿特·科勒-科赫（Beate Kohler-Koch）指出，治理的实施因不同国家而采用不同的治理模式，治理为如何实现有效的政策选择，多元社会利益如何转化为统一行动，以及怎样实现社会服从提供了公共选择的路径。〔4〕星野昭吉认为，治理的本质不是强迫和压制，而是非暴力、非统治的机制。治理使冲突与对立的利益得到协调，增进相互合作。〔5〕经济法视野下的政府治理的内涵至少包括如下几个方面：①政府治理是一种国家权力的运行模式。经济法之政府治理是政府履行其国家经济职能的表现，属于行政执法的范畴，也是经济法实施的一种范式。②政府治理主体的多元化。在经济法之政府治

---

〔1〕 参见刘剑文："收入分配改革与财税法制创新"，载《中国法学》2011年第5期，第49页。

〔2〕 参见刘剑文："公共财政与财税法律制度的构建"，载《政法论丛》2012年第1期，第23页。

〔3〕 参见［美］罗纳德·德沃金：《原则问题》，张国清译，江苏人民出版社2005年版，第291页。

〔4〕 See Beate Kohler-Koch, Rainer Eising, *The Transformation of Governance in the European Union*, London：Routledge，1999，p.14.

〔5〕 参见［日］星野昭吉：《全球政治学——全球化进程中的变动、冲突、治理与和平》，刘小林、张胜军译，新华出版社2000年版，第279页。

理的结构中，市场与社会参与到政府公共管理领域，享有相应的权利（力），承担相应的责任和义务。政府不再独享行政权威，市场与社会在国家经济社会建设与发展中，参与政府公共事务，但政府在相应的领域仍然发挥主要作用。③政府治理手段的多重方式。既有对市场监管实行的正式的强制管理，也有公共资源配置治理中的各方主体在互利、互信、相互依存的基础上进行协调谈判，参与合作，求同存异，化解冲突与矛盾，维持市场秩序，正统的法规制度与非正式的规则共同作用。④政府治理的目的是为了社会公共福利的最大化。政府治理在于维护社会公共利益，并协调平衡各方参与主体利益目标，同时兼顾公平与效率，最终实现社会发展和公共利益的最大化。⑤政府治理是解决社会经济问题的行政先导模式。在政府治理中，对社会经济问题的解决处理不是依靠法院的判决，而是行政部门的行政执法先行程序，是防患于未然的事前行政预设机制而不是事后法院的司法救济机制，从而也降低了治理的成本。政府治理的纠纷解决是行政裁决或是谈判协商而非法院的司法判决。不过，政府治理依然确保了司法救济的最后法治保障机制，对政府治理中行政纠纷处理不服的，仍然可以依法提起相应的诉讼。对政府职能部门滥用干预权损害经营者自主经营权的，或是不行使干预权没有维护消费者利益的，经营者或是消费者都可以依法对违法行政的政府职能部门提起行政诉讼。

三、经济法之政府治理法律机制的价值评析

（一）政府治理是经济法的必然选择

奥斯丁认为政府的目的是服务于公共福利。只有服务于公共福利，对自由的保护和促进才是有价值的。在有些情形下，限制自由可能比扩大自由更有益于公共福利。[1]经济法源于经济活动过程中，民法之私法权利义务规范对社会公共利益保护的缺失，民事主体为追求利润最大化、滥用民事权利害及社会公共利益需要公权力的介入，以及行政法之公法对权力规范的限制性，导致公权力不能适应社会经济的发展对社会公共利益进行有效保护。为了克服民法私法任意性规范的不足和行政法公法强制性规范的僵化以及权力滥用，经济法通过私法公法化来加强对社会公共利益的保护，通过公法私法化来发

---

〔1〕　参见［英］罗杰·科特瑞尔：《法理学的政治分析：法律哲学批判导论》，张笑宇译，北京大学出版社 2013 年版，第 60 页。

挥政府治理能力的效率和能动性。经济法作为新兴法律部门，是传统民法和行政法体系内部冲突难以调和的产物，是为了实现对特定的公共性法益目标的保护而设立的规范，追求的是法的实质正义。通过对经济活动和社会活动进行集体规制来弥补市场不足，且不限于调整私人行为领域。政府承担了确定目标、选择规范性手段、规定具体行为以及实施规划的责任。[1]

这种新的法律机制就是政府治理的法律机制，是形式正义的正式规制与非正式规则的实质正义相结合的结果理性，是政府行政执法为主导而非法院司法审判为中心的处理模式，是在遵守基本市场规则和政府行政原则基础上的制度创新。政府治理是对传统恣意性行政权力和行为的制约，是行政权力从无限到有限的转变。通过重构政府与市场、公民、社会、个人之间的关系，确保社会公共利益，协调平衡了社会整体利益，实现经济法之理性化行政的公平与效率、安全的价值目标。经济法的政府治理重新界定了政府公共干预的范围和形式，以及利用市场或准市场的方法来提供"公共服务"，以及非正式规则来调控市场。治理是政府与市场、社会，以及公私部门之间的合作与互动，建立了市场、社会和政府最佳的互动式管理方式。治理是建立在信任与互利基础上，独立于司法体制的协调机制，不再强调单一的政治权力的权威，更关注信任、声誉、互惠与相互依存，以及法治、善治、效率、责任的公共服务体系。[2]随着社会经济的发展变化，国家—社会—市场之间的关系发生变化，随之出现的一系列新情况、新问题不再是简单地借助于国家计划或市场自发能够解决的了，自上而下发号施令形式正义的传统的权威，也不能适应社会经济发展的需要，自由放任的市场机制也不能解决复杂多变的社会问题和层出不穷的新情况，治理成为协调政府、市场与社会最适合的一种方式。治理机制使经济法之政府行政最终达到合法性、合理性和正当性的实质正义的价值目标。政府治理通过谈判协商的对话方式达成共识，建立互信，降低交易成本，减少机会主义的危害，弥补市场交换和政府调控的双缺陷。[3]经济法视角下的政府治理，就是转变和抛弃政府对市场干预以及公共

---

〔1〕 参见［德］图依布纳："现代法中的实质要素和反思要素"，矫波译，载《北大法律评论》1999年第2期，第581~592页。

〔2〕 参见俞可平主编：《治理与善治》，社会科学文献出版社2000年版，第91页。

〔3〕 参见［英］鲍勃·杰索普："治理的兴起及其失败的风险：以经济发展为例的论述"，漆燕译，载《国际社会科学杂志（中文版）》1999年第1期，第38、49页。

领域资源配置中的"管理"的单极威权的气势，从监管社会化及提供公共服务的角度，强调政府行政的社会性、服务性和公共性，更强调市场、社会与政府部门合作与参与的合作性的共享机制。经济法之政府治理有利于政府更有效地干预市场和为社会提供公共服务，使市场与政府在资源配置过程中兼顾了行政价值的效率与公平、安全，以实现实质正义。

（二）政府治理弥补了政府与市场的"双重缺陷"

在市场经济条件下，政府与市场因素对社会经济发展都发挥了关键性的作用，优缺互现，各有所长，也各具所短。既有市场的缺陷，也有政府缺陷。市场在提供公共品、限制竞争、滥用自由权利、无政府状态、个人极端主义等方面存在着局限性。[1]政府"看得见的手"对市场"看不见的手"解决不了的问题进行处理时，也同样存在缺陷。政府无法避免低效率、权力寻租、经济决策政治化、政策失误以及政府的内部性等问题。2009年，诺贝尔经济学奖获得者埃莉诺·奥斯特罗姆（Elinor Ostrom）认为，在"政府失灵"和"市场失灵"的情况下，社会治理应该充分发挥社会组织自身的治理功能，通过社会本身的组织来治理社会，进行"多中心治理"（Polycentric Governance）。[2]经济法的治理机制一定程度上弥补了市场与政府的双重缺陷，建立了一种更具弹性的政府管理新机制，对于应对市场和国家的双重缺陷上具有重要的意义。首先，建立了政府、市场与社会的共享机制。社会中间层缓和了市场与政府之间的对立，并通过市场参与公共领域事务和政府分权社会中间层建立了共享机制，降低了双重缺陷对社会经济的破坏性影响的风险，化解了潜在的危机。其次，治理有利于维护社会经济的安全与稳定。治理机制通过市场参与公共管理活动获得了认同感，协调了政府与市场、社会之间的利益矛盾，从而有效地维护市场秩序和社会安全稳定。最后，治理有利于提高公共管理效率，促进社会公平正义。有效治理要求建立高效能的、机构设置合理、科学民主的政府公共管理机构，并在尊重市场自由的前提下，力图实现社会福利的最大化和社会分配的公平合理。

经济法的政府治理是对社会经济发展复杂多变的回应，为其规制政府、

---

〔1〕　参见［美］查尔斯·沃尔夫：《市场或政府——权衡两种不完善的选择/兰德公司的一项研究》，谢旭译，中国发展出版社1994年版，第17页。

〔2〕　参见［美］埃莉诺·奥斯特罗姆：《公共事物的治理之道——集体行动制度的演进》，余逊达、陈旭东译，上海译文出版社2012年版，第45页。

市场与社会之间的关系提供了新的机制，也使其内在结构发生了变化，以至于形式法中占支配地位的规则导向由一种逐渐增强的目的导向来补充，并通过规则、标准和原则来实施。[1]虽然政府治理在一定程度上可以弥补国家和市场在调控和协调过程中的某些缺陷，但治理在实践中尚存在许多局限，还要受到诸多因素的制约。政府的合法权力以及正统规则体系才是法治的根本，非正式的规则不能代替国家而享有合法的政治权威，谈判协商与合作参与的途径只能限制在特定的领域。市场自由是市场机制的核心应该被尊重，政府治理不可能取代市场自发对大多数资源进行有效配置。经济活动中存在政府缺陷和市场缺陷，但如果仅以治理取代市场或政府也是存在着缺陷。[2]市场对资源配置的决定性作用与政府对公共资源的基础性配置的基本法则应该得到遵守，有效的政府治理应该建立在政府和市场各自配置资源的基础之上的一种共享机制。"混合经济"作为一种治理模式，是市场与政府之间的一种共享机构，有利克服市场与政府的双重缺陷。

（三）政府治理是现代法治机制的嬗变

西方法治理论的基本原理包括：首先，强调规则的统治以及其正统性和稳定性，以法律规范作为社会调整的正统标准尺度和唯一权威，法律规范体系和司法诉讼程序的设计都遵循严格最高标准的形式理性；其次，法院是独立行使司法权的中立机关，依既定的实在法规则审理案件解决纠纷，不受任何外来因素干扰；再次，行政机关遵守"法不授权即禁止"的基本原则，行政行为被严格限制在法律授权的范围之内。[3]以西方为主的现代法治是建立在传统的法院司法审判为中心，严格遵守现行实在法规范，强调形式逻辑推理的法律机制，司法救济成为解决社会问题的重要的法治模式。在法律规定不明确或法律存在明显缺陷的情况下，只能由法官行使自由裁量权，依法理并结合现有法规进行分析、解释、推论形成审判依据。[4]

洛克认为，掌握权力者应该为公共福利来行使这种权力。有许多事情不

---

〔1〕 参见［德］图依布纳："现代法中的实质要素和反思要素"，矫波译，载《北大法律评论》1999 年第 2 期，第 595 页。

〔2〕 参见吴志成："西方治理理论述评"，载《教学与研究》2004 年第 6 期，第 63 页。

〔3〕 参见范愉：《非诉讼纠纷解决机制研究》，中国人民大学出版社 2000 年版，第 328 页。

〔4〕 参见王孔祥："西方回应型法对我国民事司法改革的启示"，载《江苏社会科学》2012 年第 4 期，第 145 页。

是法律所能规定的，但为了社会福利，必须把这些事情交给权力执行者来自由裁量，由其根据公众福利和利益来处理。甚至于在某些场合下，为了尽可能地保护社会所有成员的利益，法律本身应该让位于执行权，或者说让位于政府和自然的根本法。因为世间经常发生许多偶然的事情，严格和呆板地执行法律反而会有害。因为制定法律的权力并不是经常存在，而政府的执行需要快速，可能无法律规定，所以应赋予行政执行者为公众谋福利的自由裁量权，有时甚至是违反法律的，被称为特权。另外，法律不可能对一切与公众有关的偶然事故和紧急事情都可能预见并加以规定，如果都一丝不苟地执行所指定的法律反而会造成损害。所以，要留给执行权相当范围的自由裁量权，以便处理那些法律没有规定的特殊事情。[1]洛克认为，·国家的权力应该为人民谋取福利，具体应该由政府的执法部门负责，而且政府的执法应该是能动的自由裁量权以适应社会经济发展的需要。洛克对政府职能的定位比较符合现代治理的政府角色的定位，是对现代法治规则主义和法院司法中心主义的挑战和变革。

随着社会经济的发展变化，司法审判已难以应对复杂多变的社会现实。民事审判依据法官自由裁量已无法规制民事自由权利的滥用行为，特别是民事司法判决所追求的个案正义难以弥补其对社会公共利益所造成的损害，其事后救济机制致使社会公共利益很难从根本上得到维护。比如，百度文库自2010 年 7 月至 2014 年 3 月以来，通过互联网平台，由供方用户上传资料或是作品到百度文库获得积分，然后需方用户通过积分或是付费下载相关资料，并从中通过广告、有偿下载等服务获利。百度文库因涉嫌侵犯了作者的著作权被提起同类侵权诉讼共 47 起并全部败诉。[2]从法院的判决可见，百度文库的侵权行为毋庸置疑。但这种侵权行为却可以堂而皇之地继续存在让人质疑法律的权威和法治的效果，众多作者的著作权受侵害只能通过个别诉讼来解决，缺乏司法之外公权力的集体救济凸显了现行民法调整机制的局限性以及公权力介入的必要性。传统民法对社会公共利益保护的局限性是显而易见的，现代经济的社会化要求法治必须对市场经济发展过程中社会公共利益的保护作

---

〔1〕　参见［英］洛克：《政府论》，刘丹、赵文道译，湖南文艺出版社 2011 年版，第 173 页。

〔2〕　参见芦世玲："被误读的'避风港'——网络服务商著作权侵权纠纷适用法律分析"，载《现代出版》2014 年第 4 期，第 24 页。

出回应,经济法的政府治理机制可以弥补民法在社会公共利益保护上的不足。

经济法是为了维护社会公共利益和协调社会整体利益,确保社会福利的最大化,回应社会经济快速发展化的需要,以弥补民法和行政法存在的不足的新法律机制。经济法与行政法调整的范围不同,经济法的政府角色仅限于经济活动中市场的规制者、监管者、宏观调控者,以及为了满足其行政需要的采购者和投资者,不同于行政法中政府对社会公共秩序的管理者。为适应社会经济发展的需要,经济法中政府治理的规则更富有灵活性和多样性,政府治理可以适用非正式规则。行政法中政府以维护社会稳定秩序为己任,因此行政法规范具有相对稳定性,行政法应遵守法律保留原则和程序正义依法行政,以防止公权力对社会自由空间的侵蚀。经济法之政府治理是通过转变政府被动执法的监管模式,依法概括授权赋予政府更多的自由裁量权或是能动的监管权,使政府的权力依法合理地扩张,让政府根据经济发展状态采取应对措施,因此,政府治理中经济政策和经济规章等政府监管和调控措施也是经济法规范的组成部分。另外,政府治理以行政先行对市场经济进行监管和调控,甚至依法分权使社会中间层组织行使部分国家干预权。这与对政府执法进行限权的行政法有本质的差异,但政府治理必须满足实质正义符合行政合理性原则,并不违反现行的法律规定确保基本的程序正义。

四、政府治理中市场主体的自治权

在政府治理的市场自治秩序中,市场主体经济法上的自治权是指市场主体在经济法上的权利或经济权利,是指市场主体依法享有的市场自决权。经济法上市场主体的自治权不能简单等同于民商法上的平等协商权,而是依经济法规定而享有的经济权利。

(一)经营者的经营自主权

经营者的自治权也就是经营者自主经营的权利,简称经营自主权。或者说经营自主权是经营者在经济法视野下政府治理的市场自治秩序中享有的自治权,是依"法不禁止即可为"的权利界定原则而概括确定的权利束。经营自主权是我国从计划经济向市场经济改革与发展过程中,源于国企改革过程中政企分开,所有权与经营权分离,企业独立经营的一项法律制度。1979 年5 月国务院宣布在首都钢铁公司、天津自行车厂等八家大型国企率先实行扩大企业自主权的实验。1979 年 7 月 13 日国务院下发《关于扩大国营工业企业经营管理自主权的若干规定》《关于按照五个改革管理体制文件组织试点的通知》等五个改革企业经营管理体制的文件，由此启动了赋予和确认并保障经营自主权的一系列改革措施。1991 年《国务院批转国家体改委关于 1991 年经济体制改革要点的通知》中提出要按照《企业法》的要求切实落实企业的生产经营自主权并继续坚持政企职责分开，所有权与经营权适当分离，减少政府部门对企业生产经营的行政干预。1992 年国务院出台的《全民所有制工业企业转换经营机制条例》第二章设专章共 17 条列举了生产经营决策权、产品劳务定价权、产品销售权、物资采购权、进出口权、投资决策权、资金支配权、资产处置权、联营、兼并权、劳动用工权、人事管理权、工资奖金分配权、内部机构设置权、拒绝摊派权等经营权内容，并在效力上明确上述权利受法律保护，任何部门、单位和个人不得干预和侵犯，并提供了诉讼、申诉、举报等救济途径。自 1978 年以来，国务院先后发布 13 个文件作出 97 条有关经营自主权的规定。1982 年《宪法》中有多处关于经营自主权的类似提法。《宪法》第 16 条第 1 款规定："国营企业在服从国家的统一领导和全面完成国家计划的前提下，在法律规定的范围内，有经营管理的自主权。"第 17 条第 1 款规定："集体经济组织在接受国家计划指导和遵守有关法律的前提下，有独立进行经济活动的自主权。"1993 年的《宪法修正案》将第 16 条第 1 款修改为："国有企业在法律规定的范围内有权自主经营。"第 17 条第 1 款则被修改为："集体经济组织在遵守有关法律的前提下，有独立进行经济活动的自主权。"国有企业和集体经济组织经营自主权利所附带的条件被删除。另外，《对外贸易法》《农村土地承包法》《农业法》《残疾人保障法》等也有关于经营自主权确认与保障相关条款。由全国人大及其常委会出台的涉及经营自主权的法律达 11 部，1989 年《行政诉讼法》第 11 条第（三）项规定："认为行政机关侵犯法律规定的经营自主权的"可以依法提起行政诉讼。1997 年 12 月 14 日任建新在全国高级法院院长会议上的报告《高举邓小平理论伟大旗帜把人民法院工作全面推向二十一世纪》中则要求："要及时认真地审理侵犯企业经营自主权和建立现代企业制度过程中企业与行政机关之间的行政争议案件，切实依法维护企业的经营自主权和其他合法权利。"2002 年江泽民代表第十五届中共中央委员会向十六大所作的《全面建设小康社会，开创中国特色社会主义事业新局面》报告更将"实行所有权和经营权分离，使企业自主经营作为经济体制改革的目标之一"。[1]随着我国改革开放不断推进及经济发展所取得的巨大进步，我国企业包括国有企业基本上都已建立了现代企业制度，完全依照公司企业法来运作，企业成了法律意义上独立的经营者，政府对企业经营管理的直接干预已退出了历史舞台，经营自主权也不再是党的政策和方针关注的重点，党的十七大、十八大已不再提及经营自主权，除了《企业国有资产法》提及经营自主权外，很少有正式法律文件提及经营自主权。

纵观经营者的经营自主权在我国发展的历史沿革，经营自主权自设定之日起就是为了排除和限制政府对国有企业经营管理权的干预，是我国国有企业改革过程中政企分离，企业改制，建立现代企业制度的重要历程。随着经营者的多元化发展，经营自主权有了新的法律含义，经营自主权的权利主体也不仅限于国有企业，市场中的任何经营者都依法享有经营自主权，经营自主权就是经营者最基本的经济权利，包含了经营者依法享有的所有经营权，即产、供、销、人、财、物及其他市场权利。尽管不同经营者享有的具体的经营自主权的内容存在着一定的差异，但是根据"法不禁止即可为"的权利界定原则，经营者的自主经营权是一种权利束，因不同的经济法律制度不同。不同的经营者其自主经营权不同。在行政诉讼和行政复议中，根据 1989 年《行政诉讼法》第 11 条和《行政复议法》第 6 条的规定，只要行政机关实施了侵犯相对人"法律规定的经营自主权"或"侵犯合法的经营自主权的"，相对人便可以提起行政诉讼或是行政复议。行政复议已经把"经营自主权"的范围从"法律、法规规定的"扩大到"合法"的范畴，法律在赋予经营者经营自主权的同时，更强调"限制政府公权力干预"的宪制核心价值。市场在资源配置中起决定性作用就是要让经营者充分享有经营自主权，公权力对保障经营者的自主权具有重要意义。经营者的经营自主权是其基本权利，但经营者的自主权必须依法行使，并遵守商业道德，应避免经营者滥用权利损害社会公共利益。在经济法的政府治理中，市场通过市场机制自治配置资源，国家基于市场公共秩序和社会整体利益对市场自治秩序进行干预。这势必又产生市场自主权与治理权的冲突，同时，不同经营者之间的权利也会产生冲突，而要化解权利冲突就必须通过法律对其边界进行划定。另外，任何权利

---

〔1〕　参见林鸿潮、栗燕杰："经营自主权在我国的公法确认与保障——以改革开放三十年为中心的考察"，载《云南行政学院学报》2009 年第 3 期，第 132～133 页。

都是相对的，权利的行使应该受到法律和道德约束。经济法在防止经营者滥用经营自主权的同时，也应防止公权力的扩张对经营者经营自主权的侵害。

（二）消费者的自治权

对于消费者市场主体而言，其在政府治理的市场自治秩序中的自治权主要是由经济法规定的有限自决权，或是消费者权利，可以简称为消费权。消费者自治权除了依双方当事人的约定权利之外，主要是由经济法规定的消费者法定权利，其内容源于法律规定而非双方约定，是有限的自治权。消费者对于法定的消费权利的内容或是实体权不享有自决权，其权利内容由法律规定，但其可以享有程序上的自决权。也就是消费者可以放弃其消费权利或不主张消费权利，但无权变更权利的内容。广义上，经济法上的消费权利包括民商法上的自治权，由双方当事人依法自由约定双方的权利和义务，经济法对民商法上由双方当事人依法约定的自治权原则上不进行干预。只有当消费者滥用其民事权利损害社会公共利益，违反经济法的相关规定，经济法才对其行为进行规制。在经济法之政府治理中消费权利强调的是对消费者权利的保护而不是权利的自治，消费权利的法定性也就限制了其自治性，这与民事权利有本质的区别，目的是为了维护公平、效益和安全的消费秩序。同时，消费权利也是对经营者自治权的限制。经济法通过对经营者设置法定义务，对消费者给予法定权利，对双方当事人的民事自治权进行了限制。对消费者的基本权利法定化使消费者自动获得法律保护，规定经营者的基本法定义务来维护消费者的基本权益，但经济法应该避免极端的偏袒性立法，对经营者与消费者权利义务的配置应确保市场主体各方利益的实质平衡。政府在行使干预权时，在维护消费者的权益时，也应该避免滥用权力损害经营者的经营自主权。

2013 年 12 月，北京市原工商局向社会发布了"禁止自带酒水""包间最低消费""消毒餐具另收费"等餐饮行业常见的六种不公平格式条款。2014年 2 月 12 日最高法院在答复中国消费者报的采访函中表示：餐饮行业中的"禁止自带酒水""包间设置最低消费"属于服务合同中的霸王条款，是餐饮行业利用其优势地位，在向消费者提供餐饮服务中作出的对消费者不公平、不合理的规定。违反了相关法律规定，属于"霸王条款"。消费者可以依据上述法律规定，请求人民法院确认"霸王条款"无效。众媒体对此争相报道，消费者更是拍手叫绝。北京市原工商局和最高人民法院认为"禁止自带酒水""包间最低消费"和"消毒餐具另收费"属于"霸王条款"值得商榷。餐饮行业有其经营的特殊性，为了确保卫生安全，对餐具消毒是经营者应尽的法定义务。"消毒餐具另收费"是经营者逃避其法定义务并转嫁给消费者的违法行为，定性为"霸王条款"并无不妥。"禁止自带酒水"和"包间最低消费"是餐饮行业行使经营自主权的商业行为。餐饮行业是个竞争非常激烈的行业，一般情况下不存在垄断经营。只要不存在合谋行为，市场可以充分竞争，不同的市场主体根据其经营条件和规模对"禁止自带酒水"和"包间最低消费"作出规定，只要在消费者消费之前履行了告知义务，并不存在所谓的"优势地位"，消费者可以选择接受与否。北京市原工商局的认定和最高法院的答复涉嫌侵犯经营者的经营自主权。消费者与经营者作为理性的"经济人"，在消费过程中存在博弈，双方都会尽可能使自己的利益最大化，经营高级舒适的经营场所及高端服务需要高投入，为确保赢利而不被消费者过度消费或恶意消费，只要不存在共谋行为，经营者对其经营适当作出消费限制应该属于行业经营权，应受到法律保护。不应该打着保护"公共利益"的幌子，实质上损害市场主体的经营自主权。

五、社会权力在政府治理中的作用

黑格尔认为，公民社会是"各个成员作为独立的单个人的联合，因而也就是在抽象普遍性中的联合，这种联合是通过成员的需要，通过保障人身和财产的法律制度，和通过维护他们特殊利益和公共利益的外部秩序而建立起来的"。[1] 在黑格尔看来，作为联合体的公民社会中的诸个人是相互依赖相互关联的，由于需求、欲望或自由意志是公民社会的基础。因此，成员间的关联性基础就在于每个人都成为满足别人这些欲望和需要的工具。由于人不能仅凭自己就能满足这些欲望，所以就必须组成联合体，并赋予联合体以公共权力，而联合体基础就是成员间存在着共同的需求和某种普遍性的利益。否则，这种联合体就无法产生，即使产生也会迅即分裂。因此，从社会权力运行的目标和归宿看，实现公共利益既是社会权力的逻辑起点，也是其运行的终极目标与归宿。所以说，公共利益是社会权力运行的目标与归宿。但是公共利益本身就是一个典型的不确定概念，具有极强的相对性。一方面，它是与私人利益相对存在的，它与私人利益之间是对立统一的，没有完全脱离私

---

〔1〕 参见〔德〕黑格尔：《法哲学原理》，范扬、张企泰译，商务印书馆2009年版，第235页。

人利益而存在的公共利益；另一方面，公共利益因地域、阶层等不同而具有多元性和多面性。从权力的内部规定性看，一个社会组织、一个诸多人集合、一个阶级或阶层、一个民族乃至一个国家的权力相对于其成员来说就具有公共性，是它们成员权力的有机结合，但不同的社群和阶层又有不同的公共利益。社会公共利益的公私两个方面始终纠缠在一起，融入社会权力的方方面面，并且相对而存在。尽管国家权力存在的目的是为了实现人民的安康与幸福，保障与实现权利与自由。但是，人民的利益或公民的权利与自由不总是国家权力存在与运行的唯一目的或指向。国家权力只是在社会中占有统治地位的阶级或某些集团、个人攫取自身利益的有效工具，是一种异化的社会权力。[1]因此，社会权力可以通过社会公共利益的公私双面性制约私权和监督国家权力。社会中间层利用社会权力，以社会公共利益为起点，以非正统的方式在市场与政府之间的私与公之间进行利益平衡，成为政府治理中重要的环节，也使社会中间层成为经济法之政府治理不可或缺的一方主体。

第三节　经济法之政府治理的调整范式

一、政府治理的三维结构

经济法之政府治理是在资源配置的经济活动过程中，行政主导下的市场与社会共同参与的法律新机制，其规则结构上有异于理论研究和实践经验都比较成熟完备的传统民法和行政法。经济法对传统法律关系的异构在于其解构了民法的任意性规范和行政法控权式规范的范式，使经济法主体、客体及规范形式都发生了改变。经济法蜕变于民法和行政法的特性，使其主体既有民事主体的私法性，也有行政法主体的公法性，表现出类型化和角色化的多维结构。经济法的抽象主体可分为市场主体、政府和社会或社会中间层组织三大类型，并建构了"市场—社会—政府"的三维法律结构。经济法主体呈现类型化和角色化的特色，不同于民事主体法律地位一律平等。对经济法主体进行类型化和角色化的界定有利于明确其法律地位，政府治理结构的每个具体经济法主体因其在不同的法律关系中角色不同法律地位也不同，权利义

---

〔1〕　参见王宝治："社会权力概念、属性及其作用的辩证思考——基于国家、社会、个人的三元架构"，载《法制与社会发展》2011 年第 4 期，第 144 页。

务也不同。蜕变于民法和行政法的经济法，因政府治理中市场与社会参与公共领域，私主体分享了部分公权的权力，出现了公法私法化。

经济法对社会公共利益的特别保护，使经济法主体权利和义务法定化，客体也法定化，呈现出私法公法化的特色，以至于政府治理结构属于公私法兼容的第三法域。经济法对经济个案的法律调整存在私权和公权的范畴，经济法除了调整政府治理关系外，还应调整实质上地位不平等市场主体之间的利益平衡关系，如客观上市场地位不平等的经营者之间的竞争关系，经营者和消费者之间的消费关系，这些市场经济关系虽然是通过个案来体现，但不仅损害了市场个体的利益，也涉及社会公共利益或市场公共秩序。经济法主要通过对经济实力不对等的市场主体权利义务的实定化，对市场主体之间进行权利义务不对等设计进行利益的平衡，对弱势一方赋予法定权利，对强势的一方课以法定义务，以实现实质公平。对于享有法定权利的一方，市场主体享有自由处分权利，政府治理不应干预，但对承担法定义务一方，政府治理对其进行监管确保义务的履行实现实质公平。经济法规范对于涉及社会公共利益部分需要政府治理的介入，对私权市场自由部分却防止政府的不正当干预，确保其基本自由权利应受到保护。

经济法中政府治理的公法规范也必然存在着控权，任何权力和权利都必须依法行使才能产生相应的法律效力，权力和权利的产生就意味着必须受到控制和监督。在此层面上，如果没有授权就谈不上控权和限权。经济法对政府、市场以及社会中间层的授权随着社会经济的发展不断扩大，其授权的形式和内容也是多样化的。不排除在实践中权力和权利被滥用的可能，但任何违法滥用权力和权利的行为都应该受到经济法的处罚和制裁，是经济法之所以为"法"之根本，这与民法、行政法和刑法等其他部门法并无不同之处，但并不能因此认为经济法是"控权法"而非"授权法"。经济法之政府治理的法治建设在于如何完善相关的法律授权机制并确保行政权力能依法实施不被滥用，并最终能接受司法审查。政府治理应建立新的法律机制来规范市场行为和政府行为，确保公平的竞争秩序和经济安全，同时也应防止行政权力被滥用。

二、经济法之政府治理的规则范式

法律有硬法与软法两种基本表现形式，其中硬法是指那些需要依赖国家强制力保障实施的法律规范，而"软法"则指那些效力结构未必完整、无须依靠国家强制保障实施、能够产生社会实效的法律规范。[1]软法的兴起和发展有着深刻社会实践基础和哲学认识论根源,是在对现代性反思的基础上,对法学领域内国家垄断法律资源的国家中心主义和规则形式主义法律观反思和法律理念革新。软法推动了现代法治和社会的发展,软法理论有力地解释了现代法治和法制的现状,而实践又推动了软法理论的进一步深化,构建了软法和硬法混合互补的经济法的新法律机制和政府治理模式。软法在法治社会建设和社会全面法治化方面起着硬法难以发挥的作用,有助于推动和实现法治社会、法治政府、法治国家,全面实现依法治国。[2]经济法规范体系由硬法体系和软法体系组成。经济法的硬法是经济法的基本法,也是软法的法源,是经济法软法制定和实施的依据。经济法软法既不能违反宪法,也不能违反经济法硬法。经济法之政府治理的目的至上的实质性导向,把严格刻板的硬法规范结构转变为"结构开放的"标准和"结果导向的"规则。新的目的导向影响了经济法基本的学理概念,传统的"公平""正义""秩序""平等""自由"的法律理念有了新的发展和突破。经济政策中不可避免地要反映时代的政治和社会诉求,形式法律探究的经典方法需要转变成"经济政策分析"的方法,这种方法与法律参与方式的变迁导致经济法的"法律多元化"。以至于"社会性""公共性""效率""效益"与"利益"也影响了经济法之实在法的构成,比如"社会公共利益""社会效益""经济公平""经济效率"和"经济安全"等范式在经济法中不可避免,并成为经济法价值判断和法益目标的新标准。政府治理既涉及公共部门也涉及私人部门的范式,使政府管理从一元模式过渡到多元主体的公共治理的共享模式,传统法治的权力机关立法的形式法的规则主义的硬法向行政机关立法的行政规章和经济政策的实质法的政策主义软法转变,以法院审判为中心的司法主义向由行政执法为中心的政府治理模式转变,国家垄断的硬法立法权向国家与社会共享的软法制定权转变。

孟德斯鸠认为行政权的行使总是以需要迅速处理的事情为对象,政府部门时刻需要急速的行动,急事无法律。[3]经济法软法性规范是政府治理的重要法律渊源,既与传统的民法、行政法硬法规范不同,也不同于经济法领域

---

〔1〕 参见罗豪才、宋功德:"认真对待软法——公域软法的一般理论及其中国实践",载《中国法学》2006 年第 2 期,第 3~4 页。

〔2〕 参见罗豪才、周强:"软法研究的多维思考",载《中国法学》2013 年第 5 期,第 102~103 页。

〔3〕 参见〔法〕孟德斯鸠:《论法的精神》,张雁深译,商务印书馆 1997 年版,第 160~161 页。

的硬法规范。这些软法受政治、经济、文化、道德及社会多种因素的影响，与经济法的硬法规范相得益彰，共同规范和调整着经济法律关系，构成了政府治理的经济法规范体系。政府治理的软法规范与经济法的硬法规范相互影响、相互渗透，在经济法规范体系中出现道德法律化、政策法律化、法律政治化的倾向。政府治理的软法规范不仅在量上规模庞大，而且在经济活动中起到了举足轻重的作用，回应了社会经济发展变化的需求，充分发挥了经济法实质正义的价值目标。如政府治理中有关国民经济和社会的发展规划，战略目标和经济纲要等软法，调整对象主要限于国民经济与社会发展的重要领域，是全局性的宏观调控的目标和措施，是我国实行宏观调控最重要的规范性文件，引领着国民经济的发展方向，是国民经济发展的方向标，既要确保长远的总体目标，又要与时俱进不断地局部调整，其弹性、开放性、科学性和合理性是秉着正统性和稳定性的硬法无法比拟和取代的。各种具体的经济政策，如产业政策、财政政策、货币政策等的建议、意见、决议、办法等政府治理的软法，体现现代国家职能的多样化和措施的复合化的政府治理模式。

软法是政府治理的主要的规则体系，主要表现形式就是具有极大的执行力的政府的一般性文件。如办法、规定、行政合同、会谈纪要、经济指标、政绩考核等，以不同的形式影响甚至决定着经济社会的发展模式和进程。政府治理的软法是经济法硬法实施或适用的一种行政执法的表现，属于行政立法权的范畴，不同于权力机关的立法权，并受立法机关的权力限制。政府治理的软法规则的灵活性与模糊性，及其泛化不利于法治社会的构建，容易导致权力的异化和膨胀。因此，有必要完善政府治理的软法规范。除了严格依法制定各类政府治理的软法规范外，应建立相应的民主监督机制和问责机制。经济法之政府治理的软法制度设计中，必要的程序正义和法律伦理应该遵守，以确保政府治理软法既能回应社会经济发展的需要，也要有利于现代法治文明的建设。

三、经济法之政府治理的责任机制

（一）政府治理中的社会责任

经济法之政府治理具有公私法交融的特殊性，其法律责任也具有综合性。包括了民事责任、行政责任、刑事责任等法律责任。调整私权的部分可适用民事责任，调整公权的部分可适用行政责任，触犯刑法可适用刑事责任，但以上责任形式是基于传统的归责原则而设的法律责任制度，以存在特定的经济法律关系为前提，主要是基于对私权的保护间接维护了社会公共利益，其对公共利益的保护具有局限性，如果经济法主体怠于行使权利或职责，社会公共利益将得不到很好的维护。因此，应该对社会公共利益建立相应的保护机制。由于政府治理主要是以政府为主导，政府在治理过程中的权责也就举足轻重，特别是关于政府治理过程中的行政滥权的规制，应该是经济法责任制度构建中重要的环节。

政府治理要维护社会公共利益，因此应该对侵害社会公共利益的不法行为追究其相应的责任，建立专门的社会公共利益保护的社会责任机制。政府治理对社会公共利益的保护，如反垄断法维护竞争秩序、消费者权益保护法维护消费者权益、产品质量法确保产品质量和安全、价格法确保物价稳定、财税法的目的在于社会整体的公平分配等，有别于民法对私权的保护和行政法对政府行为的控权或限权。相应的法律责任制度应该体现对社会公共利益的维护，从制度上通过立法、执法和司法构建对社会公共利益的法律保护机制和责任机制，并建立公众监督参与机制，通过公权力的介入或公众参与确保社会责任的实施。比如完善经济法立法，加强政府的监管执法能力，建立社会责任的司法诉讼制度，建立社会监督机制。

对社会公共利益的维护，是每个社会成员、社会组织、国家机关共同的责任，除了经济法主体之外，社会组织或者个人都可以通过公益诉讼途径来维护社会公共利益。公益诉讼是社会责任的诉讼模式，我国2012年修订的《民事诉讼法》第55条第1款规定："对污染环境、侵害众多消费者合法权益等损害社会公共利益的行为，法律规定的机关和有关组织可以向人民法院提起诉讼。"虽然《民事诉讼法》对公益诉讼的保护范围仅限于环境保护和消费者利益两类社会公共利益，而且诉讼主体仅限于法定的社会组织，但公益诉讼制度的确立，在一定程度上为社会责任之公益诉讼的实现提供了制度上的保障，也为今后社会责任之公益诉讼的完善奠定了基础。特别对扩大社会公共利益之公益诉讼的受案范围以及对扩大诉讼主体资格的认定，对构建和完善社会责任制度具有重要的意义。

（二）政府治理中的政府责任

政府治理中的政府责任主要源于行政权力的滥用，包括权力的错位、越位、缺位以及寻租等各种违法行政的情形。政府治理过程中，为了应对社会经济发展的需要对政府进行概括授权，也为行政权力的肆意扩张埋下了隐患。

特别是行政立法权之软法的制定权的非正式性、随意性和泛滥性对法治建设带来了极大的挑战，也严重挫伤了经济法的权威。因此，行政规章不可避免地披着合法的外衣很随意很任性，这也就成为行政权力扩张和滥用的劣根。因此，应该建立行政规章等抽象行政行为审查机制和问责机制，遏制权力肆意扩张。对行政规章制定存在主观过错的相关人员，应承担行政处分为主的行政责任、政治责任和道德责任，构成违法犯罪的还应该承担相应的刑事责任。同时，应该授予人民代表大会对行政规章的监督权。对在行政审批过程中存在的违法行政行为，可依行政诉讼法和行政复议进行救济，并追究相关人员的法律责任。行政权力的滥用和扩张只有从制度上建立相应制约和问责机制，才可能真正地把权力关进制度的笼子，从根本上规范和制约行政权力的任性扩张和滥用。政府治理也才可能沿着法治和善治的轨道运行，经济法也才能举起法治权威的正义之锤。

随着改革开放的深入和社会经济的发展，既往的"全能型""封闭式""人治化"的行政管制模式，已不能适应复杂的经济社会发展。"市场参与政府""解制型政府""社会参与政治""弹性化政府"等政府治理理念，不仅有利于经济法的理论构建和实践运用，对转变政府职能，改变市场规制和监管、经济调节、社会公共管理和服务以及推动我国财政和税制改革，建立科学合理的公共财政共享机制也具有重要的现实意义。我国居民自治组织达67 900个，应充分发挥市场和社会对公共管理的参与力度。在政府治理结构中，政府仍应起主导作用，对于基本规则的制定和公共物品必须由政府来提供。[1]特别对市场和社会的自治秩序无法协调时，政府治理的强制性的权威必不可少，是建立有效的政府治理机制的重要保证。立足于"政府—社会—市场"的三维结构，形成以公共权力为核心的多元治理格局，使各种政府治理权威既有合理的分工，又能形成统一的合力，确立政府治理的政治、法律与管理方略。充分发挥市场在资源配置中的决定性作用，不断完善市场、社会参与政府治理的模式和协作机制，加强治理主体的参与、沟通、协同、合作、整合。建立信任机制和健全责任机制，合理配置治理主体的权责。强化监督机制，形成科学有效的权力制约机制，规范治理主体的行为。完善信息交流机制，完善经济法制度的建设，构建科学合理的政府治理模式。

---

〔1〕 参见许耀桐、刘祺："当代中国国家治理体系分析"，载《理论探索》2014年第1期，第12页。

经济法之回应型法的解读

美国伯克利学派学者诺内特和塞尔兹尼克把根据法律的"强制性"标准的不同把法律分为压制型法、自治型法和回应型法三种类型，这也是对传统二元法体系的突破。压制型法的标志是法律机构被动地、机会主义地适应社会政治环境的公法体系，强制性成为压制型法的主要特征。自治型法是对权利和权力盲目开放性的一种约束，其首要目标是保持法律机构的完整性和维护法律的权威。回应型法是在克服压制型法强制性之僵化和权力滥用，以及自治型法形式主义和任意性权利滥用缺陷基础上对法律实践需求的回应，是以社会公共秩序为目的导向，以行政治理为中心的新的法律机制。行政法和刑法、民法、经济法可以分别作为压制型法、自治型法和回应型法三种法律类型的典型代表。回应型法是在对压制性的"国家主义"和"法律道德主义"，以及自治型法的"规则主义"和"形式主义"扬弃的基础上，以公共性为法律目的，继承压制性法的政治性和自治型法的合法性，以反正统性和稳定性而构建的新的法律机制。回应型法的弹性、开放性、目的性、社会性、道德性、公共性、政治性、政策性和实质性等特点使其更能回应现代社会经济发展的需求。回应型法以行政治理为核心而非法院司法审判为主的政府治理模式，更注重实质正义。经济法是为了克服民法之市场缺陷和行政法的政府缺陷，以及应对法院司法中心主义的不足，回应社会经济生活需要而产生的新的法律部门。经济法之社会公共利益和社会整体利益的社会性，公平、效益和安全的公共价值目标，实用主义和实质正义的行政治理法律模式，验证了经济法就是回应型法，但作为新的法律机制，不论是回应法还是经济法，在理论构建和实践运用中都需要进一步深入探讨和研究。

第一节　伯克利学派法律类型的理论梳理

在法学的研究中，类型思维得到极其广泛的运用。最具影响力的法律类型当属于古罗马权威法学家乌尔比安提出的公法和私法的类型化，他以法律维护的利益为标准，将法律区分为涉及个人福利的私法和有关国家稳定的公法；马克思根据社会制度的"四大历史类型说"，将法律分为奴隶制法、封建制法、资本主义法以及社会主义法；韦伯从法律理性思维的角度把法律分为形式理性和实质理性；涂尔干从社会团结的角度把法律分为压制型法和恢复型法；埃利希从实用法学的角度把法律分为国家制定的"国家法"和社会秩序自我调节的"活法"。[1] 不同的学者，基于不同的立场、背景和分类标准对法律进行不同类型的思维模式，对法学研究的方法论具有重要意义。法律类型化为法学研究提供了一个分析法律现象以及解决现实中法律问题的途径，类型化理论有利于指导法律实践，完善法学理论体系，构建新的法律机制和法律体系。

一、伯克利学派法律类型化的背景

伯克利学派是在 20 世纪 60 年代美国的"法与社会运动"中兴起的法律社会学流派，以加州大学伯克利分校的菲利普·塞尔兹尼克（Philip Selznick）与弟子菲利浦·诺内特（Philippe Nonet）为代表，由加州大学伯克利分校"法与社会研究中心"的学者组成。诺内特在塞尔兹尼克的指导下研究法的政策论，后来长期主持"法理学和社会政策研究项目"。塞尔兹尼克、诺内特以及伯克利"法与社会研究中心"的一群学者，一直在不断地探求"法是怎样适应社会需求和解决现实问题"的理论。他们的学术宗旨存在着强烈的改革动机和应用倾向，强调针对社会现实问题提出对策，使法学研究与政策性研究联系在一起。诺内特把这种共通的学术方向谨慎地称为"伯克利观察法"（Berkeley Perspec—Rire），广义上被以"伯克利学派"视之。伯克利学派思潮的社会背景是基于 1960 年以来，美国社会发生了剧变，越南战争的扩大和挫

---

〔1〕　参见周立民："类型思维在法社会学研究中的应用——特点与启示"，载《湖北经济学院学报（人文社会科学版）》2013 年第 1 期。第 98~100 页。

折导致了社会的信仰危机、贫富分化、环境污染、城市荒废、犯罪激增、民权运动风起云涌等大量的社会问题导致了国家正统性的削弱，于是产生了用"软性法治"取代"硬性法治"的要求。诺内特和塞尔兹尼克所提倡的回应型法的模型，也正是对那一时代呼声的回应。[1]塞尔兹尼克与诺内特在《转变中的法律与社会》一书中以根据法律"强制性"在不同类型法律的异同，结合各类法律的属性，及其与社会、政治、道德、政策的关系提出了法律三类型说：即压制型法、自治型法和回应型法。伯克利学派的法律类型化重点在于构建新的回应型法的法律机制和理论体系，突破了传统公私法二元法体系，建立新的三元法体系，回应了社会经济发展的理论需求。

20 世纪 60 年代以后的美国法律社会学研究被称为"法与社会运动"，成为当时美国最具影响力的法学思潮，包括以塞尔兹尼克为代表的提倡用自然法倾向的法学方法来研究法社会学的"法律自然主义社会学"，以及以唐纳德·布莱克为代表的以实证主义分析联邦最高法院判例的社会效果为内容的法律程序研究的"纯粹法律社会学"；还有运用历史分析法研究美国法律文化传统的"威斯康星学派"等。[2]在《法社会学的边界》一文中，布莱克详细阐述了自己的主张："纯粹的法律社会学进路应当不包括法律政策的评价，而是把法律生活作为行为体系来进行科学的分析。对这项事业做出最终贡献的将是法律的一般理论，即一种能预测并解释每一种法律行为的理论。然而这样的一般理论可能不会达成，但致力于达成它应当是法律社会学的任务。与之相比，法律决策的中心问题是价值问题。这样一种价值考虑与法律社会学是不相关的，就像他们与经验世界任何其他的科学理论不相关一样。"[3]布莱克认为，传统的社会法学有三个严重的缺点，即混淆科学与政策、现实与理想、科学与价值的关系。他批判混淆科学与政策的缺点时指出，社会法学家惯用迷人的科学语言进行分析，或者悄悄地超越科学范围，而去研究法律评价问题，或者公开地进行政治上的评价，把科学问题和政策问题混为一谈，结果妨碍了社会法学的发展。关于混淆现实与理想的缺点，布莱克指出社会法学家们常常围绕"法律效用"大做文章，把法律现实同某种法律理想相对照，

---

〔1〕　参见季卫东：《法治秩序的建构》，中国政法大学出版社 1999 年版，第 296 页。

〔2〕　参见张乃根：《当代西方法哲学主要流派》，复旦大学出版社 1993 年版，第 7 页。

〔3〕　See Donald J. Black, "The Boundaries of Legal Sociology", *The Yale Law Journal*, 81, (1972), p. 1087.

把现实同目的非常明确的法律规范或明确地宣布了具体政策的判例比较。这种研究可能超越了法律的范围，可能无意间把个人的理想作为社会理想注入这些概念中，科学消失了，信仰出现了，但其价值令人怀疑。关于混淆科学与价值的缺点，布莱克指出，法律属于经验世界，在经验世界不可能找到价值判断，因为科学之外的标准因人而异，法律的评价问题最好留给道德哲学家们。在批判了传统社会法学的三个缺点之后，布莱克直接论述了他的"纯粹法律社会学"，试图整理和分析存在于各地的法律，找出古往今来各种法律制度的共同点和差异，建立一般法律理论，以获得可以适用于一切法律的理论结构。[1]布莱克认为伯克利学派将科学问题与政策问题混为一谈，妨碍了法律社会学的发展，充其量是一种应用性的法律社会学，认为真正科学的研究必须恪守三条基本原理：第一，科学只分析现象而不探究本质；第二，科学的观念应该是具体的、可以与经验相参照的；第三，价值判断不能求诸经验世界。据此推而论之，规范性的研究本来就是非科学的；正义、自然法、天赋人权无法通过经验证实，因而不应该成为科学研究的对象；科学既没有而且也不可能认识和评价法律效果。主张法律社会学的研究应当摒弃价值判断因素，运用彻底的实证主义，建立"纯粹的法社会学"。[2]很明显，布莱克的"纯粹法律社会学"不过是凯尔森的"纯粹法学"的翻版，是以不可知论、价值相对主义和极端的实证主义作为理论和方法论基础的。[3]

塞尔兹尼克认为："法律本质上与各种价值的实现密切相关。""秩序、控制也是一种价值"，"法律（或类似的现象）的规范性概念将注意力从必要性转向实现"。但法律只是名义上的价值，它们本身不能维护个人或集团的尊严，也不能现成地作为忠诚与许诺的媒介。可以视法律为一种秩序和一种社会控制，这样就会要求更多的法律制度，产生更为丰富的价值意义。法律意味着一种特殊的秩序，这一观念会激发对"法治"（The Rule of Law）的尊重。在英语中，一项法律规则（A Rule of Law）就是一个特定的规范或决定的指导。法律规则是表述性的，不含有价值因素，而法治却具有更多的内涵，是一个具有价值因素的观念。法治要求逐步减少实在法及其实施中的专横，所

---

〔1〕 参见张文显：《二十世纪西方法哲学思潮研究》，法律出版社 1996 年版，第 143~144 页。

〔2〕 参见季卫东：《法治秩序的建构》，中国政法大学出版社 1999 年版，第 353 页。

〔3〕 参见张文显：《二十世纪西方法哲学思潮研究》，法律出版社 1996 年版，第 144 页。

谓实在法是由各种构成机制（如立法机关、法院、行政机关或公民投票）确定的各种公共义务。专横是一个模糊概念，当相关的各种利益没有得到充分协商或阐述，与官方的目标之间关系不明确时，规则的制定就是专横的；当规则反映模棱两可的政策或建立在无知、错误之上，以及规则缺乏任何内在的批评观念时，规则本身就是专横的；当自由裁量是异想天开，或受到与合法的方法或目标无关的标准支配时，这种裁量便是专横，但减少专横不等于各种规则和程序的形式解释。"形式正义"使当事人平等，使决定具有预测性，因此它的主要作用是缓冲规则中的专横性。"实质正义"要促进法律程序的自治和统一，专横的减少要求形式正义与实质正义的统一。合法性作为一个可变的成就意味着实在法在任何时候都是"凝结的非正义"。实在法中的非正义和专横因素不可能被完全消除，法治的真正意义在于尽可能地减少这种非正义和专横因素。法律价值的研究提供了评估现存规则体系和实践中具有的各种缺点。法律的规范性理论是要将法律这一社会现象中固有的各种潜势价值具体化，这些价值可以成为批评性价值判断的渊源。在民主政治的环境中实行法治，公民应该在理性的指导下参与政治，对法律规则的制定和适用起到一种监督的作用。[1]从此，以伯克利学派为代表的自然法研究进路和以布莱克为代表的实证主义进路成为美国法社会学研究的两条基本路径。但伯克利学派的理论导向之自然法哲学并非古典自然法，并非永恒不变的，而是经过现实主义过滤后的自然法，是可变的、可筛选的、具体问题具体分析的法律自然主义。[2]

二、伯克利学派法律类型的理论基础：法律自然主义

塞尔兹尼克在其 1959 年所著的《法社会学》一书中指出："法社会学可以被视为探索社会生活的自然要素，并将有关知识与受到特定目标和理想调节的持久性事业结合起来的理论。"塞尔兹尼克强调法律本身是一种社会现象和社会控制的手段，旗帜鲜明地主张将自然法观引进法社会学，与以庞德为

---

〔1〕 参见［美］塞尔兹尼克："法律、社会与工业上的正义"，载［美］菲利浦·谢切曼：《法理学与法哲学读物》，利特尔·布朗出版公司 1979 年版，第 932、935 页，转引自张乃根：《当代西方法哲学主要流派》，复旦大学出版社 1993 年版，第 137~140 页。

〔2〕 参见李娜："塞尔兹尼克的法律自然主义及其对中国法学的启示"，吉林大学 2008 年硕士学位论文。

代表的社会法学坚决反对理性主义的自然法哲学迥然不同。塞尔兹尼克在其1961年所发表的"社会学与自然法"一文中指出：当代社会学研究中存在两大思想障碍：第一，事实与价值的分离，第二，道德相对主义。[1]这些障碍产生的根源在于人们过分强调实证主义的分析，忽视了道德哲学在社会学研究中的重要性。在规范性体系中，具体规范是为了实现理想服务的。因此，规范性体系的研究是在事实与价值之间的鸿沟中架设桥梁的方法之一。塞尔兹尼克指出，实在法是解决法律问题的产物，是指一定权威机关已经作出的决定，而不是如霍姆斯法官所说的，是法院将要作出的决定。一定的法律秩序总要产生一定的实在法以作为调整人们行动和处理争端的准则。服从实在法并不意味着放弃理性。相反，这是人们对整个制度进行理性评价的自然结果。服从实在法并不排除对它的批评和检验，但这一切都必须在法律秩序更广泛的框架内进行，并需要一定的理想与目标。当然，不可避免地，实在法包含着专横的因素，但如果法理学的中心任务是逐步减轻实在法中的专横程度，那么从长远来看，非运用自然法哲学不可。塞尔兹尼克认为自然法的探究假定有一整套理想或价值，这就是社会中人的福利，法律旨在促进这种福利。自然法探究的更具体目标是研究作为规范体系的法律秩序的结构，发现规范体系如何能更接近其内在理想。然而要发现有关人和社会的一般真理十分困难，因此需要强调自然法的"可变性"，即自然法是变化的法律规范。总之，塞尔兹尼克认为法律社会学在研究法律时不能局限于规范分析，而应该运用自然法哲学的思维方法，确立一定的价值观，以此作为创设、评判、修改或废止一定的实在法规范的基础。[2]

塞尔兹尼克的"法律自然主义"是针对布莱克"纯粹法律社会学"的相关理论主张及其不足而提出的。实际上，伯克利学派的理论也正是在与布莱克教授"纯粹法社会学"的论战之中形成的。塞尔兹尼克在其1969年所发表的"法律、社会与产业正义"一文中对布莱克进行了驳斥和批判，认为布莱

---

〔1〕 参见〔美〕塞尔兹尼克："社会学与自然法"，载〔美〕菲利浦·谢切曼：《法理学与法哲学读物》，利特尔·布朗出版公司1979年版，第64页，转引自张乃根：《当代西方方法哲学主要流派》，复旦大学出版社1993年版，第130页。

〔2〕 参见〔美〕塞尔兹尼克："社会学与自然法"，载〔美〕菲利浦·谢切曼：《法理学与法哲学读物》，利特尔·布朗出版公司1979年版，第647~648、651页，转引自张乃根：《当代西方方法哲学主要流派》，复旦大学出版社1993年版，第130~135页。

克的纯粹法律社会学方法的主要缺陷在于缺少应变能力。并指出作为"事实"的法律，常常被看作是一种权力和控制的工具，即是对现状进行压制的工具，法律作为权利的捍卫者就像压制者一样真实，应将自然法哲学引入法社会学的研究中，注重价值判断在研究中的核心作用。塞尔兹尼克还指出，自然法的理想只有在历史发展过程中实现，规范体系就是活的事实，新情况的出现并不一定会改变原则，但必然会要求炮制新的法律规则。在受指导性理想支配的规范体系中，许多具体的规范是可替换的，替换的标准是它们是否有助于理想的实现。许多规范将随着环境的改变而改变，而支配性理想却始终是规范体系的内在精神，对适当规范的选择具有决定性影响。[1]针对布莱克的纯粹法律社会学主张，诺内特于 1976 年发表了题为"为了法理社会学"一文，强调法律社会学必须是法理社会学（Jurisprudential Sociology）。并明确提出伯克利学派的法律社会学的基本纲领包括：第一，法律社会学必须是精于法理学的；第二，法律社会学必须对政策有弥补价值；第三，法律社会学必须认真对待法律理念；第四，法律社会学必须统合法理学分析和政策分析。它既要重视法律规范和法律制度的发生根源，又要重视法律制度追求的目标。它不仅应当把法律看作以文化为条件的规则体系，而且应当把法律看作发展道德和满足道德要求的工具。[2]可以说，对规范体系的研究是在事实与价值之间的鸿沟中架设桥梁的一种方法。大多数法律的定义都与规范性体系和指导性思想有关，法律这一社会现象的存在不可能离开各种价值的实现。这里所说的价值就是"合法"，或者说"法治""法律秩序"，而在回答什么是法律时就必须考虑合法的因素，这是将自然法哲学运用于法律社会学研究的基本出发点。[3]

伯克利学派在法律面临"形式理性化危机"时，将自然法哲学引入法律社会学的研究中，试图通过研究和改造法制，来探讨社会的组织原理和结构，进而从法律制度之外找到能够改造法制的方法来回应社会的需求。其注重价值在法律推理过程中的指引作用，主张在正当程序的基础上，在价值、目的引导下，使法律判断和道德判断相结合，通过沟通协商，鼓励公民的法律参

〔1〕　参见张乃根：《当代西方法哲学主要流派》，复旦大学出版社 1993 年版，第 135 页。

〔2〕　See *Nonet For Jui'isprudential Sociology*, Law & Society Renew，转引自张文显：《二十世纪西方法哲学思潮研究》，法律出版社 1996 年版，第 145 页。

〔3〕　参见张文显：《二十世纪西方法哲学思潮研究》，法律出版社 1996 年版，第 122 页。

与，提升法律机构能力，在正当的程序之上建构一个能够维护实质正义、及时回应社会需求、与时俱进的法律模式，即回应型法律模式。[1]法律自然主义为伯克利学派的法律类型化，特别是回应型法的构建提供了理论基础和基本要素。

三、伯克利学派法律类型的理论构建

伯克利学派的法律自然主义思想贯穿于其法律类型化的理论构建中，主要体现在塞尔兹尼克与诺内特1978年合著的《转变中的法律与社会》一书的关于回应型法的理论体系中。塞尔兹尼克与诺内特通过比较分析压制型法、自治型法和回应型法的法律特征和相互关系，构建了其法律类型的理论体系。塞尔兹尼克和诺内特认为，法律理论既不是没有社会后果的，也不是不受社会影响的。法律的基础、法律的结构、法律的理解、法律的地位、法律的效果等，都深刻地影响着政治共同体的形态和各种社会愿望的诉求。这些蕴含在法理学研究中，并鼓励对法律理论与社会政策的交互作用重作评价。政策需要的不是那些详细的规定，而是那些如何界定公众目的和实际选择的基本观点。法理学只有自觉地考虑社会政策对行动和制度设计所蕴含的意义，才能把握哲学分析，使其有助于保证那些基本的政策问题获得细致研究，并不被湮没在那些未获细究的假定和观点中。法律、政治和社会是密不可分的，为了使法理学更具活力和贴切，必须用社会科学的观点重新安排各种法理学问题，重新整合法律的、政治的和社会的理论。随着各种法律部门、法律学说和法律技巧变得稳定和自觉，构成了一种特别的类型化的制度领域。

法律秩序具有多维性特点，只有把法律秩序的多种维度进行类型化才能对法律进行彻底的研究。不应该仅空谈法律与国家、规则、强制、政治、道德之间的联系，而应该思考这些联系发生的法律实践的条件和程序，以及它们产生的社会影响或效果，即法理学的各种重大理论问题应该如何服从法律实践的不同类型的现实需要。因此，需要尝试一种新的学术冲动把法学理论及其研究方法扩展到对法律实践机制的类型化分析上，去探究可以为法律实施提供有益的成果。当民权民生、犯罪、贫困、生态破坏、消费问题、产品

---

[1] 参见孟甜甜："伯克利学派回应型法理论研究"，载《社会中的法理》2015年第1期，第195~198页。

问题、劳工纠纷、民众抗议、城市骚乱以及权力滥用等社会问题汇集在一起，"法律与社会"成了头等重要的论题。法律理论既不是没有社会后果的，也不是不受社会影响的。法律的基础、法律的结构、法律的效果、法律的理解、法律的地位等，都深刻地影响着政治共同体的形态和各种社会愿望的诉求，并最终通过法律实践得以实现。为了使法理学更具活力和更加贴切，只有对正义意识、法律认识、权威的正统化、法律发展、法律作用、法律权能、规则的制定和运用等多种法律要素进行经验研究和类型化理论分析，才能认识法律的本质。[1]法理学与法律实践的互动，自然法哲学和实用主义奠定了伯克利法律类型化理论基础及其范式。

　　从实用主义的视角来看，社会在不断地变动和发展，反映并用以调整社会关系的法制也必然要相应地改变自身。而国家对经济的干预导致了法制在规模和功能上的扩张，这是诺内特和塞尔兹尼克在《转变中的法律与社会》的一书中阐述的主题。从富勒和哈特的理论中引申出来的结论是：强制不是法的内在的组成部分，而只是法的外在支持条件之一，因而不应该把强制作为识别法律现象的基本标准。[2]但伯克利学派的三种法律类型是对法律与社会"强制性"关系的解读，强制固然为三种类型的法所共有，但强制在三种法律类型中的意义不同，各有不同的表现：在压制型法中强制处于支配地位，是压制性法的重要特征，但在自治型法中强制受到权利的限制，在回应型法中强制是潜在且可选择的，但非必要手段。[3]诚然，强制力也是十分重要的，它常常是法律不可缺少的渊源。但是，强制力并没有创制法律，尽管它确实可能建立起一种秩序。塞尔兹尼克强调，在强制力的权威性使用过程中（不论是由公共或私人机构行使），法律的要素不是强制力本身，而是权威的行使。将权威作为法律观的中心，既可说明最低限度的法律定义，又可以阐明复杂的法律定义。权威性决定的规则可以采用多种形式，要求多种渊源，可能是"不发展的"。在权威的理论中理解法律，就不会坚持只有"纯粹的"或发展的法律秩序才可列为法律制度。同样，塞尔兹尼克着力于法的"应然"

---

〔1〕　参见［美］诺内特、塞尔兹尼克：《转变中的法律与社会》，张志铭译，中国政法大学出版社1994年版，第1、2、3、10、11、35、38、60、77、87页。

〔2〕　参见季卫东：《法治秩序的建构》，中国政法大学出版社1999年版，第295页。

〔3〕　参见［美］诺内特、塞尔兹尼克：《转变中的法律与社会》，张志铭译，中国政法大学出版社1994年版，第16页。

而不是"实然",力图从方法论上将价值追求和经验实证结合起来。这种思路在他的代表作《法律、社会及工业上的正义》（尤其是关于法与道德进化的第一章）中表述得很明确。塞尔兹尼克认为"法律制度是权威性规则的存在"，法律观念的中心并不是通常理解的"公共政府和靠以威胁为后盾的命令"，而是"规则力和权威力"。"法律的特殊工作是确定具有官方效力和执行力的要求和义务。"规则是一种特殊的规范，它是有效的、正式的、明确的，经过深思熟虑后制定的，在一定意义上是官方的。塞尔兹尼克指出，法律是所有制度（为了社会控制，它们依赖于形式上的权威和规则制度）特有的要素，这样就可以避免过于狭窄的公共政府的法律观和过于宽泛的社会控制的法律观。塞尔兹尼克认为，国家与法律是有区别的。国家是组织化的政治社会，与强制力有内在联系，对维持公共秩序负有主要责任。国家为维持公共秩序而使用强制力是否合法则是一个争论不休的问题。他同意富勒的法律观——法律是调整人们行为以符合规则要求的事业。[1]

在伯克利学派的各种理论中，有关回应型法的理论都成为其法律类型化的基础。比如对回应型法的法律性、社会性、弹性、开放性、目的性、公共性、政治性、政策性和道德性的论述，伯克利学派认为法律与国家的关系，法律与政治的相互作用，法律与道德的区别，法律判决中规则、原则、目的和知识的地位，程序正义与实体正义之间的张力等，都体现了法律的可变性。法律强制的范围，因法律受政策、目标制约的程度，以及社会知识对法律的影响，而受制于需要实验研究的各种变量。与此同时，这些法律社会学上的可变因素是以法律追求的目的，以及法律为实现这些目的而能够调动的资源为条件。法律制度现行可用的各种制裁和补救措施，表征各种法律程序之权威性的原则和结构，以及法律接受和解释政治和道德价值的途径，法律机构能够配置的行政资源，法律推理中目的的权威性，既是构建回应型法的理论基础，也是评判不同类型的法律秩序或法律制度的标准。关于这些问题所获得的知识，均应有助于形成各类法律制度设计的原则，以及进行制度构建，并为诊断制度性缺陷提供指南。[2]

---

〔1〕 参见［美］塞尔兹尼克："法律、社会与工业上的正义"，载［美］菲利浦·谢切曼：《法理学与法哲学读物》，利特尔·布朗出版公司1979年版，第932、935页，转引自张乃根：《当代西方法哲学主要流派》，复旦大学出版社1993年版，第135~136页。

〔2〕 参见张文显：《二十世纪西方方法哲学思潮研究》，法律出版社1996年版，第146页。

伯克利学派的法律三类型就是在比较了目的性、合法性、规则、推理、裁量、强制、道德、政治、服从、期待、参与等基本变数与法的不同对应关系的基础上建立的理论模型或法学方法。[1]压制型法是政治统治的工具，以政法合体为特征，不加限制地使用强制力；自治型法是现代法治的典型，表现为政法分离、正当程序、司法独立等特征；回应型法则是基于自治型法适用过程中的弊端，在程序正义的基础上更加追求实质正义。回应型法不拘泥于形式主义，强调通过目的的支配地位和普遍化来实现法律和政策中的价值。回应型法的工具主义在于追求某种价值或目的，扬弃形式主义的程序正义，将实质正义运用于实践中，使法律、政治和社会重新整合，建立一种强调目的和结果，以及规则与原理之间相互作用的新的法律模式和法律秩序。[2]伯克利学派通过对不同类型法律与社会、经济、政治和道德等相应关系的梳理，以法律的强制性为逻辑起点，以回应型法的理论构建为基础，根据不同法律类型的法律性、社会性、开放性、正统性、政治性、程序性、公共性、道德性、政策性等基本要素的比较分析，构建了其法律类型的理论体系。

第二节　伯克利学派法律类型的解读

一、压制型法的解读

（一）压制型法的内涵

伯克利学派认为，压制型法的概念是基于法律秩序的"凝固的非正义"（Congealed Injustice）的假定，即仅有法律并不能确保公平，更谈不上实质正义。压制是对法律组织和社会组织制度进化的一种较明智的、或许也是必要的过程中某些状态的"自然的"反映。为了维持法律秩序，它给权力披上了权威的外衣。虽然法律秩序可能使用强制或依靠某种权力去强制，但是仅此并非该体系就是压制性的。如果国民可以获得主张和保护其利益的机会，那么强制就受到限制。但法律秩序都有一种压制的可能性，某种程度上使权力披上权威的外衣更加有效，总是表现为非维持现状不可。任何法律形式都具

---

〔1〕　参见季卫东：《法治秩序的建构》，中国政法大学出版社1999年版，第298页。

〔2〕　参见侯瑞雪："整合进路中的发展策略：伯克利学派的理论纲领——兼评《转变中的法律与社会：迈向回应型法》"，载《河北法学》2006年第10期，第9~10页。

有强制性，因此压制的关键不在于强制和是否同意。压制性在于统治政权不顾被统治者的利益或者不承认其合法性。问题的根本在于当权者在多大程度上考虑被统治者的利益并接受这些利益的约束，而且通过法律认同和以各种强制途径来体现。每种政治秩序在某些方面和某种程度都是压制性的，哪些群体易受压制，取决于权力的分配和意识的模式。此外，压制的可能性随着人们期望的增多和对新的利益的主张而加大。因为，当政府的命令可以无视那些被强烈感受到的权利要求时，就产生了更多的压制诱因。[1]因此，政治秩序形成和维持的过程总是伴随着压制，并出现在各种政治目标和政策的实施过程中。

（二）压制型法的特征

压制型法表现为以下特征：①维护国家的利益。法律被认为是法律机构为了国家的利益，并以国家利益之名为由实施政治权力的手段。对于压制型法，准确的规则和确定的义务一同运行，具有规定性精神和抑制性效果的、内容详尽的规则的骤增，标志着一种压制性政权的运作。②维护法律权威下的压制政权。法律官员的职责首先要维护法律权威，对现行体制都进行官方观点的善意解释，并强调行政便利性的重要意义。然而，对于压制性政权，规则制定者自身并不受到他们所颁布的规则约束，他们的特权就是随意改变规则并有选择地实施规则。③设立专门机构监督政治权力。压制型法主要由专门的国家机构执行，并与政治和行政便利性的诸项要求相协调。诸如警察之类的专门机构能够防止政治权威成为独立权力中心，并能排除某些起重要作用的社会环境因素的影响。④具有公法属性。"二元法"体制通过公法模式强制社会服从，把阶级正义通过制度正当地合法化。虽然这些规则中有许多以极其详尽的方式规定了预期的行为，政府的首要职责在于维护公共秩序，主要使那些受影响的利益服从于行政便利和行政需要，它的任务是控制，特性是强制性和严厉的惩罚性。⑤法律道德主义盛行。法律道德主义可理解为一种努力使价值制度化，并在指导人的行为中富有成效的自然状态。道德和审美的愿望被转化为以支持那些确定的社会安排和社会惯例的详尽规定。因此，某种固定的文化理想与社会秩序被统一，道德"被法律化"。在法律道德

---

〔1〕 参见［美］诺内特、塞尔兹尼克：《转变中的法律与社会》，张志铭译，中国政法大学出版社1994年版，第31~36页。

主义中，刑法典反映了统治阶段的道德态度，道德秩序脱离伦理范畴成了一种目的，从而使道德的文化理想批判功能遭到削弱，甚至被彻底抛弃。法律道德主义倾向于惩罚性法律，即倾向于把惩罚注入诉讼程序。惩罚性法律对违法的认定不是不履行某种特定义务，而是指不服从的行为本身。因此极少考虑违法的具体场合或者是各种替代性处罚的实际价值。法律道德主义的重大代价就是降低了变化的社会情势扩大和规定之间存在差距时重新解释文化愿望的能力。[1]

随着政府职能扩大，任务和完成任务的手段之间的差距也越来越大，政府可能会设法规避和抵制公众福利或正义的各种紧迫问题，压制就成为政府涉足太多以及不能满足公共需求的结果。通过政策，国家就控制了各种期待或需求的产生。国家对有些公共责任是强制的，但有一些公共责任则产生于极自信的政府冲动，如为了盲目追求政绩的压制。[2]压制型法具有威慑力和受制于长官意志的倾向，压制的一个共同根源是统治精英可以利用的资源的匮乏。在社会分工程度不高、组织和制度资源不足、自由选择的余地不大的场合，压制的出现和扩张就很难为主观愿望所左右。压制型法的各种特征中，最重要的有两点，政法合体和放纵裁量。这种属性不可避免地导致阶级性正义和对特权者的保护，但同时也使法制具有明显的缺陷：不安定，正当化程度很低。为了弥补压制型法的缺陷，必须从人治走向法治。[3]

在现代法律体系中，公法性质的行政法和刑法可视为压制型的典型代表。但诺内特与塞尔兹尼克认为，"对行政法的认识，把它理解为自治型法（原译文为自活型法，应该是笔误）的一个继承者比理解为回应型法的一个预示者要好。因为行政法是关于受行政决定影响的当事人的程序权利的法，是对行政行为的司法审查的法，以及关于那些使行政政策无效和约束行政权力的根据的法"。行政法包括行政实体法和行政程序法，以及行政诉讼法。诺内特与塞尔兹尼克所言的"行政法"应该是行政诉讼法而非"行政实体法"和"行政程序法"，因此他们认为"行政法"属于自治型法更合适。在法律实践中，

---

〔1〕　参见［美］诺内特、塞尔兹尼克:《转变中的法律与社会》，张志铭译，中国政法大学出版社 1994 年版，第 35、54、55、77 页。

〔2〕　参见［美］诺内特、塞尔兹尼克:《转变中的法律与社会》，张志铭译，中国政法大学出版社 1994 年版，第 31~35、40、41、52、125 页。

〔3〕　参见季卫东:《法治秩序的建构》，中国政法大学出版社 1999 年版，第 298 页。

行政实体法和行政程序法应该属于压制型法，在此简称行政法。政府为实现特定的行政和政治目标或维护社会公共秩序，压制是必须的。由于法律的主权性和阶级性，不是所有的压制型法都具有同一性，但其法律道德主义、公法性、公共性、专属性的特征是相同的。

二、自治型法的解读

（一）自治型法的内涵

诺内特和塞尔兹尼克认为，法律秩序借以确认社会服从的动力，恰恰是朝着能够摆脱和控制国家权力，并脱离压制型法的法律制度演进的一个主要根源。这些动力为能够使政府负责任的"法治"奠定了基础，即二元法体系把自治型法的某种转变机制置入了压制型法的结构，[1]自治型法的法律秩序成了控制压制的"法治"。在此意义上，"法治"诞生于法律机构取得对政府权力进行规范约束的独立权威。[2]自治型法和官僚政治的法治模型的共性，即权威集中于以规则为中心的体系中，而法律秩序被看作是单一的等级体系。法理学所探求的是在法律体系中建立清晰的控制链条，以及准确地规定终极权威的理论。自治型法的本质在于法律实证主义所强调的法律规范的"血统"，以及法律对政治统治者的根本服从。自治型法以权利为中心，保护财产权，具有私法属性，并确认契约行为、财产遗赠、合伙经营等行为的自主性，并由独立的法院加以实施，相对来说不受政治的干扰，国家被限于某种被动的角色。

（二）自治型法的特征

自治型法的主要属性可以概括如下：①政治与法律相分离。司法权和立法权之间有明确的界限，且司法权具有独立性。"法律与政治"的分离是自治型法确保法律秩序以及其正统性的途径，也是其正统化的总策略。自治型法专注于法律的纯洁性，并固守法律规则，与政治秩序保持距离，不对政治实施的后果承担责任。对于法律机构来说，"法律与政治"的分离是自我保护的要求，也是自我约束的原则和忠于现行政治秩序的保证，而做到这一点几乎

---

〔1〕 参见〔美〕诺内特、塞尔兹尼克：《转变中的法律与社会》，张志铭译，中国政法大学出版社1994年版，第52页。

〔2〕 See Rheinstein xweeber, *on Law in Economy and Society*, Cambridge, Mass., Harvard University Press, 1954, pp. 224~321.

完全取决某种谨慎的自我限制以及致力于秩序、控制和服从。自治型法使自己脱离政治论战和冲突，采取一些人们习以为常的行为方式：比如以宗教、科学、艺术和学术来捍卫制度的完整。②法律秩序采纳"规则主义"或"法条主义"。"合法性"是自治型法的前提，被理解为对规则严格遵守，并以规则为核心来衡量官员的责任范围，既限制法律机构的创造性，同时也减少其侵入政治领域的危险。"规则主义"也是自治型法的不足之所在，因为对规则的关注限制了与法律相关事实的范围，使法律思维脱离了社会现实，结果使"规则主义"倾向于维护法律权威而不是解决实际问题，规则的适用不再是注重目的、需要和结果，致使法律机构回避政策问题，戴上中立的面具，狭窄地解释自己的权力并避免首创精神。③程序是法律的中心。自治型法的法律秩序的首要目的和主要功能的公平性和规则性源于法律程序的正当性，即形式的正义而非实质正义。"程序是法律的中心"的观念在自治型法的价值中占有主要地位，程序成为公正使用规则的主要保障，压制性的权威被程序所约束。在评估各种有利或不利于国家的要求和解决公民之间的纠纷时，法律体系中最显著以及最重要的机制就是程序公平。如果法律是由规则支配而不是由不受限制的模糊的原则的自由裁量权支配，那么法律程序的完整性就容易获得维持。④忠于法律。严格服从实在法规则，对现行法律的批判必须通过政治程序渠道，对服从的要求体现在"规则主义"的特性中，法律机构的自由裁量权被缩小，这也是执法者为了维护其主要社会功能的正统性和权威性而采取的自我保护、限制和保守的一种姿态。自治型法的主要作用就是约束统治者的权威和限制公民的义务，对压制的控制始于对规则统治观念的信奉，对服从的要求是在自治型法以规则为中心的特性中实现。[1]

　　自治型法是为了克服压制型法的缺陷应运而生，其最大特点是：通过设置一套专业化的相对自治的法律制度，把决定权限制在一定职能范围之内，公正而合理的程序是法的核心。整个社会的秩序以普遍性的规则为准绳，政治和法律、立法和司法之间泾渭分明，在审判独立的原则下法官占据着重要的位置。程序正义获得了限制权力的权威，强调权利本位，相应地在行为层次上强化了辩护的重要性，从而也意味着法律是可以讨论的、权威是可以批

---

　　〔1〕　参见〔美〕诺内特、塞尔兹尼克：《转变中的法律与社会》，张志铭译，中国政法大学出版社1994年版，第60、66、70、71、78、82页。

评的。这里也包含了一项悖论：个人必须严格遵守法律，同时个人又被容许参与变革法律。自治型法让纯粹程序正义的春蚕以辩护和裁定为支点编织了茧房，但破茧而出的竟是超越程序正义的彩蛾，这种制度蜕变的结局就是回应型法的诞生。[1]以权利保护为己任的民商法属于自治型法，通过规则的设计和遵守来防止公权力对私权力的压制，以规则内的自由权利对抗公权力的压制，并通过规则和原则实现自律。但自治型法与政治的分离，其程序正义的形式主义、法条主义和狭隘的权利观不利于社会公共秩序的参与及维护，以至于在现代经济的社会化中难以适应时代发展的要求。

三、回应型法的解读

（一）回应型法的内涵

权利本位的自治型法容易导致权利的滥用，当这种滥权行为侵害社会公共利益时，国家为了维护社会公共利益回应社会需要，就会通过立法限制民事权利防止其权利滥用损害社会公共秩序，并授权行政职能部门行政监管权，新的法律机制——回应型法就诞生了。当代社会瞬息万变，调整并反映社会关系的法治也必然要相应地变化。面对社会经济的变化与发展，需要国家与时俱进地作出回应，因而导致法制在规模和功能上、形式上的扩张，对法律的稳定性和权威性带来了冲击。守法与变法的两难境遇需要建立新的法律机制，以探讨法的道德性，以及减少规范制定和适用过程中的恣意的合理性条件。[2]诺内特和塞尔兹尼克认为，回应型法的目的在于授权和促进，限制性的负责任则是一项次要功能。[3]回应型法不拘泥于形式主义，强调通过目的的支配地位和普遍化来实现法律和政策中的价值。回应型法的工具主义在于追求某种价值或目的，扬弃形式主义的程序正义，将实质正义运用于实践中，使法律、政治和社会重新整合，建立一种强调目的和结果，以及规则与原理之间相互作用的新的法律模式和法律秩序。[4]回应型法以实质正义为目标，

---

〔1〕 参见季卫东：《法治秩序的建构》，中国政法大学出版社 1999 年版，第 299~300 页。

〔2〕 参见季卫东：《法治秩序的建构》，商务印书馆 2014 年版，第 379 页。

〔3〕 参见 [美] 诺内特、塞尔兹尼克：《转变中的法律与社会》，张志铭译，中国政法大学出版社 1994 年版，第 125 页。

〔4〕 参见侯瑞雪："整合进路中的发展策略：伯克利学派的理论纲领——兼评《转变中的法律与社会：迈向回应型法》"，载《河北法学》2010 年第 6 期，第 9~10 页。

关注公共目的的实现，强调政府作为法律角色的治理模式，标志着法的进化的更高级阶段，是对压制型和自治型法的综合、继承和发展。重建社会关系被当作是获得公共秩序的一种主要手段，回应型法在解决不服从和无序的过程中，更易动用政治手段，同自治型法形成鲜明对比。自治型法专注于法律的纯洁性，与政治秩序保持距离，并固守法律规则，不对政治实施的后果承担责任。[1]回应型法律体系扩大了资源，法律机构被授予了更多的自由裁量权。法律参与有了新的含义：不仅变得不那么被动和服从，而且还扩大到对法律政策的制定和解释。[2]法律机构将开放性、能动主义和认知能力作为基本特色而相互结合，成为社会调整和社会变化的更能动的工具，放弃自治型法通过与外在隔绝而获得的安全性。[3]

对回应型法的构建，是通过法律和政府的重新整合，通过公法私法化和私法公法化等方法使法律的完整性和开放性在发生冲突时相互支撑。以实质正义为目标，法的秩序可以通过更有效地开发社会秩序资源，把法律价值的范围和含义最低限度扩大为各种肯定性责任渊源。诺内特和塞尔兹尼克认为，在回应型法的模式下，法律不再拘泥于形式主义的仪式性，主张制度由目的来引导，认为目的具有足以控制适应性规则指定的客观性和权威性，且不特别关注法律的规则结构，而是强调法律所要服务的目的的支配性地位，注重对社会公共秩序的参与，追求实质正义，讲究实际结果的正当性，反对法律形式主义。回应型法是在对压制性的"国家主义"和"法律道德主义"，以及自治型法的"规则主义"和"形式主义"扬弃的基础上，以公共性为法律目的，继承压制性法的政治性和自治型法的合法性，以反正统性和反稳定性而构建的新的法律机制。回应型法的弹性、开放性、目的性、社会性、道德性、公共性、政治性、政策性和实质性等特点使其更能回应现代社会经济发展的需求。

（二）回应型法的特征

回应型法的特征可概括地论证为如下几个要点：

---

〔1〕　参见［美］诺内特、塞尔兹尼克：《转变中的法律与社会》，张志铭译，中国政法大学出版社1994年版，第104页。

〔2〕　参见［美］诺内特、塞尔兹尼克：《转变中的法律与社会》，张志铭译，中国政法大学出版社1994年版，第106页。

〔3〕　参见［美］诺内特、塞尔兹尼克：《转变中的法律与社会》，张志铭译，中国政法大学出版社1994年版，第82页。

（1）目的性和批判性。法律发展的动力加大了目的性在法律推理中的权威。回应型法的目的性在于其尖锐而旗帜鲜明的法律批判，导致法律义务具有不确定性可被质疑和协商，并且易受自由裁量判断以及各种社会政治环境压力的影响。如果法律秩序不只是机会主义而是要具有回应性，那么法律机构的目的必须取得既有肯定性又有批判性的权威，且需要在承受压力方面得到有效保护，但目的性的"工具主义"使官员和公民的行为更容易随心所欲，无视法律权威，且不严格遵守程序正义，并质疑规则，以至于法律可能失去其约束官员和要求服从的能力。

（2）社会性和公共性。回应型法的目的在于授权和促进重建社会关系，是维护社会公共秩序的主要手段。目的性缓和了对法律的服从义务，为了特定的社会利益形成更多文明的公共秩序概念。回应型法考虑各方面的法律价值，其所依靠和维护的是拥有丰富的机制，能使政府确保自己基本目的的包容性和社会性，以及用目的和原则来检验和批判具体规则。同时，目的和原则使法律义务更加成为问题，从而放松了法律对服从的要求。

（3）政策性与政治性。与自治型法形成鲜明对比的是对各种公共秩序政治参数（Pofitical Parameters）更敏感，不像自治型法与政治分离，回应型法在解决不服从或无序的过程中，也就更易动用政治手段，更容易接受一种"政治范式"（Political Paradigm）处理方式。因此，回应型法的一个独特特征是探求规则和政策内含的价值，主张特殊的规则、政策和程序逐渐被当作是工具性的和可牺牲的。

（4）灵活性和开放性。回应型法在解决问题的过程中扩大了法律体系资源，法律机构被授予了更多的自由裁量权。法律参与有了新的含义：扩大到对法律政策的制定和解释，变得不那么被动和服从。法律机构将开放性、能动主义和认知能力作为其基本特色且相互结合，成为社会调整和社会变化的更能动的工具，放弃自治型法通过与外在隔绝而获得的安全性。回应型法的开放性是回应型的必要条件而非充分条件，但可能会损害法律机构的完整性和能力。

（5）行政性和实质性。回应型法最大的问题在于，法律目的秩序和持续权威的完整性取决于设计更有能效的法律机构。回应型法以行政治理为核心而非法院司法审判为主的国家管理模式，行政治理是解决社会问题的主要手段，司法审判不再是解决纠纷的主要途径。[1]回应型法的行政治理更注重实质正义，强调社会参与和社会效应而不只是形式上对规则的服从，规则也不是唯一的衡量标准，政治、经济、政策、道德和社会等多种因素也影响着其结果。经济法是为了回应法律和经济社会发展变化而建立的新的法律机制，是为了防止民事权利滥用损害社会公共秩序，赋予专门国家机构特别的压制权或监管权。经济法以社会公共利益、社会整体利益、公平、效益与安全为法益目标，法律机构以政府职能部门为主而非法院，法律渊源主要是经济政策而非经济法典，法律调整不是法律内在逻辑推理，而是更关注政治、道德、经济、社会等外部因素对经济法实施社会效果的影响，追求社会整体效益而不仅仅关注个体的公平正义，为了实现其特定的目标，软法类经济政策往往成为其主要的法律渊源。经济法通过制度设计，目的在于授权行政职能部门在维护公共秩序时，尊重民事权利但防止其滥用，同时对于压制性进行限制，是回应型法法律类型的典型模式。

（三）回应型法与压制型法、自治型法的关系

压制型法、自治型法和回应型法可以理解为对二元法律体系的完整性和开放性的两难抉择的三种回答。压制型法的标志是法律机构被动地、机会主义地适应社会政治环境的公法体制，强制性成为压制型法的主要特征。自治型法是对权利和权力盲目开放性的一种约束，其首要目标是保持法律机构的完整性和维护法律的权威。为了这个目的，法律自我隔离，并形成作为完整性代价的一种盲目形式主义。回应型法是在克服压制型法强制性之僵化和权力滥用，以及自治型法形式主义和任意性权利滥用缺陷基础上，对法律实践需求的回应。回应型法力求缓解上述紧张关系，回应不仅是开放的，而且是负责任的、有区别的、有选择的适应能力，依靠各种方法使完整性和开放性在发生冲突时相互支撑，把社会压力理解为认识的来源和自我矫正的机会。回应型法的目的为批判开辟了变化的途径，从而设立了既定的标准。回应型法可以使目的具有足以控制适应性规则制定的权威性和客观性，从而减轻制度屈服的危险，并通过认真对待目的来控制行政自由裁量权。只有当一个机构真正具有目的性时，才会存在完整性和开放性、规则和自由裁量权的某种

---

[1]　参见［美］诺内特、塞尔兹尼克：《转变中的法律与社会》，张志铭译，中国政法大学出版社1994年版，第82、86、87、104、106、117、125、131页。

结合。反之，缺少目的是僵硬和机会主义的根源。[1]

回应型法在继承并综合压制型法与自治型法的基础上，赋予国家制度自我修正的精神，试图改变法学方法论上自然法与法实证主义二元对立的局面。因此，它既是一种社会变革的法律模式，又是一种法制变革的政策模式。强调变革过程中的民间参与，特别是原理和规则相互作用，从法律秩序之内开掘变化的源泉，使法的变革较容易进行的同时以维持法的连续性。因此，回应型法的存续与否将取决于国家公权机制和民间私权机制的交互性平衡。在一定意义上可以认为，回应型法既是普遍性的、又是特殊性的；或者说它非常近似于黑格尔所描述的辩证状态：只有理性的事物才是现实的，只有现实的事物才是理性的。作为社会变革的工具或条件的因素包括：能动主义、开放性结构以及规范的认知能力，而目的对手段的思考方式贯穿一切，希望通过民间自治和民主参与来保证法制适应社会需求的弹性。回应型法追求目的的普遍价值和实质正义，然而这些实质性公共准则不是事先确定的，而是在社会发展的动态的选择过程中确立的，反过来又必须用这些实质性公共准则来逐步缩减选择过程中的恣意性。回应型法的目的或政策的选择往往伴随着不同价值观的尖锐冲突，其合法性需要通过完备程序性条件去实现，但不可以简单地把回应型法的程序体系还原为自治型法的形式范畴，自治型法的程序与回应型法的程序应有所不同，程序正义也并不等同于形式正义。因此，如果说回应型法在以合法性为根本理想这点上与自治型法是一致的，这种一致主要体现在作为法的核心的程序正义观念的维持和加强方面。[2]

第三节　对伯克利法律类型的评析

一、学界对伯克利学派法律类型的质疑

伯克利法律类型化是建立在对回应型法的理论构建的过程中，回应型法是其理论基础和核心。因此，作为一种新的法律机制，对伯克利法律类型的质疑和诟病，主要来源于回应型法理论构建的缺陷。有学者认为：首先，回

---

〔1〕　参见［美］诺内特、塞尔兹尼克：《转变中的法律与社会》，张志铭译，中国政法大学出版社1994年版，第11、12、19、20、82、85、86页。

〔2〕　参见季卫东：《法治秩序的建构》，中国政法大学出版社1999年版，第301~303页。

应型法与法律本体论相悖。伯克利学派否认强制是法律的基本要素和本质特征，认为法律是一种权威性的规则，强制不是法律构成要素，仅是为了创建一种社会秩序和社会控制，并根据强制的使用方式和受限制的程度来划分法律的三种类型。因此，按照伯克利学派的观点，回应型法并非没有强制力，而是回应型法的实施不依赖国家强制力，而是来自于一种普遍合意的价值规范或道德标准。任何社会规范，不论道德、宗教教规或法律规范，都有一定程度的强制性，都依赖于某种社会力量保障实施，而区分法律与其他社会规范的标准的显著特征，就是法律规范有国家强制力作为实施的后盾。不论何种社会阶段，法律的国家强制力都是必不可少的。其次，"目的"难以普遍化和具体化。伯克利学派的"目的论"在回应型法中占据着重要地位，但在一个价值多元的社会，不同的利益群体对实质正义的标准不同，法律目的的普遍化和具体化缺乏具体标准难以操作，只能作为方向指引。如果寄托于法律机构反而会扩大其自由裁量权导致权力的滥用，如果希望通过道德的合意实现法律目的也是不现实的，因为道德的价值标准既是多元的又是没有强制力的。再次，协商参与难。伯克利学派将民主协商作为回应型法回应社会的重要途径，但参与协商的主体不仅有公民还有法律机构、政治团体、其他非法律团体，在这种主体多元的情况下，各主体之间利益不同，如何保证各参与主体之间的地位平等，成为一大难题。最后，易倒退回压制型法。回应型法与压制型法都与政治的关系密切，但当法律具有工具主义色彩时，为了达成目标，压制就成为可能，其法律内在矛盾就难以克服。[1]以上学者的质疑主要是因为对回应型法及法律类型没有全面了解，片面去解读回应型法。伯克利法学派的回应型法因为其法律机制是治理模式，其强制性是潜在的而非确定的，主张政府主导下的多元主体参与的共同协商而非平等协商机制，强调问题和纠纷解决的行政执法机制而非法院司法审理，反对形式主义的程序正

---

〔1〕　参见孟甜甜："伯克利学派回应型法理论研究"，载《社会中的法理》2015 年第 1 期，第228~232 页；杨文杰、冯静："回应的无力——读诺内特与塞尔兹尼克著《转变中的法律与社会：迈向回应型法》"，载《河北经贸大学学报（综合版）》2007 年第 2 期，第86~90 页；侯瑞雪："整合进路中的发展策略：伯克利学派的理论纲领——兼评《转变中的法律与社会：迈向回应型法》"，载《河北法学》2006 年第 10 期，第10~11 页；张智灵、金全忠："回应型法和本体论——西方法学的一种视角"，载《学术探索》2000 年第 5 期，第49~51 页；郑冬渝："经济法法律类型思辨"，载《云南大学学报（法学版）》2013 年第 2 期，第40~42 页；蒙连国："质疑'经济法是一种回应型法'——基于现实中国的语境"，载《社会科学家》2010 年第 6 期，第74~77 页。

义，但追求结果上的实质公平，其法益目的的公共性和社会性可以通过具体的法律制度来维护，并非漫无目的不可确定。如果学者可以真正理解回应型法的这些特性，也就消除其疑虑。

伯克利学派的法律类型化作为一种新的法律类型和理论思维模式，挑战了传统的法律体系和法学理论的权威，构建了新的法律机制和法学方法。学者们对回应型法的质疑，既有客观上伯克利学派理论上自洽性的不足，也有学者们主观上对新理论和新知识理解上的误读和偏见。有些学者在未对伯克利学派的理论进行全面学习和了解的情况下，就对其妄加评判，没有相关的引证就对"回应型法"自说自话地大批特批，这样的治学态度值得商榷。当然，作为一种新的法律机制和理论体系，伯克利学派的相关理论难免存在不足。季卫东教授认为，在强制与合意、国家权力与民间自治的关系上，在合法性与法条主义的区别上，在个人的理性与合作的道德的统一上，伯克利学派虽然提出许多重大问题，并展现了富于启示的思路，其法律类型化的基本构思是：使实质正义与形式正义统合在一定的制度之内，通过缩减中间环节和扩大参与机会的方式，在维护普遍性规范和公共秩序的同时，按照法的固有逻辑去实现人的可变的价值期望。从法制的进化过程来看，这种"回应型法"的出现具有某种必然性。三种类型的法与其说是历史发展的经验总结，毋宁说是按照理想模型的方法建立的用以分析和判断同一社会的不同法律现象的工具性框架。[1]虽然伯克利学派的回应型法有明显的现实主义色彩，但其仅停留在理论构建阶段，缺乏对法律实践和具体法律制度的引证分析而脱离现实，导致其仅成为一种法律的理想模式而缺乏说服力，遭到诟病和质疑也就在所难免。

二、伯克利学派法律类型的价值分析

伯克利学派的压制型法、自治型法和回应型法的三种法律类型可以理解为对法律完整性和开放性的两难抉择的三种回应，其本质与特征可概括为：压制型法的标志是法律机构机会主义地被动适应社会政治环境，法律基本上是一个机械的政治工具。自治型法首要任务是不加区别地反对开放性保持机构的完整性，为了这个目的狭窄地界定自己的责任而自我隔离，并接受作为

---

〔1〕 参见季卫东：《法治秩序的建构》，中国政法大学出版社 1999 年版，第 297 页。

完整性代价的盲目形式主义。回应型法则试图缓和这一紧张关系，构建一种"负责任、有区别、有选择"地适应社会的法律模式，依靠各种方法使完整性和开放性在发生冲突时相互支撑，把社会压力理解为认识的来源和自我矫正的机会。它不仅拥有法律完整性所必备的素质，同时也考虑法律所处环境中的各种力量。压制型法围绕权力展开，自治型法以规则为中心，回应型法则以社会为导向，社会问题、社会需求打开了法律变革与发展之门，从而也成为社会变革与发展的指南。

压制型法如霍布斯、奥斯丁和马克思所描绘的那样，法律原则上和国家不可分，是拥有无限自由裁量权的主权者的命令。自治型法则是在戴雪的法理学中，被作为"法治"加以表达和赞美的统治形式。如当代法律实证主义者凯尔森和哈特，尤其是富勒的《法律的道德性》，也论及官方决定对法律的服从，自主的法律机构，以及法律判断的完整性，法律思维方式的特色，都是自治型法的法理基础。回应型法律秩序的论题，则是当代批判者，诸如庞德的法律现实主义者和规则模型的实用性、功能性和目的性是其首要论题，庞德的社会利益理论为构建回应型法的模型作出了很大贡献。好的法律不仅在于能提供程序正义，也应该既强有力又公平，而且应该有助于界定公众利益，并致力于达到实质正义。目的为批判开辟了变化的途径，从而设立了既定的标准。回应型法可以使目的具有足以控制适应性规则制定的权威性和客观性，从而减轻制度屈服的危险，并通过认真对待目的来控制行政自由裁量权。当一个机构真正具有目的性时，才会存在完整性和开放性、规则和自由裁量权的某种结合。反之，缺少目的的法律机构导致僵硬和机会主义。任何现代法律秩序的构成绝不会是单一类型的体系，而是三种类型法的混合体。一种法律秩序会展现出所有类型法的要素，在事实和价值、冲突和合意、知性和感性、神圣和亵渎、法律和道德等之间所做的那些逻辑的或是理论的辨析，能够把实践经验分别归入伯克利学派确定的范畴。对法律的类型分析，就是在比较了法律的目的性、规则性、合法性、政治性、道德性、强制性、推理与裁量、法律服从与参与等基本法律要素对应关系的基础上建立的理论模型。[1]在伯克利学派看来，压制型法在古代社会初期国家和现代极权国家

---

〔1〕　参见〔美〕诺内特、塞尔兹尼克：《转变中的法律与社会》，张志铭译，中国政法大学出版社1994年版，第11、12、19、20、82、85、86页。

中突出，自治型法存在于现代西方法治国家中，而回应型法则处于正被建构的过程中，是继承和发展自治型法的良好设计。一般认为，自治型法具有消极性、封闭性、保守性，而回应型法倾向于主动性、积极性和开放性，更易融入社会现实生活之中，改变了自治型法对现实社会生活的疏远和冷漠。[1]

压制型法和回应型法分别代表了法律发展的一个低级阶段和高级阶段，但并非表明后者内在地优越于前者。压制型法和回应型法之间的根本差异是把"崇高政治"与"权力政治"相区分，或者说是把各种特殊利益的原始冲突与实现某种政治体理想的深思熟虑相区分。自治型法与回应型法之间的差异，在某种程度上表现为对危险的截然有别的评估。自治型法采取"风险小"，并提防那种有可能助长怀疑公认权威的观点。而回应型法为追求更开放更有目的的法律秩序，则选择"风险大"的观点。[2]回应型法既是一种社会变革的法律模式，强调变革过程中的民间参与，又是一种法制变革的政策模式，特别是原理和规则相互作用。从法律秩序之内开掘变化的源泉，使法的变革较容易进行的同时以维持法的连续性，但回应型法的存续与否将取决于国家公权机制和民间私权机制的交互性平衡。[3]

在回应型法的模式下，法律不再拘泥于形式主义的仪式性，主张制度由目的来引导，认为目的具有足以控制适应性规则指定的客观性和权威性，且不特别关注法律的规则结构，而是强调法律所要服务的目的的支配性地位，注重追求实质正义，讲求实际结果的正当性，反对法律形式主义。回应型法的目的性和批判性、公共性和社会性、灵活性和开放性、政治性和政策性、行政性和实质性等特点使其更能回应现代社会经济发展的需求。在社会法律关系中，私法规范与公法规范共同调整各种社会法律关系。行政法、刑法等公法性质的压制型法，通过法律授予相关的国家机关公权力的强制来调整社会关系，政治对压制型法的渗透是显而易见的。在法律机制不健全的国家，公权力对私领域的入侵以及公权力的滥用在所难免。民法等自治型法通过符合规则的意思自治脱离政治关系，并可以限制公权力的滥用。蜕变于民法和

---

〔1〕 参见郑冬渝："经济法法律类型思辨"，载《云南大学学报（法学版）》2013年第2期，第40页。

〔2〕 参见［美］诺内特、塞尔兹尼克：《转变中的法律与社会》，张志铭译，中国政法大学出版社1994年版，第28、85、86、132页。

〔3〕 参见季卫东：《法治秩序的建构》，商务印书馆2014年版，第384页。

行政法的经济法，其法律关系结构必然既保持着民法和行政法的某些特征，但也别具一格。经济法作为回应型法是建立在民法之自治型法的市场缺陷或权利滥用，以及行政法之压制型法的政府缺陷或权力滥用的基础上，为克服民法权利本位社会性的缺失和行政法权力本位权威的傲慢，回应现实中民法的形式主义的僵化产生的实质上的不公平和局限性，以及行政法的官僚主义的压制性缺陷导致行政效力低下和权力滥用。经济法通过特别的制度设计，对民法的任意性规范进行限制和特别保护现实私法公法化，同时赋予专门行政机构和社会组织对社会公共利益的市场干预权，通过公法私法化使公权力为回应社会经济的需要适当扩张和分权，建立了公私法兼容的第三法域的新法律机制，即以回应型法的模式综合了压制型法和自治型法的优点，形成了公私法混合范式的回应型法满足了社会经济发展的要求。

三、伯克利学派法律类型的现实意义

回应型法的一个独特特征是探求规则和政策内含的价值，主张特殊的规则、政策和程序逐渐被当作是工具性的和可牺牲的。从自治转向回应的关键的一步，就是法律目标的普遍化，但如果回应型法的责任机制仅是为了普遍的目标，那么官僚对规则的遵守与否就不再足以免于批评。因为普遍的目的太抽象、太模糊，既不能提供判决的指导，也不能提供清晰的评估标准。要使目既获得肯定性权威又获得批判性权威，法律必须在目的普遍化时能够详尽阐述法律机构的任务。好的法律应该提供的不只是程序正义，它应该既强有力又公平，应该有助于界定公众利益并致力于达到实体正义。现实主义和社会学的传统所具有的一个首要论题就是打开法律认识的疆界，对所有冲击法律并决定其成效的因素都要有充分的了解。这仅仅是取得某种更广泛的有关法律参与和法律作用认识的一个步骤。法律机构应该放弃自治型法通过与外在隔绝而获得的安全性，并成为社会调节和社会变化的更能动的工具。在这种重建过程中，能动主义、开放性和认知能力将作为基本特色而相互结合。准确地说，在法律现实主义的范围内，回应型法是一项事业，这项事业被设计以使现代法更有效地回应社会需要。在寻求解决问题，提供实体正义方面，它是工具主义的，其教义是服务于达成目标和结果。在塞尔兹尼克看来，回应型法是一种很好的解决方案，具有扩张性和工具性，服务于实现宏大的社会目标。如果一套法律秩序对社会需求是无效的或者漠视社会需求，

它将提供一个狭窄的、淘汰的和无力的正义。法律观念和各种机构对社会知识必须是开放性的，同时注意所有的合法利益。法律发展的动力加大了目的在法律推理中的权威，因此对目的的关注可能要求扩大行政自由裁量权，规则和政策内含的价值，以至于更多文明的公共秩序概念有了形成的可能，法律辩护就多了一种政治尺度，由此而产生的力量虽然有助于修正和改变法律机构的行为，但是也有损害机构完整性的危险，法律的弹性更明显，法律必须向新的权利主张开放。

在 20 世纪，美国的劳工立法和公民权利立法，为穷人提供的法律服务，环境与消费者保护，所有这些都扩张了正义的范围。他们探寻了影响正义的政治、文化、经济、社会、心理等诸多现实。总之，正义需要一个回应型的法律秩序。[1]澳大利亚学者希望通过回应型法范式探讨私法对劳工权利的保护，以回应型法理念探索合适的行政监管和司法解决方案，但官僚主义和司法应对这个问题的意见不一致。涉及权力的划分和工人权利的制度化问题，要建立一个可能不恰当的"命令和控制"的管理措施，这种方法有可能存在损害工人权利和挫伤其自信心的风险。[2]美国贝尔斯登银行主席克里斯托弗·考克斯承认监管缺陷引发 2008 年的金融危机，显而易见的"罪魁祸首"是"缺乏明确的法定权力的委员会"。监管失败在于自我调节的方法，还有其他非常规监管形式，例如反射性的监管和回应性监管。[3]放松监管和金融创新成了 2008 年金融危机的罪魁祸首，也说明回应型法的开放性不是随心所欲，无节制的放任，而是有权威参与的制度设计。在照顾各种法律价值方面，回应型法所依靠和维护的是拥有丰富的机制，能使政府确保自己基本目的的包容性的社会组织，而非少数人财产的政治共同体。在回应型法律体系内，法律和政治的区别具有更广泛的意义和更实质性的目标：减少政治过程中那些具有权宜之计和偏执极端性质的要素，提炼那些从政治决定中产生的持久的道德义务，以及形成一种能够提高政治论述的合理性，以及节制在政治斗争

---

〔1〕 参见张文显：《二十世纪西方法哲学思潮研究》，法律出版社 1996 年版，第 123 页。

〔2〕 See ILUA VICKOVICH, "Towards A Responsive Law Paradigm For Faith Work", *Macquarie Law Journal*, Vol 9 (2009), pp. 93~94.

〔3〕 See OREN PEREZ, "Responsive Regulation and Second-order Reflexivity: On The Limits Of Regulation Intervention", *Tilburg Law Review*, 17 (2012), pp. 346~359.

中利己地行使权力的公共利益理论。[1]

四、伯克利学派法律类型法律机制的剖析

伯克利学派法律类型中的回应型法，是在对压制性的"国家主义"和"法律道德主义"，以及自治型法的"规则主义"和"形式主义"扬弃的基础上，以公共性为法律目的，继承压制性法的政治性和自治型法的合法性，以反正统性和反稳定性而构建的新的法律机制。为避免压制型法行政权力的任性和权威的滥用，比如，行政越位、缺位和错位，行政权力寻租，以及法律道德主义的僵化，经济法通过公法私法化来修正行政压制型法的法律道德主义，以发挥政府治理自由裁量权的效率和能动性，建立与时俱进的法律新机制。同时通过民事权利对行政权力的限制来回应行政压制的缺陷，以民法自治型法之权利的保护来限制压制型法之行政权力的任性，实现对社会公共利益的保护。经济法中的公法规范通过授权行政机关，或是分权社会中间层和市场主体实现公法私法化，最大限度地发挥了行政权力的能动性。并突破行政法的法律保留原则以及其刻板的程序形式正义，赋予政府更多行政自由裁量权以回应社会经济的发展需要，政府经济政策的软法也就成了经济法的重要的法律形式。

自治型法的民法以主体地位的形式平等抹杀了现实中主体的差异性，而实质上的不平等导致社会资源分配不公产生了贫富分化，以及权利失衡引发了不公平交易。民事私权的狭隘导致市场主体的盲目性和局限性，使其难以应对信息化、资本化、知识化、虚拟化和全球化的社会化大生产的要求。特别是民法自治型法严格遵守的民事司法审判的规则主义和程序正义的形式主义，难以解决和应对复杂而又瞬息万变的社会需求，对民事私权滥用损害社会公共利益也缺乏制度性保障和救济。民事司法可以维护个体正义，但对公共秩序和公共利益的保护却显得苍白无力。民法自治型法的缺陷需要公权力的介入，但为了防止行政权力对市场主体私权的任性压制，需要对公权力进行限制和监督，经济法正是承担了此重任。经济法为了克服民法私权任意性规范的市场缺陷，以及民事司法审判规则主义和程序正义形式主义的不足，通

---

〔1〕　参见［美］诺内特、塞尔兹尼克：《转变中的法律与社会》，张志铭译，中国政法大学出版社 1994 年版，第 132 页。

过对形式上平等的民事权利义务的私法规范进行法律改良，使之公法化对弱势的一方进行倾斜保护，以平衡协调不同法律主体间存在的实质上的不平等，实现罗尔斯差别待遇原则上的实质公平。并通过行政治理的自由裁量权的实质正义来克服民事司法审判形式主义的僵硬，以回应现代社会经济发展的需要。

对回应型法的构建，关键在于从根本上与自治型法的某些观点的决裂。比如自治型法以法院为中心，关注点是正统性而非实效性，法律的主要任务不是保证机构拥有实现自己使命的意志和能力，而是证明规则和判决的权威，法律秩序的典型功能是裁判而非决策或行政管理，裁判更多的是由于逻辑的需要而非直接的责任，涉及的政治问题只是附带。在回应型法律秩序中，法律论证难以区别于政策分析，法律秩序变成政府和政治的组成部分，丧失对固定制度界线的保护，法律思维模式和观念不断减少，规则的权威被削弱，自由裁量权得以扩大，工具主义的观点逐渐损毁了理性形式主义。通过法律和政府的重新整合，法的秩序可以通过更有效地开发社会秩序的资源，把法律价值的范围和含义最低限度扩大为各种肯定性责任渊源。

伯克利学派法律类型构建了新的法律体系回应了社会经济发展的需要，使法学理论与法律实践能更好地对接，行政法和刑法、民法、经济法可以分别作为压制型法、自治型法和回应型法的典型代表对其理论进行诠释。伯克利学派法律类型化是在二元法体系基础上，根据法律的基本要素进行分类，特别是回应型法类型的提出，突破了传统二元法体系的根本对立，使法律的类型不仅仅局限于公法与私法的形式主义范畴，更能体现法律类型的本质属性。经济法对传统法律体系的解构主要是借"市场"和"政府"在资源配置的经济活动过程中对社会公共利益的维护，通过私法公法化和公法私法的融合，解构传统两大法律体系的对立，形成了"市场—社会中间层—政府"的社会经济结构。在防止民事权利滥用和规范政府行为的制度设计中，对传统法律关系结构进行异构，形成了私法公法化，公法私法化，公私法兼容的第三法域，也回应了现代社会经济发展的需求。经济法以维护社会公共利益保护为目的，源于民法自治型法和行政法压制型法的不足而诞生，所以经济法的回应型规范必须突破民法自治型法"权利义务"规范和行政法压制型法的"行政限权"规范的传统范式，构建经济法新的规范体系。

第四节　经济法之回应型法的内涵

经济法就是以"市场""政府""社会"作为新的法律元素，在经济活动过程中，为适应社会经济发展的需要，通过对以民法为代表的自治型法和以行政法为代表的压制型法二元传统法律体系的解构，在破解传统私法与公法体系的对立中诞生的新的法律机制。经济法对传统法体系的解构，是基于法律社会化发展的结果，是对社会经济发展与变化在法治建立中的回应，属于回应型法。

一、经济法对民法和行政法之缺陷的回应

行政法、民法和经济法可以分别作为压制型法、自治型法和回应型法三种法律类型的典型代表。经济法作为回应型法是建立在民法之自治型法的市场缺陷和行政法之压制型法的政府缺陷的基础上，为克服民法权利本位社会性的缺失和行政法权力本位权威的傲慢，回应现实中民法的形式主义的僵化产生的实质上的不公平和局限性，以及行政法的压制性缺陷导致行政效力低下和权力滥用。蜕变于民法和行政法的经济法，其法律关系结构必然既保持着民法和行政法的某些特征，但也别具一格。经济法通过特别的制度设计，对民法的任意性规范进行限制和特别保护现实私法公法化，同时赋予专门行政机构和社会组织对社会公共利益的干预权，使公权力为回应社会经济的需要适当扩张和分权导致公法私法化，建立了公私法兼容的第三法域的新法律机制，即以回应型法的模式综合了压制型法和自治型法的优点，形成了混合范式回应了社会经济发展的要求。民法以主体地位的形式平等抹杀了现实中主体的差异性，实质上的不平等导致社会资源分配不公产生了贫富分化，以及权利失衡引发了不公平交易。市场主体"经济人"的贪婪和逐利性，为追求利润最大化滥用民事权利出现破坏生态环境、偷逃税收、侵害劳工权益和损害消费者权益等行为，并通过不正当竞争破坏公平竞争秩序。民事私权的狭隘导致市场主体的盲目性和局限性，使其难以应对信息化、资本化、知识化、虚拟化和全球化的社会化大生产的要求。特别是民法自治型法严格遵守的民事司法审判的规则主义和程序正义的形式主义，难以解决和应对复杂而又瞬息万变的社会需求，对民事私权滥用损害社会公共利益也缺乏制度性保

障和救济。民事司法可以维护个体正义，但对公共秩序和公共利益的保护却显得苍白无力。

在同一经济法律关系中，私法规范与公法规范共同调整经济法律关系。民法自治型法的缺陷需要公权力的介入，但为了防止行政权力对市场主体私权的任性压制，需要对公权力进行限制和监督，经济法正是承担了此重任。经济法为了克服民法私权任意性规范的市场缺陷和民事司法审判规则主义和程序正义形式主义的不足，通过对形式上平等的民事权利义务私法规范进行法律改良，使之公法化对弱势的一方进行倾斜保护，以平衡协调不同经济法主体间存在的实质上的不平等，实现罗尔斯差别待遇原则上的实质公平。并通过行政治理的自由裁量权的实质正义来克服民事司法审判形式主义的僵硬，以回应现代社会经济发展的需要。为避免行政权力的任性和权威的滥用，比如行政越位、缺位和错位，行政权力寻租，以及法律道德主义的僵化，经济法通过公法私法化来修正行政压制型法的法律道德主义，以发挥政府治理自由裁量权的效率和能动性，建立与时俱进的法律新机制。同时通过民事权利对行政权力的限制来回应行政压制的缺陷，以民法自治型法权利的保护来限制压制型法之行政权力的任性，实现对社会公共利益的保护。经济法中的公法规范通过授权行政机关，或是分权社会中间层和市场主体实现公法私法化，最大限度地发挥了行政权力的能动性，并突破行政法的法律保留原则以及程序正义，赋予政府更多行政自由裁量权以应对社会经济的发展需要。

经济法是为了适应法律和经济社会化而建立的新的法律机制，是为了防止民事权利滥用损害社会公共秩序，赋予专门国家机构特别的压制权或干预权，目的在于使公权力在维护公共秩序时，尊重民事权利且防止其滥用的同时对于压制进行限制。经济法是以社会公共利益、社会整体利益和公平与效率、安全的社会经济秩序为法益目标，法律机构以政府职能部门为主而非法院，法律渊源主要是经济政策和行政规章而非经济法典，法律调整不是法律内在逻辑推理，而是更关注政治、道德、经济、社会等外部因素对经济法实施社会效果的公平、效益和安全影响，追求社会整体效益而不仅仅关注个体的公平正义。经济法从理念到法律的实施，都是对回应型法理论和实践的诠释。

二、回应型法对社会的回应与经济法的社会化

（一）回应型法的社会性

1. 回应型法之社会公共秩序的价值目标

"国家主义"类型的法律工具主义所有的价值和利益，服从于追求由"国家"决定的绝对优先考虑的事项，因而势必是压制性的。"多元论"类型的法律工具主义拥有范围更广的参与者，能够考虑更多类型的价值和利益，对社会经济发展更具有回应性。在发达的体系内，法律判断、道德判断和实际判断的逻辑变得紧密和谐，具体案件中法律上的是与非的决定，必须考虑实际选择的多种目的以及各种情势约束。回应型法表明了更广泛的理想，在放松对服从的要求和认识法律判断的复杂性的过程中，明确了运用法律界定和维持公共秩序的方法。[1]当代习惯用语中，文明是政治生活的一种属性，文明的概念被归结为有礼貌或者更多地被归结为公共场所的礼节。文明政治假定和承认个性和多样性，及其在政治冲突的场合下维持道德共同体。文明的标准既扩展到权威的行使，又扩展到公民的参与。因此，文明是一种社会公共秩序。目的型法有助于文明的实现，是一种"责任伦理"（ethic of responsibility）而非一种"最终目的伦理"（ethic of ultimate ends）。[2]这种态度假定，为了能更好地考虑那些受影响的社会利益，公共秩序的条件并非僵死不变，可以重新达成。因此，重建社会关系被当作是获得公共秩序的主要手段。[3]在追求文明的社会公共秩序的价值目标的过程中，回应型法为实现法律目的，提高法律履行对道德秩序的责任能力，探究非刑事的调控策略的替代手段，鼓励对公共秩序的危机采取以问题为中心的社会一体化态度，鼓励对规则的批判。[4]回应型法以公共秩序为目的，其法律秩序更在于维护和达到特定的社会效果，而不是实现个体的公平正义，法律社会化是回应型法的一个特性。

---

〔1〕 参见［美］诺内特、塞尔兹尼克：《转变中的法律与社会》，张志铭译，中国政法大学出版社1994年版，第95、99、100页。

〔2〕 See Max Weber, "Politics as a Vocation", in H. H. Gerth and C. Wright Mills, eds. From Max Weber: *Essays in Sociology*, New York: Oxford University Press, 1958, 1946, p. 120.

〔3〕 参见［美］诺内特、塞尔兹尼克：《转变中的法律与社会》，张志铭译，中国政法大学出版社1994年版，第103页。

〔4〕 See Hannah Arendt, *Crises of the Republic*, Harcourt Brace Jovanovich, 1972, pp. 67~68.

2. 回应型法的社会辩护机制

回应型法的主要作用是把权威导向民间制度，其价值的多元性是显而易见的。法律多元主义使法律舞台成了一种特殊的政治论坛，在法律程序内部增加了参与法律制定的机会，法律参与具有了政治的一面。社会辩护在美国的兴起是新近法律史较为显著的特征，是政治表达的一种形式，也是回应型法的一种实践模式。它实现了获得充分理解的司法部门的责任，即保护那些在多数统治的政治中容易被忽视的价值和利益的责任。社会辩护求助于法律权威，它利用那些可以被认为是对法律的规则和原则负有责任的论坛。社会辩护是分享民主制的一种形式，是为代表社会上无特权者和诸如环境保护这样一类脆弱的价值，提供政治行为的一些替代途径。因此，辩护的特有场所是法院或行政机构，而不是立法机关。它所诉诸的是法定权利，而不是政治意志，更不是自治权益。其目的在于促进团体利益和变更法律规则包括行政政策的特殊意图，在既存的权威中找到某种论据，把辩护用作立法途径的政治行为的一种补充。[1]

社会公共利益的保护常源自于社会辩护，它所诉诸的是法定权利即法定的公共秩序。即社会辩护要找到一个合法的出发点，在既存的权威中找到某种论据可以把社会辩护作为通过立法途径的政治行为的一种补充。比如，环境政策、竞争政策、产业政策、消费者利益。这种法律参与和政治参与的混合是对新利益主张的肯定，但所采用的方法必须是重申现有法律秩序公认的一些价值，如公平、秩序、人权、发展权等。权利要求必须受到法律权威的检验，而法庭则是利益、意志和权力在原则上绝不能由其自身决定的场所。社会辩护的拓展为法律辩论提供了一些新观点，并使公共政策的发展和实施有了一些新的支点。如群体诉讼为社会利益开辟了道路，如果"实际损害"（injury in fact）取代了作为诉讼资格标准之利益相关者的形式权利，那么，在诉讼资格法中利害攸关的，就是法律秩序所影响的那些问题和利益范围。对参与团体的包容给法律机构的运作带去了更多的能量，如果管理部门能依靠那些积极活动的社会辩护团体，去作出指控和调动影响，那么法律参与的扩大不只是增进法律秩序中构建的法律机制保护的这类利益，还包括立法上对

---

〔1〕　参见［美］诺内特、塞尔兹尼克：《转变中的法律与社会》，张志铭译，中国政法大学出版社1994年版，第107~108页。

社会公共利益保护的政策选择，以及对政府专门机构的授权，对社会组织的分权，对社会参与的许可，并最终可以得到司法保障。社会辩护是对社会公共利益法律保护之社会责任机制的实践基础和理论依据，也是回应型法重要的社会法律实践，实现了社会机构对政治和法律的参与。

（二）经济法之社会性的回应

1. 经济法是对经济社会化的回应

现代经济是建立在高度专业化、科技化、知识化、网络化、信息化和全球化基础上的经济模式，其生产目的、生产方式、经济组织形式、专业化分工协作、生产成果归属等，都深深地体现着经济与社会一体化的基本属性，现代经济的本质属性就在于其作为一种社会化经济。经济社会化导致人们在经济社会生活中的相互依赖性加强，社会问题总是与经济问题紧密相关，经济问题总是体现为社会问题。经济社会化在促进经济高度发展，解决经济问题时，诱发了一系列新的社会矛盾或使原有潜存的矛盾表面化。[1]自从有人类社会产生以来，经济关系就表现为一定生产方式的基础上的生产、交换、消费、分配等广泛而复杂的诸种社会关系的总称，[2]在现代市场经济社会中则表现为市场经济关系。经济关系由社会关系构建起来，在社会中具有根本性和普遍性的地位，一定程度上，经济关系构成了法律的本源。法律作为一种行为规范，是人们为建立理想的社会秩序，通过特定的规范对社会关系进行调整的产物，即决定法律产生的直接原因是社会关系，包括经济关系、政治关系和家庭关系等。[3]马克思曾说："无论是政治的立法或市民的立法，都只是表明和记载经济关系的要求而已。"[4]因此，经济法所调整的内容，也应该是围绕着市场与政府对社会资源的配置的经济活动展开，经济法的法律关系是经济法在调整市场与政府在资源配置中所发生的经济关系或是社会关系，是一种资源配置关系，且受政治、经济、社会、文化、道德等多种因素综合影响。因此，经济法律规范时常表现为政治化、政策化、社会化和道德化的倾向，对经济法概念的界定也可能会超越法的规范本质，体现更多的利益和

---

〔1〕　参见许明月、张新民："现代经济的社会性与经济法——关于经济法产生原因与性质的思考"，载《现代法学》2003年第6期，第133页。

〔2〕　参见潘静成、刘文华主编：《经济法基础理论教程》，高等教育出版社1993年版，第40页。

〔3〕　参见薛克鹏："经济法定义研究"，西南政法大学2002年博士学位论文，第43页。

〔4〕　参见《马克思恩格斯全集》（第4卷），人民出版社2002年版，第121~122页。

目标导向的价值选择。经济法以维护社会公共利益，协调平衡社会整体利益，确保公平、效益和安全的社会经济秩序为目标，经济法就是法律对经济社会化的一种回应，也是法律社会化的结果，所以经济法表现出明显的回应型法的特征。

2. 经济法对社会中间层主体的回应

在现代社会，随着生产力的发展，社会利益多元化和权力格局的变化必将导致社会结构的转型，法治秩序为适应现代社会结构也将作出回应。回应型法尊重社会主体多元性的价值取向，以及顾及了复合多元利益与目标，以非强制性规范为主要手段，以实现国家与社会多元权力的合作为治理目标。[1]社会中间层就是经济社会多元下的新市场主体类型之一。经济法语境下的社会中间层，最初是指为了解决社会转型时期的整体性危机而独立于国家与市场的社会空间。随着危机进而转变为在利益冲突时，以维护社会群体利益为主，为沟通和协调国家与市场主体之经济活动的群体利益代表的社会组织形式，实现了国家与市场之间的制度化衔接，成为政府与市场良性互动的最好建构者。[2]社会中间层是独立于政府与市场主体，为政府干预市场，市场影响政府和市场主体之间相互联系起中介作用的主体。[3]比较典型的例子如工商业者的行业协会团体、劳动者团体、消费者团体、国有资产投资机构、政策性银行、商业银行、交易中介机构、资产评估机构、产品质量检验机构、互联网平台等。社会中间层比政府机构更能回应社会经济发展的要求，其成为回应型法主体也是理所当然的。社会中间层是回应型法新的法律关系主体，在市场与政府之间搭起了桥梁，可以依法或被授权行使政府的部分监管权，获得了社会权力。又可以代表市场主体与监管部门议价并建立内部自律监督机制，是联系市场主体与政府监督主体的重要组织形式，也是社会辩护的主体。

经济转轨时期，行政权力的剥离与转移实现机制是经济法的重要内容。为回应社会经济发展的需要，必须从机制上对集中、僵化和扩张的政府权力进行调整，将部分经济权力从政府手中剥离并转移到社会组织和经济个体之

---

〔1〕 参见郭威："当代中国社会结构转型与回应型法治秩序"，载《山东科技大学学报（社会科学版）》2007年第4期，第23页。

〔2〕 参见张占江："政府与市场和谐互动关系之经济法构建研究——以社会中间层主体为路径"，载《法律科学（西北政法学院学报）》2007年第3期，第95页。

〔3〕 参见王全兴：《经济法基础理论专题研究》，中国检察出版社2002年版，第524页。

上，化作社会权力和个体权利，实现公权私权化的公私法的转化。行政权力的分权对制约权力和服务经济都具有重要的意义，且社会权力也越来越重要。充分有效发挥社会组织和个体的力量，可尽量减少政府对经济运行的干预，除把部分审批权下放给社会组织，甚至某些领域的行业规范都可以由相关社会组织来制定。[1]在资源配置过程中，经济法对社会中间层组织的授权或是对其权利的认可，实现了社会中间层组织对政府的分权，意味着现代国家治理形态的转变，使国家的治理能力社会化以回应社会的激烈变化，某种程度上是政府权力的变相扩张。社会中间层直接产生于市民社会，是其利益的代表者和管理者。在经济法的范畴内，社会中间组织缓解了市场与政府的直接对抗，通过自律监督的自治既避免了市场的自由放任，又防止了政府盲目干预破坏市场规律和抑制市场活力。社会中间层作为新的法律关系主体，是经济法对行政管理机构职能和权力的重构，也是对经济和法律社会化的回应，代表着回应型法独特的法律主体类型，也是回应型法主体多元化的表现。

3. 经济法之社会性目标导向的回应

社会公共利益的法益目标是经济法对资源配置的经济活动中对市场行为和政府行为进行调整的价值定位。其"社会性"或"社会本位"有别于民法的"个人本位"和行政法的"国家本位"。经济法法益之社会公共利益的确立，为经济法的调整明确了目标，也为经济法和民法之间在私权的法域上划清了界限。政府是社会公共利益的法定守护者，维护社会公共利益既是政府的职权也是职责。对于不涉及社会公共利益的私行为，由民法按意思自治原则调整，涉及社会公共利益的私行为受经济法调整。不涉及社会公共利益的领域由市场机制进行资源配置，涉及社会公共利益的部分由政府计划或是为政府主导进行配置。为防止私权利的滥用损害社会公共利益，经济法通过立法限制私权的滥用，同时授权政府依法对市场在经济活动中的干预权。对社会公共利益的维护既是公权力介入私权的正当理由，也是公权力在私权领域作用的底线。因此，社会公共利益是经济法的根本法益目标。经济法律制度或者规范，主要是通过经济法律关系主体之间的利益协调平衡及博弈，来体现其秩序、公平与效率等法律价值目标。经济法通过对社会公共利益的维护，

---

〔1〕　参见陈飞宇、胡国梁："转轨经济法控权功能研究"，载《求索》2015年第4期，第122~123页。

确保了市场秩序的公平竞争和稳定发展，为个体利益的普遍实现提供了保障，并通过协调平衡各方利益确保了社会整体利益。与传统的其他部门法相比，经济法不仅保护社会公共利益，而且也注重整体利益的协调平衡发展。经济法法益目标的社会性与回应型法目的的公共性或社会公共秩序是一脉相承的，经济法的目的或法益目标就是为了回应自治型民法对社会公共利益保护的缺失，通过压制型行政权力的介入对其进行保护，并通过社会中间层的分权，建立综合治理机制以维护社会公共利益，回应经济与法律社会化的要求。

三、回应型法之弹性和开放性与经济法的软法性规范

（一）回应型法的弹性和开放性

虽然法律理论都是建立在固有的权威理论之上，但当代法理学众多的关注点和论战都根源于动摇了的公共机构的权威危机。如法律信心锐减，法律正统性权威被侵蚀，法律能动主义被滥用以及"法律和秩序"遭破坏，法律秩序的无能和腐败等，法律秩序需要寻求新的应急手段或新机制对这些激进抨击进行回应。一种观点认为，法律作为统治的工具，自主的规则体系和程序体系虽然服务于正义目的观念，但法律机构带有整个社会秩序的各种残缺，具有固有的腐败性，而"法治"作为权力和特权的支柱，本身也带有更深刻的腐败性，没有能力解决那些基本的社会正义问题。把法律看作社会秩序必不可少的组成部分，在于强调法律的稳定性及权威体系对自由社会的重大贡献。其他控制渊源虽重要，但难使社会免于非理性、恣意、恐吓或混乱。各种权利的要求必须通过既定渠道加以申辩，不管这些渠道是否存在着缺陷。法律变更则要通过政治程序来实现，而不应仅由法律机构响应党派要求通过行使自由裁量权去达到目标。只有设定法律权威并得到高度尊重，人们才能体验到进行真正自由选择的安全感。另一种观点认为，法律机构潜在的弹性和开放性，认为公民义务体系和社会发展都不稳定，法律不应顾及权威而是接受挑战，反对把"法律"与"秩序"相提并论。认为法律维持着特定类型的秩序，这种秩序表现为众所公认的道德法典、身份体系和权力模式，而不仅仅是规则的权威。

法律被评价为一种批判的手段和变化的工具，法律体系应该接受多方挑战才能更好地维护其权威，鼓励参与那些新的社会利益。法律和政治之间的界线应变得模糊不清，政治上的不服从应该得到宽容，特别对那些有争议的

公共政策问题上更应该如此。这种法律秩序才具有回应性，才可以应对不同的利益、价值和生活方式的诉求。当"法律和秩序"的危机出现时权威会被侵蚀，其正统性受到普遍怀疑，缺少共识削弱了权威道德的有效性，但有关"法律和秩序"的学说似乎把问题过于简单化。社会科学观把法律经验看作可变的和场合性的，如果把法律的特性认为具有不变的属性时就违反了这一原则。因此，在法律与道德、强制或理性的关系被当作是法律现象的定义性因素时，难免出现把法律当作一种为了共同利益的理性命令，但回应型法追求的目的的普遍价值和实质正义的实质性公共准则不是事先确定的，而是在社会发展的动态选择过程中确立的。反过来，这些实质性公共准则又被用来限制选择过程中的恣意性。提倡改革的动机强调非国家性组织和自治秩序在法制进化中的作用，以消除国家直接干预经济社会的压制性。[1]回应型法强调国家治理政策的灵活性，市场、社会组织与政府共同的参与性，以及法律实践的社会效果的实质性，法律为了实质正义的目的成为更有弹性和开放性的软法。

（二）经济法的软法性规范

法国学者弗朗西斯·施尼德（Francis Snyder）于 1994 年曾作出经典性表述："软法是原则上没有法律约束力但有实际效力的行为规则。"软法在法治社会建设和社会全面法治化方面起着硬法难以发挥的作用，有助于和实现法治社会、法治政府、法治国家全面实现依法治国。软法是一个外延极为广泛的词汇，包含了诸如协议、纲要、框架、安排、宣言、战略、方针、规划、路线、规定、决定、办法、合作备忘录、会议纪要等多种表现形式，可以体现为宏观的政策，如货币政策、竞争政策等，也可以包含诸如规定、规划、决定、办法等具体政策内容。随着国家管理模式的转变，既涉及公共部门也涉及私人部门的公共治理逐步兴起。国家管理开始从一元模式过渡到多元主体的公共治理，传统法治的权力机关的立法向行政立法转变，以司法审判为中心的规则主义的"硬法"向由行政治理为中心的政策主义"软法"转变，国家垄断的"硬法"立法权向国家与社会共享的"软法"转变。社会发展摆脱了传统治理模式的国家中心主义倾向，以政策、社会协商、社会自治等软

---

〔1〕　参见［美］诺内特、塞尔兹尼克：《转变中的法律与社会》，张志铭译，中国政法大学出版社 1994 年版，第 4~7、16 页。

法作为公共治理和全球治理的重要工具和手段。软法的兴起和发展有着深刻社会实践基础和哲学认识论根源，是在对现代性反思的基础上，对法学领域内国家垄断法律资源的国家中心主义和规则形式主义法律观反思和法律理念革新。软法推动了现代法治和社会的发展，软法理论有力解释了现代法治和法制的现状，而实践又推动了软法理论的进一步深化，构建了软法和硬法混合互补的新法律机制和国家治理模式。软法在法治社会建设和社会全面法治化方面起着硬法难以发挥的作用，有助于推动和实现法治社会、法治政府、法治国家全面实现依法治国。[1]软法之政策与法律的关系则是一个纠结在传统性、现代性和后现代性之间的一个复杂性问题。政策或称公共政策是一个外延极为广泛的词汇，包含了诸如战略、方针、规划、路线、规章、条例、决定、办法等多种表现形式的软法规范，可以体现为宏观的政策，如货币政策、竞争政策、产业政策等，也可以包含诸如规章、规划、条例、决定、办法等具体政策内容。狭义的政策仅指具体的经济措施，但广义的政策指政府及其行政部门一系列文件。有学者于 2011 年 3 月在北大法律信息网"中国法律法规规章司法解释全库"搜索统计，我国政策占比为 99.10%，而法律占比仅为 0.90%，法律与政策的数量比例为 1∶110，可谓"政策繁多而法律稀少"。政策多如牛毛，让人目不暇接，而法律寥若晨星，依稀可见。[2]

经济法软法性规范既与传统的民法、行政法硬法规范不同，也不同于经济法领域的硬法规范。这些软法受政治、经济、文化、道德及社会多种因素的影响。与经济法的硬法规范相得益彰，共同规范和调整着经济法律关系，构成了经济法规范体系。经济法的软法规范与硬法规范相互影响相互渗透，在经济法规范体系中出现道德法律化、政策法律化、法律政治化的倾向。

经济法的软法规范不仅在量上规模庞大，而且在经济活动中起到了举足轻重的作用，回应了社会经济发展变化的需求，充分发挥了经济法实质正义的价值目标。如国民经济和社会的发展规划，战略目标和经济纲要等软法，调整对象主要限于国民经济与社会发展的重要领域，是全局性的宏观调控的目标和措施，是我国实行宏观调控最重要的规范性文件，引领着国民经济的

---

〔1〕 参见罗豪才、周强："软法研究的多维思考"，载《中国法学》2013 年第 5 期，第 102、103 页。
〔2〕 参见邢会强："政策增长与法律空洞化——以经济法为例的观察"，载《法制与社会发展》2012 年第 3 期，第 117~118 页。

发展方向，是国民经济发展的方向标，既要确保长远的总体目标，又要与时俱进不断地局部调整，其弹性、开放性、科学性和合理性是秉着正统性和稳定性的硬法无法比拟和取代的。各种具体的经济政策，如关于财政政策、产业政策、货币政策等的建议、意见、办法、决议等软法，体现现代国家经济措施的复合化和职能的多样化。除此之外，经济软法主要表现形式就是具有极大的执行力的政府的一般性文件。如会谈纪要、办法、规定、行政合同、经济指标、政绩考核等，以不同的形式影响甚至决定着经济社会的发展模式和进程。经济法软法之回应型法矫正了民法自治型法的规则主义和程序正义的形式主义弊端，又不拘泥于行政法压制型法之法律道德主义的局限，创建了有弹性、开放性、科学性和合理性的新的法律机制。但在经济法软法的制度设计中，必要的程序正义和法律伦理应该遵守，以确保经济法软法既能回应社会经济发展的需要，也要有利于现代法治文明的建设。

四、回应型法之工具主义与经济法之实用主义的目的法导向

（一）回应型法之工具主义的目的法导向

目的型法的基本贡献在于扩大了自由裁量权在法律判断中的范围，提高了法律推理的合理性，但却削弱了规则的权威。因此，随着法律中目的性的加强，区分法律分析与政策分析，把法律合理性区别于其他形式的系统决策，就变得越来越困难。[1]在每一种体系或类型中，目的的价值都必须予以考虑，只是目的的实施的意志、动机和方式不同。压制型法的工具主义屈从于统治权力的意志，在自治型法中却存在着某种对目的的脱离。回应型法存在着工具主义的复兴，但其工具主义是基于客观的公共目的。没有目的就不会合理地去重构那些过时的或不适宜的政策准则。只有当一个机构真正具有目的性时，才可能实现规则性和自由裁量权的开放性和完整性的结合。现代法律要解决的问题是确保官员对公共目的承担更多义务，而非限制他们。

目的型法以结果为导向，法律的任务是通过详尽阐述其目的性去探究实质性结果，以及为有效履行各种责任所实际需要的东西，这明显不符合那种无视结果的传统的正义形象，它关心的是立法性事实而非裁判性事实，是可

---

〔1〕 See Philip Selznick, "The Ethos of American Law", Irving Kristol and Paul Weaver, The American: Lexington, Mass, *Lexington Books*, *D. C. Heath and Company*, 1976, p. 218.

选择的政策的实际模式和系统效果，而非特殊结果。这种对手段的细致分析更为开放和包容，工具主义变得有回应性了。目的型法要求习惯和道德的主张在法律权威的范围内，通过成本和收益的合理评估证明其正当性，准确的意义上的法律秩序"文明化"了，并试图阐明道德秩序中那些利害攸关的价值，法律在普遍的目的或愿望中而不是在特殊的行为规范中找到了合意。[1]回应型法认为目的具有足以控制适应性规则制定的客观性和权威性，因此对目的的关注可能要求扩大行政自由裁量权，但也能控制行政自由裁量权，限制行政压制性。对目的的持续肯定最终需要法律权威与政治意志的结合，而不可能仅仅凭法律创新来形成。在某种程度上，回应型法的一个重要使命在于把普遍的目的转化为具体的目标。

（二）经济法之实用主义的目的法导向

实用主义把目的当作成问题的"工具主义"的法律概念，支配了 19 世纪前半期美国普通法下的法律推论，并促使霍维茨把这些学说刻画为"功利性的"和"工具性的"。工具主义意味着在追求某种明确的公共目的或价值，有意使法律成为一种手段。[2]如同弗兰克所说，法律现实主义者的主要目的在于使法律"更多地回应社会需要"。[3]为了法律推理能够包含对官方行为的社会环境及其社会效果，因此应极力主张扩大"法律相关因素的范围"。[4]法律现实主义的目标是使法律机构能够"更理智、更完全地考虑那些法律必须从社会出发并且将被运用于社会的事实"。[5]波斯纳在《法理学问题》中，深入讨论了法律的认识论、本体论及法律解释等基本问题，重点是实用主义法理学。他将经济理论运用于对经济法律制度的理解和完善，追求以现代微观经济学原理来解说法律的效率，使得几乎法律领域的一切问题都与价格、成本、效益及经济资源分配联系起来。波斯纳直言不讳地承认自己的理论是

〔1〕 参见［美］诺内特、塞尔兹尼克：《转变中的法律与社会》，张志铭译，中国政法大学出版社 1994 年版，第 86，93，96，102 页。

〔2〕 参见［美］诺内特、塞尔兹尼克：《转变中的法律与社会》，张志铭译，中国政法大学出版社 1994 年版，第 94 页。

〔3〕 See Jerome Frank, *Justice Holmes and Non—Euclidian Legal Thinking*, *Corne U Law Quarterly* 17, 1932, pp. 568, 586.

〔4〕 See Lon L. Fuller, *American Legal Realism*, *University of Pennsylvania. Law Review* 82, 1934, pp. 429, 434.

〔5〕 See Roscoe Pound, *Jurisprudence*, St. Paul, Minn. West Publishing, 1959, p. 350.

实用主义。[1]1990 年波斯纳出版的《法理学问题》构建了他的新实用主义法理学体系，特点是：视实用主义为一种对传统哲学的反动，将实用主义的复兴与时代的需要联系在一起。[2]新实用主义摈弃了传统哲学对于确定性、绝对性、普遍性知识的幻想，把目的看作是平息怀疑而不是追求真理。认为法律自身不是实体，法律是一种独特的社会制度，是许多套命题集合体，是权利、义务和权力的渊源。法律决定的正确性是政治的而不是认识的，是实用主义的而不是逻辑上的。[3]波斯纳新实用主义的意义在于改变人们对法律价值的认识，特别是法律对经济的意义，不在于其确定不变的逻辑推理，更应该关注其所产生的效益，即法律不只是推理的过程，而是一种有目的的导向。有目的的法律调整就是运用各种权力并调动系列资源解决问题。回应型法律秩序必须作以下假定：非正义的危险不是隐藏于混合的权力之中，而是隐藏于不受制约的权力之中。权力混合必然设立"独特的"法律机构以解决问题，从而减少法律推理方法和法律观念的运用。[4]

回应型法的实用主义构建了一种新的法律评价机制和标准，经济法正是运用了这个新的法律原理。首先设定了一种新的法益目标，回应了社会对资源配置经济活动过程中公共目的的要求：即维护社会公共利益，协调平衡社会整体利益，确保公平、效率和安全的社会经济秩序。并通过"社会公共利益"的目标划分市场与政府的边界，明确经济法就是为了维护"社会公共利益"，并通过制度设计，授权政府机构为防止市场自由对社会公共利益侵蚀的干预权，且注重平衡协调各方利益，兼顾公平、效率和安全，"社会公共利益"把政府与市场联系到一起，在市场与政府之间构建了经济法的调整机制。经济法之目的型法的理性法律推理在衰减，但却把资源配置经济活动过程中的政治的、道德的、经济的、社会的、物质的、民族的、宗教的、伦理的诸种利益之合力，通过法律参与和政治参与，法律分析和政策分析，把法律判

---

〔1〕　参见佟吉清、王保军："波斯纳新实用主义法学的思考"，转引自朱景文主编：《当代西方后现代法学》，法律出版社 2002 年版，第 323、331、336 页。

〔2〕　David Luban, "What's Pragmatic about Legal Pragmatism?", *Cardozo L. Rev.* 1996, p. 34.

〔3〕　参见佟吉清、王保军："波斯纳新实用主义法学的思考"，转引自朱景文主编：《当代西方后现代法学》，法律出版社 2002 年版，第 337~338 页。

〔4〕　参见［美］诺内特、塞尔兹尼克：《转变中的法律与社会》，张志铭译，中国政法大学出版社 1994 年版，第 124 页。

断和道德判断融进新法律机制中。通过探究影响法律正当性的合理的社会因素，通过实质正义的结果而非形式正义的推理过程，维护立法者所确立的社会公共利益目标。

五、回应型法之实质正义与经济法的政府治理模式

（一）回应型法的实质正义

诺内特和塞尔兹尼克关于回应型法的描述比较类似于欧洲学者有关"形式法的再实质化"的理念，是关于自主的法律变迁的、更具系统性和连贯性的法律模型，是从法律形式主义危机中涌现出来的一种实质性目的至上的导向。这种目的性导向影响了基本的法理学概念，如关于"义务"与"权利"的关系，法学研究的经典方法也转变为"社会政策分析"的方法，出现了法律实践中参与方式与理论研究方法多元化的变迁。此外，法律的实质化产生了全新的制度和组织结构：在法律制度之外的社会环境和政治环境方面重新界定边界，要求由非科层的"后官僚组织"所实行的"法律参与和政治参与的整合""法律判断和道德判断的整合"的"规制而非裁判"的治理模式。法律秩序已经从形式理性模式转换为实质理性模式。在目的型法体系中，实在法及其实施中要求一种能够超出形式上的规则性和程序上的公平而迈向实质正义的法律体系。回应型法的典型功能就是调整而非裁判，是精心设计阐明公共利益的机制，并实现法律目的及时修正所需要的政策的过程，而不是为了解决个案纠纷的过程。这种功能不能等同于对规则的运用进行的行为规范和裁决，而是包括规则的制定和实施。如制定"规则"只是精心设计政策，确立规定"实施目标""执行准则""指导方针"等多种方式，以及处理问题的许多方式如形成动机、分配资源、完善设施、提供服务等。法律参与到更广泛的行政治理领域，法学理论研究也变成了赋予目的以肯定权威的探讨，即保证政府机构的运作目的的正当性。回应型法的目的在于授权和促进，限制性负责任是一项次要功能。政策必须被置入相关领域的社会结构中，以便能使各级决策具有活力并获得有效彻底的权威。[1]

虽然回应型法预想了一种权力混合和机构的模糊界线，但法律和政府的

---

〔1〕 参见［美］诺内特、塞尔兹尼克：《转变中的法律与社会》，张志铭译，中国政法大学出版社1994年版，第122、123、125页。

结合意味着政府在回应型法中以双重资格发挥作用。作为政治角色，政府责任是要追求诸如消费者权益保护，以及环境污染控制或劳动雇佣歧视之类的社会问题。另外，政府作为法律角色，还应该设立维护"公共目的"的专门机构。比如消费者权益保护协会，环境保护的行政机构和民间组织。原则上设计这些制度是为了公共政策的活动，包括准确地界定那些被公认的目的，以及不断阐明相关的战略抉择和政治选择。这些活动，政府超出了权力范围。任何现代法律秩序虽然都可能存在着回应性，但要将这种可能性变为现实的政治环境。回应型法的成就取决于政治共同体的意愿和资源，其所预想的社会是一种使政治行动者面对问题，确立重点和作出必要承诺的社会。回应型法决非为了创造各种领域的正义奇迹，它的独特的价值是要促进公共目的的实现，并将一种自我矫正的精神铸入政府管理的过程中。[1]回应型法明确地与法的程序化的形式主义划清了界线，回应型法的根本理想是目的性和合法性，但其合法性不能混同于概念上的规则及程序的形式主义，而是更普遍的意义上的合理性，其合法性的理想就是从中剔除形式主义，追求目的的普遍价值和实质正义，[2]实现的是社会正义而非个体正义。

（二）经济法之实质理性的政府治理模式

经济法以维护社会公共利益为己任，其"公共性"的法益目标为治理模式提供了法治基础。经济法的调整对象或是调整范围就是在资源配置或经济活动过程中的市场行为和政府行为。经济法对市场秩序规制关系、市场监管关系、宏观调控关系的调整就是要在"市场""政府"和"社会"三者间建立内在的治理机制，正确处理市场、政府与社会间的互动关系。治理的理念切合了经济法维护社会公共利益，协调平衡社会整体利益，并兼顾公平、效率和安全的价值目标。在政府治理中，对社会经济问题的解决处理不是依靠法院的判决，而是行政部门的行政执法先行程序，是防患于未然的事前行政预设机制而不是事后法院的司法救济机制，政府治理的纠纷解决是行政裁决或是谈判协商而非法院的司法审判，从而也降低了治理的成本。不过，政府治理依然确保了司法救济的最后法治保障机制，对政府治理中行政纠纷处理

---

〔1〕　参见〔美〕诺内特、塞尔兹尼克：《转变中的法律与社会》，张志铭译，中国政法大学出版社1994年版，第125~127页。

〔2〕　参见季卫东：《法治秩序的建构》，商务印书馆2014年版，第386页。

不服的，仍然可以依法提取相应的诉讼。

现代西方法学曾确信法律形式主义能以其自身的逻辑和程序，严格运用逻辑学的方法进行法律推理来解释和解决社会现实问题，认为现代法治的法律规则足以涵盖一切法院遇到的问题，使每个法律问题都有正确的答案。人类进入工业时代以来，随着经济全球化、知识化、资本化、信息化、虚拟化的发展变化，社会经济生活的复杂化，新的矛盾层出不穷，从而触发了西方法律传统的危机，动摇了现代法学的基础和原则。行政自由裁量权成为应对社会经济新问题的"尚方宝剑"，政府职能和权力不断扩大。随着福利国家的出现，政府权力不断地参与到社会、经济、甚至文化的每个角落，"通过法律管理国家"导致了法律工具主义的兴起，经济政策通过目标、标准、性质、实施手段、信息指引等对政府行为进行指引和规范，实现经济法的实质理性的新的法律机制。经济法的政府治理的理念就此背景下产生，具有经济法特色的"法律和政治""法律和社会""法律和经济"的范式回应了现代社会经济发展的需求。主导社会和经济发展，拥有政治资源的政府无疑扮演着最重要且不可或缺的角色。

为了适应日新月异的社会经济发展的需要，国家职能的不断扩大要求法律和政府参与更多经济社会活动，关注更多的社会经济问题。政府被赋予了更多的权力，以行政治理为核心的法律制度在国民经济和社会发展中举足轻重。尽管立法机关和司法机关依然享有独立地位，但为了应对社会经济发展，政府借助法律公开介入现代法学认为不应该介入的领域，法律沦为政府推行政策的工具，如公开参与制定经济与社会政策，以及社会财富的重新分配等。政府使用的资源和权力都是由一系列新的法律机制创造和支持的。[1]行政立法权和行政裁决权在国家治理和经济社会生活中却越发重要，甚至影响着一个国家经济社会发展的进程。以司法审判为中心的现代法治正在衰落，而以政府治理为核心的经济法的新的法律机制正在形成。

---

〔1〕 参见信春鹰："后现代法学：为法治探索未来"，载《中国社会科学》2000年第5期，第61~62页。

第五节　学界对经济法之回应型法的质疑及回应

郑冬渝教授[1]和蒙连图[2]基于对经济法和回应型法的误解，对"经济法之回应型法"提出了质疑和批判。回应型法作为一种法律模式或类型，绝不只是建立在空中楼阁的法律理想和情怀，而是有着坚实的现实基础和理论依据的新的法律机制。经济法是这种新型法律机制的实践代表，经济法用实践和理论去诠释"什么是回应型法"。对新事物的理解和接受都需要一个过程，但真理是越辩越明的，希望通过与郑冬渝教授、蒙连图的切磋能增进对"经济法之回应型法"的进一步认识和了解。

一、郑冬渝教授的质疑及对其的回应

郑冬渝教授认为，"首先，所有法律制度都是对现实生活的回应，所有法律制度均是回应型法，不能因为经济法的'回应性'是最明显的，就将经济法定位为一种回应型法"。"其次，经济法并非目的导向型"。"再次，我国经济法程序尚有不足，实质正义不易实现诺内特和塞尔兹尼克的回应型法理论"。[3]对于郑冬渝教授的以上质疑值得商榷。

首先，仅因为所有的法律都是回应型法，也不能得出经济法不是回应型法的结果，郑冬渝教授犯了"白马非马"的逻辑错误。

其次，诺内特和塞尔兹尼克关于回应法型之"回应"是建立在其法律形式更具有弹性和开放性，更能适应社会的需求的理论基础上。传统法强调法的正统性和稳定性权威，受严格程序制约很难根据经济社会的变化随时作出调整，但经济法的软法性规范能对社会经济的发展变化及时作出调整和回应。

再次，回应型法之目的法指其以社会的"公共利益"或"公共秩序"为价值目标，而不是追求所谓个体间的公平正义，这也是回应型法之目的法的

---

[1]　参见郑冬渝："经济法法律类型思辨"，载《云南大学学报（法学版）》2013年第2期，第41~42页。

[2]　参见蒙连图："质疑'经济法是一种回应型法'——基于现实中国的语境"，载《社会科学家》2010年第6期，第76~77页。

[3]　参见郑冬渝："经济法法律类型思辨"，载《云南大学学报（法学版）》2013年第2期，第41~42页。

本质特征，也是其与自治型法和压制型法不同的根本。经济法以"社会公共利益"为其法益目标，也是政府治理的目标。法院是不可能面对现实经济问题直接介入进行调整，这正是回应型法的政府治理模式与自治型法之司法审判模式的不同之处。其对现实的回应是传统民法力所不及的，传统民法是不可能对"公共目的"作出直接的回应的，更不可能视其为价值目标。

最后，回应型法的实质正义在于其不受程序正义的形式主义的拘束，其法律效果不是法律内部逻辑推理的结果，而是法律与外部因素综合作用的结果。比如，经济法政策是受政治、经济、社会等多种因素的影响的结果，其实施也主要在于整体社会效果而非简单的个体间的公平正义。回应型法的实质正义不是不要程序正义，而是要去掉其形式主义。郑冬渝教授对"回应型法的程序正义"的理解有失偏颇。对回应型法之"回应"的理解不能望文生义缺乏基本的论证支持。虽然回应型法作为新的一种法律调整模式尚存在许多不足，但不能因此否认其客观存在及其现实意义。

二、蒙连图博士的质疑及对其的回应

第一，蒙连图认为经济法不是一种回应型法。具体理由是："以经济法的社会本位、追求实质正义等特性，与回应型法的内涵相一致认为两者相等同的理由不充分。"认为"经济法并没有超越出法的程序性要求，对法的形式理性依然保持尊重和恪守"。并质疑"自治型法是否就一定不能实现实质正义，是否一定只有回应型法才可以实现实质正义？""不能以经济法具有一定的回应性就认定经济法是一种回应型法"的结论。[1]蒙连图不否认经济法的"回应性"，但认为经济法也是需要程序正义所以也要求"形式理性"而不是"实质理性"。回应型法的"回应性"绝不是因为其不要程序正义，而是要求摒弃程序正义的"形式主义"。蒙连图和郑冬渝教授都误读了回应型法的"实质正义"。蒙连图质疑"自治型法在追求实质正义等方面是否还有发展的空间和余地，"把"实质正义"等同于"回应型法"，并竭力去论证"自治型法"也有"实质正义"，并在承认经济法的实质正义的同时，认为因为自治法也可能具有"实质正义"就否定经济法是"回应型法"，同样犯了"白马非马"

---

〔1〕 蒙连图："质疑'经济法是一种回应型法'——基于现实中国的语境"，载《社会科学家》2010年第6期，第76页。

的逻辑错误。

第二，蒙连图认为回应型法"与压制型、自治型法之间是一种否定之否定螺旋上升的关系"。"没有自治型法的充分发展，就不会有回应型法的产生，从我国的现实看，自治型法远未建立，更不用说充分发展"，所以"从回应型法产生的逻辑上看，自治型法是回应型法产生的前提和基础，我国经济法的发展不存在这样的前提和基础"。[1] 诺内特和塞尔兹尼克认为"压制型法和回应型法分别代表了法律发展的一个低级阶段和高级阶段，并非要表明后者内在地优越于前者"。[2] 诺内特和塞尔兹尼克认为三种法律类型是法律适应社会的三种状态，代表三种社会法律关系，而非三个法律发展的历史阶段。"这三种类型既有重叠之处，又表现出了发展的阶段性或连续性。"[3] 可见回应型法是压制型法和自治型法的综合体，是既"重叠"又"连续"的共同发展状态，是为回应社会对压制型法和自治型法的一种改良的创新，并非"否定之否定的螺旋上升关系"，回应型法是非压制型之公法与自治型之私法融合而成的第三法域。蒙连图认为"回应型法是一种法律现象，是一种法律秩序。在我国，回应型法更是一种期望、一种理想、一种目标"。[4] 蒙连图把三种法律类型当作法律的三个发展阶段，错误得出我国未建立"自治型法"，更不可能有"回应型法"。蒙连图否认我国的法治建设发展的现实及其成就，不承认三种法律类型在我国实践的客观存在，仅视回应型法为一种"理想""目标"和"愿望"，不可避免地走上了"虚无主义"的唯心之道。

第三，蒙连图认为"经济法是一种回应型法的理由并不充分，经济法不是一种回应型法"。"回应型法是美国已经成熟的以程序正义为基本特征的自治型法律体系。""从我国经济法面临的社会现实和法律现实看"，"我们要克服的主要不是程序的滥用，而是程序的不足"，"要克服的不是消极的司法执法观念，而是要克服过度追求所谓实质正义的传统和现实中常有的轻视程序

───

〔1〕 蒙连图："质疑'经济法是一种回应型法'——基于现实中国的语境"，载《社会科学家》2010 年第 6 期，第 76 页。

〔2〕 参见［美］诺内特、塞尔兹尼克：《转变中的法律与社会》，张志铭译，中国政法大学出版社 1994 年版，第 28 页。

〔3〕 参见［美］诺内特、塞尔兹尼克：《转变中的法律与社会》，张志铭译，中国政法大学出版社 1994 年版，第 11~12 页。

〔4〕 蒙连图："质疑'经济法是一种回应型法'——基于现实中国的语境"，载《社会科学家》2010 年第 6 期，第 77 页。

过度追求所谓实质正义的冲动"。"我国经济法要解决的主要问题不是如何授权，而是如何有效控权"。[1]首先，蒙连图误读了回应型法，把其简单理解为了"克服程序滥用"。回应型法反对形式主义的程序正义，但这不是其主要目标，而是其实现实质正义的另一种路径，回应型法也遵守程序正义。其次，误读了经济法，简单地把经济法视为"政府干预经济"之控权法，认为经济法的功能就是对"政府干预经济"的"政府权力"进行控制，经济法是程序法而非实体法，是"控权"而非"授权"，要"程序正义"而"非实体正义"。任何权力和权利都是既授权也被控权，没有不受制约的权力和权利，截然地把"授权"与"控权"，"程序正义"与"实质正义"对立起来。看到经济法实践中程序上存在问题，就把这些表象的问题当作了经济法的根本，而没有深入探究经济法的本质和内涵。经济法作为回应社会经济发展的法律新模式，首先必须是政府被授权对社会经济活动进行干预，但同时也通过法律制约政府应该依法行使干预权，是既"授权"也"控权"，既是"实体法"也是"程序法"。如果没有被"授权"，又有何"权"可"控"呢？回应型法并非不要程序正义，而是反对程序上的形式主义。程序上的形式正义不是"软法"的"法治目标"，经济法之回应型法的调整机制是"行政治理"而非"司法裁决"，是对传统司法审判中心主义的一种超越，也是政府对社会经济发展过程中为"维护社会公共利益""协调平衡社会整体利益"，以及"兼顾公平、效益和安全"的实质公平社会经济秩序的一种回应。

市场经济作为一种客观的经济现象，虽然问题的表现形式可能不一样，但其内在规律是同一的。不存在"西方的"和"中国的"根本区别和对立。因为蒙连图否认了我国市场经济地位，必然也就不会承认作为回应我国市场经济发展需求的经济法作为回应型法的客观存在。另外，蒙连图没有真正理解"回应型法"的调整机制是"政府治理"的整体视角，而非"司法裁决"的个体纠纷法律机制，经济法要解决的是社会正义而非个体正义。蒙连图孤立地、片面地、表象地看待经济法和回应型法的关系，不可能真正了解其内在的根本联系。所以没能把握经济法之回应型法是一种以"政府治理"为核心的新的法律机制，经济法之"回应性"就在于其具有"弹性"和"开放

---

[1] 蒙连图："质疑'经济法是一种回应型法'——基于现实中国的语境"，载《社会科学家》2010年第6期，第77页。

性"的"软法规范"。蒙连图对经济法和回应型法的误解必然导致"经济法不是回应型法"的错误判断,难以避免形而上学的唯心主义。

第四,蒙连图认为"经济法应是一种自治型法。"经济法自从法国摩来里的"社会分配法"中诞生之日起,就烙上了"国家权力"的烙印,这就注定其与以"私法权利"为核心的自治型法的本质上的决裂。"经济法应是一种自治型法"的判断是对经济法的"无知"之解,犯了最基本的常识错误,这种错误是源于蒙连图对中国市场经济和经济法现状的错误认识。蒙连图认为"无论是诺内特、塞尔兹尼克的回应型法,还是田中成明所称的管理式法以及哈贝马斯所称的福利法,其前提都是西方法律发展的现实,其所要解决的问题也是西方问题,而不是中国问题。我国经济法必须要回应我国社会经济发展的现实,而不能关起门来闭着眼睛造出一个与社会现实格格不入的体系"。[1]"市场经济"在不同的国家以及不同的发展阶段有不同的表现形式,但市场经济的本质属性及其内在的客观规律,是不以人的意志为转移的。我国自 1994 年建立市场经济制度以来,已形成具有中国特色的市场经济体制。市场与生俱来的盲目性、逐利性、局限性等"市场缺陷"不论何种市场经济模式,也不论何种发展阶段都是一种客观存在。其对市场经济的破坏程度取决于政府对"市场缺陷"的治理能力和效果,这也是经济法的基本的思想内核和理论基础。蒙连图的错误就在于否认我国目前的"市场经济"地位,从而也就不承认我国存在"市场缺陷",认为中国经济和经济法的问题都在于"政府缺陷"而非"市场缺陷",所以"控权"是经济法当务之急。否认中国"市场经济地位"必然否定我国市场经济中存在的"市场缺陷",进而从根本上否定了经济法作为克服和矫正"市场缺陷"的客观存在,这才是"关起门来闭着眼睛造出一个与社会现实格格不入的体系"的真实写照。

回应型法作为一种新的法律机制,尚处于理论构建和法律实践的尝试阶段。诺内特和塞尔兹尼克虽然对回应型法进行了理论的建构,但自始未对其实践进行论证和探究,甚至都未表明实践中回应型法的具体类型,没有对压制型法、自治型法和回应型法进行具体类型化实证分析,但从其理论模型可推定,行政法(指行政实体法和行政程序法)属于压制型法、民法属于自治

---

[1] 参见蒙连图:"质疑'经济法是一种回应型法'——基于现实中国的语境",载《社会科学家》2010 年第 6 期,第 77 页。

型法、经济法属于回应型法的典型代表。虽然诺内特和塞尔兹尼克没有明确经济法就是回应型法，但其关于回应型法的理论描述和构建，基本上就是对经济法的理论剖析。毫无疑问，经济法应该属于回应型法。诺内特和塞尔兹尼克对法律的三种类型化是对传统二元法律体系的突破和超越，但因其理论的论证没有结合实践中具体的法律部门展开。只是把回应型法规范简化为政策类规范，没有具体明确回应型法在实践中的运用。脱离实践的理论研究进路使其最终走向唯心的"虚无主义"，某种程度也就导致对于回应型法的理论研究只是一种冒险的"理想"或是"未来法"。以至于诺内特和塞尔兹尼克认为，"探求目的对于法律机构来说是一项冒险的作业。因为，以往的传统很容易被看成是合理性的障碍，通往回应性的路必定是危险的。虽然一些强大的力量极力使现代法朝着这个方向发展，但产生的结果却是不可靠和不稳定的。"[1]如英格兰、新西兰等在最近几十年的司法管辖区的改革，不是摒弃形式主义，而是大大超出了形式主义、司法管辖区，判断也是注入了政策和改革思想。[2]诺内特和塞尔兹尼克的困惑在于他们对回应型法的"理想模型"，已经感知到这种新的法律机制可能存在的问题，当然这是符合认识论的客观规律的。任何法律类型和法律制度肯定都不可能完美无缺，作为回应社会经济现实而催生的回应型法、经济法也在所难免，但不能因为其存在问题就否定其客观存在和价值。任何认识都是对客观事物的反映，回应型法就是对经济法及经济法有关的经济、社会、法律现象的反映。不论是回应型法，还是经济法的实践和理论，都需要更进一步地深入探讨和研究，以期构建更完善的回应型法以及经济法的理论体系。

---

〔1〕 ［美］诺内特、塞尔兹尼克：《转变中的法律与社会》，张志铭译，中国政法大学出版社 1994 年版，第 86~87 页。

〔2〕 See Megan Richardson, "Responsive Law Reform: A Case Study in Privacy and the Media", *European Journal of Law Reform*, 013 (15), pp. 20~25.

经济法对后现代法学的诠释：
从理论碎片到法律实践的逆袭

后现代主义作为一种泛文化思潮，是对西方近现代主流思想文化的解构、批判和怀疑，表现出强烈的反叛倾向。后现代法学是后现代主义在法学领域的一种思潮和新流派，其以女权主义、文学与法律、批判法学、种族保护等边缘权利的多视角为关注对象，通过对现代法学的理性、本质、确定性、普遍性等进行否定，以摧毁现代法律制度的思潮。唯心主义的后现代法学激进的思维模式及其狭隘的研究视野，注定其不可能从根本上对现代法进行彻底的批判，也不可能建构新的法律机制。经济法在对传统民法和行政法批判的基础上，通过解构传统二元法律体系，建立了公私法兼容的第三法域，借用后现代法学的合理的思想内核和思维模式，摒弃其唯心主义的思想糟粕，在批判现代法治司法中心主义、理性形式主义以及自由主义过程中，构建了新的法律机制。经济法作为一种法律现象在后现代主义之前早已有之，现代经济法作为一个新兴的部门法，其法律实践是对后现代法学的一种全新的诠释，把后现代法的理论碎片演绎成后现代的经济法纪事。通过对传统二元法律体系的解构，以及对现代法治的理性批判，成功逆袭构建了一种新的法律机制。

第一节　在现代法学衰落和后现代法学迷惘中崛起的经济法

一、后现代法学的概述

后现代主义是 20 世纪 60 年代产生于西方发达国家，在电影、音乐、绘画、建筑和文学等艺术生活方面的泛文化思潮运动，是对西方文明工业社会的多元文化融合，以及经济全球化等特征的描述，是一种批判和质疑现代性的哲学思想。其理论表现为反本质主义、反基础主义、非理性主义、解构主义等特征。后现代主义哲学以反现代为标签，其实质是与信息社会相适应，以逆向思维分析方法批判、否定、超越现代主义理论基础、思维方式和价值取向为基本特征的思维模式。[1]后现代主义的思维方式强调反正统性、破碎性、否定性、不确定性、非中心化、非连续性以及多元性为特征。考察"后现代"的字面语义，其前缀词"后"表示同此"前"的一种决裂。"后现代"是对非现代的一种描述，其话语包含了某事物已经终结，而新的正在来临之意。[2]后现代法学是后现代哲学对现代法学领域入侵的一种思潮，是继自然法学派、分析实证法学派和社会法学派三大法学流派之后，当代西方较晚近发展起来的独具特色的法学流派。其质疑现代法理性的法律主体和法律自洽性，否认法律的普遍性、确定性和中立性，批判法学本质论的一元法律观。用怀疑、批判、否定的眼光看待现代法治，并对其理论和实践等问题进行反思和审视。广义上后现代法学主要包括激进的女权主义法学、批判法学、法律与文学运动、新实用主义法学、种族批判法学和法律解释学等研究范畴。[3]除少数后现代主义学者从法律经济学及新实用主义法学的角度来审视法律与经济的关系之外，几乎没有学者以后现代主义的视角来解读经济法。

二、后现代法学对现代法学的挑战

现代主义的基本特征在于把主体性视为基础和中心，坚持抽象的物质观，表现出对统一、基础、权威的迷恋。现代法律制度以理性为基础，注重法律基本原则和规则，追求个人自由、平等权利、公平正义、社会契约、正当程序等价值目标，主张法制的统一性，法内容的确定性以及法的自主性，注重法律规则内在的形式逻辑的自洽性和法官的逻辑推理，强调法的独立性以及不受其他因素的干扰，坚信司法的最终权威，倡导民主、自由、进步的启蒙精神为主体的主流意识形态。[4]现代法学通过理性思维，是以法的构成、规

---

〔1〕 参见朱晓喆："后现代法学的主题词"，载《法学》2003 年第 5 期，第 24 页。

〔2〕 参见李栗燕：《后现代法学思潮评析》，气象出版社 2010 年版，第 2 页。

〔3〕 参见吕宁、张宇坤："对后现代法学思潮的审视与反思——兼论对中国法治建设的意义"，载《理论月刊》2010 年第 5 期，第 100 页。

〔4〕 参见孙国华、冯玉军："后现代主义法学理论述评"，载朱景文主编：《当代西方后现代法学》，法律出版社 2002 年版，第 476 页。

范、价值、现象及其社会功能与实效等为研究对象，以法律关系的主客体以及其内容的权责利义等为主要研究内容的社会科学。[1]

后现代哲学否定现代理性主义和科学主义，反对过分依赖形式理性和实证分析的科学方法，反对用单一、固定不变的逻辑和公式来阐释和衡量世界，反对在理论研究中完全仿效自然科学的思维模式，主张多元化和差异性，以满足具体实践中人们的特殊需求和利益。后现代哲学的某些主张和方法进入法学领域后，动摇了现代法学的基本理念，认为如普遍的正义、公平、平等、人权等法律价值是虚假的命题。[2]后现代法学以法的非合法性、相对性、地方性、非形式性、选择性和差异性来对抗现代法学传统理论强调的普遍性、全球性、合法性、正式性、形式性和一致性。[3]后现代法学传承了自然法学的实质理性，吸收了分析法学派揭示法的本质的批判性，继承了社会法学派对分析法学派通过逻辑推理来建造庞大法律的体系的批判，并结合实用主义因果发现和经验实践的方法，通过解构、批判和对话以及语言游戏来构建自己的方法论体系。后现代法学通过解构的方式，揭穿现代法学利用虚拟的形而上学和逻辑推理等科学方法，及其塑造的不存在的法体系及虚构的理想神话。揭露了"理性主体的虚化性""自然权利内容的虚构性""法的确定性和普适性的假象"，揭露了现实的虚假性，宣告了现代法学理论原则和结构体系的无效和虚假。同时，把真实的现实展现在人们面前，促使他们去思考和重新认识现实的法和法律语言。[4]后现代主义思潮是对现代人类生存状况焦虑和不安的表达，以及对更合理的精神世界和物质的渴求。首先，后现代法学对西方社会现代法律本质的认识，有助于防止法律系统的封闭和禁锢，有利于法律的开放以适应社会经济发展。其次，后现代法学对现代法的批判可以激发人们对现行法律制度及其相关社会问题的反思，以构建更合理的法律新机制。尽管后现代主义对现代性问题上的主张和批评有些偏激，但可以启发人们对曾经坚信不一的现代法理念进行反思和重构。

---

〔1〕　参见吕世伦主编：《法的真善美——法美学初探》，法律出版社 2004 年版，第 76、77、82、83 页。

〔2〕　参见信春鹰："后现代法学：为法治探索未来"，载《中国社会科学》2000 年第 5 期，第 60 页。

〔3〕　参见陈金全、王薇："后现代法学的批判价值与局限"，载《现代法学》2005 年第 2 期，第 159 页。

〔4〕　参见王新举："后现代法学对现代法学的解构——论法的虚拟性"，载《北方论丛》2008 年第 6 期，第 150 页。

三、"现代性"的缺陷及后现代法学的迷惘

人类进入现代社会以来，掠夺、战争、种族和宗教仇恨的残杀就未停止过。现代法对后工业时代涉及人类文明与发展进步的问题，如经济全球化、信息化、虚拟化、知识化、生态环境的破坏、自然资源过度开发、艾滋病等疾病的蔓延，贫富差距过大，极度贫穷等社会经济问题的解决无能为力，而现代法学核心的自由权利过于泛滥侵蚀了社会公共利益，严重影响着社会公共秩序。后现代主义者认为，这些问题主要是由所谓的"现代性"引起的。早在20世纪60年代，古阿蒂尼（Romano Guardini）就认为现代已结束，斯佩斯（Karl Jaspers）阐明了告别现代的标志，即迷失性、困窘、背弃性和忧惧。[1]现代性的缺陷，引起了正在对传统法律进行现代性改造的法学界的焦虑，这种焦虑主要表现为对后现代主义的惘然失措或者对抗。[2]劳森（H. Lowson）认为后现代困境就是对真理、价值以及各种尊崇的信念的危机，这种危机源于自身反省性根源。[3]后现代法学希望通过批驳和反思现代性及现代法学给自然界、人类社会带来的消极后果，并对其解构和超越来实现一切权利的自由产生与发展。[4]后现代法揣着对自然法回归的执念，对现代法进行了无情的打击和摧毁。

后现代法学认为，法律乃是不同利益集团间利益的妥协和人为因素作用的结果，并非客观的逻辑系统，法律在某种程度上反映了人类理性，但主要法律原则诸如正义、权利、自由等都具有相对性，并不代表绝对的真理。后现代法学主张从穷人、妇女、黑人和精神病人等弱势群体的多视角非主流意识角度看问题。[5]通过具体的边缘人的边缘权利，洞察到理性法律中存在的实质上的不平等，并极力揭开理性主体虚伪的面纱。但后现代法学没有深入去探究理性法形式平等下实质不平等的根本原因和制度缺陷。特别是绝大多数后现代法学者拒绝对经济与法律关系进行探讨和思考，导致其视野过于狭

---

〔1〕 参见［德］阿图尔·考夫曼：《后现代法哲学——告别演讲》，米健译，法律出版社2000年版，第3页。

〔2〕 参见汪习根、涂少彬："发展权的后现代法学解读"，载《法制与社会发展》2005年第6期。

〔3〕 参见［法］劳森："反省性：后现代的困境"，载［法］让-弗朗索瓦·利奥塔：《后现代状况——关于知识的报告》，岛子译，湖南美术出版社1996年版，第225页。

〔4〕 参见李龙主编：《法理学》，武汉大学出版社2011年版，第390页。

〔5〕 参见吕世伦主编：《法的真善美——法美学初探》，法律出版社2004年版，第77页。

隘而难融入主流。只满足于对一些具体的、表象的、肤浅的问题进行宣泄和攻击，而不能直击现代法学的核心问题。后现代法学对现代法律制度进行强行摧毁后，并没有构建新的法律秩序。后现代法学就像一群暴徒，消灭了上帝后，却依旧按上帝原来的样子生活。因此，后现代法学难免被主流法学界扣上"虚无主义""激进分子"和"精神狂妄徒"的帽子。

四、后现代法学中崛起的经济法

后现代法学的兴起只是一种思潮，并不意味着它已经取代现代法学的主导地位。针对现代社会中存在的社会经济问题，现代法学必须作出回应。经济法学是现代法的一部分，是在对传统二元法律体系的解构以及"逻各斯中心主义"的"在场形而上学"的否定，对民法权利主义和行政法权力扩张的批判中继承和发展起来的新的法律部门。经济法对现代法理性思维中的抽象和推理并不排斥，承认系统论，不否定宏大叙事，但也不刻意追求。尊重个体的独特性，包容多样性，并去粗取精、发扬光大现代法学。随着社会经济的发展，现代法学时刻受到政治、社会、宗教、经济、道德以及其他因素的影响，经济法律制度更不可能是封闭的体系。因此经济法主张法律制度的多元化，认为社会性、公共性、效益和安全也属于法的价值，应强调政府及社会组织在现代法治中的作用以应对后现代存在的问题。西方传统的司法中心主义的法治秩序应被打破，应建立以政府治理为核心的新的法律机制。经济法作为这种新法律机制的急先锋，势必会受到旧势力的阻挠。因此，主流法学界对经济法的百般诘难、打压甚至摧残也就尽在不言中了。

经济法作为一个法律部门相比传统的民法、行政法和刑法等部门法较晚，是一个新兴的法律部门。伴随着社会经济的发展，经济法的法律机制也一直在不断地构建和完善中。以边缘权利保护为己任的后现代法学，也许还没有来得及审视经济法这个法律部门新贵，就对其加以怀疑和排斥并视为异己。虽然有后现代法学者把法律经济学列入后现代法学的范畴，但绝大多数后现代法学的著作中并没有涉及经济与法律关系的内容。经济法长着现代法学的心脏，披着后现代法学的外衣，拿着后现代法学的剑，努力在现代法学和后现代法学中开辟属于自己的新领域。后现代法学对法律与经济的关系的忽视或排斥主要基于以下理由：首先，经济法地位不明确。目前，关于经济法的界定在经济法学界内外均未形成共识，其存在总是被忽略也是理所当然的。

其次，后现代法学对自己边缘的、在野的、卑微的身份定位，也使得其从来不敢正视现行法制度存在的深层次问题，只是满足于对现代法表象一些虚构的假象的歇斯底里的怒吼，却没有能力去构建属于自己的新法律机制。经济法正是运用后现代法学的理念对传统现代法学发起挑战，并成功逆袭，在法律领域开创了一片新天地。

第二节　经济法对传统二元法律体系的解构

一、经济法对传统法的价值重构

20 世纪 70 年代兴起于美国的法律经济学，将"效率"价值直接引入司法实践，引起法理学革新。[1]法律经济学以实用主义的视角，把资源配置效率与经济制度设计结合起来研究，是新兴学科领域。如帕累托定律、科斯定理、卡尔多-希克斯效率等研究成果，为经济法的制度设计提供了经济与法律关系的理论依据。经济法实质性导向目的至上的兴起，把曾经刻板的规范性结构转变为结构开放的标准和结果导向的规则。新的目的导向影响了经济法基本的学理概念，传统的"公平""正义""秩序""平等""自由"的法律理念有了新的发展和突破。经济政策中不可避免地要反映时代的政治诉求，形式法律探究的经典方法需要转变成"经济政策分析"的方法，这种方法与法律参与方式的变迁导致经济法的"法律多元化"。以至于"社会性""公共性""效率""效益"与"利益"也影响了经济法之实在法的构成，比如，"社会公共利益""经济效率""社会效益"等范式在经济法中不可避免，并成为经济法价值判断和法益目标的新标准。经济法为了维护社会公共利益和协调平衡社会整体利益，确保公平、效益和安全的经济秩序的法益目标，在经济法的法益结构中，既有重点又有层次，三个法益目标相得益彰。维护社会公共利益是基本目标，平衡协调社会各方的利益是具体目标，最终实现公平、效益和安全是终极目标。经济法的法益目标是对现代法价值的补充和重构，为了维护社会公共利益，既超越了民法对私权的利益最大化的维护，又不拘泥于行政法对权力的僵化禁锢。经济法通过制度设计防止私权利滥用损

---

〔1〕　参见韩桂君："公平：经济法的终极关怀——质疑'效率优先，兼顾公平'"，载《河南师范大学学报（哲学社会科学版）》2008 年第 2 期，第 121 页。

失社会公共利益，同时也规范政府行为，避免权力滥用，协调平衡了各方利益，缓和了经济效益与社会公平之间的对立，确保公平、效益和安全的最优资源配置的经济秩序。

二、经济法对理性主体的异构

（一）后现代法学对现代法学理性主体虚伪性的批判

现代法学学者认为法律的合法性存在于对理性和正义的追求之中。现代法学创造了理性的法律主体以及相应的法律结构、经济结构和社会结构类型，并赋予主体各种自然的、自由的、自治的权利。后现代法学学者则认为，权利只是理性的产物，是现代人的陷阱，其目的只是为了使"交换行为"成为可能。现代社会不是解放人的社会，而是压抑人的社会，这种压抑既是制度的，也是社会的。对物的占有以及社会对占有物的评价，使现代社会结构中的人不是"真正的人"，而是社会结构的附属品，其存在的方式是权利。[1]因为法律主体只是为了特定的经济目的和政治意图被所谓的理性所塑造出来的，故存在阶层等级的法律主体不可能是法学家们认为的平等主体，法律理性中的平等主体在社会现实中不可能存在，是虚构的主体。在后现代法学学者看来，社会上不同的阶层之间均存在着不同的法，不可能存在共识。法形成的过程是社会上的各种弱势群体被剥夺主体利益和被边缘化的过程，弱者意志和利益不可能被反映出来。[2]后现代法学学者认为，现代社会让不同的阶层主体拥有不同的法律地位、经济地位和社会地位，使穷人、妇女、黑人和精神病人等弱势群体被边缘化。虽然他们同样享有理性法律主体的各种平等权利，但实际上这些权利只不过是现代法学理性观念上的权利而不是现实中的权利，实际生活中他们一无所有。现代法学倡导的权利自由和自治不可能实现，不平等的经济地位和社会地位注定不同的阶层不可能通过自由和自治权利来达到实质平等。

（二）经济法对理性主体的类型化和角色化

经济法蜕变于民法和行政法的第三法域的特性，使其主体既有民事主体

---

〔1〕 参见信春鹰："后现代法学：为法治探索未来"，载《中国社会科学》2000年第5期，第64~65页。

〔2〕 参见吕世伦主编：《法的真善美——法美学初探》，法律出版社2004年版，第77页。

的私法性，也有行政法主体的公法性，表现出类型化和角色化的多维结构，尊重了不同群体或阶层的不同经济和社会地位的现实。经济法对现代法理性主体的形式平等进行了批判，通过抽象思维形成不同类型的经济法主体类型：市场主体、政府和社会中间层。再通过制定法赋予不同类型的主体不同的权、责、义、利，对经济法主体进行类型化和角色化的界定有利于明确其法律地位，形成诸如低收入人群、消费者、劳动者等弱势主体。经济法通过法律制度的设计，对弱势群体给予法定权利的保护，但对强势一方的主体课以法定的义务。对法律地位实质上不平等的强势与弱势市场主体之间的法律关系，通过立法进行权利义务不对称的配置来矫正其形式平等上的不足，平衡各方主体在实践中存在的不平等，达到实质公平。比如，在社会群体中存在不同收入差距导致贫富分化，经济法通过公共财政再分配的社会福利制度对低收入人群进行补贴，确保其基本生活保障。通过消费权益保护法、产品质量法等法律法规对消费者和经营者进行权利义务不对等设置，赋予消费者更多的权利，而课以经营者更多义务来破除民事主体形式上的平等而实现双方实质上的平等。经济法对弱势群体的保护，既有现代法学理性逻辑的制度设计，也体现了后现代法学对边缘人弱势群体保护的非理性的人文关怀。经济法借现代法学的法律制度协调了实践中不同法律主体的利益关系，实现了后现代法学实质平等的理想目标。

三、经济法对传统法律结构的解构

经济法是源于资源配置的经济活动过程中民法之私法权利义务规范对社会公共利益保护的缺失。民事主体为追求利润最大化，滥用民事权利害及社会公共利益，需要公权力的介入以及行政法之公法对权力限制的局限性，为了克服民法私法任意性规范的不足和行政法公法强制性规范的僵化以及权力滥用，通过私法公法化来防止民事权利滥用，通过公法私法化来发挥政府治理能力的效率和能动性，加强对社会公共利益的保护。在同一经济法律关系中，私法规范与公法规范共同调整经济法律关系。经济法通过对形式上平等的民事权利义务规范进行法律改良使之公法化或是法定化对弱势的一方进行倾斜保护，以平衡协调不同经济法主体间存在的实质上的不平等，实现差别待遇上的实质公平。经济法中的公法规范通过授权行政机关，或是分权社会中间层和市场主体实现公法私法化，最大限度地发挥了行政权力的能动性。

蜕变于民法和行政法的经济法，其法律关系结构必然既保持着民法和行政法的某些特征，但也别具一格，属于私法与公法相互交融的第三法域，存在公法私法化和私法公法化的特质。不同的经济模式导致其相应的经济法规范的结构也具有多重性或复合性，是对传统法律关系的异构。如市场主体的类型化和角色化，权利和义务的规范化或是法定化，客体的法定化，市场—社会中间层—政府之间的三维关系，构建了新的法律结构和机制。

经济法源于对民法规范和行政法规范的反思与完善，经济法对民事权利义务进行不对称的配置，并突破行政法的法律保留原则以及程序正义，赋予政府更多行政自由裁量权以应对社会经济的发展需要。所以经济法的规范必须突破民法"权利义务"规范和行政法的"行政限权"规范的传统范式，构建经济法新的规范体系，建立不同于民法，也不同于行政法的研究范式——即"市场、政府和社会"三要素互相关系的法律调整模式。经济法对传统法律关系的异构在于其解构了民法的任意性规范和行政法控权式规范的范式，使经济法主体、客体及规范形式都发生了改变。经济法对传统法律体系的解构主要是借"市场"和"政府"在资源配置的经济活动过程中对社会公共利益的维护，通过私法公法化和公法私法的融合，解构传统两大法律体系的对立，形成了"市场—社会中间层—政府"的社会经济结构和法律结构。在防止民事权利滥用和规范政府行为的制度设计中，对传统法律关系结构进行异构，形成了私法公法化，公法私法化，公私法兼容的第三法域。

第三节　经济法对后现代主义的理性解读

一、后现代主义对理性与非理性的解读

考夫曼认为，根据传统哲学观念，认识总是由知性（或感性）和理性创造的。数学等自然科学是知性的王国，社会科学和哲学则是理性的王国。知性在某种程度上占有一种硬件，如计算机仅仅能够承担知性的活动而不是理性的活动，而理性则只能被理解成为一种规则性的原则。知性意味着分析的、割裂的和论辩的，以及在此意义上的"唯理的"精神活动。知性的分析活动对于科学、社会科学和哲学来说是必不可少的。理性则表明最高的，以知识关联和统一为目的的人类思想活动的实现方式，理性只有在特定条件下才能

得以解决问题。但理性不是推理说明的逻辑场所,理性需要在运用中,通过理解的对话在相互承认中得以实现,且其论点才能被认为是真实的和正确的。康德把理性概念作为一种自由论证的概念予以理解,认为理性必须在其所有运用的场合经受批判,只要理性本身不被损害,且不对其带来不利的怀疑,理性甚至就是基于这种批判的自由而存在,没有任何专制的威严,只不过是自由公民的一致意见。[1]波普尔的"批判检验思想",以及哈贝马斯称作的"唯理的论辩"也持同样看法。实践(规范)论辩的三大支柱:论证原则、合意原则或趋同原则、缺陷原则,正是根据这种理性原则而产生的。严格意义上唯理的思维与非唯理的、理性的思维不能截然分开,理性同参与对话和论辩的个性不可分离。对于后现代的非唯理主义,自由法运动多少起了推波助澜的作用,而它本身虽然被理解为超唯理的,同时还是非哲学的,但却不是反理性的。"唯理"首先只是指"知性",有时甚至只是指"理性"。非唯理主义并不必然意味着"违背理性",或许意味着某些"超唯理性"。后现代思想首先应该克服现代的两元论:即主体与客体的分离。认为任何主观的东西都不能纳入认识,包括一切欲望的冲动压抑或自由释放之间的选择,以及唯理性和非唯理性之间的对立。后现代不会是理智的违背,但却是与唯理主义的"现代强制完成"与"总体化理性"相对立,绝对是非唯理的或是非理性的。形式主义的唯理性无休止的增长,直至成为一种纯功能主义的系统唯理性。[2]霍克海默尔则预见了"理性的分裂",并且转而反对一种纯粹的目的唯理性。[3]

二、后现代主义的非唯理或反理性解读

后现代主义学者认为非唯理主义思潮,如历史学派、浪漫主义及生命哲学等,合理地表明了人类一些重要方面曾被忽视,如经历、意志、动机、感

---

〔1〕 参见［德］康德:《纯粹理性批判》,第776页及以下,转引自［德］阿图尔·考夫曼:《后现代法哲学——告别演讲》,米健译,法律出版社2000年版,第19页。

〔2〕 参见［德］阿尔图·考夫曼:《后现代法哲学——告别演讲》,米健译,法律出版社2000年版,第8、18、19、20页。

〔3〕 ［德］霍克海默尔:《理性与自持》,第31、52页,转引自参见［德］阿尔图·考夫曼:《后现代法哲学——告别演讲》,米健译,法律出版社2000年版,第8页。

情、经验，应该对它们的合理性重新说明。[1]早在 1926 年，施魏策尔就已经指出："一切有价值的信条都是非唯理性的而且具有激情的特征，因为它们不能来自于对世界的认知，而是从意志的思想经历中升华从而获得生命，超越所有世界认知。"[2]没有科技、计算机和艺术家的才智，就无法理解未来，未来将是"现代"的上升，其实是对唯理性的完善。[3]福柯在《词与物》中对此有一段生动的描述：一种完成感和终结感，负载和激发着我们的思想，使我们相信某种新事物即将开始，这种感觉或印象并非毫无根据。[4]波斯纳认为："实践理性尽管是不可缺少的，却也是容易出错的，法律推理并不是一种特殊的推理，它经常不产生确定的结果。"[5]后现代主义的非唯理性或反理性主义总的态度并不是简单排斥与拒绝理性，而是对理性包含着一种更为深刻的主张和要求。但后现代主义的反理性主义存在的最大问题就是，没有触及理性意识背后的社会现实，他们对理性的批判仍然是局限于意识领域内的批判，这是一个重大的缺憾。[6]后现代主义的非理性认知与科学主义形成了尖锐的对立，过分强调非理性的自由性、合理性及能动性，难免削弱其客观性和批判性，不能根本地揭示事物的本质属性。

三、后现代法学对理性的批判

规范性判断的唯理性标准是存在的，以此为基础产生的认识是否能够获得"科学"的头衔，这既是基础性的科学概念问题，也可能最终是一个虚假问题。经过了数百年，人们才把正当和正义当作一种客体、一个相对于认知意识而实质存在的对象。[7]后现代法对理性认知是一种相对漫长的过程，需

---

〔1〕　参见［德］阿尔图·考夫曼：《后现代法哲学——告别演讲》，米健译，法律出版社 2000 年版，第 9 页。

〔2〕　参见［德］施魏策尔：《文化与伦理学》，第 9 页。参见［德］阿尔图·考夫曼：《后现代法哲学——告别演讲》，米健译，法律出版社 2000 年版，第 9 页。

〔3〕　参见［德］阿尔图·考夫曼：《后现代法哲学——告别演讲》，米健译，法律出版社 2000 年版，第 5 页。

〔4〕　参见［美］道格拉斯·凯尔纳、斯蒂文·贝斯特：《后现代理论：批判性的质疑》，张志斌译，中央编译出版社 2001 年版，第 44~45 页。

〔5〕　参见［美］波斯纳：《法理学问题》，苏力译，中国政法大学出版社 1994 年版，第 137 页。

〔6〕　参见文兵："再论后现代主义的反理性主义"，载《山东社会科学》2007 年第 6 期，第 82 页。

〔7〕　参见［德］阿尔图·考夫曼：《后现代法哲学——告别演讲》，米健译，法律出版社 2000 年版，第 31 页。

要时间和经验的积累和沉淀，至少其是曾经深思熟虑后的选择。后现代法律思想引入了对法律知识碎片式认识以及一系列小型法理学，想借此与现代法一元化法律观竞争，并试图颠覆。这种积极借鉴其他学科研究成果和多元视角观的态度，使后现代法学者从后现代主义哲学和后现代思潮阵营中，吸取了包括权力微观分析、知识考古学、悖论分析、小型叙事、系谱学、反讽诘问、解构等研究方法，形成了多角度的思想维度，有利于在法律研究运用各学科领域中的洞见，以鼓励和促进法律与其他学科碰撞与交流，深化和扩展法学研究平台。[1]丰富法学研究的方法，促进法学研究和法律知识的深度和广度，使不为法律所言说的人物、事件参与到法律话语的交流中来。[2]但后现代法学对法律知识的客观有效性持怀疑的态度，否认法律体系中存在着一以贯之的普遍性标准，也不承认法律可以从某些超越性的道德价值中推导出来，而将法律看作是政治权力角力后的结果，认为法律的阐释者正是政治权力的体现者。[3]

后现代法学通过解构的方式对现代法学流派理论根据的反思、解构和颠覆，解体近现代法学在形式上的和语言上的叙述方式，宣告现代法学结构体系和理论原则的无效和虚假。他们的主要任务就是去揭穿这种欺骗，把现实的虚假和虚构展现在人们面前，使他们去思考，去重新认识现实的法和法律语言。法律推理还包括手段目的的理性，指在不同的法律规则中做出的选择经常取决于某些目的。但这种决策过程是政策分析或道德分析，而不是法律分析独有的推理方法。同样，其他推理方法，如无言之知以及实践检验在法律实证问题上的有用性也是有限的，而且这些手段也并非法律推理所独有的。[4]后现代法学的非理性意识的随意性和能动性，忽略了认知应该遵循主客观的统一，难免陷入非理性的唯心主义，动摇了法治主义的认识论基础。

---

〔1〕 参见李栗燕："后现代法学的批判价值及其对中国法制建设的启示"，载《江苏社会科学》2007年第6期，第99页。

〔2〕 参见高中：《后现代法学思潮》，法律出版社2005年版，第202页。

〔3〕 参见徐振东："后现代法学方法论的理论光谱"，载《法制与社会发展》2007年第4期，第108页。

〔4〕 参见朱景文主编：《当代西方后现代法学》，法律出版社2002年版，第327页。

四、经济法理性的解读

（一）波斯纳新实用主义理性的后现代法解读

自 20 世纪 80 年代后半期以来，波斯纳把文学批评、效率性与法以及形而上的法理学也纳入自己的研究范围，使自己的视角多维化。波斯纳在《法理学问题》中，深入讨论了法律的认识论、本体论及法律解释等基本问题，重点是实用主义法理学。他将经济学理论运用于对经济法律制度的理解和完善，追求以现代微观经济学原理来解说法律的效率，使得几乎法律领域的一切问题都与价格、成本、效益及经济资源分配联系起来。波斯纳直言不讳地承认自己的理论是实用主义，并公开指出哲学意义上的实用主义是指皮尔士、詹姆斯、杜威、米德、库恩和罗蒂以及一些欧洲哲学家，也包括维特根斯坦和哈贝马斯的理论。[1]到 1990 年出版《法理学问题》之时，波斯纳已抛弃了法律形式主义，转向拥抱理查德·罗蒂的后现代实用主义哲学。他的理论在实用主义哲学中找到了具有普遍性的思想基础，并以此为根据构建了他的新实用主义法理学体系。新实用主义的特点是：视实用主义是一种对传统哲学的反动，将实用主义的复兴与时代的需要联系在一起。[2]新实用主义摒弃了传统哲学对于确定性、绝对性、普遍性的幻想，把目的看作是平息怀疑而不是追求真理。认为客观性、真理不再是一种必然的、确定的、绝对的东西。波斯纳的新实用主义观点集中体现在他对法律的不确定性、法官的地位与作用、对传统法律分析方法的怀疑等论述当中。法律实用主义是折中的、结果导向的、注重历史的、反形式主义的。

波斯纳反对形式主义，反对传统的法律分析方法，推崇一种法律实践理性。认为法律自身不是实体，法律是一种独特的社会制度，是许多套命题集合体，是权利、义务和权力的渊源。形式主义过分相信成文法和宪法语言的透明性，相信在已经公布的司法决定中存在一些永恒不变、无可争议的法律原则。法律决定的正确性是政治的而不是认识的，是实用主义的而不是逻辑

---

〔1〕　参见佟吉清、王保军："波斯纳新实用主义法学的思考"，转引自朱景文主编：《当代西方后现代法学》，法律出版社 2002 年版，第 323、331、336 页。

〔2〕　See David Luban，"What's Pragmatic about Legal Pragmatism?"，Cardozo L. Rev. 1996，p. 34.

上的。[1]波斯纳认为，实用主义是具体地、不带幻想、实验地看问题，完全意识到文化之间翻译的艰难性，人类知识的地方性，真理的不可获得性，对社会制度和文化研究的依赖性，以及最重要的是应该坚持人类社会活动和思想的价值是实现宝贵目的的工具，而不是目的，这些倾向有助于更清楚地理解法律。[2]波斯纳对理性的怀疑是显而易见的，其新实用主义的意义在于改变人们对法律价值的认识，特别是法律对经济的意义，不在于其确定不变的逻辑推理，更应该关注其所产生的效益，即法律不只是推理的过程，而是一种有目的的导向。波斯纳构建了一种新的法律评价机制和标准，为经济法设定了一种新的法益目标。

（二）经济法的理性选择

经济法对理性的解读，既有韦伯的理性分析，也有波斯纳新实用主义的视角。作为新兴法律部门的经济法，是传统民法体系内部冲突难以调和的产物，也是行政法调整力所不能的结果。传统的民法与行政法、刑法规范侧重于通过对当事人行为的规范实现对特定目标的保护，所以更侧重于法的形式理性。经济法是为了实现对特定的法益目标的保护而规范具体的行为，追求的是法的实质理性。形式理性法律制度适用一套普遍的规则，依赖于特定的法律推理来解决具体的法律冲突。实质理性法之设计旨在具体情势下实现特定目标，比起经典的形式法更趋向于开放性，也更具独特性。实质法通过对经济活动和社会活动进行集体规制来弥补市场不足，且不限于调整私人行为领域，而是通过实质性规定直接规制社会行为，逐渐明确其社会地位和社会角色，政府承担了确定目标、选择规范性手段、规定具体行为以及实施规划的责任。[3]经济法之实质法成为国家修正由市场决定的行为模式和行为结构的主要工具，承担了法律的新功能并为规制提供了正当理由。因此，其内在结构也发生了变化，以至于形式法中占支配地位的规则导向，由逐渐增强的目的导向来补充。在法律制度之外，经济法的边界需要在政治和社会环境方面进行重新界定，要求法律参与和政治参与的整合，法律判断和道德判断的

---

〔1〕 参见佟吉清、王保军："波斯纳新实用主义法学的思考"，转引自朱景文主编：《当代西方后现代法学》，法律出版社 2002 年版，第 337~338 页。

〔2〕 ［美］波斯纳：《法理学问题》，苏力译，中国政法大学出版社 1994 年版，第 584 页。

〔3〕 参见［德］图依布纳："现代法中的实质要素和反思要素"，矫波译，载《北大法律评论》1999 年第 2 期，第 581~592 页。

整合。因此，经济法的制度设计倾向于"法律政治化"和"政策法律化""规则范式行政化""道德法律化"的范式。经济法规范为适应社会经济发展的需要从形式法迈向实质法，经济政策就是通过目标、标准、性质、实施手段、信息指引等对政府行为进行指引和规范，实现经济法的实质理性的新的法律机制。经济法的制度设计，除了要规范市场行为和政府行为，满足社会经济发展的需要外，也应该遵守法的形式理性，不能为了实现特定的行政、政治、社会、道德目标而践踏形式的程序正义。因此，经济法的理性是形式理性和实质理性辩证统一的结果理性。

第四节　经济法从传统法治司法审判到行政治理的突破

一、现代法之司法中心主义的衰落

20 世纪后半叶，进入后工业时代以来，随着经济全球化、资本化、知识化、信息化、虚拟化的发展变化，世界经济政治格局已发生了变化，西方后工业社会生活的复杂化和新的社会经济矛盾层出不穷，仅仅依靠法律自身已经不能说明、解释和解决社会现实问题，从而触发了西方法律传统的危机，动摇了现代法学的基础和原则。现代西方法学曾确信现代法治的法律规则，足以涵盖一切法院遇到的问题，法律形式主义能以其自身的逻辑和程序，严格运用逻辑学的方法进行法律推理，使每个法律问题都有正确的答案，这种法律形式的信念与其他社会规范不同，超越了相互冲突的价值观。[1]后现代法学对法律"确定性"和"科学性"的解构，从根本上动摇了个人自由、权利、平等、理性、普遍性等现代社会赖以存在的法治基础，使得法律解释乃至法治主义在当代陷入了空前的危机，同时也引发了人们对于当前社会问题的反思，以力求找到一条新的解决法治正当性问题的出路。[2]法律的至上性受到挑战，在司法领域，形式正义的法律推理正在向目的性或者政策性法律推理的转变，法律实施结果的不确定性也增加。

波斯纳认为许多重要的法律问题，是不可能通过运用法律推理的方法来

---

〔1〕　参见信春鹰："后现代法学：为法治探索未来"，载《中国社会科学》2000 年第 5 期，第 62 页。

〔2〕　参见徐振东："后现代法学方法论的理论光谱"，载《法制与社会发展》2007 年第 4 期，第 115 页。

回答的。当法律无能为力时，法官不得不诉诸政策、偏好、价值、道德舆论或其他任何必需的手段，并以一种令自己和同事满意的方式来回答法律问题。[1] 20世纪60年代在西方兴起的法律与社会的运动，就努力把法律和社会现实联系起来。法律的目的性，或者说政策导向性使法官必须在不同价值观之间进行选择。法官必须在政策导向的环境中表现出"政治正确"，确定一个符合政策目标的正义概念，然后根据这个概念来解释规则，政治意识和社会目的渗透到法律的每个环节。法律政治化，政策法律化的倾向越发明显。随着福利国家的出现，政府职能不断扩大，政府权力不断地参与到经济、社会甚至文化的每个角落，导致了新的法律工具主义的兴起，"通过法律管理国家"的社会治理的理念就是在此背景下产生的。"法律和政治""法律和社会""法律和经济""法律和道德"的范式，在强调法律绝对自治的时代几乎是不可能的，但现在却成了既定事实。法律不再是孤立且不受任何外来因素干涉的整体，法律内部独立发展机制已不存在，法律的实施不可避免地受到政治、经济、社会、道德以及学术成果等外在因素的影响。

二、经济法之政府治理的新机制

现代法学理念要求法官在法律适用中严格遵守形式逻辑，而福利国家的公共政策、政治因素、社会和经济发展，要求其判决需要考虑更多处在变化之中的外在因素，法律失去了独立的身份，被政治、经济和其他社会目标所分解。政治意识，经济发展，社会需求渗透到立法、司法和执法过程中，法律的变化已经不再只是法律内在的逻辑发展，或者是法律科学和法律实践之间相互作用的结果，而是法律之外的经济、社会和政治因素相互博弈的综合反应。主导社会和经济发展，拥有政治资源的政府在法律主导权的博弈中无疑扮演着最重要且不可或缺的角色，并成为最大的赢家。与经济有关的法律也越来越重要，如公司法、竞争法、财税法、消费者保护法、金融法、证券法等新法律迅速发展起来，现代法律理念和法律思维模式也随之发生变化。为了适应日新月异的社会经济发展的需要，自由主义和个人至上的理念被国家职能的扩大所影响，要求法律参与更多经济社会活动，关注更多的社会经济

---

[1] 参见佟吉清、王保军："波斯纳新实用主义法学的思考"，转引自朱景文主编：《当代西方后现代法学》，法律出版社2002年版，第324页。

问题，社会公共利益被纳入法律保护的范畴，政府被赋予了更多的权力，甚至可以为了社会公共利益干涉和牺牲个体自由和权利。西方法律传统以司法审判为中心的法治土壤，被人类社会经济社会发展的浪潮冲刷得日益稀薄，以行政治理为核心的法律制度在国民经济和社会发展中举足轻重。尽管立法机关和司法机关依然享有独立地位，但为了应对社会经济发展，法律成了政府推行某种政策的工具，政府借助法律公开介入现代法学认为政府不应该介入的领域，如公开参与社会财富的重新分配，制定经济与社会政策等。政府使用的很多资源和权力都由一系列新的法律所创造和支持。[1]行政立法权和行政裁决权在国家治理和经济社会生活中却越发重要，甚至影响着一个国家经济社会发展的进程。以司法审判为中心的现代法治正在衰落，而以政府治理为核心的经济法的新的法律机制正在形成。在经济法领域，不论是市场规制、市场监管和宏观调控都是政府在主导法律的实施而非法院。甚至法院在这些领域的作用也仅局限于传统民商法和行政法的司法审判，经济法庭在我国法院体系中被废除正是法院司法中心主义衰落最好的例证。但这不意味着不需要经济法庭，而是需要根据经济法的法益目标建立具有经济法特色的司法审判体系，如设立经济法公益诉讼庭受理经济活动过程中损害社会公共利益的普通经济法案件，根据市场经济活动过程中对竞争秩序、金融秩序、网络秩序和消费者权益等重要经济领域的社会经济秩序的损害建立专门经济法庭，完善经济法的法治建设。

第五节　经济法对现代法的批判

一、后现代批判法学

批判法学运动发端于 1977 年在美国威斯康星州召开的批判法学大会，是对当时因自由主义法学传统已不再适应社会日益发展变化的现实而导致的法学危机的一种反应。批判法学认为，法律是人为的制度，是受多种因素综合影响的社会现象。法律不是依赖于逻辑的、客观的、科学的知识系统，也不是一成不变的自然规律的反映。法律与经济、政治、社会有着密切联系，并

---

〔1〕　参见信春鹰："后现代法学：为法治探索未来"，载《中国社会科学》2000 年第 5 期，第 61~62 页。

非从形式到内容都是自主的。自由主义者所谓法的确定性、法的自治性和法的中立性的法学理论只是神话而已。多数后现代主义学者认为，现代论者对自由问题的理解从根本上就是错误的，作为现代法核心的自由可以选择的任意性太大，以至于人们最终完全可以将这种空洞的自由抛弃，甚至于还可以将罪责和责任抛弃。昂格尔是批判法学运动的急先锋，其对科学主义、客观主义和形式主义的批判，直接或者间接地为后现代主义法学提供了思想资源。不过，其所提倡的权利系统，还是建立在霍费尔德和德沃金的自由权利观的基础之上的。[1]批判法学的观点主要源于对法的片面认识，认为法是政治，又是社会中各阶层力量相互斗争的产物，完全没有客观性和必然性可言。事实上，人类社会包括政治经济文化等多方面的发展与需要，才是法产生与存在的基本根据，而经济的最终决定性才是法产生的根本动力，历史唯物主义的这个道理应是不言而喻的。[2]批判法学的批判精神和一些主要的命题，在批判法学衰落之后在其他法学学派中得以存续，使批判法学成为从现代法学走向后现代法学过程中的重要环节。批判法学对现代自由主义的批判具有深远的历史意义，改变了人们对自由主义法律制度及其法学的基本态度。但批判法学在对自由主义法律制度和法学进行猛烈的攻击和批判之后，并没有建立起可取代自由主义现代法的法律新机制。

二、经济法对现代法学之自由的批判和制度建构

（一）经济法对新自由主义的批判

20世纪20年代至30年代，现代法学的自由制度导致了新自由主义（Neoliberalism）的兴起。新经济自由主义复苏形式的经济哲学从20世纪70年代以来，在各国的经济政策上扮演着越来越重要的角色。新自由主义核心价值是"经济人"的假设，万能的市场经济，永恒的私有制，政府职能最小化。基本理论观点包括：否定国家干预，全面自由化；反对公有制，完全私有化；推崇市场原教旨主义，市场绝对化。认为竞争的先决条件和市场机制的基础是私有制，宣扬市场万能论，主张让市场经济自由发展，认为干预会破坏经

---

〔1〕 参见於兴中："批判法学与后现代主义法学"，转引自朱景文主编：《当代西方后现代法学》，法律出版社2002年版，第225~228页。

〔2〕 参见吕世伦主编：《法的真善美——法美学初探》，法律出版社2004年版，第79页。

济的稳定性，一切经济活动应不受调控地由市场机制自主调节发挥作用。新自由主义危机指其理论在实践中的破产并导致了社会经济秩序紊乱甚至崩溃，引发金融危机和经济衰退，社会矛盾激化，失业率上升等社会问题。[1]面对复杂的经济形势，欧美经验证明，新自由主义的市场万能论并非灵丹妙药。2008年起因于美国次贷危机，并引爆全球金融危机和欧债危机的，就是新自由主义危机的恶果。私法是为了保护个体自由与公平，公法在于维护公共秩序或社会公共利益。自由容易被肆无忌惮的个人和群体所滥用，为了社会福利，自由应该受到某些限制，这是自由社会的经验。[2]市场的不正当竞争、垄断、关联交易、内幕交易、囤积行为、倾销等行为，虽然符合自由的形式正义，但破坏了市场秩序，损害了其他经营者、投资者和消费者的利益。以民商法为主的现代私法难以通过自由平等协商解决市场发展过程中的盲目性、局限性及周期性，以及竞争不充分、信息不对称、公共产品不足、分配不公等市场的外部性问题，自由权利的滥用导致了市场失灵。

（二）经济法对市场秩序的构建

当市场自由危害社会公共利益时，民事司法法官只能适用权利滥用原则的自由裁量权裁定民事行为无效或是撤销，但不能运用公权力的处罚对社会公共利益进行救济。现代经济是实体经济、网络经济、知识经济、信息经济等虚拟经济组成的综合体，市场自由不可能解决所有的社会经济问题，经济健康发展与稳定运行需要国家干预或调控。次贷危机后，欧美等国家都加强了金融监管和加大了政府对经济的调控力度。面对新的自由主义危机，政府是消极被动的刚性管理，恪守"法无授权就禁止"的形式正义做无为政府，还是积极主动的柔性管理，审时度势确保实质正义做能动政府，政府理性行政管理的价值选择是避免新自由主义危机的治理模式，也是依法治国的理念创新，是实现经济法实质理性正义的重要路径。社会公共利益的维护需要公权力的介入，但行政法的行政法定原则和行政强制原则的形式主义，不适于瞬息万变的市场经济关系。以行政法为主的公法的行政强权不能解决政府权力寻租，效率低下及权力帕金森定律等内部性问题导致的政府失灵。面对复

---

　　[1]　参见张树桑："新自由主义危机对我国经济改革的启示"，载《华北金融》2014年第8期，第9~11页；吕海霞："论走向衰落的新自由主义"，载《生产力研究》2010年第1期，第1页。

　　[2]　参见汪习根、武小川："权力与权利的界分方式新探——对'法不禁止即自由'的反思"，载《法制与社会发展》2013年第4期，第40页。

杂多变的经济形势及民事自由权利对社会公共利益的损害，政府对社会经济的治理除了应遵守形式正义，更应追求实质正义。权利的社会化和公权力的扩张动摇了古典自由主义理念，经济法通过市场秩序法、市场监管法和宏观调控法等经济法律制度对市场滥用自由权利进行规制，对市场失灵进行矫正，并以经济规定和经济政策等软法形式介入市场机制，修正了自由权利的形式理性。[1]经济法为维护社会公共利益，在尊重市场自由和政府依法干预的基础上建立了新的法律机制。

后现代法学理论对现代法学弊端的分析，其批判性、解构性、否定性及多视角的思维风格，激发人们对现代社会和法律问题的反思，具有积极的意义。后现代主义作为一种思维模式，本质上是一种精神，一套价值理念。后现代法学企图否定现代法学的基本属性，以反现代法学传统、反本质主义、解构主义、非理性主义等方式企图颠覆现代法学传统，但忽视了现代法治在促进自由、公平、平等和秩序等方面的进步意义。后现代法学是一种理论逻辑和观念上的虚构，其对形而上学的法哲学的偏执容易陷入相对主义和虚无主义，其思维方式与法律实践常相矛盾，其可行性值得商榷。因为法律的普遍性、确定性、客观性和自主性，是法律作为行为规范和社会调控手段的根本。特别是其仅从文学、女权保护、种族歧视等角度关注边缘权利的保护，而忽略了法律与社会经济生活的密切关系，割断了法律与社会、经济的联系，导致其理论碎片化和虚拟化，以至于不能从根本上对现代法进行制度性批判，也不可能建构新的法律机制。经济法借用后现代主义批判性、解构性、否定性及多视角的先进理念和方法，摒弃其形而上的法哲学思维，通过对传统现代法的解构，对司法中心主义的现代法治、形式理性和自由主义进行了批判和制度建构，使后现代主义从理论碎片走向了法律的实践，并建立了一种新的法律机制。作为部门法新贵，经济法有着现代法的心脏，但身着后现代法的华丽外衣，借鉴后现代法的先进理念和方法不断丰富和完善经济法的理论研究和法律实践，使后现代法学的新的法律思想实定化，从理论的碎片走向法律实践。

---

〔1〕 参见董成惠："负面清单管理模式的经济法解读"，载《南华大学学报（社会科学版）》2016年第1期，第96~99页。

CHAPTER 13 **第十三章**
后危机时代警惕新自由主义复辟的
经济法路径

    兴起于 20 世纪 20 年代至 30 年代的西方新自由主义（Neo liberalism），其运动始于 20 世纪 60 年代至 70 年代，是关于全球秩序、贸易自由化、价格市场化、福利国家私有化的思想体系，并通过反对和抵制凯恩斯国家干预主义而兴起的经济理论和政策主张，该理论体系或思潮也称为"华盛顿共识"。[1] 自 20 世纪 80 年代以来，新自由主义的市场化、自由化和私有化的经济理论思想就一直是西方国家经济政策的核心，并经过"华盛顿共识"随着经济全球化在拉美及其他发展中国家推广。2007 年发端于美国的次贷危机，就是源于新自由主义理念的金融自由，并最终导致了金融危机，也宣告了新自由主义理论的破产，故也称新自由主义危机。新自由主义危机引发社会经济秩序紊乱甚至崩溃，失业率上升，经济衰退，社会矛盾激化等社会问题。[2] 始于美国 2007 年次贷危机的 2008 年金融危机宣告了新自由主义的终结，新自由主义的思想体系也备受质疑。危机改变了国际社会经济关系，开启了新的国际秩序。欧美经济走向衰退，以中国为代表的新兴国家在危机中崛起。新自由主义危机的经验表明，市场与政府的关系密不可分，市场秩序，市场机制和市场缺

---

    〔1〕"华盛顿共识"指位于华盛顿的美国的经济权力机构/组织机关，如美国财政部、美国联邦储备委员会等和国际性的机构/组织，如国际货币基金组织和世界银行等若干机构，于 1989 年提出的"位于华盛顿的若干机构向拉丁美洲国家提供政策建议的最低共识"。"共识"被认为是新自由主义和当今全球化的理论学说和纲领，可概括为以下十点：①开放市场，贸易自由化；②利率市场化；③国有企业私有化；④保护私人财产权；⑤放松政府的管制；⑥压缩财政赤字，降低通货膨胀率，稳定宏观经济形势；⑦改善收入分配的领域和提高经济效益；⑧采用竞争的汇率制度；⑨开展税制改革，扩大税基，降低边际税率；⑩放松对外资的限制。其基本原则简单地说就是贸易经济全球化、自由化、市场化、消除通货膨胀和私有化，是有关全球秩序方面的国际经济秩序内容。

    〔2〕参见张树燊："新自由主义危机对我国经济改革的启示"，载《华北金融》2014 年第 8 期，第 9~11 页。

陷都需要政府的参与。新自由主义危机为我国经济改革与发展以及经济法律新机制的构建提供了理论和实践依据。后危机时代，经济转型的改革应借鉴新自由主义危机的经验教训，避免新自由主义遗风的毒害，经济法应通过"第三条道路"在市场与政府间建立公私法兼容的第三法域新机制，以及构建市场与政府共享的法律新机制。在后危机时代，新自由主义关于市场自由与政府监管的关系的思想内核，不论是理论研究还是经济改革实践，都值得进一步深思和借鉴。

第一节　新自由主义及其危机的解读

一、新自由主义的主张

新自由主义被分为政治自由主义（Politacal Liberalism）与经济自由主义（Economic Liberalism）两种学说。政治自由主义涉及经济、政治、文化和生活方式各个方面，起源于英国，也称社会自由主义（Social Liberalism），这种自由主义思潮与现代社会主义思想同时出现，有时也称现代自由主义。社会自由主义较关注平民百姓的利益，但总是与高税收相联系。其学说基于英国经济学家约翰·梅纳德·凯恩斯（John Maynard Keynes）的供给方经济学，其观点反对以亚当·斯密为代表的自由放任的古典自由主义经济学说，旨在揭示由自由放任的资本主义经济的非正义和罪恶，试图缓解贫富差距和阶级对立。强调政府干预，主张社会规划和发展福利主义，哲学观上关注公平多于效率。新自由主义一般指的是经济自由主义，又被称为"新自由主义经济学"或是"新古典自由主义"。[1]"华盛顿共识"是全球化向世界传播的工具，也是对新自由主义政策和意识形态的完整表述，是新自由主义和市场原教旨主义特点的象征，强调通过私有化、自由化、市场化等方式通过全球化来传播和巩固资本主义，被称为"市场—体化主义"。"华盛顿共识"起初是主要针对拉丁美洲国家，但国际货币基金组织和世界银行以及美国把其推广到一般的发展中国家。"华盛顿共识"的出笼是新自由主义从学术理论嬗变为国际垄

---

〔1〕　参见张纯厚："当代西方的两种新自由主义——政治新自由主义与新保守主义的对立"，载《政治学研究》2010年第3期，第105～106页。

断资本主义经济政策范式的标志。[1]

新自由主义的市场经济自由化和国家最小化的信念，认为国家首要的经济任务就是，确保市场自由运作环境的安全。政府应当通过提高工业生产率和市场效率来促进经济增长。全球市场进程应挣脱民族国家的监控范围，日益增长的自由流动资本寻求国际市场的倾向，挫败了政府试图将组织化的资本约束在国家层次法团主义协定的尝试，同时还削弱了其企图寻求无竞争力的国内劳动力市场政策的政治决心。旨在通过宽泛的解除管制使资本、劳动力和商品变得更为"有弹性"的"供方"策略的方案，且从 20 世纪 80 年代后变得日益流行起来。这些方案包括解除对金融服务和私人企业的管制、公有工业的私有化、废除对流通领域的控制、废除工资政策、限制工会的权力和就业保护政策。当这一政策混合体在不同的国家中发生变化时，如工业停滞、福特主义（Fordism）的危机和全球化等，新自由主义方案倾向于采取一些共同的政府策略，来处理一系列共同的经济状况，如都是建立在私有化、解除管制和削减福利的基础上，并按照共有的但相当有限的术语，诸如企业自主、弹性、竞争这些术语来理解社会经济的变迁。新自由主义包含了对自由市场原则的承诺和经济与国家之间的严格分离，标志着对主张资本积累的福特主义体制的转变。这一体制因为生产和消费的僵化，正处在危机中。对于新自由主义者来说，政府的首要任务是通过解除对市场的管制并使之更为灵活这一方式，在全球经济中促进经济的发展。[2]新自由主义一个重要的原则，即市场是个人体验自由、表达自由的最主要的场所，市场也是消费者显示自己的权利的场所，符合需求的东西将被生产出来并被交易出去；不够好、不能满足需求的东西则将逐渐消亡。至于政府，除了保护公民的生命安全这个主要职责外，其他职责应该予以严格限制，即它只能充当竞争市场的监督者，人们才能作出最真实的决策，丝毫不受"崇高"意图的阻碍。在这里，政治自由与经济自由之间的联系非常强大。在某些时候，至少会有一些人不知道他们自己最想要的是什么；而在另外一些时候，市场虽然给了人们想要

〔1〕　参见［美］诺姆·乔姆斯基：《新自由主义与全球秩序》，徐海铭、季海宏译，江苏人民出版社 2000 年版，第 3 页。

〔2〕　参见［英］弗兰·通金斯："市场对抗国家：新自由主义"，转引自［英］凯特·纳什、阿兰·斯科特主编：《布莱克维尔政治社会学指南》，李雪、吴玉鑫、赵蔚译，浙江人民出版社 2007 年版，第 263、266、267 页。

的东西，但是这些东西所起到的作用，只不过是强化了某种不可取的、令人悲叹的从众心理或羊群效应而已。[1]狭义新自由主义主要是指以哈耶克为代表的新自由主义。广义新自由主义，除了以哈耶克为代表的伦敦学派外，还包括以卢卡斯为代表的理性预期学派、布坎南为代表的公共选择学派、弗里德曼为代表的货币学派和以拉弗、费尔德斯坦为代表的供给学派等众多学派的经济理论和思想体系，其中影响最大的是伦敦学派、理性预期学派和现代货币学派。无论从经济学角度还是从政治学角度，自由主义都起源于 17 世纪至 18 世纪，代表新兴城市市民阶层愿望的古典自由主义，其代表人物是约翰·洛克、亚当·斯密、大卫·休谟等。[2]一大群来自欧洲和美国的经济学家和哲学家共同发展了一个激进的个人主义思想体系，它是与以往的自由主义决裂的产物：无论是 19 世纪的德国古典自由主义，还是 20 世纪早期的英国和美国的自由主义。这些新自由主义者认为自己是冷战斗士，是自己心目中的自由社会的捍卫者。他们的观念与 20 世纪 50、60 年代占主导地位的政治理念直接对立，即肯尼迪的新边疆、林登·约翰逊的"伟大社会"以及哈罗德·威尔逊试图重建的英式社会民主主义。而到了 20 世纪 70 年代，弗里德曼、施蒂格勒、布坎南和塔洛克成了一个新的政治运动和经济运动：跨大西洋的新自由主义政治的思想旗手。[3]

新自由主义的基础是古典学派自由放任市场理论，主张由"看不见的手"调节一切经济现象，实行市场化；放手让经济主体和行为主体自己做主，实行自由化；一切经济产权要明晰到私人，实行私有化。基本理论观点主要包括：①否定国家干预，全面自由化。②反对公有制，完全私有化。③推崇市场原教旨主义，绝对市场化。宣扬市场万能论，主张让市场经济自发地、不受调控地发挥作用。认为人为干预会破坏经济的稳定性，私有制是竞争的先决条件和市场机制的基础，市场机制能够调节一切经济活动。新自由主义包含了对自由市场原则的承诺，以及经济与国家之间的严格分离。其首要任务是通过解除政府对市场的管制使国家市场化，并促进经济发展的全球化。其次，新

---

〔1〕 参见［美］丹尼尔·斯特德曼·琼斯：《宇宙的主宰——哈耶克、弗里德曼与新自由主义的诞生》，贾拥民译，华夏出版社 2014 年版，第 141 页。

〔2〕 参见董伟：《后危机时代：制度与结构的反思》，社会科学文献出版社 2011 年版，第 90 页。

〔3〕 ［美］丹尼尔·斯特德曼·琼斯：《宇宙的主宰——哈耶克、弗里德曼与新自由主义的诞生》，贾拥民译，华夏出版社 2014 年版，第 162 页。

自由主义还推进了福利事业的改组和政府与公民之间关系新的意识形态观念的重构，并在诸多发达的福利国家获得了旨在纠正"依赖文化"改革的成功。[1]

二、新自由主义危机的根源

（一）新自由主义之市场自由与政府管制的悖论

西方主流学者认为，2008 年国际金融危机不是市场失灵而是政府失灵。危机不是始于无节制的市场发展，而是国家干预或政界错误操纵和刺激的结果。大多数西方主流学者作为自由市场的坚定捍卫者，都设法把危机责任推给政府或相关监管机构，设法撇清"市场"的责任，其实质就是在极力为新自由主义辩护。他们认为任何政策是由政府人为决定的，都不是由市场决定的。首先，政府放松了金融监管。如在 1982 年里根政府放宽了对储蓄贷款公司的限制，推进金融自由化和金融创新，允许利用储蓄存款进行风险投资。克林顿政府时期，美国国会 1999 年通过"花旗解救法案"（又称"格莱姆-里奇-布莱利"法案），彻底推翻 1933 年"银行法案"（又称"格拉斯-斯蒂格尔法案"）关于禁止用储蓄存款进行风险投资的规定，消除银行业与保险、证券等投资行业的壁垒，为金融投机和金融创新大开方便之门，加速了资产证券化和金融衍生产品的创新，超前消费文化助长了次级抵押贷款的升级。因为华盛顿错误的政治决定，美国中央银行向经济界注入太多的资金，为房地产市场的投机泡沫奠定了基础。放松对房地产住房贷款的监管，从而导致次级抵押贷款市场的危机。全球化把美国的金融危机向全球扩散，加深了危机的影响和损害，引发了欧债危机。其次，工资压抑。自里根任美国总统开始，美国政府对宏观经济政策目标就进行了微调，在"控制通货膨胀"与"充分就业"目标的权衡上，更加重视前者。在国民收入的分配上，政府削弱了对资方一定限度的节制，放弃对工人在住房、健康保障和就业等方面的"倾斜"政策，收入分配更加倾向于资本，劳动生产率增长与工资增长的差距增大，引发了近 30 年的工资停滞与收入不平等程度的扩大。再者，税制改革。里根政府采纳了现代货币主义学派的理论观点，大量削减联邦政府的社

---

[1] 参见［英］弗兰·通金斯："市场对抗国家：新自由主义"，转引自［英］凯特·纳什、阿兰·斯科特主编：《布莱克维尔政治社会学指南》，李雪、吴玉鑫、赵蔚译，浙江人民出版社 2007 年版，第 263~264 页。

会支出，降低个人所得税，从而给美国经济造成了一系列严重的后果，1983年和 1984 年两个财政年度赤字均近 2000 亿美元。[1]

新自由主义对待国家管制问题主客观上的矛盾，体现了新自由主义内在的基本悖论：追逐自由放任的新自由主义与某种社会自由主义（或是国家干预主义）的威权，必要的或是不得已的结合或妥协，任何市场秩序都无法摆脱国家的管制。以至于当危机发生时，新自由主义者把所有的罪责都归咎于"政府经济政策的失当"或是"政府干预的失败"，而他们则置身事外把所有的责任推卸得一干二净，而忘记当初就是他们在极力向政府鼓吹和兜售这些主张。也再一次印证了国家与市场不可能完全割裂的事实。市场对政府管制的要求这一倾向挫败了新自由主义对自由市场的信念。如 1985 年旨在为 1992年单一欧洲市场的建立提供了基础的单一欧洲法案（Single European Act），其前提就是保护欧洲的自由市场秩序。单一"市场"实际上是由系列监管形式的联合体构成，"竞争"由配额、财产转移、就业规则和产品市场的保护等诸因素的复杂体系来调节。不管新自由主义对解除政府管制的推力如何，单一欧洲市场的建立就是个例证：即市场以各种方式依赖着那些塑造它们的法律和监管形式。[2]新自由主义者一边鼓吹自由，希望政府放松管制，一边又把新自由主义危机归责于政府的监管不力。新自由主义者把危机归责于政府的管制不力的做法证明市场经济与政府管制之间的重要性，这也为经济法调整政府与市场关系，厘清市场与政府的双边关系，制定经济法律和政策提供了理论依据。

（二）新自由主义对公共福利政策诟病

在基础层次上，新自由主义视市场为经济交换的自主领域。认为一切都是可以自由主义、市场力量、自由进取和个人自由的名义进行的。政府避免直接插手生产及公共服务业，通过合同和转包合同间接支持一大批企业和工人。政府从事的经济掌控大多是以保证市场自由运转、自由进取和个人自由的名义进行的。[3]在较高层次上，市场逻辑塑造了政府机构及其实践。"市

---

〔1〕 参见赵英杰："关于新自由主义经济危机根源论的批判"，载《南京政治学院学报》2011 年第 4 期，第 263~264 页。

〔2〕 参见［英］弗兰·通金斯："市场对抗国家：新自由主义"，转引自［英］凯特·纳什、阿兰·斯科特主编：《布莱克维尔政治社会学指南》，李雪、吴玉鑫、赵蔚译，浙江人民出版社 2007 年版，第 268~269 页。

〔3〕 参见［巴西］特奥托尼奥·多斯桑托斯：《新自由主义的兴衰》，郝名玮译，社会科学文献出版社 2012 年版，第 77 页。

场"不仅确立了政府干预的界限，同时也成为政府组织的模型和政策制定的框架。当自由市场成就了在通货膨胀、失业或工业方面的经济政策时，在更传统的社会领域，如健康或教育等领域，市场理性也被应用。企业、公共福利和市场自由在"市场化"中，新自由主义被作为一种经济管理的方法，个体公民也可以被视为"消费者"或"顾客"，在"市场"中寻求公共物品和服务，特别显著地作为新自由主义政府对福利国家改革的方案中表示出来。膨胀的福利账单以及扩大的福利机构，构成了部分棘手的经济和政治问题，这些问题导致了在 20 世纪 70 年代新自由主义政治的出现。与此同时，福利供应削减的目的源于政府任务和公民义务相关的信念，而不仅是简单地减少政府开销。福利结构导致个人依赖国家，形成了"依赖文化"，保姆国家的福利政策抑制了个人的主动性、独立性以及选择。新自由主义对战后国家福利体系的改革，超出了针对"过度扩展的"国家的技术性改革，是对政府和公民关系的意识形态观念更清楚的表达。起初被视为独立公民权利的福利结构却开始与"依赖"等话语连在了一起，这种福利观念也是激进新自由主义的不朽遗产。在新自由主义看来，虽然"不劳而获的文化"被转化为话语显然更为温和的"相互责任"，但社会福利事业与故意依赖之间仍然相当紧密联系。福利供应的问题作为关于国家和公民之间的关系，已开始以常见的"权利"和"责任"的语言被表达出来。在伦理的层面，促进了个体行为的多样性和特定的社会价值。在工具性层面，"市场化"、外包契约和削减福利缩小了福利供应的范围。[1] 德国新自由主义者认为，除了对自由市场的效率和效用的坚定信念之外，还要辅之以社会正义的自觉意识和渴望实现社会正义的精神，从重视社会正义这个角度来看，很明显，德国新自由主义者的思想与20 世纪 30 年代亨利·西蒙斯在芝加哥大学所提倡的理念也有颇多类似之处，即强调我们也需要一个社会保障网，不能够通过私人市场来更高效地实现社会保障，当然这就要求社会保障的供应者有利可图。[2]

　　亚当·斯密认为，在一只"看不见的手"的引导下，促成了一个并非他

---

〔1〕 参见［英］弗兰·通金斯："市场对抗国家：新自由主义"，转引自［英］凯特·纳什、阿兰·斯科特主编：《布莱克维尔政治社会学指南》，李雪、吴玉鑫、赵蔚译，浙江人民出版社 2007 年版，第 270 页。

〔2〕 参见［美］丹尼尔·斯特德曼·琼斯：《宇宙的主宰——哈耶克、弗里德曼与新自由主义的诞生》，贾拥民译，华夏出版社 2014 年版，第 150 页。

有意想要达到的目标的实现。该目标并非出于他的本意，也并不见得就对社会有害，他只需要追求自己的利益就能够促进社会的利益，而且往往会比他真正出于本意要促进社会利益的情况下更加有效。从来没有听说过那些假装为增进公共利益而干预贸易的人做了多少好事。[1]布坎南为经济事务研究所撰写了许多报告和小册子，其中包括《政治的经济学分析》（The Economics of Politics，1978）。在这本书中，布坎南向英国公众阐述了弗吉尼亚学派研究宪制经济学的基本原则。在布坎南看来，宪制经济学的潜力在于，"构建或重构政治秩序，把参与者的自利行为引导到对共同利益的追求上来，而且其方式将尽可能地接近亚当·斯密在描述经济秩序时所指出的那种方式"。[2]弗里德曼在《资本主义与自由》中、哈耶克在《自由秩序原理》中，都呼吁必须通过自由市场去解决棘手的政策问题，而不能诉诸政府干预。在出版于1960年的《自由秩序原理》中，哈耶克研究了几乎所有重要的社会问题和经济问题，如福利国家、工会、社会保障、税收制度、倾向政策、住房与城市开发、农业与自然资源、教育、科学研究等。哈耶克鼓吹废除农业补贴，取缔规定工作权的法律。弗里德曼在《资本主义与自由》一书中，也讨论了货币、国际金融、税收制度、垄断、工商企业主与劳工之间的关系、福利、贫困等问题。弗里德曼建议将社会保障体系私有化，还建议废除关税，当然，最为著名的是弗里德曼整个一生都在坚持不懈地鼓吹的教育券计划，他极力敦促建立小学教育和初中教育的市场，因为他认为，这样做能够降低成本、提高效率，从而使那些无法通过公共教育体制获得良好教育的穷人受到更好的教育。[3]

布坎南在1965年致哈耶克的一封信中所说的"公共选择"就是"政治，一点也不浪漫"。布坎南还曾经说过："立宪规则的核心目标是对政治权力的潜在行使空间施加限制。"[4]其将公共选择观念应用于政治领域，所得到的结论与西蒙斯、弗里德曼以及德国新自由主义者的观点非常相似，即市场需要在一个竞争框架下运行，而国家的作用就是充当这个框架的担保人。总而言

---

〔1〕 参见［美］亚当·斯密：《国富论》（第4篇），普通人出版社1991年版，第421页。

〔2〕 参见［美］詹姆斯·布坎南：《政治的经济学分析》，经济事务研究所1978年版，第17页。

〔3〕 参见［美］丹尼尔·斯特德曼·琼斯：《宇宙的主宰——哈耶克、弗里德曼与新自由主义的诞生》，贾拥民译，华夏出版社2014年版，第147页。

〔4〕 参见［美］詹姆斯·布坎南：《公共选择理论：起源和研究计划的发展》，乔治·梅森大学出版社2003年版，第8页。

之，公共选择理论的目标是确定有限政府的规则。不论是芝加哥学派经济学理论还是公共选择理论，都隐含如下推论：首先，应该摒弃存在着稳定的公共利益或者公共领域的观念。即政府官员不一定会服务于公众利益。相反，公共部门和政府机关更会优先考虑自己的身份和利益。与私人企业主的利益相比，政府官员的利益往往表现为较为复杂的形式，如政府政绩、与之相关的物质利益、地方利益、部门利益、集团利益、政局的稳定、个人名誉与升迁机会、高薪及隐形的福利等。[1]这些官员的利益与公共利益的冲突不可避免。再次，根据弗里德曼、哈耶克和米塞斯关于市场和民主之间的关系的思想，个人在市场上作为一个消费者的角色，与他作为一个公民的角色会发生冲突。在新自由主义思想运动的影响下，将会出现的一个后果是：人们将会越来越多地从市场过程的角度，而不是从公民权利的角度来看待政治生活和公共服务的供给问题。事实上，成功的选举政治的修辞与政策的现实社会后果之间存在着许多从来都未曾弥合的差距。[2]公共服务往往只是成为政治选举的口号和工具，在选举之后却常常得不到落实。

新自由主义认同干预作为国家计划的同时，又怀疑国家过度扩张。如国有化或私有化，福利供应或福利"改革"，解除管制还是繁文缛节，都是与国家和市场、公共和私人关系相关的"正确的"策略。特别是在 20 世纪 90 年代早期到中期，澳大利亚的"经济理性主义"，欧洲社会民主政府的新自由主义教条，拉丁美洲的新自由主义重构都得出大致相似的论点。市场是如何处理对政府的需求与限制，在经济生活中摆脱国家角色的一系列政策包括：解除对私有企业管制，出售公共资产和国有企业，政府与私人非公共服务机构订立合同，"有弹性的"劳动力市场策略，潜在的社会福利事业，改革多样冗长的清单，政府廉价出卖公共事业或社会福利事业改革都代表了某时期某些时刻，试图将市场和国家间的关系重组为积累和权威的场所的宏大政治理性。对于新自由主义而言，将国家市场化视为击退"国家力量"或是拒绝"大政府"的说辞非常重要，通过利用存在于监控性国家和自由市场之间的对立，掩盖了更为复杂的经济管制问题。新自由主义政府管制下的私有化和解除管

---

〔1〕　See James, Buchanan. *The Theory of Public Choice*, Ann Arbor, The University of Michigan Press, 1972, pp. 11, 5, 19.

〔2〕　参见〔美〕丹尼尔·斯特德曼·琼斯：《宇宙的主宰——哈耶克、弗里德曼与新自由主义的诞生》，贾拥民译，华夏出版社 2014 年版，第 163 页。

制在诸如公共运输、能源、教育或健康等公共领域，不是简单地倾向于"自由的"初始市场，而是积极地创造。[1]

在北美、英国、澳大利亚和新西兰尤为明显，这些观念已经渗透到进行的工作福利制计划、家庭政策，诸如本土少数民族、残障人士、单亲家长和年轻人等群体的福利服务改革之中。政策的核心是主张公民"权利"（比如有机会获得福利方面的好处）应该与某种义务（最常见的是积极地寻找工作的要求）相结合，不考虑所谓"资格"的福利文化。这种关于"权利"的狭义的话语将福利问题，从市场不平等这种系统性的论调，转向强调个人义务和能动性的社会风气上来。这种风气也受到政府的鼓励，在实际中更是受到了工具主义态度的保护。政府通过日益严厉的手段检测、监督、愈加苛刻的合格标准，以及某种方式来削减福利的供应，福利的减少必然导致民众的积怨和不满，社会矛盾加激。某种程度福利主义成为拖累和制约西方发达国家经济发展的重要原因，从而也就成就了新自由主义，成为其诟病公共福利政策，反对社会经济中的"国家力量"的理由。

三、新自由主义危机的本质

"危机"一词起源于古希腊，其原意为"筛选"和"决断"。19世纪"危机"被引入经济学，指社会、经济和金融领域发生的一种极度不正常的紧急态势和状况。新自由主义危机指其理论在实践中的破产并导致了金融危机，从而引发社会经济秩序紊乱甚至崩溃，出现经济衰退，失业率上升，社会矛盾激化等社会问题。[2]新自由主义危机是自19世纪后期以来，资本主义所经历的第四次结构性危机。每次危机的震荡都重新建立一种新的社会秩序，并深刻改变国际关系。20世纪80年代以来，新自由主义极力鼓吹的"三化"实质表现为经济金融化、金融自由化、金融全球化，具体为经济的金融化、资本全球化和虚拟化。新自由主义打着反对和抵制凯恩斯主义的旗帜，实质是国际金融垄断资本最大限度地追逐利润最大化的超级自由主义。金融危机

---

〔1〕 参见［英］弗兰·通金斯："市场对抗国家：新自由主义"，转引自［英］凯特·纳什、阿兰·斯科特主编：《布莱克维尔政治社会学指南》，李雪、吴玉鑫、赵蔚译，浙江人民出版社2007年版，第268～269页。

〔2〕 参见张树桑："新自由主义危机对我国经济改革的启示"，载《华北金融》2014年第8期，第9～11页。

集中表现为金融资产价格、货币汇率、短期利率、证券资产价格以及金融机构等金融指标，在金融系统运行过程中发生短期内急剧变化的现象。[1]美国哈佛大学教授尼尔·弗格森认为危机的真正原因在于"考虑欠周的政府举措扭曲了市场，实行过度宽松的货币政策，或明或暗地为超大规模银行提供担保，从体制上鼓励了次级抵押贷款，对大型保险公司监管不力，不当地赋予评级机构大权"。[2]

新自由主义是引发 2007 年美国次贷危机，并引爆 2008 年金融危机的罪魁祸首。新自由主义危机具有里程碑意义，危机导致新自由主义全球化的基本原则和实践受到质疑，也示意着新自由主义的终结。危机标志着新的变革进程已启动，金融监管，金融业的重建，新的公司治理方式，以及新政策的制定都提上了议事日程。[3]危机虽已结束，危机导致过去数十年间建立起来的脆弱的金融结构更不稳定，也动摇了实体经济，改变了国际社会经济关系。美国等发达国家的经济严重受创，且修复也变得相当困难。欧盟因此被拖入欧债的深渊，经济出现了衰退，而中国、印度和巴西等世界新兴大国开始减少对美国的依赖，美国的世界霸主地位不再坚不可摧，甚至开始走向衰落，而在危机中幸免的中国却日渐崛起。新自由主义危机是一种国际经济关系的终结，也是另一种国际新秩序的开始。

四、对新自由主义危机的评析

1989 年后，围绕着东欧后共产主义国家的转型，将个人自由与市场形式联系起来的话语达到了顶峰。欧洲、拉丁美洲社会党政府的失败，以及古巴的市场类型改革，被普遍地视作国家计划失败的信号，一种有影响力的观点据此确定了作为政治和经济体系的自由资本主义在全球的"胜利"。"自由市场"的观念被界定为反对国家支配，而"市场"能否为新自由主义的经济措施提供合法性依据，以及是否能作为某些形式的公民自由的代理人都值得商榷。如何在自由市场和国家支配这两者之间进行选择，以及如何兼顾资本积

---

〔1〕 参见赖风：《新自由主义与国际金融危机》，南京大学出版社 2015 年版，第 5 页。

〔2〕 参见［美］尼尔·弗格森："死人行走"，转引自赖风：《新自由主义与国际金融危机》，南京大学出版社 2015 年版，第 8 页。

〔3〕 参见［法］热拉尔·迪梅尼尔、多米尼克·莱维：《新自由主义的危机》，魏怡译，商务印书馆 2015 年版，第 1~2 页。

累和国家配置的合法性，这不仅在国家合法化方面是必要的，对市场效率也是至关重要的。在某种层面上，20世纪80年代英国政府追求的激进的新自由主义议程，已经改变了制度结构，并且使工业结构退化到看上去（并被证实是）无法挽回的程度。[1]

合法化是一回事，一种统治秩序的合法性和政治统治之实施的合法化则是另一回事。对公民自主的法律建制化这种自我指涉行为，在一些根本方面仍然是不完整的，它无法达到自我稳定。如果不建立一个国家权力机构或不发挥国家权力机构的功能，它是不可能持久确立的。如果在权利体系中现实的私人自主和公共自主的相互交叠要能够持久，法律化过程就不能局限于私人的主观行动自由和公民的交往自由。[2]自20世纪70年代以来，新自由主义在西方的意识形态是占主导地位的强势的理论思潮，并成为西方发达国家的主流经济制度。其合理性在于：主张由市场配置资源和自由竞争，但不承认市场调节有缺陷，完全否定政府干预。[3]20世纪末东欧社会主义国家在经济体制转型过程中的巨变，正是受到新自由主义思潮影响的结果。俄罗斯的新自由主义的"休克疗法"以失败告终，拉美改革造成了国家和地区的动荡，整个世界矛盾冲突不断、贫富分化日益严重等问题无不与新自由主义有关。美国首席经济学家斯蒂格利茨（Joseph E. Stiglitz）认为：新自由主义认为市场可以自我修正，可以更有效地实现资源配置，同时服务于公众利益。因此，从撒切尔主义、里根主义到华盛顿共识，新自由主义鼓吹市场化、私有化和自由化。事实上，新自由主义仅仅服务于特定的利益。这或许是我们在这次全球金融动荡中得到的最为深刻的教训。[4]分析新自由主义的缺陷，就是要认清新自由主义的外衣其实是积极不干预的产物，但实际上需要某种新的或"进步"的社会和经济干预主义，通过干预与市场力量来促进经济复苏而非摧毁，但也需要"自由市场"来提高效率。因此，需要在"明智的经济学"和

［1］参见［英］弗兰·通金斯："市场对抗国家：新自由主义"，转引自［英］凯特·纳什、阿兰·斯科特主编：《布莱克维尔政治社会学指南》，李雪、吴玉鑫、赵蔚译，浙江人民出版社2007年版，第271、272页。

［2］［德］哈贝马斯：《在事实与规范之间：关于法律和民主治国的商谈理论》，童世骏译，生活·读书·新知三联书店2003年版，第164页。

［3］参见董伟：《后危机时代：制度与结构的反思》，社会科学文献出版社2011年版，第97~98页。

［4］See Stiglitz J. E., The end of neoliberalism? Project Syndicate, July 2008, https://www.project-syndicate.org/columnist/joseph-e--stiglitz, 2016-9-28.

更"高尚的科学"两者间来选择，或许一个真正进步的干涉主义可以获得更好和更多的福利值。[1]

现代市场经济的实质就在于审慎而有计划地获得控制与处置权，也是经济行动与法律之间关系的主要内容。任何类型的经济活动都要对控制与处置权进行某种事实上的分配。市场经济考虑的是如何通过产品的销售以货币形式偿付这些消耗；计划经济则会考虑是否能够提供必要劳动和其他生产资料而又无碍于满足其他被认为比较迫切的需要，两者经济行动的取向主要是针对经济的目的而选择，且从技术上在可供选择的目的之间以及在目的和成本之间进行权衡。[2]新自由主义曾经给西方经济带来短暂的虚假繁荣，但市场的逐利性难以克服市场自由的盲目性，权利滥用不可避免。新自由主义危机正是市场缺陷的综合反应，也是市场万能论的终结。应该从危机中吸取经验教训，为经济法的理论研究和法律实践，正确处理政府与市场的关系提供理论和实践依据。经济法理性要求经济法在调整市场、政府与社会相互法律关系的过程中，除了要充分借鉴新自由主义思想"市场自由"的合理内核构建新的法律机制，更应避免激进的新自由主义"市场万能论"遗风的危害，使我国的经济改革能沿着法治的轨道进行，避免新自由主义的复辟。

第二节　经济法对新自由主义的解读

一、经济法之政府与市场关系对新自由主义的矫正

哈贝马斯认为，法治国家法律建制仅局限于确保公共秩序，防止对经济自由的滥用，并通过一般的抽象的法律来精确地限定国家行政的干预可能和活动范围。在自由主义的模式中，对司法与行政的法律限制导致了分权格局，其目的是从法治国角度来限制国家权力的任性。国家各权力部门的分立可以通过集体决策的时机来加以说明：立法者作出取向于对未来行动有约束力的决定，而行政部门则在于处理现实问题，法官判决实践可以理解为取向于过

---

〔1〕　See Susan J. Smith Neo-liberalism: Knowing What's Wrong, and Putting Things Right, Housing, *Theory and Society*, 2014, Vol. 31, pp. 28~29.

〔2〕　参见［德］马克斯·韦伯：《经济与社会》，阎克文译，上海人民出版社 2010 年版，第 156、160、161 页。

去的行动,其主要是把已经固定为现行法律的立法者的过去决定,用来解决已经结束了的事件。[1]经济法视野中的市场与国家的关系可以是一种抽象国家行为关系,也可以是一种具体国家行为关系。国家对市场的干预或管制可以表现为立法、司法和执法上的干预,市场法律秩序是由国家的立法干预、行政干预和司法干预而形成,比如,立法机关制定与市场相关的经济法,是一种抽象国家行为关系,司法机关审理与市场经济有关的案件,是具体的国家司法活动。实践中,政府依法享有对市场的干预权,因此国家与市场的关系主要体现的是政府与市场的具体的行政关系。

新自由主义认为国家与市场存在不同的目标和行动方式,而且国家应尽可能地使自己的行动从属于市场的利益。因此,国家不应该干涉市场。新自由主义将市场化视为击退"国家力量"或是拒绝"大政府"的重要理念和经济措施。并通过利用存在于国家管制和市场自由之间的对立,掩盖了更为复杂的经济问题。实际上任何市场秩序都是一系列国家干预形式的联合体构成,不论严控还是放任都离不开国家的参与。在国家"调整经济活动"或者"强制保障市场秩序"原则上,是以经济活动中一定程度上的自治为前提的。因此,就存在着一个自由处置经济资源的范围,这个范围将会由于行动者以之为取向的规则手段而在不同程度上受到限制,对自治的限制都暗含了对"经济活动的调整",约束着经济活动的取向。比如,通过价格调整影响交换对象的市场行情,或者是限定只有某些特定群体才能拥有、获得、交换某些货物的控制与处置权,比如法定的垄断权或者对经济行动的合法限制。或者规定最高限价(这在战时很常见),或者规定最低价格。[2]在受哈耶克和弗里德曼影响的新自由主义的推动下,自由和机会的观念在公众当中变得极为流行。强调竞争的自由,市场资本主义所带来的其实是不平等分工、全球化和非工业的资本化。因此,市场竞争要受诸如货币政策、竞业规则、产业政策、配额、贸易保护、税收政策、消费者和产品市场保护等诸多法律制度和经济规章政策综合体系的调整。不管新自由主义对废除国家管制多么的竭尽全力,但市场以各种方式依赖着调整它们的法律和监管形式以维护其秩序。市场对

---

〔1〕 参见〔德〕哈贝马斯:《在事实与规范之间:关于法律和民主治国的商谈理论》,童世骏译,生活·读书·新知三联书店2003年版,第304页。

〔2〕 参见〔德〕马克斯·韦伯:《经济与社会》,阎克文译,上海人民出版社2010年版,第170页。

国家经济干预或管制的客观要求，制约了新自由主义的自由市场性，也证明了市场与政府的紧密关系。

从 20 世纪 80 年代起，美国政府直接干预利率、发布就业政策、加强对受到外来竞争威胁的经济部门的保护，决定教育、培训和重新安置劳动力的政策，对经济、政治、社会各方面进行掌控。公共开支显然增强了政府对经济生活方式的干预，使经济中具有如此战略意义的领域大范围依附于政府。数据表明：事实上世界各国（特别是比较发达的国家）强化了政府干预和推进了国有企业的发展。一些国家的纺织、电子、石化、汽车、水泥、矿业、化肥、钢铁、电信服务等部门均有强势的国有企业，特别是在私人资本因盈利率低而舍弃公共运输业以及自然垄断的其他公共服务业都有国有企业参与。实际数据表明，当今竞争力要素在于培养有资质的劳动力，在于使工人有技能、有资质。高技能人力资源对经济越来越重要，而教育任务只有政府才能完成：在企业中增加学习课程、增设培训班，同时扩大受教育面、在大学开办新式远程教育。科技对劳动力的新要求是一项市场难以完成的任务，导致失业率持续上升。只信赖市场力量的新自由主义模式是难以应付世界性发展总趋势的。在应用新技术、取消劳动岗位、弃用人工时，解决失业、培训、转移安置劳动力的机制不是属于新自由主义理论，也不是企业家和市场力量能解决的，只有政府出面进行处理才能解决。企业谋求效率，通过革新有了新竞争力，实行了现代化，企业盈利但却忽略对劳工权益的保障，以及对环境生态的维护，把其成本却转嫁给了社会，从而导致社会成本的增加。社会和政府必须为企业的变革买单，不得不向大批失业人群提供资助，出资治理环境污染。为确保经济增长、实现充分就业，增加政府对教育、科技的投资，充分利用劳动生产率提高所腾出的自由时间，增加政府对劳动力进行技能、文化培训的投资。事实上，没有政府的支撑，企业也是难以发展。尽管跨国企业起着决定性作用的世界经济一体化和全球化进程在加速，各国政府仍是世界市场上占主导地位的权力中心，一体化进程仍然得依靠各国政府的相关机构和遵从各国政府的法令、法规。没有各国政府这一重要的组织者的斡旋，全球化的进程是不大可能会向前发展的。当今的跨国企业，如果没有各国政府的资助和政策支持，是不可能从本国向外扩展。有数据表明，事实上是世界各国（特别是比较发达的国家）强化了政府干预和推进了国有企业的发展。[1]

市场机制这只"看不见的手"难以发挥作用的原因：其一，市场经济的各种经济规律是建立在很多的假设前提基础上的，它是一种高度理想化、抽象化的理论模型，现实生活中这些前提假设如果不成立，自由市场均衡就会背离帕累托最优，市场机制就无法发挥对资源的优化配置作用。其二，仅从实证方面考察市场资源配置效率问题，而不考虑实际生活中市场与伦理道德规范等非经济因素，市场机制配置资源的状态是理想的，会导致市场失灵。市场失灵的存在，为政府介入经济生活提供了依据，以至于我们的生活离不开政府，政府有它的存在价值。而且，政府干预有利于实现资源配置的效率。从庇古的福利理论到凯恩斯国家干预理论都贯穿着这样一种逻辑思路：社会经济活动之所以需要政府干预，是因为市场存在缺陷。[2]可见，市场秩序离不开政府的干预，没有完全放任自由的市场经济。

新自由主义认为只有自由市场经济才能实现高效率。而从 20 世纪初起，以凯恩斯为代表的宏观经济学认为市场并不是万能的。在现实生活中，在解决诸如外部性问题、公共产品问题、收入公平分配等经济问题上市场无能为力或作用甚微，只有政府采取某些行动干预经济活动来纠正市场的缺陷，才可能实现资源配置的优化。凯恩斯的"政府干预"思想之所以至关重要，还有以下三个方面的原因：首先，凯恩斯坚信政府干预是有价值的；其次，他发明或者说创立了宏观经济理论（宏观经济政策分析方法）；最后，他留下了重要的思想遗产。在他死后，他的理论被他的追随者不断阐释和扩展。凯恩斯从理论上为 20 世纪 30 年代之后尤其是在美国罗斯福新政时期开始盛行起来的一种政策思路提供了合理性辩护。这种政策思路是，由政府运用公共资金去减轻经济不景气所带来的最严重的后果。凯恩斯在《就业、利息和货币通论》一书中指出经济陷入萧条之后，要想促进产出的增加，提升消费需求是至关重要的。政府支出和政府投资——即使以增加公共债务为代价——能够填补因为私人支出下降而导致的需求空白，刺激生产，并以此来启动整个经济。在凯恩斯看来，为了实现经济复苏，最为核心的一点是政府必须对经

---

[1] 参见［巴西］特奥托尼奥·多斯桑托斯：《新自由主义的兴衰》，郝名玮译，社会科学文献出版社 2012 年版，第 74~78 页。

[2] 参见王宏："资源配置效率实现的非市场缺陷：理论与中国实证"，载《甘肃社会科学》2004 年第 5 期，第 237 页。

济体中的需求因素进行适当的管理。例如，政府干预的一种重要形式是由政府投资进行公共工程建设，凯恩斯早在 1924 年就建议采取这种方法来解决失业问题，罗斯福政府用来结束大萧条的政策的核心也正是通过政府支出和对基础设施建设进行补贴来创造就业机会。[1]特别是伴随着现代化的知识经济、网络经济、共享经济、数据经济、智能经济、资本经济等新兴经济社会化和全球化的进一步发展，经济活动对社会公共利益的影响越来越显著，社会分工和资源配置的不公平现象越来越严重，政府对经济活动过程中的公共性的干预越来越重要，为了实现合法有效的政府干预，在制度层面，通过各种经济法律法规、经济政策对政府干预授权必不可少。

二、经济法对新自由主义的矫正

经济法是对经济社会化的一种法律回应，是经济社会化发展到一定阶段的产物，在资源配置的经济活动过程中，不论是政府计划还是市场调节，都需要经济法律制度的调整。既包括为克服市场在资源配置中的市场失灵而对市场进行规范的法律，也包括公共权力直接配置社会经济资源以及规范公权力的法律，还包括市场以外的其他方式对经济领域配置资源进行调整的法律。[2]现代经济法既以国家对经济的干预、参与、组织和管理为前提，同时又要求国家的这些行为主要依靠具体经济制度设计、产业政策和指导性计划、契约、企业、利率、价格、税制和税率、公开市场操作等经济手段来实现。[3]经济法通过对自由理念和秩序理念进行平衡和调适，可以实现自由与秩序的兼顾。通过权衡经济自由与政府行为的利弊，在维护市场经济自由本质、充分发挥市场调节作用的同时，以政府的调控和规制力量协调不同区域、不同主体在经济生活中的利益或权利冲突，能最大限度地满足社会发展的需要。[4]凡市场能够调节，社会能够自治的，政府就不必过问，政府的调控监管也要遵循

---

〔1〕　参见［美］丹尼尔·斯特德曼·琼斯：《宇宙的主宰——哈耶克、弗里德曼与新自由主义的诞生》，贾拥民译，华夏出版社 2014 年版，第 227 页。

〔2〕　参见许明月："市场、政府与经济法——对经济法几个流行观点的质疑与反思"，载《中国法学》2004 年第 6 期，第 113 页。

〔3〕　参见史际春："在改革开放和经济法治建设中产生发展的中国经济法学"，载《法学家》1999 年第 Z1 期，第 201 页。

〔4〕　参见刘大洪、郑文丽："政府权力市场化的经济法规制"，载《现代法学》2013 年第 2 期，第 107 页。

经济规律和市场机制，不能以行政手段任意为之。[1]

经济法对市场经济的调整是对新自由主义的制度矫正，是正确界定市场行为与政府行为的法律依据。市场的失灵表现在市场的盲目性和自发性违背了价值规律和供求关系，破坏了市场机制。比如，市场的垄断和不正当竞争扭曲了竞争机制，导致不公平竞争和低效率配置。市场的"逐利"本性可能导致其权利的滥用损害消费者利益，破坏环境生态，损害劳工权益，甚至偷税漏税导致社会分配不公。政府失灵表现在政府调控监管不当破坏市场机制以及教育、医疗卫生、社会保障、公共基础设施等公共产品和准公共产品供给不足，经济发展失衡，公共利益受损，民生福利得不到维护等现象。比如"山寨"产品就是市场失灵和政府监管缺失的产物。在市场竞争不公和政府监管失灵的情况下，山寨产品以仿冒、盗版、偷逃税收、规避监管等手段违法致富。通过经济立法、行政、司法的制度设计，建立纠错机制。如通过市场规制法、市场监管法规范不公平竞争行为确保国民经济健康发展，通过财税法、预算法、规划法、产业法等宏观调控法调整国民经济结构，确保社会公平分配以及公共产品、准公共产品的提供，维护公共利益保民生。通过经济法律机制矫正市场失灵和政府失灵，让市场和政府在资源配置中发挥其应有的作用，提高资源配置效率性和公平性。

三、后危机时代我国经济改革市场化的反思

(一) 新自由主义思潮对我国经济改革的影响

在市场对资源配置起决定性作用的新一轮经济改革浪潮中，市场之手与政府之手如何发挥作用，怎样才能"把权力关进制度的笼子"是值得经济法学界深思的课题。我国改革开放取得的巨大成就说明我国的政府管制卓有成效，能幸免于1998年亚洲金融危机和2008年美国的金融危机及欧债危机，正是得益于政府管制的红利。相反，新自由主义引发的金融危机使欧美等发达国家深陷危机泥潭，经济举步维艰，但有学者受新自由主义思潮影响，主张"市场能做的就交给市场"，对自由市场顶礼膜拜，对政府干预、国有经济都深恶痛绝。把中国的所有经济问题都归结于"政府干预"的结果，简单地

---

[1] 参见史际春："转变经济发展方式的法治保障"，载《安徽大学学报（哲学社会科学版）》2011年第5期，第64页。

认为只要把政府权力关进制度的笼子，开放市场就能化解市场经济问题。现行制度固然存在很多不足，但在改革过程中应该扬弃而不是全盘否定。在市场经济改革过程中，应正确处理市场与政府的关系。自党的十八届三中全会《关于全面深化改革若干重大问题的决定》提出"市场在资源配置中起决定性作用"的经济改革方向标以来，不论理论研究，立法实践还是社会经济生活中，新自由主义的思潮一直在左右着我国经济改革和发展的方向。在学界，围绕着"市场之手"与"政府之手"的争论从没有停止过，"市场万能论"甚嚣尘上，甚至误导了我国经济改革与发展的方向。我国目前市场真正的问题在于市场基础薄弱，市场生态环境较差，条件不成熟，信息不充分，诚信缺失等市场基础缺失问题，而这些市场条件不能依靠市场内生而成，需要国家法律建制进行培育。市场逐利的本性注定其不能满足民生基本需求，也解决不了市场外部性以及经济发展总体失衡等问题。只有正确厘清市场与政府的关系，从根本上认清新自由主义的本质，才能避免其对我国经济改革与发展的危害。在市场对资源配置起决定性作用的经济改革浪潮中，市场之手与政府之手如何发挥作用，如何"把权力关进制度的笼子"是值得经济法学界深究的课题。

（二）我国经济改革过程中存在的误区

1. 把经济改革简化为简政放权的市场化

党的十八届三中全会关于"市场在资源配置中起决定性作用"的顶层设计是我国经济改革的方向标，但资源的配置是一系列制度的安排，如何对市场与政府在资源配置中让市场发挥决定性作用，经济法作为调整政府管理经济以及政府与市场经济关系之法，经济法律制度的设计至关重要，正确处理市场与政府之间的关系是制度设计中重要环节。党的十八届三中全会《关于全面深化改革若干重大问题的决定》界定了政府审批企业投资项目的范围包括五类，即国家安全、生态安全、全国重大生产力布局、战略性资源开发、重大公共利益，涉及这五大领域的经济活动，就必须受到政府的审核和监管。基于对我国经济问题之政府过度干预的根本性错误认识，目前学界有一种观点，认为让市场起决定作用就是"由市场作决定"的市场优先原则，强调政府干预的谦抑原则，减少政府对市场经济的干预，但却往往忽略了市场与政府作用的界分。

党的十八届三中全会《关于全面深化改革若干重大问题的决定》并没有

把价格政策放在宏观调控体系的内涵之中，只是界定了宏观调控体系，提出要加强财政政策、货币政策与产业、价格等政策手段协调配合。[1] 2015年10月12日中共中央、国务院《关于推进价格机制改革的若干意见》（以下简称《指导意见》）提出"重点领域和关键环节价格改革还需深化，政府定价制度需要进一步健全，市场价格行为有待进一步规范。为推动价格改革向纵深发展，加快完善主要由市场决定价格机制，并提出"坚持放管结合的原则"，按照"突出重点、有管有放"原则"进一步增强法治、公平、责任意识，强化事中事后监管，优化价格服务"。价格是重要的市场竞争机制，《指导意见》明确了"市场决定"，"放管结合"的原则，"在政府定价领域，必须严格规范政府定价行为，坚决管细管好管到位"，并明确"政府定价范围主要限定在重要公用事业、公益性服务、网络型自然垄断环节"。"在经营者自主定价领域，要通过健全规则、加强执法，维护市场秩序，保障和促进公平竞争，推进现代市场体系建设。"《指导意见》不仅强调要规范政府定价，也强调对"经营者自主定价应加强执法，维护公平竞争"。价格竞争作为重要的市场竞争机制，2017年通过的《反不正当竞争法》并没有价格竞争的相关规定，甚至废除了旧法关于低价倾销的相关规定。《反不正当竞争法》对不正当价格竞争规范的缺失，主要是受市场原教旨主义的影响，认为价格竞争应完全由"市场决定"，但却忽略了市场不正当价格竞争对市场公平竞争的影响，不正当价格竞争既扰乱市场竞争秩序，损害经营者的利益，最终损害消费者的利益，我国新修定的《反不正当竞争法》对市场价格竞争规制的缺失值得商榷。政府对价格的干预在微观上主要加强价格竞争的监管，并正确处理好微观市场监管和宏观调控的关系。原则上要减少管制价格的范围，凡是能由市场形成价格的都交给市场价格，但应完善价格竞争的立法，加强政府对市场价格违法行为的执法。

改革不仅应依法进行，而且必须循序渐进，姑且不论是否经过合理论证，任何制度的改革都需要一定的缓冲期，正如原本紧绷的弹簧突然释放会产生反弹作用力，如果处理不当，这股反作用力会对社会和经济造成破坏。特别是当相关的法律制度和配套措施尚不完善就放松监管或放开市场，后果是难

---

〔1〕 参见杨伟民："如何使市场在资源配置中起决定性作用"，载《宏观经济管理》2014年第1期，第12页。

以预料的。我国目前的市场建设最迫切的不是市场放权的多少，而是市场的基础条件的建设，特别是诚信体系、价格机制、竞争机制的完善。资源的配置首先是法律资源的配置，即经济法律制度的设计。市场在资源配置中起决定性作用的关键是正确处理政府与市场的关系，经济法在防止市场主体滥用权利的同时，也应避免政府滥用权力破坏市场机制，任何一种极端都百害而无益。

（三）正确处理经济改革中的市场与政府的关系

2013 年 10 月 25 日，在《公司法》尚未进行修改之际，国务院常务会议就推出"取消有限责任公司最低注册资本 3 万元的登记条件、企业年检制度改为年度报告制度、经营场所登记由地方政府规定"等多项措施，并在全国范围内开始实施。但相关的改革值得商榷：首先，法定最低注册资本作为确保企业法人债务履行能力的防火墙，尽管其在实践中存在不足，但作为一项防范风险的法律制度，能起到较好的事前风险防范作用，对稳定市场经济秩序有积极的意义。如果只是依赖事后补救和监管，不仅会增加本来就很紧缺的司法和监管成本，甚至对现有秩序造成冲突。其次，相关的改革措施与原公司法最低注册资本的规定相矛盾，行政部门是否有权对现行法律作出修改值得商榷。改革是必需的，但必须坚守政府维护社会公共利益的底线，明确政府的职权和职责。"市场看不见之手"和"政府有形之手"对资源的配置在资本主义发展的不同时期伴着欧美国家经济沉浮交替作用。历史经验证明，市场经济的发展离不开"市场"和"政府"两只手，任何一种极端都会阻碍经济的发展。"全能型"政府的计划经济禁锢了经济的发展，但新自由主义过于"自由放任"的无政府状态常导致经济崩溃。

市场在资源配置中起决定性作用的市场因素包括两个层面的内涵。首先，在竞争性领域由市场机制发挥资源配置的作用。完善市场准入机制，消除在竞争性领域市场准入的壁垒，让市场主体平等地准入，让市场充分竞争，由市场自主定价，比如我国电商的自治。其次，建立市场、社会和政府共同参与的治理机制。在非竞争领域的公有经济中引入市场机制。根据《宪法》第7 条、十五大和十八届三中全会的规定，国有经济对非竞争性资源的配置起主导作用。公有经济主导并不意味着公有经济在运行过程中不要市场，相反，公有经济要确保有所为有所不为，为增强公有经济的活力、控制力和影响力，公有经济在运行过程中应引入市场竞争机制，建立科学合理的价格机制。不以营利为目的但要确保有一定的利润为社会福利和公共善治提供物质基础。

使市场在资源配置中发挥决定性作用，关键在于在公有经济中引入民营资本的混合经济模式下，让公有经济发挥控制力和影响力。政府对企业投资项目的审批，就是影响和干预市场配置资源。在经济的转型期，政府部门监管重心和监管体系发生转变，政府干预主要是政府主导的多方主体参与的治理模式，但政府的经济监管职责不变，政府的监管职能从事前审批转为事后监管。行政体制改革应伴随着一系列法律制度建设和配套措施的完善，而且应该是循序渐进的建构，而不是一蹴而就的运动。要完善相关的法律制度和责任机制，加强政府监督管理能力和提高服务意识，构建管理信息共享平台，建设社会诚信体系，完善风险控制和防范机制，建立多层级多渠道的立体综合监管体系，积极鼓励社会力量监督，处理好政府与市场的关系，强化市场主体的责任意识和政府的监管职责，确保市场在资源配置中起决定性作用的法治建设。

第三节　后危机时代我国经济改革的经济法理性

一、经济法应对新自由主义的政府治理新机制

在 20 世纪 50、60 年代，新自由主义思想已经确立了一个明确和统一的"身份认同"，新自由主义的基本观念包括个人自由、自由市场、自发秩序、价格机制、竞争、消费、取消管制、合理的自利等。[1] 在相当大的程度上，使"市场"结构由国家行动来决定。由此产生的市场形式倾向于从多个方面限制或控制价格以降低消费者的费用。[2] 资本集中且国际化导致了企业、政府和社会经济结构性质的改变。企业行为社会性的增强导致了国有企业和私人企业之间以及私人企业和社会运动之间传统和新型的相互关系越来越密切、越来越引人瞩目。企业越来越靠工会确认的劳动合同运作：劳动合同通常不仅包括工资、工种、劳动条件、社会补助和保险，还包括越来越多的有关企

---

〔1〕　参见［美］丹尼尔·斯特德曼·琼斯：《宇宙的主宰——哈耶克、弗里德曼与新自由主义的诞生》，贾拥民译，华夏出版社 2014 年版。

〔2〕　参见［英］弗兰·通金斯："市场对抗国家：新自由主义"，转引自［英］凯特·纳什、阿兰·斯科特主编：《布莱克维尔政治社会学指南》，李雪、吴玉鑫、赵蔚译，浙江人民出版社 2007 年版，第 268~269 页。

业本身经营管理、投资政策和社会责任的条款。大企业的股东们越来越广泛地关注有关伦理的社会责任问题：维护消费者权益、保护生态环境、关注社区工作、热心于社会慈善、维护人权、强调男女平等，帮助社会少数群体和少数族群等。非政府组织和社会运动不仅改变了政府的政策，而且有效地影响了企业股东们的行动。非政府组织在世界范围的发展形成了一种超国家组织现象，开始大力干预各国政府政策的制订和实施。因此形成了一种财产、劳资、政府间、政府与民众间的新型关系。[1]这种政府主导下的多方参与的民主协商的新机制就是政府治理模式，这些新的法律机制就是经济法。经济法授予行政职能部门的行政立法权和行政裁决权在政府治理和经济社会、经济生活中却越发重要，甚至影响着一个国家经济社会发展的进程，成为反新自由主义越来越重要的新法律机制。

经济法以维护社会公共利益为己任，其"公共性"的法益目标为治理模式提供了法治基础。现代公共行政改革理论在为"好政府"定义时，认为只有能让积极的市场因素合理作用的政府才是好政府，将政府分离出来的"划桨"职能交由社会来承担，并通过"政府业务合同出租""竞争性招标"等市场化的手段，与相对人晋级协商谈判，以契约的方式确定双方的权责关系，形成公共事务管理的合作。同时，把竞争机制引入公共管理，给公众提供"用脚投票"的机会，迫使公共机构竭力改善服务以赢得更多的"顾客"，以此提高公共服务效率和质量。伴随着放松管制与管制方式的变革，弹性、温和的行政合同、指导、激励、沟通等非强制性行政行为应运而生，并逐渐成为现代公共行政的主流方式，曾被过分强调的行政权力，随着公共利益与个人利益的协调性不断地加强，行政权力的强制性属性日渐减弱。这些新的行政方式的广泛运用既适应了现代社会发展的客观需要，又有助于促进行政法制度创新和行政法治的发展。[2]人类进入工业时代以来，随着经济全球化、知识化、资本化、信息化、虚拟化的发展变化，社会经济生活的复杂化，新的矛盾层出不穷，经济政策就是通过目标、标准、性质、实施手段、信息指引等对政府行为进行指引和规范，实现经济法的实质理性的新的法律机制。

---

〔1〕　参见［巴西］特奥托尼奥·多斯桑托斯：《新自由主义的兴衰》，郝名玮译，社会科学文献出版社 2012 年版，第 79 页。

〔2〕　参见申艳红：《社会危机防治行政法律规制研究》，武汉大学出版社 2013 年版，第 84 页。

经济法政府治理的行政干预权，在遵守市场自由和维护社会公共利益之间，通过民主协商机制成为应对新自由主义危机，解决社会经济新问题的尚方宝剑。

二、"第三条道路"的经济法理性：政府与市场的共享机制

（一）"第三条道路"的内涵

"第三条道路"亦称新中间路线或第三种道路，是在自由放任资本主义和传统社会主义或新保守主义中间的一种政治经济理念的概称。是 20 世纪 90 年代西方社会民主党为了解决资本主义政府面临的新挑战，而提出的一种新的理论主张、价值观念和施政纲领，其理论基础强调渐进演化的发展观以及多元论的价值观。中心思维是反对任何极端，奉行中庸之道，既不主张纯粹的高福利社会，也不主张纯粹的自由市场。"第三条道路"的社会保障思想是基于现代社会经济全球化和金融危机的国际大背景，为了适应当今世界经济的剧烈变化而产生的。总体来说，"第三条道路"是一个以超越"左"与"右"为价值取向，以自由、民主、责任、公正和国际主义等为基本价值观，以建立充满活力的政府与社会为目标的开放的理论体系。[1]新自由主义认为政府的首要任务是通过解除对市场的管制，同时也试图使政府市场化。"第三条道路"的政治主张被确定无疑是反对新自由主义，并切中了新自由主义的要害，是在政府与市场之间构建的理性桥梁。经济法在"第三条道路"的思维模式下，在调整政府与市场、社会的关系中建立一种新的法律领域，即第三法域。通过私法公法化来限制市场的自由，通过公法私法化来释放公权力，更合理更科学地构建政府与市场、社会的法律关系。如通过对政府管治下诸如公共运输、能源、教育或健康等公共领域部分私有化解除政府的管制，但不是简单地倾向于完全自由放任的初始市场，而是积极地创造公私混合的模式。另外，"第三条道路"的政策的核心是主张公民"权利"（比如，有机会获得福利方面的好处）应该与某种义务（最常见的是积极地寻找工作的要求）相结合，不考虑所谓"资格"的福利文化。[2]这种关于"权利"的狭义的话

---

〔1〕　参见侯衍社："'第三条道路'价值观困境探源"，载《中国人民大学学报》2011 年第 5 期，第 78~82 页。

〔2〕　See Mead, Evolution of the 'Species of Tort Liability' Created by 42 U. S. C. , *Fordham Law Review*, October 1986, Vol: 55, p. 1.

语将福利问题从市场不平等这种系统性的论调，转向强调个人义务和能动性的社会风气上来。[1]如何在自由市场和政府监管两者之间进行选择，以及如何兼顾资本积累和政府配置的合法性，这不仅在政府合法化方面是必要的，对市场效率也是至关重要的。[2]第三条道路的治理理念从市场经济的"自主操纵"转向对自由个人的"自制力"的关注，个人被要求应该对自身及他人以某种经济的角度加以思考，即市场应该多关注社会问题，维护社会公共利益。政府监管不仅是简单依法律或政策来实施，而应该包含在更大的企业"文化"中，维护市场自由，尊重个人选择。"第三道路"的企业观不再是简单地塑造市场行为，而是扩展了对狭义市场行为的界限，形成特定领域的经济行为主体。无论是消费者，还是劳动者都可以被作为"自己的企业家"来理解。从而自力更生和自我实现，谋求效率和生产率。[3]

（二）第三条道路的经济法路径

"第三条道路"希望通过市场手段来解决公共领域的问题，即公法私法化问题，这与经济法理念是一脉相承的。在理想状态下，政府机构可以被重新置于市场之中部分私有化，或将其功能外包到私人公司中去，使其公共服务像在市场中那样行动，即不是相互竞争，就是建立在买卖基础上的相互贸易。使由政府行动来决定市场结构，由此产生的市场形式倾向于从多个方面限制或控制价格，以降低消费者的费用。通过市场准入许可证、工业监察人员或法令控制等手段限制市场，并形成解除管制方案的多种复杂类型，如公共契约、半官方机构或半官方团体、社会监督、巡视官、严格审计过程等。以"半公共"管理模式，调整"市场"和"政府"间日益增长的社会化领域。这些措施将市场逻辑和市场结构引入到公共机构的设计和运行中去。市场不再与政府对立，而是建立了政府与市场共享机制。政府不仅与对私有部门的解除管制的活动相联系，而且还与公共服务和公共财产的私有化联系在一起，还与朝向市场化的公共部门的行动相联合。市场类型的公共机构改革包括公

---

〔1〕　See Buzan, Barry, The rise of 'lite' powers: a strategy for the postmodern state, *World Policy Journal.* September 1996. Vol. 13. 3, pp. 1～10.

〔2〕　See Hall, Fentress, Some 'smaller' Companies Are Using the Public Videoconferencing Rooms, *Journal of Product Innovation Management*, 1997, Vol. 14, pp. 512～525.

〔3〕　See Miller, Peter; Rose, Nikolas. Governing economic life, *Economy & Society*; Feb 1990, Vol. Issue 1, pp. 24～25.

私投资合伙人关系的创立，公共机构之间的契约，以及公共管理的新的合作模型的运用。[1]例如，通过让污染者付款的财政手段来处理污染问题，这个逻辑导向了对公共行业进行私人管制的现象。如两家美国金融公司，穆迪公司（Moodys）和标准普尔公司（Standard and Poor）两家私人公司提供了全世界政府的信用等级，是公权私权化最典型的例子。

在相当大的程度上，使"市场"结构由国家行动来决定。由此产生的市场形式倾向于从多个方面限制或控制价格以降低消费者的费用。比如，通过使用者许可证、工业监察或法令控制手段限制市场，并形成新自由主义解除管制方案的多种复杂类型，如公共契约、半官方机构或半官方团体、巡视官、详细的审计过程等，这种"半公共"管理样式是对"国家"和"市场"日益增长密切关系的象征性领域的调解。政府不仅与对私有部门的解除管制的活动相联系，而且与公共服务和公共财产的私有化联系在一起，还与朝向市场化的公共部门的行动相联合。市场类型的改革包括公私投资合伙人关系的创立，公共机构与竞争者之间的契约，以及公共管理的新的合作样式模型的运用。这些措施寻求将市场逻辑和市场结构引入到公共机构的设计和运行中去。在这种观念中，市场类型不是与国家对立的，而是为国家的市场化改组提供了一种模型。[2]

公共选择理论在一种非常实际的意义上提出了政府失灵理论。这是与20世纪90年代在福利经济学中出的"市场失灵"理论完全相似的理论，即政府对那些不能通过非政治化的市场运转进行的合理操纵的领域的侵入，就不再是理由充分、证据确凿了，在另一种民主决策过程的政体下对于政府行为的成本与效益的长期的反思是必然会进行的。[3]私有化和管制外包契约是对公共服务改革的举措，也是弥补政府在公共领域不足的新机制。例如在英国，政府部门把对学校的审查外包给私人公司，后者被赋予权力进行相关事项的审核，且其审查结果将得到公共权威的承认。提供审查服务的企业享有了政

---

〔1〕 See Gaebler, Ted, Osborne, David, Reinventing Government, *Public Management*, March 1992, Vol. 74 Issue3, pp. 4~5.

〔2〕 参见［英］弗兰·通金斯："市场对抗国家：新自由主义"，转引自［英］凯特·纳什、阿兰·斯科特主编：《布莱克维尔政治社会学指南》，李雪、吴玉鑫、赵蔚译，浙江人民出版社2007年版，第268~269页。

〔3〕 参见［美］詹姆斯·M. 布坎南：《自由、市场与国家——80年代的政治经济学》，平新乔、莫扶民译，生活·读书·新知三联书店1989年版，第376页。

府部门的职权，并将之作为私有化过程的一部分，即公权私权化，但政府仍然是最后的裁决者，以至于即使相关的服务从公共供应中取消，管制继续遵循着战后典型的政府参与到市场中的逻辑，仍需建立政府控制市场的监管体系。

政府采取私有化或是外包与公司公共领域管制的共享机制，政府工作合作时可能要服从公司的要求，以至于不断侵蚀或模糊政府和市场之间的边界，增加了政府工作人员和商业主体之间交易和契约的范围。因此，政府和市场的分离只不过是新自由主义者的妄想罢了，在复杂的现代社会和市场条件下，政府与市场的关系是相互依存的。[1]"第三条道路"的政纲吸收了新自由主义合理而关键的要素，强调有能力的政府与市场的合作，强调在健康、教育或福利事业等方面政府的社会和经济职能与市场因素混合经济模式。[2]"第三条道路"为经济法在政府与市场之间建立新的法律机制，为理性地构建市场与政府关系提供了一条法治路径，也为经济法构建政府与市场共享法律机制提供了理论基础和实践经验。

2008 年的金融危机是对新自由主义的终结，是对"市场万能论"和"自由市场论"的警醒，为经济改革与发展以及经济法律机制的构建提供了理论基础和实践依据，对后危机时代如何正确界定市场与政府的关系，指导经济建设和构建经济法关于市场与政府的法律关系的新机制具有重要的意义。新自由主义的"市场自由"的理论思想应该被尊重，但应该警惕"市场万能论"激进主义遗风的影响。在后危机时代，目前我国经济改革与发展，不论是理论界还是实践中，都存在深受"市场万能论"的市场原教旨主义思潮影响因而反对国家干预的错误倾向。新自由主义危机的历史经验证明，现代经济的发展离不开政府的干预，市场秩序、市场机制和市场缺陷都需要政府对市场进行干预或管制，但政府的错误政策会破坏市场秩序，应规范政府的行政干预权。政府应尊重市场自由，但市场不能滥用自由权利损害社会公共利

---

〔1〕　参见［英］科林·克劳奇："市场与国家"，转引自［英］凯特·纳什、阿兰·斯科特主编：《布莱克维尔政治社会学指南》，李雪、吴玉鑫、赵蔚译，浙江人民出版社 2007 年版，第 261~262 页。

〔2〕　参见［英］弗兰·通金斯："市场对抗国家：新自由主义"，转引自［英］凯特·纳什、阿兰·斯科特主编：《布莱克维尔政治社会学指南》，李雪、吴玉鑫、赵蔚译，浙江人民出版社 2007 年版，第 273 页。

益和侵蚀社会福利。维护社会公共利益和保障社会福利是政府的职责，也是政府干预市场的正当理由。经济法在调整市场和政府配置资源的经济活动过程中，为了维护社会公共利益，协调平衡社会整体利益，并兼顾公平、效率和安全的社会经济秩序，在市场与政府间开辟的"第三条道路"，构建了公法私法化和私法公法化的第三法域，实现市场与政府间公私兼容的共享法律新机制。

参考文献

一、外国著作

1. ［古希腊］柏拉图：《理想国》，郭斌和、张竹明译，商务印书馆1996年版。

2. ［古希腊］亚里士多德：《尼各马可伦理学》，廖申白译，商务印书馆2003年版。

3. ［德］马克思：《资本论》，郭大力、王亚南译，上海三联书店2009年版。

4. ［英］亚当·斯密：《国富论》，郭大力、王亚南译，商务印书馆2015年版。

5. ［英］约翰·梅纳德·凯恩斯：《就业、利息和货币通论》，宋韵声译，华夏出版社2005年版。

6. ［英］洛克：《政府论》（下篇），叶启芳、瞿菊农译，商务印书馆1964年版。

7. ［美］罗纳德·德沃金：《原则问题》，张国清译，江苏人民出版社2005年版。

8. ［德］马克斯·韦伯：《论经济与社会中的法律》，张乃根译，中国大百科全书出版社1998年版。

9. ［美］罗斯科·庞德：《通过法律的社会控制》，沈宗灵译，商务印书馆1984年版。

10. ［美］理查德·A.波斯纳：《超越法律》，苏力译，中国政法大学出版社2001年版。

11. ［法］孟德斯鸠：《论法的精神》，张雁深译，商务印书馆1997年版。

12. ［美］约翰·罗尔斯：《正义论》，何怀宏、何包钢、廖申白译，中国社会科学出版社1988年版。

13. ［英］霍布斯：《利维坦》，黎思复、黎廷弼译，商务印书馆1997年版。

14. ［英］弗里德里希·冯·哈耶克：《自由秩序原理》，邓正来译，生活·读书·新知三联书店1997年版。

15. ［奥］A.哈耶克：《个人主义与经济秩序》，贾湛等译，北京经济学院出版社1989年版。

16. ［英］弗里德利希·冯·哈耶克：《法律、立法与自由》，邓正来、张守东、李静冰译，中国大大百科全书出版社2000年版。

17. ［德］哈贝马斯：《在事实与规范之间：关于法律和民主治国的商谈理论》，童世骏译，生活·读书·新知三联书店 2003 年版。

18. ［美］艾伦·布坎南：《伦理学、效率与市场》，廖申白、谢大京译，中国社会科学出版社 1991 年版。

19. ［美］E. 博登海默：《法理学——法哲学及其方法》，邓正来、姬敬武译，华夏出版社 1987 年版。

20. ［美］罗纳德·哈里·科斯：《企业、市场与法律》，生活·读书·新知三联书店 1990 年版。

21. ［美］斯蒂格利茨：《政府为什么干预经济——政府在市场经济中的角色》，郑秉文译，中国物资出版社 1998 年版。

22. ［奥］凯尔森：《法与国家的一般理论》，沈宗灵译，中国大百科全书出版社 1996 年版。

23. ［美］诺内特、塞尔兹尼克：《转变中的法律与社会》，张志铭译，中国政法大学出版社 1994 年版。

24. ［美］罗伯特·诺奇克：《无政府、国家和乌托邦》，姚大志译，中国社会科学出版社 2008 年版。

25. ［美］米尔顿·弗里德曼、罗斯·弗里德曼：《自由选择：个人声明》，胡骑、席学媛、安强译，商务印书馆 1982 年版。

26. ［奥］欧根·埃利希：《法社会学原理》，舒国滢译，中国大百科全书出版社 2009 年版。

27. ［德］沃尔夫冈·费肯杰：《经济法》（第 1 卷），张世明、袁剑、梁君译，中国民主法制出版社 2010 年版。

28. ［德］卡尔·拉伦茨：《法学方法论》，陈爱娥译，商务印书馆 2003 年版。

29. ［英］哈特：《法律的概念》，张文显等译，中国大百科全书出版社 1996 年版。

30. ［美］丹尼尔·耶金、约瑟夫·斯坦尼斯罗：《制高点——重建现代世界的政府与市场之争》，段宏等译，外文出版社 2000 年版。

31. ［日］金泽良雄：《经济法概论》，满达人译，甘肃人民出版社 1985 年版。

32. ［法］亨利·勒帕日：《美国新自由主义经济学》，李燕生译，北京大学出版社 1985 年版。

33. ［法］阿莱克西·雅克曼、居伊·施朗斯：《经济法》，宇泉译，商务印书馆 1997 年版。

34. ［美］阿瑟·奥肯：《平等与效率——重大的权衡》，王忠民、黄清译，四川人民出版社 1988 年版。

35. ［美］约瑟夫·斯蒂格利茨：《国家作用的重新定义》，载［日］青木昌彦、奥野正宽、冈崎哲二编著：《市场的作用国家的作用》，林家彬等译，中国发展出版社 2002 年版。

36. ［美］迈克尔·沃尔泽：《正义诸领域：为多元主义与平等一辩》，褚松燕译，译林出版社 2002 年版。

37. ［美］乔治·弗雷德里克森：《公共行政的精神》，张成福等译，中国人民大学出版社 2003 年版。

38. ［德］瓦尔特·欧肯：《经济政策的原则》，李道斌、冯兴元、史世伟译，上海人民出版社 2001 年版。

39. ［英］罗杰·科特威尔：《法律社会学导论》，潘大松等译，华夏出版社 1989 年版。

40. ［美］马丁·费尔德斯坦主编：《20 世纪 80 年代美国经济政策》，王健译，经济科学出版社 2000 年版。

二、国内著作

1. 刘文华：《走协调结合之路》，法律出版社 2012 年版。

2. 潘静成、刘文华主编：《经济法》，中国人民大学出版社 1999 年版。

3. 李昌麒主编：《经济法学》，法律出版社 2016 年版。

4. 杨紫烜：《国家协调论》，北京大学出版社 2009 年版。

5. 漆多俊主编：《经济法学》，高等教育出版社 2014 年版。

6. 王保树主编：《经济法原理》，社会科学文献出版社 1999 年版。

7. 沈宗灵主编：《法理学》，高等教育出版社 1994 年版。

8. 张文显：《法的一般理论》，辽宁大学出版社 1988 年版。

9. 王利明：《法学方法论》，中国人民大学出版社 2011 年版。

10. 史际春主编：《经济法学》，中国人民大学出版 2005 年版。

11. 史际春、邓峰：《经济法总论》，法律出版社 2008 年版。

12. 史际春：《探究经济和法互动的真谛》，法律出版社 2002 年版。

13. 徐孟州：《耦合经济法论》，中国人民大学出版社 2010 年版。

14. 张守文：《经济法原理》，北京大学出版社 2013 年版。

15. 张守文：《经济法理论的重构》，人民出版社 2004 年版。

16. 胡玉鸿：《法学方法论导论》，山东人民出版社 2002 年版。

17. 王全兴主编：《经济法前沿问题研究》，中国检察出版社 2004 年版。

18. 王全兴主编：《经济法基础理论专题研究》，中国检察出版社 2002 年版。

19. 邱本：《经济法研究》（上、中、下卷），中国人民大学出版社 2008 年版。

20. 邱本：《经济法专论》，法律出版社 2015 年版。

21. 刘根荣：《市场秩序理论研究：利益博弈均衡秩序论》，厦门大学出版社 2005 年版。

22. 李步云主编：《法理学》，经济科学出版社 2000 年版。

23. 孙笑侠主编：《法理学》，中国政法大学出版社 1996 年版。

24. 文正邦：《当代法哲学研究与探索》，法律出版社 1999 年版。

25. 肖江平：《中国经济法学史研究》，人民法院出版社 2002 年版。

26. 张世明：《经济法学史演变研究》，中国民主法制出版社 2002 年版。

27. 刘少军等：《经济本体法论——经济法律思想本体研究》，中国商业出版社 2000 年版。

28. 王继军：《市场规制法研究》，中国社会科学出版社、人民法院出版社 2005 年版。

29. 叶明：《经济法实质化研究》，法律出版社 2005 年版。

30. 严存生：《论法与正义》，陕西人民出版社 1997 年版。

31. 刘光华：《经济法的分析实证基础》，中国人民大学出版社 2008 年版。

32. 冯辉：《论经济国家——以经济法学为语境的研究》，中国政法大学出版社 2011 年版。

33. 蒋冬梅：《经济法立法的生态化理念研究》，中国法制出版社 2013 年版。

34. 刘媛：《金融消费者法律保护机制的比较研究》，法律出版社 2012 年版。

35. 齐建辉：《经济法正当程序机制研究》，复旦大学出版社 2017 年版。

三、国内期刊

1. 刘文华、王长河："经济法的本质：协调主义及其经济学基础"，载《法学杂志》2000 年第 3 期。

2. 漆多俊："经济法再分配功能与我国收入分配制度改革"，载《中共中央党校学报》2008 年第 2 期。

3. 李昌麒、胡光志："宏观调控法若干基本范畴的法理分析"，载《中国法学》2002 年第 2 期。

4. 杨紫烜："论新经济法体系——关于适应社会主义市场经济需要的经济法体系的若干问题"，载《中外法学》1995 年第 1 期。

5. 史际春、宋槿篱："论财政法是经济法的'龙头法'"，载《中国法学》2010 年第 3 期。

6. 史际春："论营利性"，载《法学家》2013 年第 3 期。

7. 吴志攀、肖江平："直面经济和社会发展中的经济法问题"，载《中国法学》2008 年第 1 期。

8. 张守文："经济发展权的经济法思考"，载《现代法学》2012 年第 2 期。

9. 徐孟洲："经济法的理念和价值范畴探讨"，载《社会科学》2011 年第 1 期。

10. 李曙光："经济法词义解释与理论研究的重心"，载《政法论坛》2005 年第 6 期。

11. 陈婉玲："经济法调整：从'权力干预'到'法律治理'"，载《政法论坛》2014 年第 1 期。

12. 蒋悟真："中国经济法研究范式"，载《法学家》2007 年第 5 期。

13. 陈云良："从授权到控权：经济法的中国化路径"，载《政法论坛》2015 年第 2 期。

14. 孙笑侠："论法律与社会利益——对市场经济中公平问题的另一种思考"，载《中国法学》1995 年第 4 期。

15. 卢代富："经济法对社会整体利益的维护"，载《现代法学》2013 年第 4 期。

16. 冯果："经济法本质探微——经济法概念界定和制度构建的理性基础分析"，载《学习论坛》2007 年第 2 期。

17. 李友根："社会整体利益代表机制研究——兼论公益诉讼的理论基础"，载《南京大学学报（哲学·人文科学·社会科学版）》2002 年第 2 期。

18. 许明月："经济法学术研究定位的反思"，载《政法论坛》2006 年第 6 期。

19. 刘水林："经济法责任体系的二元结构及二重性"，载《政法论坛》2005 年第 2 期。

20. 甘强："经济法利益的基本认知"，载《经济法论坛》2009 年第 0 期。

21. 李昌庚："经济法责任及其诉讼程序的反思与拷问——兼与颜运秋教授等商榷"，载《法治研究》2009 年第 3 期。

22. 应飞虎："问题及其主义——经济法学研究非传统性之探析"，载《法律科学（西北政法学院学报）》2007 年第 2 期。

23. 刘水林："经济法是什么——经济法的法哲学反思"，载《政治与法律》2014 年第 8 期。

24. 焦海涛："经济法主体制度重构：一个常识主义视角"，载《现代法学》2016 年第 3 期。

25. 吴越："经济法学现实地位与思索方法之考察"，载《政法论坛》2006 年第 5 期。

26. 陈红："论经济法的平衡理念"，载《经济研究导刊》2011 年第 8 期。

27. 邓纲："争议与困惑：经济法中的法律责任研究述评"，载《现代法学》2012 年第 1 期。

28. 阳建勋、邓成明："论'经济法责任'研究的语言学转向"，载《河北法学》2011 年第 3 期。

29. 焦富民："论经济法责任制度的建构"，载《当代法学》2004 年第 6 期。

四、博士学位论文

1. 程南："经济法理论的反思与完善"，中国政法大学 2011 年博士学位论文。

2. 岳彩申："论经济法的形式理性"，西南政法大学 2003 年博士学位论文。

3. 邓峰："论经济合同——权力、市场与政府的商事行为"，中国人民大学 2001 年博士学位论文。

4. 杨文风："经济法行为理论研究"，中国人民大学 2007 年博士学位论文。

5. 伍涛："论经济法责任"，中国人民大学 2011 年博士学位论文。

6. 李业顺："经济法主体的群体性和被动性研究"，中国人民大学 2008 年博士学位论文。

7. 徐子良："经济法司法实施之应用研究"，华东政法大学 2010 年博士学位论文。

8. 王红霞："经济法视域下的罗斯福新政研究"，中南大学 2010 年博士学位论文。

9. 薛克鹏："经济法定义研究"，西南政法大学 2002 年博士学位论文。

10. 石金平："经济法责任研究"，中南大学 2010 年博士学位论文。

11. 胡元聪："外部性问题解决的经济法进路研究"，西南政法大学 2009 年博士学位论文。

12. 甘强："经济法利益理论研究"，西南政法大学 2008 年博士学位论文。

13. 穆虹："经济法价值研究"，山东大学 2007 年博士学位论文。

14. 尹亚军："重识经济法学：中国变迁与理论出路"，西南政法大学 2017 年博士学位论文。

15. 于升："经济法的软法之治研究"，湖南大学 2018 年博士学位论文。

五、外文资料

1. Alan H1 Goldman. *The Justification of Equal Opportunity*, Equal Opportunity. Social Philosophy and Policy. 1987.

2. Kaul, Inge, Grunberg. *Defining Global Public Goods*, in Kaul, etal, eds. 1999.

3. Eskridge, William N. *Cases and materials on legislation：Statutes and the creation of public policy*, West Pub. Co. (St. Paul, Minn.), 1988.

4. Jeremy Bentham. *An Introduction to the Principles of Morals and Legislation*, Oxford University Press, USA (1996).

5. Ben-Ner, "A. Who benefits from the nonprofit sector：Reforming law and public policy towards nonprofit organizations", *The Yale Law Journal*. 1994.

6. C. Jolls, C. R. Sunstein, R. Thaler. "A behavioral approach to law and economics", *Stanford Law Review*. 1998.

7. Hansmann, Henry. "The Role of Nonprofit Enterprise", *The Yale Law Journal*. 1980.

8. Tao Anjun, "Evolution of Spatial Pattern of China's Urbanization and Its Impacts on Regional Development", *China City Planning Review*. 2011 (3).

9. Minjia Chen, "China's Regional Disparity and Its Policy Responses", *China &World Economy*, 2008 (4).